CONTEÚDO DIGITAL PARA ALUNOS
Cadastre-se e transforme seus estudos em uma experiência única de aprendizado:

CB037162

1 Entre na página de cadastro:
www.editoradobrasil.com.br/sistemas/cadastro

2 Além dos seus dados pessoais e dos dados de sua escola, adicione ao cadastro o código do aluno, que garantirá a exclusividade do seu ingresso à plataforma.

2278135A1927004

3 Depois, acesse:
www.editoradobrasil.com.br/leb
e navegue pelos conteúdos digitais de sua coleção :D

Lembre-se de que esse código, pessoal e intransferível, é valido por um ano. Guarde-o com cuidado, pois é a única maneira de você acessar os conteúdos da plataforma.

Editora do Brasil

SÉRIE BRASIL
Ensino Médio

ENSINO MÉDIO

FÍSICA
Conceitos & contextos

2

Maurício Pietrocola Pinto de Oliveira
Licenciado em Física e mestre em Ensino de Ciências pela Universidade de São Paulo, doutor em Epistemologia e História das Ciências pela Universidade de Paris VII e livre-docente em Educação pela Universidade de São Paulo. Foi professor de Física em escolas de Ensino Médio e atualmente é professor titular da Faculdade de Educação da Universidade de São Paulo.

Alexander Pogibin
Licenciado em Física pela Universidade de São Paulo com formação complementar em Pedagogia. Foi professor de escolas públicas e particulares e atualmente participa de projetos na área de ensino de Física e Educação em geral.

Renata Cristina de Andrade Oliveira
Licenciada em Física pela Universidade de São Paulo, especialista em Ensino de Física pela Universidade Estadual de Campinas com formação complementar em Pedagogia e Psicopedagogia. Já lecionou em escolas públicas e privadas e atualmente integra a Equipe Pedagógica de Física da Secretaria da Educação do Estado de São Paulo.

Talita Raquel Luz Romero
Licenciada em Física e mestre em Ensino de Ciências pela Universidade de São Paulo. Já atuou com formação de professores na Estação Ciência da USP e no Ensino Superior de instituições particulares. Atualmente realiza pesquisa e produção de materiais didáticos no Núcleo de Pesquisa em Inovações Curriculares (Nupic – USP) e trabalha com gestão de cursos de Educação a Distância.

1ª edição
São Paulo – 2016

COMPONENTE CURRICULAR
FÍSICA
2º ANO ENSINO MÉDIO

© Editora do Brasil S.A., 2016
Todos os direitos reservados

Direção geral: Vicente Tortamano Avanso
Direção adjunta: Maria Lúcia Kerr Cavalcante Queiroz

Direção editorial: Cibele Mendes Curto Santos
Gerência editorial: Felipe Ramos Poletti
Supervisão editorial: Erika Caldin
Supervisão de arte, editoração e produção digital: Adelaide Carolina Cerutti
Supervisão de direitos autorais: Marilisa Bertolone Mendes
Supervisão de controle de processos editoriais: Marta Dias Portero
Supervisão de revisão: Dora Helena Feres
Consultoria de iconografia: Tempo Composto Col. de Dados Ltda.
Licenciamentos de textos: Cinthya Utiyama, Jennifer Xavier, Paula Harue e Renata Garbellini
Coordenação de produção CPE: Leila P. Jungstedt

Dados Internacionais de Catalogação na Publicação (CIP)
(Câmara Brasileira do Livro, SP, Brasil)

Física : conceitos & contextos, 2 : ensino médio / Maurício Pietrocola...[et al.]. – 1. ed. – São Paulo : Editora do Brasil, 2016. -- (Série Brasil : ensino médio)

Outros autores: Alexander Pogibin, Renata de Andrade, Talita Raquel Romero
Componente curricular: Física
ISBN 978-85-10-06443-9 (aluno)
ISBN 978-85-10-06444-6 (professor)

1. Física (Ensino médio) I. Pietrocola, Maurício. II. Pogibin, Alexander. III. Andrade, Renata de. IV. Romero, Talita Raquel. V. Série.

16-05807 CDD-530.07

Índice para catálogo sistemático:
1. Física : Ensino médio   530.07

Reprodução proibida. Art. 184 do Código Penal e Lei n. 9.610 de 19 de fevereiro de 1998.
Todos os direitos reservados

2016
Impresso no Brasil

1ª edição / 3ª impressão, 2023
Impresso na Forma Certa Gráfica Digital

Rua Conselheiro Nébias, 887 – São Paulo/SP – CEP 01203-001
Fone: (11) 3226-0211 – Fax: (11) 3222-5583
www.editoradobrasil.com.br

Concepção, desenvolvimento e produção: Triolet Editorial e Mídias Digitais
Diretora executiva: Angélica Pizzutto Pozzani
Diretor de operações: João Gameiro
Gerente editorial: Denise Pizzutto
Editora de texto: Carmen Lucia Ferrari
Assistente editorial: Tatiana Gregório
Preparação e revisão: Amanda Andrade, Carol Gama, Érika Finati, Flávia Venezio, Flávio Frasqueti, Gabriela Damico, Juliana Simões, Leandra Trindade, Mayra Terin, Patrícia Rocco, Regina Elisabete Barbosa, Sirlei Pinochia
Projeto gráfico: Triolet Editorial/Arte
Editoras de arte: Daniela Fogaça Salvador, Débora Jóia
Assistentes de arte: Beatriz Landiosi (estag.), Lucas Boniceli (estag.)
Ilustradores: Adilson Secco, Bentinho, Dawidson França, Filipe Rocha, Suryara Bernardi
Cartografia: Allmaps
Iconografia: Pamela Rosa (coord.), Clarice França, Erika Freitas, Priscila Ferraz
Tratamento de imagens: Felipe Martins Portella e Paulo Salvador
Capa: Beatriz Marassi
Imagem de capa: Anthony Aneese Totah Jr /Dreamstime.com

Imagem de capa:
Carro de Fórmula 1.

Créditos da linha do tempo (de cima para baixo e da esquerda para a direita).

Fotos da página 8: Christian Jegou Publiphoto Diffusion/SPL/Latinstock; AKG-Images/SPL/Latinstock; Dawidson França.

Fotos da página 9: CCI Archives/SPL/Latinstock; Richard Newton/Alamy/Fotoarena; A. de Gregorio/DEA/Granger/Fotoarena; Coleção Particular. Foto: The Bridgeman Art Library/Keystone Brasil; Photoresearchers/Latinstock.

Fotos da página 10: Zoonar GmbH/Alamy/Fotoarena; David Race/Alamy/Fotoarena; Werner Forman/AKG-Images/Latinstock; Julie Quarry/Alamy/Fotoarena; Coleção Particular; Coleção Particular. Foto: The Bridgeman Art Library/Keystone Brasil; Oleynik Aline/Shutterstock.com; De Agostini/Getty Images; Coleção Particular; Museo Archeologico Nazionale, Naples. Foto: The Bridgeman Art Library/Keystone Brasil; Universal History Archive/Getty Images; DEA/Getty Images.

Fotos da página 11: : Manuel Cohen/AFP; Horizon Images/Motion/Alamy/Fotoarena; Coleção Particular; Detlev Van Ravenswaay/SPL/Latinstock; Peter Horree/Alamy/Fotoarena; Coleção Particular; Photoresearchers/Getty Images; Coleção Particular; Coleção Particular; Coleção Particular; Coleção Particular; Coleção Particular.

Fotos da página 12: Philip Bird LRPS CPAGB/Shutterstock.com; Biblioteca Estense, Modena; The Bridgeman Art Library/Keystone Brasil; Hemera Technologies/Getty Images; Dawidson França; Coleção Particular; Museu delle Scienze, Florença. Foto: AKG-Images/Latinstock; Coleção Particular; Bibliothèque Nationale de France, Paris; Biblioteca Reale, Turin; Museu Nicolaus Copernicus, Frombork; Coleção Particular; Museu de História Frederiksborg, Hillerod; Coleção Particular; Coleção Particular; Coleção Particular.

Fotos da página 13: Galeria da Academia, Veneza; Bibliotheque de lInstitut de France, Paris; Bibliotheque de l'Institut de France, Paris; Coleção Particular; Coleção Particular; SPL/Latinstock; Alinari/Roger Viollet/Glow Images; Coleção Particular; Galleria Palatina, Palazzo Pitti, Florença; Monastério Stift Kremsmünster, Kremsmünster; Coleção Particular; Coleção Particular; Bibioteca Nacional, Paris; Coleção Particular; Coleção Particular; National Portrait Gallery, Londres; Coleção Particular; Coleção Particular; Coleção Particular; Ecole Polytechnique, Palaiseau; Coleção Particular; The Pushkin State Museum of Fine Arts, Moscow.

Fotos da página 14: Musee Carnavalet, Paris; Coleção Particular; GL Archive/Alamy/Fotoarena; Coleção Particular; Coleção Particular; Absente/Dreamstime.com; Davina Washington/Dreamstime.com; DEA/The Bridgeman Art Library/Keystone Brasil; National Media Museum, Bradford. Foto: The Bridgeman Art Library/Keystone Brasil; Coleção Particular; SPL/Latinstock; AKG-Images/Fotoarena; Coleção Particular; Coleção Particular; Coleção Particular; Ullstein Bild/Getty Images; Coleção Particular; Coleção Particular; Biblioteca do Congresso, Washington, D.C.; Emilio Segre Visual Archives/American Institute of Physics/SPL/Latinstock; Library of Congress/SPL/Latinstock; Coleção Particular; Granger/Fotoarena; SPL/Latinstock; AKG-Images/Latinstock; World History Archive/Alamy/Fotoarena.

Fotos da página 15: Acrevo Iconographia; NASA; Jeffrey Coolidge/Getty Images; Sebastian Kaulitzki/Shutterstock.com; Bettmann/Getty images; GlPhotoStock/Science Source/Latinstock; JPL/NASA; Alex Larbac/Tyba; NASA; Kovaleff/Dreamstime.com; NASA; Ivan Sekretarev/AP/Glow Images; Coleção Particular; Coleção Particular; Coleção Particular; Coleção Particular; Coleção Particular; Archive Pics/Alamy/Fotoarena; GL Archive/Alamy/Fotoarena; Coleção Particular; George Karger/The LIFE Images Collection/Getty Images; Hulton Archive/Getty Images; Granger/Fotoarena; Jon Brenneis/The LIFE Images Collection/Getty Images; Emilio Segre Visual Archives/American Institute of Physics/SPL/Latinstock; Acervo UH/Folhapress.

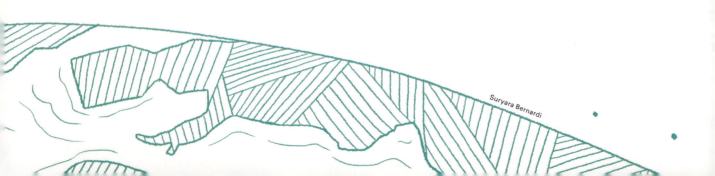

APRESENTAÇÃO

Caro aluno,

O mundo sempre foi palco de desafios. Na Era Pré-Histórica, permanecer vivo até os 30 anos era uma aventura das mais árduas para a espécie humana. Escapar de feras, sobreviver ao frio e ao calor excessivos, assim como obter o sustento necessário, eram tarefas das mais difíceis.

Os tempos mudaram, mas os desafios continuam presentes de outras maneiras. Alguns deles podem ser escolhidos por nós, como a travessia do Oceano Atlântico num barco a remo ou a escalada ao Monte Everest sem auxílio de tubos de oxigênio. Outros nos são impostos, como nos mantermos saudáveis e ativos por toda a vida, ou ainda tornar este mundo um lugar melhor para nós e para as futuras gerações.

O que diferencia os desafios do passado e os do presente é que cada vez mais necessitamos de nossas mentes e menos de nossos músculos para superá-los; por isso, "saber" e "saber fazer" são valorizados na vida moderna.

Os livros desta Coleção foram inspirados por este ideal, a saber, o de que o mundo deve ser visto como fonte de desafio para nossas mentes. Nele, nossa curiosidade natural se inspira para formular as mais diferentes questões, tais como: Por que um diamante brilha mais do que um pedaço de vidro? Por que durante uma forte tempestade alguns raios sobem, enquanto a maioria cai em direção à Terra? O que ocorre em um motor elétrico que, apesar de ter eficiência muitas vezes superior à de um motor a combustão, tem autonomia muito menor em relação a este último? A Física é uma das áreas mais apropriadas para oferecer respostas a essas perguntas. Esta Coleção foi escrita para auxiliar na aventura que é conhecer o mundo físico; então, esperamos que ela possa se tornar um instrumento útil para os desafios que se apresentem durante sua vida.

Os autores

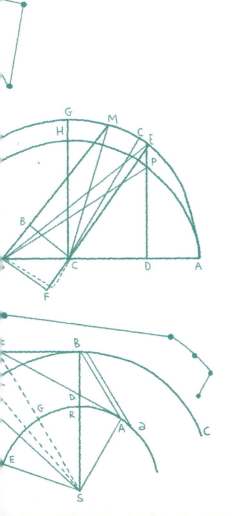

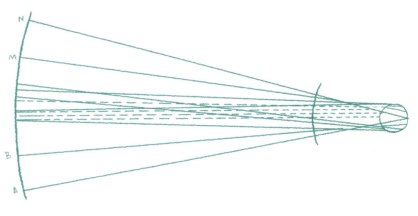

Conheça o livro

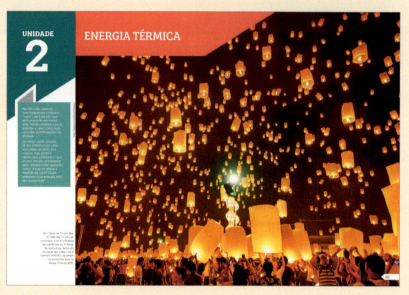

Abertura de unidade
Uma imagem representativa do tema e um texto introdutório favorecem a reflexão sobre o que se conhece a respeito do assunto que será estudado.

Exercícios resolvidos
Trazem estratégias de resolução e servem de apoio aos exercícios propostos.

Exercícios propostos
Exercícios para fixação do conteúdo, acompanham o desenvolvimento teórico de cada capítulo.

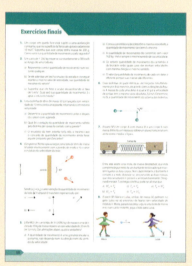

Exercícios finais
Exercícios com maior nível de complexidade conceitual ou matemática. Integram diferentes conhecimentos e exigem diferentes habilidades. Contempla também exercícios de vestibulares.

Enem
Seleção de exercícios dos últimos exames do Enem, disponibilizada ao final de cada unidade.

Explorando o assunto
Questões para interpretação do texto ou para a problematização de um conceito recém-apresentado em um contexto diferente.

Lembrete
Notas rápidas ao longo da teoria, para algum reforço ou detalhe das descrições matemáticas.

Pesquise, proponha e debata

Atividades que envolvem pesquisas em diversas fontes ou debates coletivos para proposição de ideias e argumentos.

Problema aberto

Situações-problema, em que se deve elaborar estratégias de resolução, que estimulam o desenvolvimento de habilidades investigativas.

Investigue com o pesquisador

Atividade trabalhada com trechos de textos originais de importantes cientistas (ou pesquisadores) do passado.

Investigue você mesmo

Propostas de atividades experimentais com materiais de fácil acesso e que podem ser realizadas em sala de aula ou em casa.

Ciência, tecnologia, sociedade e ambiente

Demonstra como a pesquisa científica pode ser aplicada para o bem-estar da sociedade, explorando as relações entre Ciência, Tecnologia, Sociedade e Ambiente (CTSA).

Por dentro do conceito

Apresenta detalhes mais específicos sobre um conceito estudado. Também traz valores numéricos para algumas grandezas físicas relacionadas aos conceitos.

Sumário

UNIDADE 1 Energia

Capítulo 1 A história do princípio de conservação de energia 18
1. Energia: uma breve introdução 18
2. A *vis viva* e as origens históricas do princípio de conservação de energia 22
   Exercícios finais 27
   Pesquise, proponha e debate – Conservação de energia 29
   Problema aberto – Homem-aranha 31

Capítulo 2 Trabalho e potência 32
1. Trabalho 32
2. Potência 39
   Exercícios finais 41
   Pesquise, proponha e debate – Quais são as potências? 44

Capítulo 3 Energia mecânica 45
1. A construção do conceito físico de energia cinética 45
2. Energia potencial 48
3. Sistema mecânico 55
4. Rendimento 60
   Exercícios finais 61
   Investigue você mesmo – Balde-bocha 66
   Investigue você mesmo – Lata adestrada 67
   Investigue com o pesquisador – O pêndulo de Galileu 68

Capítulo 4 Energia e suas outras faces 70
1. As transformações da energia na Terra a cada segundo 70
2. Energia em sistemas biológicos 74
3. Matriz energética nacional 75
   Exercícios finais 81
   Pesquise, proponha e debate – Energia nuclear no Brasil 82

Capítulo 5 Quantidade de movimento e impulso 83
1. Os primeiros passos na quantificação do movimento 83
2. Quantidade de movimento de um sistema ... 84
3. Princípio da conservação da quantidade de movimento 86
4. Impulso de uma força 90
5. Modelizando as colisões 92
6. Quantidade de movimento angular 99
   Exercícios finais 102
   Investigue você mesmo – Bate e volta! Ou não volta? 109
   Investigue você mesmo – Produzindo movimentos 110
   Pesquise, proponha e debate – A tecnologia do *air bag* 111
   Investigue com o pesquisador – A controvérsia na conservação do movimento: $m \cdot v$ ou $m \cdot v^2$? 112
Enem 114
Para ler e assistir 119

UNIDADE 2 Energia térmica

Capítulo 6 Calor como energia 122
  1. A história da natureza do calor 122
  2. Um modelo para calor e matéria.................... 125
  3. Modelo cinético dos gases.......................... 136
    Exercícios finais.................................. 144
    Investigue você mesmo – Construindo um
    termoscópio 149
    Investigue com o pesquisador –
    O debate sobre a natureza do calor............... 150

Capítulo 7 Calor e dilatação 152
  1. Dilatação 152
  2. Dilatação linear................................ 153
  3. Dilatação superficial........................... 156
  4. Dilatação volumétrica 157
  5. Dilatação dos líquidos 158
    Exercícios finais................................ 162
    Investigue você mesmo – Dilatação linear e
    volumétrica..................................... 166

Capítulo 8 Trocas de calor............................ 167
  1. Calor e temperatura nas substâncias 167
  2. Cálculo da quantidade de calor 172
  3. Trocas de calor em sistemas 177
  4. Por que as substâncias mudam de estado
  físico?... 179
  5. Transmissão de calor: doando e recebendo
  calor.. 191
    Exercícios finais................................ 195
    Investigue você mesmo – Energia dos
    alimentos 200

Capítulo 9 Máquinas térmicas.......................... 201
  1. Máquinas na História............................ 201
  2. Transformações em máquinas térmicas 204
  3. Calor, energia e trabalho 214
  4. Entropia e a dissipação da energia 223
    Exercícios finais................................ 229
    Problema aberto – Miniestação
    meteorológica.................................. 234
    Pesquise, proponha e debate – As máquinas de
    movimento perpétuo............................ 235
  Enem... 237
  Para ler e assistir 245

UNIDADE 3 Imagem e som

Capítulo 10 Luz e imagem 248
  1. Uma abordagem histórica da visão 248
  2. Câmara escura e a trajetória da luz 251
  3. A velocidade da luz............................. 254
  4. Reflexão – A luz indo e voltando.................. 257
  5. Refração – A luz sendo desviada 260
    Exercícios finais................................ 268
    Problema aberto – O homem invisível.......... 275
    Investigue você mesmo – Caleidoscópio 276
    Investigue você mesmo – Câmara escura...... 277

Capítulo 11 Espelhos, lentes e instrumentos
    ópticos 278
  1. Espelhos esféricos e a reflexão da luz............. 278
  2. Lentes esféricas e a refração da luz 286
  3. Instrumentos ópticos 293
  4. O olho humano................................. 300
    Exercícios finais................................ 304
    Investigue você mesmo – Espelho cilíndrico... 310
    Investigue você mesmo – Lente cilíndrica...... 311

Capítulo 12 Som 312
  1. Vibrações e sons 312
  2. O que torna uma vibração audível?............... 315
  3. A orelha, esse labirinto complexo 319
  4. Música ou ruído? 324
  5. Outros fenômenos sonoros....................... 326
    Exercícios finais................................ 330
    Investigue você mesmo – A audibilidade
    de um som 335

Capítulo 13 Sons e instrumentos....................... 336
  1. A produção de som nos instrumentos............ 336
  2. Características dos sons musicais 341
  3. As ondas nos instrumentos...................... 343
    Exercícios finais................................ 353
    Investigue com o pesquisador – Entre sons
    e sensações.................................... 354
    Pesquise, proponha e debate – DJs com
    gramofones 356
  Enem... 357
  Para ler e assistir 361
  Bibliografia.................................... 362
  Gabarito 363

A FÍSICA NA HISTÓRIA

Nesta linha do tempo, você conhecerá alguns personagens, descobertas, invenções e aparatos científicos e tecnológicos que estão direta ou indiretamente vinculados ao desenvolvimento da história da Física. Esse breve passeio pelo tempo começa na Pré-História (2500000 a.C.–4000 a.C.), segue para a Idade Antiga (4000 a.C.–476 d.C.), passa pela Idade Média (476–1453), percorre a Idade Moderna (1453-1789) e chega à Idade Contemporânea (de 1789 aos nossos dias).

O objetivo desta seção é apresentar uma visão geral do contexto histórico de cada período, para convidá-lo a refletir sobre quão estreitas são as relações entre ciência, tecnologia, economia, cultura e sociedade de determinada época. Você poderá perceber, por exemplo, que o desenvolvimento da Termodinâmica, nos séculos XVIII e XIX, é fruto de inovações como a máquina a vapor, com a Revolução Industrial constituindo um estímulo à atividade científica e vice-versa.

Desejamos que sua viagem por **A Física na História** continue em muitos outros momentos e contextos além das páginas desta coleção.

▶ Período Paleolítico (2500000 a.C.–10000 a.C)

◀ Aparecimento do gênero *Homo Habilis*.

▶ Período Neolítico (10000 a.C.– 4000 a.C.)

◀ O domínio do fogo permitiu usufruir do conforto da luz artificial para a vida noturna e o calor nos períodos de inverno. Possibilitou também o desenvolvimento inicial da metalurgia.

◀ Nossos antepassados concebiam os astros e os fenômenos celestes como divindades, ou manifestações divinas, que tinham influência direta na vida de cada ser humano. Não havia distinção entre astrólogos ou astrônomos e o estudo do céu tinha motivação tanto espiritual, quanto prática.

PRÉ-HISTÓRIA: 2500000 a. C. –4000 a. C.

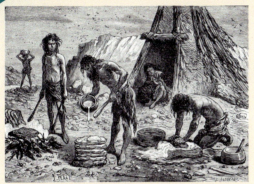

▲ O desenvolvimento agrícola exigiu a observação dos ciclos da natureza, que está relacionado com a observação do céu. A agricultura e a domesticação de animais estimularam a sedentarização de grupos humanos.

▲ As monumentais edificações megalíticas, como Callanish Stones na Escócia, eram utilizadas para observações celestes e para fins religiosos.

▲ A invenção da roda facilitou os grandes deslocamentos.

◀ A fabricação de ferramentas de pedra facilitou a execução de várias tarefas e contribuiu para o desenvolvimento do cérebro dos hominídeos, por exigir um raciocínio mais sofisticado na sua elaboração.

Os curandeiros podem ser considerados os primeiros de uma linhagem de investigadores experimentais e ancestrais remotos do cientista moderno. ▶

9

A FÍSICA NA HISTÓRIA

EGITO ANTIGO
Pirâmides e Esfinge, construídas por volta de 2500 a.C.

GRÉCIA ANTIGA
Partenon, construído por volta de 447 a.C.

◀ Os egípcios foram o primeiro povo a fabricar vidro.

▲ Fogo, terra, ar e água eram considerados os quatro elementos fundamentais do Universo.

▲ Os astrônomos do Egito Antigo usavam as estrelas como referência para o posicionamento das pirâmides.

◀ Acredita-se que o Gnômon, relógio de Sol, tenha surgido no Egito Antigo e apenas posteriormente tenha sido introduzido na Grécia Antiga.

◀ Ampulheta, o relógio de areia, foi o primeiro marcador de tempo portátil.

Pitágoras
(570 a.C.- 496 a.C.)

Empédocles
(493 a.C.- 430 a.C.)

Demócrito
(460 a.C.-370 a.C.)

Platão
(427 a.C.- 347 a.C.)

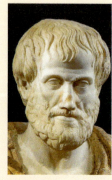

Aristóteles
(384 a.C.- 322 a.C.)

IDADE ANTIGA: 4000 a.C. – 476 d.C.

ROMA ANTIGA
Coliseu, construído entre 70 e 90 d.C.

CHINA ANTIGA
Pagodes Brancos de Manfeilong, contruídos em 1204 a.C.

▲ O monocórdio de Pitágoras (caixa de ressonância para estudo das vibrações sonoras) uniu Música e Matemática.

▲ O primeiro relato do aparecimento do cometa Halley ocorreu na China da antiguidade, em 240 a.C.

◀ Civilizações da antiga América Latina desenvolveram sofisticados calendários com base nas observações astronômicas.

◀ Eolípila, a primeira máquina térmica, foi desenvolvida pelo grego Heron.

◀ Atribui-se a invenção da bússola aos chineses.

Arquimedes
(287 a.C.- 212 a.C.)

Hiparco
(190 a.C.- 125 a.C.)

Lucrécio
(98 a.C.- 55 a.C.)

Plínio (23 - 79)

Cláudio Ptolomeu
(90 - 168)

11

A FÍSICA NA HISTÓRIA

IDADE MÉDIA: 476 A 1453

◀ O relógio da Abadia de Westminster (Londres, Inglaterra) foi um marco na contagem do tempo, possibilitando que toda a população local pudesse acompanhar a contagem das horas.

▲ As Grandes Navegações tiveram início no período de transição entre Idade Média e Moderna e perduraram até o século XVII.

◀ O astrolábio, inventado na Idade Antiga para medir a altura dos astros acima do horizonte, foi um instrumento marítimo essencial, sendo utilizado inclusive nas Grandes Navegações iniciadas no século XV.

▲ Os óculos foram desenvolvidos inicialmente com objetivo de auxiliar a leitura e tinham apenas uma lente (monóculos).

▲ O equipamento aquático antecessor do escafandro apresentava grandes restrições de mobilidade e tinha que permanecer conectado à embarcação, porém inovou ao possibilitar o mergulho solo de 20 m de profundidade.

◀ A construção das caravelas pelos portugueses possibilitou as Grandes Navegações.

Galileu aprimorou a luneta e apontou o equipamento para o céu (1609). ▶

Nicolau Copérnico
(1473-1543)

William Gilbert
(1544-1603)

Tycho Brahe
(1546-1601)

Alhazen (965-1040)

Nicolau Oresme
(1323-1382)

Leonardo da Vinci
(1452-1519)

Anders Celsius
(1701-1744)

Charles A. Coulomb
(1736-1806)

James Watt
(1736-1819)

IDADE MODERNA: 1453-1789

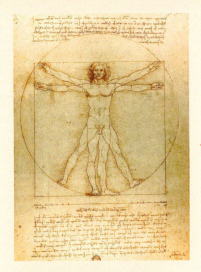

◀ Arte, Matemática e Ciência integram obra de Leonardo da Vinci, denominada *O Homem Vitruviano*.

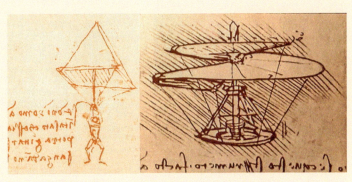

▲ Os primeiros projetos de paraquedas e helicópteros foram desenvolvidos por Leonardo da Vinci.

▲ Barômetro foi inventado em 1643, por Evangelista Torricelli (1608 – 1647).

▲ Robert Hooke aprimorou o microscópio composto e observou células da cortiça (1665).

▲ Isaac Newton construiu o primeiro telescópio refletor (1670).

▲ A primeira bicicleta foi desenvolvida na França (1790).

◀ Um motor a vapor foi utilizado para movimentar um veículo pela primeira vez na França (1771).

Galileu Galilei
(1564-1642)

Johannes Kepler
(1571-1630)

Willebrord Snell
(1580-1626)

René Descartes
(1596-1650)

Edmé Mariotte
(1620-1684)

Robert Boyle
(1627-1691)

Christiaan Huygens
(1629 -1695)

Isaac Newton
(1642-1727)

Alessandro A. Volta
(1745-1827)

Benjamin Thompson
(1753-1814)

Thomas Young
(1773-1829)

André M. Ampère
(1775-1836)

Hans C. Oersted
(1777-1851)

Carl F. Gauss
(1777-1855)

A FÍSICA NA HISTÓRIA

▲ A Revolução Francesa (1789-1799) foi um marco na história, que deu início à Idade Contemporânea.

▲ A Revolução Industrial, que ocorreu nos séculos XVIII e XIX, foi caracterizada pela mudança do trabalho artesanal para o assalariado das fábricas.

▲ A bomba atômica foi desenvolvida inicialmente com objetivo de compreender a estrutura da matéria. O primeiro teste ocorreu em 16 de julho de 1945 na cidade de Los Álamos, Estados Unidos.

▲ A invenção da locomotiva (1804) e do barco a vapor (1807) está relacionada ao desenvolvimento da termodinâmica.

▲ O telégrafo tornou possível a comunicação a distância (1835).

▲ A invenção do telefone revolucionou a comunicação (1876).

▲ Com a criação do fonógrafo, foi possível gravar e reproduzir sons (1877).

▲ A máquina fotográfica possibilitou o registro instantâneo de momentos da vida (1888).

▲ O cinema nasceu com o desenvolvimento do cinematógrafo na França (1895).

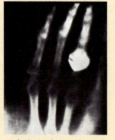

▲ A descoberta dos raios-X teve aplicação imediata na medicina (1896).

▲ Alberto Santos Dumont (1873-1932) realizou o primeiro voo com um avião motorizado (1906).

Georg Simon Ohm (1789-1854)

Michael Faraday (1791-1867)

Nicolas L. Sadi Carnot (1796-1832)

Robert W. E. Bunsen (1811-1899)

James Prescott Joule (1818-1889)

Hermann von Helmholtz (1821-1894)

Gustav Kirchhoff (1824-1887)

Hendrik Lorentz (1853-1928)

J. J. Thomson (1856-1940)

Heinrich R. Hertz (1857-1894)

Max Planck (1858-1947)

Pierre Curie (1859 – 1906) e Marie Curie (1867-1934)

Wilhelm Wien (1864-1928)

Ernest Rutherford (1871-1937)

IDADE CONTEMPORÂNEA: 1789 ATÉ OS DIAS ATUAIS

◀ Observatório Nacional, no Rio de Janeiro. Uma das mais antigas instituições brasileiras de pesquisa, ensino e prestação de serviços tecnológicos foi fundada no início do século XIX.

O ser humano pisou em outro corpo celeste, ▶ a Lua. Em 20 de julho de 1969 aconteceu um pequeno passo para um homem, porém um grande salto para a humanidade, conforme disse o astronauta Neil Armstrong.

▲ A televisão colorida surpreendeu e encantou os telespectadores (1950).

▲ A fibra óptica foi desenvolvida por um físico indiano (1952).

▲ Sputnik I, foi o primeiro satélite artificial lançado no espaço sideral (1957).

▲ O *laser* foi inicialmente desenvolvido com fins científicos, mas rapidamente foi aplicado na indústria e na medicina (1960).

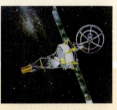

▲ Lançamento da primeira sonda espacial, Mariner 2 (1962).

▲ A instalação da primeira usina termonuclear brasileira em Angra dos Reis, Rio de Janeiro (1985).

▲ Lançamento do primeiro telescópio espacial, batizado de Hubble em homenagem ao cientista (1990).

▲ A World Wide Web (www) surgiu no CERN (Organização Europeia para Pesquisa Nuclear) e revolucionou a forma e a agilidade de compartilhamento de informações e da comunicação em âmbito mundial (2001).

▲ Construção da Estação Espacial Internacional, um laboratório para pesquisas acima da superfície terrestre (início de operação em 2011).

▲ Marcos Pontes, o primeiro astronauta brasileiro a participar de uma missão espacial.

Lorde Kelvin (1824-1907)

James C. Maxwell (1831-1879)

William Crookes (1832-1919)

Josef Stefan (1835-1893)

Ludwig Boltzmann (1844-1906)

Wilhelm Röntgen (1845-1923)

Henri Becquerel (1852-1908)

Ejnar Hertzsprung (1873-1967)

Henry N. Russell (1877-1957)

Albert Einstein (1879-1955)

Niels Bohr (1885-1962)

Edwin Hubble (1889 -1953)

Louis de Broglie (1892-1987)

César Lattes (1924-2005)

UNIDADE 1

ENERGIA

Um fato interessante no uso das palavras é avaliar sua importância no contexto em que são empregadas ou as ideias que podem transmitir para as pessoas. O termo "energia", por exemplo, pode ser usado em diversas situações, como em um papo de engenheiros ou entre jogadores de futebol. Mas o que é energia? Qual é sua relevância para o estudo do mundo natural? Responder a essas e a outras perguntas e trabalhar os diferentes aspectos dessa grandeza física é o que faremos nesta unidade.

As Cataratas do Iguaçu (na fronteira do Brasil com a Argentina) têm vazão média cerca de 40 vezes menor que o vertedouro da Usina Hidrelétrica de Itaipu (na fronteira do Brasil com o Paraguai), e a altura de sua maior queda equivale a pouco menos de metade da altura da usina. Ambos os exemplos – um natural e outro artificial – localizam-se no estado do Paraná e geram grandes quantidades de energia potencial. Foto de 2015.

Ernesto Reghran/Pulsar Imagens

CAPÍTULO 1

A HISTÓRIA DO PRINCÍPIO DE CONSERVAÇÃO DE ENERGIA

1. Energia: uma breve introdução

Assim que acordamos, estamos cheios de energia para enfrentar mais um dia de atividades, e, não raro, ouvimos alguém nos dizer para não gastarmos energia demais no banho. O noticiário da TV, por sua vez, frequentemente trata das fontes renováveis de energia ou informa a necessidade de economizarmos energia. Como a noção de energia é pertinente para circunstâncias tão diferentes como essas?

A importância da energia vem da possibilidade de ela ser empregada em diversas situações. São inúmeros os casos em que nos referimos a esse termo: podemos falar sobre a energia presente em uma pilha ou no vento, a energia solar, a energia química, a energia dos alimentos, entre outras (Figuras 1.1 e 1.2).

Figura 1.1: A roda-d'água é considerada a predecessora das atuais hidrelétricas.

Figura 1.2: A queda-d'água da Usina de Itaipu Binacional é uma das maravilhas do mundo moderno. Foto de 2015.

Ao longo deste e dos próximos capítulos, você conhecerá a evolução do conceito de energia e perceberá que nem sempre o uso coloquial do termo coincide com o significado científico. Não devemos, contudo, abandonar seu uso no cotidiano; ao contrário, temos de conhecer todos os significados dessa palavra para que possamos aplicá-la adequadamente em cada contexto.

1.1. A energia e suas transformações

Como você já viu, o termo "energia" pode ser empregado em diferentes contextos e em situações aparentemente distintas. Pense, por exemplo, na seguinte pergunta:

Qual é a relação entre uma banana e a temperatura do Sol?

A princípio nenhuma, você poderia responder, mas reflitamos um pouco: uma banana contém energia, fato comprovado pelos seres vivos que dela se alimentam e obtêm energia para realizar suas tarefas. Além disso, a bananeira se desenvolve e produz seus frutos graças à utilização da luz do Sol no processo da fotossíntese. A energia do Sol provém de reações nucleares de fusão em seu interior. Essas reações só ocorrem em elevadas temperaturas, da ordem de 15 milhões de graus Celsius (Figura 1.3).

Figura 1.3: Transformações da energia.

Essa série de deduções só é possível porque sabemos que a quantidade de energia em um dado sistema se conserva. Quando em uma situação verificamos que existe determinada forma de energia, podemos nos perguntar de onde ela veio ou para onde ela vai. Foi isso que fizemos quando questionamos a relação entre a banana e o Sol.

Por dentro do conceito

Figura 1.4: A energia elétrica é fundamental para a vida nos dias atuais.

Tipos de energia

Energia elétrica: relaciona-se às cargas elétricas (prótons, elétrons ou íons), estejam elas em repouso ou em movimento (Figura 1.40).

Energia mecânica: divide-se em três tipos. A **cinética** (Figura 1.5) está relacionada ao movimento; a **potencial gravitacional** (Figura 1.6), à interação gravitacional; e a **potencial elástica** (Figura 1.7), à deformação de materiais flexíveis.

Energia térmica: está associada à vibração de átomos ou moléculas em uma substância, ocasionando o aumento de temperatura (Figura 1.8).

Energia química: quando nos alimentamos, consumimos a energia química dos alimentos para o funcionamento de nosso organismo. Um carro transforma a energia química dos combustíveis fósseis em movimento (Figura 1.9), e os aparelhos eletrônicos portáteis utilizam a energia química armazenada nas baterias.

Figuras 1.5, 1.6 e 1.7: Exemplos de energia cinética (carro em movimento), potencial gravitacional (queda d'água) e potencial elástica (elástico distendido).

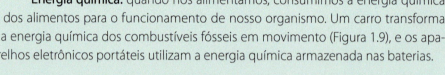

Figura 1.8: Podemos perceber o resultado da agitação térmica na fervura do leite.

Figura 1.9: O motor do carro converte a energia química da gasolina em energia térmica e cinética.

20   Unidade 1   Energia

Energia nuclear: está associada à energia de ligação entre prótons e nêutrons, partículas constituintes do núcleo atômico. É possível obtê-la de duas maneiras: por fissão ou por fusão nuclear (Figura 1.10). Na **fissão nuclear** ocorre liberação de energia pela divisão de um núcleo atômico pesado em dois ou mais núcleos leves. Esse processo é utilizado nas usinas nucleares e nas bombas atômicas. A **fusão nuclear** envolve a produção de enorme quantidade de energia por meio da unificação de núcleos atômicos leves em um núcleo mais pesado. É por esse processo que as estrelas produzem energia.

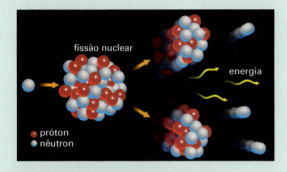

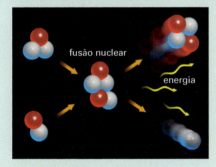

Figuras 1.10: Esquemas indicando reações de fissão e fusão nuclear. Ilustrações sem escala; cores-fantasia.

Energia por aniquilação de pares: na reação entre matéria e antimatéria, as partículas transformam-se em energia radiante. Partículas de antimatéria são equivalentes às partículas de matéria convencional com o sinal contrário da carga elétrica. Por exemplo, o pósitron é uma partícula igual ao elétron, mas com sinal positivo (Figura 1.11).

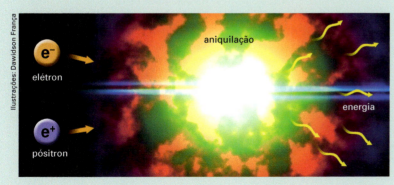

Figura 1.11: O esquema representa a liberação de energia que resulta da aniquilação de pares. Ilustração sem escala; cores-fantasia.

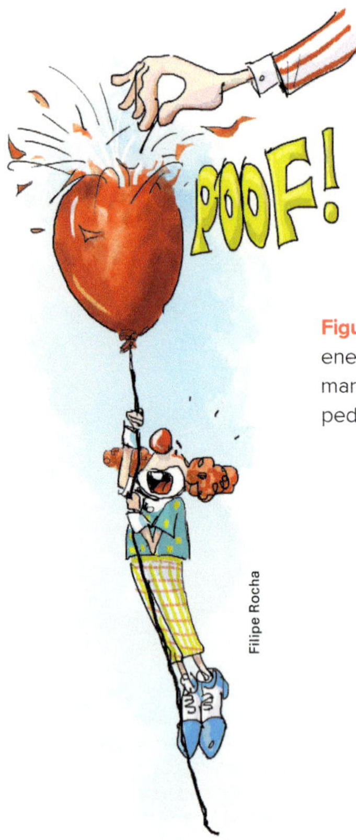

Filipe Rocha

Muitas situações do dia a dia aparentemente distintas relacionam-se por meio do conceito de energia, o que de certa forma explica a "popularidade" desse termo tanto na linguagem cotidiana quanto na científica. De uma situação para outra, a energia se transforma. Ela pode passar, por exemplo, da forma elétrica para a cinética (de movimento), no caso de um motor, e de energia química para energia luminosa, no caso da chama de uma vela.

O mais importante nisso tudo é que a quantidade total de energia se **conserva** em meio a todas essas transformações, assumindo formas diversas (Figura 1.12). Para a Ciência, essa é uma de suas principais propriedades.

Figura 1.12: Um balão cheio e intacto pode até parecer um sistema sem energia. Mas, quando ele é estourado, percebemos a energia se manifestando na forma de barulho (energia sonora) e de movimento dos pedaços de borracha (energia cinética).

Exercício resolvido

Logo após uma colisão entre dois carros, para onde vai a energia que inicialmente estava na forma de movimento?

Grande parte da energia continua sendo utilizada para o movimento dos carros até o momento de parada deles, mas também há transformação de energia em som e calor e na deformação de partes do carro.

Exercícios propostos

1. Em que situações de seu cotidiano você geralmente utiliza o termo "energia"?
2. Que transformações de energia ocorrem quando um ciclista pedala?
3. Podemos obter água quente para um banho por meio de um aquecedor elétrico, a gás ou a luz solar. Indique as principais transformações de energia nessa situação.

Figura 1.13: Demócrito (460 a.C.-370 a.C.).

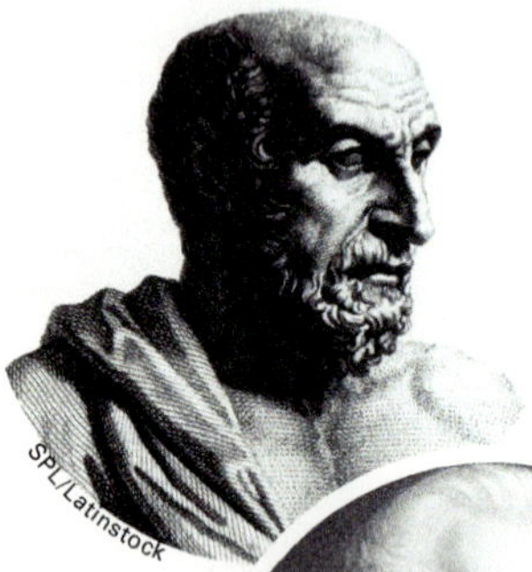

SPL/Latinstock

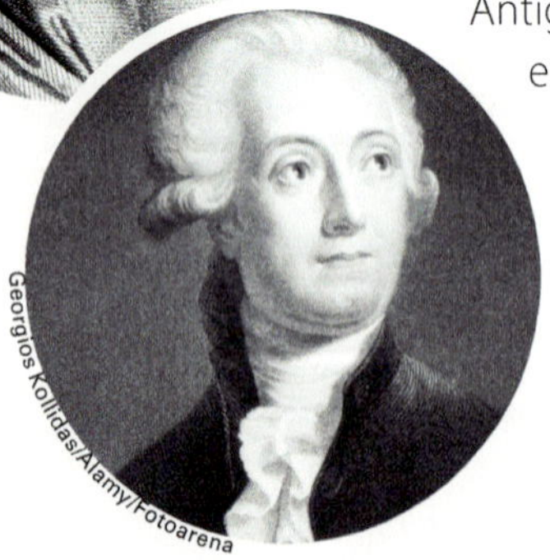

Georgios Kollidas/Alamy/Fotoarena

Figura 1.14: Antoine Lavoisier (1743-1794).

2. A *vis viva* e as origens históricas do princípio de conservação de energia

Ao longo da história da humanidade, muitas explicações sobre o comportamento do mundo se apoiaram na ideia de conservação. A ideia de átomo, concebida na Antiguidade pelo grego Demócrito (Figura 1.13), já seguia nessa direção: tudo que existe é formado por átomos, e com o tempo os corpos degradam, mas seus átomos permanecem nos ciclos de transformação da natureza. Posteriormente, o químico francês Antoine Lavoisier (Figura 1.14) formulou um dos princípios de conservação mais conhecidos: a matéria não pode ser criada nem destruída, apenas transformada.

Explorando o assunto

Qual é o significado do termo "princípio" no conceito de princípio de conservação de energia?

O pensador francês René Descartes (Figura 1.15) foi um dos primeiros a interpretar o movimento baseando-se no princípio de conservação. Para ele, no início de tudo o Universo era constituído de um grande bloco estático de matéria, até que, em determinado instante, por intervenção divina, foram criados diversos vórtices (redemoinhos) em vários pontos, fazendo essa matéria se fragmentar e originar três elementos "fundamentais": o primeiro foi formado por pequenas partículas incandescentes que geraram o fogo central; o segundo, por partículas maiores que se comportavam como um fluido etéreo girando ao redor do centro; e o terceiro, por partículas grandes e pesadas, imersas no elemento fluido. Esse movimento primordial seria conservado por toda a existência, pois essa dádiva nunca poderia desaparecer.

Figura 1.15: René Descartes (1596-1650).

Nessa concepção de Universo cartesiano (Figura 1.16), podemos compreender o movimento celeste fazendo uma analogia com o ralo aberto de uma banheira cheia de água e com brinquedos boiando nela: o ralo no centro do turbilhão seria o Sol (fogo central) e a água representaria o segundo elemento (éter) a carregar os brinquedos (os planetas, na analogia).

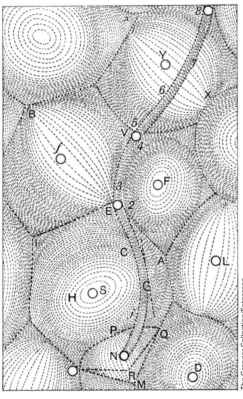

Figura 1.16: A trajetória de um cometa em função dos vórtices no éter.

Explorando o assunto

Segundo Descartes, o movimento se conserva pela eternidade. Você acha isso possível? Por quê?

Contudo, na prática, a ideia de que o movimento se conserva enfrenta alguns problemas. Quando lançamos uma bola num piso horizontal, seu movimento vai diminuindo até parar. Então fica a questão: para onde foi o movimento original que não se conservou? Descartes diria que se transferiu para as partículas do ar e do próprio piso, na forma de movimentos microscópicos, impossíveis de serem vistos. Com argumentos dessa natureza, Descartes justificava as situações em que o movimento parecia desaparecer.

Figura 1.17: Gottfried Leibniz (1646-1716).

A conservação do movimento era considerada um princípio inviolável, e sua análise desafiou por séculos os estudiosos do assunto. Para o cientista alemão Gottfried Leibniz (Figura 1.17), por exemplo, o movimento de um corpo deveria ser medido pelo produto $m \cdot v^2$. Segundo Leibniz, essa grandeza, chamada **vis viva**, não podia ser criada nem destruída, conservando-se em todo o Universo.

A história do princípio de conservação de energia Capítulo 1 23

$m \cdot v^2 = 0$

Figura 1.18: Onde se "escondeu" a *vis viva*?

No entanto, os críticos perguntavam: o que ocorre com a *vis viva* quando um corpo lançado para cima atinge a altura máxima (Figura 1.18)? Como a velocidade do corpo no ponto mais alto de sua trajetória é zero, essa grandeza também será nula ($m \cdot v^2 = 0$). Leibniz dizia que nesse ponto a *vis viva* fica latente, escondida, tanto que logo em seguida o corpo volta a se movimentar e, ao atingir a posição inicial, tem a mesma velocidade que antes. O cientista sustentava que a grandeza se conservava em todas as transformações porque passava de um corpo em movimento para outro, bastando apenas que se procurasse onde ela se encontrava.

Com relação a um corpo que se movimenta sobre uma superfície e vai diminuindo sua velocidade até parar, Leibniz adotava uma postura semelhante à de Descartes. Ele dizia que a *vis viva* originalmente no corpo passa para as pequenas partículas do ar e do piso, ou seja, não é destruída, apenas muda de corpo.

A *vis viva* pode ser entendida como a antecessora da ideia de energia de movimento, ou **energia cinética**, a menos pela ausência de um fator $\frac{1}{2}$. Apesar disso, o essencial é que já se havia detectado as variáveis de uma grandeza que se conservava.

$$vis\ viva = m \cdot v^2 \quad e \quad E_c = \frac{1}{2} \cdot m \cdot v^2$$

Ao longo dos séculos XVIII e XIX, os cientistas constataram várias situações em que havia conservação de energia, como na colisão de corpos, nas transformações químicas, na produção de trabalho mecânico pelo calor nas máquinas a vapor, entre outras. A formulação do princípio de conservação de energia não foi obra de uma única pessoa nem fruto de uma única área do conhecimento, e sim uma conquista do intelecto humano que se estendeu por três séculos de ideias e investigações.

Apesar da contribuição de vários autores, costuma-se atribuir ao físico e médico alemão Hermann von Helmholtz (Figura 1.19) a formulação explícita desse princípio. Em uma das várias palestras que proferiu para divulgar e debater suas ideias, ele enunciou o princípio de conservação de energia da seguinte forma:

Figura 1.19: Hermann von Helmholtz (1821-1894).

> Chegamos à conclusão de que a Natureza, como um todo, possui uma reserva de força que não pode de qualquer modo aumentar ou diminuir e que, portanto, a quantidade de força na Natureza é precisamente tão eterna e inalterável como a quantidade de matéria. Expressa nesta forma, mencionei a lei geral: O Princípio de Conservação da Força.
>
> PROJECTO FÍSICA. *Unidade 3*: o triunfo da Mecânica. Lisboa: Fundação Caloust Gulbenkian, 1980. p. 64.

Na época dessa citação, a linguagem científica ainda não era normatizada, e o termo "energia" só se tornaria consensual no século XIX, quando foi introduzido pelo físico e médico britânico Thomas Young (Figura 1.20). Por isso, Helmholtz utilizava a palavra "força" para definir o que hoje conhecemos como "energia".

A energia se transforma, mas sempre se conserva. Sabendo disso antecipadamente e conhecendo algumas de suas formas, fica mais fácil analisar e entender o comportamento da natureza.

Figura 1.20: Thomas Young (1773-1829).

O cientista na História

Descartes, Leibniz e Helmholtz

René Descartes (Figura 1.21), que talvez você já conheça das aulas de Filosofia e Matemática, buscava a compreensão do Universo e de seu próprio ser, por meio de uma concepção racionalista. E assim como outros pensadores de sua época, acreditava que a linguagem da natureza era matemática.

Descartes veio ao mundo em 31 de março de 1596, no vilarejo francês de La Haye. Como sua mãe faleceu um ano após seu nascimento e seu pai era um juiz da Corte que ficava longos períodos fora de casa, o garoto foi criado pela avó. Quando criança, estudou num internato jesuíta junto com outros nobres e aos 16 anos ingressou na faculdade de Direito.

De personalidade introspectiva e irrequieta, logo ficou entediado com o curso e decidiu abandoná-lo dois anos depois. Como não tinha preocupações de ordem financeira, por conta da herança materna, decidiu viver em Paris. Passados mais dois anos, optou por mudar de vida novamente e alistou-se como voluntário no exército, durante a Guerra dos Trinta Anos.

Figura 1.21: René Descartes (1596-1650).

Certo dia, durante sua vivência bélica, esse jovem soldado com pouco mais de 20 anos teve três grandiosos e apavorantes sonhos que mudaram sua vida, ao lhe revelarem que o Universo era como um relógio, ou seja, funcionava com leis mecânicas precisas. Esses devaneios foram interpretados por Descartes como uma incumbência divina para ele buscar a compreensão matemática do Cosmos e estabelecer um princípio universal. Por isso, trocou a vida errante pela de intelectual recluso.

Nos anos que se seguiram, tornou-se um dos mais renomados pensadores e seus trabalhos influenciaram vários contemporâneos e sucessores, entre eles Isaac Newton. Descartes faleceu em 1650 em razão de uma grave pneumonia.

Gottfried Wilhelm Leibniz (Figura 1.22) nasceu poucos anos antes da morte de Descartes, no dia 1º de julho de 1646, em Leipzig, na Alemanha. Seu pai Friedrich, era professor universitário de Filosofia e faleceu quando ele tinha apenas 5 anos, por isso, Leibniz e os irmãos foram criados somente pela mãe, Catharina, que era filha de um advogado e a terceira esposa de Friedrich. Apesar de o garoto frequentar a escola desde os 7 anos, boa parte de seu conhecimento foi adquirido em casa, enquanto explorava a biblioteca paterna. Aos 14 anos foi para a universidade cursar Direito e depois de terminar a pós-graduação nessa mesma área, foi estudar Matemática e Física em Paris.

Em 1673, apresentou aos membros da Royal Society o esboço de uma das primeiras calculadoras, mas infelizmente não se dispunha de tecnologia para construí-la naquela época. Nesse mesmo período, ele desenvolveu uma ferramenta matemática denominada cálculo integral e diferencial (campo da Matemática geralmente abordado no Ensino Superior) no mesmo tempo em que o físico britânico Isaac Newton desenvolvia essa ferramenta. O fato coincidente gerou uma polêmica histórica de acusações de plágio entre os seus criadores, mas atualmente acredita-se que ambos desenvolveram o mesmo trabalho de maneira independente.

Aos 70 anos, Leibniz começou a sofrer de gota e faleceu poucos meses depois. Apenas seu secretário compareceu em seu sepultamento.

Figura 1.22: Gottfried Wilhelm Leibniz (1646-1716).

A história do princípio de conservação de energia   Capítulo 1

Hermann von Helmholtz (Figura 1.23) nasceu em 1821, em Potsdam, na Alemanha. Desde a época de escola ele gostava muito de Física, mas não seguiu carreira nessa área por causa das condições modestas da família, a qual não podia pagar a universidade. Logo, sua única opção para o ingresso no Ensino Superior era por meio de uma bolsa de estudos concedida pelo governo. Contudo, o recurso era oferecido apenas para a faculdade de Medicina, em Berlim. Assim, em 1838, o jovem Helmholtz foi para a capital do país, onde se dedicou a quatro anos de intenso estudo (um ano a menos do que o tempo mínimo previsto). Especializou-se em Fisiologia da visão e da audição; e, sem deixar de estudar Física, uniu sua área de formação com sua área de paixão para elaborar teorias sobre a visão das cores e da percepção sonora.

Helmholtz pertencia à corrente materialista da Medicina, na qual os adeptos, influenciados pelo pensamento cartesiano, propunham que o estudo do funcionamento dos organismos vivos poderia ser reduzido a processos físicos e químicos. Portanto, eram oponentes da teoria do vitalismo, segundo a qual todos os seres vivos possuíam um princípio vital, responsável por gerar energia para a manutenção da vida.

Para ele, o calor produzido pelo organismo e a energia muscular tinham origem nos processos digestivos, ou seja, a energia dos alimentos consumidos era convertida em energia química, térmica e mecânica. Com essa explicação não era mais necessário utilizar o "mito" da força vital. Para defender seus argumentos em favor da conservação de energia, Helmholtz realizou experimentos que mostravam que as contrações musculares produziam quantidades mensuráveis de calor.

Figura 1.23: Hermann von Helmholtz (1821-1894).

Exercício resolvido

No primeiro volume desta coleção (Capítulo 9), você estudou o conceito de *impetus*, empregado na Idade Média. Em que medida essa ideia se relaciona com a de *vis viva*?

Ambas as teorias tentam explicar a continuidade do movimento. O *impetus*, porém, está relacionado aos primórdios da concepção do conceito de inércia, enquanto a *vis viva* está ligada aos primórdios da concepção de energia cinética, ou seja, da energia do movimento.

Exercícios propostos

1. Analise as afirmações abaixo e classifique-as em V (verdadeira) ou F (falsa).

   I. A energia está relacionada com a capacidade de produzir movimento.

   II. A energia pode ser transformada ou transferida, mas nunca criada ou destruída.

2. (Uerj) Durante muito tempo, a partir da Idade Média, foram projetadas máquinas, como a da figura a seguir, que seriam capazes de trabalhar perpetuamente.

   Adilson Secco

   O fracasso desses projetos levou à compreensão de que o trabalho não poderia ser criado do nada e contribuiu para a elaboração do conceito físico de:

   a) força.
   b) energia.
   c) velocidade.
   d) momento angular.

3. Um aluno, que não se convence facilmente, pretende encontrar uma situação em que a energia não se conserve. Ele propõe a seguinte questão: "Quando deixo um pouco de água no interior de uma lata de alumínio pintada de preto, totalmente fechada, num dia ensolarado, a água esquenta muito. Como a lata está fechada, a energia não pode ter entrado. Portanto, ela foi produzida em seu interior". Onde está o equívoco no raciocínio dele?

4. Um goleiro justifica na coletiva de imprensa que teve dificuldade para defender o último pênalti porque a bola chegou até ele com "muita força". Como você avalia a argumentação do goleiro? Ela está correta do ponto de vista da Física? Se fosse necessário, como você faria a correção dessa afirmação?

Exercícios finais

1. (PUC-PR) Vários processos físicos envolvem transformações entre diferentes formas de energia. Associe a coluna superior com a coluna inferior e assinale a alternativa que indica corretamente as associações entre as colunas:

   Dispositivo mecânico ou gerador:

   1. Pilha de rádio
   2. Gerador de usina hidrelétrica
   3. Chuveiro elétrico
   4. Alto-falante
   5. Máquina a vapor

   Transformação de tipo de energia:

   a. Elétrica em Mecânica
   b. Elétrica em Térmica
   c. Térmica em Mecânica
   d. Química em Elétrica
   e. Mecânica em Elétrica

   a) 1-d, 2-e, 3-b, 4-a, 5-c
   b) 1-d, 2-a, 3-b, 4-e, 5-c
   c) 1-b, 2-e, 3-d, 4-a, 5-c
   d) 1-d, 2-b, 3-c, 4-a, 5-e
   e) 1-b, 2-a, 3-d, 4-e, 5-c

2. (UFG-GO) O bloco A da figura desliza sobre uma superfície horizontal sem atrito puxado pelo bloco B. O fio e a polia são ideais.

   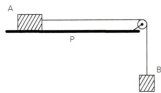

   O gráfico que representa qualitativamente a energia cinética do sistema, em função do tempo, a partir do instante em que o bloco A atinge o ponto P é:

   a)
   b)
   c)
   d)
   e)

3. (UFF-RJ) O salto com vara é, sem dúvida, uma das disciplinas mais exigentes do atletismo. Em um único salto, o atleta executa cerca de 23 movimentos em menos de 2 segundos. Na última Olimpíada de Atenas, Svetlana Feofanova bateu o recorde feminino, saltando 4,88 m. A figura a seguir representa uma atleta durante um salto com vara, em três instantes distintos.

   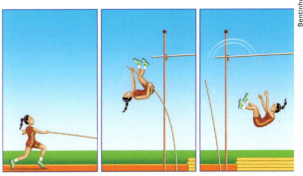

   Assinale a opção que melhor identifica os tipos de energia envolvidos em cada uma das situações I, II e III, respectivamente.

   a) cinética – cinética e gravitacional – cinética e gravitacional
   b) cinética e elástica – cinética, gravitacional e elástica – cinética e gravitacional
   c) cinética – cinética, gravitacional e elástica – cinética e gravitacional
   d) cinética e elástica – cinética e elástica – gravitacional
   e) cinética e elástica – cinética e gravitacional – gravitacional

4. (UFV-MG) Analise as seguintes situações:

   1. Um corpo cai em queda livre.
   2. Um corpo desce, com velocidade constante, ao longo de um plano inclinado.
   3. Um corpo move-se ao longo de um plano horizontal, até parar.
   4. Um corpo é mantido em repouso sobre um plano horizontal.
   5. Um corpo é empurrado ao longo de um plano horizontal sem atrito, aumentando a sua velocidade.

   Das situações acima, as únicas nas quais a energia mecânica total do corpo diminui são:

   a) 1 e 5
   b) 1 e 4
   c) 2 e 4
   d) 2 e 3
   e) 2 e 5

Exercícios finais

5. (UFRN) Flávia foi colocar um prego numa parede e percebeu que ele esquentou após ser golpeado com o martelo. A explicação física para esse fenômeno é:
   a) Houve, no instante do golpe, transferência da energia térmica, armazenada no martelo, para o prego.
   b) Parte da energia térmica que o prego possuía armazenada até o instante anterior ao golpe foi liberada quando o martelo o atingiu.
   c) Parte da energia cinética que o martelo possuía, no instante anterior ao golpe, foi transformada em energia térmica no prego.
   d) Houve, no instante do golpe, transformação da energia potencial gravitacional do martelo em energia térmica no prego.

6. Uma bola desliza por um plano inclinado liso, como mostra a figura.

   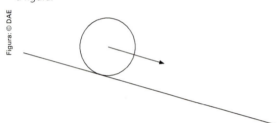

   Desconsiderando quaisquer tipos de atrito, esboce um gráfico que represente a energia cinética da bola durante seu movimento, em função do tempo.

7. Um carro, que se movimenta com velocidade constante, possui certa energia cinética. Qual será sua nova energia cinética, em relação à situação original, se ele acelerar até atingir o triplo da velocidade inicial? Justifique.

8. Um aluno pensou na "engenhoca" representada a seguir para resolver seu problema de cansaço ao pedalar todos os dias para a escola. No equipamento, o movimento das rodas do reboque produziria energia elétrica no gerador, e essa energia acionaria um motor elétrico que faria girar as rodas da bicicleta; assim, o menino nunca precisaria pedalar. Explique por que essa ideia não vai funcionar.

9. Analise a obra do artista holandês M. C. Escher e depois explique por que a construção representada não é possível.

   Maurits C. Escher (1898-1972). *Waterfall*, 1961. Litografia.

10. Armando e Bruno são crianças e estão em um parquinho infantil acompanhados de seus respectivos pais. Eles resolvem sentar, cada um em um balanço, ambos idênticos, e pedem a seus pais que os soltem da mesma altura. Bruno é duas vezes mais pesado que Armando. Em uma primeira oscilação, todo tipo de atrito é desprezível. Assim, é correto afirmar que:
    a) a energia cinética de Bruno será duas vezes maior que a de Armando durante toda a oscilação.
    b) Bruno terá energia cinética duas vezes maior que a de Armando apenas no instante de passagem pelo ponto inferior da trajetória.
    c) Armando terá energia mecânica igual à metade da de Bruno apenas no instante em que ambos forem soltos por seus pais.
    d) a velocidade de Armando será duas vezes maior que a de Bruno no instante de passagem pelo ponto inferior da trajetória.
    e) a energia cinética de ambos será igual no instante de passagem pelo ponto inferior da trajetória.

11. Ao chutar uma bola murcha, um jogador não consegue enviá-la tão longe quanto ao chutar, com a mesma "força", uma bola cheia idêntica. Explique por que isso acontece.

PESQUISE, PROPONHA E DEBATA

Conservação de Energia

Leia este trecho sobre energia escrito por Richard Feynman (1918-1988), um dos maiores físicos do século XX, em sua obra *Física em Seis Lições*.

O que é energia?

Existe um fato ou, se você preferir, uma lei que governa todos os fenômenos naturais conhecidos até agora. Não se conhece nenhuma exceção a essa lei – ela é exata, pelo que sabemos. A lei chama-se conservação da energia. Segundo ela, há certa quantidade, que denominamos energia, que não se modifica nas múltiplas modificações pelas quais passa a natureza. Trata-se de uma ideia extremamente abstrata, por ser um princípio matemático; diz que há uma quantidade numérica que não se altera quando algo acontece. Não é a descrição de um mecanismo ou de algo concreto; é apenas o fato estranho de que podemos calcular certo número e, quando terminamos de observar a natureza em suas peripécias e calculamos o número de novo, ele é o mesmo.

[...]

Imagine uma criança, talvez "Dênis, o Pimentinha", que possui cubos absolutamente indestrutíveis e que não podem ser divididos em pedaços. Todos são idênticos. Suponhamos que possui 28 cubos. Sua mãe o coloca com seus 28 cubos em um quarto no início do dia. No final do dia, sendo curiosa, ela conta os cubos com cuidado e descobre uma lei fenomenal – não importa o que ele faça com os cubos, restam sempre 28! Isto prossegue por vários dias, até que um belo dia só há 27 cubos, mas uma pequena investigação mostra que um deles foi parar debaixo do tapete – ela tem de procurar por toda parte para se assegurar de que o número de cubos não mudou. Um dia, porém, o número parece mudar – só há 26 cubos. Uma investigação cuidadosa indica que a janela foi aberta e, após uma procura lá fora, os outros dois cubos são encontrados. Outro dia, uma contagem cuidadosa indica que há 30 cubos! Isto causa uma consternação considerável, até que se descobre que Bruce fez uma visita, trazendo consigo seus cubos, e deixou alguns na casa de Dênis. Depois de se desfazer dos cubos extras, a mãe fecha a janela, não deixa Bruce entrar e, então, tudo vai às mil maravilhas, até que um dia ela conta os cubos e só encontra 25. Entretanto, há uma caixa no quarto, uma caixa de brinquedos, e, quando a mãe tenta abri-la, o menino protesta: "Não, não abra minha caixa

Filipe Rocha

de brinquedos". A mãe não pode abrir a caixa de brinquedos. Sendo extremamente curiosa e um tanto engenhosa, ela inventa um truque! Ela sabe que um cubo pesa 84 gramas; assim, pesa a caixa certa vez em que vê 28 cubos e descobre que seu peso são 448 gramas. Da próxima vez em que quer verificar o número de cubos, pesa a caixa de novo, subtrai 448 gramas e divide o resultado por 84. Descobre o seguinte:

$$\text{(número de cubos vistos)} + \frac{\text{(peso da caixa)} - 448 \text{ g}}{84 \text{ g}} = \text{constante}$$

Passado algum tempo, parece haver novo desvio, mas um exame cuidadoso indica que a água suja na banheira está mudando de nível. O menino está jogando cubos na água e ela não consegue vê-los devido à sujeira, mas consegue descobrir quantos cubos há na água acrescentando outro termo à fórmula. Como a altura original da água era de 15 centímetros e cada cubo eleva a água meio centímetro, a nova fórmula seria:

$$\text{(número de cubos vistos)} + \frac{\text{(peso da caixa)} - 448 \text{ gramas}}{84 \text{ g}} = \text{constante}$$

$$+ \frac{\text{(altura da água)} - 15 \text{ centímetros}}{\frac{1}{2} \text{ centímetro}} = \text{constante}$$

Com o aumento gradual da complexidade de seu mundo, ela descobre toda uma série de termos representando meios de calcular quantos cubos estão em lugares onde ela não pode olhar. Como resultado, encontra uma fórmula complexa, uma quantidade que tem de ser calculada e que sempre permanece idêntica em sua situação.

In: FEYNMAN, R. P. *Física em Seis Lições*. Rio de Janeiro: Ediouro, 2001. p. 116-117.

Podemos pensar que esses resultados obtidos se mantenham satisfatórios em diversas situações, mas que em outras não sejam mais confiáveis e que precisem de ajustes para a determinação do número correto de cubos. Ela pode perceber a necessidade de considerar outras situações que não se encaixam na fórmula que criou (por exemplo, quando o garoto coloca outros objetos além dos cubos dentro da caixa de brinquedos).

Após a leitura, discuta as questões a seguir com seus colegas de classe e responda no seu caderno:

QUESTÕES

1. Qual analogia sobre os cubos relaciona-se com a conservação da energia?

2. Qual deve ser a massa da caixa se existem 22 cubos fora dela?

3. Um dia, a mãe do menino viu 18 cubos no canto do quarto e, ao pesar a caixa, encontrou 616 gramas de massa. O que você acha que aconteceu?

4. Determine outra maneira de certificar quantos cubos há dentro da caixa sem abri-la.

PROBLEMA ABERTO

Homem-Aranha

Neste problema aberto, estudaremos fisicamente dois momentos da vida do super-herói Homem-Aranha.

Parte I – Perseguição ao Duende Verde

O Homem-Aranha está perseguindo o vilão Duende Verde, que acaba de cometer um crime. Para isso, ele lança sua teia no mastro de uma bandeira, com o objetivo de se balançar pelos ares e alcançar o topo do prédio onde está seu inimigo, conforme indicado na figura a seguir.

Cenário do problema a ser estudado.

Com base na análise da figura e em seus conhecimentos, responda.

1. Quais devem ser as condições para que o herói, após lançar sua teia em direção ao mastro, consiga se balançar até o prédio onde está o inimigo?
2. Como a elasticidade da teia afeta a situação tratada na questão 1?

Parte II – A morte de Gwendolyne Stacy

Um dos momentos famosos das histórias do Homem-Aranha é o triste acidente de Gwendolyne Stacy, seu primeiro amor. Ela morreu após o Duende Verde arremessá-la do alto da torre da Ponte George Washington. O herói tentou salvá-la, prendendo as pernas de Gwen com a teia, mas as consequências foram fatais.

Com base em seus conhecimentos físicos e no quadrinho, responda.

1. Que causas, quantitativas e qualitativas, provocaram a morte de Gwen Stacy? Considere que o corpo humano suporta bem (des)acelerações de até $3\vec{g}$.
2. Como deveria ter sido o resgate para que o Homem-Aranha salvasse sua amada?

Apesar de o Homem-Aranha lançar sua teia e segurar as pernas de Gwen, ele não conseguiu salvá-la.

CAPÍTULO 2

TRABALHO E POTÊNCIA

1. Trabalho

A palavra "trabalho" costuma ser usada no cotidiano para se referir a qualquer tipo de atividade que requeira algum esforço dos músculos ou da mente (Figuras 2.1 e 2.2). Contudo, do ponto de vista da Física, em apenas alguns desses exemplos há realização de trabalho propriamente dito.

Figura 2.1: Atividades que exigem esforço físico são normalmente atribuídas a algum tipo de trabalho.

Figura 2.2: Mesmo atividades que requeiram esforço mental são atribuídas pelo senso comum à ideia de trabalho.

1.1. Quantificando o trabalho

Para a Física, **trabalho** é definido como o produto da ação de uma força ($\vec{F}$) ao longo de certo deslocamento (d).

$$\tau = F \cdot d$$

Essa grandeza costuma ser representada pela letra grega tau (τ) e está sempre associada à ação de uma força. Assim, o termo correto é "o trabalho de uma força", ou "o trabalho realizado por uma força", nunca por um corpo.

Na situação representada na Figura 2.3, o trabalho pode ser calculado da forma proposta, pois a força está sendo aplicada na mesma direção e no mesmo sentido do deslocamento. Mas suponha uma pessoa transportando um cachorro, como mostrado na Figura 2.4. Será que a inclinação da alça do carrinho faz alguma diferença? Sim, pois apenas parte da força aplicada realiza trabalho.

Figuras 2.3 e 2.4: O trabalho de uma força depende de sua direção e de seu sentido em relação ao deslocamento.

A parcela da força paralela ao deslocamento ($F_x = F \cdot \cos \theta$) é responsável pela realização do trabalho. Então, a expressão geral é dada por:

$$\tau = F \cdot d \cdot \cos \theta$$

Já a parcela perpendicular ao deslocamento não realiza trabalho (Figura 2.5).

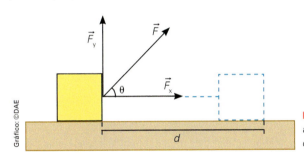

Figura 2.5: Neste caso, apenas a componente F_x da força realiza trabalho.

De acordo com o Sistema Internacional, a unidade do trabalho é dada pelo produto da unidade de força (N) multiplicado pela unidade de comprimento (m), ou seja, $N \cdot m$. Essa unidade recebe o nome de **joule (J)**.

O físico britânico **James Prescott Joule** (1818-1889) trouxe contribuições fundamentais para o estudo da conservação de energia. A unidade joule (J) recebeu esse nome em sua homenagem.

Exercícios resolvidos

1. Determine o trabalho realizado pelo peso de uma pessoa de 500 N durante os seguintes movimentos: ao descer e ao subir, de elevador, três andares de um prédio, com 3,5 m de altura cada andar.

   Como a força peso é dirigida verticalmente para baixo, ela realiza um trabalho positivo na descida ($\theta = 0° \Rightarrow \cos \theta = 1$) e negativo na subida ($\theta = 180° \Rightarrow \cos \theta = -1$).
   Então, na descida:
   $\tau = F \cdot d \cdot \cos \theta = 500 \cdot 3 \cdot 3,5 \cdot 1 = 5\,250$ J
   E na subida:
   $\tau = F \cdot d \cdot \cos \theta = 500 \cdot 3 \cdot 3,5 \cdot (-1) = -5\,250$ J
   Note nas ilustrações que, durante a descida (trajeto de B para A), a força peso encontra-se no mesmo sentido que o deslocamento; no outro sentido (trajeto de A para B), a força encontra-se no sentido oposto ao movimento.

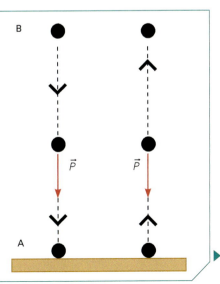

LEMBRETE: Quando a força é aplicada no mesmo sentido do movimento, é realizado o **trabalho motor**, cujo valor é **positivo**. Quando a força ocorre no sentido oposto ao deslocamento (força de atrito, por exemplo), o denominamos de **trabalho resistente**, o qual tem valor **negativo**.

2. Determine o trabalho realizado pela força peso de uma pessoa de 500 N ao descer e ao subir uma rampa de 20 m de extensão, inclinada 30° em relação à horizontal.

O deslocamento da pessoa nesse trajeto pela rampa é de 20 m. O ângulo formado entre a força peso e o deslocamento é, na descida, θ = 60° e, na subida, θ = 120°.
Como cos 60° = 0,5 e cos 120° = −0,5, temos, na descida: $\tau = F \cdot d \cdot \cos\theta = 500 \cdot 20 \cdot 0{,}5 = 5\,000$ J
E, na subida: $\tau = F \cdot d \cdot \cos\theta = 500 \cdot 20 \cdot (-0{,}5) = -5\,000$ J

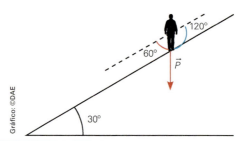

Exercícios propostos

1. Um elevador de construção civil é composto basicamente de uma polia e uma corda. Um operário utiliza-o para descer uma viga de madeira de 40 kg do telhado de uma casa a uma altura de 4 m. Determine o trabalho realizado pela força aplicada pelo operário.

2. Um servente de uma construção realiza em média 15 subidas com um carrinho de argamassa a cada hora, aplicando uma força de 200 N ao longo de uma rampa de 3 m. Determine:

a) o trabalho realizado pela força aplicada pelo servente em cada subida;

b) o trabalho realizado ao fim de um dia de trabalho de 8 horas.

3. Um promotor de supermercado precisa arrumar uma caixa com 20 latas de óleo, de 900 mL cada, em uma prateleira situada a 1,70 m de altura do solo. Determine o trabalho da força que ele aplica para empilhar uma lata de óleo e o trabalho para empilhar toda a caixa. (Dados: densidade do óleo = 0,8 kg/L; $g = 10$ m/s².)

4. Um carro é rebocado por um caminhão-guincho ao longo de 500 m. Um medidor colocado junto ao cabo de aço indica que a força aplicada no carro é de 2 000 N. Determine o trabalho realizado pela força de tração do cabo de aço, sabendo que a diferença de altura entre o carro e o caminhão faz que ela seja aplicada em um ângulo de 30° em relação ao piso horizontal. (Dados: sen 30° = 0,5; cos 30° = 0,87.)

CIÊNCIA, TECNOLOGIA, SOCIEDADE E AMBIENTE

Muito trabalho

Um dos primeiros meios utilizados para transporte de cargas e pessoas foi a carroça, na qual se empregava um ou dois cavalos como agentes motores. Outros modelos eram a biga, que você deve conhecer dos filmes épicos com batalhas romanas, e a carruagem, puxada por quatro ou seis cavalos e utilizada pela nobreza de antigamente.

Depois de séculos e de muito desenvolvimento científico e tecnológico, surgiu o primeiro automóvel, na metade do século XVIII. O veículo, criado pelo engenheiro francês Nicolas Cugnot (1725-1804), era feito de madeira, tinha três rodas e pode ser descrito como uma carruagem com motor a vapor. Depois de alguns aprimoramentos da versão original, Cugnot conseguiu elaborar um modelo com capacidade para 4 toneladas, que atingia velocidade de 4 km/h. Não era um meio de transporte adequado para pessoas, por isso era utilizado apenas para conduzir carga (Figura 2.6).

Atualmente, o transporte de cargas sofisticou-se e inclui caminhões imensos, verdadeiros gigantes sobre rodas, que trabalham com o apoio de guindastes móveis (Figura 2.7).

Figura 2.6: O veículo a vapor de Cugnot suportava o peso da caldeira e o mecanismo de condução. Quando vazio, pesava cerca de 2,5 toneladas.

Figura 2.7: O Liebherr LTM 11200-9 é um dos maiores guindastes da categoria e tem uma lança telescópica com capacidade para erguer até 1200 toneladas. Além disso, o veículo possui dois motores independentes: um que comanda as ações do braço extensor e outro responsável pelo movimento do conjunto com velocidade de até 75 km/h.

Coleção particular. Foto: The Bridgeman Art Library/Keystone Brasil

Liebherr

1.2. Trabalho resultante

Existem situações em que várias forças são aplicadas a um corpo, como no caso representado pela Figura 2.8. Quando cada uma das pessoas aplica determinada força realizando um trabalho, o resultado é dado pela soma dos trabalhos que cada força realizou, ou seja, pelo trabalho da força resultante:

$$\tau_{res} = \tau_1 + \tau_2 + \tau_3 + ... + \tau_N \quad \text{ou} \quad \tau_{res} = F_{res} \cdot d \cdot \cos\theta$$

Figura 2.8: Nesta situação, o trabalho é realizado por um conjunto de forças.

Quando as forças são aplicadas em direções variadas (Figura 2.9), calculamos o trabalho resultante da seguinte forma:

$$\tau_{res} = (F_1 \cdot \cos\theta_1 + F_2 \cdot \cos\theta_2 + F_3 \cdot \cos\theta_3) \cdot d$$

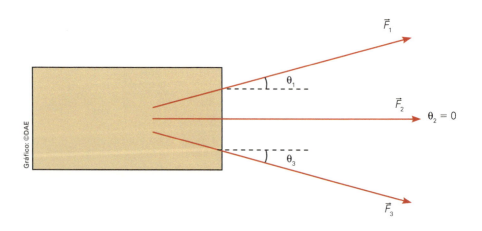

Figura 2.9: Representação das forças aplicadas no veículo que está sendo empurrado.

Exercício resolvido

Um carro atolado é empurrado por três pessoas, que conseguem retirá-lo do lamaçal após deslocá-lo 50 m, como mostra a figura.

Sendo $F_1 = 300$ N, $F_2 = 400$ N, $F_3 = 500$ N, e a força de atrito entre os pneus e a lama $F_{at} = 700$ N, determine o trabalho resultante realizado sobre o carro nesse deslocamento.

Primeiramente, obtemos a resultante entre o par das forças e pelo teorema de Pitágoras:
$F_{1,2}^2 = F_1^2 + F_2^2 = 300^2 + 400^2 = 9\,000 + 1\,600 = 2\,500$
$F_{1,2} = 500$ N
Posteriormente, pelo fato de as forças $\vec{F}_{1,2}$ e $\vec{F}_3$ serem realizadas na mesma direção e sentido, a resultante entre elas é obtida por soma simples:
$F_{1,2,3} = F_{1,2} + F_3 = 500 + 500 = 1\,000$ N
A força de atrito, por se opor ao movimento, deve ter mesma direção e sentido oposto ao da força resultante $\vec{F}_{1,2,3}$. Assim, a força resultante total sobre o carro deve ser obtida pela soma:
$\vec{F}_{res} = \vec{F}_{1,2,3} - \vec{F}_{at} = 1\,000 - 700 = 300$ N
O trabalho da força resultante, obtido pela definição, será:
$\tau_{res} = F_{res} \cdot d \cdot \cos\theta = 300 \cdot 50 \cdot 1 = 1\,500$ J

Exercícios propostos

1. Ao perceber, a 20 m de distância, uma pessoa atravessando vagarosamente a rua em uma faixa de pedestre, um motorista pisa no pedal de freio e o carro recebe uma força contrária ao seu movimento de 5 625 N. Ele para quase em cima da faixa de pedestre. Determine o trabalho total realizado pelas forças aplicadas ao carro.

2. Em uma pista horizontal, um bloco de 100 kg é arrastado por 25 m por um garoto que aplica sobre ele uma força horizontal constante de 400 N.

Considerando que existe atrito entre o bloco e a pista, e que o coeficiente de atrito é 0,20, determine:

a) o trabalho realizado por cada força agente sobre o bloco;

b) o trabalho resultante sobre ele. (Considere: $g = 10$ m/s²)

3. Uma carroça de 100 kg de massa desliza por 100 m ao longo de uma ladeira de 37° de inclinação com a horizontal (sen 37° = cos 53° = 0,6; cos 37° = sen 53° = 0,8), sob a ação de seu peso e da força de atrito. O coeficiente de atrito é 0,40.

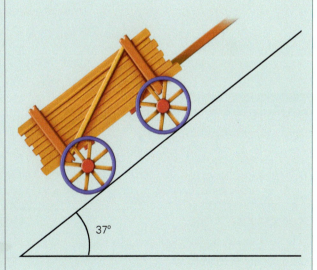

Determine o trabalho de cada força e o trabalho resultante realizado sobre a carroça durante esse deslocamento. (Considere: $g = 10$ m/s².)

4. Um paraquedista cai, com velocidade constante, de uma altura de 500 m. Determine o trabalho realizado pelo seu peso com o equipamento (800 N) e pela força resistiva do ar.

Trabalho e potência Capítulo 2

1.3. Trabalho de forças variáveis

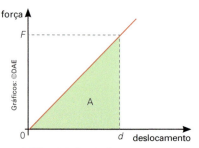

Figura 2.10: A força elástica de um estilingue é um exemplo de força variável.

Diversas forças presentes no cotidiano têm suas características modificadas à medida que realizam trabalho. Falamos que esse tipo de força é **variável**, em contraposição às forças constantes. Um exemplo é a força elástica de um estilingue puxado para lançar uma pedra (Figura 2.10). Como há um crescimento aproximadamente linear de sua intensidade em função do deslocamento (deformação), podemos representá-la por meio do Gráfico 2.1.

Determinando a área (A) sob a curva do gráfico, temos o produto da força pelo deslocamento, o qual, por definição, é o trabalho realizado por uma força:

$$\tau = A$$

Nem sempre a área desses gráficos apresenta uma forma geométrica conhecida, mas é possível considerar cada pequeno trecho da curva como um retângulo ou um triângulo que são somados para o cálculo da área total.

Gráfico 2.1: O trabalho de uma força variável pode ser obtido pela área do gráfico.

Exercício resolvido

Uma mola aplica sobre um carrinho uma força de intensidade variável com sua deformação, como mostra o gráfico.

Se a deformação da mola for de 50 cm, qual será o trabalho realizado sobre o carrinho até que ele se liberte da mola, quando a deformação for nula?

A área sob a curva (neste caso, uma reta) fornece o trabalho solicitado, em que $x = 50$ cm $= 0,5$ m.

Então: $\tau = A = \dfrac{b \cdot h}{2} = \dfrac{60 \cdot 0,5}{2} = 15$ J

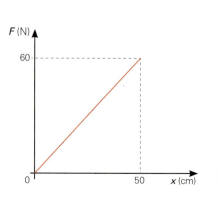

Exercícios propostos

1. Um veículo trafega em uma rodovia retilínea. O gráfico indica a variação da força aplicada pelo motor em função da distância.

   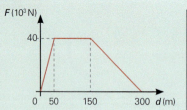

   Determine o trabalho realizado pelo motor do carro nos primeiros 300 m do percurso representado pelo gráfico.

2. De acordo com o gráfico, determine o trabalho realizado pela força que age, em uma só direção, sobre um móvel.

   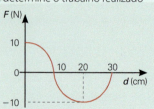

3. Sobre a origem de uma pista horizontal e retilínea repousa um bloco. A partir de certo instante, passa a agir uma força sobre ele, na direção da pista, cuja intensidade, em função da posição, está ilustrada no gráfico.

   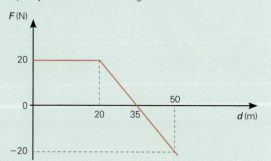

   Determine o trabalho realizado pela força ao deslocar o bloco da origem até a posição 50 m.

2. Potência

Quando os amantes de velocidade olham um carro, logo ficam curiosos sobre a potência do motor. Ao analisarmos o funcionamento de um veículo do ponto de vista da energia, podemos dizer que ocorre basicamente a transformação da energia contida no combustível (química) em energia de movimento (cinética).

A **potência** (P_{ot}) é um conceito físico relacionado a essa transformação de energia (ΔE) ou à realização do trabalho de uma força (τ), ambos em determinado intervalo de tempo (Δt). Isto é:

$$P_{ot} = \frac{\Delta E}{\Delta t} = \frac{\tau}{\Delta t}$$

A unidade de medida da potência equivale a 1 joule por segundo e, no Sistema Internacional, recebe o nome de **watt** (W). Outra unidade utilizada é o cavalo-vapor (cv), sendo 1 cv = 735,5 W.

A potência também pode ser expressa em função da velocidade média (v) de um móvel durante um deslocamento qualquer:

$$P_{ot} = \frac{\tau}{\Delta t} = \frac{F \cdot d}{\Delta t} = F \cdot \frac{d}{\Delta t} = F \cdot v_m$$

A potência é um conceito muito útil para entendermos o funcionamento de equipamentos de uso cotidiano. Em aparelhos eletrodomésticos, por exemplo, a potência indica a rapidez com que a energia elétrica da rede é transformada em outras formas de energia. Assim, um chuveiro com potência de 3 000 W tem uma taxa de transformação de energia elétrica em energia térmica de 3 000 J por segundo.

> Matemático e engenheiro escocês, **James Watt** (1736-1819) foi inventor de um importante modelo de máquina a vapor no século XVIII, fundamental para a Revolução Industrial. A unidade watt (W) recebeu esse nome em sua homenagem.

Science Source/Photoresearchers/Latinstock

Por dentro do conceito

Cavalo-vapor

Na Unidade 2, você conhecerá a história do estudo do calor, que ocorreu paralelamente ao desenvolvimento das primeiras máquinas modernas e à Revolução Industrial. Um importante cientista que colaborou com esse processo foi James Watt. Ao aprimorar a máquina a vapor, ele tornou-a viável economicamente. Antes dessa invenção, cavalos e bois eram empregados nos trabalhos pesados, como o transporte de carga, e nos serviços das lavouras e das fábricas.

Com o intuito de indicar a potência de sua revolucionária criação e ainda demonstrar como ela era capaz de substituir vários animais, Watt comparou o desempenho de sua máquina a vapor com o trabalho da força realizada por um cavalo.

Vamos seguir o raciocínio do cientista: ao considerarmos que um cavalo consegue elevar cerca de 73,5 kg de carga, a um metro de altura, a cada um segundo (Figura 2.11), temos que:

$\tau = F \cdot d = P \cdot d = m \cdot g \cdot d = 73,5 \cdot 10 \cdot 1 = 735$ J

$P_{ot} = \dfrac{\tau}{\Delta t} = 735$ W

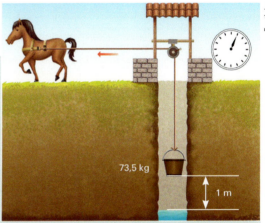

Figura 2.11: Representação da situação proposta por Watt.

Assim, definiu-se que aproximadamente 735 W seriam equivalentes ao trabalho de um cavalo, e essa unidade recebeu o nome de cavalo-vapor (cv).

No sistema inglês, usa-se um valor um pouco diferente, chamado *horsepower* (hp), porém a ordem de grandeza é a mesma: 1 hp = 1,0139 cv. Essa diferença se deve às unidades de medida utilizadas para o cálculo, já que 1 hp é definido como a potência necessária para elevar uma carga de 150 libras à velocidade de 4 pés/s.

É muito comum usar essa unidade para tratar da potência do motor dos automóveis e de outros aparelhos, como cortadores de grama e motosserras.

Exercício resolvido

Um carro de 1 000 kg de massa parte do repouso e atinge a velocidade de 108 km/h em 10 s. Qual é a potência útil desenvolvida por seu motor, considerando o movimento com aceleração constante?

Considerando o movimento uniformemente acelerado, obtemos a aceleração média pela própria definição:

$$a_m = \frac{\Delta v}{\Delta t} = \frac{30 - 0}{10} = \frac{30}{10} = 3 \text{ m/s}^2$$

A distância percorrida é determinada pela equação de Torricelli, em que $v = 108$ km/h $= 30$ m/s:

$$v^2 = v_0^2 + 2 \cdot a \cdot d \Rightarrow 30^2 = 2 \cdot 3 \cdot d \Rightarrow$$
$$\Rightarrow 900 = 6 \cdot d \Rightarrow d = 150 \text{ m}$$

A velocidade média do carro é dada também por sua definição:

$$v_m = \frac{d}{\Delta t} = \frac{150}{10} = 15 \text{ m/s}$$

A força resultante, considerada a força média aplicada pelo motor do carro, é obtida pela Segunda lei de Newton:

$$F = m \cdot a = 1\,000 \cdot 3 = 3\,000 \text{ N}$$

E, finalmente, a potência:

$$P_{ot} = F \cdot v_m = 3\,000 \cdot 15 = 45\,000 = 4{,}5 \cdot 10^4 \text{ W}$$

Exercícios propostos

1. (FCC-SP) Um motor de potência igual a 50 kW aciona um veículo durante uma hora. O trabalho desenvolvido pelo motor é:

   a) 5 kWh
   b) 50 kWh
   c) $5 \cdot 10^4$ J
   d) $1{,}8 \cdot 10^5$ J
   e) $1{,}8 \cdot 10^6$ J

2. Duas donas de casa pegam água em um poço comunitário com 20 m de profundidade. O balde preso à corda tem capacidade para 15 litros e sobe pelo poço praticamente cheio. Uma delas sobe o balde em 1 minuto, e a segunda, mais forte, consegue fazê-lo em 45 segundos. Determine a potência empregada por cada uma delas nessa tarefa. (Dado: $d_{água} = 1$ kg/L)

3. Um veículo trafega em uma autoestrada com velocidade média de 108 km/h. Sabendo-se que a potência média aplicada por seu motor é de 50 cv, qual é a força, em N, aplicada por ele?

4. (Fuvest-SP) Um elevador de 1 000 kg sobe uma altura de 60 m em 0,5 min.

   a) Qual a velocidade média do elevador?
   b) Qual a potência média desenvolvida pelo elevador?

5. (UFMS) Um guincho eleva, com velocidade constante, um carregamento de tijolos de massa igual a 200 kg até a altura de 15 m, em 30 s. Considerando $g = 10$ m/s² e desprezando as perdas, determine a potência mínima do guincho, em quilowatts.

6. Um carro de 1 400 kg de massa parte do repouso sob a ação de uma força de intensidade variável, como mostra o gráfico, em função de suas posições ocupadas sobre uma pista retilínea.

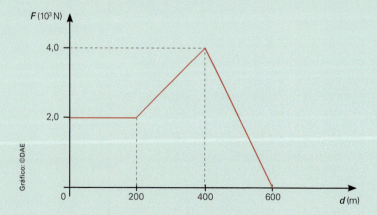

Sabe-se que a força age na direção do movimento do carro e o referido percurso é feito em 20 s. Determine a potência efetiva desenvolvida pelo motor do carro.

Exercícios finais

1. Um carro de passeio é levado a transitar por uma estrada retilínea e horizontal, mantendo uma velocidade constante. Determine o trabalho realizado, em um percurso de 10 km, pela força peso do carro, pela reação normal da pista sobre o carro e pela força exercida pelo motor, sabendo que há uma força de atrito, resultante de vários agentes passivos, da ordem de 2 000 N.

2. Devido aos frequentes congestionamentos aéreos sobre o aeroporto de Congonhas, em São Paulo, os aviões voam em trajetórias circulares e horizontais até receberem autorização para pousar na pista. Determine o trabalho realizado pelas forças peso, empuxo e centrípeta sobre um avião de 40 000 kg de massa, em um voo circular de 3,5 km de raio. (Dado: $g = 10$ m/s^2)

3. Um ciclista desce uma ladeira de 5% de inclinação (o que seria equivalente a descer 5 m a cada 100 m percorridos), sob ação da gravidade, praticamente sem atrito. Sabendo que a massa do ciclista e a da bicicleta somam, juntas, 80 kg, determine o trabalho realizado pelas forças peso, normal e resultante sobre o ciclista, em um trajeto de 500 m. (Dado: $g = 10$ m/s^2)

4. Considere um carro de passeio, de massa 1 000 kg, subindo uma ladeira com 5% de inclinação em relação à horizontal. A motorista acelera uniformemente, aumentando a velocidade de 18 km/h para 108 km/h, enquanto o carro se desloca 400 m. Use $g = 10$ m/s^2 e determine o trabalho realizado pelas forças peso, normal, motriz e resultante sobre o carro. Desconsidere as forças de atrito.

5. (Fuvest-SP) Usando um sistema formado por uma corda e uma roldana, um homem levanta uma caixa de massa m, aplicando na corda uma força F que forma um ângulo θ com a direção vertical, como mostra a figura.

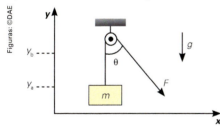

O trabalho realizado pela resultante das forças que atuam na caixa – peso e força da corda –, quando o centro de massa da caixa é elevado, com velocidade constante v, desde a altura y_a até a altura y_b, é:

a) nulo.
b) $F(y_b - y_a)$.
c) $mg(y_b - y_a)$.
d) $F\cos(\theta)(y_b - y_a)$.
e) $mg(y_b - y_a) + \dfrac{mv^2}{2}$.

6. (Uece) Um sistema massa-mola oscila sem atrito. A figura a seguir ilustra alguns instantâneos desse movimento durante um tempo inferior a um período de oscilação. As duas linhas tracejadas indicam os extremos do deslocamento das massas.

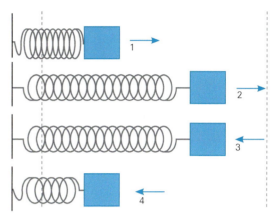

As setas indicam a direção e o sentido do vetor velocidade da massa. Nos instantâneos 1 e 4, a mola está parcialmente comprimida; em 2 e 3, a mola está parcialmente distendida. O trabalho realizado pela força elástica em um intervalo de tempo muito pequeno e em torno de cada um dos instantâneos é τ_1, τ_2, τ_3 e τ_4. Assim, é correto afirmar que:

a) $\tau_1 > 0, \tau_2 < 0, \tau_3 > 0$ e $\tau_4 < 0$.
b) $\tau_1 < 0, \tau_2 > 0, \tau_3 < 0$ e $\tau_4 > 0$.
c) $\tau_1 < 0, \tau_2 < 0, \tau_3 < 0$ e $\tau_4 < 0$.
d) $\tau_1 > 0, \tau_2 > 0, \tau_3 > 0$ e $\tau_4 > 0$.

7. (Fuvest-SP) Um menino puxa, com uma corda, na direção horizontal, um cachorro de brinquedo formado por duas partes, A e B, ligadas entre si por uma mola, como ilustra a figura abaixo. As partes A e B têm, respectivamente, massas $m_A = 0,5$ kg e $m_B = 1$ kg, sendo $\mu = 0,3$ o coeficiente de atrito cinético entre cada parte e o piso. A constante elástica da mola é $k = 10$ N/m e, na posição relaxada, seu comprimento é $x_0 = 10$ cm. O conjunto se move com velocidade constante $v = 0,1$ m/s. Nessas condições, determine:

(Note e adote: aceleração da gravidade no local: $g = 10$ m/s^2; despreze a massa da mola.)

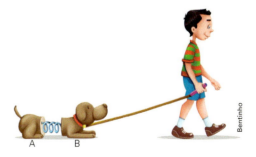

a) O módulo T da força exercida pelo menino sobre a parte B.
b) O trabalho W realizado pela força que o menino faz para puxar o brinquedo por 2 minutos.
c) O módulo F da força exercida pela mola sobre a parte A.
d) O comprimento x da mola, com o brinquedo em movimento.

Exercícios finais

8. (FGV-SP) Em alguns países da Europa, os radares fotográficos das rodovias, além de detectarem a velocidade instantânea dos veículos, são capazes de determinar a velocidade média desenvolvida pelos veículos entre dois radares consecutivos. Considere dois desses radares instalados em uma rodovia retilínea e horizontal. A velocidade instantânea de certo automóvel, de 1 500 kg de massa, registrada pelo primeiro radar foi de 72 km/h. Um minuto depois o radar seguinte acusou 90 km/h para o mesmo automóvel. O trabalho realizado pela resultante das forças agentes sobre o automóvel foi, em joules, mais próximo de:

a) $1,5 \cdot 10^4$
b) $5,2 \cdot 10^4$
c) $7,5 \cdot 10^4$
d) $1,7 \cdot 10^5$
e) $3,2 \cdot 10^5$

9. O gráfico ilustra o comportamento da intensidade da força resultante que age na direção do movimento de um corpo, em função de seu deslocamento.

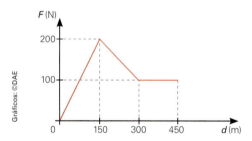

Determine o trabalho realizado por essa força enquanto o corpo percorre 450 m.

10. O gráfico representa a força exercida por uma mola elástica ideal, em função de sua deformação x sobre um objeto que a comprime.

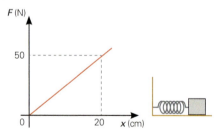

Determine a constante de elasticidade da mola e o trabalho por ela realizado ao empurrar o objeto para a direita até atingir seu comprimento natural.

11. (Fuvest-SP) No sistema cardiovascular de um ser humano, o coração funciona como uma bomba, com potência média de 10 W, responsável pela circulação sanguínea. Se uma pessoa fizer uma dieta alimentar de 2 500 kcal diárias, a porcentagem dessa energia utilizada para manter sua circulação sanguínea será, aproximadamente, igual a:

(Note e anote: 1 cal = 4 J)

a) 1%
b) 4%
c) 9%
d) 20%
e) 25%

12. (FGV-SP) Um pequeno submarino teleguiado, pesando 1200 N no ar, movimenta-se totalmente submerso no mar em movimento horizontal, retilíneo e uniforme a 36 km/h. Seu sistema propulsor desenvolve uma potência de 40 kW. As intensidades da força resistiva da água e do empuxo sobre o submarino valem, respectivamente e em newtons:

a) 400 e 1 110
b) 400 e 1 200
c) 4 000 e 1 200
d) 40 000 e 1 110
e) 40 000 e 1 200

13. O motor de uma bomba hidráulica tem potência de 500 W. Em quanto tempo essa bomba encherá um reservatório de água de 100 L? Considere que o volume de 1 L de água seja equivalente a 1 kg de massa, use $g = 10$ m/s^2, despreze o atrito da água no encanamento e adote 40 m para o desnível entre o reservatório e o poço.

14. Um foguete de lançamento de satélites percorre seu primeiro estágio com velocidade média de 720 km/h. Determine a potência por ele desenvolvida nessa etapa, sabendo que seu motor pode aplicar-lhe uma força de aproximadamente 30 800 000 N. Esse valor equivale à força de decolagem de 30 aviões do modelo Jumbo 747.

15. (Mapofei) Uma locomotiva de 100 t (toneladas) desce uma ladeira a 72 km/h. A inclinação da ladeira é de um ângulo com a horizontal cujo seno vale 0,01. O gerador da locomotiva pode transformar toda a energia potencial em energia elétrica ($g = 10$ m/s^2).

a) Quantas lâmpadas de 100 W cada poderiam ser acesas simultaneamente durante a descida da locomotiva?

b) Se a locomotiva subir a ladeira a 36 km/h, que intensidade deverá ter a força motriz e qual o trabalho que ela realizará ao longo de 100 m?

16. Dois empregados em uma construção passam o dia levando tijolos para determinado andar de um prédio em construção. Eles caminham juntos durante todo o dia, mas o primeiro transporta um carrinho com 40 tijolos, e o segundo, com apenas 30, gastando, ambos, 3 minutos na subida. O desnível entre o chão e o local onde os tijolos são depositados é de 5 m. Ao final de um dia de 8 horas de trabalho, cada um deles realizou 80 viagens. O carrinho tem 10 kg de massa e cada tijolo tem 2,0 kg. Determine:

a) o trabalho realizado por cada um dos operários em cada subida;

b) a potência empregada por cada um dos operários em cada subida;

c) a potência média demandada pelos empregados ao longo de um dia de trabalho;

d) se a potência de cada operação é igual à potência média diária. Explique.

17. Avalia-se que um atleta de 60 kg, em uma prova de 10 000 m rasos, desenvolve uma potência média de 300 W.

a) Qual é o consumo médio de calorias desse atleta, sabendo-se que o tempo dessa prova é de cerca de 0,50 h? (Dado: 1 cal = 4,2 J)

b) Admita que a velocidade do atleta é constante. Qual é a intensidade média da força exercida sobre o atleta durante a corrida?

18. (UFMG) A ordem da potência (em watts), desenvolvida por uma pessoa para subir correndo uma escada que liga um andar a outro, é mais próxima de:

a) 10^{-2}
b) 10^0
c) 10^3
d) 10^5
e) 10^7

19. (Ferj-SC) Para o acesso ao andar superior de uma escola, é comum a escada ser substituída por uma rampa de menor inclinação. Desprezando as forças dissipativas e considerando o movimento com velocidade de módulo constante, a vantagem está no fato das pessoas desenvolverem:

a) menor potência.
b) menor trabalho mecânico.
c) menor energia.
d) menor força.
e) maior rendimento.

20. Um automóvel de massa 1 200 kg percorre um trecho de estrada em aclive, com inclinação de 30° em relação à horizontal, com velocidade constante de 60 km/h. Considere que o movimento é retilíneo e despreze as perdas por atrito. Tomando $g = 10$ m/s² e utilizando os dados da tabela, a potência desenvolvida pelo veículo será de:

θ	sen θ	cos θ	tg θ
30°	$\frac{1}{2}$	$\frac{\sqrt{3}}{2}$	$\frac{\sqrt{3}}{3}$
45°	$\frac{\sqrt{2}}{2}$	$\frac{\sqrt{2}}{2}$	1
60°	$\frac{\sqrt{3}}{2}$	$\frac{1}{2}$	$\sqrt{3}$

a) 30 kW
b) 50 kW
c) 60 kW
d) 100 kW
e) 120 kW

21. (Fuvest-SP) Trens de alta velocidade, chamados trens-bala, deverão estar em funcionamento no Brasil nos próximos anos. Características típicas desses trens são: velocidade máxima de 300 km/h, massa total (incluindo 500 passageiros) de 500 t e potência máxima dos motores elétricos igual a 8 MW. Nesses trens, as máquinas elétricas que atuam como motores também podem ser usadas como geradores, freando o movimento (freios regenerativos). Nas ferrovias, as curvas têm raio de curvatura de, no mínimo, 5 km. Considerando um trem e uma ferrovia com essas características, determine:

(Note e adote: 1t = 1 000 kg; desconsidere o fato de que, ao partir, os motores demoram alguns segundos para atingir sua potência máxima.)

a) O tempo necessário para o trem atingir a velocidade de 288 km/h, a partir do repouso, supondo que os motores forneçam a potência máxima o tempo todo.

b) A força máxima na direção horizontal, entre cada roda e o trilho, numa curva horizontal percorrida a 288 km/h, supondo que o trem tenha 80 rodas e que as forças entre cada uma delas e o trilho tenham a mesma intensidade.

c) A aceleração do trem quando, na velocidade de 288 km/h, as máquinas elétricas são acionadas como geradores de 8 MW de potência, freando o movimento.

22. (UFSC) Em Santa Catarina, existe uma das maiores torres de queda livre do mundo, com 100 m de altura. A viagem começa com uma subida de 40 s com velocidade considerada constante, em uma das quatro gôndolas de 500 kg, impulsionadas por motores de 90 kW. Após alguns instantes de suspense, os passageiros caem em queda livre, alcançando a velocidade máxima de 122,4 km/h, quando os freios magnéticos são acionados. Em um tempo de 8,4 s depois de iniciar a descida, os passageiros estão de volta na base da torre em total segurança. Considere a gôndola carregada com uma carga de 240 kg.

Com base nas informações acima, assinale a(s) proposição(ões) correta(s):

01. A potência média desenvolvida pela força aplicada pelo motor durante a subida de uma gôndola carregada é de 18 500 W.

02. O módulo da força média sobre a gôndola carregada durante a frenagem na descida é de 5 032 N.

04. O tempo total de queda livre é de aproximadamente 4,47 s.

08. A distância percorrida pela gôndola carregada durante a queda livre é de 57,8 m.

16. A aceleração da gôndola carregada durante todo o percurso é igual a g.

32. Uma mola de constante elástica k mínima de 480,4 N/m, colocada da base da torre até a altura em que a queda livre cessa, substituiria eficazmente os freios magnéticos, permitindo que a gôndola carregada chegasse na base da torre com velocidade nula.

PESQUISE, PROPONHA E DEBATA

Quais são as potências?

Utilize bons *sites* da internet, revistas de divulgação científica e os livros da biblioteca de sua escola para buscar informações sobre a potência de animais de grande porte (equinos e bovinos), de máquinas antigas (rodas-d'água e moinhos de vento) e modernas (carros e usinas geradoras de eletricidade).

Com os dados obtidos, elabore um painel que apresente uma tabela comparativa das potências e, ao final, redija um pequeno texto, discutindo como seria nossa vida sem o uso de animais e máquinas, além dos benefícios e malefícios da evolução tecnológica relacionada a esse tema.

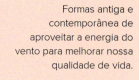

Formas antiga e contemporânea de aproveitar a energia do vento para melhorar nossa qualidade de vida.

O que tem maior potência?

A seguir são apresentadas algumas questões, com o objetivo de orientá-lo na redação do texto.

1. Estabeleça comparações entre a potência típica dos itens encontrados. Por exemplo, compare quantos bois ou cavalos são necessários para desenvolver a mesma potência produzida nos veículos, outras máquinas e usinas que você pesquisou.

2. Comente o espaço que seria necessário para a realização de trabalho pelos animais e os cuidados com a manutenção (saúde e limpeza) em comparação com as máquinas modernas.

3. Em relação aos fatores ambientais, quais máquinas são mais danosas: as rudimentares ou as modernas?

4. Sua condição de vida atual seria possível sem a evolução da tecnologia das máquinas e da produção de energia?

44 Unidade 1 Energia

CAPÍTULO 3

ENERGIA MECÂNICA

1. A construção do conceito físico de energia cinética

No século XVII, Gottfried Leibniz (1646-1716) procurou exprimir a conservação do movimento na natureza ao postular a existência da *vis viva* (determinada pelo produto **m · v²**). Essa denominação era muito popular até o início do século XIX, quando, em 1807, o médico e físico inglês Thomas Young (1773-1829) propôs o termo "energia" para designar a grandeza que se conservava nas transformações. Em 1856, o físico e engenheiro britânico William Thomson, popularmente conhecido como lorde Kelvin introduziu o termo "cinética" para classificar a energia associada ao movimento (Figuras 3.1 e 3.2).

Nesse meio-tempo, em 1835, Gaspard-Gustave Coriolis, físico e engenheiro francês, mostrou que, para efeito de cálculo, seria melhor introduzir o fator $\frac{1}{2}$ às grandezas (**m · v²**). Assim, a partir do final do século XIX, passou-se a definir a **energia cinética** (**E_c**) como:

$$E_c = \frac{1}{2} \cdot m \cdot v^2$$

Também podemos chegar à expressão da energia cinética de outra forma. Suponha que um bloco de massa m, que está inicialmente em movimento com velocidade $\vec{v}_0$, é acelerado pela ação de uma força $\vec{F}$, que age durante determinado deslocamento d (Figura 3.3).

Figura 3.3: Deslocamento de um bloco.

Figuras 3.1 e 3.2: A diversão nos brinquedos radicais envolve transformações entre as diferentes faces da energia mecânica: cinética, potencial e elástica.

Nessa situação, destacamos dois pontos importantes:

- A força resultante $\vec{F}$ realiza trabalho, definido por $\tau = F \cdot d \cdot \cos \theta$. Como neste caso $\theta = 0°$, então:

$$\tau = F \cdot d$$

- Houve variação da energia cinética do corpo, visto que a velocidade final é maior que a inicial.

Com base nessas duas afirmações, podemos nos perguntar se o trabalho da força resultante tem alguma relação com a energia cinética. Levando em conta nossos conhecimentos de Cinemática e Dinâmica, tentaremos encontrar uma expressão que relacione a força $\vec{F}$ com a velocidade $\vec{v}$ e o deslocamento d do corpo descrito na situação acima. Supondo a ação de uma força constante, que manifesta no corpo uma aceleração também constante, temos, pela Segunda lei de Newton, que:

$$F = m \cdot a \Rightarrow a = \frac{F}{m}$$

Substituindo a aceleração acima na equação de Torricelli, temos:

$$v^2 = v_0^2 + 2 \cdot a \cdot d \Rightarrow v^2 = v_0^2 + 2 \cdot \frac{F}{m} \cdot d \Rightarrow F \cdot d = \frac{m}{2} \cdot (v^2 - v_0^2)$$

Podemos reescrever essa última expressão da seguinte forma:

$$\tau = \frac{1}{2} \cdot m \cdot v^2 - \frac{1}{2} m \cdot v_0^2 = E_c - E_{co} = \Delta E_c$$

Portanto:

$$\tau = \Delta E_c$$

Essa relação é conhecida como **teorema da energia cinética**. Dela obtém-se uma das definições de energia: a capacidade de um sistema físico ou de um corpo realizar trabalho.

É importante ressaltar ainda a questão do referencial. A cadeira na qual você está sentado, por exemplo, tem $E_c = 0$ se o referencial adotado for um ponto da superfície da Terra (acreditamos que você não esteja lendo isto em um ônibus ou em outro veículo qualquer). Mas terá energia cinética de alguns bilhões de joules se o referencial escolhido for o Sol, pois a Terra se move com velocidade média aproximada de 30 km/s ao redor desse astro (Figura 3.4).

Quando não explicitamos um referencial, estamos utilizando a superfície da Terra como referência para a medida da velocidade dos objetos.

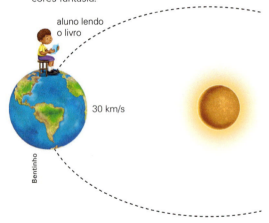

Figura 3.4: O valor da energia cinética é alterado em função do referencial escolhido. Ilustração sem escala; cores-fantasia.

Por dentro do conceito

Trabalho da força centrípeta

A força de atração gravitacional que existe entre a Terra e a Lua, por exemplo, é sempre perpendicular ao vetor deslocamento em cada instante (Figura 3.5); portanto, o cosseno do ângulo entre F e d será sempre nulo. Assim, temos que:

$$\tau_F = F \cdot d \cdot \cos \theta = F \cdot d \cdot \cos 90° = F \cdot d \cdot 0 = 0$$

Podemos generalizar esse raciocínio e dizer que nenhuma força centrípeta realiza trabalho.

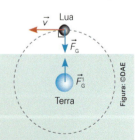

Figura 3.5: A Lua tem um período de revolução em torno da Terra de 27,3 dias, com velocidade de 1 km/s, e estima-se que sua energia cinética durante o movimento orbital seja $4 \cdot 10^{28}$ J.

Exercícios resolvidos

1. Um carro de massa 900 kg parte do repouso e atinge a velocidade de 72 km/h em 10 s, deslocando-se por uma pista retilínea e horizontal. Determine:

   a) a energia cinética inicial e final;

   $E_{c0} = 0$, pois $v_0 = 0$ e $v = 72$ km/h $= 20$ m/s

   $E_c = \dfrac{1}{2} \cdot m \cdot v^2 = \dfrac{1}{2} \cdot 900 \cdot 20^2 = 180\,000$ J $= 1,8 \cdot 10^5$ J

   b) o trabalho realizado pela força resultante sobre o carro;

   O trabalho realizado pela força resultante corresponde à variação da energia cinética experimentada pelo carro: $1,8 \cdot 10^5$ J.

   c) a potência média desenvolvida por essa força.

   A potência média é a relação entre o trabalho realizado e o intervalo de tempo em que isso ocorreu:

   $P_{ot} = \dfrac{\tau}{\Delta t} = \dfrac{1,8 \cdot 10^5}{10} = 1,8 \cdot 10^4$ W

2. Um veículo de 500 kg de massa parte do repouso por uma trajetória retilínea sob a ação de uma força que realiza um trabalho de 1 000 J sobre ele. Qual será a velocidade final do veículo?

   Se consideramos a força de ação sobre o veículo como a força resultante, o trabalho realizado por ela altera a energia cinética do veículo da seguinte maneira:

   $\tau = \Delta E_c \Rightarrow 1\,000 = \dfrac{500 \cdot v^2}{2} - 0 \Rightarrow v^2 = \dfrac{2\,000}{500} \Rightarrow v = 2$ m/s

Exercícios propostos

1. Uma bola de tênis de massa 50 g é lançada em um saque com velocidade de 216 km/h. Calcule sua energia cinética em relação ao solo.

2. Uma antiga locomotiva a vapor pode atingir a velocidade de 54 km/h, e sabe-se que sua massa é de 50 toneladas. Determine:

   a) sua energia cinética em J;

   b) a potência média resultante desenvolvida pela máquina para levá-la a essa velocidade em 15 s.

3. Numa competição de *bobsled*, cada atleta tem um companheiro para empurrar o carrinho no trecho inicial do trajeto.

   A força média resultante que cada competidor pode aplicar é da ordem de 200 N, na direção do movimento, e o conjunto carro-piloto tem, em média, 64 kg. Determine:

   a) o trabalho realizado pelo garoto num percurso de 100 m;

   b) a velocidade do conjunto carro-piloto, ao final do percurso de 100 m, supondo ter partido do repouso.

4. Ao passar pelo marco zero de uma pista retilínea e horizontal a 36 km/h, um carro de 900 kg de massa começa a sofrer o efeito de uma força resultante que realiza um trabalho de 45 000 J enquanto o carro se desloca 100 m.

   a) Qual é a velocidade do carro depois da realização do trabalho da força?

   b) Qual é a intensidade média dessa força?

5. Calcule e compare a energia cinética de cada um dos corpos a seguir.

   a) elétron orbitando um núcleo atômico: $m = 9,1 \cdot 10^{-31}$ kg, $v = 2,18 \cdot 10^6$ m/s

   b) bola de basquete lançada durante um passe: $m = 600$ g, $v = 10$ m/s

   c) bola de tênis depois de um saque: $m = 58$ g, $v = 45$ m/s

   d) bola de vôlei depois de uma cortada: $m = 270$ g, $v = 50$ m/s

   e) bola de futebol depois de um chute: $m = 454$ g, $v = 30$ m/s

   f) Terra em sua órbita: $m = 5,97 \cdot 10^{24}$ kg, $v = 3 \cdot 10^4$ m/s

Energia mecânica Capítulo 3

2. Energia potencial

A palavra "potencial" é usada no cotidiano com a ideia de algo que possa vir a acontecer. Por exemplo, nas frases "Ele é um jogador em potencial" ou "Essa cidade tem potencial turístico", perceba que o jogador ainda não é um craque e a cidade ainda não é um polo turístico, mas estão em uma situação em que isso pode ocorrer.

Para compreendermos esse termo no contexto físico, podemos analisar o funcionamento de um bate-estaca, máquina utilizada para perfurar o solo e colocar estacas que auxiliam a estruturar grandes construções. O martelo (um bloco metálico) é elevado a determinada altura por uma corda acionada por um motor. Quando parado no alto, parece não haver nenhuma energia associada ao bloco, mas, ao ser solto, ele cai verticalmente, aumentando sua velocidade, isto é, ganhando energia cinética, até atingir uma estaca, a qual, por sua vez, perfura o solo a cada impacto (Figura 3.6).

Na Física, chamamos de **energia potencial** a energia armazenada devido à configuração dos corpos em dado sistema.

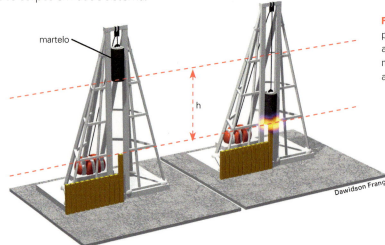

Figura 3.6: A energia potencial gravitacional acumulada pelo martelo é usada para afundar a estaca.

Figura 3.7: Onde se "escondeu" a energia cinética?

2.1. Energia potencial gravitacional

Conforme discutimos no primeiro capítulo, um dos problemas enfrentados por Leibniz na discussão sobre a *vis viva* era explicar sua conservação nas situações de lançamentos verticais – afinal, quando o corpo atingia o ponto mais alto, sua velocidade era nula. O que acontecia com a *vis viva* nessa situação? Desaparecia?

Neste momento, de posse do conceito de energia, podemos recolocar o problema da seguinte forma: no lançamento de um corpo para cima, a energia cinética vai diminuindo até desaparecer totalmente quando ele atinge o ponto mais alto (Figura 3.7). Então, a questão atualizada é: O que aconteceu ou de que forma se "escondeu" a energia cinética?

Considerando o princípio de conservação de energia, podemos estudar como a energia cinética se transformou. À medida que o corpo sobe, ele perde velocidade e ganha altura; à medida que cai, perde altura e ganha velocidade. Neste caso, é a força gravitacional que realiza trabalho sobre o corpo, e a energia cinética é transformada em outra forma, que chamaremos de **energia potencial gravitacional (E_{pg})**. Matematicamente, temos que:

$$\Delta E_c = -\Delta E_{pg}$$

O trabalho da força gravitacional relaciona-se com a energia pelo teorema da energia cinética, pois neste caso a força gravitacional é a força resultante sobre o corpo. Assim, temos:

$$\tau_{F_{res}} = \Delta E_c = -\Delta E_{pg}$$

Portanto:

$$\tau_{peso} = -\Delta E_{pg}$$

Essa relação é válida para toda força conservativa e é conhecida como **teorema da energia potencial**. Por meio dessa expressão, obtemos uma formulação para a energia potencial gravitacional.

Primeiramente, calculemos o τ_{peso} para a situação em que d é o deslocamento vertical ao longo do qual a força gravitacional agiu no corpo e h é a altura a partir de um nível de referência, costumeiramente o solo (Figura 3.8):

$$\tau = F \cdot d \cdot \cos \theta \Rightarrow \tau_{peso} = P \cdot d \cdot \cos 180° = m \cdot g \cdot (h - h_0) \cdot (-1) \Rightarrow$$
$$\Rightarrow \tau_{peso} = -m \cdot g \cdot (h - h_0)$$

Igualando essa expressão com o teorema da energia potencial, temos que:

$$\tau_{peso} = -\Delta E_{pg} = -m \cdot g \cdot (h - h_0) \Rightarrow -(E_{pg} - E_{pg0}) = -m \cdot g \cdot (h - h_0) \Rightarrow$$
$$\Rightarrow -E_{pg} + E_{pg0} = -m \cdot g \cdot (h - h_0)$$

Novamente será necessário escolher um referencial. Adotemos, então, uma convenção: para corpos no solo, a altura é nula, assim como a energia potencial gravitacional associada a eles ($h_0 = 0 \Rightarrow E_{pg0} = 0$). Assim, a expressão acima pode ser generalizada para:

$$E_{pg} = m \cdot g \cdot h$$

Como adotamos uma convenção para definir a expressão da energia potencial gravitacional, é importante estarmos cientes de suas implicações. Por exemplo, na situação representada na Figura 3.9, se levarmos em conta que a massa do coco vale 3 kg e considerarmos a superfície como nível de referência para a medida da altura e da energia potencial gravitacional, teremos:

$E_{pg1} = m \cdot g \cdot h_1 = 3 \cdot 10 \cdot 3 = 90$ J
$E_{pg2} = m \cdot g \cdot h_2 = 3 \cdot 10 \cdot 0 = 0$
$E_{pg3} = m \cdot g \cdot h_3 = 3 \cdot 10 \cdot (-1,5) = -45$ J

Quando o coco está abaixo do nível de referência (solo), ele tem energia potencial gravitacional negativa. Tudo, porém, não passa de consequência da convenção adotada. Assim, podemos mudar a **convenção** feita e admitir que o fundo do lago seja o referencial para a energia potencial gravitacional. Neste caso:

$E_{pg1} = m \cdot g \cdot h_1 = 3 \cdot 10 \cdot 4,5 = 135$ J
$E_{pg2} = m \cdot g \cdot h_2 = 3 \cdot 10 \cdot 1,5 = 45$ J
$E_{pg3} = m \cdot g \cdot h_3 = 3 \cdot 10 \cdot 0 = 0$

Podemos utilizar qualquer referencial para medir h e E_{pg} em um sistema, desde que ele seja mantido ao longo dos cálculos. Observe que, mesmo fazendo a mudança de referencial na situação acima, a diferença de energia potencial entre as alturas 1, 2 e 3 se manteve constante: por exemplo, $E_{pg1} - E_{pg2} = 90$ J para qualquer um dos casos.

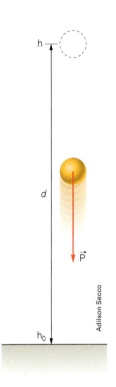

Figura 3.8: Corpo lançado para cima.

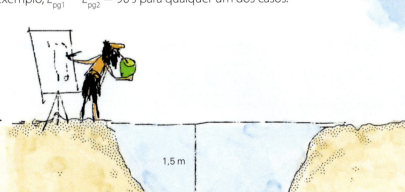

Figura 3.9: Os corpos 1, 2 e 3 estão em diferentes níveis de referência em relação ao solo.

Por dentro do conceito

Forças conservativas e dissipativas

A **força conservativa** relaciona-se às transformações reversíveis de energia e pode ser associada a uma forma de energia potencial. São exemplos as forças gravitacional, elástica e eletromagnética.

Em um sistema massa-mola (Figura 3.10), temos a constante transformação de energia potencial elástica em energia cinética, e vice-versa. A força envolvida na oscilação é conservativa, e o ciclo se manterá sem interrupção se não houver atrito.

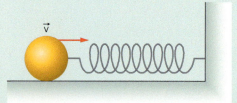
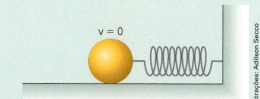

Figura 3.10: Sistema massa-mola.

A **força dissipativa** está relacionada às transformações de energia que não são integralmente reversíveis e não se associa a nenhuma energia potencial. Um exemplo é a força de atrito.

Em uma partida de boliche (Figura 3.11), a energia da bola, inicialmente na forma cinética, é convertida em energia sonora e energia térmica durante a colisão com os pinos. As forças envolvidas são dissipativas, e não há como reverter essa transformação de energia.

Outro ponto importante é que o trabalho de uma força conservativa não depende do trajeto envolvido no deslocamento (Figura 3.12).

$$\tau_{F(traj.1)} = \tau_{F(traj.2)}$$

Figura 3.11: Bola de boliche colidindo com pinos.

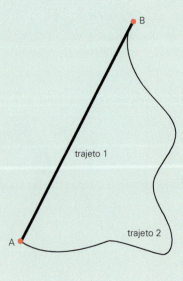

Figura 3.12: Se a força é conservativa, o trabalho realizado entre dois pontos A e B independe da trajetória.

Exercício resolvido

Determine:

a) Qual é a energia potencial gravitacional de um passarinho de 50 g de massa que voa a 300 m acima do solo?

Considerando o solo como referencial, temos que $h = 300$ m. Então:
$E_{pg} = m \cdot g \cdot h = 50 \cdot 10^{-3} \cdot 10 \cdot 300 = 150$ J

b) Se o passarinho resolver pousar no solo, qual será a variação de sua energia potencial gravitacional?

$\Delta E_{pg} = E_{pg_{solo}} - E_{pg} = 0 - 150 = -150$ J

c) Qual é a energia potencial gravitacional desse passarinho em relação a um avião que voa a 1 000 m acima do solo? (Dado: $g = 10$ m/s²)

Considerando que, neste caso, o avião é o referencial, temos que $h = -700$ m. Então:
$E_{pg} = m \cdot g \cdot h = 50 \cdot 10^{-3} \cdot 10 \cdot (-700) = -350$ J

Exercícios propostos

1. Considerando $g = 10$ m/s², determine a energia potencial gravitacional do lustre de 2 kg da figura, em relação aos seguintes referenciais:

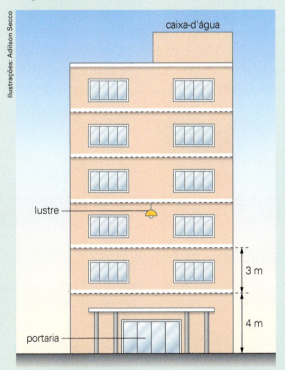

a) piso do apartamento em que ele se encontra;
b) teto do mesmo apartamento;
c) chão da portaria;
d) base da caixa-d'água do edifício.

2. Uma saca de cereal de 60 kg desce por uma rampa de 5 m de comprimento diretamente para dentro de um caminhão. O desnível da rampa é de 3 m. (Considere: $g = 10$ m/s²)

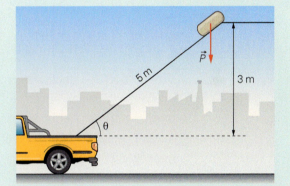

Determine:

a) o trabalho realizado pela força gravitacional;
b) a energia potencial da saca de cereal no início e no fim da rampa.

3. Calcule a energia potencial gravitacional do Cristo Redentor, no Rio de Janeiro, em relação ao nível do mar.

(Dados: massa: 1 145 toneladas; localização do monumento: cume do Morro do Corcovado, 710 m acima do nível do mar; altura total do monumento: 38 m. Considere a estátua homogênea, isto é, com distribuição uniforme de massa.)

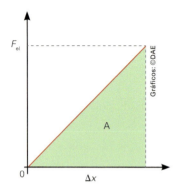

Gráfico 3.1: A área do gráfico é numericamente igual ao trabalho da força elástica.

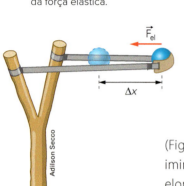

Figura 3.13: Elástico com deformação Δx a partir do ponto de equilíbrio.

2.2. Energia potencial elástica

Outra forma de energia mecânica é a **potencial elástica**, a qual está associada à capacidade dos corpos de retornar à sua forma original após sofrerem uma elongação ou compressão. Um exemplo é o estilingue, no qual a **força elástica** (F_{el}) realiza trabalho quando a borracha é deformada. Ao ser esticada, a força inicialmente é fraca e a **energia potencial elástica** (E_{pel}) armazenada é pequena, mas ambas aumentam gradativamente conforme ocorre a elongação (Gráfico 3.1).

O teorema da energia potencial também é válido para a energia elástica. Assim:

$$\tau_{F_{el}} = -\Delta E_{pel}$$

Sabemos também que, considerando a área A de um gráfico da força elástica *versus* a deformação, obtemos o trabalho realizado por essa força:

$$\tau_{F_{el}} = A = \frac{b \cdot h}{2} = \frac{\Delta x \cdot F_{el}}{2} = \frac{x \cdot k \cdot x}{2} = \frac{k \cdot x^2}{2} \Rightarrow \tau_{F_{el}} = \frac{1}{2} \cdot k \cdot x^2$$

Igualando essa expressão com o teorema da energia potencial, temos que:

$$\tau_{F_{el}} = -\Delta E_{pel} = \frac{1}{2} \cdot k \cdot x^2 \rightarrow -(E_{pel} - E_{pel0}) = \frac{1}{2} \cdot k \cdot x^2 \rightarrow E_{pel0} - E_{pel} = \frac{1}{2} \cdot k \cdot x^2$$

Se adotarmos o ponto de equilíbrio da borracha do estilingue como referência (Figura 3.13) e analisarmos a situação a partir do instante em que a pedra estiver na iminência de ser lançada, a energia potencial elástica inicial será máxima, visto que a elongação será a maior possível. Após o lançamento, a borracha será restituída à situação normal e a energia final será nula ($x = 0 \rightarrow E_{pel} = 0$). Assim, a expressão pode ser generalizada para:

$$E_{pel} = \frac{1}{2} \cdot k \cdot x^2$$

CIÊNCIA, TECNOLOGIA, SOCIEDADE E AMBIENTE

A suspensão do carro e os relógios de pêndulo

Os pêndulos e os conjuntos massa-mola também são chamados **osciladores harmônicos simples**, pois são dispositivos que realizam oscilações regulares. Veja que os movimentos registrados na Figura 3.14 podem ser descritos por uma função senoidal ou cossenoidal (Gráficas 3.2a, 3.2b e 3.2c).

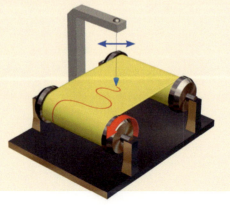
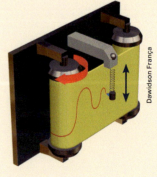

Figura 3.14: Movimento oscilatório de um pêndulo e de uma mola que suspende uma massa, ambos registrados em uma folha de papel que se move com velocidade constante.

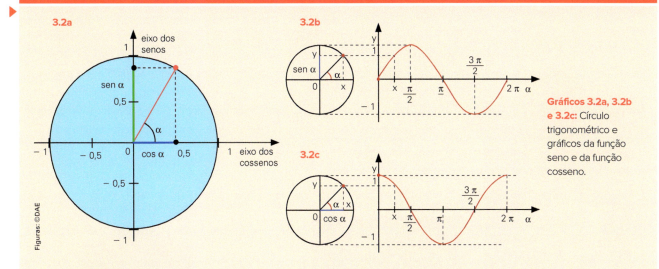

Gráficos 3.2a, 3.2b e 3.2c: Círculo trigonométrico e gráficos da função seno e da função cosseno.

Conhecendo o comportamento desses dispositivos, podemos compreender as oscilações amortecidas e forçadas, presentes em alguns aparatos de nosso cotidiano.

As **oscilações amortecidas** estão relacionadas ao sistema de suspensão dos veículos (Figura 3.15), fundamental para absorver a energia mecânica transmitida ao carro por irregularidades da pista.

Você já pensou como seria desconfortável se depois de passar por uma lombada o carro ou o ônibus ficassem balançando sem parar? O Gráfico 3.3 expressa essa situação. Nele temos uma oscilação não amortecida, com *x* representando a posição de um ponto da carroceria do veículo em relação a um nível de referência. Pela ação dos amortecedores (e dos atritos internos e externos), porém, a energia do sistema vai se dissipando até que o veículo se estabiliza. O Gráfico 3.4 mostra como seria essa oscilação amortecida.

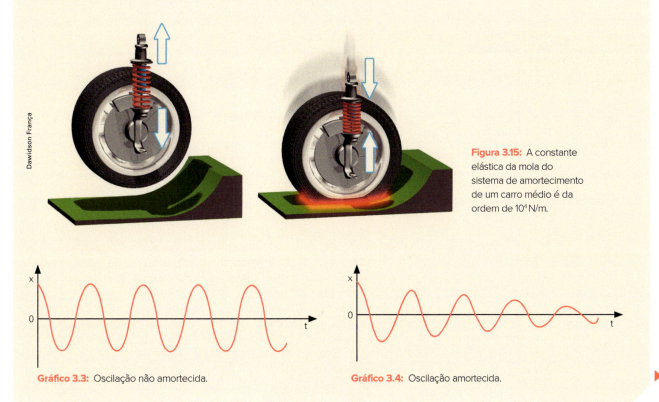

Figura 3.15: A constante elástica da mola do sistema de amortecimento de um carro médio é da ordem de 10^4 N/m.

Gráfico 3.3: Oscilação não amortecida.

Gráfico 3.4: Oscilação amortecida.

Energia mecânica   Capítulo 3   53

As **oscilações forçadas** estão presentes nos casos em que não se deseja o amortecimento, e sim a permanência do movimento oscilatório. Nos relógios de pêndulo, por exemplo, a conservação do ritmo é importante para que a medida do tempo não sofra atrasos; para isso, são inseridos dispositivos que compensam a energia perdida no balanço. O ajuste das oscilações pode ser feito por meio da queda de um "peso" conectado às engrenagens por uma corrente (Figura 3.16) ou por uma mola do tipo espiral, que, ao desenrolar-se lentamente, transmite energia ao equipamento (Figuras 3.17a e 3.17b). Por isso, com o passar do tempo, é necessário "dar corda" nesses relógios.

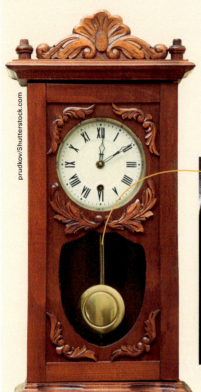

Figuras 3.17a e 3.17b: Relógio de pêndulo ajustado por sistema de mola e seu mecanismo interno.

Figura 3.16: Relógio de pêndulo ajustado por sistema de peso.

Exercícios resolvidos

1. Qual é a energia potencial elástica acumulada numa mola de constante de elasticidade $k = 3{,}0 \cdot 10^2$ N/m quando comprimida 12 cm?

   $$E_{pel} = \frac{k \cdot x^2}{2} = \frac{3{,}0 \cdot 10^2 \cdot (12 \cdot 10^{-2})^2}{2} =$$
   $$= \frac{3{,}0 \cdot 10^2 \cdot 144 \cdot 10^{-4}}{2} = 216 \cdot 10^{-2} \text{ J} = 2{,}16 \text{ J}$$

2. Ao ser comprimida 4,0 cm, uma mola adquire 800 J de energia potencial. Que energia ela acumulará se for comprimida 12,0 cm?

   Na primeira situação, temos:
   $$E_{pel} = \frac{k \cdot x^2}{2} \Rightarrow 800 = \frac{k \cdot (4 \cdot 10^{-2})^2}{2} \Rightarrow$$
   $$\Rightarrow k = \frac{1\,600}{16 \cdot 10^{-4}} = 1 \cdot 10^6 \text{ N/m}$$
   Utilizando essa resposta na segunda situação, temos:
   $$E_{pel} = \frac{k \cdot x^2}{2} \Rightarrow \frac{1 \cdot 10^6 \cdot (12 \cdot 10^{-2})^2}{2} \Rightarrow$$
   $$\Rightarrow k = \frac{144 \cdot 10^2}{2} = 72 \cdot 10^2 = 7{,}2 \cdot 10^3 \text{ J}$$

3. Uma criança arremessa seu carrinho de brinquedo frontalmente contra uma mola elástica, que consegue pará-lo ao se deformar 20 cm. Observe o gráfico da força em função da deformação da mola.

   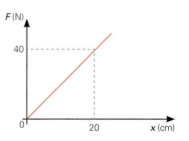

   Nessa interação, qual é o trabalho realizado pela força elástica?

   A área sob a curva no gráfico da força *versus* a deformação nos fornece o módulo do trabalho realizado pela força da mola. Esse trabalho é negativo porque a mola atua contra o sentido do movimento do carrinho. Assim:
   $$\tau_{fel} = -A = \frac{-b \cdot h}{2} = \frac{-0{,}20 \cdot 40}{2} = -4{,}0 \text{ J}$$

Unidade 1 Energia

Exercícios propostos

1. A distensão de uma mola contendo 300 J de energia acumulada é 8,0 cm. Qual deverá ser sua distensão quando a energia contida for de 2 400 J?

2. O gráfico representa a intensidade da força que uma mola elástica k é capaz de exercer sobre um carro M que a comprime x a partir do repouso.

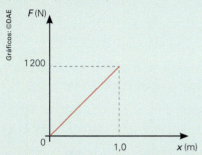

A pista por onde o carro pode trafegar é horizontal e bastante lisa. Se, no ato de liberar o carro, a compressão x da mola for de 0,5 m, qual será a máxima energia cinética que ele conseguirá atingir?

3. Um carrinho de brinquedo, travado em repouso, comprime 40 cm uma mola elástica, cujo gráfico da força em função da deformação está a seguir.

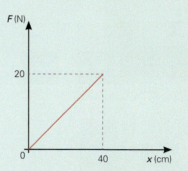

a) Qual é a energia potencial elástica acumulada no sistema?
b) Se o carrinho for liberado, qual será o trabalho realizado pela força elástica sobre o carrinho até este se desprender da mola?

3. Sistema mecânico

Vamos denominar **sistema** qualquer conjunto de corpos aos quais associamos grandezas e leis físicas. Podemos então tratar o Universo como um único e complexo sistema, ou escolher sistemas menores e mais simplificados dentro do todo (Figuras 3.18, 3.19 e 3.20).

Figura 3.18: Pessoas e bicicleta como um sistema.

Figura 3.19: Sol e planetas como um sistema. Ilustração sem escala; cores-fantasia.

Figura 3.20: Átomo como um sistema. Ilustração sem escala; cores-fantasia.

Após delimitarmos a fronteira de um sistema mecânico, podemos classificá-lo como conservativo ou dissipativo e assim iniciar nossa análise.

Energia mecânica Capítulo 3 55

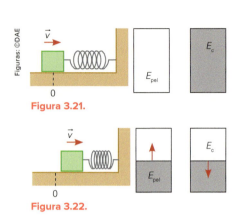

Figura 3.21.

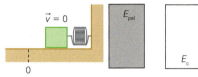

Figura 3.22.

Figura 3.23.

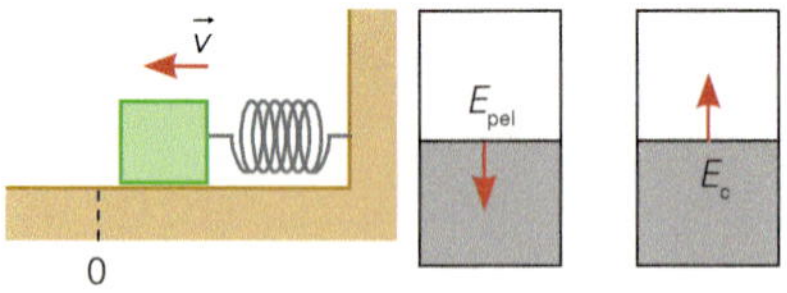

Figura 3.24.

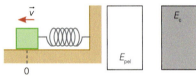

Figura 3.25.

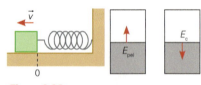

Figura 3.26.

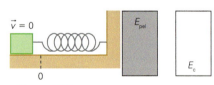

Figura 3.27.

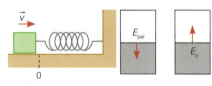

Figura 3.28.

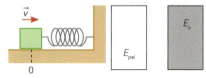

Figura 3.29.

3.1. Sistema mecânico conservativo

Em um **sistema mecânico conservativo** (ou **fechado**) não há presença de forças externas ou, se elas existem, não realizam trabalho. Pense, por exemplo, em um conjunto massa-mola oscilando sobre uma superfície plana e sem atrito, e considere que as forças envolvidas nessa situação são peso, normal e elástica, com as duas primeiras sendo forças externas que atuam no sistema sem realizar trabalho sobre ele, e a força elástica sendo interna ao sistema.

I. No ponto de equilíbrio da mola, a energia potencial elástica é mínima e a energia cinética é máxima (Figura 3.21).

II. Enquanto a mola é comprimida, porém, a energia potencial elástica aumenta e sua energia cinética diminui (Figura 3.22).

III. No instante em que a compressão da mola é máxima, a energia potencial elástica também é máxima e a energia cinética é mínima (Figura 3.23).

IV. Conforme a mola volta a se alongar, a energia potencial elástica diminui e a energia cinética aumenta (Figura 3.24).

V. No ponto de equilíbrio da mola, a energia potencial elástica é novamente mínima e a energia cinética é novamente máxima (Figura 3.25).

VI. No entanto, enquanto a mola continua sendo alongada, a energia potencial elástica passa a aumentar e a energia cinética passa a diminuir (Figura 3.26).

VII. No instante de máxima elongação da mola, a energia potencial elástica é novamente máxima e a energia cinética é novamente mínima (Figura 3.27).

VIII. Em seguida, a mola começa a ser comprimida mais uma vez e assim a energia potencial elástica volta a diminuir, enquanto a energia cinética volta a aumentar (Figura 3.28).

IX. Até que o sistema volta ao ponto de equilíbrio e o ciclo recomeça. (Figura 3.29).

Nos sistemas mecânicos conservativos, a energia se restringe a apenas três formas: cinética, potencial gravitacional e potencial elástica. Então, podemos definir a **energia mecânica** (E_m) como aquela composta das formas de energia que participam de um sistema puramente mecânico, ou seja:

$$E_m = E_c + E_{pg} + E_{pel}$$

Portanto, em um sistema conservativo, a energia mecânica é sempre constante e, independentemente da etapa em que a mensuramos, temos que:

$$E_{m0} = E_m$$

Esse caso particular do princípio de conservação de energia foi estabelecido pela primeira vez pelo matemático italiano Joseph-Louis Lagrange, em sua obra *Mecânica analítica*.

É importante ressaltar que situações assim são idealizações, pois no mundo real é impossível evitar completamente a dissipação de energia por atrito e outras formas.

Exercícios resolvidos

1. No ponto mais baixo de uma montanha-russa, a velocidade do carrinho de massa 300 kg é 12 m/s.

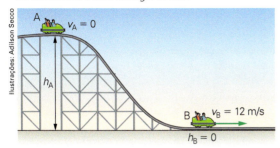

Desprezando o atrito e considerando $g = 10$ m/s², calcule:

a) a altura inicial de onde o carrinho é abandonado;

A energia mecânica do carrinho é a mesma em qualquer ponto do percurso, uma vez que se trata de um sistema conservativo.

$$E_{mA} = E_{mB}$$
$$E_{cA} + E_{pgA} = E_{cB} + E_{pgB}$$

Como o carrinho parte do repouso e chega ao solo, temos que $v_A = 0$ e $h_B = 0$, assim:

$$\cancel{E_{cA}} + E_{pgA} = E_{cB} + \cancel{E_{pgB}}$$
$$E_{pgA} = E_{cB}$$

A energia potencial gravitacional no ponto superior, de onde o carrinho é abandonado, é igual à energia cinética no ponto inferior:

$$m \cdot g \cdot h_A = \frac{m \cdot v_B^2}{2}$$
$$h_A = \frac{v_B^2}{2g} = \frac{12^2}{2 \cdot 10} = \frac{144}{20} = 7,2 \text{ m}$$

b) sua energia mecânica num ponto situado 2,5 m acima do solo.

Como a energia mecânica se conserva, obtê-la em um ponto situado a 2,5 m do solo, como pede o enunciado, é equivalente a obter essa energia em qualquer outro ponto da trajetória. Assim, vamos considerar o ponto inferior da pista, pois os dados necessários para isso estão fornecidos:

$$E_{mB} = E_{cB} = \frac{m \cdot v_B^2}{2} = \frac{300 \cdot 12^2}{2} = 21\,600 = 2,16 \cdot 10^4 \text{ J}$$

2. Sobre uma pista retilínea, horizontal e lisa, um carro de massa m é impulsionado por uma mola de constante elástica $k = 1,0 \cdot 10^4$ N/m, a partir do repouso, no instante em que a mola estava comprimida $x = 1,0$ m. Determine a massa do carro, sabendo que ele atinge a velocidade máxima de 18 km/h.

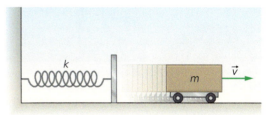

Como a pista é lisa e não há dissipação de energia, ocorre a conservação da energia mecânica do sistema. Assim, a energia potencial da mola é transformada em energia cinética do carro. Sendo $v = 18$ km/h $= 5$ m/s, então:

$$E_{m0} = E_m$$
$$\frac{k \cdot x^2}{2} = \frac{m \cdot v^2}{2}$$
$$m = \frac{k \cdot x^2}{v^2} = \frac{1 \cdot 10^4 \cdot (1,0)^2}{5^2} = \frac{10\,000}{25} = 400 \text{ kg}$$

Exercícios propostos

1. Que altura máxima pode alcançar um corpo lançado verticalmente do solo com velocidade de 20 m/s? (Considere: $g = 10$ m/s²)

2. Um carrinho de massa 40 kg desce a rampa de uma montanha-russa, como mostra a figura. Admitindo que a aceleração da gravidade local seja 10 m/s² e desprezando o atrito, determine a velocidade desse carrinho nos pontos A, B e C.

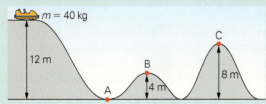

3. Sobre uma pista retilínea, horizontal e lisa, um carro com massa de 500 kg desliza a uma velocidade $v = 72$ km/h e colide frontalmente com uma mola de constante elástica k. O carro para no instante em que a mola é deformada 40 cm. Determine k.

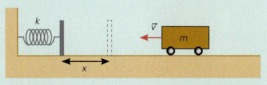

4. Um atleta de 75 kg de massa salta do alto de uma torre amarrado a um *bungee jump*, de comprimento inicial de 10 m, indo parar 15 m abaixo ponto de partida.

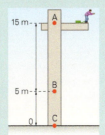

a) Quais são as transformações de energia que ocorrem durante o salto?

b) Determine a constante elástica do elástico do *bungee jump*. (Considere: $g = 10$ m/s²)

Energia mecânica Capítulo 3 **57**

3.2. Sistema mecânico dissipativo

Imagine que uma criança num balanço peça que você a empurre (Figura 3.30). Sabendo do princípio de conservação da energia mecânica, você poderia pensar: "Isso é fácil! Eu a empurro uma primeira vez, e ela começará a balançar. Como a energia se conserva, ela continuará balançando sem minha ajuda".

Figura 3.30: É possível oscilar indefinidamente?

No entanto, se você já teve a chance de realizar essa ação, percebeu que para manter a criança balançando é preciso introduzir continuamente energia no sistema, por meio de empurrões sucessivos. Esse sistema mecânico real não é conservativo, e a principal responsável pela "fuga" da energia é a força de atrito. O trabalho realizado por ela transforma a energia cinética em outras formas, como térmica e sonora.

> **Explorando o assunto**
>
> No balanço, onde ocorre o atrito que causa perda de energia?

Em sistemas chamados **dissipativos**, a energia mecânica **não se conserva**, pois o trabalho de forças externas pode **inserir** ou **retirar** energia no sistema (Figuras 3.31 e 3.32). Portanto, consideramos que:

$$E_{m0} \neq E_m$$

Além disso, em um sistema mecânico dissipativo, a soma dos trabalhos realizados pelas forças dissipativas (ou externas) equivale à variação da energia mecânica do sistema:

$$\tau_{F_{ext}} = \Delta E_m$$

Quando a energia inicial do sistema for maior, o trabalho das forças externas será negativo; quando a energia final for maior, será positivo.

Figura 3.32: Se as forças de atrito não retirassem energia mecânica do sistema, seria impossível um paraquedista chegar com vida ao solo.

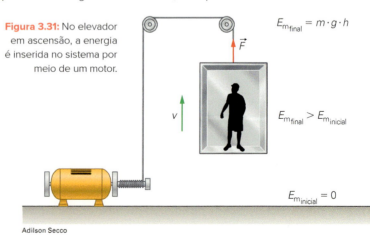

Figura 3.31: No elevador em ascensão, a energia é inserida no sistema por meio de um motor.

Exercícios resolvidos

1. Geralmente, quando falamos em força dissipativa, nos lembramos do atrito com o solo e da força de resistência do ar, mas nem sempre pensamos nos líquidos. Vamos então analisar um caso em que a energia é dissipada por causa da força de resistência viscosa. Considere que uma esfera maciça com massa de 4 kg e volume de 0,5 L é imersa em um grande aquário cheio de água e afunda com velocidade constante de 0,1 m/s. O corpo movimenta-se para baixo por causa da ação da força peso, mas forças de resistência viscosa e empuxo atuam em sentido contrário ao movimento, resultando em equilíbrio dinâmico. Com essas informações, encontre a quantidade de energia perdida.

   Como a velocidade da esfera é constante e a resultante de forças é nula, conforme indicado na ilustração a seguir:

   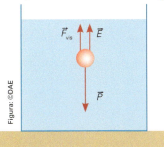

   Figura: ©DAE

   Matematicamente, temos que:
   $F_{res} = 0$
   $P - E - F_{vis} = 0$
   $F_{vis} = P - E$
   $F_{vis} = m \cdot g - \rho \cdot V \cdot g$
   Sabendo que a densidade da água é 10^3 kg/m³ e que o volume é 0,5 L = $0,5 \cdot 10^{-3}$ m³, e considerando a aceleração da gravidade igual a 10 m/s², temos:
   $F_{vis} = m \cdot g - \rho \cdot V \cdot g = 4 \cdot 10 - 10^3 \cdot 0,5 \cdot 10^{-3} \cdot 10 = 35$ N
   A energia dissipada pode ser determinada pela definição de trabalho e potência:
   $\tau = F \cdot d = F \cdot v \cdot \Delta t \Rightarrow \dfrac{\tau}{\Delta t} = F \cdot v \Rightarrow P_{ot} = F \cdot v =$
   $= 35 \cdot 0,1 = 3,5$ W $= 3,5$ J/s
   Esse resultado revela que, a cada segundo, 3,5 J de energia do sistema são transformados em calor por causa do trabalho da força de resistência viscosa, uma força dissipativa.

2. Determine a quantidade de energia que o motor de um elevador de 150 kg de massa deve fornecer para levá-lo do térreo ao 9º andar de um prédio, sendo 3,0 m o desnível entre dois andares consecutivos. (Considere: $g = 10$ m/s²)
   A energia que o elevador vai receber do motor precisa ser suficiente para aumentar a energia potencial gravitacional dele.
   $\Delta E = m \cdot g \cdot \Delta h = 150 \cdot 10 \cdot 9 \cdot 3 = 40\,500$ J

Exercícios propostos

1. Um carro desloca-se com uma velocidade constante, e o ar exerce sobre ele uma força de resistência de 1 000 N. Desprezando outros tipos de resistência, determine a quantidade de energia dissipada pelo motor do carro a cada metro percorrido. Se o carro se movimenta a 90 km/h, calcule a potência do motor do carro.

2. Uma bola nova com cerca de 40 g de massa, quando solta de uma altura de 2 m, após colidir com o solo retorna à altura de 1,7 m. (Use $g = 10$ m/s²)

   a) Calcule a energia perdida no movimento.

   b) Suponha que a mesma bolinha solta no vácuo retorne à altura de 1,8 m. Calcule a energia perdida no choque com o piso.

   c) Qual foi a quantidade de energia perdida no atrito com o ar no primeiro caso?

   Terry Oakley/Alamy/Fotoarena

3. Um paraquedista de 100 kg de massa salta de um avião a 216 km/h, de uma altitude de 2 000 m, e chega ao solo com velocidade de 18 km/h. Qual é a quantidade de energia dissipada pelo atrito com o ar nesse salto? (Use $g = 10$ m/s²)

4. (UFPE) Uma bola com massa $m = 0,1$ kg é largada do repouso, do décimo quinto andar de um edifício, a partir de uma altura de 45 m. No instante imediatamente antes de tocar o solo, a velocidade da bola é 20 m/s. Considerando que a trajetória da bola foi vertical, calcule quanta energia foi dissipada devido à resistência do ar, em joules.

Energia mecânica Capítulo 3 59

4. Rendimento

No cotidiano, relacionamos o termo "rendimento" à ideia de eficiência. Por exemplo, as lâmpadas incandescentes são ditas pouco eficientes na produção de luz, contrariamente às fluorescentes; os carros são classificados em muito ou pouco econômicos, o que também está relacionado ao rendimento. Por essas correlações, percebemos que os conceitos de energia e rendimento estão associados.

Sabendo, por exemplo, que 1 L de gasolina contém 32 000 J de energia química e que o motor de um carro pode transformá-los em 8 000 J de energia cinética, podemos calcular seu **rendimento** – representado pela letra grega eta (η) – comparando a porcentagem de **energia útil** (E_u), ou seja, a energia que é de fato aproveitada, com a **energia total** (E_t) disponível.

$$\eta = \frac{E_u}{E_t} = \frac{8\,000}{32\,000} = 0{,}25 \text{ (ou 25\%)}$$

Isso significa dizer que, do total de 32 000 J de energia disponível no litro da gasolina, o motor do carro aproveita somente uma fração de 0,25, ou seja, 25%. Como essa grandeza é resultado da divisão de números de mesma unidade, seu valor é um número puro, adimensional.

O rendimento pode ser expresso em termos da energia transformada, dos trabalhos realizados ou das potências envolvidas:

$$\eta = \frac{E_u}{E_t} = \frac{\tau_u}{\tau_t} = \frac{P_{ot\,util}}{P_{ot\,total}}$$

No caso do carro do exemplo, a energia que não foi aproveitada (75%) se dissipou na forma térmica e sonora, pela ação do atrito com o solo, com o ar e com a estrutura mecânica do próprio veículo.

Exercício Resolvido

Uma empilhadeira é capaz de erguer cargas de até 2 toneladas a 8,0 m de altura num intervalo de tempo de 5 s. Sabendo que o motor dessa máquina tem potência nominal de 40 000 W, calcule o rendimento nessa situação.

Como temos a potência nominal (total) da empilhadeira, precisamos obter a potência útil, de fato dissipada, da realização do trabalho descrito:

$P_u = \frac{\tau_u}{\Delta t} = \frac{m \cdot g \cdot h}{\Delta t} = \frac{2 \cdot 10^3 \cdot 10 \cdot 8{,}0}{5} = 32\,000 \text{ W}$

$\eta = \frac{P_u}{P_t} = \frac{32\,000}{40\,000} = 0{,}80 = 80\%$

Exercícios Propostos

1. Um homem utiliza um macaco manual para trocar o pneu do carro. Ele aplica uma força de 200 N para realizar um movimento vertical deslocando a barra do macaco 1,25 m em cada movimento.

Se o carro de 1 000 kg sobe 2,0 cm em cada descida da barra, calcule o rendimento dessa operação. (Use $g = 10$ m/s².)

2. Determine, em cv, a potência nominal (total) do motor de um automóvel que opera com 30% de rendimento quando se aplica a ele uma força de 525 N na direção de sua velocidade constante de 108 km/h. (Use 1 cv = 750 W.)

3. Um prédio de 48 m de altura tem 30 apartamentos. Em cada apartamento, consomem-se cerca de 600 L de água por dia. Sabendo que o rendimento da bomba de água é de 80%, calcule a potência que ela deve ter para que, funcionando não mais que 15 min por hora, possa manter todo o prédio abastecido. (Use $g = 10$ m/s².)

Exercícios finais

1. Quando um móvel de 50 kg de massa, deslocando-se em linha reta a 10 m/s, passa a sofrer a ação de uma força resultante de 400 N, no sentido de seu movimento, sua velocidade aumenta. Determine a velocidade que ele adquire depois de percorrer 200 m sob a ação dessa força.

2. Um automóvel com energia cinética de 30 000 J é freado e para a uma distância de 60 m. Qual é a intensidade da força aplicada pelos freios sobre ele?

3. (FEI-SP) O gráfico a seguir é uma reta e representa a variação da força resultante que atua em um corpo de 1,2 kg em função do deslocamento.

   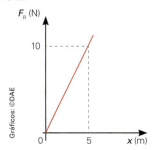

   Sabe-se que a velocidade na posição $x = 2$ m é de 4 m/s. Qual é a velocidade do corpo na posição $x = 4$ m?

   a) 10 m/s   c) 8 m/s   e) 9,6 m/s
   b) 6 m/s   d) 16 m/s

4. (Fuvest-SP) Um corpo de massa 0,3 kg está em repouso num local onde a aceleração gravitacional é 10 m/s². A partir de certo instante, uma força variável com a distância segundo a função $F = 10 - 20d$, onde F(N) e d(m), passa a atuar no corpo na direção vertical e sentido ascendente. Qual a energia cinética do corpo no instante em que a força F se anula? (Despreze todos os atritos.)

   a) 1,0 J   c) 2,0 J   e) 3,0 J
   b) 1,5 J   d) 2,5 J

5. Um paraquedista de 100 kg de massa salta do avião a 3,0 km de altitude e, com o paraquedas aberto, pousa suavemente no solo. Considere $g = 10$ m/s² e determine:

   a) a energia potencial gravitacional do paraquedista ao saltar do avião, em relação ao solo e em relação ao avião;
   b) a energia potencial gravitacional do paraquedista ao tocar o solo, em relação ao solo e em relação ao avião;
   c) a variação da energia potencial gravitacional do paraquedista nesse salto.

6. Qual é o trabalho realizado pela força gravitacional (peso) sobre o paraquedista no salto do exercício anterior?

7. Um garoto de 40 kg de massa consegue, com seu *skate*, atingir o topo de uma pista a 2,5 m acima do chão. Use $g = 10$ m/s² e calcule o trabalho realizado pela força peso do garoto nesse movimento, bem como sua variação de energia potencial.

8. Um atleta olímpico de 67 kg de massa pratica salto com vara. Considere $g = 10$ m/s². Se a máxima energia potencial gravitacional que ele consegue acumular no salto é 5 025 J, qual deve ser a máxima altura atingida por ele? Qual é o trabalho realizado pelo peso do atleta entre o instante em que ele parte do solo e o instante em que cai sobre o colchão de amortecimento no solo?

9. Qual é, em relação ao nível do mar, a energia potencial gravitacional de um mergulhador de 70 kg quando este se encontra a 12 m de profundidade? (Use $g = 10$ m/s².)

10. Uma mola é colocada no fim de uma linha de trem com o intuito de amortecer eventuais colisões. Um maquinista calcula mal a frenagem de uma locomotiva e atinge a mola. Sabendo que a constante da mola é de 80 000 N/m e que, ao parar o trem, a energia potencial elástica acumulada no sistema é de 40 000 J, determine a deformação da mola necessária para frear o trem.

11. O gráfico ilustra o comportamento da força que uma mola é capaz de exercer sobre qualquer agente que a deforme, dentro de seu limite de elasticidade.

    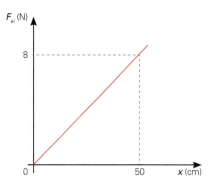

    Quando um carrinho de brinquedo é travado em repouso sobre uma pista horizontal, comprimindo a mola 20 cm, que energia potencial elástica o sistema acumula? Determine o trabalho realizado pela força elástica até o carrinho se desprender da mola quando este for solto.

Exercícios finais

12. Um corpo dotado de massa, mas de dimensões desprezíveis, é posto a oscilar preso a uma mola elástica, como mostra a figura.

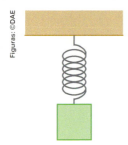

Esboce o gráfico de sua energia potencial elástica entre os pontos de máxima elongação e máxima compressão em função das mesmas deformações. Suponha um sistema ideal, livre de atritos.

13. Um carrinho de 10 kg de massa parte do repouso do ponto A da pista lisa esquematizada a seguir. O desnível entre A e B é de 5,0 m.

Determine a velocidade com que ele deve passar por B. (Use $g = 10$ m/s²)

14. (Unesp-SP) Um bloco de madeira, de massa 0,40 kg, mantido em repouso sobre uma superfície plana, horizontal e perfeitamente lisa, está comprimindo uma mola contra uma parede rígida, como mostra a figura a seguir.

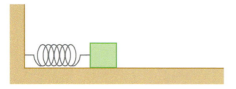

Quando o sistema é liberado, a mola se distende e impulsiona o bloco, o qual adquire, ao abandoná-la, uma velocidade final de 2,0 m/s. Determine o trabalho da força exercida pela mola ao se distender completamente:

a) sobre o bloco; b) sobre a parede.

15. Um pêndulo de 0,6 m de comprimento é abandonado de uma posição que faz 30° com a horizontal. Determine a velocidade desse objeto ao passar pelo ponto inferior de sua trajetória. (Use $g = 10$ m/s².)

16. Um corpo de 0,5 kg está sobre um plano horizontal encostado em uma mola comprimida, de constante elástica $k = 10$ N/cm. Quando a mola é solta, o corpo adquire quantidade de movimento e sobe uma rampa lisa até a posição B, de altura $h = 1,0$ m.

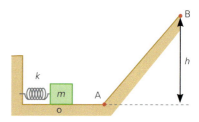

Despreze os atritos e considere $g = 10$ m/s².

a) Qual é a velocidade do corpo ao passar pela posição A?

b) Qual é a deformação da mola no instante inicial?

17. (Unesp-SP) No esporte conhecido como "ioiô humano", o praticante, preso à extremidade de uma corda elástica, cai da beira de uma plataforma para as águas de um rio. Sua queda é interrompida, a poucos metros da superfície da água, pela ação da corda elástica, que tem a outra extremidade firmemente presa à beira da plataforma. Suponha que, nas condições citadas acima, a distensão máxima sofrida pela corda, quando usada por um atleta de peso 750 N, é de 10 metros, e que seu comprimento, quando não distendida, é de 30 metros. Nestas condições:

a) A que distância da plataforma está o atleta, quando chega ao ponto mais próximo da água?

b) Qual o valor da constante elástica da corda?

(Despreze o atrito com o ar e a massa da corda, e considere igual a zero o valor da velocidade do atleta no início da queda.)

18. (Ufal) Um corpo de massa 2 kg, preso a uma mola de constante elástica 200 N/m, pendurada no teto, é abandonado do repouso exatamente na posição A, em que a mola não apresenta deformação. Ele cai em movimento acelerado até certo ponto e, depois, freia até parar momentaneamente no ponto B, de máxima deformação da mola. Adote $g = 10$ m/s².

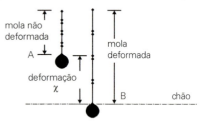

Determine a distância entre os pontos A e B.

19. (UFPE) Um corpo executa um movimento ao longo do eixo x sob a ação de uma força conservativa. A figura mostra o gráfico da energia potencial da partícula em função da posição. A curva apresentada é parabólica. A energia mecânica, E_{MEC}, da partícula também está indicada no gráfico.

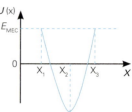

Assinale a alternativa falsa.

a) Nesta situação a partícula oscila indefinidamente.
b) A posição onde a velocidade da partícula é máxima é $x = x^2$.
c) Embora o gráfico mostre uma energia potencial negativa, esta situação é possível.
d) Existem duas posições onde a velocidade da partícula é nula.
e) Se a velocidade da partícula se anular em um ponto, a partícula permanecerá em repouso neste ponto.

20. (UFPE) Um objeto de 2,0 kg é lançado a partir do solo na direção vertical com uma velocidade inicial tal que o mesmo alcança a altura máxima de 100 m. O gráfico mostra a dependência da força de atrito F_a, entre o objeto e o meio, com a altura. Determine a velocidade inicial do objeto, em m/s.

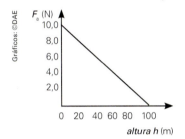

21. (UFPE) Um objeto com massa igual a 1,0 kg é lançado para cima na direção vertical com velocidade inicial 10 m/s. Quando ele retorna ao ponto de partida, a sua velocidade tem módulo 8,0 m/s. Calcule o módulo do trabalho realizado pela força de resistência do ar, em J, ao longo de todo o trajeto do objeto.

22. (Unesp-SP) Um fruto de 0,10 kg, inicialmente em repouso, desprendeu-se de uma árvore à beira de um penhasco e caiu 55 m, esborrachando-se numa rocha. Se a velocidade imediatamente antes do impacto com a rocha era 30 m/s e a aceleração da gravidade local vale 10 m/s², calcule as quantidades de energia mecânica dissipadas:
a) na interação do fruto com a rocha, ao se esborrachar;
b) na interação do fruto com o ar, durante a queda.

23. (ITA-SP) Um pingo de chuva de massa $5,0 \cdot 10^{-5}$ kg cai com velocidade constante de uma altitude de 120 m, sem que sua massa varie, num local onde a aceleração da gravidade é 10 m/s². Nessas condições a força de atrito F_A do ar sobre a gota e a energia E_A dissipada durante a queda são respectivamente:

a) $5,0 \cdot 10^{-4}$ N; $5,0 \cdot 10^{-4}$ J
b) $1,0 \cdot 10^{-3}$ N; $1,0 \cdot 10^{-1}$ J
c) $5,0 \cdot 10^{-4}$ N; $5,0 \cdot 10^{-2}$ J
d) $5,0 \cdot 10^{-4}$ N; $6,0 \cdot 10^{-2}$ J
e) $5,0 \cdot 10^{-4}$ N; $E_A = 0$ J

24. (Unicamp-SP) Um paraquedista de 80 kg (pessoa + paraquedas) salta de um avião. A força da resistência do ar no paraquedas é dada pela expressão: $F = -bv^2$, onde $b = 32$ kg/m é uma constante e v a velocidade do paraquedista. Depois de saltar, a velocidade de queda vai aumentando até ficar constante. O paraquedista salta de 2 000 m de altura e atinge a velocidade constante antes de chegar ao solo.

a) Qual a velocidade com que o paraquedista atinge o solo?
b) Qual foi a energia dissipada pelo atrito contra o ar na queda desse paraquedista?

25. (Fuvest-SP) Um pequeno corpo de massa m é abandonado em A com velocidade nula e escorrega ao longo do plano inclinado, percorrendo a distância $d = AB$. Ao chegar a B, verifica-se que sua velocidade é igual a $\sqrt{(gh)}$.

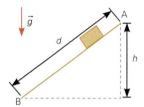

Pode-se então deduzir que o valor da força de atrito que agiu sobre o corpo, supondo-a constante, é:

a) zero
b) mgh
c) $\dfrac{mgh}{2}$
d) $\dfrac{mgh}{2d}$
e) $\dfrac{mgh}{4d}$

26. (UnB-DF) Em 1998, mais um trágico acidente aconteceu em uma extensa descida de uma das mais perigosas pistas do Distrito Federal, a que liga Sobradinho ao Plano Piloto. Um caminhão carregado de cimento, com 30 t, perdeu os freios e o controle e acabou destruindo vários veículos que se encontravam à sua frente, matando vários de seus ocupantes. O controle da velocidade nas descidas é tanto mais importante quanto mais pesado for o veículo. Assim, a lei obriga a instalação de tacógrafos em veículos com mais de 19 t. Em relação a essa situação, julgue os itens abaixo.

(1) Em uma descida na qual o caminhão mantenha velocidade constante, a variação da energia potencial por unidade de tempo é igual, em valor absoluto, à variação da energia mecânica por unidade de tempo.

(2) Para que a descida seja percorrida com segurança, é importante que a quantidade de energia mecânica dissipada pelo atrito no sistema de freios do caminhão por unidade de tempo não exceda a potência máxima com que o freio consegue dissipar calor para o ambiente.

(3) Se o referido caminhão tivesse colidido na traseira de um carro de massa igual a 1 500 kg que se encontrava parado e, após a colisão, as ferragens desse carro tivessem ficado presas ao caminhão, é correto afirmar que a velocidade do caminhão teria sido reduzida em menos de 1%, após o choque.

(4) O "controle da velocidade nas descidas é tanto mais importante quanto mais pesado for o veículo" porque há maior quantidade de energia a ser dissipada pelo sistema de freios dos veículos mais pesados, podendo comprometer mais facilmente a sua capacidade de frenagem.

27. (Fuvest-SP) O gráfico velocidade contra tempo, mostrado adiante, representa o movimento retilíneo de um carro de massa $m = 600$ kg numa estrada molhada. No instante $t = 6$ s o motorista vê um engarrafamento à sua frente e pisa no freio. O carro, então, com as rodas travadas, desliza na pista até parar completamente. Despreze a resistência do ar.

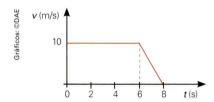

a) Qual é o coeficiente de atrito entre os pneus do carro e a pista?

b) Qual o trabalho, em módulo, realizado pela força de atrito entre os instantes $t = 6$ s e $t = 8$ s?

28. (UPM-SP) Uma bola de borracha de 1 kg é abandonada da altura de 10 m. A energia perdida por essa bola ao se chocar com o solo é 28 J. Supondo $g = 10$m/s², a altura atingida pela bola após o choque com o solo será de:

a) 2,8 m c) 5,6 m e) 7,2 m
b) 4,2 m d) 6,8 m

29. (UFRJ) Uma esfera de aço de massa $m = 0,20$ kg, suspensa por um fio a um suporte, é afastada de sua posição de equilíbrio e abandonada a uma altura $H_0 = 0,48$ m, como mostra a figura 1. Ao completar a primeira oscilação, verifica-se que ela consegue atingir apenas uma altura $H_1 = 0,45$ m, como mostra a figura 2.

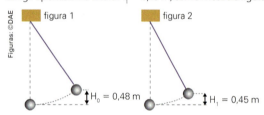

Sendo $g = 10$ m/s² a aceleração da gravidade, calcule:

a) o trabalho realizado pelos diversos atritos que se opõem ao movimento da esfera durante essa primeira oscilação;

b) o trabalho realizado pela tensão no fio durante essa primeira oscilação.

30. (Fuvest-SP) Um corpo de massa m é solto no ponto A de uma superfície e desliza, sem atrito, até atingir o ponto B. A partir deste ponto o corpo desloca-se numa superfície horizontal com atrito, até parar no ponto C, a 5 metros de B.

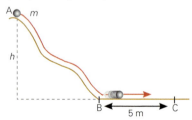

Sendo m medido em quilogramas e h em metros, o valor da força de atrito F, suposta constante enquanto o corpo se movimenta, vale, em newtons:
Considere: $g = 10$ m/s²

a) $F = \left(\dfrac{1}{2}\right)mh$ d) $F = 5mh$

b) $F = mh$ e) $F = 10mh$

c) $F = 2mh$

31. (UFMT) Um bloco A de 3,0 kg é abandonado no ponto P do plano inclinado, conforme a figura a seguir.

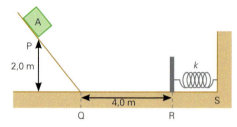

O plano inclinado não possui atrito, entretanto no trecho QS o coeficiente de atrito cinético (μ_c), entre o bloco e o plano horizontal, vale 0,25. Sendo a constante elástica da mola $k = 1,5 \cdot 10^5$ N/m e $g = 10$ m/s², determine aproximadamente, em cm, a compressão que o bloco A proporciona à mola.

32. (Fuvest-SP) Um corpo de massa m está em movimento circular sobre um plano horizontal, preso por uma haste rígida de massa desprezível e comprimento R. A outra extremidade da haste está presa a um ponto fixo P, como mostra a figura a seguir (em perspectiva). O coeficiente de atrito entre o corpo e o plano é μ, constante. Num dado instante, o corpo tem velocidade de módulo v e direção paralela ao plano e perpendicular à haste.

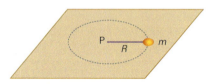

a) Qual deve ser o valor de v para que o corpo pare após 2 (duas) voltas completas?

b) Qual o tempo gasto pelo corpo para percorrer a última volta antes de parar?

c) Qual o trabalho realizado pela força de atrito durante a última volta?

33. (UPM-SP) A figura a seguir mostra um corpo que é abandonado do topo do plano inclinado AB sem atrito e percorre o trecho BC, que apresenta atrito, parando em C.

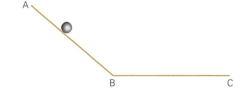

O gráfico que melhor representa a energia mecânica E desse corpo em função da posição x é:

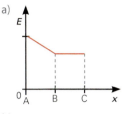

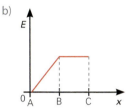

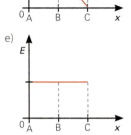

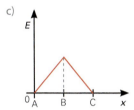

34. (UFSC) A figura mostra um bloco, de massa $m = 500$ g, mantido encostado em uma mola comprimida de $x = 20$ cm. A constante elástica da mola é $k = 400$ N/m. A mola é solta e empurra o bloco que, partindo do repouso no ponto A, atinge o ponto B, onde para. No percurso entre os pontos A e B, a força de atrito da superfície sobre o bloco dissipa 20% da energia mecânica inicial no ponto A.

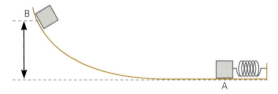

Assinale a(s) proposição(ões) correta(s):

01. Na situação descrita, não há conservação da energia mecânica.
02. A energia mecânica do bloco no ponto B é igual a 6,4 J.
04. O trabalho realizado pela força de atrito sobre o bloco, durante o seu movimento, foi 1,6 J.
08. O ponto B situa-se a 80 cm de altura, em relação ao ponto A.
16. A força peso não realizou trabalho no deslocamento do bloco entre os pontos A e B, por isso não houve conservação da energia mecânica do bloco.
32. A energia mecânica total do bloco, no ponto A, é igual a 8,0 J.
64. A energia potencial elástica do bloco, no ponto A, é totalmente transformada na energia potencial gravitacional do bloco, no ponto B.

35. A montadora de certo modelo de automóvel apregoa que a potência nominal do respectivo motor é de 160 cv (1 cv = 0,75 kW). Esse veículo, quando em testes sobre uma pista horizontal, acelerou da imobilidade até atingir 144 km/h em 10 s. Determine a relação entre as potências conseguida na pista e a divulgada pela montadora, isto é, o rendimento do veículo. A massa do automóvel é de 1300 kg.

36. A potência nominal de um eletrodoméstico é de 300 W. Ao ser ligado durante 3 min e 20 s, observou-se que ocorreu um aquecimento de 5,0 °C no aparelho e que o ruído produzido pelo seu funcionamento promoveu uma dissipação estimada em 10 W.

A energia dissipada pelo calor gerado pode ser calculada pela expressão $\Delta E = m \cdot c \cdot \Delta \theta$, onde c é o calor específico do material e $\Delta \theta$ a elevação da temperatura, sendo que cada caloria equivale a 4,2 J. E o rendimento desse aparelho pode ser calculado pela razão entre a potência útil (aquela que de fato é utilizada) e a potência nominal do aparelho.

Se a massa do aparelho é de 1,05 kg e o material de que ele é feito tem calor específico de 0,80 cal/g °C, o rendimento desse aparelho deve ser de, aproximadamente:

a) 85%   c) 95%   e) 99%
b) 90%   d) 98%

37. (UEL-PR) Um motor, cuja potência nominal é de $6,0 \cdot 10^2$ W, eleva um corpo de peso $6,0 \cdot 10^2$ N até uma altura de 5,0 m, com velocidade constante de 0,5 m/s. Nessas condições, o rendimento do motor vale:

a) 0,90   d) 0,50
b) 0,75   e) 0,25
c) 0,60

38. (UPM-SP) A figura a seguir representa um motor elétrico M que eleva um bloco de massa 20 kg com velocidade constante de 2 m/s. A resistência do ar é desprezível e o fio que sustenta o bloco é ideal. Nessa operação, o motor apresenta um rendimento de 80%.

Considerando o módulo da aceleração da gravidade como sendo $g = 10$ m/s^2, a potência dissipada por este motor tem valor:

a) 500 W   c) 300 W   e) 100 W
b) 400 W   d) 200 W

39. A potência do motor de um automóvel, de 1 200 kg de massa, apregoada pelo fabricante é de 150 cv (1 cv = 740 W). Em um teste de pista, realizado por uma revista especializada, o referido automóvel atingiu a velocidade de 100 km/h=28 m/s em 12 s, a partir da imobilidade. A relação entre a potência útil medida na pista e a potência total divulgada pelo fabricante é de:

a) 20%   c) 35%   e) 50%
b) 25%   d) 45%

INVESTIGUE VOCÊ MESMO

Balde-bocha

MATERIAIS

- Lata pequena ou copo de plástico firme
- Barbante
- Fita adesiva
- Caixa de papelão pequena (podem-se utilizar embalagens vazias)
- Moedas ou bolinhas de gude
- Carteira escolar

ROTEIRO E QUESTÕES

Como se dá a transformação da energia potencial gravitacional em cinética?

- Monte um "balde" com a lata ou copo e o barbante. Prenda o conjunto na mesa utilizando a fita adesiva. Ajuste o tamanho do barbante de maneira que o balde fique suspenso a cerca de 2 cm do chão. Posicione a caixa de papelão no chão em frente ao balde.
- Solte o balde a partir da altura do tampo da mesa, sempre mantendo o barbante esticado. Observe o que acontece com a caixa após a colisão.
- Depois, acrescente variadas quantidades de massa (moedas ou bolas de gude) no interior do balde e, sem mudar a altura inicial, faça outros lançamentos em direção à caixa. Observe as diferenças em relação à situação anterior.

Após realizar esses procedimentos, responda às questões no caderno.

1. Descreva e explique o que você observou.
2. Em qual situação o sistema armazenou mais energia? Por quê? Como verificar isso?
3. Como você poderia armazenar mais energia no sistema sem a adição de massa ao balde?
4. Esse experimento foi feito elaborado com base no jogo de bocha, praticado desde a Antiguidade no Egito e na Grécia. Nele, duas equipes devem lançar bochas (pequenas esferas) em uma pista de 20 m, de modo a posicioná-las o mais perto possível de uma bola de referência, lançada anteriormente. Vamos estender esse experimento propondo o seguinte desafio:

- No centro da sala deve ser feita uma marca no chão e os grupos devem se organizar, cada um com sua montagem, em um círculo em torno dessa marca. Todos devem ficar à mesma distância do ponto central.
- Cada grupo terá direito a três lançamentos alternados. Vencerá aquele que conseguir aproximar mais a caixa da marca central.
- É possível fazer quaisquer modificações no arranjo antes de cada lançamento para vencer o desafio.

Arranjo experimental.

Lata adestrada

MATERIAIS

- 1 lata pequena com tampa
- 1 elástico (sugerimos utilizar o modelo comumente conhecido por "elástico para dinheiro", mas também é possível testar outros tipos e depois comparar os resultados com os de outros colegas de classe).
- 1 parafuso grande com porca enroscada até a cabeça
- 2 pregos, ou parafusos fixos sem porca, ou clipes para papel, ou palitos grossos de madeira (é importante que o material seja resistente para não quebrar devido à tensão causada pelo elástico).
- Martelo e prego para fazer os furos na lata.

ROTEIRO E QUESTÕES

Quais transformações de energia ocorrem?

- Usando o martelo e um prego, faça um furo no centro da tampa e outro no centro da base da lata.
- Amarre o parafuso com a porca no centro do elástico.
- Fixe o elástico da base até a tampa da lata, usando os pregos para prendê-lo.
- Escolha uma superfície lisa e lance a lata no chão.

Observe o movimento da lata e responda às questões no caderno.

1. O que aconteceu? Como foi o movimento da lata?
2. Explique como isso ocorre e o motivo de o movimento não ser permanente.

Arranjo experimental.

Energia mecânica Capítulo 3   67

INVESTIGUE COM O PESQUISADOR

O pêndulo de Galileu

Galileu Galilei era um dos adeptos da teoria da conservação dos movimentos na natureza e por isso discutiu essa ideia em seus famosos diálogos. Na obra *Discurso sobre dois sistemas de mundo*, de 1632, ele utilizou um experimento simples para comprovar sua proposição. Acompanhe a seguir a descrição detalhada dessa experiência nas palavras do próprio cientista.

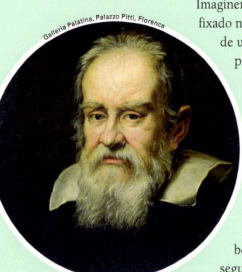

Galileu Galilei (1564-1642).

Imaginem que esta folha de papel é um muro vertical e que de um prego fixado nele pende uma bola de chumbo de uma ou duas onças, suspensa de um fio muito fino AB, com duas ou três braças de comprimento, perpendicular ao horizonte, e desenhem na parede uma linha horizontal DC que corta em ângulo reto a perpendicular AB, que estará separada da parede aproximadamente dois dedos. Conduzindo posteriormente o fio AB com a bola até AC, soltem essa bola: num primeiro momento veremos que ela desce descrevendo o arco CBD e ultrapassa o ponto B tanto que, percorrendo o arco BD, chegará quase à paralela traçada CD, não chegando a tocá-la por um pequeno intervalo, o que é causado pela resistência que opõem o ar e o fio. Disto podemos perfeitamente concluir que o ímpeto adquirido pela bola no ponto B, ao transpor o arco CB, foi suficiente para elevá-la segundo um arco similar BD à mesma altura. Após efetuar e repetir muitas vezes esta experiência, fixemos no muro, próximo à perpendicular AB, como por exemplo em E ou F, um prego que sobressai da parede cinco ou seis dedos, a fim de que o fio AC, voltando a conduzir como antes a bola C pelo arco CB, encontre, quando chegar a B, o prego E, sendo a bola obrigada a descrever a circunferência BG com centro em E. Constataremos assim o que pode fazer o mesmo ímpeto que, engendrado no ponto B, faz subir o móvel pelo arco BD até a altura da linha horizontal CD. Constataremos então com prazer que a bola chega até a linha horizontal no ponto G, e o mesmo aconteceria, se o prego estivesse fixado mais abaixo, por exemplo, no ponto F, caso em que a bola descreveria o arco BI, terminando sempre sua subida precisamente na linha CD. Se, enfim, o prego fosse fixado tão baixo, que a parte do fio que ultrapassa o prego não chegasse a alcançar a linha CD (o que aconteceria se o prego estivesse mais perto do ponto B que da intersecção de AB com a horizontal CD), então o fio se chocaria com o prego, enrolando-se neste. Esta experiência não deixa lugar para duvidar da verdade da suposição: com efeito, sendo os dois arcos CB e DB iguais e simétricos, o momento adquirido durante a descida pelo arco CB é o mesmo que aquele adquirido pela descida segundo o arco DB; mas o momento adquirido em B segundo o arco CB é suficiente para erguer o mesmo móvel segundo o arco BD; portanto, também o momento adquirido durante a descida DB é igual àquele que ergue o móvel pelo mesmo arco de B até D. Assim, de modo geral, todo momento adquirido durante a descida por um arco é igual àquele que pode fazer subir o mesmo móvel pelo mesmo arco. Ora, todos os momentos que provocam a subida através dos arcos BD, BG, BI são iguais, visto que são produzidos pelo mesmo momento adquirido durante a descida CB, como mostra a experiência; logo, todos os momentos que são adquiridos durante as descidas pelos arcos DB, GB, IB são iguais.

GALILEI, G. Duas novas Ciências. Trad. Letízio Mariconda e Pablo Mariconda. São Paulo: Nova Stella Editorial/Ched Editorial, [s.d.]. p. 133-135.

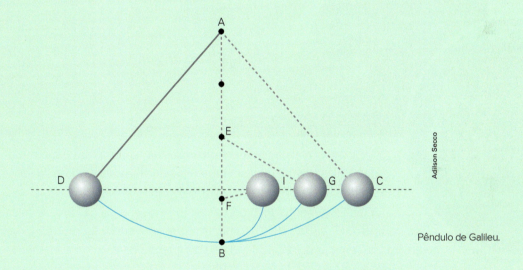

Pêndulo de Galileu.

QUESTÕES

1. A investigação do movimento do pêndulo foi realizada de fato ou se trata de um experimento de pensamento? Justifique.

2. O que significam as palavras "onças", "braças" e "dedos" nesse texto?

3. Ao longo do texto, Galileu usa os termos "ímpeto adquirido" e "momento adquirido". Qual conceito físico deveria ser utilizado para substituir essas expressões, caso esse texto fosse reescrito em linguagem mais moderna?

4. A argumentação de Galileu poderia ser facilitada caso ele dispusesse do conceito de energia? Justifique

CAPÍTULO 4

ENERGIA E SUAS OUTRAS FACES

1. As transformações da energia na Terra a cada segundo

Imagem sem escala; cores-fantasia.

Figuras 4.1 e 4.2: As mitocôndrias têm participação fundamental nos processos de conversão de energia em nosso organismo e o Sol participa dos processos de conversão de energia em nosso planeta. O tamanho da organela é de 1 milionésimo de metro e o astro, que é fonte natural de energia térmica e luminosa, tem diâmetro um pouco maior que 1 bilhão de quilômetros.

Quase a totalidade da energia utilizada na Terra tem origem nas radiações solares e, além de garantir a manutenção da vida e da biodiversidade no planeta, nos proporciona bem-estar e conforto (Figuras 4.1 e 4.2).

A cada segundo, o Sol produz $3{,}5 \cdot 10^{27}$ J de energia na forma térmica e luminosa, por meio de reações de fusão nuclear que convertem átomos de hidrogênio em hélio. Mas somente uma parcela dessa energia chega à Terra: aproximadamente $1{,}7 \cdot 10^{17}$ J atinge o topo da atmosfera de nosso planeta.

Dessa quantidade, cerca de $5 \cdot 10^{16}$ J são refletidos pelas nuvens e oceanos e voltam para o espaço; o restante chega à superfície terrestre e passa por diversos processos: $5 \cdot 10^{16}$ J aquecem o solo; $3 \cdot 10^{16}$ J, o ar; $4 \cdot 10^{16}$ J, a água; e cerca de $6{,}5 \cdot 10^{13}$ J são absorvidos pelas plantas aquáticas e terrestres. Entretanto, as transformações continuam.

O aquecimento da água provoca a evaporação, dando início ao ciclo da água. Parte da energia é dissipada no ambiente durante a condensação, mas $1 \cdot 10^{15}$ J são armazenados na forma potencial gravitacional e usados em usinas hidrelétricas para produção de $1 \cdot 10^{11}$ W de potência elétrica.

O aquecimento do solo e do ar produz os ventos e, por consequência, as ondas do mar. Ambos são fontes renováveis para produção de energia elétrica, porém são responsáveis por uma parcela ainda pouco significativa do total consumido.

Temos também a energia solar que foi absorvida pela vegetação de 500 milhões de anos atrás e produziu uma reserva de $2{,}2 \cdot 10^{23}$ J de energia química, ainda presente nos combustíveis fósseis (petróleo, carvão mineral e gás natural). Dessa reserva, são consumidos $5 \cdot 10^{12}$ J a cada segundo, sendo $12 \cdot 10^{11}$ W utilizados em termelétricas para a produção de $4 \cdot 10^{11}$ W de potência elétrica.

Unidade 1 Energia

Além disso, há a energia química originária da formação dos elementos químicos no Universo. Essa fonte é explorada por meio da fissão de isótopos radioativos, como o urânio-235, nas usinas termonucleares, que produzem cerca de $2 \cdot 10^{10}$ W de potência elétrica. Parte da energia provinda do interior da Terra, a energia geotérmica, é gerada também pela desintegração de átomos radioativos, e seu valor é $3 \cdot 10^{13}$ J.

Nesse processo, cerca de $2 \cdot 10^{13}$ J da energia solar são absorvidos pela vegetação e utilizados na fotossíntese; posteriormente, essa quantidade de energia química sintetizada pelas plantas é consumida na forma de alimento por diversas espécies de animais. Da energia dos alimentos, gerada pelas plantas jovens, cerca de $2 \cdot 10^{12}$ J são aproveitados na agricultura e na agropecuária; e, na sequência, $3 \cdot 10^{11}$ J são consumidos, em média, pelos seres humanos a cada instante.

Da energia proveniente dos combustíveis fósseis, $2 \cdot 10^{11}$ J são empregados como matéria-prima na produção de produtos químicos e plásticos, $3 \cdot 10^{12}$ J são usados como fonte de aquecimento nas indústrias e nos domicílios, e $9 \cdot 10^{11}$ J são utilizados em motores a combustão, dos quais uma pequena parte é aproveitada como potência útil, já que o restante é dissipado em forma de calor. Por fim, a energia elétrica gerada, aproximadamente $5 \cdot 10^{11}$ J, é empregada na comunicação, na iluminação e em aparelhos elétricos industriais e domésticos (Figura 4.3), na próxima página.

Exercício resolvido

Se metade da energia luminosa solar enviada para a Terra pudesse ser aproveitada para movimentar motores de automóvel, quantos motores seriam postos em funcionamento? A energia emitida pelo Sol, na forma luminosa, é de $1,7 \cdot 10^{17}$ J por segundo, e a potência média do motor de um automóvel é da ordem de 100 cv. (Utilize 1 cv = 750 W)

Metade da potência emitida pelo Sol equivale a $8,5 \cdot 10^{16}$ W; a potência do motor do automóvel equivale a 100 cv = $100 \cdot 750$ W = $7,5 \cdot 10^{4}$ W.

Com uma regra de três simples, descobrimos o número de motores de carro que seriam colocados em movimento se pudéssemos captar e utilizar metade da energia solar que chega à Terra para essa finalidade.

$$\left. \begin{array}{l} 1 \text{ motor} \longrightarrow 7,5 \cdot 10^{4} \text{ W} \\ n \text{ motores} \longrightarrow 8,5 \cdot 10^{16} \text{ W} \end{array} \right\} \; n = 1,13 \cdot 10^{12} \text{ motores}$$

Ou seja, seria possível colocar 1,13 trilhão de motores em funcionamento.

Exercícios propostos

1. De onde vem a energia responsável por todas as transformações energéticas ocorridas na Terra?

2. O Sol envia para a Terra, na forma luminosa, $1,7 \cdot 10^{17}$ W de potência. Se toda essa potência pudesse ser aproveitada para gerar energia elétrica, quantas casas seriam abastecidas simultaneamente? Suponha que cada casa consuma cerca de 240 kWh de energia por mês.

3. (Ibmec) "O Google anunciou nesta terça-feira (19/08) que vai investir mais de 10 milhões de dólares em tecnologia geotérmica avançada. A entidade filantrópica da empresa, a Google.org, afirmou que o investimento será destinado aos chamados Sistemas Geotérmicos Melhorados."

Disponível em: <http://info.abril.com.br/aberto/infonews/082008/19082008-21.shl>. Acesso em: 12 nov. 2015.

Entre as vantagens do uso de energia geotérmica, pode-se incluir:

a) O baixo custo da produção, por ser uma fonte energética que não exige grandes investimentos na infraestrutura de captação.

b) A facilidade de transmissão da energia para regiões distantes de onde é produzida, barateando os custos finais de distribuição.

c) A baixa emissão, praticamente nula, de gases causadores do aquecimento global, tornando-a uma fonte de energia mais limpa.

d) A expansão do calor produzido nos campos geotérmicos, que garantem a diminuição da temperatura no subsolo, facilitando a produção elétrica.

e) Os modestos investimentos necessários para a pesquisa e exploração dos campos geotérmicos, que usam a mesma tecnologia da exploração petrolífera.

Energia e suas outras faces Capítulo 4 71

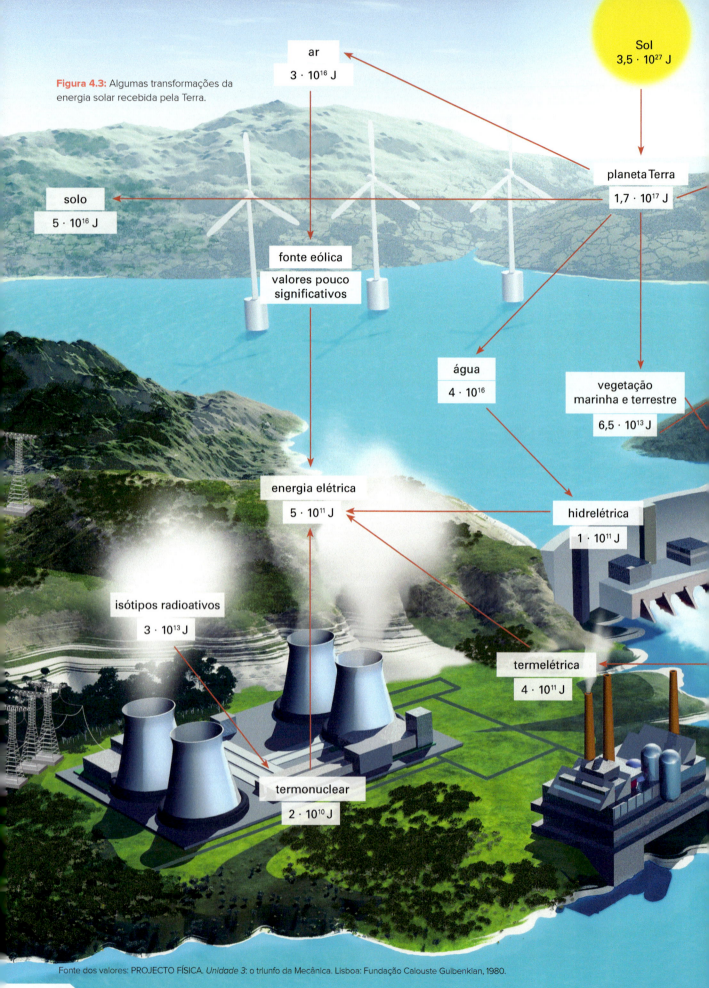

Figura 4.3: Algumas transformações da energia solar recebida pela Terra.

Fonte dos valores: PROJECTO FÍSICA. *Unidade 3*: o triunfo da Mecânica. Lisboa: Fundação Calouste Gulbenkian, 1980.

2. Energia em sistemas biológicos

No cotidiano, é muito comum usarmos o termo "caloria" quando tratamos da energia consumida pela alimentação. Contudo, se você consultar as tabelas nutricionais dos alimentos, verá que a unidade adequada é a quilocaloria (kcal). A Organização Mundial da Saúde (OMS) recomenda também o uso do quilojoule (kJ) como unidade oficial para informações alimentares:

$$1 \text{ kcal} = 4,18 \text{ kJ}$$

Tabela 4.1: Informações energéticas dos principais nutrientes	
Nutrientes e principais funções	Valor energético
carboidratos: principal fonte de energia para o organismo	4 kcal/g ou 17 kJ/g
proteínas: reparação e construção das células e regulação de reações orgânicas	4 kcal/g ou 17 kJ/g
gorduras: reserva energética e participação no processo de absorção das vitaminas A, D, E e K	9 kcal/g ou 37 kJ/g
vitaminas e minerais: cofatores em diversas reações orgânicas	0

Fonte: OKUNO, E. et al. *Física para ciências biológicas e biomédicas.* São Paulo: Harbra, 1982.

Tabela 4.2: Demanda energética de algumas atividades	
Atividade	Energia consumida a cada segundo (J/s)
dormir	80
permanecer deitado (acordado)	90
permanecer sentado (em repouso)	120
ficar em pé	140
digitar com rapidez	160
caminhar	260
nadar	630
subir escadas	690
correr depressa	700
jogar basquete	800

Fontes: OKUNO, E. et al. *Física para ciências biológicas e biomédicas.* São Paulo: Harbra, 1982; PROJECTO FÍSICA. *Unidade 3:* o triunfo da Mecânica. Lisboa: Fundação Calouste Gulbenkian, 1978.

Um prato de macarronada, por exemplo, é basicamente composto de carboidratos, e cada grama metabolizado pelas células pode liberar até 17 kJ, ou seja, cerca de 4 kcal de energia química para nosso organismo, conforme indicado na Tabela 4.1.

Da mesma maneira que as máquinas precisam de combustível para funcionar, nosso organismo necessita dos alimentos como fonte de energia. Consumimos substâncias que, direta ou indiretamente, acumularam energia do Sol, assim como os combustíveis dos veículos. Será que a expressão "máquina humana", por vezes empregada em textos de divulgação científica, tem sentido?

No interior das células de nosso organismo, as mitocôndrias realizam a transformação dos nutrientes em energia química. Esse processo ocorre por meio da respiração celular, de modo similar ao processo de combustão de gasolina, álcool etc. Entretanto, eles têm diferenças: enquanto o primeiro realiza a liberação gradual da energia ao longo do tempo, o segundo produz uma grande quantidade de energia em um intervalo curto. Então, de forma simplista, podemos comparar essas organelas celulares com "pequenos motores" e dizer que o corpo humano é uma espécie de "máquina natural a combustão". Posteriormente, a energia química gerada é convertida em outras formas, como térmica, para manter estável a temperatura corporal de 36 °C; cinética, no movimento; e elétrica, para o funcionamento do cérebro.

O consumo de energia em nosso corpo é ininterrupto, desde que a vida começa até o instante em que termina. Quando estamos dormindo, consumimos o mínimo de energia para manter as funções vitais, cerca de 80 J/s, valor conhecido como taxa metabólica basal. Quando estamos acordados, desenvolvendo outras funções, simples ou complexas, temos variados consumos de energia, conforme explorado na Tabela 4.2.

Nos automóveis, cerca de dois terços da energia liberada na queima do combustível são dissipados; no caso do corpo humano, a eficiência é maior, com rendimento superior a 60%.

Exercício resolvido

Um atleta em treinamento corre durante 1h40min. Determine a quantidade de carboidratos que ele deve consumir para repor a energia gasta no treino.

O tempo total do treino é: 1h40min = 60 + 40 = 100 min = 100 · 60 = 6 000 s
A energia gasta pode ser obtida multiplicando-se a potência (ver Tabela 4.2, ao lado) pelo intervalo de tempo da corrida:
$\Delta E = P \cdot \Delta t = 700 \cdot 6000 = 4200000 = 4200$ kJ
Sabendo que 1 g de carboidrato repõe 17 kJ de energia (ver Tabela 4.1, ao lado), podemos precisar a quantidade total de carboidratos:
1 g ——— 17 kJ
x g ——— 4 200 kJ
x = 247 g

Exercícios propostos

1. Que quantidade de carboidratos uma pessoa deve consumir para repor a energia gasta na academia de ginástica ao realizar 50 vezes o levantamento de uma carga de 60 kg durante o supino? (Dados: comprimento do braço do indivíduo = 1,0 m; rendimento das células musculares = 25%; 1 g de carboidrato = 20 000 J; g = 10 m/s^2)

2. Uma pessoa resolve perder "peso" por meio de exercícios físicos. Ela gostaria de reduzir 3 kg de gordura em um mês fazendo natação. Consulte as tabelas apresentadas no texto sobre demanda energética e informações energéticas e determine quantas horas diárias de natação seriam necessárias.

3. Matriz energética nacional

No Brasil, em 2014, a oferta interna de energia foi de 305,6 Mtep (milhões de toneladas de petróleo), cerca de 2,2% da oferta mundial. Quando se trata de fontes de energia, geralmente é utilizada a unidade tep, que significa tonelada equivalente de petróleo, ou seja, é feita a comparação do valor energético gerado pela fonte com o poder calorífico do petróleo, que é 10 800 kcal/kg.

O valor da oferta interna de energia é obtido pela soma do consumo final de energia no país nos setores de transporte, industrial, residencial, energético, agropecuário e de serviços, conforme ilustra o Gráfico 4.1, incluindo as perdas na distribuição, armazenagem e transformação.

> **Explorando o assunto**
>
> Quanto vale 1 tep no SI? Considere que 1 cal = 4,18 J.

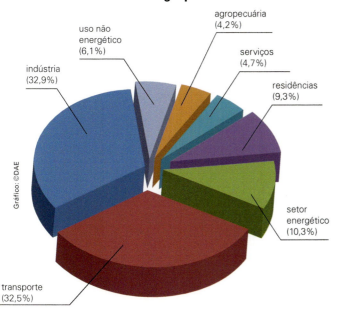

Consumo de energia por setor

- indústria (32,9%)
- uso não energético (6,1%)
- agropecuária (4,2%)
- serviços (4,7%)
- residências (9,3%)
- setor energético (10,3%)
- transporte (32,5%)

Gráfico 4.1: Consumo por setor na matriz energética nacional.

Fonte: EMPRESA DE PESQUISA ENERGÉTICA. Balanço Energético Nacional: 2015. Disponível em: <https://ben.epe.gov.br/downloads/Relatorio_Final_BEN_2015.pdf>. Acesso em: 15 set. 2015.

O Gráfico 4.2 apresenta as diferentes fontes que compõem a matriz energética nacional. Perceba que mais da metade da energia consumida é obtida de fontes **não** renováveis, como petróleo, gás natural, carvão mineral e urânio. As outras fontes, como a hidráulica, a biomassa (lenha, bagaço de cana, carvão vegetal), a solar e a eólica, são denominadas renováveis, pois sua reposição pode ser feita com relativa facilidade ou em uma escala de tempo da ordem de anos.

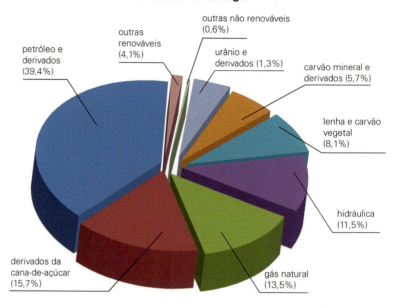

Gráfico 4.2: Porcentagem de cada fonte de energia na matriz energética nacional.
Fonte: EMPRESA DE PESQUISA ENERGÉTICA. Balanço Energético Nacional: 2015. Disponível em: <https://ben.epe.gov.br/downloads/Relatorio_Final_BEN_2015.pdf>. Acesso em: 15 set. 2015.

No contexto mundial, o uso das fontes **não** renováveis é ainda maior, com os combustíveis fósseis e a energia nuclear compondo a quase totalidade da oferta de energia. Nesse cenário, a participação das fontes renováveis foi de apenas 13,8% em 2014, diferentemente do Brasil, com 39,4% no mesmo período, conforme ilustra o Gráfico 4.3, abaixo.

E quais são as vantagens e as desvantagens das várias fontes de energia? Como elas são obtidas? Em que são usadas? Na Tabela 4.3, ao lado, são apresentadas informações que podem servir de fundamento para uma discussão sobre essas questões. Debata com os colegas a relação custo-benefício das fontes renováveis e não renováveis para decidir qual é a mais adequada para nosso país.

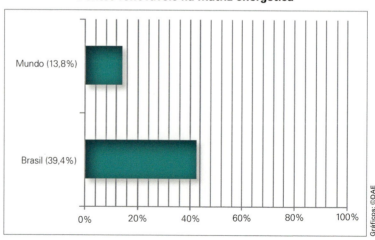

Gráfico 4.3: Porcentagem de fontes renováveis na matriz energética brasileira e mundial em 2012.
Fonte: MINISTÉRIO DE MINAS E ENERGIA. Resenha Energética Brasileira: exercício de 2014. Disponível em: <www.mme.gov.br/documents/1138787/1732840/Resenha+Energ%C3%A9tica+-+Brasil+2015.pdf/4e6b9a34-6b2e-48fa-9ef8--dc7008470bf2>. Acesso em: 8 dez. 2015.

Tabela 4.3: Informações gerais sobre fontes de energia renováveis e não renováveis

	FONTE	OBTENÇÃO	USOS	VANTAGENS	DESVANTAGENS
NÃO RENOVÁVEIS	**Petróleo**	Resulta de reações químicas em fósseis, depositados principalmente no fundo do mar. Extraído de reservas marítimas ou continentais.	Produção de energia elétrica; matéria-prima da gasolina, do *diesel* e de produtos como plástico, borracha sintética, ceras, tintas, gás e asfalto.	Domina-se a tecnologia para sua exploração e refino; há facilidade de transporte e distribuição.	Polui a atmosfera com a liberação de dióxido de carbono, colaborando para o aumento da temperatura média do planeta.
	Energia nuclear	Reatores nucleares produzem energia térmica por fissão (quebra) de átomos de urânio. Essa energia aciona um gerador elétrico.	Produção de energia elétrica; fabricação de bombas atômicas.	Não emite poluentes que contribuam para o efeito estufa.	Não há tecnologia para tratar lixo nuclear; a construção de usinas é cara e demorada; há riscos de contaminação nuclear; geração de poluição térmica ao elevar a temperatura do meio.
	Carvão mineral	Resulta das transformações químicas de grandes florestas soterradas. Extraído de minas localizadas em bacias sedimentares.	Produção de energia elétrica; aquecimento; matéria-prima de fertilizantes.	Domina-se a tecnologia para seu aproveitamento; há facilidade de transporte e distribuição.	Contribui para a chuva ácida por causa da liberação de poluentes como dióxidos de carbono e enxofre e óxidos de nitrogênio.
	Gás natural	Ocorre na natureza associado ou não ao petróleo. A pressão nas reservas impulsiona o gás para a superfície, onde é coletado em tubulações.	Aquecimento; combustível para a geração de eletricidade, veículos, caldeiras e fornos; matéria-prima de derivados do petróleo.	Emite menos poluentes; pode ser utilizado nas formas gasosa e líquida; existe um grande número de reservas.	A construção de gasodutos e metaneiros (navios especiais) para transporte e distribuição requer altos investimentos.
RENOVÁVEIS	**Hidreletricidade**	A energia liberada pela queda da água represada move uma turbina que aciona um gerador elétrico.	Produção de energia elétrica.	Não emite poluentes; não interfere no efeito estufa.	A construção das usinas, além de ser custosa e demorada, provoca a inundação de grandes áreas e o deslocamento da população local.
	Energia eólica	O movimento dos ventos é captado por pás de hélices gigantes ligadas a uma turbina que aciona um gerador elétrico.	Produção de energia elétrica; movimentação de moinhos.	Concentra grande potencial para geração de energia elétrica; não interfere no efeito estufa; não ocupa áreas de produção de alimentos.	Exige investimentos para a transmissão da energia; produz poluição sonora; interfere em transmissões de rádio e TV.
	Energia solar	Lâminas recobertas com material semicondutor, como o silício, são expostas ao Sol; a luz excita os elétrons do silício, que formam uma corrente elétrica. A radiação solar também pode ser absorvida por coletores solares que aquecem a água das residências.	Produção de energia elétrica; aquecimento.	Não é poluente; não interfere no efeito estufa; não precisa de turbinas ou geradores para a produção da energia elétrica.	Exige altos investimentos, e os coletores ocupam espaços consideravelmente extensos em comparação com a capacidade energética fornecida. Tem baixa eficiência.
	Biomassa	A matéria é composta em caldeiras ou biodigestores. O processo gera gás e vapor, que acionam uma turbina e movem um gerador elétrico.	Aquecimento; produção de energia elétrica e de biogás (metano).	Não interfere no efeito estufa (o gás carbônico liberado durante a queima é absorvido depois no ciclo de produção).	Exige altos investimentos, tem poder calorífico baixo e pode ocupar espaços destinados à agricultura e à agropecuária.

Fonte: Elaborado pelos autores para fins didáticos.

Energia e suas outras faces **Capítulo 4** 77

CIÊNCIA, TECNOLOGIA, SOCIEDADE E AMBIENTE

Usinas produtoras de energia elétrica

Em nossa sociedade moderna, a energia elétrica está presente do início ao fim do dia. E se faz cada vez mais necessária para satisfazer nossos hábitos de comunicação, conforto e qualidade de vida, seja diretamente (em casa, na escola e no trabalho), ou indiretamente, por meio da produção de bens de consumo e serviço.

No Gráfico 4.4, pode-se constatar que a maior parte, cerca de $\frac{2}{3}$, é obtida por fonte hidráulica (incluindo a produção interna e uma pequena parcela de importação), o restante é adquirido por fontes diversas, como os combustíveis fósseis, biomassa e isótopos radioativos utilizados, principalmente, em termelétricas e termonucleares. Note também uma pequena fração de origem eólica.

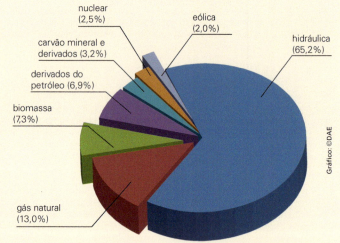

Gráfico 4.4: Porcentagem de cada fonte na produção de energia elétrica.

Fonte: EMPRESA DE PESQUISA ENERGÉTICA. Balanço Energético Nacional: 2015. Disponível em: <https://ben.epe.gov.br/downloads/Relatorio_Final_BEN_2015.pdf>. Acesso em: 15 set. 2015.

Vejamos algumas formas de produzir energia elétrica em larga escala:

Usina hidrelétrica: nesse tipo de usina, a queda-d'água e o movimento da correnteza são utilizados para girar grandes turbinas de geradores que produzem energia elétrica (Figura 4.4). Resumidamente, temos o seguinte processo de transformação de energia:

energia gravitacional ⇒ energia cinética ⇒ energia cinética ⇒ energia elétrica
(da água) (da turbina)

Figura 4.4: Queda-d'água da Usina Hidrelétrica de Xingó, localizada entre os estados de Alagoas e Sergipe. Foto de 2012.

78 Unidade 1 Energia

Usina termelétrica: nesse tipo de usina, a queima de combustíveis fósseis aquece a água de uma caldeira, produzindo vapor, o qual movimenta as turbinas do gerador elétrico (Figura 4.5). Resumidamente, temos o seguinte processo de transformação de energia:

energia química ⇒ energia térmica ⇒ energia cinética ⇒ energia elétrica.

Figura 4.5: Caldeira de uma usina termelétrica em Maringá (PR). Foto de 2013.

Usina nuclear (ou **termonuclear**): também usa o vapor. O processo de aquecimento da água na caldeira é feito por meio da fissão do núcleo de átomos de urânio, o que gera grandes quantidades de energia térmica (Figura 4.6). O restante do processo ocorre como na usina termelétrica. Dessa forma, temos o seguinte processo de transformação de energia:

energia nuclear ⇒ energia térmica ⇒ energia cinética ⇒ energia elétrica.

Figura 4.6: Reator nuclear da usina Angra 2, em Angra dos Reis (RJ). Foto de 2012.

Energia e suas outras faces   Capítulo 4   79

Exercício resolvido

Em razão apenas de sua localização geográfica, qual (quais) fonte(s) de energia seria(m) mais adequada(s) para gerar eletricidade nas cidades de Natal (RN), Manaus (AM) e Criciúma (SC)?

Natal (RN) localiza-se no extremo Nordeste do Brasil e, por causa dos constantes ventos alísios soprando com intensidade relevante, vindos da África pelo Oceano Atlântico, teria na energia eólica a principal fonte geradora de eletricidade. Manaus (AM), em plena Floresta Amazônica, não conta com ventos constantes nem com insolação permanente, tampouco tem condições para represar água dos rios Solimões e Negro por falta de declividade e de morros altos. Assim, teria no petróleo, no gás natural ou no sistema nuclear as principais fontes geradoras de eletricidade. Criciúma (SC), no sul de Santa Catarina, está localizada numa região rica em carvão, de onde o mineral é retirado para, entre outros fins, ser usado como combustível em usinas geradoras de eletricidade.

Exercícios propostos

1. Imagine uma cidade superpopulosa, com 10 milhões de habitantes, localizada na fria Patagônia, ao sul de nosso continente, onde não há condições para extração de petróleo ou gás. Qual seria uma boa fonte alternativa de energia para suprir a população de eletricidade e energia térmica?

2. Como funcionam os telefones SOS das autoestradas modernas?

3. (UFC-CE) O desenvolvimento científico e tecnológico possibilitou a utilização de várias fontes de energia, retiradas da natureza, que podem ser classificadas em renováveis e não renováveis. Sobre as formas de utilização, vantagens, desvantagens e riscos ambientais, é possível afirmar, de modo correto, que:

   a) a maior parte das fontes energéticas utilizadas no mundo atual é do tipo renovável, com destaque para a produção da energia eólica.

   b) a hidreletricidade apresenta as vantagens da utilização de um recurso natural renovável e da ausência de impactos ambientais.

   c) o carvão mineral apresenta a desvantagem de ser uma fonte não renovável, porém são poucos os danos que acarreta à saúde e ao meio ambiente.

   d) as novas tecnologias para a produção da biomassa já estão disponíveis, porém esta fonte causa grandes impactos negativos no meio ambiente.

   e) as operações de extração, refino e transporte do petróleo apresentam riscos de derramamento, que provoca grandes prejuízos ao meio ambiente.

4. (Fuvest-SP) A cidade de São Paulo produz 4 milhões de m³ de esgoto por dia. O tratamento de 1 m³ desse esgoto produz em média 0,070 m³ de biogás, no qual 60% são de metano. Usado como combustível de veículos, 1 m³ de metano equivale a 1 L de gasolina. Quantos litros de gasolina seriam economizados diariamente se todo o esgoto de São Paulo fosse tratado para produzir metano?

5. (Unicamp-SP) Leia com atenção o texto abaixo, baseado em *Das trevas medievais* (...) de Carlo Ginzburg:

   Em 1965, a cidade de Nova York mergulhou numa imensa escuridão devido à pane de uma central hidrelétrica, situada nas cataratas do Niágara. A cidade foi lançada bruscamente nas trevas e os jornais, confeccionados manualmente, perceberam a extrema vulnerabilidade da sociedade industrial. Um escritor se inspirou nesse acontecimento e fez um livro de ficção chamado *Uma nova Idade Média de amanhã*.

   Que formas de energia estão envolvidas no processo de geração numa hidrelétrica?

Exercícios finais

1. (Unesp-SP – adaptado) A fotossíntese é uma reação bioquímica que ocorre nas plantas, para a qual é necessária a energia da luz solar. Num determinado local, a energia radiante do Sol atinge a superfície da Terra com intensidade de 1 000 W/m². Se a área de uma folha exposta ao Sol é de 50 cm² e 20% da radiação incidente é aproveitada na fotossíntese, qual é a energia absorvida por essa folha em 10 minutos de insolação?

2. Xangai, na China, é uma metrópole de 14 milhões de habitantes. Trata-se de uma cidade moderna, capital financeira de um país cheio de contradições, desigualdades e mistérios. Imagine que cada habitante dessa cidade consuma cerca de 200 kWh de energia por mês e que o Sol envie cerca de 10^{16} W de potência luminosa que possam ser convertidos em forma de eletricidade com 75% de eficiência. Avalie a ordem de grandeza do número de cidades semelhantes a Xangai que poderiam ser abastecidas diretamente pelo Sol.

3. (Unicamp-SP) Um aluno simplesmente sentado numa sala de aula dissipa uma quantidade de energia equivalente à de uma lâmpada de 100 W. O valor energético da gordura é de 9,0 kcal/g. Para simplificar, adote 1 cal = = 4,0 J.
   a) Qual o mínimo de quilocalorias que o aluno deve ingerir por dia para repor a energia dissipada?
   b) Quantos gramas de gordura um aluno queima durante uma hora de aula?

4. (Fuvest-SP) Em uma caminhada, um jovem consome 1 litro de O_2, por minuto, quantidade exigida por reações que fornecem a seu organismo 20 kJ/minuto (ou 5 "calorias dietéticas"/minuto). Em dado momento, o jovem passa a correr, voltando depois a caminhar. O gráfico representa seu consumo de oxigênio em função do tempo.

   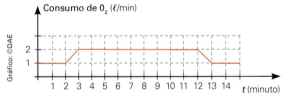

   Por ter corrido, o jovem utilizou uma quantidade de energia a mais do que se tivesse apenas caminhado durante todo o tempo, aproximadamente, de:
   a) 10 kJ   c) 200 kJ   e) 480 kJ
   b) 21 kJ   d) 420 kJ

5. (Ufes) Considere que um ser humano saudável consuma, em média 120 J/s. Uma caloria corresponde aproximadamente a 4 joules. Quantas calorias devemos absorver aproximadamente por dia, a partir dos alimentos que ingerimos, para nos mantermos saudáveis?
   a) 30   d) $4,0 \cdot 10^6$
   b) $1,1 \cdot 10^5$
   c) $2,6 \cdot 10^6$ e) $4,8 \cdot 10^6$

6. (UEL-PR) Ao consumir uma barra de chocolate de 100 g, o organismo humano recebe, em média, um acréscimo de 500 kcal. A velocidade que um automóvel de massa 836 kg deve ter para que sua energia cinética seja equivalente à energia ingerida com o consumo da barra de chocolate é aproximadamente: (Dado: 1 cal = 4,18 J)
   a) 10 km/h   c) 70 km/h   e) 250 km/h
   b) 25 km/h   d) 120 km/h

7. (Fuvest-SP) Pedro mantém uma dieta de 3 000 kcal diárias e toda essa energia é consumida por seu organismo a cada dia. Assim, ao final de um mês (30 dias), seu organismo pode ser considerado como equivalente a um aparelho elétrico que, nesse mês, tenha consumido:
   Note e adote: 1 kWh é a energia consumida em 1 hora por um equipamento que desenvolve uma potência de 1 kW (1 cal ≈ 4 J).
   a) 50 kWh   c) 100 kWh   e) 225 kWh
   b) 80 kWh   d) 175 kWh

8. (Fuvest-SP) No sistema cardiovascular de um ser humano, o coração funciona como uma bomba, com potência média de 10 W, responsável pela circulação sanguínea. Se uma pessoa fizer uma dieta alimentar de 2 500 kcal diárias, a porcentagem dessa energia utilizada para manter sua circulação sanguínea será, aproximadamente, igual a:
   Note e adote: 1 cal = 4 J
   a) 1%.   c) 9%.   e) 25%.
   b) 4%.   d) 20%.

9. A maior parte da energia elétrica produzida no Brasil é produzida em usinas:
   a) termelétricas, na Região Sudeste, onde o consumo é mais acentuado, justificado pela maior densidade populacional.
   b) nucleares, na Região Sudeste, onde o consumo é mais acentuado, apesar de haver maior número de habitantes na região Nordeste.
   c) hidrelétricas, na Região Sul, onde o consumo é mais acentuado, pois essa região representa o polo industrial do país.
   d) hidrelétricas, na Região Sudeste, onde o consumo é mais acentuado, pois é onde se encontra a maior concentração industrial e populacional.
   e) termelétricas, nas regiões Norte e Nordeste, apostando-se no potencial de consumo nas próximas décadas.

10. (FEI-SP) Em uma pequena usina hidrelétrica a diferença de cota entre a turbina e a superfície do lago é de 10 m. Qual é a velocidade com que a água pode chegar à turbina, se durante o trajeto a água perde 28% de energia devido aos atritos? (Use $g = 10$ m/s²)
    a) $v \approx 16$ m/s   d) $v = 10$ m/s
    b) $v \approx 14$ m/s   e) $v = 12$ m/s
    c) $v = 8$ m/s

PESQUISE, PROPONHA E DEBATA

Energia nuclear no Brasil

A demanda por energia elétrica é uma necessidade mundial cada vez maior, e as usinas nucleares são fontes praticamente inesgotáveis de energia. Apesar de não emitirem poluentes que contribuam para o efeito estufa, essas usinas geram lixo radioativo, descartam no meio ambiente água superaquecida (poluição térmica) e podem apresentar riscos de segurança para a população.

No Brasil, a produção de energia nuclear é realizada na Central Nuclear Almirante Álvaro Alberto, localizada no estado do Rio de Janeiro e composta pelas usinas Angra 1, Angra 2 e Angra 3, a mais atual.

Como a produção de energia por fontes nucleares é um tema polêmico, que envolve questões científicas e sociais, propomos o seguinte debate:

Como você se posiciona em relação à geração de energia termonuclear no Brasil?

A turma será dividida em quatro grupos para o desenvolvimento da atividade proposta:

- *Defensores das usinas nucleares nacionais*: o grupo terá de argumentar a favor da construção de mais usinas termonucleares no país e apresentar as vantagens desse tipo de energia.

- *Opositores das usinas nucleares nacionais*: o grupo terá de argumentar contra a construção de mais usinas termonucleares no país e apresentar as desvantagens desse tipo de energia.

- *Imprensa*: o grupo terá de discutir a relação dos conhecimentos científicos e tecnológicos com a economia, a sociedade e o meio ambiente na situação proposta, além de auxiliar o grupo da população na redação do relatório final.

- *Representantes da população brasileira*: o grupo terá de se posicionar diante da questão levantada, discutindo os motivos de sua decisão, e redigir o relatório final sobre a atividade.

Momentos do debate

1. *Apresentação*: momento destinado à exposição, de maneira sintética, dos principais argumentos dos "opositores" e dos "defensores".

2. *Perguntas para os defensores*: opositores, imprensa e população devem fazer uma pergunta ao grupo, com direito à réplica e à tréplica.

3. *Perguntas para os opositores*: defensores, imprensa e população devem fazer uma pergunta ao grupo, com direito à réplica e à tréplica.

4. *Considerações finais*: momento destinado à exposição, de maneira sintética, das principais considerações acerca do debate pelo grupo da imprensa, que abordará o papel do conhecimento científico e tecnológico para uma avaliação crítica da situação proposta.

5. *Veredicto*: momento destinado à exposição da população, que apresentará seu posicionamento e discutirá se houve mudança ou não na concepção dos integrantes sobre o assunto antes e ao final da proposta.

Vista geral das usinas nucleares de Angra 1 e 2, em Angra dos Reis (RJ). Foto de 2013.

CAPÍTULO 5

QUANTIDADE DE MOVIMENTO E IMPULSO

1. Os primeiros passos na quantificação do movimento

Neste capítulo, apresentaremos as formas de quantificar o movimento e como ele pode ser transmitido. Vamos iniciar nosso estudo refletindo sobre o que causaria maior estrago em uma situação de colisão: um ciclista em alta velocidade ou um caminhão sendo manobrado (Figuras 5.1 e 5.2)? Uma bicicleta parece um veículo inofensivo, mas, ao atingir velocidades de 50 km/h em provas ciclísticas, pode produzir graves acidentes.

Sabemos que a velocidade é um fator importante, mas a massa que está em movimento também é fundamental nas situações que envolvem colisões. Por exemplo, um navio cargueiro de 20 000 toneladas malconduzido pode causar destruição no cais mesmo em baixa velocidade (Figura 5.3).

> **Explorando o assunto**
>
> Nos jogos de tênis, as bolinhas podem atingir velocidades superiores a 160 km/h; mesmo assim, os tenistas não usam proteção especial para disputar uma partida. Por que então o receptor e o rebatedor nos jogos de beisebol precisam de luvas de couro e capacete se as velocidades máximas atingidas pelas bolas são equivalentes?

Figuras 5.1 e 5.2: Ciclista durante uma corrida de competição e caminhão sendo manobrado no pátio de uma empresa. Nestas condições, qual colisão provocará efeitos mais destrutivos?

No século XVII, René Descartes (1596-1650) buscou compreender o movimento, sua quantificação e como poderia ocorrer sua transferência de um corpo para outro. Naquela época, porém, alguns conceitos relativos ao movimento e sua conservação ainda estavam sendo formulados (lembre-se da *vis viva* antes da conceituação da energia cinética), e, em meio a essas discussões, Descartes propôs que a **quantidade de movimento** ou **momento linear** (**Q**) de um corpo dependeria de sua massa (**m**) e de sua velocidade (**v**):

$$\vec{Q} = m \cdot \vec{v}$$

No Sistema Internacional, como a massa é dada em quilogramas (kg) e a velocidade em metros por segundo (m/s), a unidade da quantidade de movimento é kg · m/s.

> **LEMBRETE:**
> Ao fazer a soma vetorial, é preciso considerar a configuração do sistema. Nesse caso, além de adotar um sentido (arbitrário) para o referencial, devem-se conhecer a direção e o sentido de $\vec{Q}$. Quando essa grandeza não estiver indicada como vetor, vamos nos referir a seu módulo (intensidade).

Figura 5.3: Apesar da baixa velocidade com que navios cargueiros atracam em um porto, é muito difícil freá-los.

83

Exercício resolvido

Ao trafegar por um trecho horizontal e retilíneo da Rodovia Presidente Dutra, um automóvel de massa 1 000 kg desenvolve a velocidade de 90 km/h em direção ao Rio de Janeiro (verifique no mapa). Caracterize a quantidade de movimento do veículo nessa situação.

A velocidade de 90 km/h, convertida para o SI, resulta em 25 m/s. Logo, a intensidade da quantidade de movimento será dada por:
$Q = m \cdot v = 1\,000 \cdot 25 = 2{,}5 \cdot 10^4$ kg $\cdot$ m/s
A direção e o sentido são representados pelo vetor indicado sobre o mapa, que é aproximadamente a direção nordeste.

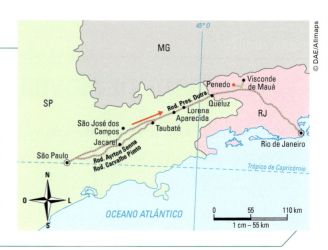

Exercícios propostos

1. Uma pedra de massa 20 g é lançada para cima com velocidade inicial de 20 m/s. Represente a quantidade de movimento desse objeto no momento da partida, no ponto mais alto de sua trajetória e quando ele retorna ao ponto de partida.

2. Uma criança de 20 kg de massa está sentada no cavalinho de um carrossel que gira com velocidade constante de 7,2 km/h no sentido horário. Expresse a quantidade de movimento da criança ao passar pelos pontos A, B e C da figura, em unidades do SI.

3. Uma bola de futebol de 450 g de massa é chutada em um ângulo de 45° com a horizontal, adquirindo uma velocidade inicial de 108 km/h.

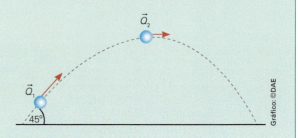

Determine a quantidade de movimento inicial e no ponto superior de sua trajetória. (cos 45° = 0,71)

2. Quantidade de movimento de um sistema

Em muitas situações, tem-se não apenas um corpo, mas um **sistema de corpos** (Figura 5.4). Podemos utilizar o conceito de quantidade de movimento também para esses casos.

$$\vec{Q}_{sistema} = \vec{Q}_1 + \vec{Q}_2 + \ldots + \vec{Q}_n = m_1 \cdot \vec{v}_1 + m_2 \cdot \vec{v}_2 + \ldots + m_n \cdot \vec{v}_n$$

Figura 5.4: As bolas de um jogo de bilhar podem ser consideradas um sistema, com diversas colisões.

Exercício resolvido

Duas bolas de bilhar, A e B, cada uma com 400 g de massa, foram movimentadas em direções perpendiculares com velocidade igual a $v_A = 3{,}0$ m/s e $v_B = 4{,}0$ m/s, respectivamente, como mostra a figura.

Qual é a quantidade de movimento do sistema formado pelas duas bolas?

A quantidade de movimento do sistema é dada pela soma vetorial da quantidade de movimento de cada bola. Assim:

$Q_A = m \cdot v_A = 0{,}40 \cdot 3{,}0 = 1{,}2$ kg · m/s
$Q_B = m \cdot v_B = 0{,}40 \cdot 4{,}0 = 1{,}6$ kg · m/s

Como os vetores formam um ângulo reto, a intensidade de sua soma será dada pelo teorema de Pitágoras:

$\vec{Q}_{sist} = \vec{Q}_A + \vec{Q}_B$
$Q_{sist}^2 = 1{,}2^2 + 1{,}6^2 = 1{,}44 + 2{,}56 = 4{,}0$
$Q_{sist} = 2{,}0$ kg · m/s

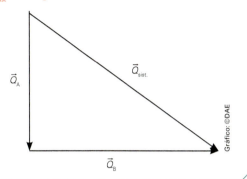

Exercícios propostos

1. Durante um treino, duas atletas, Ana (A) e Bruna (B), disputam uma corrida, como mostra a figura.

   A massa de cada uma é, respectivamente, $m_A = 60$ kg e $m_B = 70$ kg, e a velocidade no instante mostrado é a mesma: 21,6 km/h. Expresse a quantidade de movimento do sistema das duas atletas.

2. Determine a quantidade de movimento do sistema dos carrinhos em destaque, em um parque de diversões. A massa de cada carrinho mais a de seu piloto é estimada em 100 kg e sua velocidade é de 5,4 km/h.

   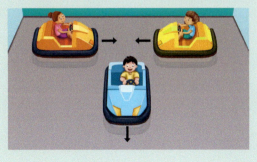

3. Na pista abaixo, suponha que quatro *karts* de massa idêntica (250 kg) estejam competindo. Determine, em unidades do SI, a quantidade de movimento do sistema de carros nas seguintes situações:

   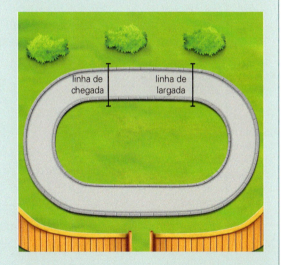

   a) no momento da largada;

   b) no momento em que todos os carros trafegam na parte norte da pista com velocidade de 108 km/h, para a direita, em sentido horário;

   c) no momento em que dois carros trafegam na parte norte e outros dois na parte sul, com velocidade de 108 km/h;

   d) no momento em que dois carros trafegam com velocidade de 100 km/h na parte norte e dois na parte oeste do circuito.

Quantidade de movimento e impulso   Capítulo 5   85

3. Princípio da conservação da quantidade de movimento

Descartes defendia a conservação da quantidade de movimento, pois para ele o Universo deveria preservar seu movimento inicial, atribuído por uma entidade divina no momento da criação. Contudo, na Ciência contemporânea, esse tipo de argumento não é suficiente, já que devemos explicar a conservação por meio dos conhecimentos científicos disponíveis.

Suponha a colisão de duas bolas de bilhar que se movimentam na mesma direção, no mesmo sentido e com velocidade diferente, conforme indicado na Figura 5.5. No instante do choque, os corpos interagem entre si por meio de forças de contato, e a velocidade dos corpos depois da colisão é indicada com o símbolo ', ou seja, v'_1 e v'_2.

Figura 5.5: Colisão de duas bolas na mesma direção, no mesmo sentido e com velocidade diferente.

Vamos aplicar a segunda lei de Newton em cada um dos corpos durante a colisão:

$$\vec{F}_{1,2} = m_1 \cdot \vec{a}_1 = \frac{m_1 \cdot \Delta \vec{v}_1}{\Delta t} = \frac{m_1 \cdot (\vec{v}'_1 - \vec{v}_1)}{\Delta t} \quad \text{e} \quad \vec{F}_{2,1} = m_2 \cdot \vec{a}_2 = \frac{m_2 \cdot \Delta \vec{v}_2}{\Delta t} = \frac{m_2 \cdot (\vec{v}'_2 - \vec{v}_2)}{\Delta t}$$

As forças $\vec{F}_{1,2}$ e $\vec{F}_{2,1}$ são um par ação e reação. Por isso, conforme a terceira lei de Newton, temos que:

$$\vec{F}_{1,2} = -\vec{F}_{2,1}$$

$$\frac{m_1 \cdot (\vec{v}'_1 - \vec{v}_1)}{\Delta t} = -\left(\frac{m_2 \cdot (\vec{v}'_2 - \vec{v}_2)}{\Delta t}\right)$$

Organizando a expressão acima de forma que cada lado contenha a velocidade antes e depois dessa interação, teremos:

$$m_1 \cdot \vec{v}'_1 - m_1 \cdot \vec{v}_1 = -m_2 \cdot \vec{v}'_2 + m_2 \cdot \vec{v}_2$$

$$m_1 \cdot \vec{v}_1 + m_2 \cdot \vec{v}_2 = m_1 \cdot \vec{v}'_1 + m_2 \cdot \vec{v}'_2$$

$$\vec{Q}_{antes} = \vec{Q}_{depois}$$

Concluímos, então, que a quantidade de movimento total do sistema se conservou após o choque entre as bolas. Mas atenção: a quantidade se conserva desde que tenhamos um **sistema isolado**, isto é, um sistema em que atuam somente forças internas (ou no qual as forças externas possam ser desprezadas).

Vamos analisar agora alguns casos de colisões envolvendo corpos com massa e velocidade diferentes (Figuras 5.6, 5.7 e 5.8). Calculemos a quantidade de movimento do sistema antes e depois da colisão:

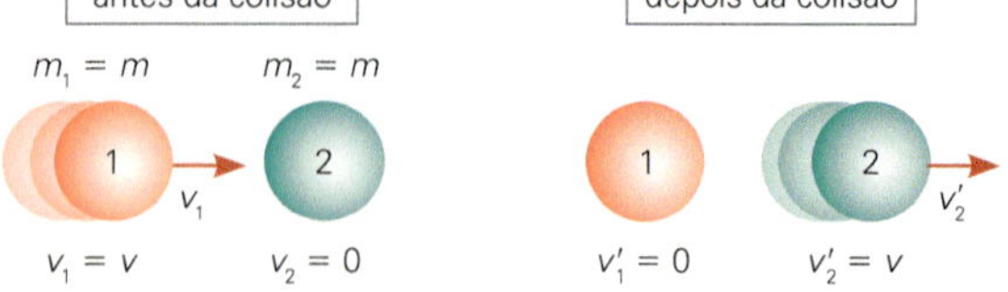

Figura 5.6: Situação dos corpos antes e depois de colidirem.

Antes da colisão, temos que:

$$\vec{Q}_1 = m_1 \cdot \vec{v}_1 = m \cdot v \quad \text{e} \quad \vec{Q}_2 = m_2 \cdot \vec{v}_2 = 0$$

$$\vec{Q}_{sist} = \vec{Q}_1 + \vec{Q}_2 = m \cdot v$$

Depois da colisão, temos que:

$$\vec{Q}'_1 = m_1 \cdot \vec{v}'_1 = 0 \quad \text{e} \quad \vec{Q}'_2 = m_2 \cdot \vec{v}'_2 = m \cdot v$$

$$\vec{Q}'_{sist} = \vec{Q}'_1 + \vec{Q}'_2 = m \cdot v$$

Portanto, $\vec{Q}_{antes} = \vec{Q}_{depois}$

> **LEMBRETE:**
> Em casos como esses, interessa, a princípio, o número de corpos e a forma como eles interagem, pois a conservação da quantidade de movimento deve ser pensada em termos de sistema. **Forças internas** são aquelas decorrentes de interações entre corpos de determinado sistema; **forças externas** são aquelas decorrentes de interações entre um corpo do sistema e outras externas ao sistema.

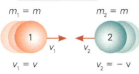

Figura 5.7: Situação dos corpos antes e depois de colidirem.

Antes da colisão, temos que:

$\vec{Q}_1 = m_1 \cdot \vec{v}_1 = m \cdot v$ e $\vec{Q}_2 = m_2 \cdot \vec{v}_2 = -m \cdot v$

$\vec{Q}_{sist} = \vec{Q}_1 + \vec{Q}_2 = 0$

Depois da colisão, temos que:

$\vec{Q}'_1 = m_1 \cdot \vec{v}'_1 = 0$ e $\vec{Q}'_2 = m_2 \cdot \vec{v}'_2 = 0$

$\vec{Q}'_{sist} = \vec{Q}'_1 + \vec{Q}'_2 = 0$

Portanto, $\vec{Q}_{antes} = \vec{Q}_{depois}$

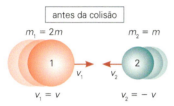 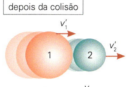

Figura 5.8: Situação dos corpos antes e depois de colidirem.

Antes da colisão, temos que:

$\vec{Q}_1 = m_1 \cdot \vec{v}_1 = 2m \cdot v$ e $\vec{Q}_2 = m_2 \cdot \vec{v}_2 = -m \cdot v$

$\vec{Q}_{sist} = \vec{Q}_1 + \vec{Q}_2 = m \cdot v$

Depois da colisão, temos que:

$\vec{Q}'_1 = m_1 \cdot \vec{v}'_1 = \dfrac{2}{3} m \cdot v$ e

$\vec{Q}'_2 = m_2 \cdot \vec{v}'_2 = \dfrac{1}{3} m \cdot v$

$\vec{Q}'_{sist} = \vec{Q}'_1 + \vec{Q}'_2 = m \cdot v$

Portanto, $\vec{Q}_{antes} = \vec{Q}_{depois}$

Por dentro do conceito

Colisões em outras escalas

O princípio da conservação da quantidade de movimento pode ser usado para estudar as colisões desde a escala galáctica até a subatômica (Figura 5.9).

Figura 5.9: Colisão entre as galáxias NGC 2207 e IC 2163, ambas estão localizadas a 40 milhões de anos-luz de distância de nós.

Quantidade de movimento e impulso Capítulo 5 87

Nossa galáxia, a Via Láctea, e Andrômeda estão em rota de colisão com velocidade de aproximadamente 230 000 km/h. Estima-se que daqui a aproximadamente 5 bilhões de anos elas estejam muito próximas, mas não se sabe ao certo se haverá uma colisão frontal ou "apenas" uma forte interação gravitacional. Esse tipo de evento é importante, pois provoca vários focos de formação estelar no sistema, devido à compressão das nuvens moleculares das galáxias.

Existem também as colisões de partículas. Algumas ocorrem naturalmente, como no caso dos raios cósmicos (partículas vindas do espaço sideral que se movem com velocidade próxima à da luz), que, ao adentrarem a atmosfera terrestre, se chocam com átomos que a compõem. Outras podem ser realizadas artificialmente pelos cientistas no interior de grandes aceleradores de partículas, como o LHC (*Large Hadron Collider*, ou seja, Grande Colisor de Hádrons), com o objetivo de estudar a composição da matéria (Figura 5.10).

Figura 5.10: Câmara de nuvens mostrando a colisão de partículas.

Exercício resolvido

Dois carrinhos, A e B, um de massa 5,0 kg e outro de massa 8,0 kg, respectivamente, são ligados por uma mola comprimida. Suponha que, depois de soltos, a mola empurre os dois carrinhos e o carro B parta com velocidade de 4 m/s. Determine a velocidade do carro A.

Com o sistema inicialmente parado, temos:

$Q_{sist} = 0$

Após serem soltos, os carrinhos adquirem velocidade no sentido oposto ao do outro:

$Q'_{sist} = m_A \cdot v_A + m_B \cdot v_B = 5 \cdot v_A + 8 \cdot 4 = 5 \cdot v_A + 32$

Igualando as quantidades de movimento, chegamos a:

$5 \cdot v_A + 32 = 0 \Rightarrow v_A = -\dfrac{32}{5} = -6,4 \text{ m/s}$

Exercícios propostos

1. Um astronauta de 80 kg de massa faz manutenção da Estação Espacial Internacional, quando seu cabo de segurança se desprende. Considere que, nesse momento, ele está praticamente em repouso e a alguns metros da nave. Sabendo que esse astronauta tem nas mãos uma ferramenta de 200 g de massa e é capaz de lançá-la a 20 m/s, determine como ele será capaz de alcançar a nave.

2. Um transatlântico tem no convés uma pista de corrida com um trecho retilíneo de 50 m. Sua massa é de 200 toneladas e ele se encontra parado à deriva. Se nesse trecho for realizada uma competição com 10 participantes movendo-se com velocidade média de 20 km/h e com massa de 70 kg, qual será a velocidade adquirida pelo navio? Represente as quantidades de movimento e determine o módulo da velocidade do navio.

3. Um garoto de 50 kg de massa, correndo com velocidade de 10 m/s, pula sobre um *skate* parado, de 1 kg de massa. Desprezando o atrito entre o *skate* e o chão no momento do impacto, determine a velocidade do conjunto garoto-*skate*.

3.1. Conservação em duas direções

Muitas vezes, devemos tratar a quantidade de movimento em situações que se desenvolvem em mais de uma direção, como em um jogo de bilhar ou de bolinhas de gude (Figuras 5.11 e 5.12).

Figura 5.11: Observe a direção do movimento das bolas de bilhar após a colisão.

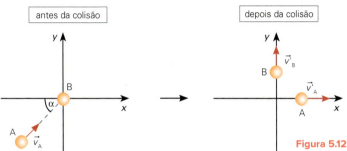

Figura 5.12: Situação dos corpos antes e depois de colidirem.

Ao considerarmos a conservação da quantidade de movimento (Figura 5.13), podemos escrever uma igualdade vetorial:

$$\vec{Q}_{antes} = \vec{Q}_{depois} \Rightarrow \vec{Q}_A = \vec{Q}'_A + \vec{Q}'_B$$

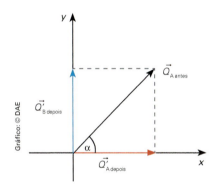

Gráfico 5.1: Representação vetorial da conservação da quantidade de movimento do sistema.

Exercício resolvido

As bolinhas do exemplo têm massa de 50 g cada uma, e a bolinha B estava parada antes da colisão. Se a bolinha A passou a se mover a 40 cm/s na direção x e a bolinha B a 30 cm/s na direção y, qual era a velocidade inicial de A antes da colisão?

A quantidade de movimento do sistema se conserva pelo fato de ele ser isolado. Como as quantidades de movimento são perpendiculares entre si, usamos o teorema de Pitágoras para obter a quantidade de movimento do sistema após a colisão:

$$\vec{Q}_{sist} = \vec{Q}_A + \vec{Q}_B \Rightarrow \vec{Q}_{sist} = Q_A + Q_B = Q_A$$

$$\vec{Q}'_{sist} = \vec{Q}'_A + \vec{Q}'_B \Rightarrow Q'_{sist} = \sqrt{Q'^2_A + Q'^2_B}$$

$$\vec{Q}_{sist} = Q'_{sist}$$

$$Q_A = \sqrt{Q'^2_A + Q'^2_B}$$

$$m \cdot v_A = \sqrt{(m \cdot v'_A)^2 + (m \cdot v'_B)^2}$$

$$m \cdot v_A = m\sqrt{v'^2_A + v'^2_B}$$

$$v_A = \sqrt{v'^2_A + v'^2_B}$$

$$v_A = \sqrt{40^2 + 30^2}$$

$$v_A = 50 \text{ cm/s}$$

Exercícios propostos

1. Um fogo de artifício é lançado verticalmente para o alto. No ponto superior, ele explode em três fragmentos, A, B e C, de massas $m_A = m_B = 2m_C$. Os fragmentos A e B tomam o rumo dos eixos x e y, respectivamente, com velocidade igual a v. Determine a orientação da quantidade de movimento de C e, em função de v, sua velocidade logo ao explodir.

2. Dois motoristas imprudentes, dirigindo cada um seu próprio carro com velocidade incompatível com o tráfego urbano, colidem na esquina de duas ruas perpendiculares entre si. O carro C, com 1 000 kg de massa, estava a 57,6 km/h (16 m/s), e o carro F, de massa 900 kg, estava a 36 km/h (10 m/s). Qual era a velocidade de ambos imediatamente após a colisão, supondo que eles ficaram presos um ao outro?

3. Uma bomba, de massa m e velocidade v_0, explode em dois pedaços, de massa $m_A = \dfrac{m}{3}$ e $m_B = \dfrac{2}{3} m$. Os pedaços passam a se deslocar nas direções ortogonais x e y, respectivamente, com velocidade $3v$ cada um. Determine v_0 em função de v.

4. Impulso de uma força

As forças produzidas durante o instante da colisão ocorrem em um intervalo de tempo muito curto (Figura 5.13). Considerando a Segunda lei de Newton, no exato momento da interação, temos que:

Figura 5.13: Par ação e reação no instante de uma colisão.

$$\vec{F}_{2,1} = m_1 \cdot \vec{a}_1 = \frac{m_1 \cdot \Delta \vec{v}_1}{\Delta t} \quad \text{e} \quad \vec{F}_{1,2} = m_2 \cdot \vec{a}_2 = \frac{m_2 \cdot \Delta \vec{v}_2}{\Delta t}$$

Podemos generalizar ambas as expressões para:

$$\vec{F} \cdot \Delta t = m \cdot \Delta \vec{v} = \Delta \vec{Q}$$

Esse produto da força pelo intervalo de tempo em que acontece a interação é chamado de **impulso** de uma força (**I**), representado por:

$$\vec{I} = \vec{F} \cdot \Delta t$$

A unidade de medida dessa grandeza no SI é N · s.

Com base na discussão anterior, também verificamos que o impulso de uma força é equivalente à variação da quantidade de movimento do corpo sobre o qual ela age:

$$\vec{I} = \Delta \vec{Q}$$

Outra forma de calcular o impulso é por meio da área do gráfico de $F \times t$ (Gráfico 5.2).

Determinando a área A sob a curva do gráfico, temos o produto da força pelo tempo, o qual, por definição, é o impulso:

$$I = A$$

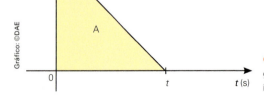

Gráfico 5.2: A área do gráfico é numericamente igual ao impulso.

Por dentro do conceito

A Segunda lei de Newton com outra formulação

É interessante notar que a expressão $\vec{F} = m \cdot \vec{a}$, que representa a lei fundamental da Dinâmica, não aparece dessa forma na obra *Princípios matemáticos da Filosofia Natural*, de Isaac Newton. Vejamos a descrição desta lei a seguir:

> Lei II: A alteração do movimento é sempre proporcional à força motiva imposta; e é feita na direção da linha reta em que a força é imposta.

HAWKING, Stephen. *Os gênios da Ciência:* sobre os ombros de gigantes. Rio de Janeiro: Campus, 2005. p. 460.

Você deve ter estranhado a ausência de fórmulas no trecho anterior, mas a notação algébrica ainda era uma novidade na época. Em termos atuais e mais comuns ao nosso estudo, podemos apresentar essas palavras com o seguinte cálculo:

$$\vec{F} = \frac{\Delta \vec{Q}}{\Delta t}, \text{ ou seja } \vec{F} = \frac{m \cdot \Delta \vec{v}}{\Delta t} = m \cdot \vec{a}$$

Exercícios resolvidos

1. Uma bolinha de tênis tem massa de cerca de 60 g e pode chegar a uma velocidade de até 216 km/h. Considerando que a interação entre raquete e bola ocorra em um intervalo de tempo de 0,03 s, calcule o valor do par ação e reação.

   $v = 216$ km/h : 3,6 = 60 m/s; $m = 60$ g = 0,06 kg
   $\Delta Q = m \cdot v = 0,06 \cdot 60 = 3,6$ kg · m/s
   Sabendo que $I = \Delta Q$, temos que $I = 3,6$ kg · m/s.
   Como $I = F \cdot \Delta t$, podemos determinar a força média aplicada pela raquete sobre a bolinha:
   $I = F \cdot \Delta t \Rightarrow F = \frac{I}{\Delta t} = \frac{3,6}{0,03} = 120$ N

2. Determine o impulso aplicado pela força F, representada no gráfico, a um móvel de 10 kg de massa, ao longo de 4 s. Se seu estado inicial for o de repouso, que velocidade esse móvel terá ao final dos 4 s?

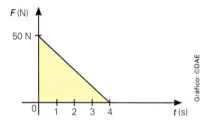

A área do triângulo é numericamente igual ao impulso da força aplicada ao móvel:
$I = A = \frac{b \cdot h}{2} = \frac{4 \cdot 50}{2} = 100$ N · s
O impulso é igual à variação da quantidade de movimento que o móvel sofreu. Se a velocidade inicial é nula ($v_0 = 0$), então:
$I = \Delta Q = m \cdot \Delta v \Rightarrow 100 = 10 \cdot (v - 0) \Rightarrow v = 10$ m/s

Exercícios propostos

1. (UFABC-SP) As baleias deslocam-se na água por meio de suas nadadeiras caudais horizontais. Suponha que, num dia de verão, determinada baleia de 40 toneladas de massa, numa viagem para águas mais frias em busca de alimentos, esteja se movendo horizontalmente e tenha sua velocidade aumentada de 1,4 m/s para 2,2 m/s num certo intervalo de tempo. A intensidade do impulso total aplicado sobre essa baleia, nesse intervalo de tempo, foi, em N · s, igual a:
   a) 16 000
   b) 32 000
   c) 56 000
   d) 88 000
   e) 144 000

2. Qual é a força envolvida quando um jogador cabeceia uma bola que chega até ele com velocidade de 108 km/h? (Considere: massa da bola = 450 g; tempo de interação = 0,1 s)

3. Um corpo de 25 kg de massa, inicialmente em repouso, está sujeito a uma força de direção constante, mas de intensidade variável, de acordo com o gráfico.

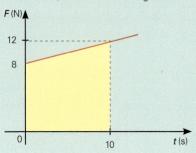

Calcule:
a) o impulso aplicado ao longo dos 10 primeiros segundos;
b) A velocidade atingida pelo corpo nesse instante.

4. Um carrinho de massa 5,0 kg está inicialmente em repouso quando sobre ele passa a agir uma força de sentido constante, mas cujo módulo varia conforme mostra o gráfico.

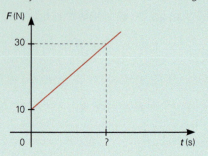

Determine o instante em que o carrinho atinge a velocidade de 30 m/s.

5. Um carrinho de 2,0 kg de massa desloca-se por uma pista retilínea a 10 m/s quando, no sentido oposto ao seu movimento, passa a agir uma força de intensidade variável, como mostra o gráfico.

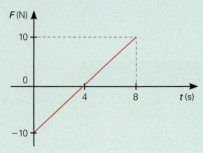

Determine:
a) a velocidade no instante 4,0 s;
b) a velocidade no instante 8,0 s.

5. Modelizando as colisões

Além da conservação da quantidade de movimento, podemos analisar as colisões por meio da conservação da energia cinética. Considere inicialmente dois corpos com massa de 2 kg e 4 kg se movimentando na mesma direção, com velocidade de 4 m/s e 1 m/s, respectivamente (Figura 5.14).

Figura 5.14: Situação dos corpos antes de colidirem.

Antes da colisão, temos que:

$Q_{antes} = m_1 \cdot v_1 + m_2 \cdot v_2 = 2 \cdot 4 + 4 \cdot 1 = 8 + 4 = 12$ kg · m/s

Existem vários comportamentos dos corpos que respeitam a conservação da quantidade de movimento. Consideraremos mais três casos possíveis nas Figuras 5.15, 5.16 e 5.17, a seguir.

I. $Q_{depois} = m_1 \cdot v'_1 + m_2 \cdot v'_2 = 2 \cdot 0 + 4 \cdot 3 = 0 + 12 = 12$ kg · m/s

 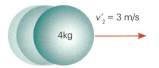

Figura 5.15: Primeira situação possível para os corpos depois da colisão.

II. $Q_{depois} = m_1 \cdot v'_1 + m_2 \cdot v'_2 = 2 \cdot 1 + 4 \cdot 2{,}5 = 2 + 10 = 12$ kg · m/s

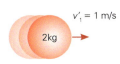 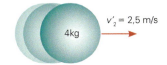

Figura 5.16: Segunda situação possível para os corpos depois da colisão.

III. $Q_{depois} = m_1 \cdot v'_1 + m_2 \cdot v'_2 = 2 \cdot (-1) + 4 \cdot 3{,}5 = -2 + 14 = 12$ kg · m/s

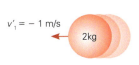 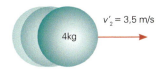

Figura 5.17: Terceira situação possível para os corpos depois da colisão.

O princípio da conservação da quantidade de movimento não é capaz de limitar, por si só, as diversas possibilidades de valores de velocidades que os corpos passam a desenvolver depois da colisão. Precisamos pensar se alguma outra grandeza se conserva. Então, vamos analisar o que acontece com a energia cinética nas três situações apresentadas anteriormente. Antes da colisão, temos que:

$$E_{c_{antes}} = \frac{1}{2} \cdot m_1 \cdot v_1^2 + \frac{1}{2} \cdot m_2 \cdot v_2^2 = \frac{1}{2} \cdot 2 \cdot 4^2 + \frac{1}{2} \cdot 4 \cdot 1^2 = 16 + 2 = 18 \text{ J}$$

Depois, considerando-se que a energia cinética se conserva, diminui ou aumenta, temos:

I. $E_{c_{depois}} = \frac{1}{2} \cdot m_1 \cdot v_1^2 + \frac{1}{2} \cdot m_2 \cdot v_2^2 = \frac{1}{2} \cdot 2 \cdot 0^2 + \frac{1}{2} \cdot 4 \cdot 3^2 = 0 + 18 = 18$ J

II. $E_{c_{depois}} = \frac{1}{2} \cdot m_1 \cdot v_1^2 + \frac{1}{2} \cdot m_2 \cdot v_2^2 = \frac{1}{2} \cdot 2 \cdot 1^2 + \frac{1}{2} \cdot 4 \cdot 2{,}5^2 = 1 + 12{,}5 = 13{,}5$ J

III. $E_{c_{depois}} = \frac{1}{2} \cdot m_1 \cdot v_1^2 + \frac{1}{2} \cdot m_2 \cdot v_2^2 = \frac{1}{2} \cdot 2 \cdot 1^2 + \frac{1}{2} \cdot 4 \cdot 3{,}5^2 = 1 + 24{,}5 = 25{,}5$ J

As situações I e II são possíveis, já que, durante a colisão, a energia cinética se conserva ou acaba se transformando em outras formas (som e calor, por exemplo). A situação III, porém, é impossível de ocorrer, pois o aumento da energia cinética indica que houve, de alguma forma, o fornecimento de energia ao sistema, que, no caso, é isolado. Logo, podemos descartá-lo.

Vamos, então, introduzir a energia como um segundo critério para o estudo das colisões. Considerando a conservação da energia, há basicamente três tipos de colisão:

- **Perfeitamente elástica:** aquela em que a energia cinética se conserva ($E_{c_{antes}} = E_{c_{depois}}$).
- **Parcialmente elástica:** aquela em que há dissipação de parte da energia cinética ($E_{c_{antes}} > E_{c_{depois}}$).

- **Inelástica:** aquela em que há máxima dissipação de energia cinética. Nesse caso, em geral, os corpos permanecem unidos após a colisão ($E_{c_{antes}} >> E_{c_{depois}}$).

Se largarmos de certa altura duas bolas, uma de bilhar e outra feita de massa de modelar (Figura 5.18), veremos que, após a colisão com o chão, a bola de bilhar ganha um movimento ascendente e quase não se danifica. Entretanto, a bola feita de massa de modelar fica quase instantaneamente em repouso, além de se deformar totalmente. A energia cinética desta foi absorvida pelo material.

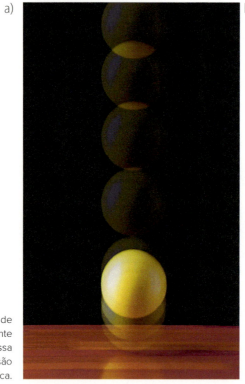
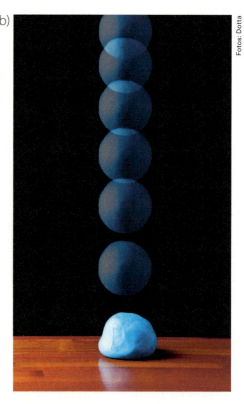

Figura 5.18: a) Bola de bilhar: colisão parcialmente elástica; b) bola de massa de modelar: colisão parcialmente inelástica.

CIÊNCIA, TECNOLOGIA, SOCIEDADE E AMBIENTE

Figura 5.19: Colisões parcialmente elástica e inelástica.

Segurança nas colisões de trânsito

Para garantir a segurança dos ocupantes de um veículo, a carroceria dos automóveis é feita de aço ou alumínio, metais leves, resistentes e econômicos. Mas, se a lataria é tão resistente, por que os para-choques são feitos de outro material?

Os para-choques traseiro e dianteiro são feitos de fibra de vidro ou fibra de carbono, pois, durante uma colisão, esses materiais se amassam progressivamente, absorvendo parte do impacto (Figura 5.19).

Exercício resolvido

Verifique se é possível a colisão, descrita a seguir, entre bolas idênticas e, em caso afirmativo, classifique-a. A bola A desloca-se a 4,0 m/s, no mesmo sentido de outra bola, B, que se desloca a 2,0 m/s. Após a colisão, a bola A prossegue no mesmo sentido, com velocidade reduzida de 1,0 m/s, enquanto a velocidade de B aumenta para 6,0 m/s.

Para a resolução da questão, vamos analisar a energia cinética do sistema:

$$E_{c_{antes}} = \frac{1}{2} \cdot m_A \cdot v_A^2 + \frac{1}{2} \cdot m_B \cdot v_B^2 = \frac{1}{2} \cdot m \cdot 4^2 + \frac{1}{2} \cdot m \cdot 2^2 = 10\,m$$

$$E_{c_{depois}} = \frac{1}{2} \cdot m_A \cdot v_A^2 + \frac{1}{2} \cdot m_B \cdot v_B^2 = \frac{1}{2} \cdot m \cdot 1^2 + \frac{1}{2} \cdot m \cdot 6^2 = 18,5\,m$$

Apesar de não conhecermos a massa das bolinhas, podemos concluir que o sistema ganhou energia cinética. Sendo um sistema isolado, a ocorrência dessa colisão é impossível, uma vez que um sistema isolado não pode aumentar sua energia cinética.

Exercícios propostos

1. Um vagão ferroviário de 5,0 t de massa, viajando a 5,0 m/s, engata em outro, de 7,5 t, inicialmente em repouso. Determine a velocidade comum deles após o engate e a energia mecânica dissipada no engate.

2. Um carro de 10 kg de massa, deslocando-se a 4,0 m/s, colide frontalmente com outro de massa 6,0 kg que se deslocava a 6,0 m/s no sentido oposto. Após o choque, o primeiro inverte o sentido de seu movimento e assume a velocidade de 2,0 m/s, enquanto o segundo mantém o sentido inicial com velocidade reduzida para 1,0 m/s. Verifique se essa colisão é possível e, em caso positivo, classifique-a.

3. Duas bolas de bilhar idênticas, de 200 g de massa cada uma, colidem elasticamente (colisão perfeitamente elástica), numa direção de movimento. A primeira deslocava-se a 2,0 m/s no sentido oposto ao da segunda, que se movia a 3,0 m/s. Determine a velocidade de cada bola após a colisão.

5.1. Coeficiente de restituição

A avaliação da dissipação da energia cinética numa colisão é feita por um índice chamado **coeficiente de restituição (e)**, que pode ser associado às velocidades dos dois corpos antes e depois da colisão. Por exemplo, na situação ilustrada na Figura 5.20, em que estamos considerando $v_A > v_B$ e $v'_B > v'_A$, definimos o coeficiente de restituição pela seguinte expressão:

$$e = \frac{v'_B - v'_A}{v_A - v_B}$$

antes da colisão

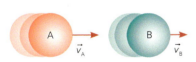

depois da colisão

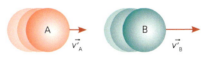

Figura 5.20: Situação dos corpos antes e depois de colidirem.

Pela classificação das colisões feitas anteriormente, temos que:

- Quando $e = 1$, a colisão é perfeitamente elástica;
- Quando $0 < e < 1$, a colisão é parcialmente elástica;
- Quando $e = 0$, a colisão é inelástica.

Note que o valor do coeficiente de restituição é um número puro, sem unidade de medida, positivo e sempre entre 0 e 1.

> ### Por dentro do conceito

A dedução do coeficiente de restituição

Supondo uma colisão entre dois corpos, A e B, como um sistema isolado, a quantidade de movimento se conservará sempre. Assim:

$$Q_{antes} = Q_{depois}$$

$$m_A \cdot v_A + m_B \cdot v_B = m_A \cdot v'_A + m_B \cdot v'_B$$

$$m_A \cdot v_A - m_A \cdot v'_A = m_B \cdot v'_B - m_B \cdot v_B$$

$$m_A \cdot (v_A - v'_A) = m_B \cdot (v'_B - v_B) \qquad \text{(I)}$$

Dependendo do tipo de colisão, a energia cinética poderá se conservar ou não. No caso mais simples (e mais raro), a energia cinética também se conserva.

$$E_{antes} = E_{depois}$$

$$\frac{1}{2} \cdot m_A \cdot v_A^2 + \frac{1}{2} \cdot m_B \cdot v_B^2 = \frac{1}{2} \cdot m_A \cdot v_A'^2 + \frac{1}{2} \cdot m_B \cdot v_B'^2$$

$$m_A \cdot v_A^2 - m_A \cdot v_A'^2 = m_B \cdot v_B'^2 - m_B \cdot v_B'^2$$

$$m_A \cdot (v_A^2 - v_A'^2) = m_B \cdot (v_B'^2 - v_B^2)$$

$$m_A \cdot (v_A + v'_A) \cdot (v_A - v'_A) = m_B \cdot (v'_B + v_B) \cdot (v'_B - v_B) \quad \text{(II)}$$

Dividindo (II) por (I), temos:

$$v_A + v'_A = v'_B + v_B$$

Porém, agora é necessário agrupar as velocidades antes e depois da colisão:

$$v_A - v_B = v'_B + v'_A$$

Essa expressão indica a velocidade relativa de aproximação (lado esquerdo) e a velocidade relativa de afastamento (lado direito). Numa colisão perfeitamente elástica, como a que acabamos de supor, essas velocidades são iguais, portanto:

$$\frac{v'_B - v'_A}{v_A - v_B} = 1$$

Se a colisão fosse inelástica, $v_B' = v_A'$, pois ambos permanecem colados após o choque, teríamos:

$$\frac{v'_B - v'_A}{v_A - v_B} = 0$$

Veja que a fração anterior é uma espécie de índice que mede o tipo de colisão, variando de 1 (perfeitamente elástica) a 0 (inelástica). Os valores intermediários (entre 0 e 1) indicam a colisão parcialmente elástica. Essa razão entre velocidades é o coeficiente de restituição (e).

$$e = \frac{v'_B - v'_A}{v_A - v_B} \Rightarrow 0 \leqslant e \leqslant 1$$

Exercício resolvido

Uma tacada, de um jogo de bilhar, faz a bola branca ser lançada com velocidade de 3,0 m/s e atingir a bola 7 (preta) num choque frontal e perfeitamente elástico. Determine a velocidade de cada bola após o choque.

Não foi fornecida a massa das bolas, mas, como se trata de um jogo bem conhecido, as massas podem ser consideradas iguais. A bola preta também pode ser considerada inicialmente em repouso, pois as regras do jogo não autorizam que se jogue com as bolas em movimento. Assim:

$Q_{antes} = Q_{depois}$
$m_b \cdot v_b + m_p \cdot v_p = m_b \cdot v'_b + m_p \cdot v'_p$
$m \cdot 3 + m \cdot 0 = m \cdot v'_b + m \cdot v'_p$
$v'_b + v'_p = 3$

Como o choque é perfeitamente elástico, temos que $e = 1$. Portanto:

$e = \dfrac{v'_p - v'_b}{v_b - v_p} = 1 \Rightarrow \dfrac{v'_p - v'_b}{3 - 0} = 1 \Rightarrow v'_p - v'_b = 3$

Resolvendo o sistema de equações, obtemos:

$v'_b + v'_p = 3$
$v'_p - v'_b = 3$
$2 \cdot v'_p = 6 \Rightarrow v'_p = 3$ m/s
$v'_b + v'_p = 3 \Rightarrow v'_b + 3 = 3 \Rightarrow v'_b = 0$

Mais uma vez ocorreu a troca de velocidades entre móveis idênticos numa colisão ideal.

Exercícios propostos

1. Suponha que a bola preta do exercício resolvido acima também esteja em movimento (violando a regra do jogo), com velocidade de 1 m/s em sentido contrário ao da branca. Calcule as velocidades das duas bolas após o choque.

2. Um automóvel P, de massa 1 000 kg e deslocando-se a 72 km/h, colide frontalmente com outro veículo, R, de 1 200 kg, que se movia a 36 km/h no sentido oposto ao de P. Após o choque, P prosseguiu no mesmo sentido, a 18 km/h, enquanto R passou a se deslocar a 36 km/h, no sentido inverso ao inicial. Classifique essa colisão com base no valor de seu coeficiente de restituição. Use as velocidades em m/s.

3. Uma esfera de 2,0 kg de massa é arremessada a 6,0 m/s contra outra, de 1,6 kg de massa, inicialmente parada. Logo após o choque, a primeira prossegue no mesmo sentido inicial a 2,0 m/s. Determine a velocidade da segunda e classifique essa colisão.

5.2. Pêndulo balístico

Uma aplicação interessante do estudo sobre colisões está presente na determinação da velocidade de um projétil, em uma situação de colisão perfeitamente inelástica.

A Figura 5.21 representa o esquema de um pêndulo balístico, proposto pela primeira vez pelo matemático inglês Benjamin Robins (1707-1751), no qual o alvo é um bloco de massa M, que está suspenso. Ao ser atingido por um projétil de massa m (em geral muito menor que a massa do bloco), esse pêndulo eleva-se até certa altura h, com o projétil ficando retido no interior do bloco. Com esses dados, é possível determinar a velocidade v do projétil.

Para resolvermos a situação-problema, podemos dividi-la em três momentos:

- **1º momento:** antes da colisão.

$Q_{antes} = m \cdot v$

- **2º momento:** depois da colisão. O projétil está dentro do bloco e o sistema passa a se deslocar com velocidade v'.

$Q_{depois} = (m + M) \cdot v'$

Pela conservação da quantidade de movimento, podemos obter uma relação entre a velocidade do projétil v e a velocidade do conjunto v':

$Q_{antes} = Q_{depois}$
$M \cdot v = (m + M) \cdot v'$
$v = \dfrac{(m + M) \cdot v'}{m}$ (I)

Figura 5.21: Pêndulo balístico.

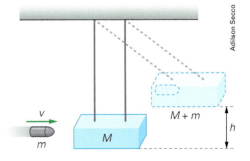

Quantidade de movimento e impulso Capítulo 5

- **3º momento:** o corpo (bloco + projétil) sobe até a altura *h* com a transformação da energia cinética em energia potencial gravitacional.

$$E_{m_{inicial}} = E_{m_{final}}$$
$$(E_c + E_p)_{inicial} = (E_c + E_p)_{final}$$
$$(E_c + 0)_{inicial} = (0 + E_p)_{final}$$
$$E_{c_{inicial}} = E_{p_{final}}$$
$$\frac{1}{2} \cdot (m + M) \cdot v'^2 = (m + M) \cdot g \cdot h$$
$$v'^2 = 2 \cdot g \cdot h$$
$$v' = \sqrt{2 \cdot g \cdot h} \quad \text{(II)}$$

Substituindo (II) em (I), temos:

$$v = \frac{(m + M)}{m} \cdot \sqrt{2 \cdot g \cdot h}$$

Exercício resolvido

Um projétil de 20 g incrusta-se num bloco de 0,50 kg de massa, nas condições propostas no texto, e ambos se elevam 20 cm. Qual era a velocidade do projétil antes da incrustação? (Considere: $g = 10$ m/s².)

Substituindo os valores dos dados na expressão deduzida acima, obtemos:

$$v = \frac{(m + M)}{m} \cdot \sqrt{2 \cdot g \cdot h} = \frac{(0{,}02 + 0{,}50)}{0{,}02} \cdot \sqrt{2 \cdot 10 \cdot 0{,}20} = 26 \cdot 2 = 52 \text{ m/s}$$

Exercícios propostos

1. Na figura a seguir, A é um carro de massa 4,0 kg que, deslocando-se a 5,0 m/s, engata no carro B, de massa 6,0 kg, inicialmente parado.

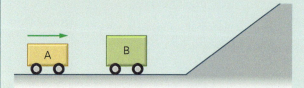

Despreze o atrito com a pista e determine a altura máxima que eles atingem. Use $g = 10$ m/s².

2. Na figura, o carro A tem massa duas vezes maior que o carro B, o qual está inicialmente parado, no trecho horizontal da pista completamente lisa.

O carro A é abandonado de uma altura $h = 1{,}0$ m acima do trecho horizontal e, após adentrá-lo, engata em B. Determine a velocidade comum do sistema AB.

3. Numa pista horizontal, lisa e retilínea, um carro A, de massa 25 kg, foi impulsionado por uma mola de constante elástica $k = 400$ N/m, que se encontrava comprimida em 20 cm.

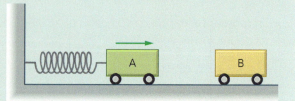

Ao se desprender da mola, o carro A engatou no carro B, de mesma massa, que se encontrava em repouso. Determine a velocidade comum do conjunto AB.

6. Quantidade de movimento angular

Observe, na Figura 5.22, o truque utilizado por patinadoras para realizar giros com diferentes velocidades. Quando braços e pernas estão abertos, o movimento de giro é suave; quando estão fechados, o giro é mais rápido. Isso é consequência de uma mudança na distribuição de massa da atleta em relação ao eixo de rotação em cada uma das situações. A grandeza relacionada a essa situação da massa é chamada **momento de inércia** (ou **inércia rotacional**) do corpo, representada pela letra *I* e com resultado em kg · m².

Figura 5.22: Observe como a velocidade da atleta muda de acordo com a abertura e a posição de seus braços e pernas. Note também a mudança na distribuição de massa em relação ao eixo de rotação.

Veja na Figura 5.23 exemplos de como calcular o momento de inércia de alguns corpos.

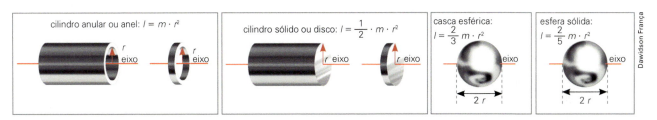

cilindro anular ou anel: $I = m \cdot r^2$

cilindro sólido ou disco: $I = \frac{1}{2} \cdot m \cdot r^2$

casca esférica: $I = \frac{2}{3} m \cdot r^2$

esfera sólida: $I = \frac{2}{5} m \cdot r^2$

Figura 5.23: Momento de inércia de alguns corpos.

> **Explorando o assunto**
>
> Uma pessoa está sentada em uma cadeira giratória, com os braços esticados e segurando um haltere em cada mão. Dois colegas ajudam a colocar a cadeira em rotação e, quando esta atinge a maior velocidade possível, a pessoa fecha os braços em direção ao tórax, conforme se vê na Figura 5.24. O que acontece? Como explicar esse fenômeno?

Figura 5.24: Situação para investigação.

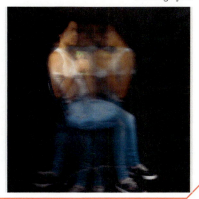

Quantidade de movimento e impulso   Capítulo 5   99

LEMBRETE:
Lembramos que velocidade linear, angular, período e frequência se relacionam da seguinte forma:

$$v = \omega \cdot R$$
$$v = 2 \cdot \pi \cdot R \cdot f = \frac{2 \cdot \pi \cdot R}{T}$$
$$\omega = 2 \cdot \pi \cdot f = \frac{2 \cdot \pi}{T}$$

Vimos que a quantidade de movimento linear está relacionada com a massa e a velocidade linear do corpo, ou seja, $\vec{Q} = m \cdot \vec{v}$. De maneira análoga, essa relação também se verifica nas rotações, sendo definida a **quantidade de movimento angular** ou **momento angular ($\vec{L}$)**, relacionada com o **momento de inércia (I)** e a **velocidade angular ($\vec{\omega}$)** do corpo, como:

$$\vec{L} = I \cdot \vec{\omega}$$

Os vetores $\vec{L}$ e $\vec{\omega}$ possuem mesma direção e sentido. E a unidade de medida da quantidade de movimento angular no SI é $\frac{kg \cdot m^2}{s}$.

De forma similar à quantidade de movimento linear, também consideramos que a quantidade de movimento angular se conserva, caso nenhuma força externa atue no sistema. Por exemplo, a formação do Sistema Solar pode ser explicada pelo princípio da conservação da quantidade de movimento angular.

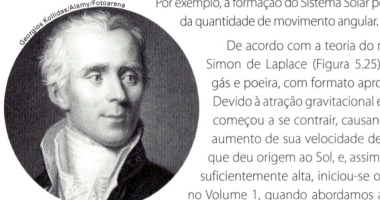

Figura 5.25: Pierre Simon de Laplace (1749-1827).

De acordo com a teoria do matemático, físico e astrônomo francês Pierre Simon de Laplace (Figura 5.25), inicialmente havia apenas uma nuvem de gás e poeira, com formato aproximadamente esférico e rotação muito lenta. Devido à atração gravitacional entre as partículas de matéria, porém, a nuvem começou a se contrair, causando diminuição de seu momento de inércia e aumento de sua velocidade de rotação. No centro formou-se a protoestrela que deu origem ao Sol, e, assim que a temperatura em seu interior se tornou suficientemente alta, iniciou-se o processo de fusão nuclear (conforme vimos no Volume 1, quando abordamos a evolução estelar). Enquanto isso, o aumento da rotação da nuvem provocou seu alongamento e achatamento, originando um disco de matéria ao redor da estrela central, no qual se formaram os planetas, por meio da agregação de matéria pela força de gravidade (Figura 5.26).

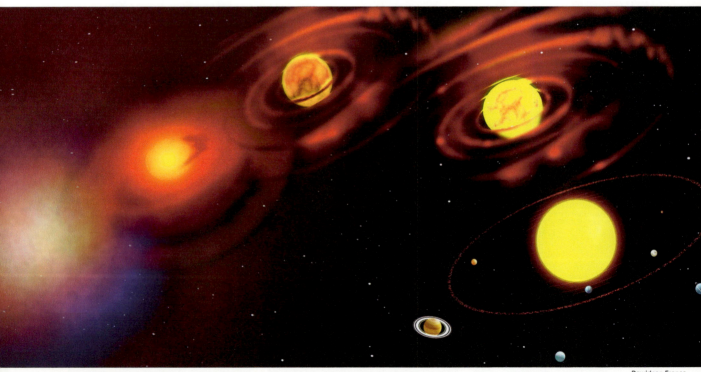

Figura 5.26: A formação do Sistema Solar. Ilustração sem escala; cores-fantasia.

Exercícios resolvidos

1. Determine a inércia rotacional de um cilindro maciço de 400 g de massa, cujo raio mede 5,0 cm e cuja altura mede 20 cm.

   Dados: $m = 400$ g $= 0,40$ kg; $r = 5,0$ cm $= 0,05$ m; $h = 20$ cm $= 0,20$ m

   A inércia rotacional do cilindro é dada por:

   $I = \frac{1}{2} \cdot m \cdot r^2 = \frac{1}{2} \cdot 0,40 \cdot 0,05^2 = 0,20 \cdot 0,0025 = 0,0005 = 5,0 \cdot 10^{-4}$ kg $\cdot$ m²

2. Se o cilindro do exercício anterior passar a girar com frequência de 2,0 Hz em torno de seu eixo, qual será sua quantidade de movimento angular?

   A velocidade angular do cilindro é dada por:

   $\omega = 2 \cdot \pi \cdot f = 2 \cdot 3,14 \cdot 2,0 = 12,56$ rad/s

   A quantidade de movimento angular será dada pelo produto da inércia rotacional pela velocidade angular:

   $L = I \cdot \omega = 5,0 \cdot 10^{-4} \cdot 12,56 = 6,28 \cdot 10^{-3}$ kg $\cdot$ m²/s

3. Uma ginasta de 45 kg de massa e 1,40 m de altura, ao dar uma cambalhota com todo o corpo esticado, completa uma volta em torno de si mesma em 0,60 s. Quando gira com a cabeça, as pernas e os braços recolhidos, gasta apenas 0,24 s para completar essa volta. Determine o "raio" aproximado de seu corpo encolhido.

   No contexto, temos o princípio da conservação da quantidade de movimento angular:

   $L_f = L_i$

   $I_f \cdot \omega_f = I_i \cdot \omega_i \Rightarrow (k \cdot m \cdot r_f^2) \cdot 2 \cdot \pi \cdot f_f = (k \cdot m \cdot r_i^2) \cdot 2 \cdot \pi \cdot f_i \Rightarrow r_f^2 \cdot f_f = r_i^2 \cdot f_i \Rightarrow \frac{r_f^2}{T_f} = \frac{r_i^2}{T_i} \Rightarrow$

   $\Rightarrow \frac{r_f^2}{0,24} = \frac{0,70^2}{0,60} \Rightarrow r_f^2 = 0,4 \cdot 0,49 = 0,196 \Rightarrow r_f^2 \cong 0,4 \Rightarrow r_f \cong \sqrt{0,20} \cong 0,44$ m

Exercícios propostos

1. Determine a inércia rotacional de uma bola de vôlei oca com 30 cm de diâmetro e 250 g de massa. Calcule também a quantidade de movimento angular quando ela gira com frequência de 3,0 Hz.

2. Determine a inércia rotacional de uma bola maciça de boliche, de massa 400 g e raio de 4,0 cm. Calcule também o momento angular ao girar efetuando 10 voltas em 2,0 s.

3. Uma bailarina de 45 kg de massa gira efetuando 2,0 voltas por segundo com os braços abertos, perfazendo um diâmetro de 1,2 m. Ao fechar os braços, deixando-os colados ao corpo, o diâmetro médio de seu corpo passa a ser de 0,40 m. Com que nova frequência ela deve passar a girar?

Exercícios finais

1. Um corpo em queda livre está sujeito a uma aceleração constante, que na superfície da Terra vale aproximadamente 10 m/s². Suponha que esse corpo tenha massa de 200 g. Como varia sua quantidade de movimento a cada segundo?

2. Um carro de 1 200 kg move-se constantemente a 90 km/h ao longo de uma rodovia.

   a) Represente o vetor quantidade de movimento num instante qualquer.

   b) Se ele adentrar um trecho sinuoso da estrada e conseguir manter o mesmo valor de velocidade, sua quantidade de movimento variará?

   c) Suponha que ele freie e acabe desacelerando à taxa de 5 m/s². Qual será sua quantidade de movimento 3 s após o início da freada?

3. Uma bolinha de tênis de massa 50 g é lançada com velocidade de 10 m/s contra uma parede, retornando com mesma velocidade.

   a) Determine a quantidade de movimento antes e depois da colisão com a parede.

   b) Qual foi a variação da quantidade de movimento sofrida pela bolinha por causa do contato com a parede?

   c) O resultado do item anterior teria sido o mesmo caso o conceito de quantidade de movimento ainda fosse aquele proposto por Descartes?

4. (Cesgranrio-RJ) Na figura a seguir, uma bola de tênis de massa M colide elasticamente com a parede, de modo a não variar o módulo da velocidade da bola.

   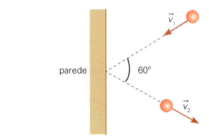

   Sendo $|\vec{v}_1| = |\vec{v}_2|$, o vetor variação da quantidade de movimento da bola ΔQ (vetorial) é mais bem representado por:

   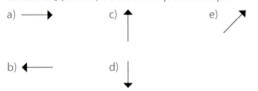

5. (Ufla-MG) Um caminhão de 3 t (3 000 kg) de massa e uma bicicleta de 10 kg de massa movem-se com velocidade de 20 km/h ($\cong$ 5,6 m/s). Das afirmações abaixo, qual é a verdadeira?

   a) A quantidade de movimento é uma grandeza escalar e, portanto, não depende nem da direção nem do sentido da velocidade.

   b) Como o caminhão e a bicicleta têm a mesma velocidade, a quantidade de movimento também é a mesma.

   c) A quantidade de movimento do caminhão tem valor 16,8 kg · m/s e sempre o mesmo sentido de sua velocidade.

   d) Os vetores quantidade de movimento do caminhão e da bicicleta serão iguais caso eles tenham velocidades com mesma direção e mesmo sentido.

   e) O valor da quantidade de movimento de cada um deles é diferente porque suas massas são diferentes.

6. Duas bolinhas de gude idênticas são lançadas simultaneamente por dois meninos, de acordo com as direções da figura. A massa de cada uma delas é igual a 50 g e a velocidade de ambas tem o mesmo valor absoluto: 2,0 m/s. Determine, no SI, a quantidade de movimento do sistema das bolinhas.

   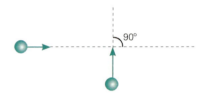

7. (Fuvest-SP) Um corpo A com massa M e um corpo B com massa 3M estão em repouso sobre um plano horizontal sem atrito como mostra a figura.

   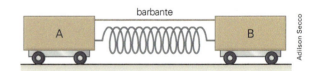

   Entre eles existe uma mola, de massa desprezível, que está comprimida por meio de um barbante tensionado que mantém ligados os dois corpos. Num dado instante, o barbante é cortado e a mola distende-se, empurrando as duas massas, que dela se separam e passam a se mover livremente. Designando-se por T a energia cinética, pode-se afirmar que:

   a) $9T_A = T_B$ c) $T_A = T_B$ e) $T_A = 9T_B$
   b) $3T_A = T_B$ d) $T_A = 3T_B$

8. (Fuvest-SP) Maria e Luísa, ambas de massa M, patinam no gelo. Luísa vai ao encontro de Maria com velocidade de módulo V. Maria, parada na pista, segura uma bola de massa m e, num certo instante, joga a bola para Luísa.

   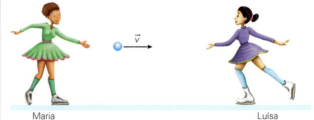

   Maria   Luísa

102

A bola tem velocidade de módulo v, na mesma direção de $\vec{V}$. Depois que Luísa agarra a bola, as velocidades de Maria e Luísa, em relação ao solo, são, respectivamente:
Note e adote: V e v são velocidades em relação ao solo. Considere positivas as velocidades para a direita. Desconsidere efeitos dissipativos.

a) $0; v - V$

b) $-v; v + \dfrac{V}{2}$

c) $-\dfrac{mv}{M}; \dfrac{MV}{m}$

d) $-\dfrac{mv}{M}; \dfrac{(mv - MV)}{(M + m)}$

e) $\dfrac{\left(\dfrac{MV}{2} - mv\right)}{M}; \dfrac{\left(mv - \dfrac{MV}{2}\right)}{(M + m)}$

9. (UFSC) Durante as festividades comemorativas da Queda da Bastilha, na França, realizadas em 14 de julho de 2005, foram lançados fogos de artifício em homenagem ao Brasil. Durante os fogos, suponha que um rojão com defeito, lançado obliquamente, tenha explodido no ponto mais alto de sua trajetória, partindo-se em apenas dois pedaços que, imediatamente após a explosão, possuíam quantidades de movimento p_1 e p_2. Considerando que todos os movimentos ocorrem em um mesmo plano vertical, assinale a(s) proposição(ões) que apresenta(m) o(s) par(es) de vetores p_1 e p_2, fisicamente possível(eis).

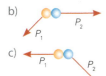

10. Uma bomba lançada verticalmente para cima explode em quatro pedaços no ponto mais alto de sua trajetória. Três deles têm sua quantidade de movimento mostrada na figura a seguir.

A quantidade de movimento da quarta parte dessa bomba é mais bem expressa na alternativa:

a)

b)

c)

d)

e)

11. (Fuvest-SP) Um fóton, com quantidade de movimento na direção e sentido do eixo x, colide com um elétron em repouso. Depois da colisão, o elétron passa a se mover com quantidade de movimento $\vec{P}_e$, no plano xy, como ilustra a figura.

Dos vetores $\vec{P}_p$ abaixo, o único que poderia representar a direção e sentido da quantidade de movimento do fóton, após a colisão, é:

Note e adote: O princípio da conservação da quantidade de movimento é válido também para a interação entre fótons e elétrons.

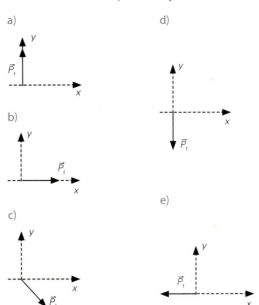

12. (Unicamp-SP) Uma bomba explode em três fragmentos na forma mostrada na figura a seguir.

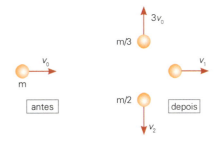

a) Ache v_1 em termos de v_0.

b) Ache v_2 em termos de v_0.

c) A energia mecânica aumenta, diminui ou permanece a mesma? Justifique.

Exercícios finais

13. (Unesp-SP) Uma granada é lançada e explode no ar, dividindo-se em duas partes iguais, no momento em que sua velocidade era de 15 m/s e horizontal. Imediatamente após a explosão, um dos pedaços estava com velocidade de 30 m/s, vertical, para baixo, enquanto o outro, com velocidade $30\sqrt{2}$ m/s para cima, formando um ângulo de 45° com a velocidade da granada no momento da explosão. Verifique se a quantidade de movimento é conservada durante a explosão.

14. (UFF-RJ) A bola A, com 1,0 kg de massa, movendo-se à velocidade de 8,0 m/s, choca-se com a bola B, inicialmente em repouso e com massa igual à da bola A. Após a colisão, a bola A move-se perpendicularmente à sua direção original de movimento, como mostra a figura, com velocidade de 6,0 m/s.

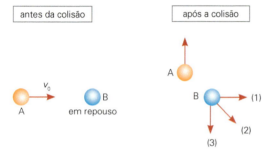

Para a bola B, após a colisão, a magnitude e a direção do vetor quantidade de movimento dentre as indicadas por (1), (2) e (3) são, respectivamente:

a) 10 kg · m/s e (1)

b) 6,0 kg · m/s e (2)

c) 2,0 kg · m/s e (1)

d) 6,0 kg · m/s e (3)

e) 10 kg · m/s e (2)

15. (PUC-SP) Nas grandes cidades é muito comum a colisão entre veículos nos cruzamentos de ruas e avenidas. Considere uma colisão inelástica entre dois veículos, ocorrida num cruzamento de duas avenidas largas e perpendiculares. Calcule a velocidade dos veículos, em m/s, após a colisão. Considere os seguintes dados dos veículos antes da colisão:

Veículo 1: $m_1 = 800$ kg e $v_1 = 90$ km/h

Veículo 2: $m_2 = 450$ kg e $v_2 = 120$ km/h

a) 30   c) 28   e) 15

b) 20   d) 25

16. A partícula neutra conhecida como méson K⁰ é instável e decai, emitindo duas partículas, com massas iguais, uma positiva e outra negativa, chamadas, respectivamente, méson π^+ e méson π^-. Em um experimento, foi observado o decaimento de um K⁰, em repouso, com emissão do par π^+ e π^-. Das figuras abaixo, qual poderia representar as direções e sentidos das velocidades das partículas π^+ e π^- no sistema de referência em que o K⁰ estava em repouso?

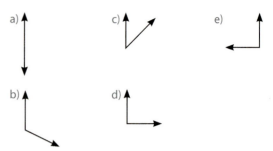

17. (Cesgranrio-RJ) Um corpo se move numa trajetória plana e retilínea, sem atrito. Por ação de uma força, na mesma direção e sentido do movimento, um corpo de massa 2,0 kg passa de 5,0 m/s para 10 m/s. O módulo do impulso e o trabalho realizado sobre o corpo, no intervalo de tempo que corresponde à variação de velocidade dada são, respectivamente, de:

a) 75 N · s e 10 J   d) 10 N · s e 75 J

b) 30 N · s e 75 J   e) 5,0 N · s e 50 J

c) 10 N · s e 100 J

18. (PUCC-SP) Um garoto de 58 kg está sobre um carrinho de rolimã que percorre uma pista em declive. A componente da força resultante que age no garoto, na direção do movimento, tem módulo representado no gráfico, para um pequeno trecho do movimento. Sabe-se que a velocidade do garoto no instante $t_0 = 2,0$ s é 3,0 m/s.

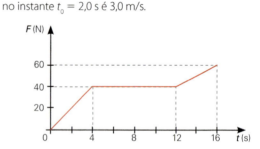

Pode-se concluir que velocidade do garoto em m/s, no instante $t = 16$ s, é igual a:

a) 13   b) 16   c) 19   d) 43   e) 163

19. (Fatec-SP) Uma força variável, em função do tempo, é dada por $F = 2t - 4$, sendo F medido em newtons, e t, em segundos. O impulso da força F no intervalo de tempo $t = 0$ a $t = 3$ s tem módulo em N · s:

a) 1   b) 2   c) 3   d) 4   e) 5

20. (UnB-DF) Aprende-se em aulas de Educação Física que, ao se saltar, é fundamental flexionar as pernas para amenizar o impacto no solo e evitar danos à coluna vertebral, que possui certo grau de flexibilidade. No caso de uma queda em pé, com as pernas esticadas, uma pessoa pode chegar a ter, no estado de maior compressão da coluna, a sua altura diminuída em até 3 cm. Nesse caso, o esqueleto da pessoa, com a velocidade adquirida durante a queda, desacelera bruscamente no espaço máximo de 3 cm. Supondo que uma pessoa de 70 kg caia de um degrau de 0,5 m de altura, atingindo o solo em pé, com as pernas esticadas e recebendo todo o impacto diretamente sobre o calcanhar e a coluna, julgue os itens seguintes.

a) No instante em que a pessoa deixa o degrau, a variação do seu momento linear é produzida pela força peso.

b) Durante o impacto, a força de compressão média a que a coluna está sujeita é momentaneamente superior ao peso correspondente à massa de 1 tonelada.

c) Em módulo, a força de compressão da coluna é igual à força que o solo exerce nos pés da pessoa.

d) Se flexionasse as pernas, a pessoa aumentaria o espaço de desaceleração, diminuindo, portanto, o impacto do choque com o solo.

21. (Unesp-SP) Dois blocos A e B, ambos de massa 10 kg, estão inicialmente em repouso. A partir de um certo instante, o bloco A fica sujeito à ação de uma força resultante, cujo módulo F_A, em função da posição x, é dado na figura A. Da mesma forma, o bloco B fica sujeito à ação de uma outra força resultante, cujo módulo F_B, em função do tempo t, é dado na figura B.

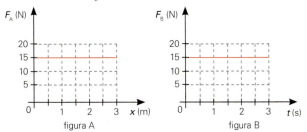

figura A figura B

Sabendo que, em ambos os casos, a direção e o sentido de cada força permanecem inalterados, determine:

a) o trabalho realizado pela força F_A no deslocamento de 0 a 3 metros, e a velocidade de A na posição $x = 3$ m.

b) o impulso exercido pela força F_B no intervalo de tempo de 0 a 3 segundos, e a velocidade de B no instante $t = 3$ s.

22. (FGV-SP) Um bate-estacas de 500 kg cai de uma altura de 1,8 m. O bloco se choca sobre uma estaca e leva 50 milésimos de segundo para atingir o repouso. Qual é a força exercida pelo bloco na estaca?

a) 360 N   c) 60 000 N   e) 5 000 N

b) 4 000 N   d) 3 000 N

23. (UFSC) Um corpo de massa m_1 e velocidade de módulo v_1 (corpo 1) choca-se com outro de massa m_2 e velocidade de módulo v_2 (corpo 2). Durante o choque, o corpo 1 exerce uma força $\vec{F_2}$ no corpo 2 e o corpo 2 exerce uma força $\vec{F_1}$ no corpo 1.

Assinale verdadeiro e falso:

a) No Sistema Internacional, a unidade da quantidade de movimento dos corpos é kg · m/s.

b) A variação da quantidade de movimento de cada um dos dois corpos é uma grandeza vetorial que tem sempre a direção e o sentido da sua velocidade.

c) O impulso produzido pela força $\vec{F_1}$ tem a mesma direção e sentido de $\vec{F_1}$.

d) Se a resultante das forças externas que atuam sobre o sistema constituído pelos dois corpos for nula, a quantidade de movimento deste sistema também será nula.

e) Se a resultante das forças externas que atuam sobre o sistema constituído pelos dois corpos for nula, o impulso que age em cada um dos corpos deste sistema também será nulo.

24. (Fuvest-SP) Um vagão A, de massa 10 000 kg, move-se com velocidade igual a 0,4 m/s sobre trilhos horizontais sem atrito até colidir com outro vagão B, de massa 20 000 kg, inicialmente em repouso. Após a colisão, o vagão A fica parado. A energia cinética final do vagão B vale:

a) 100 J   c) 400 J   e) 1 600 J

b) 200 J   d) 800 J

25. (ITA-SP) Uma massa m_0 em movimento retilíneo com velocidade $8,0 \cdot 10^{-2}$ m/s colide frontalmente com outra massa m, em repouso, e sua velocidade passa a ser $5,0 \cdot 10^{-2}$ m/s. Se a massa m adquire a velocidade de $7,5 \cdot 10^{-2}$ m/s, podemos concluir que a massa m_0 é:

a) 10 m

b) 3,2 m

c) 0,5 m

d) 0,04 m

e) 2,5 m

26. (Unesp-SP) Um corpo em movimento colide com outro de igual massa, inicialmente em repouso. Mostre que, se a colisão for completamente inelástica, a energia cinética do sistema (constituída por dois corpos) após a colisão é a metade da energia cinética do mesmo antes da colisão.

27. (Cesgranrio-RJ) "Com um forte chute, um jogador desperdiça um pênalti: a bola bate na trave e retorna no sentido oposto. A torcida chegou a ouvir o som do impacto da bola contra a trave."

Com base no texto anterior, podemos afirmar que, no choque da bola contra a trave:

a) a quantidade de movimento da bola se conservou.

b) a quantidade de movimento da bola aumentou.

c) a energia mecânica da bola se conservou.

d) parte da energia mecânica da bola foi dissipada.

e) a soma da quantidade de movimento com a energia mecânica da bola permaneceu constante.

Quantidade de movimento e impulso Capítulo 5

Exercícios finais

28. (UFPE) Uma bola é lançada com velocidade $v_0 = 93$ cm/s de encontro a outra bola idêntica, em repouso e próxima a uma parede. O evento ocorre sobre um plano horizontal, sem atrito, e todos os choques são perfeitamente elásticos e frontais. Qual o módulo da velocidade relativa, em cm/s, entre as bolas após o segundo choque entre elas?

29. (Fuvest-SP) Duas esferas de 2,0 kg cada deslocam-se sem atrito sobre uma mesma reta horizontal. Elas se chocam e passam a se mover grudadas. O gráfico representa a posição de cada esfera, em função do tempo, até o instante da colisão.

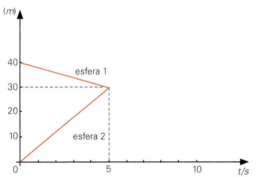

a) Calcule a energia cinética total do sistema antes do choque.

b) Esboce a continuação do gráfico até $t = 10$ s.

c) Calcule a energia dissipada com o choque.

30. Uma bola de borracha é solta do repouso de uma altura de 5,0 m sobre um piso horizontal, liso e sólido. A presença do ar é desprezível, pois a bola é pequena e pesada. Determine a altura máxima por ela atingida após a segunda colisão com o piso, sabendo que o coeficiente de restituição com o piso vale 0,8.

31. (Fuvest-SP) Um caminhão, parado em um semáforo, teve sua traseira atingida por um carro. Logo após o choque, ambos foram lançados juntos para a frente (colisão inelástica), com uma velocidade estimada em 5 m/s (18 km/h), na mesma direção em que o carro vinha. Sabendo-se que a massa do caminhão era cerca de três vezes a massa do carro, foi possível concluir que o carro, no momento da colisão, trafegava a uma velocidade aproximada de:

a) 72 km/h

b) 60 km/h

c) 54 km/h

d) 36 km/h

e) 18 km/h

32. Um gavião avista, abaixo dele, um melro e, para apanhá-lo, passa a voar verticalmente, conseguindo agarrá-lo. Imediatamente antes do instante em que o gavião, de massa $m_G = 300$ g, agarra o melro, de massa $m_M = 100$ g, a velocidade do gavião e a do melro são, respectivamente, $v_G = 80$ km/h na direção vertical, para baixo, e $v_M = 24$ km/h na direção horizontal, para a direita, como ilustra a figura.

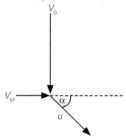

Imediatamente após a caça, o vetor velocidade **u** do gavião, que voa segurando o melro, forma um ângulo α com o plano horizontal, tal que a tg α é aproximadamente igual a:

a) 20   b) 10   c) 3   d) 0,3   e) 0,1

33. (Unicamp-SP) O tempo de viagem de qualquer entrada da Unicamp até a região central do *campus* é de apenas alguns minutos. Assim, a economia de tempo obtida, desrespeitando-se o limite de velocidade, é muito pequena, enquanto o risco de acidentes aumenta significativamente.

a) Considere que um ônibus de massa $M = 9\,000$ kg, viajando a 80 km/h, colide na traseira de um carro de massa $m_a = 1\,000$ kg que se encontrava parado. A colisão é inelástica, ou seja, carro e ônibus seguem grudados após a batida. Calcule a velocidade do conjunto logo após a colisão.

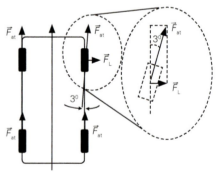

b) Além do excesso de velocidade, a falta de manutenção do veículo pode causar acidentes. Por exemplo, o desalinhamento das rodas faz com que o carro sofra a ação de uma força lateral. Considere um carro com um pneu dianteiro desalinhado de 3°, conforme a figura acima, gerando uma componente lateral da força de atrito F_L em uma das rodas. Para um carro de massa $m_b = 1\,600$ kg, calcule o módulo da aceleração lateral do carro, sabendo que o módulo da força de atrito em cada roda vale $F_{at} = 8\,000$ N. Dados: sen 3° = 0,05 e cos 3° = 0,99.

106

34. (Fuvest-SP) Compare as colisões de uma bola de vôlei e de uma bola de golfe com o tórax de uma pessoa parada e em pé. A bola de vôlei, com massa de 270 g, tem velocidade de 30 m/s quando atinge a pessoa, e a de golfe, com 45 g, tem velocidade de 60 m/s ao atingir a mesma pessoa, nas mesmas condições. Considere ambas as colisões totalmente inelásticas.

Note e adote:

A massa da pessoa é muito maior que a massa das bolas.

As colisões são frontais.

O tempo de interação da bola de vôlei com o tórax da pessoa é o dobro do tempo de interação da bola de golfe.

A área média de contato da bola de vôlei com o tórax é 10 vezes maior que a área média de contato da bola de golfe.

É correto apenas o que se afirma em:

a) Antes das colisões, a quantidade de movimento da bola de golfe é maior que a da bola de vôlei.

b) Antes das colisões, a energia cinética da bola de golfe é maior que a da bola de vôlei.

c) Após as colisões, a velocidade da bola de golfe é maior que a da bola de vôlei.

d) Durante as colisões, a força média exercida pela bola de golfe sobre o tórax da pessoa é maior que a exercida pela bola de vôlei.

e) Durante as colisões, a pressão média exercida pela bola de golfe sobre o tórax da pessoa é maior que a exercida pela bola de vôlei.

35. (UFPE) Um engenheiro realiza experimentos com explosivos para avaliar a energia que é liberada em explosões. Ele coloca um disco de massa $M = 5{,}00$ kg sobre um piso liso. Em seguida, ele filma a explosão do disco de uma posição superior. Na explosão, os pedaços do disco se movem sobre o piso. Após a explosão, ele só encontra dois pedaços do disco, de massas $m_1 = 2{,}40$ kg e $m_2 = 2{,}50$ kg. Além disso, ele observa pelo filme que os pedaços são lançados em direções perpendiculares com velocidades $v_1 = 2{,}50$ m/s e $v_2 = 3{,}20$ m/s. Apesar de não conseguir detectar com a câmera, ele suspeita que deveria haver um terceiro pedaço. Calcule a velocidade do suposto terceiro pedaço, em m/s.

a) 1   c) 25   e) 100

b) 5   d) 50

36. (UFPE) Duas partículas idênticas, que se movem sobre a superfície horizontal de uma mesa sem atrito, realizam uma colisão totalmente inelástica, como mostra a figura.

Antes da colisão   Depois da colisão

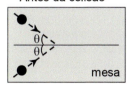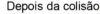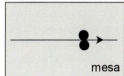

Antes da colisão, cada partícula tinha uma velocidade de módulo 5 m/s e direção $\theta = 37°$ em relação à linha contínua da figura. Qual a velocidade das partículas após a colisão, em m/s? ($\cos 37° = 0{,}8$)

37. (Unesp-SP) Um bloco de madeira, de massa M, pode deslizar livremente e sem atrito dentro de um tubo cilíndrico. Uma bala, de massa m, movimentando-se com velocidade v_0 ao longo do eixo horizontal do cilindro, como mostra a figura a seguir, perde 36% de sua energia cinética ao atravessar o bloco.

Após ter sido atravessado pela bala, o bloco, que estava inicialmente em repouso, passa a movimentar-se com velocidade V. (Despreze efeitos da força da gravidade sobre a trajetória da bala.) Mostre que $V = mv_0/5M$.

38. (Unesp-SP) Um tubo de massa M contendo uma gota de éter (de massa desprezível) é suspenso por meio de um fio leve de comprimento L, conforme ilustrado na figura a seguir.

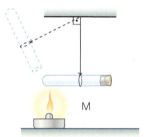

Mostre que $M\sqrt{2gL}/m$ é a velocidade horizontal mínima com que a rolha de massa m deve sair do tubo aquecido para que ele atinja a altura de seu ponto de suspensão (g é a aceleração da gravidade).

39. (Unesp-SP) Para medir a velocidade de uma bala, preparou-se um bloco de madeira de 0,990 kg, que foi colocado a 0,80 m do solo, sobre uma mesa plana, horizontal e perfeitamente lisa, como mostra a figura adiante.

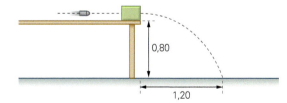

A bala, disparada horizontalmente contra o bloco em repouso, alojou-se nele, e o conjunto (bala + bloco) foi lançado com velocidade V, atingindo o solo a 1,20 m da borda da mesa.

a) Adotando $g = 10$ m/s², determine a velocidade V do conjunto, ao abandonar a mesa. (Despreze a resistência e o empuxo do ar.)

b) Determine a velocidade com que a bala atingiu o bloco, sabendo que sua massa é igual a 0,010 kg.

Exercícios finais

40. (OBA) Curiosamente a sonda espacial Cassini, enviada em missão para explorar Saturno, foi lançada primeiro na direção de Vênus, para utilizar o efeito do chamado "estilingue gravitacional", ganhar velocidade e diminuir o custo do lançamento. Explique como é possível para a Cassini ganhar velocidade à luz dos princípios de conservação de energia e conservação da quantidade de movimento.

41. (Vunesp-SP) Um madeireiro tem a infeliz ideia de praticar tiro ao alvo disparando seu revólver contra um tronco de árvore caído no solo. Os projéteis alojam-se no tronco, que logo fica novamente imóvel sobre o solo. Nessa situação, considerando um dos disparos, pode-se afirmar que a quantidade de movimento do sistema projétil-tronco:

a) não se conserva, porque a energia cinética do projétil se transforma em calor.

b) se conserva e a velocidade final do tronco é nula, pois a sua massa é muito maior do que a massa do projétil.

c) não se conserva, porque a energia não se conserva, já que o choque é inelástico.

d) se conserva, pois a massa total do sistema projétil-tronco não foi alterada.

e) não se conserva, porque o sistema projétil-tronco não é isolado.

42. (Fuvest-SP) Duas pequenas esferas iguais, A e B, de mesma massa, estão em repouso em uma superfície horizontal, como representado no esquema.

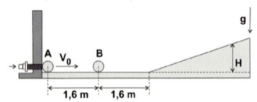

No instante $t = 0$ s, a esfera A é lançada, com velocidade $V_0 = 2{,}0$ m/s, contra a esfera B, fazendo com que B suba a rampa à frente, atingindo sua altura máxima, H, em $t = 2{,}0$ s. Ao descer, a esfera B volta a colidir com A, que bate na parede e, em seguida, colide novamente com B. Assim, as duas esferas passam a fazer um movimento de vai e vem, que se repete.

a) Determine o instante $t_{A'}$, em s, no qual ocorre a primeira colisão entre A e B.

b) Faça um gráfico em seu caderno que represente a velocidade da esfera B em função do tempo, de forma a incluir na representação um período completo de seu movimento.

c) Determine o período T, em s, de um ciclo do movimento das esferas.

Note e adote:

Os choques são inelásticos. Tanto o atrito entre as esferas e o chão quanto os efeitos de rotação devem ser considerados.

Considere positivas as velocidades para a direita e negativas para a esquerda.

43. Um anel metálico de 200 g de massa possui momento de inércia de $2{,}5 \cdot 10^{-4}$ kg $\cdot$ m^2. Determine seu diâmetro e a quantidade de movimento angular a que fica submetido quando gira em torno de seu eixo com período de 0,40 s.

44. Uma pessoa de 50 kg de massa está em pé sobre uma plataforma giratória, onde praticamente não existe atrito. Ela tem uma roda de bicicleta em suas mãos e a faz girar.

A plataforma gira no sentido contrário à rotação da roda, quando esta é inclinada pela garota em relação à direção vertical. A quantidade de movimento angular é conservada.

a) Sendo a massa da roda de bicicleta igual a 2 kg e concentrada na borda, e seu raio 40 cm, determine o momento de inércia, ou inércia rotacional da roda.

b) Quando a pessoa, ao girar a roda, provoca um movimento de rotação, cuja frequência é 10 Hz, qual é a quantidade de movimento angular que a roda adquire?

c) Qual é a quantidade de movimento angular total do sistema (pessoa, plataforma e roda) antes de a roda começar a girar?

d) Qual é a quantidade de movimento angular total do sistema depois que ele começa a girar?

e) Supondo ser o momento de inércia da pessoa e da plataforma de valor 0,8 kg $\cdot$ m^2, com que frequência esse conjunto gira?

45. Quando um bailarino rodopia em torno de seu eixo vertical, com os braços junto ao corpo, o faz com frequência de 4,0 Hz. Quando ele abre os braços, deixando-os na direção horizontal, seu giro tem a frequência diminuída para 0,5 Hz. Qual é a razão entre os raios de seu corpo com os braços abertos e com os braços fechados?

INVESTIGUE VOCÊ MESMO

Bate e volta! Ou não volta?

Você aprendeu que o coeficiente de restituição é uma medida da taxa de conservação da energia e pode ser calculado pela relação das velocidades de aproximação e afastamento de dois corpos em uma colisão. Também podemos calcular o coeficiente e por meio da relação entre a altura H da qual um corpo é solto e a altura h que ele atinge após a colisão com o solo, ou seja, $e = \sqrt{\dfrac{h}{H}}$. Com essa expressão matemática, vamos analisar as colisões de diferentes bolas.

MATERIAIS

- Bolas esportivas diversas: de pingue-pongue, tênis, basquete, vôlei, futebol
- Bolinha de vidro (gude)
- Bolinha de massa de modelar
- Fita métrica

ROTEIRO E QUESTÕES

Solte cada uma das bolas de uma altura H preestabelecida (anote esse valor). Após o primeiro contato com o solo, anote a altura h atingida.

Com os dados obtidos, responda às questões a seguir.

1. Calcule o coeficiente de restituição de cada colisão.
2. Classifique o choque como perfeitamente elástico, parcialmente elástico ou inelástico.

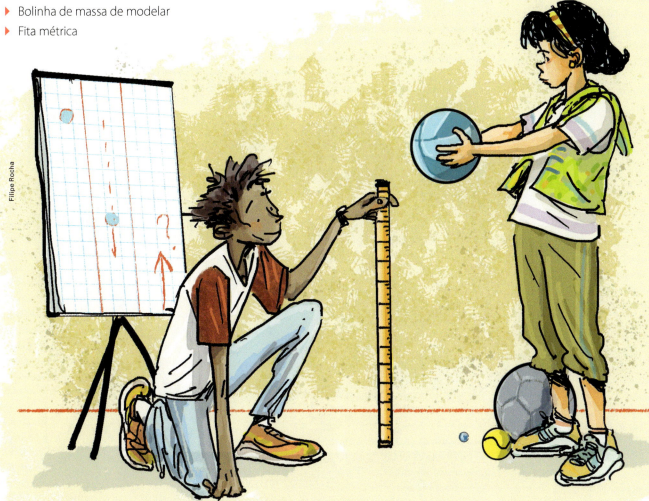

INVESTIGUE VOCÊ MESMO

Produzindo movimentos

MATERIAIS

- Alguns lápis
- Carrinho de fricção
- Caderno de capa dura ou livro
- Plataforma de papelão ou isopor

ROTEIRO E QUESTÕES

Nesta atividade você poderá visualizar os efeitos da conservação da quantidade de movimento de um sistema formado por um carrinho e uma plataforma.

Como podemos justificar a conservação da quantidade de movimento no sistema proposto?

Organize os materiais listados acima, reúna seu grupo de trabalho e comece a investigação segundo os passos detalhados a seguir.

- Coloque os lápis em paralelo, sobre uma superfície plana. Sobre os lápis, coloque a plataforma de papelão ou isopor.
- Acione a fricção do carrinho e responda antes de soltá-lo: o que acontecerá com a plataforma ao soltar o carrinho sobre ela?
- Agora solte o carrinho sobre a plataforma e verifique se a sua hipótese foi confirmada.
- Em seguida explique o fenômeno observado.
- Aumente a massa da plataforma, substituindo-a por um livro.
- Elabore outra hipótese para a nova configuração do sistema e verifique o que acontece.
- Explique o que foi observado.

Filipe Rocha

110 Unidade 1 Energia

PESQUISE, PROPONHA E DEBATA

A tecnologia do *air bag*

Utilizando bons *sites* da internet, revistas de divulgação científica e os livros da biblioteca de sua escola, pesquise sobre esse assunto. A seguir são apresentadas algumas questões com o objetivo de orientar sua busca. Depois de encontrar os itens propostos, redija um texto e selecione imagens para elaborar um painel e apresentar essa aplicação da tecnologia associada ao conhecimento físico a outros alunos de sua escola.

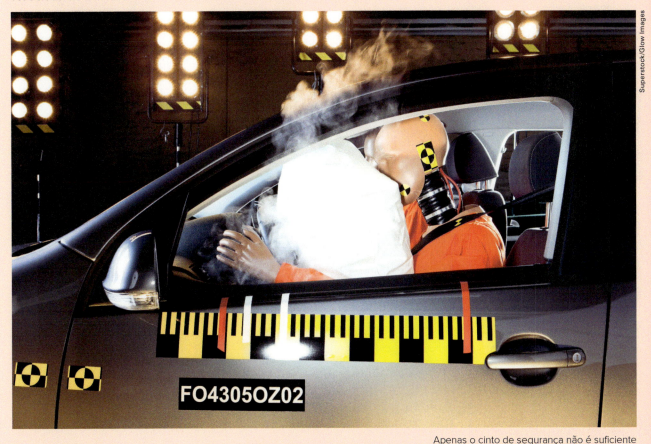

Apenas o cinto de segurança não é suficiente para zelar pela segurança do motorista em certos impactos.

DISCUSSÃO

1. O que é o *air bag*?
2. Quais são os itens que compõem esse equipamento?
3. Como ele funciona?
4. Quando foi inventado?
5. Seu uso é obrigatório em veículos nacionais?
6. Em qualquer situação o *air bag* é acionado?
7. O encosto de cabeça é outro importante item de segurança veicular. Com base na figura a seguir, discuta sua função durante uma colisão de automobilística.

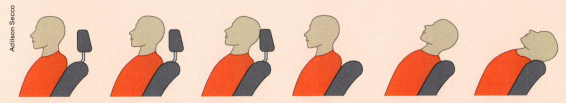

INVESTIGUE COM O PESQUISADOR

A controvérsia na conservação do movimento: $m \cdot v$ ou $m \cdot v^2$?

Desde a Antiguidade greco-romana já existia a ideia de um princípio de conservação do movimento no Universo, como podemos verificar nas seguintes palavras do poeta romano Lucrécio (98-55 a.C.), em sua obra *De rerum natura* (Sobre a natureza das coisas), do século I a.C.:

> [...] e nenhuma força pode mudar o conjunto das coisas; porque não há coisa alguma exterior, quer para onde possa emergir do universo qualquer espécie de matéria, quer donde uma nova provisão possa surgir e abater-se sobre o Universo, e mudar toda natureza das coisas e alterar os seus movimentos.
>
> PROJECTO FÍSICA. *Unidade 3: o triunfo da Mecânica.* Lisboa: Fundação Calouste Gulbenkian, 1980. p. 5.

Foi somente no século XVII, porém, que se iniciaram as buscas por uma lei da natureza que expressasse esse princípio conservativo dos movimentos. René Descartes (1596-1650) foi um dos primeiros a expor uma teoria sobre o assunto. Veja algumas de suas palavras sobre a quantidade de movimento dos corpos:

> Cada coisa permanece no mesmo estado o tempo que puder e não muda este estado senão pela ação das outras, e cada parte da matéria jamais continua a mover-se segundo linhas curvas, mas sim segundo linhas retas.
>
> Se um corpo que se move encontra outro mais forte que ele, não perde nada de seu movimento e, se encontra outro mais fraco, a quem possa mover, perde de seu movimento aquilo que transmite ao outro.
>
> PONCZEK, Roberto Leon. A polêmica entre Leibniz e os cartesianos: mv ou mv^2? *Caderno Catarinense de Ensino de Física*, Florianópolis, v. 17, n. 3, p. 339, 2000.

Descartes comparava o Universo a um relógio e Deus ao relojoeiro que o criara e estabelecera as leis de seu funcionamento. De acordo com o pensador, os movimentos do Cosmos deveriam ser mantidos devido a um princípio de conservação, o qual poderia ser compreendido decifrando-se a linguagem matemática da natureza.

Gottfried Leibniz (1646-1716) também acreditava em um princípio conservador para os movimentos, mas opôs-se à teoria cartesiana e propôs a teoria da *vis viva*. Leia algumas de suas palavras sobre isso:

> Frequentemente nossos novos filósofos se servem da famosa regra em que Deus conserva sempre a mesma quantidade de movimento do Universo. De fato isto é muito plausível e antes eu próprio a tinha como indubitável. Porém há algum tempo reconheci em que consiste o seu erro. O Senhor Descartes e muitos hábeis matemáticos têm acreditado que a quantidade de movimento, isto é, a velocidade multiplicada pela magnitude (massa) do móvel é exatamente a força motriz ou, para falar matematicamente, que as forças estão na razão direta das velocidades e das magnitudes [...]
>
> PONCZEK, Roberto Leon. A polêmica entre Leibniz e os cartesianos: mv ou mv^2? *Caderno Catarinense de Ensino de Física*, Florianópolis, v. 17, n. 3, p. 340, 2000.

Na sequência, de cima para baixo: Lucrécio (98-55 a.C.), René Descartes (1596-1650), Gottfried Leibniz (1646-1716), Jean Le Rond d'Alembert (1717-1783).

Os corpos materiais, por suas resistências e impenetrabilidades, revelam-se não como extensão, mas como forças. Por outro lado, a experiência indica que o que se conserva num ciclo de movimento não é – como pensava Descartes – a quantidade de movimento, mas a quantidade de força viva (*vis viva*).

ROCHA, José F. (Org.). Origens e evolução das ideias da Física. Salvador: Edufba, 2002. p. 96.

Afinal, quem estava certo sobre o princípio da conservação? Este deveria ser representado por **m · v** (quantidade de movimento) ou por **m · v²** (*vis viva*)?

No fim do século XVIII, o matemático, físico e filósofo francês Jean Le Rond d'Alembert (1717-1783) conclui que ambas as teorias estavam corretas, porém tratavam de grandezas distintas. Tanto a quantidade de movimento de Descartes quanto a *vis viva* de Leibniz (que viria a ser aprimorada em 1835 por G.-G. Coriolis, com a introdução do fator ½, e nomeada de energia cinética em 1856 por lorde Kelvin), apesar de serem grandezas distintas, descrevem com eficiência o Universo.

Talvez você se questione da necessidade de duas leis de conservação para a descrição dos movimentos. É porque a polêmica não acaba por aqui. Somente a Mecânica Relativística de Einstein colocou um ponto final nessa história. Para compreender isso, precisamos lembrar que:

$$\tau = \Delta E_c \Rightarrow F \cdot d = \frac{1}{2} \cdot m \cdot v^2$$

e que:

$$I = \Delta Q \Rightarrow F \cdot \Delta t = m \cdot v$$

Vemos por essas expressões matemáticas que, enquanto a energia se relaciona à ação de uma força em certo deslocamento, a quantidade de movimento está associada a uma força em certo intervalo de tempo.

Segundo a teoria da relatividade geral, as três dimensões do espaço e do tempo são unidas, formando um todo quadridimensional, denominado espaço-tempo. Ou seja, unificando o espaço e o tempo também se unificou a quantidade de movimento e a energia cinética.

◤ QUESTÕES

1. As ideias de Leibniz e Descartes são consonantes em alguns aspectos e discordantes em outros. Discuta essas semelhanças e diferenças.

2. Nem todos os pensadores do passado acreditavam no princípio da conservação do movimento. Isaac Newton era um deles. Leia o trecho a seguir e discuta a concepção desse cientista.

O movimento é mais propenso a se perder que a se acumular, e está sempre em declínio. [...] Considerando, portanto, que a variedade de movimento que encontramos no mundo está sempre decrescendo, há necessidade de conservá-lo e supri-lo novamente por princípios ativos.

BRAGA, Marco; GUERRA, Andreia; REIS, José Claudio. Breve história da Ciência moderna:
a belle-époque da Ciência. Rio de Janeiro: Jorge Zahar, 2008. v. 4. p. 65.

3. No fim do século XVII e início do século XVIII, alguns cientistas defendiam as ideias de Descartes e outros defendiam as ideias de Leibniz. Atualmente, haveria motivo para essa disputa, ou seja, as grandezas propostas são "rivais"?

Enem

1. A tabela a seguir apresenta alguns exemplos de processos, fenômenos ou objetos em que ocorrem transformações de energia. Nessa tabela, aparecem as direções de transformação de energia. Por exemplo, o termopar é um dispositivo onde energia térmica se transforma em energia elétrica.

De / Em	Elétrica	Química	Mecânica	Térmica
Elétrica		Transformador		Termopar
Química				Reações endotérmicas
Mecânica			Dinamite	Pêndulo
Térmica				Fusão

Dentre os processos indicados na tabela, ocorre conservação de energia:

a) em todos os processos.

b) somente nos processos que envolvem transformações de energia sem dissipação de calor.

c) somente nos processos que envolvem transformações de energia mecânica.

d) somente nos processos que não envolvem energia química.

e) somente nos processos que não envolvem nem energia química nem energia térmica.

2. A figura a seguir ilustra uma gangorra de brinquedo feita com uma vela. A vela é acesa nas duas extremidades e, inicialmente, deixa-se uma das extremidades mais baixa que a outra. A combustão da parafina da extremidade mais baixa provoca a fusão. A parafina da extremidade mais baixa da vela pinga mais rapidamente que na outra extremidade. O pingar da parafina fundida resulta na diminuição da massa da vela na extremidade mais baixa, o que ocasiona a inversão das posições. Assim, enquanto a vela queima, oscilam as duas extremidades.

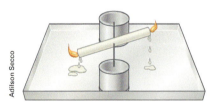

Nesse brinquedo, observa-se a seguinte sequência de transformações de energia:

a) energia resultante de processo químico → energia potencial gravitacional → energia cinética.

b) energia potencial gravitacional → energia elástica → → energia cinética.

c) energia cinética → energia resultante de processo químico → energia potencial gravitacional.

d) energia mecânica → energia luminosa → energia potencial gravitacional.

e) energia resultante do processo químico → energia luminosa → energia cinética.

3. Com o projeto de mochila ilustrado a seguir, pretende-se aproveitar, na geração de energia elétrica para acionar dispositivos eletrônicos portáteis, parte da energia desperdiçada no ato de caminhar.

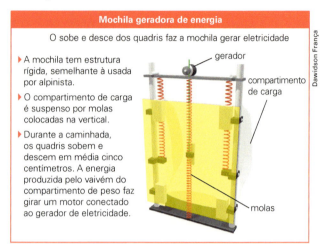

Mochila geradora de energia

O sobe e desce dos quadris faz a mochila gerar eletricidade

▶ A mochila tem estrutura rígida, semelhante à usada por alpinista.

▶ O compartimento de carga é suspenso por molas colocadas na vertical.

▶ Durante a caminhada, os quadris sobem e descem em média cinco centímetros. A energia produzida pelo vaivém do compartimento de peso faz girar um motor conectado ao gerador de eletricidade.

As transformações de energia envolvidas na produção de eletricidade enquanto uma pessoa caminha com essa mochila podem ser assim esquematizadas:

Movimento da mochila

energia potencial ⇌ energia I → energia II

As energias I e II, representadas no esquema acima, podem ser identificadas, respectivamente, como:

a) cinética e elétrica.

b) térmica e cinética.

c) térmica e elétrica.

d) sonora e térmica.

e) radiante e elétrica.

4. Os carrinhos de brinquedos podem ser de vários tipos. Dentre eles, há os movidos a corda, em que uma mola em seu interior é comprimida quando a criança puxa o carrinho para trás. Ao ser solto, o carrinho entra em movimento enquanto a mola volta à sua forma inicial. O processo de conversão de energia que ocorre no carrinho descrito também é verificado em:

a) um dínamo.

b) um freio de automóvel.

c) um motor a combustão.

d) uma usina hidroelétrica.

e) uma atiradeira (estilingue).

5. Uma das modalidades presentes nas olimpíadas é o salto com vara. As etapas de um dos saltos de um atleta estão representadas na figura:

114

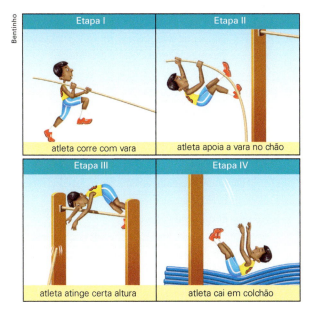

Desprezando-se as forças dissipativas (resistência do ar e atrito), para que o salto atinja a maior altura possível, ou seja, o máximo de energia seja conservada, é necessário que:

a) a energia cinética, representada na etapa I, seja totalmente convertida em energia potencial elástica, representada na etapa IV.

b) a energia cinética, representada na etapa II, seja totalmente convertida em energia potencial gravitacional, representada na etapa IV.

c) a energia cinética, representada na etapa I, seja totalmente convertida em energia potencial gravitacional, representada na etapa III.

d) a energia potencial gravitacional, representada na etapa II, seja totalmente convertida em energia potencial elástica, representada na etapa IV.

e) a energia potencial gravitacional, representada na etapa I, seja totalmente convertida em energia potencial elástica, representada na etapa III.

6. O esquema abaixo mostra, em termos de potência (energia/tempo), aproximadamente, o fluxo de energia, a partir de uma certa quantidade de combustível vinda do tanque de gasolina, em um carro viajando com velocidade constante.

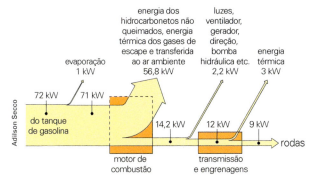

O esquema mostra que, na queima da gasolina, no motor de combustão, uma parte considerável de sua energia é dissipada. Essa perda é da ordem de:

a) 80%.   c) 50%.   e) 20%.
b) 70%.   d) 30%.

Texto para as questões 7, 8 e 9.
O diagrama a seguir representa a energia solar que atinge a Terra e sua utilização na geração de eletricidade. A energia solar é responsável pela manutenção do ciclo da água, pela movimentação do ar e pelo ciclo do carbono que ocorre através da fotossíntese dos vegetais, da decomposição e da respiração dos seres vivos, além da formação de combustíveis fósseis.

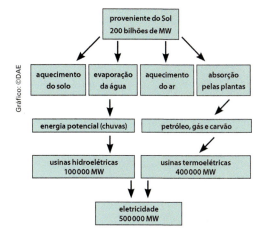

7. De acordo com o diagrama, a humanidade aproveita, na forma de energia elétrica, uma fração da energia recebida como radiação solar, correspondente a:

a) $4 \cdot 10^{-9}$ c) $4 \cdot 10^{-4}$ e) $4 \cdot 10^{-2}$
b) $2,5 \cdot 10^{-6}$ d) $2,5 \cdot 10^{-3}$

8. De acordo com este diagrama, uma das modalidades de produção de energia elétrica envolve combustíveis fósseis. A modalidade de produção, o combustível e a escala de tempo típica associada à formação desse combustível são, respectivamente,

a) hidroelétricas – chuvas – um dia
b) hidroelétricas – aquecimento do solo – um mês
c) termoelétricas – petróleo – 200 anos
d) termoelétricas – aquecimento do solo – 1 milhão de anos
e) termoelétricas – petróleo – 500 milhões de anos

9. No diagrama estão representadas as duas modalidades mais comuns de usinas elétricas, as hidroelétricas e as termoelétricas. No Brasil, a construção de usinas hidroelétricas deve ser incentivada porque estas

I. utilizam fontes renováveis, o que não ocorre com as termoelétricas, que utilizam fontes que necessitam de bilhões de anos para serem reabastecidas.

115

Enem

II. apresentam impacto ambiental nulo, pelo represamento das águas no curso normal dos rios.

III. aumentam o índice pluviométrico da região de seca do Nordeste, pelo represamento de águas.

Das três afirmações acima, somente

a) I está correta.

b) II está correta.

c) III está correta.

d) I e II estão corretas.

e) II e III estão corretas.

10. Na figura abaixo está esquematizado um tipo de usina utilizada na geração de eletricidade.

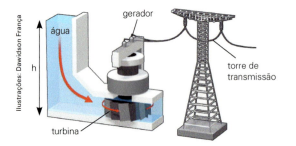

Analisando o esquema, é possível identificar que se trata de uma usina:

a) hidrelétrica, porque a água corrente baixa a temperatura da turbina.

b) hidrelétrica, porque a usina faz uso da energia cinética da água.

c) termoelétrica, porque no movimento das turbinas ocorre aquecimento.

d) eólica, porque a turbina é movida pelo movimento da água.

e) nuclear, porque a energia é obtida do núcleo das moléculas de água.

11. A eficiência de uma usina, do tipo da representada na figura da questão anterior, é da ordem de 0,9, ou seja, 90% da energia da água no início do processo se transforma em energia elétrica. A usina Ji-Paraná, do Estado de Rondônia, tem potência instalada de 512 milhões de watts, e a barragem tem altura de aproximadamente 120 m. A vazão do rio Ji-Paraná, em litros de água por segundo, deve ser da ordem de:

a) 50.

b) 500.

c) 5 000.

d) 50 000.

e) 500 000.

12. No processo de obtenção de eletricidade, ocorrem várias transformações de energia. Considere duas delas:

I. cinética em elétrica

II. potencial gravitacional em cinética

Analisando a figura dada na questão 10, é possível identificar que elas se encontram, respectivamente, entre:

a) I – a água no nível h e a turbina, II – o gerador e a torre de transmissão.

b) I – a água no nível h e a turbina, II – a turbina e o gerador.

c) I – a turbina e o gerador, II – a turbina e o gerador.

d) I – a turbina e o gerador, II – a água no nível h e a turbina.

e) I – o gerador e a torre de transmissão, II – a água no nível h e a turbina.

Texto para as questões 13 e 14.

A energia térmica liberada em processos de fissão nuclear pode ser utilizada na geração de vapor para produzir energia mecânica, que, por sua vez, será convertida em energia elétrica. Abaixo está representado um esquema básico de uma usina de energia nuclear.

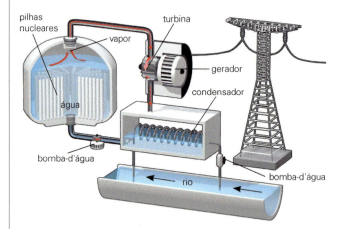

13. Com relação ao impacto ambiental causado pela poluição térmica no processo de refrigeração da usina nuclear, são feitas as seguintes afirmações:

I. o aumento na temperatura reduz, na água do rio, a quantidade de oxigênio nela dissolvido, que é essencial para a vida aquática e para a decomposição da matéria orgânica.

II. o aumento da temperatura da água modifica o metabolismo dos peixes.

III. o aumento na temperatura da água diminui o crescimento de bactérias e de algas, favorecendo o desenvolvimento da vegetação.

Das afirmativas anteriores, somente está(ão) correta(s):

a) I.

b) II.

c) III.

d) I e II.

e) II e III.

14. A partir do esquema são feitas as seguintes afirmações:

I. a energia liberada na reação é usada para ferver a água que, como vapor a alta pressão, aciona a turbina.

II. a turbina, que adquire uma energia cinética de rotação, é acoplada mecanicamente ao gerador para produção de energia elétrica.

III. a água depois de passar pela turbina é preaquecida no condensador e bombeada de volta ao reator.

Dentre as afirmações acima, somente está(ão) correta(s):

a) I.
b) II.
c) III.
d) I e II.
e) II e III.

15. A fonte de energia representada na figura, considerada uma das mais limpas e sustentáveis do mundo, é extraída do calor gerado:

a) pela circulação do magma no subsolo.
b) pelas erupções constantes dos vulcões.
c) pelo Sol que aquece as águas com radiação ultravioleta.
d) pela queima do carvão e combustíveis fósseis.
e) pelos detritos e cinzas vulcânicas.

16. A economia moderna depende da disponibilidade de muita energia em diferentes formas, para funcionar e crescer. No Brasil, o consumo total de energia pelas indústrias cresceu mais de quatro vezes no período entre 1970 e 2005. Enquanto os investimentos em energias limpas e renováveis, como solar e eólica, ainda são incipientes, ao se avaliar a possibilidade de instalação de usinas geradoras de energia elétrica, diversos fatores devem ser levados em consideração, tais como os impactos causados ao ambiente e às populações locais.

Ricardo, B. e Campanili, M. *Almanaque Brasil socioambiental*.
Instituto Socioambiental. São Paulo, 2007 (adaptado).

Em uma situação hipotética, optou-se por construir uma usina hidrelétrica em região que abrange diversas quedas-d'água em rios cercados por mata, alegando-se que causaria impacto ambiental muito menor que uma usina termelétrica. Entre os possíveis impactos da instalação de uma usina hidrelétrica nessa região, inclui-se:

a) a poluição da água por metais da usina.
b) a destruição do *habitat* de animais terrestres.
c) o aumento expressivo na liberação de CO_2 para a atmosfera.
d) o consumo não renovável de toda água que passa pelas turbinas.
e) o aprofundamento no leito do rio, com a menor deposição de resíduos no trecho de rio anterior à represa.

17. O esquema mostra um diagrama de bloco de uma estação geradora de eletricidade abastecida por combustível fóssil.

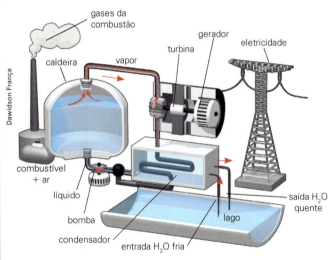

Se fosse necessário melhorar o rendimento dessa usina, que forneceria eletricidade para abastecer uma cidade, qual das seguintes ações poderia resultar em alguma economia de energia, sem afetar a capacidade de geração da usina?

a) Reduzir a quantidade de combustível fornecido à usina para ser queimado.
b) Reduzir o volume de água do lago que circula no condensador de vapor.
c) Reduzir o tamanho da bomba usada para devolver a água líquida à caldeira.
d) Melhorar a capacidade de os dutos com vapor conduzirem calor para o ambiente.
e) Usar o calor liberado com os gases pela chaminé para mover um outro gerador.

Enem

18. Deseja-se instalar uma estação de geração de energia elétrica em um município localizado no interior de um pequeno vale cercado de altas montanhas de difícil acesso. A cidade é cruzada por um rio, que é fonte de água para consumo, irrigação das lavouras de subsistência e pesca. Na região, que possui pequena extensão territorial, a incidência solar é alta o ano todo. A estação em questão irá abastecer apenas o município apresentado. Qual forma de obtenção de energia, entre as apresentadas, é a mais indicada para ser implantada nesse município de modo a causar o menor impacto ambiental?

a) Termelétrica, pois é possível utilizar a água do rio no sistema de refrigeração.

b) Eólica, pois a geografia do local é própria para a captação desse tipo de energia.

c) Nuclear, pois o modo de resfriamento de seus sistemas não afetaria a população.

d) Fotovoltaica, pois é possível aproveitar a energia solar que chega à superfície do local.

e) Hidrelétrica, pois o rio que corta o município é suficiente para abastecer a usina construída.

19. Os biocombustíveis de primeira geração são derivados da soja, milho e cana-de-açúcar e sua produção ocorre através da fermentação. Biocombustíveis derivados de material celulósico ou biocombustíveis de segunda geração – coloquialmente chamados de "gasolina de capim" – são aqueles produzidos a partir de resíduos de madeira (serragem, por exemplo), talos de milho, palha de trigo ou capim de crescimento rápido e se apresentam como uma alternativa para os problemas enfrentados pelos de primeira geração, já que as matérias-primas são baratas e abundantes.

> DALE, B. E.; HUBER, G. W. Gasolina de capim e outros vegetais. *Scientific American Brasil*. Ago. 2009. nº 87 (adaptado).

O texto mostra um dos pontos de vista a respeito do uso dos biocombustíveis na atualidade, os quais:

a) são matrizes energéticas com menor carga de poluição para o ambiente e podem propiciar a geração de novos empregos, entretanto, para serem oferecidos com baixo custo, a tecnologia da degradação da celulose nos biocombustíveis de segunda geração deve ser extremamente eficiente.

b) oferecem múltiplas dificuldades, pois a produção é de alto custo, sua implantação não gera empregos, e deve-se ter cuidado com o risco ambiental, pois eles oferecem os mesmos riscos que o uso de combustíveis fósseis.

c) sendo de segunda geração, são produzidos por uma tecnologia que acarreta problemas sociais, sobretudo decorrente ao fato de a matéria-prima ser abundante e facilmente encontrada, o que impede a geração de novos empregos.

d) sendo de primeira e segunda geração, são produzidos por tecnologias que devem passar por uma avaliação criteriosa quanto ao uso, pois uma enfrenta o problema da falta de espaço para plantio da matéria-prima e a outra impede a geração de novas fontes de emprego.

e) podem acarretar sérios problemas econômicos e sociais, pois a substituição do uso de petróleo afeta negativamente toda uma cadeia produtiva na medida em que exclui diversas fontes de emprego nas refinarias, postos de gasolina e no transporte de petróleo e gasolina.

20. Suponha que você seja um consultor e foi contratado para assessorar a implantação de uma matriz energética em um pequeno país com as seguintes características: região plana, chuvosa e com ventos constantes, dispondo de poucos recursos hídricos e sem reservatórios de combustíveis fósseis. De acordo com as características desse país, a matriz energética de menor impacto e risco ambientais é baseada na energia:

a) dos biocombustíveis, pois tem menos impacto ambiental e maior disponibilidade.

b) solar, pelo seu baixo custo e pelas características do país favoráveis à sua implantação.

c) nuclear, por ter menos risco ambiental e ser adequada a locais com menor extensão territorial.

d) hidráulica, devido ao relevo, à extensão territorial do país e aos recursos naturais disponíveis.

e) eólica, pelas características do país e por não gerar gases do efeito estufa nem resíduos de operação.

21. Uma análise criteriosa do desempenho de Usain Bolt na quebra do recorde mundial dos 100 metros rasos mostrou que, apesar de ser o último dos corredores a reagir ao tiro e iniciar a corrida, seus primeiros 30 metros foram os mais velozes já feitos em um recorde mundial, cruzando essa marca em 3,78 segundos. Até se colocar com o corpo reto, foram 13 passadas, mostrando sua potência durante a aceleração, o momento mais importante da corrida. Ao final desse percurso, Bolt havia atingido a velocidade máxima de 12 m/s.

> Disponível em: <http://esporte.uol.com.br>. Acesso em: 5 ago. 2012 (adaptado).

Supondo que a massa desse corredor seja igual a 90 kg, o trabalho total realizado nas 13 primeiras passadas é mais próximo de:

a) $5,4 \cdot 10^2$ J.   c) $8,6 \cdot 10^3$ J.   e) $3,2 \cdot 10^4$ J.

b) $6,5 \cdot 10^3$ J.   d) $1,3 \cdot 10^4$ J.

22. Um garoto foi à loja comprar um estilingue e encontrou dois modelos: um com borracha mais "dura" e outro com borracha mais "mole". O garoto concluiu que o mais adequado seria o que proporcionasse maior alcance horizontal, D, para as mesmas condições de arremesso, quando submetidos à mesma força aplicada. Sabe-se que a constante elástica k_d (do estilingue mais "duro") é o dobro da constante elástica k_m (do estilingue mais "mole").

A razão entre os alcances D_d/D_m, referentes aos estilingues com borrachas "dura" e "mole" respectivamente, é igual a:

a) $\frac{1}{4}$.   d) 2.

b) $\frac{1}{2}$.   e) 4.

c) 1.

PARA LER E ASSISTIR

Filme: *Uma viagem extraordinária*

Diretor: Jean-Pierre Jeunet

Países: França e Canadá

Ano: 2014

Sinopse: T. S. Spivet vive num rancho isolado de Montana. Garoto superdotado e apaixonado por ciência, ele inventou uma máquina de movimento perpétuo, o que o fez receber um prêmio muito prestigioso. Sem dizer nada à família, ele parte sozinho em busca de sua recompensa e atravessa os Estados Unidos num trem de carga. Mas ninguém imagina que o feliz premiado só tem 10 anos e carrega um segredo tão pesado.

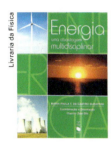

Título: *Energia*: uma abordagem multidisciplinar

Autores: Maria Paula T. de Castro, Cláudio Zaki Dib (coord.)

Editora: Livraria da Física

Edição: 1. ed., 2008

Sinopse: O que são fontes naturais de energia? Os seres vivos realizam transformações energéticas? Qual é o papel da energia na evolução do homem? O que são fontes alternativas? Quais os riscos da energia nuclear? Como contribuir para o desenvolvimento sustentável? Estas são algumas das questões contempladas neste livro. Oferecendo elementos essenciais para motivar a reflexão e possibilitar uma visão crítica, aborda assuntos atuais e de vanguarda como mercado de créditos de carbono, fornos solares, fazendas eólicas e células de hidrogênio.

Título: *Sol e energia no terceiro milênio*

Autor: Ronaldo Rogério de Freitas Mourão

Editora: Scipione

Edição: 1. ed., 5. imp., 2007

Sinopse: Na década de 1970, a crise do petróleo levou os povos a repensarem seus planos energéticos. O mundo conscientizou-se de que os combustíveis fósseis não são renováveis; que seus preços vão aumentar em proporções incompatíveis com a economia nacional e – isso é muito importante – compreendeu que existem outras fontes naturais, não poluentes, baratas e quase eternas. Entre tais fontes de energia, a radiação solar é a mais importante. A energia solar é essencial para a manutenção da vida em nosso planeta. E chega ao nosso planeta em quantidades generosas. A cada minuto, a Terra é banhada por uma quantidade de luz solar suficiente para atender às necessidades energéticas da civilização mundial durante um ano inteiro. Então por que não utilizar a energia solar? Bem, o obstáculo principal é o desconhecimento com relação ao Sol e a energia que o astro nos oferece. O objetivo principal deste pequeno livro é explicar em palavras simples as propriedades da energia solar e como podemos aproveitá-la, em benefício da humanidade.

UNIDADE 2

ENERGIA TÉRMICA

No dia a dia, usamos com frequência a palavra "calor", um conceito que está presente em nossa vida. Nesta unidade, vamos estudar o calor como mais uma das manifestações da energia.

Ao longo deste volume, já nos referimos ao calor associado ao atrito dos corpos, mas ainda é necessário conhecer o que ocorre microscopicamente para compreender questões como: A que se refere a medida de calor? Quão presente essa energia está em nossa vida?

Na cidade de Chiana Mai, na Tailândia, no mês de novembro, ocorre o Festival das Lanternas, ou Yi Peng. Na festividade, lanternas de papel são soltas com o objetivo simbólico de enviar os problemas para as alturas. Foto de 2014.

CAPÍTULO 6

CALOR COMO ENERGIA
1. A história da natureza do calor

As ideias científicas são motivo de muitas investigações e debates. Nossa capacidade de produzir argumentos para defender uma ideia parece algo inato. Para ilustrar isso, basta imaginar o que aconteceria se, em uma roda de amigos, decidíssemos eleger o melhor filme da história do cinema. Já pensou na polêmica? A Ciência não está livre desses expedientes, e, de certa maneira, é esse processo que garante boa parte de sua credibilidade.

Na história da civilização ocidental, os gregos, já na Antiguidade, debatiam a natureza do calor. Eles propunham duas possibilidades: ou o calor estaria associado a um tipo de fluido (calórico ou flogístico), ou teria origem na manifestação de vibrações das partículas que compõem os corpos.

No entanto, a discussão acerca da natureza do calor e da temperatura e a elaboração de teorias e modelos que explicassem os fenômenos térmicos desenrolaram-se como uma novela de muitos capítulos. Foi apenas na segunda metade do século XIX que se chegou ao consenso de que o calor estava associado às vibrações das partículas que compõem a matéria.

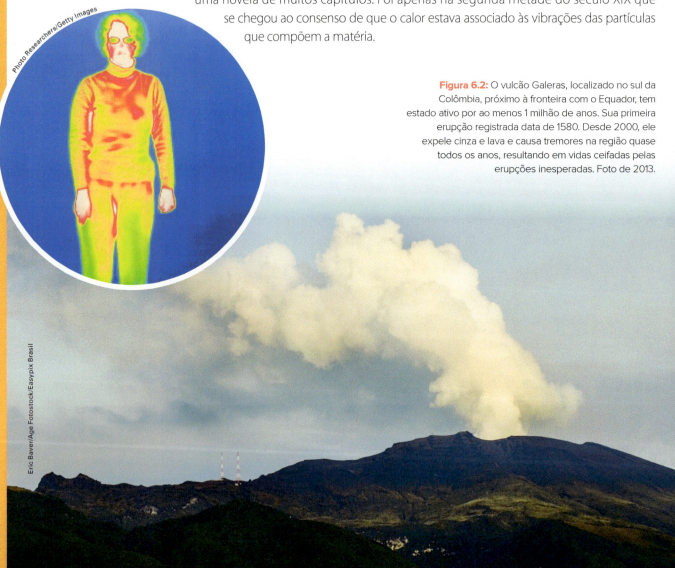

Figura 6.1: A termografia é um método de diagnóstico por imagem digital que capta a radiação infravermelha do corpo humano e permite a identificação de aumento ou diminuição da emissão de calor devido a processos inflamatórios ou degenerativos.

Figura 6.2: O vulcão Galeras, localizado no sul da Colômbia, próximo à fronteira com o Equador, tem estado ativo por ao menos 1 milhão de anos. Sua primeira erupção registrada data de 1580. Desde 2000, ele expele cinza e lava e causa tremores na região quase todos os anos, resultando em vidas ceifadas pelas erupções inesperadas. Foto de 2013.

Por dentro do conceito

Calor como fluido

Durante muito tempo, os modelos explicativos trataram o calor como um fluido invisível que podia passar de um corpo para outro. Entre esses modelos, destacavam-se duas teorias:

- **Teoria do flogístico:** proposta entre os séculos XVII e XVIII para explicar o fogo. O flogístico seria uma substância liberada pelos corpos durante a combustão. O fato de o fogo se apagar significava que todo o flogístico tinha sido consumido. Seguindo esse raciocínio, se um corpo não entrasse em combustão, era porque não possuía flogístico (Figuras 6.3 e 6.4).

- **Teoria do calórico:** proposta no século XVIII, definia o calor como uma substância que fluía dos corpos quentes para os corpos frios (Figura 6.5). As variações de calórico estariam relacionadas às variações de temperatura nos corpos, ou seja, quanto maior a quantidade de calórico de um corpo, maior sua temperatura, e vice-versa.

Figuras 6.3 e 6.4: Imaginava-se que, embora fosse invisível, o flogístico era consumido durante a combustão, sendo o responsável pelo fogo.

Figura 6.5: Segundo essa teoria, o calórico fluía do ar para a água, aumentando sua temperatura e derretendo o gelo.

Mas por que foram necessários tantos séculos para chegar a uma ideia que conciliasse todos os pontos de vista? Isso pode ser entendido quando se percebe que não é absurdo pensar no calor como uma substância presente no interior dos corpos.

Quando colocamos um corpo quente em contato com um corpo frio, o primeiro esfria e o segundo se aquece até que ambos atinjam temperaturas iguais. Seria razoável pensar que algo em excesso no corpo quente foi transferido para o corpo frio até que houvesse a mesma quantidade em ambos. Foi essa ideia que fundamentou a convicção de muitos cientistas sobre a explicação do calórico.

Outros fenômenos reforçavam essa ideia:

- Alguns metais, como uma esponja (palha) de aço, quando queimados, tornam-se pó e, ao mesmo tempo, aumentam de massa. Assim, a "mistura" resultante da queima (pó) tem mais massa do que a esponja antes da queima, e isso poderia ser explicado pela maior quantidade de calórico.

- Alguns corpos se dilatam quando aquecidos, o que levou alguns teóricos a concluir que o calórico ocupava espaço físico.

Explorando o assunto

Para comprovar o fato descrito anteriormente, podemos pesar uma esponja de aço (Figura 6.6) usando uma balança de precisão, em seguida queimá-la e, após a combustão, pesar o que restou dela (Figura 6.7). O que concluímos dessa experiência?

Figuras 6.6 e 6.7: Esponja de aço queimando e após a combustão.

Figura 6.8: Benjamin Thompson (1753-1814), também conhecido como conde de Rumford.

Foi então que Benjamin Thompson (Figura 6.8), estadunidense radicado na Inglaterra, trabalhando em 1798 como supervisor de calibração de canhões numa fábrica de Munique, na Alemanha, e com acesso às melhores balanças da Europa, mediu a massa de corpos quando frios e depois de aquecidos e não detectou nenhuma mudança de valor das massas em cada um dos casos. Suas tentativas de descobrir o efeito do calor na massa dos corpos foram infrutíferas, o que parecia contrariar os partidários do calor como fluido. Mas os "caloricistas" não desistiram de suas convicções, alegando que o calórico era uma substância muito sutil, quase sem massa.

Lembre-se de que no Volume 1 apresentamos propostas precedentes sobre a existência de matéria sutil e invisível na Ciência. Na Antiguidade grega, Aristóteles defendia a existência do éter, uma substância muito tênue que preencheria todo o espaço. Apesar de hoje ser considerada absurda, essa ideia permaneceu em voga por vários séculos.

No fim do século XVIII, Thompson analisou o aquecimento na perfuração de canhões e obteve um importante argumento para contrariar a hipótese do calor como substância. De acordo com sua observação e forma de pensar, toda vez que se perfurava um bloco de ferro para fazer o canal por onde uma bala passaria, havia um brutal aumento de temperatura. E, nesse caso, não havia corpo quente em contato com o bloco de metal que pudesse estar transferindo calórico.

Thompson concluiu que o calor só podia ser gerado pelo movimento das partículas da substância. Essa sua colocação não encerrou a disputa sobre a natureza do calor, que teve inúmeros outros episódios interessantes. A ideia do calor como energia associada ao movimento das partículas só foi definitivamente aceita com os trabalhos do físico britânico James Prescott Joule (1818-1889), no século XIX.

Explorando o assunto

Quem eram os cientistas partidários do calórico? O que podemos dizer sobre eles?

Exercício resolvido

Quando você toca uma chapa de alumínio e uma tábua de madeira, ambas à temperatura ambiente, a chapa parece mais "fria" do que a tábua. Admitindo que a ideia do calórico seja válida, como se explica a diferença de sensação?

Pode-se explicar esse fato com base na teoria do calor como fluido, argumentando que o alumínio tem mais capacidade de receber o calórico que a madeira. Assim, como a mão perde mais calórico para o alumínio do que para a madeira, sua temperatura diminui mais e mais rapidamente na interação com o alumínio, aumentando a sensação de frio.

Exercícios propostos

Façamos um esforço e imaginemos o calor como a manifestação do calórico. Responda às questões abaixo com base nessa ideia.

1. Por que um fio metálico derrete quando é aquecido por uma chama?

2. Uma moqueca de peixe servida em uma travessa de barro permanece quente por mais tempo do que se fosse servida em uma travessa de vidro. Explique por que isso acontece.

3. Dois copos idênticos, cheios de água a 10 °C e 20 °C, respectivamente, têm seu conteúdo misturado. A temperatura resultante é 15 °C. Como isso ocorre?

4. Uma pessoa cuja temperatura corpórea é 36,5 °C sente frio ao pisar descalça em um piso de cimento numa manhã de inverno. Explique por que isso ocorre.

2. Um modelo para calor e matéria

Muitos fenômenos cotidianos resultam das trocas de calor: a água colocada numa chaleira recebe calor da boca de um fogareiro e se aquece, aumentando sua temperatura (Figura 6.9). Se o calor continuar a ser fornecido para a água, em certo ponto ela mudará de estado físico e se transformará em vapor.

Em outro caso, basta, por exemplo, observar uma fina lâmina com uma face de papel e outra face metálica aquecida por uma chama. O calor fornecido causa a dilatação do material, isto é, um pequeno aumento de suas dimensões, por isso ela fica encurvada (Figura 6.10).

Como podemos explicar esses fatos, sabendo que o calor recebido pela lâmina e pela água aumentou a agitação térmica de suas partículas?

Para entendermos isso, precisamos de um modelo capaz de representar o corpo (ou substância) e o calor por ele recebido.

2.1. Modelo físico

Sabemos que todo corpo (ou substância) é resultado do arranjo de moléculas ou átomos. Um copo com água, por exemplo, em termos físicos, é um reservatório cilíndrico repleto de moléculas do tipo H_2O (Figuras 6.11 e 6.12).

À medida que a água vai sendo aquecida, a energia da chama (calor) é transferida para as moléculas, que passam a vibrar mais intensamente.

Figura 6.9: Água em ebulição.

Roman Sigaev/Shutterstock.com

Yoav Levy/PHOTOTAKE /Alamy/Fotoarena

Figura 6.10: Fina lâmina com uma face de papel e outra metálica sendo aquecida.

LEMBRETE:

Calor é a energia na forma térmica que se transfere de um corpo para outro; em outras palavras, é a energia térmica em trânsito.

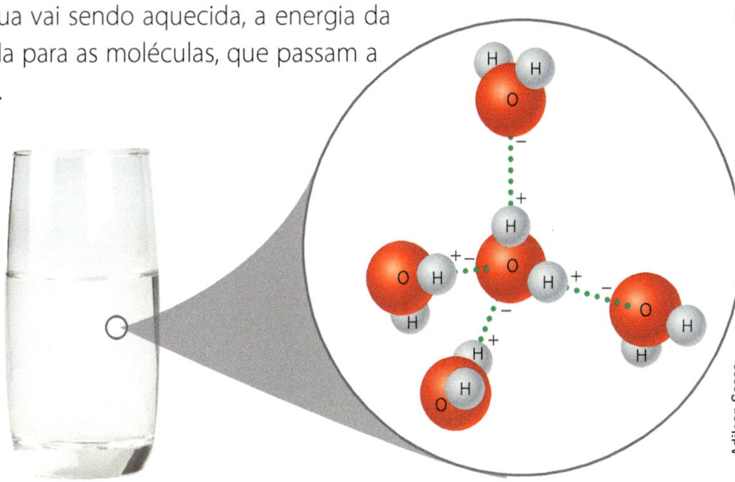

Figuras 6.11 e 6.12: As moléculas de água se alinham conforme o reservatório utilizado. Ao lado, representação molecular da água. Ilustração sem escala; cores-fantasia.

Pinkomelet/Shutterstock

Adilson Secco

Calor como energia   Capítulo 6   125

Figura 6.13: Representação das patinadoras com pouca e muita vibração. Nessa metáfora, as patinadoras representam as moléculas de um líquido.

Uma metáfora possível para representar um **líquido** seria imaginar as moléculas comportando-se como patinadoras que, além de se deslocarem na pista, agitam os braços e uma das pernas em movimentos circulares. Conforme essas patinadoras se "aquecem", seus movimentos se tornam mais intensos e vibrantes (Figura 6.13).

O movimento de vibração mais intenso das moléculas exige maior espaço entre elas. É isso o que acontece quando um líquido é aquecido: a água, por exemplo, aumenta de volume quando sua temperatura aumenta (em determinados intervalos), pois o espaço entre suas moléculas aumenta quando elas vibram mais intensamente.

Retomando nossa metáfora, observe que o mesmo ocorreria com um grupo de patinadoras que ocupasse determinado espaço na pista apenas mexendo os quadris. Se iniciassem pequenas corridas, com abertura de braços e pernas, logo ocupariam maior espaço.

Aumentar a temperatura de uma substância significa intensificar o grau de agitação de suas moléculas. A essa energia da agitação das partículas damos o nome de **energia térmica**.

No caso de um **sólido** – um pedaço de metal à temperatura ambiente, por exemplo –, a situação é diferente. As moléculas apenas vibrarão em torno de um ponto fixo. Quanto maior a quantidade de calor cedida ao metal, mais energia será assimilada pelas moléculas, aumentando as amplitudes de vibração. Os sólidos também sofrem dilatação, porém, em geral, muito menor que a dos líquidos (Figura 6.14).

> **Explorando o assunto**
>
> Com base no que vimos, descreva como seria o movimento do corpo de baile das patinadoras da metáfora desta página.

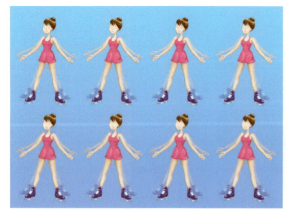

Figura 6.14: Representação das patinadoras com pouca e muita vibração. Nessa metáfora, as patinadoras representam as moléculas de um sólido.

Exercícios resolvidos

1. Como o ventilador nos refresca se aumenta a agitação do ar?

O ventilador faz com que o ar circule sobre nossa pele e que mais calor flua de nosso corpo para o ambiente, assim nos sentimos mais confortáveis.

2. Identifique, entre as frases abaixo, a(s) errada(s) do ponto de vista físico e depois corrija-a(s).

a) O refrigerante permanece gelado em uma caixa de isopor, porque ela não deixa o frio escapar.

b) A sensação de frio que sentimos ao tocar uma colher se deve à perda de calor de nossa mão para a colher.

c) Uma sopa quente esfria com o tempo, pois fornece calor para o meio ambiente.

Está errada a alternativa **a**. O refrigerante permanece gelado na caixa de isopor, porque a caixa evita a troca de calor entre o refrigerante e o ambiente externo.

3. Qual é a diferença entre o antigo conceito de calórico e a formulação do calor como conhecemos hoje?

O calórico era, supostamente, um fluido transportado de um corpo para outro; atualmente, o calor é considerado a energia térmica que se transfere de um corpo para outro, não tendo, portanto, caráter material.

Exercícios propostos

1. Faça a associação correta entre os itens de **a** até **d** com as sentenças de I a IV.

a) energia térmica

b) calor

c) calórico

d) frio

    I. Era considerado um fluido que passaria de um corpo quente para outro frio.

    II. É a energia medida pelo grau de agitação das partículas que constituem um corpo.

    III. Não existe do ponto de vista científico. É apenas uma força de expressão.

    IV. É energia térmica transferida de um corpo para outro.

2. Classifique como V (verdadeira) ou F (falsa) as sentenças a seguir.

a) Depois de receber calor, um corpo fica mais pesado.

b) Ao receber calor, um corpo fica com suas moléculas mais agitadas.

c) A temperatura de um corpo frio é baixa, e a de um corpo quente é alta.

d) Num corpo gelado não há moléculas vibrando.

e) Moléculas vibram menos num corpo gelado do que num corpo quente.

f) Quando um corpo esfria, sua energia térmica diminui.

g) Ao ser resfriado, um corpo cede calor.

h) Ao ser resfriado, um corpo recebe frio.

No caderno, responda novamente às questões a seguir, agora usando o modelo físico atual sobre o conceito de calor, ou seja, calor como uma transferência de energia térmica, e não como uma substância.

3. Por que um fio metálico aquecido sem uma chama derrete?

4. Uma moqueca de peixe servida em uma travessa de barro permanece mais tempo quente do que outra servida em uma travessa de vidro. Explique por que isso acontece.

5. Dois copos de água idênticos, com temperaturas de 10 °C e 20 °C, são misturados. A temperatura resultante é 15 °C. Como isso ocorre?

6. Uma pessoa cuja temperatura corpórea é da ordem de 36,5 °C sente frio ao pisar descalça em um piso de cimento numa manhã de inverno. Explique por que isso ocorre.

Calor como energia   Capítulo 6   **127**

Por dentro do conceito

Termologia: uma descrição estatística I

Apesar da aparência simples, mesmo pequenos corpos são complexos, compostos de 1 milhão de bilhões de partículas, cujo diâmetro é 100 milhões de vezes menor do que o centímetro e as quais vibram mais intensamente à medida que adquirem mais energia cinética. Ou seja, é praticamente impossível estudar simultânea e individualmente cada uma dessas partículas.

Por essas razões, a Termologia faz previsões relativas aos **valores médios** da velocidade, da energia cinética ou da distância das partículas. Para compreendermos como essas previsões são feitas, vamos estudar um exemplo simples.

Se lançarmos dez vezes uma moeda, qual é a porcentagem provável de a face voltada para cima ser cara? E de ser coroa (Figura 6.15)?

Figura 6.15: O lado da moeda com número representa coroa; o lado com imagem, cara.

Fotos: EvilWata/Shutterstock.com/Banco Central do Brasil

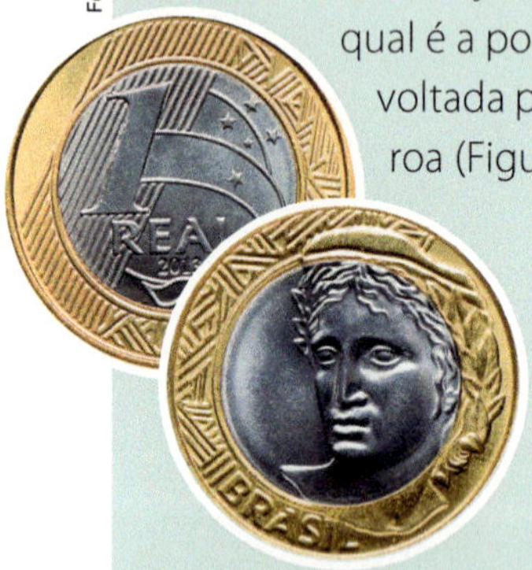

Com certeza, é menos provável obtermos, por exemplo, 9 caras e 1 coroa do que 6 caras e 4 coroas. Apesar de esses números serem equiprováveis, isso ocorre porque temos sempre a probabilidade de 50% para uma ou outra face ficar virada para cima após um lançamento. Assim, são menos prováveis grandes variações (9 para 1 em 10 lançamentos) em relação à média (5 para 5) do que pequenas variações (6 para 4 em 10 lançamentos). Ou seja, espera-se que ocorram flutuações em torno da média prevista, de 50%.

E se lançarmos essa moeda mil vezes? O que ocorre?

No caso de maiores amostras, menores serão as variações, ou seja, o resultado mais provável, próximo de 50%, ocorrerá com maior frequência.

Observe o Gráfico 6.1. Ele representa 20 conjuntos de 30 lançamentos cada um, e o eixo horizontal indica a porcentagem de vezes que deu cara.

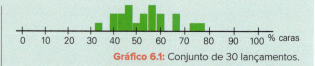

Gráfico 6.1: Conjunto de 30 lançamentos.

Note que os valores flutuam (variam) perto do valor teórico de 50%.

No Gráfico 6.2, representamos outros 20 conjuntos, cada um composto de 90 lançamentos.

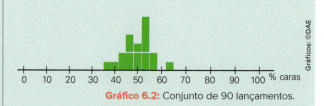

Gráfico 6.2: Conjunto de 90 lançamentos.

Gráficos: ©DAE

Aí também observamos pequenas variações em torno da média; no entanto, temos mais valores próximos dos 50%. E ao duplicarmos essa quantidade de lançamentos? O que ocorre com conjuntos de 180 lançamentos? Observe o Gráfico 6.3.

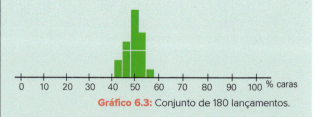

Gráfico 6.3: Conjunto de 180 lançamentos.

Temos agora menos flutuações em torno da média, e a teoria estatística mostra que elas diminuem proporcionalmente à raiz quadrada do número de lançamentos. Esses princípios podem ser aplicados, por exemplo, para o estudo do movimento de uma amostra de partículas. É importante notar que uma flutuação maior pode ocorrer, mas é improvável.

Sendo assim, a Física estatística, ao indicar a lei de distribuição que rege os componentes (em nosso caso, as partículas) de determinado sistema, simplifica os cálculos e permite estimativas favoráveis quando comparadas com a observação.

2.2. Temperatura

De acordo com o modelo físico apresentado na seção anterior, a temperatura de um corpo está associada ao movimento médio das partículas que o constituem. Assim, quando se diz que a temperatura de um corpo aumentou, isso significa que suas partículas adquiriram mais energia de movimento, passando a vibrar mais intensamente, em média.

A temperatura representa a medida do grau de **agitação térmica** média das partículas que compõem uma substância. Essa agitação é a energia cinética média de translação que permite o movimento das partículas de um lugar para outro.

Figura 6.16: Anders Celsius (1701-1744), astrônomo sueco, ficou conhecido por trabalhar com escalas termométricas.

No Brasil e na maioria dos países, o padrão de medida adotado para temperatura é **graus Celsius (°C)** (Figura 6.16). Nos Estados Unidos e em outros países de língua inglesa, usa-se predominantemente como padrão **graus Fahrenheit (°F)** (Figura 6.17). No Sistema Internacional, a unidade de medida padrão é o **kelvin (K)** (Figura 6.18).

Uma das características da escala Kelvin é a ausência de valores negativos de temperatura. Ela foi elaborada de maneira que o valor de temperatura para o estado de menor energia de um corpo, no qual as partículas não possuem energia cinética, seja zero. Por isso, essa escala se tornou muito importante. O zero kelvin representa o **zero absoluto**, já que não existiriam na natureza temperaturas abaixo dele.

Figura 6.17: Gabriel Daniel Fahrenheit (1686-1736), físico alemão, aperfeiçoou a construção dos termômetros.

Depois de identificar, em cada uma das escalas, o ponto de fusão e de ebulição da água à pressão constante de 1 atm, podemos relacioná-las da seguinte maneira (Gráfico 6.4):

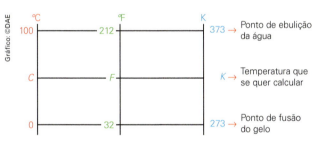

Gráfico 6.4: Relação entre as escalas Celsius, Fahrenheit e Kelvin a partir dos pontos de fusão e de ebulição da água à pressão de 1 atm.

Utilizando uma regra de proporção simples, obtemos uma expressão que relaciona matematicamente os valores das três escalas:

$$\frac{C}{5} = \frac{F - 32}{9} = \frac{K - 273}{5}$$

Para compreender plenamente os valores de temperatura em outras escalas, é necessário realizar a conversão para graus Celsius. Suponha, por exemplo, que em Nova York, onde os termômetros estão graduados na escala Fahrenheit, a previsão do tempo informe que a temperatura média prevista para o próximo fim de semana será de 59 °F. Nesse caso, para escolhermos entre usar roupas leves ou um casaco, temos de descobrir o valor correspondente em uma escala conhecida:

$$\frac{C}{5} = \frac{F - 32}{9}$$

$$\frac{C}{5} = \frac{59 - 32}{9}$$

$$C = 5 \cdot \frac{27}{9} = 5 \cdot 3 = 15 \text{ °C}$$

Figura 6.18: William Thomson (1824-1907), físico e matemático britânico, é considerado um dos mais influentes cientistas do século XIX. Recebeu o título de lorde Kelvin por suas contribuições principalmente nos campos da Eletricidade e da Termodinâmica.

Assim, como 59 °F equivalem a 15 °C, será mais adequado providenciar um casaco.

Exercícios resolvidos

1. O que significa um corpo estar mais quente do que outro?

   Significa que suas partículas estão mais agitadas do que as do outro corpo.

2. Estabeleça a relação entre as escalas Celsius, Fahrenheit e Kelvin.

   Há uma proporção direta entre as variações de temperatura nas três escalas. Assim, se a temperatura variar de 0 a 100 graus na escala Celsius, variará de 32 a 212 graus na escala Fahrenheit. Se um termômetro com a escala em Celsius marcar 0 °C, outro termômetro com escala Fahrenheit marcará 32 °F, o que permite escrever:

   $$\frac{C - 0}{100 - 0} = \frac{F - 32}{212 - 32}$$

   $$\frac{C}{100} = \frac{F - 32}{180}$$

   $$\frac{C}{5} = \frac{F - 32}{9}$$

   Repetindo essa linha de raciocínio para as escalas Celsius e Kelvin, teremos:

   $$\frac{C - 0}{100 - 0} = \frac{K - 273}{373 - 273}$$

   $$\frac{C}{100} = \frac{K - 273}{100}$$

   $$C = K - 273$$

Exercícios propostos

1. As partículas de dois corpos feitos de um mesmo material, mas de tamanhos diferentes, vibram com igual intensidade. O que se pode dizer sobre a temperatura de cada um deles?

2. Estabeleça a relação entre a escala Celsius e outra na qual, ao ponto de fusão do gelo, atribuiu-se 50 °M e, ao ponto de ebulição da água, 220 °M.

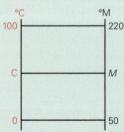

3. O gráfico a seguir relaciona as temperaturas na escala Celsius a uma hipotética escala Havaí. Estabeleça a equação termométrica de conversão entre ambas e determine, na escala Havaí, a temperatura equivalente a 250 °C.

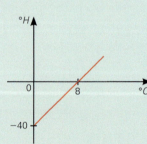

4. As escalas termométricas X e Y têm suas temperaturas relacionadas pela função $\frac{X}{2} - 40 = 8Y$. Sabe-se que o ponto de fusão do gelo é 200 °X. Qual é o valor correspondente na escala Y?

Unidade 2 — Energia térmica

CIÊNCIA, TECNOLOGIA, SOCIEDADE E AMBIENTE

Termômetros e escalas termométricas

Atribui-se a Galileu Galilei (1564-1642) o primeiro instrumento para avaliar a temperatura, confeccionado em 1592. O termoscópio de Galileu era muito parecido com o dispositivo a ar desenvolvido por Heron de Alexandria, que viveu no século I. O termoscópio é diferente do termômetro porque só identifica a variação da temperatura, enquanto o termômetro, por ter uma escala atribuída, mede de fato a temperatura.

O termoscópio a ar é considerado um termômetro primitivo, composto de um tubo de vidro com um bulbo esférico em uma das extremidades e um recipiente na outra, conforme ilustrado na Figura 6.19. Ao colocar um objeto cuja temperatura se deseja medir em contato com o bulbo, a coluna de água no tubo move-se para cima ou para baixo, em consequência da alteração de temperatura do ar, até que seja atingido o equilíbrio térmico.

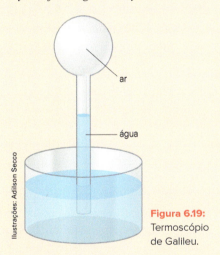

Figura 6.19: Termoscópio de Galileu.

Na época de Galileu, utilizava-se o termoscópio para medir a temperatura de doentes. O médico colocava o bulbo na própria boca ou na de uma pessoa saudável e marcava a altura da coluna de água. Depois, colocava o instrumento na boca do paciente. Se o nível de água fosse menor, indicava febre.

Você consegue identificar nesse termoscópio alguns dos problemas que precisaram ser solucionados para transformá-lo num aparelho confiável?

Um dos problemas desse dispositivo foi investigado pelo médico francês Jean Rey (1583-1645), em 1632, e diz respeito à sensibilidade do termoscópio a mudanças na pressão atmosférica. Como o aumento da pressão sobre a superfície da água no recipiente resultava na subida de sua coluna, Rey retirou o recipiente, inverteu a posição do tubo e passou a utilizar água como substância termométrica em vez de ar. Assim, o aquecimento da água no bulbo provocava a subida da coluna (Figura 6.20).

Figura 6.20: Termoscópio de Rey.

Isso, porém, não resolveu todos os problemas. Quando o termômetro de Rey era utilizado, por exemplo, para medir a temperatura de um dia quente, corria-se o risco de encontrá-lo vazio no final da tarde por causa da perda de água por evaporação. A ideia de selar a extremidade do tubo só surgiu anos mais tarde.

Outra melhora foi a adoção de escalas termométricas que incluíam a escolha de temperaturas de referência fixas e permitiam um intervalo conveniente de graduação.

Existem fenômenos físicos que ocorrem sempre à mesma temperatura quando se encontram em condições idênticas. Contudo, explorar, conhecer e definir esses fenômenos de referência para a construção de uma escala termométrica não foi nada fácil. Muitos testes foram feitos em busca de temperaturas de referência: a temperatura mais fria do inverno e a mais quente do verão, a temperatura da neve e a do corpo de diversos animais.

Foi somente no século XVIII, após testes com diferentes substâncias como álcool, água e mercúrio, que René de Réaumur (1683-1757) propôs a utilização do ponto de fusão do gelo e de ebulição da água (Figura 6.21). É importante destacar que, apesar de esses serem bons pontos de referência, por serem fixos, é preciso considerar a pressão atmosférica do local onde a medida é efetuada para desenvolver a escala com precisão.

A escala proposta por Réaumur em 1730, para seu termômetro de álcool, adotava 80 °R para a fusão do gelo e 0 °R para a ebulição da água. Já a escala Celsius, empregada na maior parte do mundo, foi criada pelo astrônomo sueco Anders Celsius em 1742. Ele adotou os mesmos pontos de referência e propôs que a escala fosse centígrada, isto é, dividida em 100 partes, em que 0 °C era o ponto de ebulição da água e 100 °C era o ponto de fusão do gelo. A escala como utilizamos hoje, invertida, foi introduzida oito anos depois, por Mårten Strömer. Note que os valores atribuídos aos pontos fixos são arbitrários.

A escala Fahrenheit é a única ainda usada que não é centígrada. Idealizada e construída pelo cientista alemão Gabriel Daniel Fahrenheit, que se tornou conhecido por seus termômetros precisos, essa escala, cujos pontos de referência são diferentes dos da escala Celsius, é adotada quase exclusivamente nos países de língua inglesa em razão de sua importância histórica. Observe o que o próprio Fahrenheit descreve no trecho de um artigo de 1724:

A divisão das suas escalas está baseada em três pontos fixos [...]. O primeiro é colocado na parte mais baixa ou no início da escala e é obtido com uma mistura de gelo, água e sal de amoníaco ou sal do mar. Se o termômetro é colocado nessa mistura, o seu fluido desce até um ponto no qual é marcado zero. Este experimento dá melhores resultados no inverno que no verão. O segundo ponto fixo é obtido quando água e gelo são misturados sem os sais acima mencionados. Se o termômetro é colocado nesta mistura, seu fluido sobe até o grau 32. [...] O terceiro ponto fixo é encontrado aos 96 graus, e o fluido expande-se até este grau quando o termômetro é colocado na boca ou sob a axila de uma pessoa sadia...

In: MEDEIROS, Alexandre. O desenvolvimento histórico da escala Fahrenheit e o imaginário de professores e de estudantes de Física. *Caderno Brasileiro de Ensino de Física*, Florianópolis, v. 24, n. 2, p. 160-161, ago. 2007.

Figura 6.21: René de Réaumur com seu primeiro termômetro.

O Sistema Internacional de Unidades adota como padrão uma escala também centígrada, a escala Kelvin (K), conhecida como escala absoluta. Ela é fruto de experimentos realizados com gases.

Mas por que escala absoluta? A intenção do cientista britânico Kelvin com a proposta de sua escala foi buscar um sentido físico para o valor de referência, em vez de fazer uma escolha arbitrária. Experimentalmente, Kelvin verificou que, ao resfriarmos um gás abaixo do ponto de fusão do gelo, ele se contrai segundo determinada fração. Kelvin determinou então a temperatura final para que o volume de qualquer gás fosse zero, obtendo o valor de −237,15 °C, que ele denominou 0 K. Atualmente, admite-se que essa temperatura é a menor possível, na qual cessa a agitação molecular.

Como podemos observar, houve muita pesquisa, experimentos e discussões para que os primeiros dispositivos para mensurar a temperatura fossem aprimorados. Além disso, esse processo exigiu muito trabalho e testes para que o tubo dos termômetros fosse substituído por capilares que aumentassem sua sensibilidade, sua substância termométrica fosse analisada e escolhida apropriadamente e seus pontos de referência permitissem as medidas precisas de hoje.

Por dentro do conceito

Temperatura

A temperatura mais baixa possível, determinada teoricamente, o zero absoluto (0 K = −273 °C) só pode ser atingida – em valores aproximados – em laboratório ou no espaço sideral, onde partículas podem chegar à temperatura de 2,724 K (−270,426 °C).

No entanto, no mundo cotidiano há muitas temperaturas que podem estimular nossa curiosidade. Você consegue estimar a temperatura no interior de uma geladeira? De um jacaré? De um dia frio na Antártida? De uma lâmpada? Ou da água de um banho quente?

Antes de arriscar uma resposta, perceba que não podemos contar com nossa intuição em muitas situações. No caso dos animais, por exemplo, o valor considerado é a temperatura interna.

Tabela 6.1: Diversos valores de temperatura

	Temperatura (°C)
Corpo humano	36 a 37
Maior temperatura ambiente que o corpo humano suporta sem proteção	ambiente seco: 50 ambiente úmido: 45
Menor temperatura ambiente que o corpo humano suporta sem proteção	ambiente seco: 13 ambiente úmido: 15
Golfinho	39 a 41
Jacaré	25 a 30
Galinha	41 a 42
Elefante	37 a 39
Água do banho morno/quente	29 a 36
Filamento de uma lâmpada incandescente	2 600
Lâmpada fluorescente	150
Forno doméstico	180 a 300
Forno metalúrgico	3 500 a 4 000
Fusão do tungstênio	3 380
Interior da geladeira	5 a 8
Interior do congelador	−6
Interior de um iglu	−5 a 0
Temperatura média do planeta Terra	15
Núcleo da Terra	6 000
Lava de vulcão	1 200
Temperatura mais baixa registrada na Antártida	−89,4
Morro da igreja em Santa Catarina (no inverno)	−13
Temperatura mais elevada (à sombra) na Líbia	58
Planeta Marte	−73 a 22
Fotosfera solar (superfície visível)	5 500
Núcleo solar	15 000 000 000

Fontes: DUARTE, Marcelo. *Guia dos Curiosos*. São Paulo: Panda Books/Editora Original, 2005.

TEIXEIRA, W.; TOLEDO, M. C. M.; FAIRCHILD, T. R.; TAIOLI, F. (Orgs.) *Decifrando a Terra*. São Paulo: Oficina de Textos, 2000.

Calor como energia   Capítulo 6

Figura 6.22: A pressão exercida por um líquido está relacionada com a velocidade média de suas partículas. Quando aumentamos a temperatura, a velocidade média aumenta, assim como a pressão exercida sobre as paredes do recipiente.
Ilustrações sem escala; cores-fantasia.

2.3. Pressão

Quando um recipiente completamente cheio de água é fechado e aquecido, sua pressão interna pode aumentar a ponto de lançar a tampa longe.

Podemos entender por que isso acontece recorrendo ao modelo físico que já conhecemos. Quando se aquece um líquido, as moléculas ganham energia e passam a vibrar mais. A tendência natural seria a água se expandir e, portanto, ocupar mais espaço, porém ela está confinada. O aumento da vibração gera aumento do choque das moléculas com as paredes do recipiente. Isso significa que a pressão se elevou (Figura 6.22).

2.3.1. Significado físico da pressão

A pressão a que está submetido um fluido representa a medida da quantidade média de **choques** das partículas entre si e entre as paredes do recipiente que as contém.

Vamos retornar à metáfora das patinadoras. Imaginemos que, inicialmente, elas estejam se mexendo aleatória e moderadamente por toda a pista. Isto é, não ocupam uma posição bem definida, mas podem se mover ocasionando alguns choques entre si mesmas e com as paredes que limitam o local. Suponha agora que as patinadoras se empolguem com o incentivo da plateia e que seus movimentos se intensifiquem. Assim, as aberturas de pernas e braços aumentarão, e elas girarão e se moverão mais rapidamente. Decerto, a chance de as patinadoras se chocarem ou se encostarem nas paredes da pista aumenta.

Com relação ao modelo físico que estudamos, a descrição é feita com base no movimento microscópico das partículas com o ganho de calor. Conforme aquecemos um fluido, suas partículas passam a um estado de agitação mais intenso. O aumento da velocidade das partículas aumenta o número de colisões entre elas e as paredes do recipiente que contém o fluido, elevando a pressão.

Por dentro do conceito

Pressão × temperatura

É interessante notar que é possível obter um aumento da pressão de um fluido com o aumento da temperatura, ou com a diminuição de seu volume. Tomemos uma seringa com uma pequena quantidade de água e a extremidade vedada. Se empurrarmos o êmbolo para dentro da seringa (Figura 6.23), o volume ocupado pela água sofrerá pouca alteração. Ainda assim, as moléculas da água vão se chocar mais, aumentando a pressão a que estão sujeitas. Também é possível provocar um aumento de pressão se aquecermos a seringa. Mantendo o êmbolo fixo na posição inicial enquanto a seringa é aquecida, as moléculas de água ganham energia e se agitam mais, aumentando o número de choques e, portanto, a pressão (Figura 6.24).

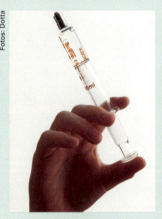

Figura 6.23: Aumento de pressão da água pela diminuição do volume.

Figura 6.24: Aumento da pressão da água pelo aumento de temperatura.

CIÊNCIA, TECNOLOGIA, SOCIEDADE E AMBIENTE

A panela de pressão

Assim como a grande maioria dos utensílios que usamos cotidianamente, a panela de pressão passou por muitas modificações antes de chegar à sua forma atual. Ela foi desenvolvida pelo físico francês Denis Papin em 1679 (Figuras 6.25 e 6.26).

As panelas com sistema de fechamento da tampa por autoclave, como a panela de pressão, tiveram como precursor um instrumento concebido por Denis Papin. O objeto era formado por um cilindro de ferro, com pegas laterais, sobre uma base circular de mesmo diâmetro do cilindro. Essa base funcionava como um fogão, tinha furos na parte superior e uma porta frontal para a introdução do combustível, que gerava calor para o aquecimento do cilindro (panela). Em seu interior, colocava-se um segundo cilindro, um pouco mais alto, chamado marmita ou digestor de Papin, feito de bronze e podendo ser completamente vedado. Uma peça circular com quatro parafusos permitia fechar fortemente a tampa do digestor contra o bordo superior do cilindro.

Como a panela de pressão faz a água entrar em ebulição a uma temperatura maior que a estabelecida como padrão (100 °C ao nível do mar), ela diminui o tempo de cozimento dos alimentos. Por exemplo, o cozimento de feijão passa de 76 minutos em uma panela convencional para 26 minutos em uma panela de pressão, aproximadamente. O mesmo acontece com a beterraba, que tem o tempo reduzido de 60 minutos para 20 minutos.

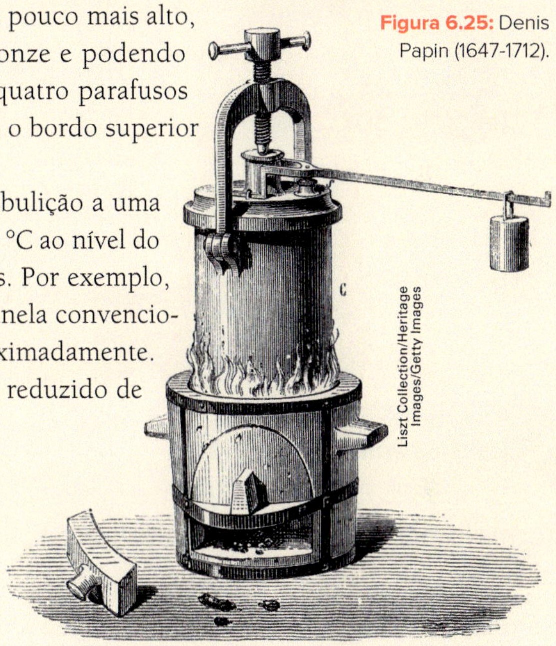

Figura 6.25: Denis Papin (1647-1712).

Figura 6.26: Panela de pressão de Papin, desenvolvida em 1679.

Exercício resolvido

Pensando na movimentação de moléculas, qual é a diferença entre pressão e temperatura?

A pressão é uma medida indireta da quantidade de colisões ocorridas entre as moléculas de um fluido e as moléculas e as paredes do recipiente que o contém. A temperatura é uma medida indireta da energia cinética média das moléculas do fluido, ou seja, de sua velocidade.

Exercícios propostos

1. É possível aumentar a pressão de um gás sem alterar sua temperatura? Como?
2. Por que as panelas de pressão têm uma válvula em sua tampa?

> **LEMBRETE:**
> Como um gás ocupa todo o volume do recipiente que o contém, consideramos o volume do gás igual ao do próprio recipiente.

3. Modelo cinético dos gases

No caso de um **gás**, será que a analogia das patinadoras estudada na seção anterior para líquidos e sólidos continua apropriada? Sim, mas é possível conceber modelos mais sofisticados, que permitem melhores previsões.

Construir um modelo que explique a constituição da matéria, como ela se comporta e suas implicações macroscópicas exige a compreensão de sua organização molecular, de seus constituintes e dos fatores que geram alteração em seu comportamento (como a pressão, a temperatura e o volume dos gases). Esses fatores são conhecidos como **variáveis de estado**.

O modelo teórico do **gás ideal** (ou **gás perfeito**) é uma idealização de um gás real no limite da rarefação (diminuição da densidade) e está pautado nas seguintes considerações:

- as partículas do gás têm dimensões desprezíveis;
- as partículas não interagem entre si a não ser durante os choques, isto é, desprezam-se as interações gravitacional e elétrica;
- os choques entre as partículas e as paredes do recipiente são perfeitamente elásticos;
- as partículas possuem movimento desordenado, em qualquer direção (Figura 6.27).

Figura 6.27: Uma representação concreta, porém grosseira, do modelo do gás ideal é uma gaiola de metal com bolinhas em seu interior chacoalhadas intensamente.

Por dentro do conceito

Termologia: uma descrição estatística II

Os gases, ao contrário dos sólidos e dos líquidos, não possuem volume definido. Eles podem expandir até ocupar todo o recipiente que os contém ou escapar e se dispersar em todas as direções. Com suas partículas distantes umas das outras – movendo-se aleatotoriamente –, a densidade do gás é de cerca de 1 000 vezes menor que a do líquido e a do sólido. O modelo proposto para estudo dos gases faz previsões relativas aos **valores médios** da velocidade, da energia cinética ou da distância das partículas. Dessa forma, as medições feitas para certa quantidade de gás são traduzidas por um valor médio do efeito da resultante de milhões e milhões de partículas.

As partículas de um gás têm diferentes valores de velocidade, movem-se em todas as direções e mudam em decorrência dos choques que sofrem, o que nos permite concluir que é pouco provável que tenham todas as partículas a mesma velocidade. Mas, conforme sugeriu James Clerk Maxwell (Figura 6.28), as representações médias de um gás em **equilíbrio térmico** permitem a compreensão de como o modelo microscópico está conectado com as propriedades macroscópicas e com a distribuição das velocidades de partículas de certo sistema.

Figura 6.28: James Clerk Maxwell (1831-1879) nasceu em Edimburgo, na Escócia. Curioso quanto ao funcionamento das coisas, estudou na Universidade de Edimburgo e depois na Universidade de Cambridge. Contribuiu para o desenvolvimento da teoria cinética dos gases, da mecânica estatística, da termodinâmica e do eletromagnetismo.

Podemos entender a distribuição das velocidades das partículas que compõem um gás por meio de uma analogia. Na Figura 6.29 estão representados vários lançamentos de dardos em um alvo; alguns deles atingem o centro e outros atingem pontos mais ou menos afastados do centro. Quando organizamos esses lançamentos em um gráfico em função da distância ao centro, observamos uma distribuição dos impactos, que, mesmo variando aleatoriamente, apresenta um pico correspondente ao valor médio (centro do alvo) e um declive suave de cada lado a partir do centro.

O mesmo tipo de gráfico é obtido para a distribuição das velocidades das partículas de um gás que se movem caoticamente dentro de um recipiente. Mesmo que algumas partículas tenham velocidade alta e outras nem tão alta, a maior parte delas tem velocidade próxima de um valor médio. Os valores se organizam de acordo com uma função de probabilidade denominada **distribuição de Maxwell**, que permite obter uma série de propriedades macroscópicas de todo o sistema de partículas do gás, tais como pressão e temperatura.

Várias previsões bem-sucedidas foram realizadas com a lei de distribuição de Maxwell. Veja o exemplo do Gráfico 6.5 para o gás He^4 a 0 °C e a 1 000 °C.

Observe que as curvas não são simétricas. Isso ocorre porque nenhuma partícula do gás tem velocidade inferior a zero. Além disso, com o aumento da temperatura, o pico da curva, que denota a velocidade média ($\overline{v}$), desloca-se, indicando maiores velocidades, e a distribuição torna-se mais larga.

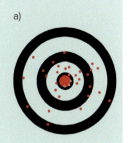

Figura 6.29: Distribuição dos pontos de impacto de um lançamento de dardos em relação ao ponto central.

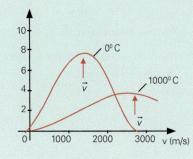

Gráfico 6.5: Distribuição de velocidade para o gás He^4 a 0 °C e a 1 000 °C.

3.1. Transformações gasosas

Transformações são alterações no estado de um sistema. Aqui, entende-se por **estado** as características nas quais o sistema se encontra, que podem ser definidas em termos de pressão, volume e temperatura. Assim, as transformações sofridas por um suposto gás ideal são mais facilmente descritas e serão nosso objeto de estudo a partir de agora.

Por exemplo, se puxarmos o êmbolo de uma seringa, taparmos sua ponta com o dedo e tentarmos empurrá-lo, sentiremos o aumento da pressão provocada pela diminuição do volume de ar dentro do êmbolo. Ou, então, se empurrarmos o êmbolo da seringa, taparmos sua ponta novamente e tentarmos puxá-lo, sentiremos a diminuição da pressão, que resulta do aumento do volume ocupado pelo ar (Figuras 6.30, 6.31 e 6.32).

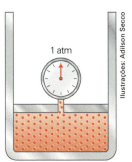

Figuras 6.30 e 6.31: Quando puxamos o êmbolo de uma seringa, tampamos sua ponta e tentamos empurrá-lo, sentimos o aumento da pressão interna.

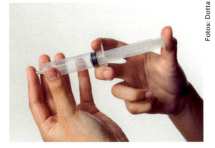

Figura 6.32: Com a diminuição do volume, ocorre aumento da pressão.

Nessas ações realizamos uma transformação de gases: a mistura de gases passou de um estado A, definido pelas variáveis p_A, V_A, e T_A, para um estado B, definido por p_B, V_B, e T_B.

Esse sistema que imaginamos apresenta excelente aproximação com a maioria dos casos reais, principalmente se o gás estudado estiver distante de seu ponto de liquefação e em baixa pressão.

Existem três transformações particularmente importantes: **isotérmica**, **isobárica** e **isovolumétrica**. Em cada uma delas sempre há uma variável que permanece constante (T, p ou V). Assim, podemos compreender as relações entre as outras duas grandezas. As leis que descrevem a transformação citada foram obtidas de maneira experimental ao manter uma das variáveis de estado constante e mensurar o valor da segunda variável em função da terceira. Depois, essas leis foram deduzidas teoricamente com base na teoria cinética dos gases.

Figura 6.33: Robert Boyle (1627-1691).

Figura 6.34: Edme Mariotte (1620-1684).

Transformação isotérmica

Nesse tipo de transformação, a **temperatura** de um sistema é mantida **constante**, enquanto a pressão e o volume podem variar. A equação matemática que descreve a relação entre essas duas grandezas foi concebida pelo irlandês Robert Boyle (Figura 6.33) em 1662. Em 1676, o francês Edme Mariotte (Figura 6.34) descobriu a mesma relação, por isso a lei que rege as transformações isotérmicas é chamada **lei de Boyle-Mariotte**.

Em seus experimentos, esses cientistas estabeleceram que, sob temperatura constante, a pressão e o volume de um gás são inversamente proporcionais, ou seja, o produto da pressão pelo volume é constante.

$$p \cdot V = \text{constante} \Rightarrow p = \frac{\text{constante}}{V}$$

Assim, à medida que aumentamos a pressão do gás, seu volume diminui proporcionalmente, de forma que, se a pressão dobra ($p = 2p_0$), o volume cai pela metade $\left(V = \dfrac{V_0}{2}\right)$.

Entre dois estados quaisquer, podemos escrever:

$$p_0 \cdot V_0 = p \cdot V$$

Ao traçarmos o gráfico da pressão **p** (ordenada) pelo volume **V** (abscissa), obtemos uma curva como a representada no Gráfico 6.6. No caso de um gás perfeito, a curva corresponde a uma hipérbole equilátera que se aproxima assintoticamente dos dois eixos.

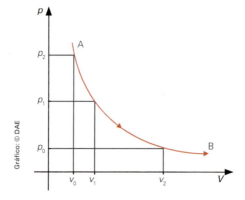

Gráfico 6.6: Representação gráfica de uma transformação isotérmica em gases ideais. O sistema é levado de um estado A para outro estado B, passando por estados intermediários.

Conhecer a lei de Boyle-Mariotte é vital para os mergulhadores. Você imagina o porquê? O desenvolvimento da bomba de compressão do ar para mergulho permitiu que Boyle realizasse seus primeiros experimentos de compressão e descompressão do gás (Figura 6.35).

Loic Lagarde/Getty Images

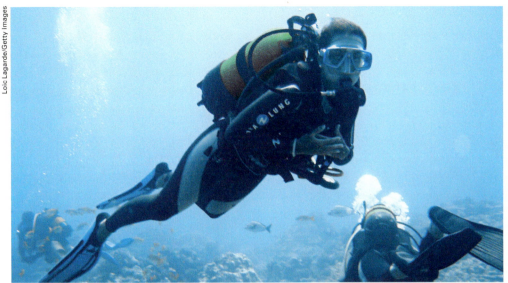

Figura 6.35: Mergulhador com cilindro de ar comprimido.

Figura 6.36: Representação da lei de Boyle-Mariotte para o ar nos pulmões de um mergulhador. Com o aumento da pressão, o ar é comprimido dentro dos pulmões, aumentando sua densidade. Transformação isotérmica.

Adilson Secco

Na superfície do mar, o mergulhador está sujeito a uma pressão atmosférica de 1 atm (760 mmHg). Nessas condições, ao inspirar profundamente, cerca de 1 L de ar entra em seus pulmões. Ao mergulhar, como a densidade do meio líquido é maior do que a do ar atmosférico, ele sofre os efeitos de uma pressão cada vez mais elevada. Com isso, a densidade do ar em seus pulmões aumenta, uma vez que o volume do gás é inversamente proporcional à pressão. Tanto é que, a 10 metros de profundidade, a pressão aumenta duas vezes e o volume diminui duas vezes. Se o volume diminui, a densidade aumenta. Assim, a quantidade de moléculas de ar inspiradas pelo mergulhador a 2 atm é o dobro das inspiradas na superfície (Figura 6.36). Resultado: ele usa o ar do cilindro mais rapidamente com relação à profundidade e precisa aprender a controlar sua inspiração e pressão arterial para evitar problemas quando está submergindo ou emergindo, ou seja, quando a pressão diminui e o volume de ar aumenta.

Coleção Particular

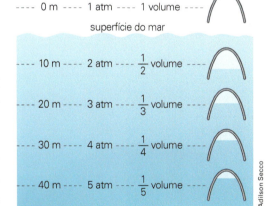

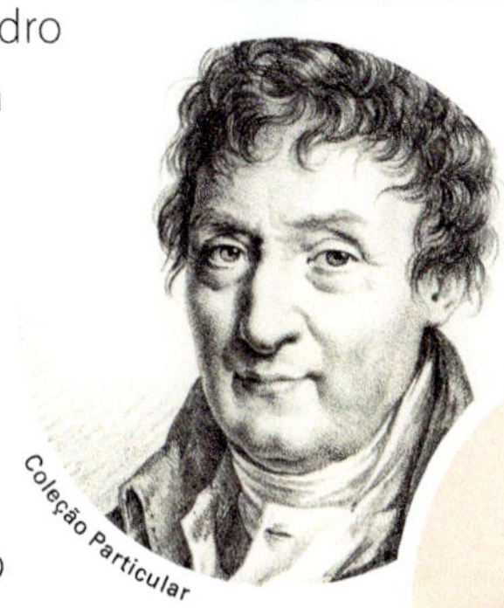

Figura 6.37: Jacques Alexandre César Charles (1746-1823).

Transformação isobárica

Outra possível transformação gasosa é a compressão ou expansão à **pressão constante**. Nessa transformação, o volume e a temperatura do gás variam enquanto se mantém a pressão do gás inalterada. A expressão dessa transformação foi proposta pela primeira vez pelo físico francês Jacques Charles (Figura 6.37) em 1787, 125 anos depois do trabalho de Boyle. De maneira independente, outro francês, o químico Joseph Gay-Lussac (Figura 6.38), obteve a mesma expressão. Uma das nomenclaturas dessa relação é a lei de Charles e Gay-Lussac.

Coleção Particular. Foto: The Bridgeman Art Library/Keystone Brasil

Figura 6.38: Joseph Louis Gay-Lussac (1778-1850).

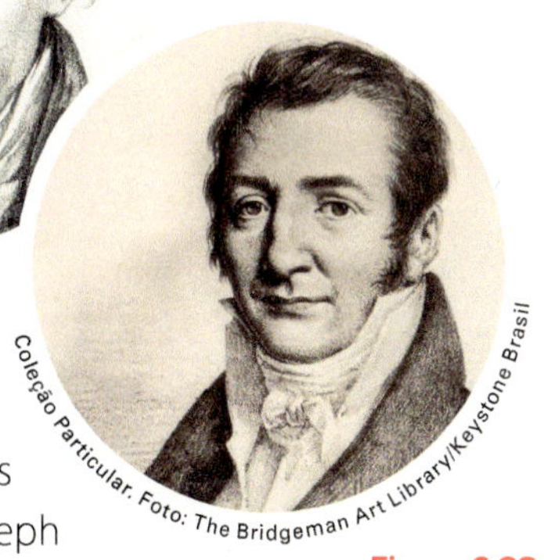

Essa lei estabelece que, mantendo a pressão constante, o volume é diretamente proporcional à temperatura.

$$V = \text{constante} \cdot T$$

A expressão reflete o fato de que, ao aumentarmos uma dessas variáveis, a outra aumenta na mesma proporção (Figura 6.39).

Entre dois estados quaisquer, podemos escrever:

$$\frac{V_0}{T_0} = \frac{V}{T}$$

Quando a pressão de determinada massa gasosa se mantém constante, medimos o volume **V** correspondente à variação da temperatura **T**. Ao traçarmos o gráfico do volume em ordenada e da temperatura em abscissa, obtemos uma curva indicando que essas grandezas são proporcionais. No $p \times V$, a reta obtida é horizontal, paralela ao eixo do volume, e indica que o valor da pressão não foi alterado (Gráficos 6.7 e 6.8).

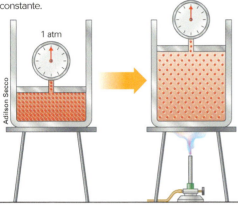

Figura 6.39: Com o aumento da temperatura, o volume aumenta proporcionalmente e a pressão permanece constante.

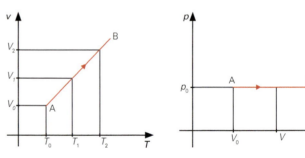

Gráficos 6.7 e 6.8: Representação gráfica de uma transformação isobárica em gases ideais. O sistema é levado de um estado A para um estado B, passando por estados intermediários.

O funcionamento de balões de ar quente pode ser explicado à luz da lei de Charles; o ar é aquecido à pressão atmosférica, portanto, constante (Figura 6.40). Com o aumento da temperatura, a mistura gasosa aumenta seu volume na mesma proporção e, assim, diminui sua densidade, tornando o balão mais leve.

Figura 6.40: O balonismo é um esporte aeronáutico, praticado com um balão de ar quente e que possui adeptos em todo o mundo.

Transformação isovolumétrica

Por fim, temos a transformação na qual o **volume** é **constante**, e a pressão e a temperatura variam. Essa transformação, chamada isovolumétrica, é governada por uma lei em que a pressão exercida por determinada massa gasosa é diretamente proporcional à sua temperatura se o volume for mantido inalterado:

$$p = \text{constante} \cdot T$$

A expressão reflete que, ao aumentarmos uma dessas variáveis, a outra aumenta na mesma proporção (Figura 6.41).

Entre dois estados quaisquer, podemos escrever:

$$\frac{p_0}{T_0} = \frac{p}{T}$$

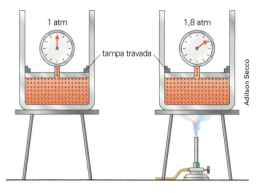

Figura 6.41: Com o aumento da temperatura, a pressão aumenta proporcionalmente e o volume permanece constante.

Se medirmos a variação da pressão **p** em função da temperatura **T** de uma massa gasosa em volume constante, poderemos traçar o gráfico da pressão em ordenada e da temperatura em abscissa obtendo um gráfico que relaciona essas duas grandezas. No gráfico **p × V**, a reta obtida é vertical, paralela ao eixo da pressão, e indica que o volume não foi alterado. (Gráficos 6.9 e 6.10).

LEMBRETE: Nessas transformações, parte-se da premissa de que a massa de gás no interior do sistema se mantém constante, não havendo escape ou adição de gás.

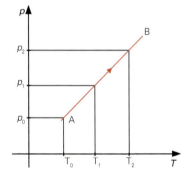
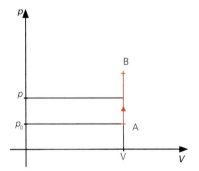

Gráficos 6.9 e 6.10: Representação gráfica de uma transformação isovolumétrica em gases ideais. O sistema é levado de um estado A para um estado B, passando por estados intermediários.

Lei geral dos gases e lei de Clapeyron

Nas leis que estudamos até aqui, sobre as três variáveis de estados (p, V e T) mantidas constantes, em nenhum dos casos consideramos a alteração da massa de gás contida no recipiente. Assim, podemos tentar formular uma lei geral, em que não seja preciso considerar constantes algumas das variáveis, ou seja, uma lei que possa ser aplicada a qualquer transformação.

Uma relação desse tipo pode ser obtida combinando a lei de Boyle-Mariotte com a lei de Charles e Gay-Lussac. Observe o gráfico a seguir (Gráfico 6.11), que apresenta duas hipérboles, ou seja, duas transformações isotérmicas sofridas por uma mesma massa de gás, no plano **p × V**.

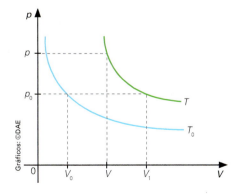

Gráfico 6.11: Gráfico $p \times V$ de duas transformações isotérmicas sofridas por uma mesma massa de gás.

Calor como energia Capítulo 6 141

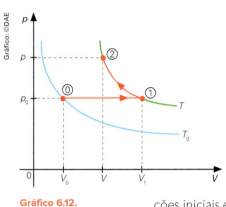

Gráfico 6.12.
Transformações I e II.

Suponha que desejemos que a massa de gás passe de um volume V_0 e pressão p_0 para um volume V e pressão p. Para isso, podemos inicialmente aplicar a lei de Charles e Gay-Lussac, que pressupõe a pressão do gás constante. Nessa transformação, o gás se expande de V_0 para V_1 (Gráfico 6.12). Assim, teríamos:

$$\frac{V_0}{T_0} = \frac{V_1}{T_1}, \text{ com } p_1 = p_0 \qquad (I)$$

Em seguida, podemos realizar uma transformação isotérmica e comprimir o gás, de um volume V_1 e pressão p_0 para uma pressão p e um volume V quaisquer. Pela lei de Boyle-Mariotte, determinamos as condições iniciais e finais do sistema:

$$p_0 \cdot V_1 = p \cdot V, \text{ com } T = T_0 \qquad (II)$$

Ocorreram então duas transformações, uma isobárica e uma isotérmica. Se substituirmos V_1 da equação I em II, obteremos:

$$\frac{p_0 \cdot V_0}{T_0} = \frac{p \cdot V}{T}$$

Essa relação pode ser aplicada a qualquer tipo de transformação em que não há alteração da massa de gás. Ela recebe o nome de **lei geral dos gases**.

É importante salientar que o número de moléculas influencia as propriedades físicas do gás. Por exemplo, sabemos que a pressão depende diretamente da massa do gás. Sendo assim, uma expressão ainda mais geral para descrever o estado de um gás deve levar em consideração sua massa.

Consideramos que a relação entre pressão, volume e temperatura é sempre constante para qualquer transformação, isto é:

$$\frac{p_0 \cdot V_0}{T_0} = \frac{p_1 \cdot V_1}{T_1} = \frac{p_2 \cdot V_2}{T_2} = \ldots = \frac{p \cdot V}{T} = \text{constante}$$

> **LEMBRETE:**
> Assim como em qualquer descrição, sobretudo nas transformações de gases, por envolver muitas variáveis, devemos dar atenção particular às unidades de medida. Para **temperatura**, utilizamos apenas a escala Kelvin. A **pressão** é dada em pascal (1 Pa = 1 N/m²) ou em atmosferas (1 atm = 10⁵ N/m). Para o **volume**, usa-se litro ou metro cúbico. As unidades de pressão e volume são arbitrárias, mas, uma vez feita a opção, ela deve ser mantida nas relações matemáticas.

A constante em questão é definida por dois termos: o primeiro é a quantidade de gás presente na amostra, caracterizada pela **quantidade de mols (n)**, e o segundo é uma constante determinada experimentalmente, que recebe o nome de **constante universal dos gases (R)**. Assim:

$$\frac{p \cdot V}{T} = n \cdot R$$

$$\boxed{p \cdot V = n \cdot R \cdot T}$$

Essa relação recebe o nome de **equação de Clapeyron**.

O número de mols (**n**) pode ser calculado pelo número de moléculas (**N**) e o número de Avogadro (**A**), dado por $6{,}0 \cdot 10^{23}$ partículas/mol:

$$n = \frac{N}{A}$$

E o valor da constante universal dos gases é:

$$R = 8{,}314 \frac{J}{mol \cdot K} = 1{,}986 \frac{cal}{mol \cdot K}$$

Exercício resolvido

Um gás perfeito está encerrado em um recipiente cilíndrico dotado de um êmbolo. Suas variáveis de estado apresentam os seguintes valores: $p = 1{,}2$ atm, $V = 150$ cm^3 e $T = 27$ °C $= 300$ K. O êmbolo é comprimido, fazendo com que o gás ocupe apenas 100 cm^3. Observa-se que sua pressão aumenta para 1,8 atm.

a) Determine o número de mols e de moléculas desse gás.

O número de mols pode ser determinado pela lei geral dos gases perfeitos, mas antes passaremos os dados para unidades do SI:

$p = 1{,}2$ atm $= 1{,}2 \cdot 10^5$ Pa;

$V = 150$ cm$^3 = 1{,}5 \cdot 10^{-4}$ m^3;

$R = 8{,}3$ J/mol $\cdot$ K

$$n = \frac{p \cdot V}{T \cdot R} = \frac{1{,}2 \cdot 10^5 \cdot 1{,}5 \cdot 10^{-4}}{300 \cdot 8{,}3} = 2{,}4 \cdot 10^{-3} \text{ mol}$$

$N = n \cdot A = 2{,}4 \cdot 10^{-3} \cdot 6{,}02 \cdot 10^{-3} = 1{,}44 \cdot 10^{-1}$ moléculas

b) Calcule a temperatura do gás após ser comprimido.

Relacionando as variáveis de estado nas situações inicial e final do gás, temos:

$$\frac{p_0 \cdot V_0}{T_0} = \frac{p_1 \cdot V_1}{T_1} \rightarrow \frac{1{,}2 \cdot 150}{300} = \frac{1{,}8 \cdot 100}{T} \rightarrow T = 300 \text{ K}$$

Portanto, a temperatura final é igual à temperatura inicial do gás. É possível que essa transformação tenha sido isotérmica, mas isso não pode ser afirmado com certeza, pois não se sabe se, durante o procedimento de redução do volume, a temperatura se manteve constante ou não.

Exercícios propostos

1. Um gás ideal sofreu uma transformação isobárica, sob pressão de 2,0 atm. Seu volume passou de 200 cm^3 para 500 cm^3. Considere a temperatura inicial do gás em 127 °C. (Dado: $R = 8{,}3$ J/mol $\cdot$ K.)

   a) Determine sua temperatura final.

   b) Indique o número de mols contido no interior do recipiente.

   c) Esboce o gráfico da pressão do gás em função da temperatura.

2. Um gás ideal ocupa o volume de 1 L no interior de uma garrafa rígida. A temperatura do gás é de 27 °C e sua pressão é de 1,66 atm. O gás é aquecido até sua pressão dobrar.

   a) Determine a temperatura após o aquecimento.

   b) É possível determinar a quantidade de moléculas do gás no interior dessa garrafa?

   c) Esboce o gráfico da pressão em função da temperatura.

3. Um gás perfeito encontra-se encerrado no interior de um frasco de forma cilíndrica dotado de um êmbolo e ocupa 50 cm^3, a 47 °C, sob pressão de 2,1 atm. Ele é aquecido até 167 °C, quando seu volume aumenta para 75 cm^3. (Dado: $R = 8{,}4$ J/mol $\cdot$ K.)

   a) Calcule o número de mols e de moléculas no interior do recipiente.

   b) Determine sua pressão final.

4. (Vunesp-SP) Por meio de uma bomba de ar comprimido, um tratorista completa a pressão de um dos pneus do seu trator florestal, elevando-a de $1{,}1 \cdot 10^5$ Pa (16 lbf/pol^2) para $1{,}3 \cdot 10^5$ Pa (19 lbf/pol^2), valor recomendado pelo fabricante. Se durante esse processo a variação do volume do pneu é desprezível, o aumento da pressão no pneu se explica apenas por causa do aumento:

   a) da temperatura do ar, que se eleva em 18% ao entrar no pneu, pois o acréscimo do número de mols de ar pode ser considerado desprezível.

   b) da temperatura do ar, que se eleva em 36% ao entrar no pneu, pois o acréscimo do número de mols de ar pode ser considerado desprezível.

   c) do número de mols de ar introduzidos no pneu, que aumenta em 18%, pois o acréscimo de temperatura do ar pode ser considerado desprezível.

   d) do número de mols de ar introduzidos no pneu, que aumenta em 28%, pois o acréscimo de temperatura do ar pode ser considerado desprezível.

   e) do número de mols de ar introduzidos no pneu, que aumenta em 36%, pois o acréscimo de temperatura do ar pode ser considerado desprezível.

Calor como energia **Capítulo 6** **143**

Exercícios finais

1. Algumas lojas místicas vendem um dispositivo lúdico composto de duas seções ligadas por um tubo, um líquido e um gás. Segundo esses estabelecimentos, que o chamam de "amuleto do amor", se um casal apoiar as mãos nele e o líquido subir e borbulhar bastante, significa que a sintonia entre os dois é máxima e eles são "almas gêmeas". Explique como a Física define o fenômeno observado.

2. (FEI-SP) Quando dois corpos de tamanhos diferentes estão em contato e em equilíbrio térmico, e ambos isolados do meio ambiente, pode-se dizer que:

   a) o corpo maior é o mais quente.
   b) o corpo menor é o mais quente.
   c) não há troca de calor entre os corpos.
   d) o corpo maior cede calor para o corpo menor.
   e) o corpo menor cede calor para o corpo maior.

3. (Vunesp-SP) Quando uma enfermeira coloca um termômetro clínico de mercúrio sob a língua de um paciente, ela sempre aguarda algum tempo antes fazer a sua leitura. Esse intervalo de tempo é necessário

   a) para que o termômetro entre em equilíbrio térmico com o corpo do paciente.
   b) para que o mercúrio, que é muito pesado, possa subir pelo tubo capilar.
   c) para que o mercúrio passe pelo estrangulamento do tubo capilar.
   d) devido à diferença entre os valores do calor específico do mercúrio e do corpo humano.
   e) porque o coeficiente de dilatação do vidro é diferente do coeficiente de dilatação do mercúrio.

4. (UFMG) Coloca-se uma batata para cozinhar em uma panela com água, inicialmente à temperatura ambiente. O gráfico que melhor representa a temperatura da água e a temperatura do interior da batata, em função do tempo, é:

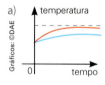
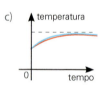

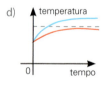

5. (Unirio-RJ) No café da manhã de uma fábrica, é oferecida aos funcionários uma certa quantidade de café com leite, misturados com massas iguais, obtendo-se uma mistura a uma temperatura de 50 °C. Supondo que o café e o leite têm a mesma capacidade de trocar calor, indique qual é a temperatura que o café deve ter ao ser adicionado ao leite, caso o leite esteja a uma temperatura inicial de 30 °C.

   a) 40 °C   c) 60 °C   e) 80 °C
   b) 50 °C   d) 70 °C

6. (Vunesp-SP) Um estudante, no laboratório, deveria aquecer uma certa quantidade de água desde 25 °C até 70 °C. Depois de iniciada a experiência ele quebrou o termômetro de escala Celsius e teve de continuá-la com outro de escala Fahrenheit. Em que posição do novo termômetro ele deve ter parado o aquecimento? (Nota: 0 °C e 100 °C correspondem, respectivamente, a 32 °F e 212 °F)

   a) 102 °F   c) 126 °F   e) 182 °F
   b) 38 °F   d) 158 °F

7. (UPM-SP) Um pesquisador verifica que uma certa temperatura obtida na escala Kelvin é igual ao correspondente valor na escala Fahrenheit acrescido de 145 unidades. Esta temperatura na escala Celsius é:

   a) 55 °C   c) 100 °C   e) 248 °C
   b) 60 °C   d) 120 °C

8. (UPM-SP) Um turista brasileiro sente-se mal durante a viagem e é levado inconsciente a um hospital. Após recuperar os sentidos, sem saber em que local estava, é informado que a temperatura de seu corpo atingira 104 graus, mas que já "caíra" de 5,4 graus. Passado o susto, percebeu que a escala termométrica utilizada era a Fahrenheit. Desta forma, na escala Celsius, a queda de temperatura de seu corpo foi de:

   a) 1,8 °C   c) 5,4 °C   e) 10,8 °C
   b) 3,0 °C   d) 6,0 °C

9. (UEL-PR) O termômetro construído por um estudante marca 1 °E quando a temperatura é a da fusão do gelo sob pressão normal e marca 96 °E no ponto de ebulição da água sob pressão normal. A temperatura lida na escala E coincide com a temperatura Celsius apenas no valor:

   a) −20   c) 10   e) 40
   b) −10   d) 20

10. (Vunesp-SP) O gás de um dos pneus de um jato comercial em voo encontra-se à temperatura de −33 °C. Na pista, imediatamente após o pouso, a temperatura do gás encontra-se a +87 °C.

    a) Transforme esses dois valores de temperatura para a escala absoluta.
    b) Supondo que se trate de um gás ideal e que o volume do pneu não varia, calcule a razão entre as pressões inicial e final desse processo.

11. (Unirio-RJ) Com base no gráfico a seguir, que representa uma transformação isovolumétrica de um gás ideal, podemos afirmar que, no estado B, a temperatura é de:

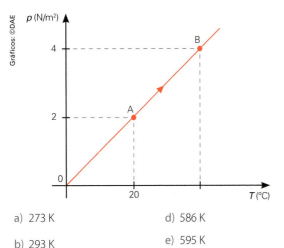

a) 273 K
b) 293 K
c) 313 K
d) 586 K
e) 595 K

12. (Unirio-RJ) Uma determinada massa de gás perfeito, inicialmente no estado 1, sofreu as seguintes e sucessivas transformações gasosas: foi comprimida isotermicamente até um estado 2; depois foi aquecida isobaricamente até um outro estado 3; e finalmente esfriada isometricamente, retornando ao estado 1.

Dentre os diagramas Volume × Temperatura Absoluta apresentados, assinale aquele que melhor representa a sucessão de transformações descritas.

a)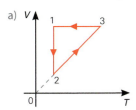
d)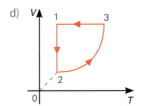

b)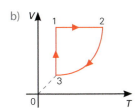
e)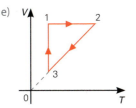

c)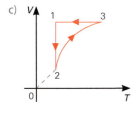

13. (UPM-SP) Uma massa gasosa, que ocupa inicialmente 4 litros nas CNTP, sofre uma compressão isotérmica de acordo com o diagrama a seguir. O volume final ocupado pelo gás é:

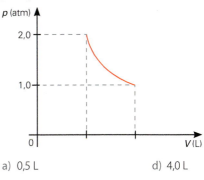

a) 0,5 L
b) 1,0 L
c) 2,0 L
d) 4,0 L
e) 8,0 L

14. (Vunesp-SP) Ar do ambiente, a 27 °C, entra em um secador de cabelos (aquecedor de ar) e dele sai a 57 °C, voltando para o ambiente. Qual a razão entre o volume de uma certa massa de ar quando sai do secador e o volume dessa mesma massa quando entrou no secador?

15. (Vunesp-SP) A que temperatura se deveria elevar certa quantidade de um gás ideal, inicialmente a 300 K, para que tanto a pressão como o volume se dupliquem?

16. (Cesgranrio-RJ) Um gás ideal evolui de um estado A para um estado B, de acordo com o gráfico representado a seguir. A temperatura no estado A vale 80 K.

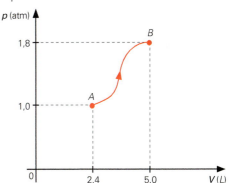

Logo, sua temperatura no estado B vale:

a) 120 K
b) 180 K
c) 240 K
d) 300 K
e) 360 K

17. (UNIFESP) Em 2008, a sonda Phoenix, lançada pela Nasa, detectou uma camada de gelo no fundo de uma cratera na superfície de Marte. Nesse planeta, o gelo desaparece nas estações quentes e reaparece nas estações frias, mas a água nunca foi observada na fase líquida. Com auxílio do diagrama de fase da água, analise as três afirmações seguintes.

Calor como energia Capítulo 6 145

Exercícios finais

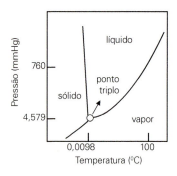

I. O desaparecimento e o reaparecimento do gelo, sem a presença da fase líquida, sugerem a ocorrência de sublimação.

II. Se o gelo sofre sublimação, a pressão atmosférica local deve ser muito pequena, inferior à pressão do ponto triplo da água.

III. O gelo não sofre fusão porque a temperatura no interior da cratera não ultrapassa a temperatura do ponto triplo da água.

De acordo com o texto e com o diagrama de fases, pode-se afirmar que está correto o contido em:

a) I, II e III.
b) II e III, apenas.
c) I e III, apenas.
d) I e II, apenas.
e) I, apenas.

18. (UFSC) Pedrinho, ao chegar da escola, explica para sua avó o que aprendeu sobre o funcionamento de uma panela de pressão. Ela ficou surpresa em saber como um utensílio doméstico comum serve para exemplificar e explicar muitos princípios físicos.

Independentemente de marca e modelo, além de cabos e tampa, toda panela de pressão é constituída basicamente de uma válvula com pino, que serve para controlar a pressão dentro dela, e de uma válvula de segurança que se rompe, caso a válvula com pino não seja acionada.

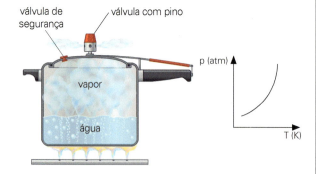

Com base no funcionamento da panela, nos princípios e fenômenos físicos envolvidos e no diagrama de fase acima, assinale a(s) proposição(ões) correta(s).

01. A pressão dentro da panela depende unicamente da massa de água que está passando para a fase gasosa.

02. O diagrama de fase (curva de vaporização), acima, representa a relação entre temperatura e pressão de vaporização da água.

04. Na panela de pressão em contato com a chama, ocorre uma transformação isobárica quando a válvula com pino é acionada.

08. A panela de pressão cozinha os alimentos em um tempo menor, porque ela atinge a temperatura de vaporização (100 °C) mais rapidamente do que as panelas comuns.

16. A água na fase gasosa é denominada vapor, pois sua temperatura se encontra abaixo da temperatura crítica, não podendo ser liquefeita simplesmente por compressão isotérmica.

32. A panela de pressão cozinha os alimentos em um tempo menor, porque ela atinge a temperatura de vaporização acima da temperatura de ebulição da água na pressão de 1,0 atm.

19. (UFSC – adaptado) Calibrar os pneus de um carro consiste em colocar ou retirar ar atmosférico do pneu, e é uma prática que todos os motoristas devem fazer pelo menos a cada 15 dias, para garantir a segurança do veículo e de seus integrantes, assim como para aumentar a vida útil do pneu. Em média, o pneu de um carro de passeio é calibrado com uma pressão que pode variar entre 28 e 30 psi (libras por polegada quadrada). Em situações de grande carga no veículo e viagens longas, orienta-se que se calibrem os pneus com duas libras a mais de pressão. (Não vamos considerar os pneus que são calibrados com nitrogênio.)

Considerando o ar atmosférico como um gás ideal e com base no que foi exposto, assinale a(s) proposição(ões) correta(s).

01. Quando o carro está em movimento, os pneus aquecem; sendo assim, podemos considerar que o ar atmosférico dentro dos pneus sofre uma transformação isobárica.

02. Para uma correta calibragem da pressão, é necessário que ela seja feita com os pneus frios, pois a alta temperatura indicaria uma pressão maior.

04. Independentemente das medidas de um pneu, se o calibrarmos com 30,0 psi, o número de mols de ar é o mesmo.

08. A pressão de um gás confinado em um recipiente depende de alguns fatores: quantidade de gás, temperatura do gás e volume do recipiente. Esses fatores influenciam diretamente o número de colisões e a intensidade dessas colisões com as paredes do recipiente.

32. A dilatação do pneu quando aquecido pode ser desprezada se comparada com a expansão que o gás pode sofrer quando é submetido à mesma variação de temperatura.

20. Os gráficos a seguir indicam quatro transformações gasosas distintas, com a pressão expressa em pascal, o volume em metros cúbicos e a temperatura em kelvin. Todas as transformações ocorreram no sentido de A para B.

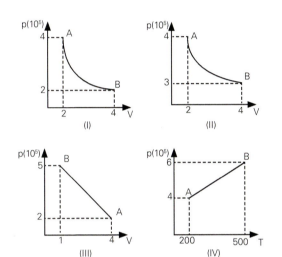

Considere R = 0,080 atm · L/mol · K e assinale as proposições corretas, justificando-as.

a) O gráfico II indica uma transformação isotérmica e o gráfico IV indica uma transformação isocórica.

b) Admitindo que a temperatura do gás no gráfico I é de 400 K, podemos afirmar que, nesta porção de gás, temos aproximadamente $2,5 \cdot 10^4$ mol.

c) O gráfico IV indica uma transformação isocórica.

d) No gráfico III, a temperatura do gás diminuiu.

21. (Fuvest-SP) Para medir a temperatura T_0 do ar quente expelido, em baixa velocidade, por uma tubulação, um jovem utilizou uma garrafa cilíndrica vazia, com área da base $S = 50$ cm² e altura $H = 20$ cm.

Adaptando um suporte isolante na garrafa, ela foi suspensa sobre a tubulação por alguns minutos, para que o ar expelido ocupasse todo o seu volume e se estabelecesse o equilíbrio térmico a T_0 (Situação 1). A garrafa foi, então, rapidamente colocada sobre um recipiente com água mantida à temperatura ambiente $T_A = 27$ °C. Ele observou que a água do recipiente subiu até uma altura $h = 4$ cm, dentro da garrafa, após o ar nela contido entrar em equilíbrio térmico com a água (Situação 2).

Estime:

a) o volume V_A, em cm³, do ar dentro da garrafa, após a entrada da água, na Situação 2.

b) a variação de pressão ΔP, em N/m², do ar dentro da garrafa, entre as Situações 1 e 2.

c) a temperatura inicial T_0, em °C, do ar da tubulação, desprezando a variação de pressão do ar dentro da garrafa.

(Note e adote: $PV = nRT$; $T(K) = T(°C) + 273$.)

22. (Fuvest-SP) Em algumas situações de resgate, bombeiros utilizam cilindros de ar comprimido para garantir condições normais de respiração em ambientes com gases tóxicos. Esses cilindros, cujas características estão indicadas na tabela, alimentam máscaras que se acoplam ao nariz. Quando acionados, os cilindros fornecem para a respiração, a cada minuto, cerca de 40 litros de ar, à pressão atmosférica e temperatura ambiente. Nesse caso, a duração do ar de um desses cilindros seria de aproximadamente:

Cilindro para respiração	
gás	ar comprimido
volume	9 litros
pressão interna	200 atm

Pressão atmosférica local: 1 atm A temperatura durante todo o processo permanece constante.

a) 20 minutos
b) 30 minutos
c) 45 minutos
d) 60 minutos
e) 90 minutos

23. (Fuvest-SP) Para se estimar o valor da pressão atmosférica, P_{atm}, pode ser utilizado um tubo comprido, transparente, fechado em uma extremidade e com um pequeno gargalo na outra. O tubo, aberto e parcialmente cheio de água, deve ser invertido, segurando-se um cartão que feche a abertura do gargalo (Situação I). Em seguida, deve-se mover lentamente o cartão de forma que a água possa escoar, sem que entre ar, coletando-se a água que sai em um recipiente (Situação II). A água para de escoar quando a pressão no ponto A, na abertura, for igual à pressão atmosférica externa, devendo-se, então, medir a altura h da água no tubo (Situação III). Em uma experiência desse tipo, foram obtidos os valores, indicados na tabela, para V_0, volume inicial do ar no tubo, ΔV, volume da água coletada no recipiente, e h, altura final da água no tubo. Em relação a essa experiência, e considerando a Situação III,

Calor como energia   Capítulo 6   147

Exercícios finais

a) determine a razão R = P/P_atm, entre a pressão final P do ar no tubo e a pressão atmosférica;

b) escreva a expressão matemática que relaciona, no ponto A, a P_atm com a pressão P do ar e a altura h da água dentro do tubo;

c) estime, utilizando as expressões obtidas nos itens anteriores, o valor numérico da pressão atmosférica P_atm, em N/m².

(Dado: Considere a temperatura constante e desconsidere os efeitos da tensão superficial.)

24. (Fuvest-SP) Um grande cilindro, com ar inicialmente à pressão P_1 e temperatura ambiente (T_1 = 300 K), quando aquecido, pode provocar a elevação de uma plataforma A, que funciona como um pistão, até uma posição mais alta. Tal processo exemplifica a transformação de calor em trabalho, que ocorre nas máquinas térmicas, a pressão constante. Em uma dessas situações, o ar contido em um cilindro, cuja área da base S é igual a 0,16 m², sustenta uma plataforma de massa M_A = 160 kg a uma altura H_1 = 4,0 m do chão (situação I). Ao ser aquecido, a partir da queima de um combustível, o ar passa a uma temperatura T_2, expandindo-se e empurrando a plataforma até uma nova altura H_2 = 6,0 m (situação II). Para verificar em que medida esse é um processo eficiente, estime:

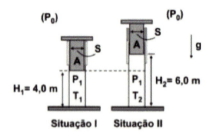

Situação I   Situação II

a) A pressão P_1 do ar dentro do cilindro, em pascal, durante a operação.

b) A temperatura T_2 do ar no cilindro, em kelvin, na situação II.

c) A eficiência do processo, indicada pela razão R = ΔEp/Q = = Δp, onde ΔEp é a variação da energia potencial da plataforma, quando ela se desloca da altura H_1 para a altura H_2, e Q, a quantidade de calor recebida pelo ar do cilindro durante o aquecimento.

(Note e adote: PV = nRT; $P_{atmosférica}$ = P_0 = 1,00 · 10⁵ Pa; 1 Pa = 1 N/m². Calor específico do ar a pressão constante: C_p ≈ 1,0 · 10³ J/(kg · K). Densidade do ar a 300 K ≈ 1,1 kg/m³.)

25. (Fuvest-SP) Um balão de ar quente é constituído de um envelope (parte inflável), cesta para três passageiros, queimador e tanque de gás. A massa total do balão, com três passageiros e com o envelope vazio, é de 400 kg. O envelope totalmente inflado tem um volume de 1 500 m³.

a) Que massa de ar M_1 caberia no interior do envelope, se totalmente inflado, com pressão igual à pressão atmosférica local (P_{atm}) e temperatura T = 27 °C?

b) Qual a massa total de ar M_2, no interior do envelope, após este ser totalmente inflado com ar quente a uma temperatura de 127 °C e pressão P_{atm}?

c) Qual a aceleração do balão, com os passageiros, ao ser lançado nas condições dadas no item b) quando a temperatura externa é T = 27 °C?

(Note e adote: Densidade do ar a 27 °C e à pressão atmosférica local = 1,2 kg/m³. Aceleração da gravidade na Terra, g = 10 m/s². Considere todas as operações realizadas ao nível do mar. Despreze o empuxo acarretado pelas partes sólidas do balão. T (K) = T (°C) + 273.

26. (Fuvest-SP) Um laboratório químico descartou um frasco de éter, sem perceber que, em seu interior, havia ainda um resíduo de 7,4 g de éter, parte no estado líquido, parte no estado gasoso. Esse frasco, de 0,8 L de volume, fechado hermeticamente, foi deixado sob o sol e, após um certo tempo, atingiu a temperatura de equilíbrio T = 37 °C, valor acima da temperatura de ebulição do éter. Se todo o éter no estado líquido tivesse evaporado, a pressão dentro do frasco seria:

a) 0,37 atm   d) 3,1 atm

b) 1,0 atm   e) 5,9 atm

c) 2,5 atm

(Note e adote: No interior do frasco descartado havia apenas éter. Massa molar do éter = 74 g. K = °C + 273 · R (constante universal dos gases) = = 0,08 atm · L/mol · K.)

27. (Unicamp-SP) Existem inúmeros tipos de extintores de incêndio que devem ser utilizados de acordo com a classe do fogo a se extinguir. No caso de incêndio envolvendo líquidos inflamáveis, classe B, os extintores à base de pó químico ou de dióxido de carbono (CO_2) são recomendados, enquanto extintores de água devem ser evitados, pois podem espalhar o fogo.

a) Considere um extintor de CO_2 cilíndrico de volume interno V = 1 800 cm³, que contém uma massa de CO_2 m = 6 kg. Tratando o CO_2 como um gás ideal, calcule a pressão no interior do extintor para uma temperatura T = 300 K. (Dados: R = 8,3 J/mol K e a massa molar do CO_2 M = 44 g/mol.)

b) Suponha que um extintor de CO_2 (similar ao do item a), completamente carregado, isolado e inicialmente em repouso, lance um jato de CO_2 de massa m = 50 g com velocidade v = 20 m/s. Estime a massa total do extintor M_{ext} e calcule a sua velocidade de recuo provocada pelo lançamento do gás. Despreze a variação da massa total do cilindro decorrente do lançamento do jato.

INVESTIGUE VOCÊ MESMO

Construindo um termoscópio

MATERIAIS

- Garrafa PET com capacidade de cerca de 250 mL
- 50 mL de álcool etílico 92,8° INPM
- Canudo transparente ou 50 cm de mangueira cristal 1/8" × 1 mm
- Prego grande
- Martelo
- 3 gotas de corante líquido (anilina)

ROTEIRO E QUESTÕES

Qual é o papel da substância termométrica?

- Com o prego e o martelo, faça um furo na tampa da garrafa. Introduza o canudo ou a mangueira cristal no furo. Esse tubo fino deve ficar bem justo no furo. (Se houver folga, vede-a com cola quente.)

- Com a fita adesiva e um pouco de criatividade, elabore um formato único para a parte da mangueira que ficará fora da garrafa.

- Coloque o álcool e as gostas de corante no interior da garrafa, feche a tampa e posicione suas mãos ao redor do termoscópio.

  Atenção! Não é necessário apertar a garrafa para observar o fenômeno.

Depois de investigar o aparato, responda às seguintes questões no caderno.

1. Por que a coluna de álcool no tubo capilar sobe quando o seguramos? Se colocarmos a mão na base ou na parte superior da garrafa, haverá alguma diferença? Por quê?
2. Se retirarmos as mãos do termoscópio, o álcool voltará à posição inicial. Por que isso ocorre?
3. Se nosso aparato fosse graduado em Celsius, que temperatura ele marcaria?

Fotos: Dotta

INVESTIGUE COM O PESQUISADOR

O debate sobre a natureza do calor

Como vimos neste capítulo, já na Antiguidade a questão da natureza do calor era debatida, porém apenas com base na observação dos fenômenos e nas especulações filosóficas. Somente a partir do século XVII, com a invenção dos termômetros e das escalas termométricas, surgiram os primeiros estudos quantitativos, que deram origem a duas teorias: o calor como vibração das partículas do corpo e como fluido que escoava dos corpos mais quentes para os corpos mais frios. Um dos seguidores da hipótese do calor como movimento era o filósofo irlandês Robert Boyle (1627-1691). Leia algumas das palavras dele ao descrever e analisar um experimento:

Christian Wolff (1679-1754).

Homens trabalhando em fábrica de canhões.

[...] Quando um ferreiro martela vigorosamente um prego, [...] o metal golpeado ficará excessivamente quente, e não há nada que esteja produzindo este efeito, exceto o vigoroso movimento do martelo, que imprime uma impetuosa e variada agitação das pequenas partes do ferro; [...] pela intensa comoção de suas pequenas partes, torna-se em diversos sentidos quente; [...] se um grande prego for conduzido por um martelo em uma tábua grossa, ou [...] ele receberá diversos golpes na cabeça antes de se tornar quente; mas quando sua cabeça é forçada, de tal forma que o prego não pode mais avançar, bastam poucos golpes para torná-la consideravelmente quente; [...] quando o movimento cessa, então o impulso dado pela pancada, sendo incapaz tanto de destruí-lo, deve ser gasto em produzir uma violenta e desordenada comoção interna das partes entre si, de tal forma como primeiramente observamos consistir a natureza do calor.

In: GURGEL, Ivã; PIETROCOLA, Maurício. Modelos e realidade: um estudo sobre as explicações acerca do calor no século XVIII. In: *Anais do X Encontro de Pesquisa em Ensino de Física*, Londrina (PR): X Encontro de Pesquisa em Ensino de Física, 2006. p. 4.

A hipótese do calor como substância foi desenvolvida pelo médico e químico alemão Georg Ernst Stahl (1660-1734) e ficou conhecida como teoria do flogisto (ou flogístico). Leia a definição apresentada pelo químico sueco Torbern Bergman (1735-1784):

O flogisto é encontrado disseminado como um elemento em todos os corpos naturais, pelo menos na Terra, com a diferença de que como regra ele preferentemente existe em notável abundância naqueles corpos que são chamados usualmente de orgânicos. Nos fósseis (minerais), a maioria dos quais é conhecida como sendo mais parcimoniosa em flogisto, mas nunca tendo tão pouco que algum possa ser considerado desprovido dele, o flogisto está secretamente ocultado, de acordo com todos os critérios [...]. Este elemento extremamente sutil, que exibe tal transparência que só ele escapa de todos os nossos sentidos, não pode ser confinado por nenhum aparelho ou instrumento, e, portanto, furta-se a qualquer investigação química, a não ser que esteja ligado por forte atração a algum outro material, mas de modo desigual e seletivamente, para que possa ser transmitido de um componente para outro.

In: MOCELLIN, Ronei Clécio. *Lavoisier e a longa revolução na Química*. Florianópolis: Universidade Federal de Santa Catarina, 2003. p. 65.

Posteriormente, essa teoria foi complementada pelo químico francês Antoine Lavoisier (1743-1794), e o termo flogisto foi substituído por *calórico*. Veja como Christian Wolff, filósofo, matemático e físico alemão, explicava o aquecimento do metal do ferreiro usando o calórico:

O ferreiro faz saltar o calórico através dos poros do metal, tal como se tiraria água de uma esponja molhada que foi submetida ao nosso tratamento. Quando se fura o centro (alma) de um canhão com uma broca, os cavacos retirados por esta são quentes: é que os cavacos não podem reter o calórico que neles havia e então este escapa, provocando um aumento de temperatura.

In: GURGEL, Ivã; PIETROCOLA, Maurício. Idem, 2006. p. 6.

Afinal, o calor é matéria ou movimento? Como resolver esse dilema? A resposta foi encontrada graças a experimentos mais sofisticados, feitos pelo estadunidense Benjamin Thompson (1753-1814), mais conhecido como conde de Rumford. Para produzir canhões, enormes cilindros eram moldados em ferro e depois o canal central era escavado com uma broca. Ao investigar a perfuração durante a fabricação dessas armas de guerra, o conde ficou intrigado com a produção inesgotável de calor:

Estando recentemente encarregado da superintendência de perfuração de canhões, numa oficina de arsenal militar em Munique, fiquei impressionado com o considerável grau de calor que uma peça metálica adquire, em pequeno tempo, sendo perfurada; e com o calor até mais intenso (maior que o da água fervente como comprovei pela experiência) das lascas metálicas originadas pela perfuração.

In: GURGEL, Ivã; PIETROCOLA, Maurício. Idem, 2006. p. 6.

Essa observação contradizia a teoria do calórico: afinal, como esse fluido poderia ser "espremido" de um material constantemente sem nunca acabar?

Não devemos nos esquecer de considerar esta mais remarcável circunstância, na qual a fonte de calor gerada por fricção parecia evidentemente inexaurível. É forçosamente necessário admitir que o que um corpo isolado ou sistema de corpos podia produzir de modo contínuo, sem limitação, não podia ser substância material, e parece-me extremamente difícil, se não impossível, imaginar algo capaz de ser produzido ou comunicado da forma como o calor o foi nestes experimentos, exceto se ele for movimento.

In: GURGEL, Ivã; PIETROCOLA, Maurício. Idem, 2006. p. 8.

Para comprovar sua hipótese, Thompson utilizou dois cavalos para movimentar uma bucha dentro de um canhão contendo 13 L de água, que, em decorrência do atrito, entraram em ebulição depois de cerca de duas horas. Thompson constatou que para cada 1 caloria seria necessário produzir cerca de 5,5 J de trabalho. Trinta e cinco anos depois, o físico britânico James Prescott Joule (1818-1889) conseguiu encontrar o valor de 4,16 J/cal para o equivalente mecânico do calor. O resultado, razoavelmente preciso, fortaleceu a teoria do calor como forma de energia.

QUESTÕES

1. Faça uma síntese das características da teoria vibratória e da teoria do calórico de acordo com a leitura realizada nesta atividade e o estudo deste capítulo.

2. Ao longo da história da Ciência, o calórico foi a única matéria imponderável e sutil utilizada como entidade para explicar fenômenos físicos?

3. Depois de moldados em ferro, os canhões deveriam ser perfurados com brocas bem afiadas. Para validar a teoria do calor como movimento, Thompson conduziu experimentos em que tentava realizar a perfuração do metal com uma broca gasta e espanada. O que você imagina que tenha acontecido? Como explicar o fenômeno observado com base nas duas teorias?

4. Em dias frios, é muito comum as pessoas esfregarem as mãos uma contra a outra para esquentá-las. Explique esse fenômeno de acordo com as duas teorias do calor.

5. Por que o debate sobre a natureza do calor se estendeu por tantos séculos?

CAPÍTULO 7

CALOR E DILATAÇÃO

1. Dilatação

As dimensões dos corpos (objetos metálicos, por exemplo) variam quando eles são aquecidos ou resfriados. Mas essa variação é tão pequena que, na maioria dos casos, não a percebemos. Será que tal mudança pode mesmo ser desconsiderada? (Figuras 7.1 e 7.2).

Vejamos o que acontece com um cabo elétrico de alta-tensão.

Observe que o comprimento dos cabos é maior que a distância entre as torres de alta-tensão. Isso porque eles não estão esticados, mas encurvados, formando uma "barriga" em direção ao solo. Os engenheiros esticariam os cabos e gastariam menos fio se não considerassem a contração. Um raciocínio semelhante vale para o assentamento dos trilhos de trem. Os engenheiros não deixariam um pequeno espaço entre duas barras de metal se não considerassem a dilatação (Figuras 7.3 e 7.4).

Figura 7.1: Na indústria automobilística, os engenheiros devem escolher o tipo de freio a ser empregado visando a um bom desempenho, baixo custo e durabilidade do sistema, de acordo com o projeto e suas limitações. Atualmente, os tipos de freio mais utilizados são o freio a tambor e a disco.

Figura 7.2: Deserto do Atacama, Chile. No intemperismo físico, também chamado intemperismo mecânico, ocorre a dilatação e a contração das rochas por causa da alternância de temperaturas, entre o dia e a noite e no decorrer das estações do ano, e do congelamento da água nas fissuras das rochas. A alternância de volume dos minerais presentes nas rochas torna-as quebradiças. Esse é o principal agente do intemperismo em regiões de clima seco, em que a amplitude térmica é alta. Foto de 2014.

Figuras 7.3 e 7.4: O que aconteceria com os cabos do fio de alta-tensão num dia muito frio? E com os trilhos de trem num dia muito quente?

Entre duas torres de alta-tensão, os cabos têm por volta de 0,5 km de extensão. Como em alguns lugares a temperatura vai de 5 °C (à noite) a 35 °C (durante o dia), a variação dessa dimensão pode chegar a 25 cm. Caso essa alteração não seja prevista, pode ocorrer o rompimento dos cabos elétricos. Mas como os engenheiros chegaram a esse valor? Que propriedades e grandezas foram consideradas?

Neste capítulo, estudaremos como as dimensões dos corpos mudam em função da temperatura. Para facilitar, vamos iniciar nossa discussão pelos corpos que podem ser analisados em apenas uma dimensão, como os fios e as barras.

2. Dilatação linear

Como já vimos no capítulo anterior, quando a temperatura de um corpo se eleva, as partículas que o compõem passam a vibrar mais intensamente, aumentando o espaço entre elas e, consequentemente, o volume. Esse fenômeno é chamado "dilatação". Há uma proporção direta entre essa variação de temperatura e a respectiva dilatação.

Quando, ao contrário, um corpo é resfriado, em geral ocorre a diminuição de suas dimensões. Chamamos isso de "contração".

Nos corpos que podem ser analisados em apenas uma dimensão (um fio de metal, por exemplo), do que depende a dilatação?

> **Explorando o assunto**
>
> Considere dois pedaços de fio de cobre, um com 1 m e outro com 10 m, que sofrem a mesma variação de temperatura. Qual vai se dilatar mais?
>
> Por serem constituídos do mesmo material (cobre), os átomos de ambos os fios deverão se afastar uns dos outros ao serem submetidos à mesma variação de temperatura. Porém, como no fio de 10 m há um número maior de átomos, estes "criarão" um espaçamento total relativamente maior em relação ao fio de 1 m. Então, o fio de 10 m deve se dilatar bem mais que o de 1 m (Figura 7.5).
>
>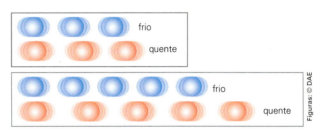
>
> **Figura 7.5:** Representação da dilatação de fios de diferentes comprimentos ao sofrerem a mesma variação de temperatura.

Por serem diferentes entre si, as estruturas internas dos materiais permitem maior ou menor dilatação quando submetidas a uma mesma variação de temperatura. A grandeza física que mede quanto os corpos se dilatam em função da temperatura é o **coeficiente de dilatação**. No caso dos fios e das barras, isto é, corpos que têm uma dimensão (comprimento) muito maior que as outras (largura e altura), utiliza-se o **coeficiente de dilatação linear** (α). A Tabela 7.1 mostra algumas substâncias e seus respectivos coeficientes de dilatação linear.

O coeficiente de dilatação linear de uma substância informa quanto sua unidade de comprimento (1 m, 1 cm ou 1 km) se dilata ao sofrer variação de temperatura de 1 °C. Por isso sua unidade de medida é dada por $\frac{1}{°C}$, ou $°C^{-1}$. Por exemplo, considerando que o coeficiente de dilatação linear do aço é $1,5 \cdot 10^{-5}\ °C^{-1}$, sabemos que 1 m de um fio de aço se dilata $1,5 \cdot 10^{-5}$ m (0,000015 m = = 0,015 mm) para cada variação de 1 °C.

Tabela 7.1: Coeficiente de dilatação linear de diferentes substâncias

Substância	Coeficiente de dilatação linear (α em $°C^{-1}$)
aço	$1,5 \cdot 10^{-5}$
latão	$1,8 \cdot 10^{-5}$
alumínio	$2,3 \cdot 10^{-5}$
cobre	$1,7 \cdot 10^{-5}$
ferro	$1,2 \cdot 10^{-5}$
níquel	$1,3 \cdot 10^{-5}$
chumbo	$2,9 \cdot 10^{-5}$
vidro comum	$0,9 \cdot 10^{-5}$
vidro refratário	$0,3 \cdot 10^{-5}$

Fonte: <www.webelements.com>. Acesso em: 12 out. 2015.

> **Explorando o assunto**
>
> Quando submetidos à mesma variação de temperatura, o que dilata mais: 1 m de fio de cobre ou 1 m de fio de alumínio?

Exercícios resolvidos

1. Um fio de cobre de 10 m se dilata 0,2 mm quando sujeito a certa variação de temperatura. Se outro fio do mesmo material, mas com 30 m, sofrer a mesma variação de temperatura, qual será sua dilatação?

   Como a dilatação é diretamente proporcional ao comprimento inicial, um fio de comprimento inicial três vezes maior sofrerá uma dilatação três vezes maior, ou seja, 0,6 mm.

2. Certa barra metálica se dilata 0,5 mm quando sujeita a uma variação de 300 °C em sua temperatura. Quantos milímetros ela deverá se dilatar se for exposta a uma variação de 600 °C?

   Como a dilatação é proporcional à variação de temperatura e a temperatura da segunda situação é o dobro da temperatura da primeira, a dilatação da barra também será o dobro: 1,0 mm.

Exercícios propostos

1. Um fio metálico de 5,0 m de comprimento é submetido a certa variação de temperatura e se dilata 0,15 mm. Outro fio do mesmo metal, mas de 25 m de comprimento, é submetido à mesma variação de temperatura. Qual será a dilatação sofrida por ele?

2. Duas barras metálicas, uma de ferro e outra de alumínio, têm o mesmo comprimento à temperatura ambiente. Ambas são colocadas num mesmo forno e aquecidas a uma mesma temperatura. Retiradas do forno, observa-se uma dilatação x na barra de ferro. Determine, em função de x, a dilatação experimentada pela barra de alumínio. Consulte a Tabela 7.1, de coeficientes de dilatação linear.

3. No verão, o trilho de trem de certa estrada de ferro sofre uma dilatação de 5,0 mm quando a temperatura varia de 15 °C para 35 °C, da noite para o dia. No outono, a temperatura varia de 5 °C para 15 °C. Qual é a dilatação experimentada por esse trilho durante o outono?

2.1. Modelizando a dilatação linear

A diferença de comprimentos que um fio apresenta quando submetido a uma variação de temperatura (ΔT) é a dilatação linear (ΔL). Consideremos duas situações, uma antes e outra depois do aquecimento de um fio de comprimento inicial L_0 (Figura 7.6).

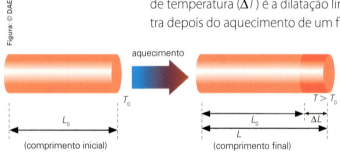

Figura 7.6: Representação do fio antes e depois do aquecimento. Ilustração sem escala; cores-fantasia.

Para analisarmos essas duas situações, devemos levar em conta que a dilatação linear depende de três variáveis:

I. Variação da temperatura: a dilatação linear (ΔL) de um corpo é diretamente proporcional à variação de temperatura (ΔT) a que ele está submetido. Em linguagem matemática, escrevemos:

$$\Delta L \propto \Delta T$$

II. Comprimento: a dilatação linear (ΔL) de um corpo é diretamente proporcional a seu comprimento inicial (L_0). Em linguagem matemática, escrevemos:

$$\Delta L \propto L_0$$

III. Tipo de material: essa dependência é representada pelo coeficiente de dilatação linear. A dilatação (ΔL) de um corpo é diretamente proporcional a seu coeficiente de dilatação linear (α). Em linguagem matemática, escrevemos:

$$\Delta L \propto \alpha$$

Assim, concluímos que a dilatação linear (ΔL) é diretamente proporcional ao comprimento inicial (L_0), à variação da temperatura (ΔT) e ao coeficiente de dilatação linear (α).

$$\Delta L = \alpha \cdot L_0 \cdot \Delta T$$

Exercícios resolvidos

1. Voltemos ao caso dos cabos de alta-tensão que discutimos no início deste capítulo. Vimos que seu comprimento pode sofrer variações de cerca de 25 cm em função da variação de temperatura. Vamos conferir tal valor?
Podemos assumir os seguintes valores:
• comprimento inicial (L_0): 0,5 km = 500 m = $5 \cdot 10^2$ m;
• coeficiente de dilatação linear (α) do cobre: $1,7 \cdot 10^{-5}\,°C^{-1}$;
• variação de temperatura (ΔT): 30 °C (de 5 °C em uma noite de inverno a 35 °C em um dia de verão).
Usando a expressão da dilatação linear, podemos calcular diretamente esse valor:
$\Delta L = \alpha \cdot L_0 \cdot \Delta T$
$\Delta L = 1,7 \cdot 10^{-5} \cdot 5 \cdot 10^2 \cdot 30 = 0,255$ m = 25,5 cm
Com esse resultado, podemos afirmar que, se os cabos de alta tensão fossem montados esticados no verão, ao se contraírem com a queda de temperatura do inverno, acabariam se rompendo.

2. Para ter uma ideia de quanto se dilata um fio metálico, observe o gráfico que ilustra a dilatação de uma barra exposta a uma variação de temperatura de 80 °C.

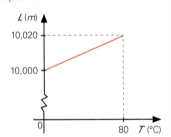

Nesse intervalo, seu comprimento aumenta de 10,000 m para 10,020 m, ou seja, sua dilatação é de 0,02 m (2,0 cm). Qual é o coeficiente de dilatação linear? De que material é feito o fio?
Do enunciado, temos: $L_0 = 10$ m; $\Delta L = 0,02$ m e $\Delta T = 80$ °C.
Pela expressão da dilatação linear, obtemos:
$\Delta L = \alpha \cdot L_0 \cdot \Delta T$
$\alpha = \dfrac{\Delta L}{L_0 \cdot \Delta T} = \dfrac{0,020}{10 \cdot 80} = \dfrac{2 \cdot 10^{-2}}{8 \cdot 10^2} = 2,5 \cdot 10^{-5}\,°C^{-1}$
Consultando a Tabela 7.1, de coeficientes de dilatação, o valor obtido nos leva à conclusão de que o fio pode ser de alumínio.

3. Uma barra de ferro ($\alpha_{Fe} = 1,2 \cdot 10^{-5}\,°C^{-1}$) mede 4,0 m a 0 °C. Nessa mesma temperatura, outra barra metálica mede 4,4 m. Sabe-se que, ao serem igualmente aquecidas, essas barras mantêm a diferença constante entre seus comprimentos. Qual será o valor do coeficiente de dilatação linear da segunda barra?

Se as barras mantêm constante a diferença entre seus comprimentos, isso indica que suas dilatações são iguais: $\Delta L_{Fe} = \Delta L_x$.
$\Delta L_{Fe} = \Delta L_x$
$L_{0Fe} \cdot \alpha_{Fe} \cdot \Delta T = L_{0X} \cdot \alpha_x \cdot \Delta T$
$4 \cdot 1,2 \cdot 10^{-5} = 4,4 \cdot \alpha_x \Rightarrow \alpha_x = \dfrac{4,8 \cdot 10^{-5}}{4,4} = 1,1 \cdot 10^{-5}\,°C^{-1}$

Analisando a Tabela 7.1, de valores dos coeficientes de dilatação, o resultado nos leva à conclusão de que provavelmente a barra x é feita de aço.

4. O pirômetro é um instrumento que serve para medir dilatações em fios ou barras. Esse instrumento indica aumento de 1% no comprimento de uma barra em relação a seu comprimento inicial. Sabe-se que tal barra se encontrava a uma temperatura inicial de 20 °C e foi introduzida em um forno. Se o coeficiente de dilatação linear do material da barra vale $12 \cdot 10^{-6}\,°C^{-1}$, determine a temperatura do forno.

A dilatação da barra é de 1% de seu comprimento inicial, ou seja:

$\Delta L = 1\% L_0 = \dfrac{1}{100} L_0$

Logo, podemos escrever:

$\Delta L = \alpha \cdot L_0 \cdot \Delta T$

$\dfrac{1}{100} L_0 = \alpha \cdot L_0 \cdot \Delta T$

$\dfrac{1}{100} = 12 \cdot 10^{-6} \Delta T \Rightarrow \Delta T = \dfrac{1}{100 \cdot 12 \cdot 10^{-6}} = 833$ °C

A temperatura do forno era de 853 °C.

Exercícios propostos

1. Um encanamento de cobre de 15 m de comprimento é usado para levar água quente do pavimento térreo para o quinto andar de um edifício. Se a temperatura da água variar de 20 °C para 80 °C, qual será a dilatação ocorrida nesse encanamento? (Dado: $\alpha_{Cu} = 1,7 \cdot 10^{-5}\,°C^{-1}$.)

2. Um cabo de alumínio ($\alpha_{A\ell} = 2,2 \cdot 10^{-5}\,°C^{-1}$) de 150 m de comprimento é preso entre dois postes num dia em que a temperatura é 35 °C. Quanto ele se contrairá quando a temperatura baixar para 20 °C?

3. Um agrimensor usa uma trena de aço ($\alpha_{aço} = 1,2 \cdot 10^{-5}\,°C^{-1}$) de 100 m de comprimento a 20 °C. Qual deve ser seu comprimento a 10 °C?

4. O gráfico ilustra o comportamento de uma barra metálica durante seu aquecimento.

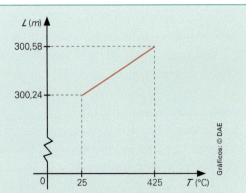

Observa-se que, durante esse aquecimento, não ocorre mudança de estado físico na barra. Determine o coeficiente de dilatação linear do material de que é feita a barra.

Calor e dilatação Capítulo 7 155

3. Dilatação superficial

> **Explorando o assunto**
>
> Você já deve ter visto um copo de vidro quebrar quando é colocado nele um líquido muito quente. Por que devemos utilizar o vidro refratário para o aquecimento de alimentos?

E as chapas, elas se dilatam como os fios?

Em nosso dia a dia, aquecemos a tampa metálica dos potes de conserva que não conseguimos abrir para afrouxá-las. Essa artimanha doméstica está associada à dilatação da superfície metálica.

Considere uma chapa metálica de **coeficiente de dilatação superficial** β e área inicial S_0 que, ao passar por uma variação de temperatura ΔT, sofre uma dilatação superficial ΔS (Figura 7.7).

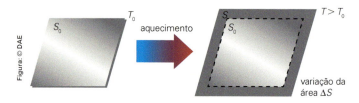

Figura 7.7: Nas ilustrações sobre a dilatação dos corpos, por razões didáticas, o aumento da dimensão do corpo sempre é exagerado em relação ao efeito real.

A dedução de uma lei física para representar a dilatação superficial segue a mesma linha de raciocínio das etapas desenvolvidas para a expressão da dilatação linear. Matematicamente, a dilatação superficial dos materiais pode ser assim expressa:

$$\Delta S = \beta \cdot S_0 \cdot \Delta T$$

Podemos obter o coeficiente de dilatação superficial por meio do coeficiente de dilatação linear de um corpo. No caso da área, consideramos duas medidas de comprimento (altura e largura), logo:

$$\beta = 2 \cdot \alpha$$

Explorando o assunto

Se levarmos ao fogo uma chapa de alumínio com um orifício no centro, o furo aumentará ou diminuirá?

Vamos imaginar essa chapa de alumínio sendo aquecida. Sabemos que os átomos de alumínio, ao vibrarem mais acentuadamente, ocupam mais espaço, tornando a área da chapa maior.

Agora imaginemos que recortamos um disco, que permanecerá encaixado na região central da chapa (Figura 7.8). Ao aquecermos o objeto, o disco não deve ficar nem mais apertado nem mais folgado em relação à chapa.

Seguindo os passos de nosso experimento, vamos imaginar que tiramos o disco do centro da chapa, deixando ali um orifício, e aquecemos a chapa novamente (Figura 7.9). Os átomos, ao passarem para um estado de maior vibração, ficarão mais afastados entre si. Nessa situação, os átomos próximos da borda do orifício "deixam" espaços livres, que vão sendo preenchidos pelos átomos mais interiores. Desse modo, a tendência do contorno do orifício também é aumentar. Ou seja, ele se dilata, comportando-se como o disco metálico.

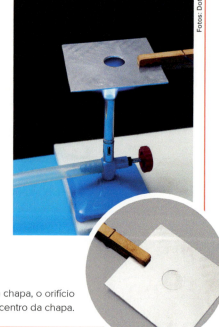

Figuras 7.8 e 7.9: Ao aquecermos a chapa, o orifício dilata-se como o disco retirado do centro da chapa.

Exercícios resolvidos

1. Imagine um disco circular de área 1,0 m² a 0 °C, feito de ebonite. A ebonite é um material semelhante ao plástico e de coeficiente de dilatação linear $8 \cdot 10^{-7}\ °C^{-1}$. Se esse disco for aquecido até 10 °C e então até 60 °C, qual será o aumento em sua área?

   Para começar a resolver essa questão, é preciso lembrar que o coeficiente de dilatação a ser usado é o superficial, que vale o dobro do linear. Portanto:
   $\beta = 2 \cdot \alpha = 2 \cdot 8 \cdot 10^{-7} = 16 \cdot 10^{-7}\ °C^{-1}$
   Então, o aumento na área será dado por:
   $\Delta S = \beta \cdot S_0 \cdot \Delta T = 16 \cdot 10^{-7} \cdot 1,0 \cdot 50 = 800 \cdot 10^{-7}\ m^2 =$
   $= 8 \cdot 10^{-5}\ m^2 = 0,8\ cm^2$

2. Uma chapa de alumínio ($\alpha_{A\ell} = 22 \cdot 10^{-6}\ °C^{-1}$), a 10 °C, tem um orifício central circular de 2,0 cm de diâmetro. Qual será o aumento percentual na área desse orifício se a chapa for aquecida a 510 °C?

   Mais uma vez é necessário o uso do coeficiente de dilatação superficial (β):
   $\beta = 2 \cdot \alpha = 2 \cdot 22 \cdot 10^{-6} = 44 \cdot 10^{-6}\ °C^{-1}$
   A área inicial do orifício será dada por $S_0 = \pi \cdot r^2$, em que r é o raio do orifício. A dilatação do orifício se dá como se ele não existisse, isto é, como se ele fosse feito do próprio alumínio.
   $S_0 = \pi \cdot r^2 = \pi \cdot 1^2 = \pi\ cm^2$
   O aumento da área do orifício, por causa da dilatação, é dado pela expressão:
   $\Delta S = \beta \cdot S_0 \cdot \Delta T = 44 \cdot 10^{-6} \cdot \pi \cdot 500 = 0,022 \cdot \pi =$
   $= 2,2 \cdot 10^{-2} \cdot \pi\ cm^2$
   Então, o aumento percentual da área do orifício será dado por:
   $\dfrac{\Delta S}{S_0} = \dfrac{2,2 \cdot 10^{-2} \cdot \pi}{\pi} = 2,2 \cdot 10^{-2} = 0,022 = 2,2\%$

Exercícios propostos

1. A 0 °C, uma placa pouco espessa tem área de 2,000 m². Ao ser aquecida até 50 °C, sua área aumenta para 2,004 m². Calcule os coeficientes de dilatação linear e superficial do material dessa placa.

2. Calcule a área final de uma placa retangular que mede 2,00 m por 1,50 m a 15 °C, feita de latão ($\alpha = 1,8 \cdot 10^{-5}\ °C^{-1}$), quando aquecida a 468 °C.

3. Um disco circular feito de zinco ($\alpha = 2,6 \cdot 10^{-5}\ °C^{-1}$) tem área de 31,4 cm² a 25 °C. Determine o aumento percentual de sua área quando submetido a uma elevação de 250 °C em sua temperatura. Considere $\pi = 3,14$.

4. Uma placa quadrada de aço, de 50 cm de lado, tem uma abertura central, também quadrada, de 10 cm de lado a 25 °C. Qual será a área da abertura quando a placa for aquecida a 125 °C? Consulte a Tabela 7.1, de coeficientes de dilatação, no início deste capítulo.

5. Qual será o aumento percentual da área de um orifício feito numa placa de alumínio cuja área é 25 cm² a 20 °C quando aquecida a 225 °C? (Dado: $\alpha_{A\ell} = 2,4 \cdot 10^{-5}\ °C^{-1}$.)

6. O tampo circular de uma mesa é feito de ferro ($\alpha = 1,2 \cdot 10^{-5}\ °C^{-1}$) e tem 1,0 m de raio. Em seu centro há um orifício, também circular, de 2,0 cm de raio. Essas medidas foram efetuadas a 15 °C. A mesa é exposta ao sol, num dia de verão, e sua temperatura alcança os 55 °C. Determine a relação entre as dilatações observadas no tampo da mesa e no orifício dela. (Dado: área de círculo = $\pi \cdot r^2$.)

4. Dilatação volumétrica

O que dizer dos objetos em que as três dimensões são significativas?

Utilizamos os fios de alta-tensão para exemplificar o estudo da dilatação linear e mencionamos as tampas metálicas dos potes de conserva quando tratamos da dilatação superficial. Ou seja, levamos em conta a dilatação de uma dimensão (comprimento) e depois de duas (área da superfície) das dimensões de um sólido. No entanto, nos corpos sólidos, a dilatação é observada em três dimensões.

Um experimento que pode ser usado para comprovar a dilatação volumétrica de um sólido é o *anel de Gravesande* (Figura 7.10). Esse dispositivo é formado por uma esfera metálica (às vezes suspensa ou presa a uma haste) e um anel. Em temperatura ambiente, a esfera passa através do orifício. No entanto, se ela sofre variação de temperatura, dilata e não passa mais pelo anel.

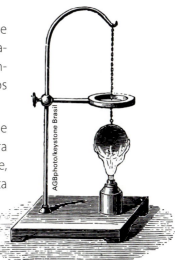

Figura 7.10: Instrumento idealizado pelo matemático e físico holandês Willem Jacob's Gravesande (1688-1742).

LEMBRETE:
A unidade de todos os coeficientes de dilatação (α, β e γ) é expressa pelo inverso da unidade de temperatura: °C⁻¹.

Pode-se obter o valor da dilatação volumétrica ΔV de um sólido (Figura 7.11) utilizando a expressão que relaciona o tipo de material, representado pelo **coeficiente de dilatação volumétrica γ**, por seu volume inicial V_0 e pela variação de temperatura ΔT sofrida por um sólido:

$$\Delta V = \gamma \cdot V_0 \cdot \Delta T$$

O coeficiente de dilatação volumétrica γ é aproximadamente igual ao triplo do coeficiente de dilatação linear α, ou seja: $\gamma = 3\alpha$.

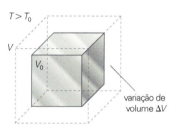

Figura 7.11: Representação do sólido antes e depois do aquecimento.

Exercício resolvido

Qual é o aumento observado no volume de um cubo maciço de ferro cujas arestas medem 5,0 cm a 25 °C se ele é aquecido a 625 °C?

O volume inicial do cubo é dado pelo produto das três arestas:
$V_0 = L^3 = 5^3 = 125$ cm³
O coeficiente de dilatação volumétrica do ferro pode ser obtido pelo coeficiente de dilatação linear na tabela do início do capítulo. Assim:
$\gamma = 3 \cdot \alpha = 3 \cdot 1,2 \cdot 10^{-5} = 3,6 \cdot 10^{-5}$ °C⁻¹
Então, a dilatação do cubo será dada por:
$V = \gamma V_0 T$
$V = 3,6 \cdot 10^{-5} \cdot 125 \cdot 600 = 2,7 \cdot 10^{-1}$ cm³ $= 0,27$ cm³

Exercícios propostos

1. Determine o aumento que ocorre no volume de um paralelepípedo de aço, de dimensões 10 × 15 × 50 cm a 15 °C, ao ser aquecido a 265 °C. (Dado: $\alpha_{aço} = 1,5 \cdot 10^{-5}$ °C⁻¹.)

2. O raio de uma esfera feita de liga de aço mede 4,0 cm a 10 °C. Determine a dilatação térmica volumétrica sofrida por essa esfera se sua temperatura for elevada para 260 °C. (Dados: volume da esfera $= \frac{4}{3}\pi r^3$; $\alpha_{liga\,de\,aço} = 1,2 \cdot 10^{-5}$ °C⁻¹.)

3. Calcule a variação percentual do volume de uma esfera de aço quando sua temperatura aumenta de 25 °C para 225 °C. (Dado: $\alpha_{aço} = 1,5 \cdot 10^{-5}$ °C⁻¹.)

5. Dilatação dos líquidos

De início, é preciso lembrar que, na maioria dos casos que estudaremos, os líquidos não apresentam forma própria, ou seja, caracterizam-se por possuir a forma do recipiente em que estão contidos. Sendo assim, não faz sentido estudar a dilatação linear ou superficial, e sim a dilatação volumétrica do recipiente e do líquido nele contido.

Nesta descrição também é relevante compararmos os valores dos coeficientes de dilatação volumétrica dos sólidos e dos líquidos (veja a tabela a seguir). Por exemplo, enquanto o ferro dilata $3,6 \cdot 10^{-6}$ cm³ para cada 1 cm³ e 1 °C de variação de temperatura, o álcool dilata $11,2 \cdot 10^{-4}$ cm³ nas mesmas condições. Apesar de as duas dilatações serem pequenas, o álcool se dilata cerca de 300 vezes mais que o metal, por ter o coeficiente de dilatação volumétrica maior (Tabela 7.2).

Tabela 7.2: Coeficiente de dilatação real volumétrica de diferentes substâncias no estado líquido.	
Substância	Coeficiente de dilatação real volumética de líquidos ($\gamma_{líq}$ em °C^{-1})
mercúrio	$1,8 \cdot 10^{-4}$
glicerina	$4,9 \cdot 10^{-4}$
petróleo	$8,99 \cdot 10^{-4}$
terebintina	$9,0 \cdot 10^{-4}$
álcool etílico	$11,2 \cdot 10^{-4}$
metanol	$11,3 \cdot 10^{-4}$
acetona	$13,2 \cdot 10^{-4}$

Fonte: KELLER, F. J.; GETTYS, W. E.; SKOVE, M. J. *Física*. 2. ed. São Paulo: Makron Books do Brasil, 1999. v. 2.

Explorando o assunto

Para construir um termômetro meteorológico, que substância você utilizaria para obter uma maior precisão do instrumento: mercúrio ou álcool?

Se o intervalo, de temperatura ΔT não for muito grande, podemos determinar a dilatação sofrida pelo líquido seguindo as mesmas regras estudadas para os sólidos. Sendo assim:

$$\Delta V = \gamma_{líq} \cdot V_0 \cdot \Delta T$$

em que $\gamma_{líq}$ representa o coeficiente de dilatação volumétrica do líquido; V_0, o volume inicial e ΔV, a variação desse volume, ou seja, sua **dilatação volumétrica real**.

Precisamos especificar que se trata da dilatação volumétrica **real** de um líquido porque os líquidos sempre estão contidos em recipiente sólido que também sofre dilatação quando aquecido. No entanto, a dilatação térmica dos líquidos é, em geral, bem maior que a dos sólidos.

Consideremos um frasco completamente preenchido com um líquido e submetido a um aumento de temperatura ΔT, conforme ilustrado na Figura 7.12. Por causa da dilatação térmica sofrida pelo líquido, este extravasa e é recolhido em um recipiente que está junto dele. O volume que transborda do recipiente original recebe o nome de **dilatação aparente** (ΔV_{ap}). Dizemos que tal extravasamento é aparente, uma vez que o recipiente também dilatou.

Suponha que 3 cm³ (ΔV_{ap}) de líquido tenha extravasado e que o recipiente tenha sofrido uma dilatação de 1 cm³ (ΔV_{rec}). Nessas condições, o aumento real do volume do líquido foi de 4 cm³, que seria o volume transbordado se o recipiente não tivesse se dilatado. A dilatação real sofrida pelo líquido é igual à soma da dilatação aparente do líquido e da dilatação real do recipiente:

$$\Delta V = \Delta V_{ap} + \Delta V_{rec}$$

As equações que exprimem as dilatações referidas são:

$\Delta V = \gamma_{líq} \cdot V_0 \cdot \Delta T \rightarrow$ dilatação real do líquido

$\Delta V_{ap} = \gamma_{ap} \cdot V_0 \cdot \Delta T \rightarrow$ dilatação aparente do líquido

$\Delta V_{rec} = \gamma_{rec} \cdot V_0 \cdot \Delta T \rightarrow$ dilatação real do recipiente

Comparando as expressões, temos:

$$\gamma_{líq} \cdot V_0 \cdot \Delta T = \gamma_{ap} \cdot V_0 \cdot \Delta T + \gamma_{rec} \cdot V_0 \cdot \Delta T$$

Portanto, o coeficiente de dilatação real do líquido é igual à soma dos coeficientes de dilatação aparente do líquido e real do recipiente:

$$\gamma_{líq} = \gamma_{ap} + \gamma_{rec}$$

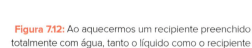

Figura 7.12: Ao aquecermos um recipiente preenchido totalmente com água, tanto o líquido como o recipiente dilatam. O líquido extravasa porque, em geral, tem maior coeficiente de dilatação que os sólidos.

Calor e dilatação Capítulo 7 159

Explorando o assunto

Você já deve ter visto em filmes que é prática comum em lagos congelados a pesca no gelo nas regiões polares (ou próximas a elas). Isso exige que se abra um buraco na superfície de gelo para ter acesso à água líquida e aos peixes (Figura 7.13). Uma pergunta intrigante que pode ser feita é: por que alguns lagos localizados em regiões com invernos rigorosos congelam de cima para baixo?

Figura 7.13: O maior campeonato de pesca no gelo acontece em janeiro, em Minnesota (Estados Unidos). Cerca de 30 mil buracos são feitos no Gull Lake.

Para a maioria das substâncias, uma queda de temperatura implica diminuição de volume. Para a água, não funciona exatamente assim. Se pusermos 1 L de água no congelador, à medida que ela esfria, seu volume diminui. Mas, de 4 °C a 0 °C, a água apresenta um comportamento anômalo: o volume aumenta com a diminuição da temperatura.

Dessa forma, ao cristalizar-se, a água aumenta de volume. Ou seja, ao passar de um estado em que as moléculas estão em movimento desordenado para outro mais organizado, suas moléculas dispõem-se de forma a ocupar mais espaço (Figura 7.14). Esse comportamento irregular da água apresenta uma série de consequências, como o congelamento da superfície de lagos em países muito frios.

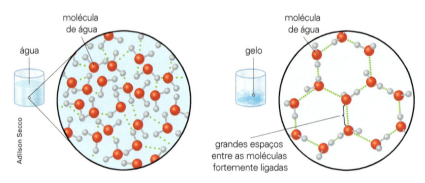

Figura 7.14: As moléculas de água no estado líquido (com movimento desordenado) ocupam um espaço menor em relação ao mesmo volume de água no estado sólido. Nesse estado, as ligações de hidrogênio (pontes de hidrogênio) mantêm as moléculas separadas.

Todos os fluidos (líquidos e gasosos) trocam calor por meio do movimento de convecção de suas moléculas. Esse mesmo tipo de movimento acontece com a água de um lago com superfície resfriada por causa do frio externo. As moléculas da superfície resfriam-se, diminuindo de volume, e sua densidade, portanto, aumenta. Por ser mais densa, essa porção de água desce ao fundo do lago, subindo para a superfície outras porções de água menos densas, e assim as moléculas vão se resfriando. Com o passar do tempo, o conjunto das moléculas da água do lago vai se aproximando da temperatura ambiente (Figura 7.15).

Surge, então, um detalhe. Quando a água atinge 4 °C, o movimento de convecção é interrompido. Vejamos: ao passar de 4 °C para 0 °C, o volume das moléculas da água aumenta em vez de diminuir, como vinha acontecendo ao longo de todo o resfriamento. Se o volume aumenta, a densidade das moléculas da superfície do lago diminui. Portanto, as porções de água resfriadas ficam na superfície e não afundam mais.

Enquanto isso, a temperatura do restante da água no interior do lago continua próxima de 4 °C. Assim, por ficar em contato com o meio externo, as águas da superfície vão esfriando até congelarem. Isso forma uma camada de gelo sobre a água líquida no interior do lago. Essa camada funciona a partir desse momento como isolante térmico entre a água do fundo do lago e o ambiente exterior.

É por por esse capricho da natureza que os lagos não congelam totalmente, conservando intactas a fauna e a flora de seu interior.

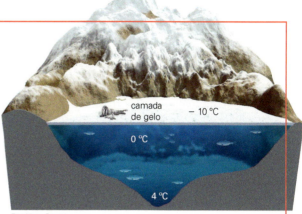

Dawidson França

Figura 7.15: Esquema de um lago que congela depois que cessa o movimento de convecção e uniformiza a temperatura em seu interior.

Exercício resolvido

Um frasco de vidro ($\alpha_{vi} = 0,8 \cdot 10^{-5}$ °C^{-1}), com capacidade para 500 mL a 20 °C, é completamente preenchido com um líquido de coeficiente de dilatação volumétrica $4,0 \cdot 10^{-4}$ °C^{-1}. Determine o volume de líquido que extravasa quando o conjunto é aquecido a 120 °C.

O volume extravasado é a dilatação aparente do líquido:

$\Delta V = \Delta V_{ap} + \Delta V_{rec}$

$\Delta V_{ap} = \Delta V - \Delta V_{rec}$

$\Delta V_{ap} = \gamma_{liq} \cdot V_0 \cdot \Delta T - \gamma_{rec} \cdot V_0 \cdot \Delta T$

$\Delta V_{ap} = \gamma_{liq} \cdot V_0 \cdot \Delta T - 3 \cdot \alpha_{vi} \cdot V_0 \cdot \Delta T$

$\Delta V_{ap} = V_0 \cdot \Delta T \cdot (\gamma_{liq} - 3 \cdot \alpha_{vi}) = 500 \cdot 100 \cdot (4,0 \cdot 10^{-4} - 3 \cdot 0,8 \cdot 10^{-5}) =$

$= 5 \cdot 10^4 \cdot (40 \cdot 10^{-5} - 2,4 \cdot 10^{-5}) = 5 \cdot 10^4 \cdot 37,6 \cdot 10^{-5} = 5 \cdot 37,6 \cdot 10^{-1} = 18,8$ mL

Explorando o assunto

Por que uma garrafa de refrigerante esquecida no congelador explode?

Exercícios propostos

1. Uma garrafa de vidro ($\alpha_{vi} = 0,8 \cdot 10^{-5}$ °C^{-1}) tem capacidade para 1,0 L a 15 °C e está completamente cheia com um líquido de coeficiente de dilatação real $2,0 \cdot 10^{-4}$ °C^{-1}. Se o conjunto for aquecido até 165 °C, qual será o volume de líquido transbordado?

2. Um tubo de ensaio de vidro ($\alpha_{vi} = 0,9 \cdot 10^{-5}$ °C^{-1}), com capacidade de 100 mL a certa temperatura inicial, é preenchido até determinado nível com mercúrio ($\gamma_{Hg} = 1,8 \cdot 10^{-4}$ °C^{-1}) também nessa temperatura. Observa-se que o volume da parte vazia não se altera quando é alterada a temperatura do conjunto. Determine o volume inicial do mercúrio nessas condições.

3. Determine o coeficiente de dilatação real do líquido que, ao preencher completamente um frasco de vidro de 250 mL de capacidade ($\alpha_{vi} = 1,0 \cdot 10^{-5}$ °C^{-1}), a 20 °C, extravasa 5,0 mL ao ser aquecido a 100 °C.

4. (Cesgranrio-RJ) Um petroleiro recebe uma carga de 1 milhão de barris de petróleo ($1,0 \cdot 10^5$ m³) no Golfo Pérsico, a uma temperatura de aproximadamente 50 °C. Qual a perda de volume, por efeito de contração térmica, que esta carga apresenta quando descarregada no Sul do Brasil, a uma temperatura de cerca de 20 °C? O coeficiente de dilatação térmica do petróleo é aproximadamente igual a $1,0 \cdot 10^{-3}$ °C^{-1}.

a) 3 barris   d) 3 000 barris
b) 30 barris   e) 30 000 barris
c) 300 barris

5. (UPM-SP) Uma chapa metálica de área 1 m², ao sofrer certo aquecimento, dilata-se 0,36 mm². Com a mesma variação de temperatura, um cubo de mesmo material, com volume inicial de 1 dm³, dilatará:

a) 0,72 mm³   c) 0,36 mm³   e) 0,18 mm³
b) 0,54 mm³   d) 0,27 mm³

Calor e dilatação **Capítulo 7** 161

Exercícios finais

1. (ITA-SP) Você é convidado a projetar uma ponte metálica, cujo comprimento será de 2,0 km. Considerando os efeitos de contração e expansão térmica para temperaturas no intervalo de −40 °F a 110 °F e o coeficiente de dilatação linear do metal de $12 \cdot 10^{-6}$ °C^{-1}, qual a máxima variação esperada no comprimento da ponte? (O coeficiente de dilatação linear é constante no intervalo de temperatura considerado.)

   a) 9,3 m
   b) 2,0 m
   c) 3,0 m
   d) 0,93 m
   e) 6,5 m

2. (Cesgranrio-RJ) O comprimento L de uma barra de latão varia, em função da temperatura θ, segundo o gráfico a seguir.

   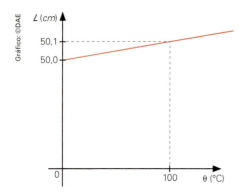

   Assim, o coeficiente de dilatação linear do latão, no intervalo de 0 °C a 100 °C, vale:

   a) $2,0 \cdot 10^{-5}$ °C^{-1}
   b) $5,0 \cdot 10^{-5}$ °C^{-1}
   c) $1,0 \cdot 10^{-4}$ °C^{-1}
   d) $2,0 \cdot 10^{-4}$ °C^{-1}
   e) $5,0 \cdot 10^{-4}$ °C^{-1}

3. Duas barras metálicas são tais que a diferença entre seus comprimentos, em qualquer temperatura, é igual a 3 cm. Sendo os coeficientes de dilatação linear médios $15 \cdot 10^{-6}$ °C^{-1} e $20 \cdot 10^{-6}$ °C^{-1}, determine o comprimento de cada barra a 0 °C.

4. A que temperatura devemos aquecer o conjunto formado por uma esfera de aço de raio 10,05 cm e um anel de alumínio de raio 10,00 cm para que a esfera passe pelo orifício do anel? (Dados: temperatura inicial do conjunto $t_0 = 25$ °C; $\alpha_{aço} = 12 \cdot 10^{-6}$ °C^{-1}; $\alpha_{A\ell} = 22 \cdot 10^{-6}$ °C^{-1}. Considere somente as dilatações em uma direção.)

5. (Unirio-RJ) A figura a seguir representa uma lâmina bimetálica. O coeficiente de dilatação linear do metal A é a metade do coeficiente de dilatação linear do metal B. À temperatura ambiente, a lâmina está na vertical.

   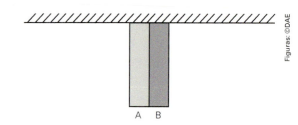

   Se a temperatura for aumentada em 200 °C, a lâmina:

   a) continuará na vertical.
   b) curvará para a frente.
   c) curvará para trás.
   d) curvará para a direita.
   e) curvará para a esquerda.

6. (Fuvest-SP) Uma lâmina bimetálica de bronze e ferro, na temperatura ambiente, é fixada por uma de suas extremidades, como visto na figura.

   Nessa situação, a lâmina está plana e horizontal. A seguir, ela é aquecida por uma chama de gás. Após algum tempo de aquecimento, a forma assumida pela lâmina será mais adequadamente representada pela figura:
   (Dados: coeficiente de dilatação linear do ferro $= 1,2 \cdot 10^{-5}$ °C^{-1}; coeficiente de dilatação linear do bronze $= 1,8 \cdot 10^{-5}$ °C^{-1}; após o aquecimento, a temperatura da lâmina é uniforme.)

   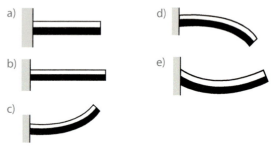

7. (Fuvest-SP) Para ilustrar a dilatação dos corpos, um grupo de estudantes apresenta, em uma feira de ciências, o instrumento esquematizado na figura.

   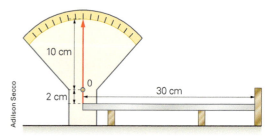

Nessa montagem, uma barra de alumínio com 30 cm de comprimento está apoiada sobre dois suportes, tendo uma extremidade presa ao ponto inferior do ponteiro indicador e a outra encostada num anteparo fixo. O ponteiro pode girar livremente em torno do ponto O, sendo que o comprimento de sua parte superior é 10 cm e o da inferior, 2 cm. Se a barra de alumínio, inicialmente à temperatura de 25 °C, for aquecida a 225 °C, o deslocamento da extremidade superior do ponteiro será, aproximadamente, de: (Dado: coeficiente de dilatação linear do alumínio = $= 2 \cdot 10^{-5}\ °C^{-1}$.)

a) 1 mm
b) 3 mm
c) 6 mm
d) 12 mm
e) 30 mm

8. (Cesgranrio-RJ) Uma rampa para saltos de asa-delta é construída de acordo com o esquema que se segue. A pilastra de sustentação II tem, a 0 °C, comprimento três vezes maior do que a I. Os coeficientes de dilatação de I e II são, respectivamente, α_I e α_{II}.

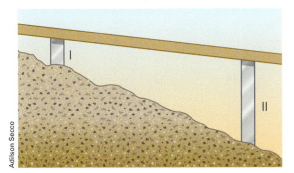

Para que a rampa mantenha a mesma inclinação a qualquer temperatura, é necessário que a relação entre α_I e α_{II} seja:

a) $\alpha_I = \alpha_{II}$
b) $\alpha_I = 2\alpha_{II}$
c) $\alpha_I = 3\alpha_{II}$
d) $\alpha_{II} = 3\alpha_I$
e) $\alpha_{II} = 2\alpha_I$

9. (Uece) Uma haste metálica reta de comprimento L_0 e coeficiente de dilatação linear α é acomodada entre duas paredes rígidas. Após ter sua temperatura aumentada de ΔT, a haste se dilata e adquire a forma de um arco de círculo com um ângulo correspondente de θ radianos. Qual o raio desse arco de círculo?

a) $L_0 \theta$
b) $\dfrac{L_0 (1 + \alpha \Delta T)}{\theta}$
c) $L_0 \alpha \Delta T$
d) $\dfrac{L_0 \alpha \Delta T}{\theta}$

10. (Fatec-SP) Uma placa de alumínio tem um grande orifício circular no qual foi colocado um pino, também de alumínio, com grande folga. O pino e a placa são aquecidos de 500 °C, simultaneamente.

Podemos afirmar que:

a) a folga irá aumentar, pois o pino ao ser aquecido irá contrair-se.
b) a folga diminuirá, pois ao aquecermos a chapa a área do orifício diminui.
c) a folga diminuirá, pois o pino se dilata muito mais que o orifício.
d) a folga irá aumentar, pois o diâmetro do orifício aumenta mais que o diâmetro do pino.
e) a folga diminuirá, pois o pino se dilata, e a área do orifício não se altera.

11. (UPM-SP) Uma chapa de alumínio ($\alpha = 2,2 \cdot 10^{-5}\ °C^{-1}$), inicialmente a 20 °C, é utilizada numa tarefa doméstica no interior de um forno aquecido a 270 °C. Após o equilíbrio térmico, sua dilatação superficial, em relação à área inicial, foi de:

a) 0,55%
b) 1,1%
c) 1,65%
d) 2,2%
e) 4,4%

12. (UFMG) O coeficiente de dilatação térmica do alumínio (Aℓ) é, aproximadamente, duas vezes o coeficiente de dilatação térmica do ferro (Fe). A figura mostra duas peças onde um anel feito de um desses metais envolve um disco feito do outro. À temperatura ambiente, os discos estão presos aos anéis.

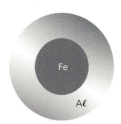
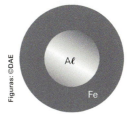

Se as duas peças forem aquecidas uniformemente, é correto afirmar que:

a) apenas o disco de Aℓ se soltará do anel de Fe.
b) apenas o disco de Fe se soltará do anel de Aℓ.
c) os dois discos se soltarão dos respectivos anéis.
d) os discos não se soltarão dos anéis.

Exercícios finais

13. (Unirio-RJ) Um estudante pôs em prática uma experiência na qual ele pudesse observar alguns conceitos relacionados à "Dilatação Térmica dos Sólidos". Ele utilizou dois objetos: um fino fio de cobre de comprimento $4L$, com o qual montou um quadrado, como mostra a Figura I, e uma chapa quadrada, também de cobre, de espessura desprezível e área igual a L^2, como mostra a Figura II. Em seguida, o quadrado montado e a chapa, que se encontravam inicialmente à mesma temperatura, foram colocados num forno até que alcançassem o equilíbrio térmico com este.

figura I
quadrado formado com o fio de cobre

figura II
chapa de cobre de área L^2

Assim, a razão entre a área da chapa e a área do quadrado formado com o fio de cobre, após o equilíbrio térmico destes com o forno, é:

a) 5
b) 4
c) 3
d) 2
e) 1

14. (UEPG-PR) A figura mostra dois frascos de vidro (1 e 2), vazios, ambos com tampas de um mesmo material indeformável, que é diferente do vidro. As duas tampas estão plenamente ajustadas aos frascos, uma internamente e outra externamente.

No que diz respeito à dilatabilidade desses materiais, e considerando que α_v é o coeficiente de expansão dos dois vidros e que α_t é o coeficiente de expansão das duas tampas, assinale o que for correto.

01. Sendo α_t menor que α_v, se elevarmos a temperatura dos dois conjuntos, o vidro 1 se romperá.

02. Sendo α_t maior que α_v, se elevarmos a temperatura dos dois conjuntos, o vidro 2 se romperá.

04. Sendo α_t menor que α_v, se elevarmos a temperatura dos dois conjuntos, ambos se romperão.

08. Sendo α_t maior que α_v, se diminuirmos a temperatura dos dois conjuntos, o vidro 1 se romperá.

16. Qualquer que seja a variação a que submetermos os dois conjuntos, nada ocorrerá com os frascos e com as tampas.

15. (Ufes) Uma placa metálica tem a sua temperatura elevada uniformemente de 20 °C para 30 °C. No final do processo, verifica-se que a razão entre as áreas final A_f e inicial A_i é $\dfrac{A_f}{A_i} = 1{,}001$. Com esses dados podemos afirmar que o coeficiente de dilatação linear do material da placa, em °C^{-1}, é:

a) $1 \cdot 10^{-5}$
b) $2 \cdot 10^{-5}$
c) $3 \cdot 10^{-5}$
d) $4 \cdot 10^{-5}$
e) $5 \cdot 10^{-5}$

16. (UPM-SP) Ao ser submetida a um aquecimento uniforme, uma haste metálica que se encontrava a 0 °C sofre uma dilatação linear de 0,1% em relação ao seu comprimento inicial. Se considerássemos o aquecimento de um bloco constituído do mesmo material da haste, ao sofrer a mesma variação de temperatura a partir de 0 °C, a dilatação volumétrica do bloco em relação ao seu volume inicial seria de:

a) 0,33%
b) 0,3%
c) 0,1%
d) 0,033%
e) 0,01%

17. (PUCC-SP) As figuras mostram as variações do volume V dos corpos A e B, C e D e E e F em função da temperatura T.

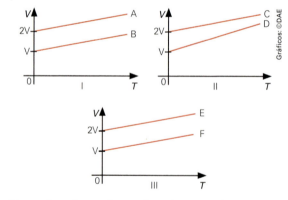

Nessas situações, analise as afirmativas a seguir.

I. A situação I pode ocorrer para dois sólidos de mesmo material.

II. A situação II somente pode ocorrer se o coeficiente de dilatação de D for maior que o dobro do coeficiente de dilatação de C.

III. A situação III somente ocorre se o coeficiente de dilatação de E for maior que o de F.

Pode-se afirmar que somente:

a) I é correta.
b) II é correta.
c) III é correta.
d) I e II são corretas.
e) II e III são corretas.

18. (UFV-MG) Quando introduzimos um termômetro de mercúrio em um recipiente contendo água a uma temperatura significativamente superior à temperatura inicial do termômetro, percebemos, de imediato, que ocorre uma diminuição da coluna de mercúrio antes de seu esperado aumento. Explique esse fato.

19. (Ufes) Duas substâncias A e B têm seus gráficos de densidade × temperatura representados a seguir. As substâncias são colocadas a 4 °C em garrafas de vidro distintas, ocupando todo o volume das garrafas. Considere o coeficiente de dilatação do vidro das garrafas muito menor que o das substâncias A e B. As garrafas são, então, fechadas e colocadas em um refrigerador a 0 °C.

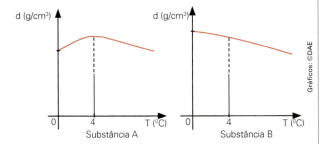

Após um longo período de tempo, pode-se dizer que:

a) a garrafa de A se quebra e a de B não.
b) a garrafa de B se quebra e a de A não.
c) as garrafas de A e B se quebram.
d) as garrafas de A e B não se quebram.
e) os dados fornecidos não são suficientes para se chegar a uma conclusão.

20. (Fuvest-SP) Dois termômetros de vidro idênticos, um contendo mercúrio (M) e outro água (A), foram calibrados em 0 °C e 37 °C, obtendo-se as curvas M e A, da altura da coluna do líquido em função da temperatura.

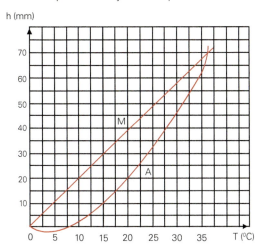

A dilatação do vidro pode ser desprezada. Considere as seguintes afirmações:

I. O coeficiente de dilatação do mercúrio é aproximadamente constante entre 0 °C e 37 °C.

II. Se as alturas das duas colunas forem iguais a 10 mm, o valor da temperatura indicada pelo termômetro de água vale o dobro da indicada pelo de mercúrio.

III. No entorno de 18 °C, o coeficiente de dilatação do mercúrio e o da água são praticamente iguais.

Podemos afirmar que só são corretas as afirmações:

a) I, II e III
b) I e II
c) I e III
d) II e III
e) I

21. (FGV-SP) O dono de um posto de gasolina recebeu 4 000 L de combustível por volta das 12 h, quando a temperatura era de 35 °C. Ao cair da tarde, uma massa polar vinda do Sul baixou a temperatura para 15 °C, que permaneceu assim até que toda a gasolina fosse totalmente vendida. Qual foi o prejuízo, em litros de combustível, que o dono do posto sofreu?
(Dado: o coeficiente de dilatação do combustível é de $1{,}0 \cdot 10^{-3}\ °C^{-1}$.)

a) 4
b) 80
c) 40
d) 140
e) 60

22. (UFU-MG) Um frasco de capacidade para 10 L está completamente cheio de glicerina e encontra-se à temperatura de 10 °C. Aquecendo-se o frasco com a glicerina até atingir 90 °C, observa-se que 352 mL de glicerina transbordam do frasco. Sabendo-se que o coeficiente de dilatação volumétrica da glicerina é $5{,}0 \cdot 10^{-4}\ °C^{-1}$, o coeficiente de dilatação linear do frasco é, em $°C^{-1}$:

a) $6{,}0 \cdot 10^{-5}$
b) $2{,}0 \cdot 10^{-5}$
c) $4{,}4 \cdot 10^{-4}$
d) $1{,}5 \cdot 10^{-4}$

23. (Vunesp-SP) É largamente difundida a ideia de que a possível elevação do nível dos oceanos ocorreria devido ao derretimento das grandes geleiras, como consequência do aquecimento global. No entanto, deveríamos considerar outra hipótese, que poderia também contribuir para a elevação do nível dos oceanos. Trata-se da expansão térmica da água devido ao aumento da temperatura. Para obter uma estimativa desse efeito, considere que o coeficiente de expansão volumétrica da água salgada à temperatura de 20 °C seja $2{,}0 \cdot 10^{-4}\ °C^{-1}$. Colocando água do mar em um tanque cilíndrico, com a parte superior aberta, e considerando que a variação de temperatura seja 4 °C, qual seria a elevação do nível da água se o nível inicial no tanque era de 20 m? Considere que o tanque não tenha sofrido qualquer tipo de expansão.

INVESTIGUE VOCÊ MESMO

Dilatação linear e volumétrica

PARTE I – OBSERVANDO A DILATAÇÃO LINEAR

MATERIAIS

- 0,5 m de arame
- Bola de isopor com pregos espetados para alterar sua massa
- Clipes
- Vela e fósforo

ROTEIRO E QUESTÕES

Nesta atividade, você poderá verificar e analisar alguns fenômenos ligados à dilatação.

- Prenda o arame entre duas hastes (pode ser entre os pés de uma carteira ou cadeira escolar). Encaixe um clipe na bola de isopor e pendure ao arame. Acenda a vela e aqueça o arame em todo seu comprimento.

Arranjo experimental.

1. O que você observa ao aquecer o arame?
2. O que ocorre algum tempo depois de a chama ser retirada do arame?
3. O que podemos inferir dessas observações?

PARTE II – DILATAÇÃO DOS GASES

MATERIAIS

- Frasco de vidro de cerca de 1 L de volume
- Balão de festa
- Água quente
- Gelo
- 2 bacias

ROTEIRO E QUESTÕES

Estudaremos agora a dilatação volumétrica dos gases e o comportamento das outras variáveis de estado.

- Infle o balão de festa e adapte-o firmemente ao gargalo do frasco. Prepare uma das bacias com água quente e a outra com gelo. Mergulhe o frasco na bacia com água quente e observe. Retire o frasco da bacia de água quente e mergulhe-o na bacia com gelo.

Com os colegas, responda às questões no caderno.

1. O que você observou ao mergulhar o frasco na bacia com água quente? Explique.
2. O que você observou ao mergulhar o frasco na bacia com gelo? Explique.

Arranjo experimental.

166 Unidade 2 Energia térmica

CAPÍTULO 8

TROCAS DE CALOR

1. Calor e temperatura nas substâncias

Um prato que faz parte da mesa dos brasileiros é o ensopado de carne com legumes e batata. Se você já provou, provavelmente sabe que deve esperar um pouco antes de comer a batata. Isso porque ela parece mais quente que os demais ingredientes. Mas será que isso é verdade? Como é possível, se todos os ingredientes foram cozidos juntos e saíram ao mesmo tempo da panela? Sabemos que, ao entrarem em contato, objetos com temperaturas diferentes tendem a trocar calor até ficar com a mesma temperatura. Então, a princípio, a batata não poderia estar mais quente! Mas uma coisa é certa: ao comer o cozido, é mais comum você queimar a boca com a batata do que com o pedaço de carne. Se você duvida disso, comprove! Aí você vai entender o sentido da expressão "Deixaram a batata quente na minha mão!".

Para continuarmos nossa discussão, é fundamental que esteja bem claro o significado de dois termos: calor e temperatura. Como vimos no Capítulo 6, o **calor** é uma forma de energia relacionada à agitação de moléculas ou átomos que constituem a matéria, e a **temperatura** é a medida dessa agitação.

Nosso objetivo agora é descrever como a temperatura varia com o fornecimento de calor a um corpo e/ou com a retirada de calor dele. Para isso, vamos iniciar nosso estudo por situações bem simples. Continuaremos a representar a **temperatura** pela letra ***T*** e, para a **quantidade de calor**, utilizaremos a letra ***Q*** (Figuras 8.1 a 8.4).

Apimook 1983/Shutterstock.com

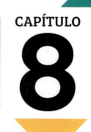

Figura 8.1: Para evitar o superaquecimento dos dispositivos eletrônicos, os computadores são equipados com *cooler*, que funciona como um pequeno ventilador e favorece a troca de calor entre o dispositivo e o ar.

Ozan Kose/AFP

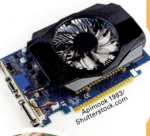

Figura 8.2: O suor é parte do trabalho de nosso organismo para manter a temperatura normal do corpo, 36,8 °C.

Design Pics Inc/REX/Glow Images

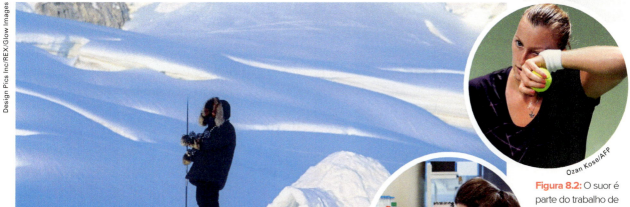

Figura 8.4: Por incrível que possa parecer, o gelo é um bom isolante térmico. Os esquimós constroem iglus com esse material para diminuir as trocas de calor com o ambiente e garantir que o interior fique mais quente que o meio externo. Foto no Alasca (EUA), em 2013.

Scott Eisen/Bloomberg/Getty Images

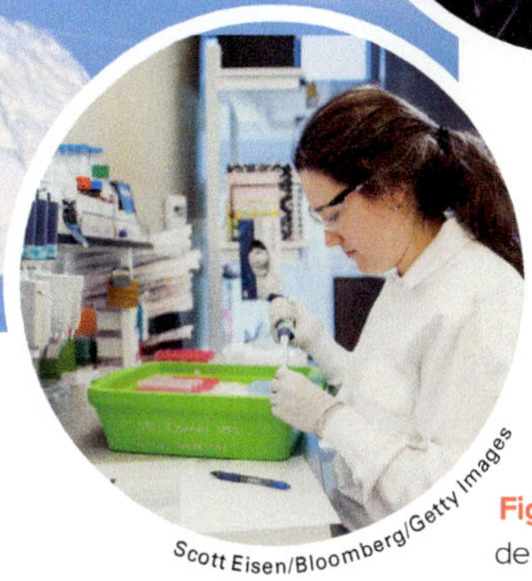

Figura 8.3: Nos laboratórios de pesquisa que trabalham com amostras químicas e/ou biológicas, é preciso controlar a temperatura ambiente para garantir que o material analisado não se degrade ou sofra mudança de estado físico.

1.1. Aquecendo massas diferentes

Imaginemos o seguinte procedimento experimental: sobre a chama de um fogão, lado a lado, estão uma panela com 1 kg (1 L) de água e outra panela com 5 kg (5 L) de água. É importante considerar também que as duas chamas e as duas panelas são idênticas e foram colocadas no fogo ao mesmo tempo.

> **LEMBRETE:**
> O **calor** é uma forma de energia em trânsito e é medido em joule (J). No passado, era considerado uma substância e expresso em caloria (cal). Por tradição, essas duas unidades de medida foram mantidas. O joule é mais usado para máquinas e outros tipos de equipamento, enquanto a caloria é utilizada em questões ligadas à alimentação. Tenha sempre em mente a equivalência entre elas:
> 1 cal = 4,18 J.

Depois de 5 ou 6 minutos, a água da panela com pouca água começa a ferver, enquanto a da outra panela está apenas morna. Você deve saber que, em condições normais de pressão (1 atm), a água ferve à temperatura próxima de 100 °C. Portanto, podemos deduzir que a água da primeira panela atingiu essa temperatura e a outra ainda não (Figura 8.5).

Não é difícil entender o que está acontecendo. Quanto maior a quantidade de massa a ser aquecida, maior deve ser a quantidade de calor fornecida para elevar sua temperatura. Há cinco vezes mais moléculas na panela com 5 L de água, e o calor fornecido pela chama do fogão divide-se entre todas elas. No fim das contas, na panela com menos água cada molécula acaba recebendo mais calor e com isso atinge maior grau de vibração.

Uma conclusão que podemos tirar desse experimento de pensamento é que, ao fornecermos calor para uma substância, a variação de sua temperatura depende de sua massa.

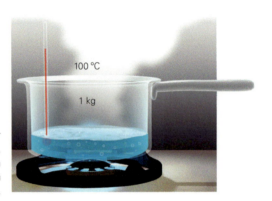 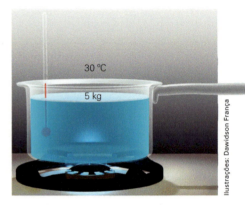

Figura 8.5: Quanto maior a massa de um corpo, menor é a variação da temperatura para um mesmo aquecimento.

1.2. Aquecendo substâncias diferentes

Vamos pensar em outra situação. Suponha agora que, nas duas panelas de nosso experimento, haja a mesma quantidade de líquidos diferentes. Por exemplo, 2 kg de água em uma panela e 2 kg de óleo na outra. Se as panelas forem aquecidas sobre chamas idênticas, depois de alguns minutos elas estarão à mesma temperatura?

Essa pergunta não é tão fácil de responder. A massa é a mesma, mas será que a substância aquecida influi na variação da temperatura (Figura 8.6)?

Figura 8.6: A medida da temperatura das substâncias ao fim de alguns minutos de aquecimento nos sugere uma conclusão afirmativa, ou seja, a natureza da substância influi na variação da temperatura experimentada por ela.

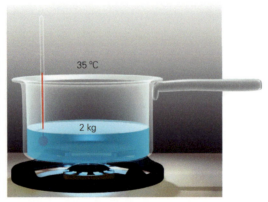 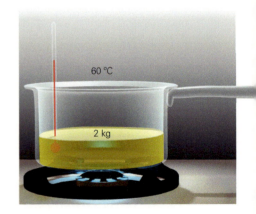

Nessa situação, o óleo ficou mais quente que a água. Não devemos nos esquecer de que ambos receberam a mesma quantidade de calor. Em outras palavras, a água precisaria de maior quantidade de calor para atingir a mesma temperatura do óleo.

168 Unidade 2 Energia térmica

Podemos entender a diferença no comportamento da água e do óleo lembrando-nos do modelo físico apresentado no Capítulo 6. Óleo e água são substâncias que possuem estruturas químicas diferentes. Isso faz com que, ao receberem calor, elas manifestem diferenças no grau de vibração de suas moléculas.

A água tem uma estrutura molecular bem conhecida por nós, H_2O, compacta e formada por três átomos somente. Uma molécula de óleo vegetal tem uma estrutura mais complexa, com séries de cadeias orgânicas de carbono e hidrogênio (Figura 8.7). Ao receberem calor, essas estruturas vibram de maneira muito diferente. Dessa forma, **a quantidade de calor necessária para elevar a temperatura varia de acordo com a substância**.

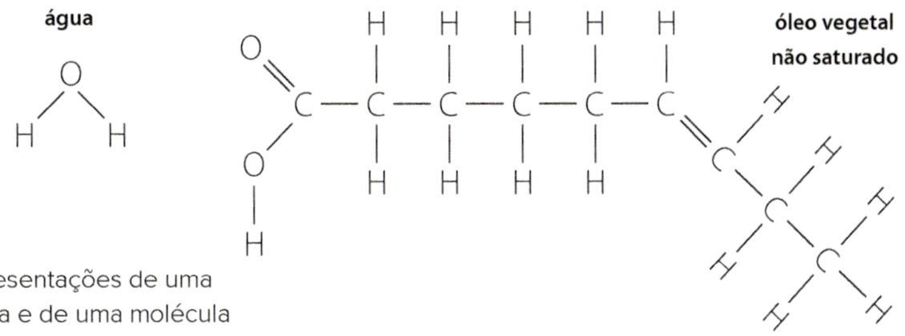

Figura 8.7: Representações de uma molécula de água e de uma molécula de óleo vegetal não saturado.

A grandeza física que relaciona a quantidade de calor (*Q*) fornecida a um corpo ou recebida dele com sua variação da temperatura (ΔT) e sua massa (*m*) é chamada **calor específico** (***c***), uma característica própria de cada substância. Ou seja, indica como o calor recebido (ou fornecido) se converte em vibração das moléculas ou átomos da substância. Na Tabela 8.1, apresentamos alguns valores de calor específico. Repare que não há duas substâncias com o mesmo valor de calor específico. A unidade de medida do calor específico é cal/g · °C. O numerador indica o calor (fornecido ou recebido) em caloria. O denominador, grama · graus Celsius, indica a massa e a variação de temperatura do corpo.

Observe como é menos dispendioso elevar a temperatura do chumbo que a do alumínio. Cada grama de chumbo precisa consumir 0,03 cal para se aquecer 1 °C, ao passo que cada grama de alumínio necessita de 0,21 cal para chegar ao mesmo resultado. Outro fato curioso é que o calor necessário para elevar em 1 °C a temperatura da água é o dobro do necessário para obter o mesmo resultado com o gelo. Cada grama de água consome 1,0 cal para se aquecer 1 °C, enquanto cada grama de gelo consome apenas 0,5 cal. Esse fato ocorre com todas as substâncias (Figura 8.8).

O calor específico também varia em função do estado físico, pelo fato de o estado de agregação das moléculas de cada substância ser diferente.

Figura 8.8: Cada substância tem um calor específico próprio. O do alumínio, por exemplo, é sete vezes maior que o do chumbo. O estado físico da substância também influi nesse valor. A água líquida tem o calor específico duas vezes maior que o gelo (estado sólido).

Tabela 8.1: Calor específico de algumas substâncias

Substância	Calor específico (cal/g · °C)
chumbo	0,030
ferro	0,107
alumínio	0,212
óleo	0,310
gelo (−10 °C)	0,500
álcool etílico	0,600
hélio	1,24
água	1,000
amoníaco	1,070

Fonte: KELLER, F. J.; GETTYS, W. E.; SKOVE, M. J. *Física*. 2. ed. São Paulo: Makron Books do Brasil, 1999. v. 2.

Explorando o assunto

Todos os objetos de um ambiente estão em equilíbrio térmico, ou seja, todos estão à mesma temperatura. Então por que não produzem a mesma sensação térmica quando os tocamos? Pense, por exemplo, na diferença entre um piso de madeira e um de cerâmica ou entre uma porta de madeira e uma maçaneta metálica.

Trocas de calor Capítulo 8

Exercícios resolvidos

1. Um bloco de ferro de 100 g de massa necessita absorver 8 000 cal para aumentar sua temperatura em 670 °C.

   a) Quantas calorias esse bloco absorverá para aumentar sua temperatura em 1 340 °C?

   Como a variação da temperatura é duas vezes maior, a quantidade de calor absorvida pelo bloco também será duas vezes maior, ou seja, 16 000 cal. Nesse caso, podemos dizer que as grandezas **quantidade de calor** (recebido ou fornecido por um corpo) e **variação de temperatura** são diretamente proporcionais.

   b) Quantas calorias outro bloco de 300 g do mesmo ferro precisará absorver para aumentar sua temperatura nos mesmos 670 °C?

   Como a massa do segundo bloco é três vezes maior que a do primeiro, ele precisará absorver três vezes mais energia para aumentar igualmente sua temperatura, ou seja, 24 000 cal.

2. Se 100 g de certa substância consomem 38 cal para elevar sua temperatura em 1 °C, quantas calorias consome cada grama da substância para a mesma elevação de temperatura? Quanto vale seu calor específico?

   Apesar de ainda não termos uma expressão que relacione todas as variáveis do modelo de trocas de calor, podemos relacionar as quantidades do enunciado com a discussão conceitual realizada até aqui. Essas relações são feitas por meio de proporções; por exemplo:

   m (g) Q (cal) ΔT (°C)

   100 ——— 38 ——— 1 °C

   1 ——— x ——— 1 °C

   $x = \dfrac{38}{100} = 0{,}38$ cal

   Cada grama consome 0,38 cal para aumentar a temperatura em 1 °C. Pela definição, esse é o valor do calor específico.

Exercícios propostos

1. Se são necessárias 40 000 calorias (40 kcal) para aquecer até a fervura 0,5 L de água em temperatura ambiente, quantas calorias serão necessárias para fazer o mesmo com 2,0 L de água?

2. Para elevar a temperatura de um bloco de alumínio de 0 °C a 35 °C, é necessário consumir 48 000 cal. Sabe-se que outro bloco de alumínio, a 0 °C, consome 8 000 cal para atingir os mesmos 35 °C. Esse segundo bloco é maior ou menor que o primeiro? Quantas vezes?

3. Para aumentar em 5 °C a temperatura de certa quantidade de óleo, são necessárias 300 cal. Para também aumentar em 5 °C a mesma quantidade de álcool, são necessárias 600 cal. Quantas calorias são consumidas pelas mesmas quantidades de cada uma dessas substâncias para aumentar sua temperatura em 20 °C?

4. Uma amostra de 450 g de determinado líquido libera 90 cal para diminuir sua temperatura em 1 °C. Quantas calorias cada grama desse líquido absorve para elevar sua temperatura em 1 °C? Quanto vale seu calor específico?

5. O calor específico de certo material vale 0,42 cal/g · °C. Determine:

   a) a quantidade de calor necessária para que a temperatura de 200 g desse material aumente 1 °C;

   b) a quantidade de calor necessária para que a temperatura de 200 g desse material aumente 10 °C.

6. O gráfico mostra como varia a temperatura de dois corpos de massas iguais, em função da quantidade de calor que absorvem.

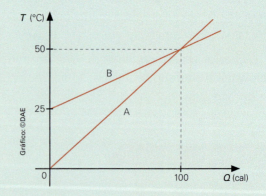

   a) Qual dos dois recebe e fornece calor com maior "facilidade"? Por quê?

   b) Quantas vezes o calor específico de A é maior ou menor que o de B?

O cientista na História
James Joule

No início da Revolução Industrial, o tema do calor despertava o interesse de muitos estudiosos. Na longa marcha para a teoria que relaciona calor e energia, destaca-se o físico britânico James Prescott Joule (Figura 8.9).

Numa época em que a Ciência ampliava o domínio das fontes energéticas da natureza, Joule contribuiu para a percepção de que a energia pode ser extraída e transformada. Por exemplo, foi o primeiro a estabelecer o princípio da interconversibilidade de suas diversas formas.

Joule nasceu em 24 de dezembro de 1818, em Salford, perto de Manchester, Inglaterra. Filho de um rico produtor de cerveja, começou a vida profissional na cervejaria do pai. Aos 17 anos, foi aluno do químico inglês John Dalton na Universidade de Manchester (1835). Aos 23 anos, estudou as relações entre a eletricidade e o calor, chegando à proposição do Efeito Joule descrito na obra *Sobre a produção de calor por meio da eletricidade voltaica*, de 1841.

Joule dedicou-se a longas séries de experiências para determinar as relações entre o trabalho e as diferentes formas de energia. Os motivos de Joule para investir nessa ideia durante 40 anos parecem ter sido, em parte, os mesmos de todos aqueles que haviam proposto uma lei de conservação. Para ele, "é manifestamente absurdo supor que, dada a potencialidade com a qual Deus dotou a matéria, esta possa ser destruída".

Desenvolveu o clássico experimento que consiste em agitar uma massa de água dentro de um recipiente por meio de um sistema mecânico com pás. Ao verificar o aumento da temperatura, demonstrou que o trabalho se converte em calor com valor constante e mensurável.

Joule ficou conhecido por suas medições precisas e pela excelente técnica de experimentação; afinal, sua investigação sobre o equivalente mecânico do calor apresentava uma precisão 1/200 graus Fahrenheit! Entretanto, seus resultados não foram aceitos prontamente pela Royal Society, que recusou seu primeiro relatório, de 1845, em razão de preconceitos resultantes da ideia do calórico. Foi necessária a publicação, em 1847, do trabalho de Helmholtz sobre a conservação da energia, para que Joule se encorajasse a apresentar um novo relatório, como mostrado na tabela a seguir.

Talvez seja difícil entender atualmente a atração que existia pela teoria do calórico, mas, na época, essa teoria apresentava vantagens óbvias. A proposta de Joule requeria conceitos ainda não desenvolvidos e que acarretavam questões para as quais ele não tinha resposta, como: se o calor se deve à agitação das moléculas, por que então essa agitação não perde sua intensidade gradualmente? Para a correta conceituação da teoria vibracional, era necessário aceitar que as colisões entre as partículas seriam perfeitamente elásticas; porém, vale lembrar que a existência dos átomos e das moléculas ainda não era completamente aceita.

A nomenclatura joule, para unidades de trabalho no SI, só passou a ser empregada após a morte do cientista, em outubro de 1889.

Figura 8.9: James Prescott Joule (1818-1889) e seu aparato experimental para determinação da equivalência do calor.

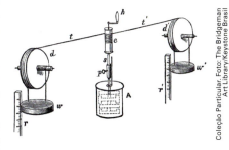

Figura 8.10: No engenho de Joule, o trabalho era feito por dois cilindros de metal que desciam ao longo de uma régua graduada, pondo em marcha um rolo verticalmente fixado no eixo da roda de palhetas. A roda girava, provocando aumento de temperatura no interior do recipiente.

Tabela 8.2: Calor dos diferentes tipos de experimentos realizados por Joule.

Ano	Tipo de experimento	Valor encontrado para o equivalente mecânico do calor
1845	Utilizando água	4,16 J/cal
	Resfriamento do ar por rarefação	4,27 J/cal
	Utilizando equipamento eletromagnético	4,43 J/cal
1867	Estudando o atrito em fluidos	4,16 J/cal
1878	Dissipação de calor por uma resistência elétrica	4,21 J/cal
Últimos valores fornecidos foram próximos de		4,16 J/cal
Atualmente o fator de equivalência exato é		4,18 J/cal

Elabora pelos autores para fins didáticos.

Trocas de calor Capítulo 8 171

2. Cálculo da quantidade de calor

Vimos que, quando aquecemos (ou resfriamos) um corpo e ele não passa por uma mudança de estado físico, sua temperatura é alterada; nesse processo, o corpo está recebendo (ou cedendo) calor. Com base no que foi discutido até agora, vamos construir um modelo para descrever quantitativamente a variação da temperatura (ΔT) de um corpo em função da quantidade de calor (Q), da massa (m) e do calor específico (c) da substância que o compõe.

Nos estudos que envolvem troca de calor, admitimos a seguinte convenção de sinais: se o corpo **recebe calor**, a **quantidade de calor** associada a ele é **positiva** ($Q > 0$); se, ao contrário, o corpo **perde** ou **cede calor**, a **quantidade de calor** a ele relacionada é **negativa** ($Q < 0$).

2.1. Modelizando matematicamente as trocas de calor

Uma modelização matemática para as trocas de calor depende de três variáveis:

I. **Massa:** a quantidade de calor recebida por um corpo é diretamente proporcional à variação de temperatura experimentada por ele. Em linguagem matemática, escrevemos:

$$Q \propto m$$

II. **Calor específico:** quanto maior o calor específico, maior a quantidade de calor recebida pela substância. Em linguagem matemática, escrevemos:

$$Q \propto c$$

III. **Variação de temperatura:** quanto maior a variação de temperatura, maior a quantidade de calor recebida pelo corpo. Em linguagem matemática, escrevemos:

$$Q \propto \Delta T$$

Assim, concluímos que a quantidade de calor trocada por um corpo é diretamente proporcional à massa, ao calor específico e à variação de temperatura:

$$Q = m \cdot c \cdot \Delta T$$

Explorando o assunto

Imaginemos agora a seguinte experiência: em um béquer com água, em temperatura ambiente (20 °C), são colocados dois blocos metálicos, um de chumbo e um de alumínio, que também estão em temperatura ambiente. A massa de cada um é 200 g. O conjunto é levado ao fogo e espera-se a água ferver por cinco minutos, quando a chama é apagada (Figura 8.11). Como o alumínio e o chumbo estão em contato entre si e com a água, é natural que após algum tempo esses corpos se encontrem à mesma temperatura. Essa é a propriedade que rege qualquer troca de calor entre dois corpos. Em outras palavras, um corpo só troca calor com o ambiente ou com outros corpos enquanto houver diferença de temperatura entre eles.

Quando estiverem à mesma temperatura, os corpos atingirão um **equilíbrio térmico**. Em nosso experimento, após os 5 minutos da fervura à pressão ambiente de 1 atm, os corpos (água, bloco de alumínio e bloco de chumbo) estarão à mesma temperatura de 100 °C.

Vamos agora pensar em outro experimento com blocos aquecidos. Em outros dois béqueres com igual quantidade de água, à temperatura ambiente de 20 °C, são colocados os blocos de chumbo e de alumínio aquecidos a 100 °C. Como os blocos estão em uma temperatura acima da temperatura da água, eles cederão calor para ela até atingir

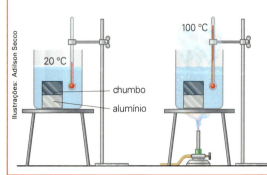

Figura 8.11: Representação do arranjo experimental em temperatura ambiente (20 °C) e após 5 minutos de aquecimento (100 °C).

Ilustrações: Adilson Secco

o equilíbrio térmico (Figura 8.12). Se introduzirmos um termômetro em cada béquer, verificaremos o momento em que o equilíbrio térmico será alcançado. Isso acontecerá quando a temperatura da água parar de subir.

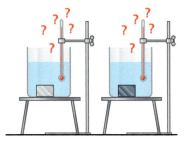

Figura 8.12: Quando os conjuntos atingirem o equilíbrio térmico, as temperaturas indicadas nos termômetros do arranjo experimental serão iguais? Será que os blocos cederão a mesma quantidade de calor?

Consulte a Tabela 8.1, na página 169, com os calores específicos do alumínio e do chumbo. Observe que o alumínio precisa de muito mais calor para esquentar do que o chumbo. Segundo os dados da tabela, é necessário fornecer 0,212 cal a cada grama de alumínio para que sua temperatura eleve 1 °C; já o chumbo precisa de apenas 0,030 cal. A diferença entre eles é algo próximo a sete vezes:

$$\frac{0,212}{0,030} = 7$$

Em nosso exemplo, temos 200 g de alumínio, cuja temperatura foi alterada inicialmente de 20 °C para 100 °C, ocorrendo, portanto, uma variação de 80 °C. Se cada grama de alumínio precisa de 0,212 cal para ter uma variação de temperatura de 1 °C, basta multiplicar esse valor por 200 (total de massa) e por 80 (variação da temperatura):

$$Q = m \cdot c \cdot \Delta T = 200 \cdot 0,212 \cdot 80 = 3\,392 \text{ cal}$$

Com o mesmo raciocínio, obtemos a quantidade de calor recebida pelo bloco de chumbo:

$$Q = m \cdot c \cdot \Delta T = 200 \cdot 0,030 \cdot 80 = 480 \text{ cal}$$

Quando colocamos os blocos em contato com a água fria, aquele que necessitou de mais calor para esquentar precisará, depois, perder mais calor para esfriar. Terá, portanto, mais calor a oferecer para a água (Figura 8.13).

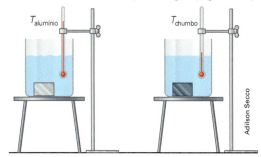

Figura 8.13: Ao atingir o equilíbrio térmico, a água com o bloco de alumínio estará mais quente do que a água que trocou calor com o chumbo.

Exercícios resolvidos

1. O que consome menos energia: elevar 1 g de amoníaco em 1 °C ou elevar 100 g de chumbo em 1 °C?

   Consultando a Tabela 8.1, de calor específico, na página 169, você verá que o do amoníaco vale 1,07 cal/g · °C e o do chumbo, 0,030 cal/g · °C. Isso quer dizer que 1 g de amoníaco consome 1,07 cal para aumentar em 1 °C sua temperatura, enquanto 1 g de chumbo precisa de somente 0,030 cal. Como a massa de chumbo é de 100 g, esse valor (0,030) precisa ser multiplicado por 100, resultando em 3,0 cal. Percebe-se que, apesar de o calor específico do amoníaco ser sensivelmente maior que o do chumbo, a massa deste último compensa esse fato, tornando mais difícil, ou mais dispendiosa, a elevação de sua temperatura.

2. Quantas calorias devem ser fornecidas a 300 g de álcool para que ele passe de 20 °C para 24 °C?

   Ao consultar a Tabela 8.1, de calores específicos, você encontrará o valor $c = 0,60$ cal/g · °C para o álcool. Do enunciado, temos ainda que $m = 300$ g e $\Delta T = 4$ °C (24 − 20).

   A expressão $Q = m \cdot c \cdot \Delta T$ é a maneira mais prática e rápida de chegar à resposta desejada:

   $Q = m \cdot c \cdot \Delta T = 300 \cdot 0,60 \cdot 4 = 720$ cal

3. E se a situação fosse exatamente inversa e quiséssemos baixar a temperatura do álcool de 24 °C para 20 °C?

   Nesse caso, não se deve fornecer calor, mas retirá-lo.

   A expressão indica esse fato pelo sinal negativo que decorre da variação de temperatura:

   $\Delta T = T_f - T_i = 20 - 24 = -4$ °C

   Mantendo os valores para massa e calor específico, temos:

   $Q = m \cdot c \cdot \Delta T = 300 \cdot 0,60 \cdot -4 = -720$ cal

4. O gráfico ilustra o aquecimento de 50 g de um líquido que recebe calor de uma fonte à razão de 200 cal/min. Qual é o calor específico de seu material?

   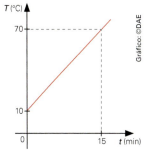

   A potência da fonte relaciona-se com a quantidade de calor através do tempo:

   $P_{ot} = \dfrac{Q}{\Delta t}$

   $Q = P_{ot} \cdot \Delta t = 200 \cdot 15 = 3\,000$ cal

   Essa quantidade de calor é absorvida pelo líquido:

   $Q = m \cdot c \cdot \Delta T$

   $3\,000 = 50 \cdot c \cdot (70 - 10)$

   $c = 1,0$ cal/g · °C

   O líquido em questão certamente é a água.

Exercícios propostos

1. Consulte a Tabela 8.1 de calores específicos, na página 169, para responder às questões.

   a) Quantas calorias 1 g de óleo consome para aumentar em 1 °C sua temperatura?

   b) Quantas calorias 25 g de óleo liberam quando se baixa 1 °C de sua temperatura?

   c) Quantas calorias precisam ser retiradas de 100 g de óleo para baixar em 20 °C sua temperatura?

2. Qual é a quantidade de calor que se deve fornecer a um corpo de 250 g de ferro ($c = 0{,}12$ cal/g · °C) para que sua temperatura aumente de 20 °C para 220 °C?

3. Se cada grama de um metal absorve 30 cal para elevar sua temperatura de 24 °C para 624 °C, qual é o calor específico desse metal?

4. Sabe-se que o calor específico de um material vale 0,25 cal/g · °C. Um corpo de 50 g desse material recebe 1 250 cal. Qual é a elevação observada na temperatura desse corpo?

5. De um bloco de gelo a −10 °C são retiradas 5 000 cal até sua temperatura atingir −35 °C. Se o calor específico do gelo vale 0,50 cal/g · °C, qual é a massa desse bloco?

6. A seguir está a curva de aquecimento de um corpo que recebeu calor de uma fonte de potência de 100 cal/min. Sabe-se que o calor específico da substância do corpo vale 0,20 cal/g · °C. Determine a massa desse corpo.

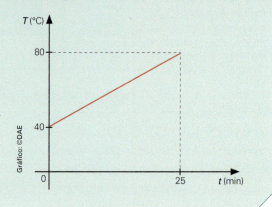

2.2. Capacidade térmica

Nesta unidade, tratamos de corpos constituídos de diferentes materiais, tamanhos e massas. Será que algumas dessas variáveis são mais relevantes que outras ao considerarmos as trocas de calor?

Explorando o assunto

Muita gente prefere cozinhar em panelas de ferro, apesar de elas serem pouco práticas – enferrujam, são pesadas, ficam pretas de fuligem (Figura 8.14). Um dos motivos é que, uma vez quentes, as panelas de ferro demoram mais a esfriar que as panelas de alumínio. O mesmo vale para as chapas e as frigideiras de ferro.

Será que o calor específico pode explicar tal diferença? Se recorrermos ao valor do calor específico do ferro e do alumínio, veremos que são relativamente diversos: o do ferro é 0,107 cal/g · °C e o do alumínio é 0,212 cal/g · °C.

Vemos aí que o alumínio precisa absorver mais calor que o ferro, quase o dobro, para sofrer a mesma variação de temperatura. Portanto, não seria melhor usar panelas de alumínio?

Para resolver a questão, recorreremos a um breve cálculo da quantidade de calor necessária para elevar a temperatura de 500 g de alumínio e de 500 g de ferro (massas aproximadas de uma panela média) de 20 °C para 100 °C.

A quantidade de calor necessária para o alumínio seria:
$Q = m_{A\ell} \cdot c_{A\ell} \cdot \Delta T = 500 \cdot 0{,}212 \cdot 80 = 8\,480$ cal

Já para o ferro teríamos:
$Q = m_{Fe} \cdot c_{Fe} \cdot \Delta T = 500 \cdot 0{,}107 \cdot 80 = 4\,280$ cal

De fato, a panela de alumínio retém mais calor e deveria ser a mais cobiçada pelas cozinheiras. Entretanto, também é preciso considerar que panelas feitas de materiais diferentes têm, em geral, massas diferentes. E, para as trocas de calor, importam tanto a substância do corpo quanto sua massa. Qualquer corpo que troca calor tem como característica própria sua massa e o calor específico.

Figura 8.14: Por que muitas cozinheiras preferem as panelas de ferro às de alumínio?

Se passarmos o produto $m \cdot c$ para o primeiro termo da quantidade de calor, teremos:

$$Q = m \cdot c \cdot \Delta T \rightarrow \frac{Q}{m \cdot c} = \Delta T \rightarrow \Delta T = \frac{Q}{m \cdot c}$$

Essa relação demonstra que, se fornecemos a mesma quantidade de calor (Q) para dois corpos diferentes, com calor específico C_1 e C_2, e massas m_1 e m_2, respectivamente, a variação de temperatura dependerá do produto $m \cdot c$:

$$\Delta T_1 = \frac{Q}{m_1 \cdot c_1} \text{ e } \Delta T_2 = \frac{Q}{m_2 \cdot c_2}$$

Se os corpos receberem a mesma quantidade de calor — isto é, permanecerem o mesmo intervalo de tempo sobre chamas idênticas de um fogão, por exemplo —, a temperatura final será inversamente proporcional ao produto $m \cdot c$. Assim, se $m_1 \cdot c_1$ for maior que $m_2 \cdot c_2$, ΔT_1 será menor que ΔT_2, e vice-versa.

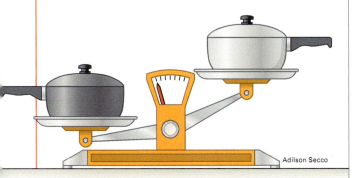

Figura 8.15: Entre duas panelas, uma de ferro e uma de alumínio, de mesmas dimensões e massa diferente, qual precisará de mais calor para sofrer a mesma variação de temperatura?

Observe que a mesma dimensão implica o mesmo volume, mas não a mesma massa (Figura 8.15). Como a expressão da quantidade de calor apresenta apenas a massa, é preciso saber a densidade do ferro e a do alumínio, pois só assim descobriremos a relação entre a massa das panelas. Pela definição de densidade e dos respectivos valores, escrevemos:

$$d_{A\ell} = \frac{m_{A\ell}}{V_{A\ell}} \text{ e } d_{A\ell} = 2{,}7 \text{ g/cm}^3$$

$$d_{Fe} = \frac{m_{Fe}}{V_{Fe}} \text{ e } d_{Fe} = 7{,}9 \text{ g/cm}^3$$

O volume (V) de cada panela é igual nos dois corpos: $V = V_{A\ell} = V_{Fe}$. Se dividirmos a densidade do ferro pela densidade do alumínio, teremos:

$$\frac{d_{A\ell}}{d_{Fe}} = \frac{\frac{m_{Fe}}{V}}{\frac{m_{A\ell}}{V}} = \frac{m_{Fe}}{m_{A\ell}}$$

Substituindo os valores 7,9 g/cm³ e 2,7 g/cm³, teremos:

$$\frac{m_{Fe}}{m_{A\ell}} = \frac{7{,}9}{2{,}7} \rightarrow m_{Fe} = 2{,}9 \cdot m_{A\ell}$$

Nesse caso, a panela de ferro tem massa quase três vezes maior que a panela de alumínio. Por outro lado, sabemos que o calor específico do alumínio (0,212) é 2,0 vezes maior que o do ferro (0,107), $c_{A\ell} = 2{,}0 c_{Fe}$. Portanto, para o aquecimento de um corpo, não nos interessa apenas a massa ou o calor específico, mas o produto $m \cdot c$.

Vamos então avaliar o produto $m \cdot c$ das duas panelas? Para facilitar, chamaremos a massa da panela de alumínio ($m_{A\ell}$) simplesmente de m e o calor específico do ferro (c_{Fe}) de c.

Para a panela de ferro, o produto será:

$$m_{Fe} \cdot c_{Fe} = 2{,}9 \cdot m_{A\ell} \cdot c_{Fe} = 2{,}9 \cdot m \cdot c$$

Para a de alumínio, teremos:

$$m_{A\ell} \cdot c_{A\ell} = 2{,}0 \cdot m_{A\ell} \cdot c_{Fe} = 2{,}0 \cdot m \cdot c$$

O produto $m \cdot c$ para a panela de ferro é superior ao correspondente da panela de alumínio. Para a temperatura final alcançada pelos corpos, podemos considerar as expressões:

$$\Delta T_{Fe} = \frac{Q_{Fe}}{m_{Fe} \cdot c_{Fe}} \text{ e } \Delta T_{A\ell} = \frac{Q_{A\ell}}{m_{A\ell} \cdot c_{A\ell}}$$

Para as panelas sofrerem a mesma variação de temperatura, a de ferro terá de ganhar uma quantidade de calor maior que a de alumínio, já que o produto $m_{Fe} \cdot c_{Fe}$ é maior que o produto $m_{A\ell} \cdot c_{A\ell}$. Assim:

$$\Delta T_{Fe} = \Delta T_{A\ell}$$

$$\frac{Q_{Fe}}{m_{Fe} \cdot c_{Fe}} = \frac{Q_{A\ell}}{m_{A\ell} \cdot c_{A\ell}}$$

$$\frac{Q_{Fe}}{2{,}9 \cdot m \cdot c} = \frac{Q_{A\ell}}{2{,}0 \cdot m \cdot c}$$

$$Q_{Fe} = 1{,}45 \cdot Q_{A\ell}$$

Observe que o fator decisivo, no caso do ferro, foi sua maior densidade. Portanto, em contato com substâncias mais frias, as panelas de ferro liberam maior quantidade de calor que as de alumínio, o que justifica sua eficiência em frituras e cozidos.

Por estar presente com muita regularidade nos cálculos, o produto $m \cdot c$ passou a ser representado por outra variável, chamada **capacidade térmica** (**C**). Logo:

$$C = m \cdot c$$

Outra forma de definir essa grandeza seria dizer que capacidade térmica é a quantidade de calor que um corpo absorve ou cede para aumentar ou diminuir em 1 °C sua temperatura. Assim:

$$C = \frac{Q}{\Delta T}$$

Sua unidade, como se pode deduzir, é cal/°C (ou J/°C no SI). Quando fazemos referência a objetos, como panelas e béqueres utilizamos sempre o conceito de capacidade térmica, pois, como acabamos de observar, a massa do objeto também é importante para esse cálculo.

Exercícios resolvidos

1. Se um bloco de ferro ($c_{Fe} = 0,107$ cal/g · C) tem 0,5 kg de massa (500 g), sua capacidade térmica é determinada pela expressão $C = m \cdot c = 500 \cdot 0,107 = 53,5$ cal/°C. O que isso significa?
   Note que a unidade da capacidade térmica vem naturalmente do produto massa vezes calor específico: g · cal/g · °C = cal/°C. Isso significa que esse bloco consome (ou libera) 53,5 cal de calor para aumentar (ou diminuir) sua temperatura em 1 °C.

2. Uma panela de alumínio teve sua massa registrada como 450 g numa balança. (Dado: $c_{A\ell} = 0,212$ cal/g · °C.)

   a) Qual é sua capacidade térmica?
   A capacidade térmica dessa panela é dada por:
   $C = m \cdot c = 450 \cdot 0,212 = 95,4$ cal/g
   Para elevar em 1 °C a temperatura da panela, é preciso fornecer-lhe 95,4 cal.

   b) Quantas calorias essa panela, sozinha, consome ao ser aquecida da temperatura ambiente de 25 °C para a de ebulição da água, que é 100 °C?
   Para elevar em 75 °C (100 − 25) sua temperatura, serão necessárias:
   $C = \dfrac{Q}{\Delta T} \Rightarrow 95,4 = \dfrac{Q}{75} \Rightarrow Q = 7155$ cal

3. Um bloco metálico de 50 g e calor específico 0,10 cal/g · °C encontra-se imerso em 100 mL (100 g) de água e em equilíbrio térmico a 20 °C, . Ao receber calor de uma fonte, ambos aquecem até atingir 65 °C. Determine a quantidade de calor por eles absorvida.

A quantidade de calor absolvida é a soma da quantidade de calor absorvida por cada um deles:
$Q = Q_b + Q_A$
$Q = m_b \cdot c_b \cdot \Delta T + m_A \cdot c_A \cdot \Delta T$
$Q = 50 \cdot 0,10 \cdot (65 - 20) + 100 \cdot 1,0 \cdot (65 - 20)$
$Q = 5 \cdot 45 + 100 \cdot 45$
$Q = 4725$ cal

4. Um aquecedor de potência 120 W é imerso em 200 cm³ de água a 15 °C. Supondo que não haja dissipação de calor para o ambiente, qual será a temperatura atingida pela água após 2,0 min? Considere a densidade da água 1 g/cm³ e 1 cal = 4 J.
   A energia que o aquecedor transfere para a água é dada pelo produto de sua potência pelo tempo de uso, ou seja: $\Delta t = 2$ min $= 2 \cdot 60 = 120$ s.

   $P = \dfrac{\Delta E}{\Delta t} \Rightarrow \Delta E = P \cdot \Delta t = 120 \cdot 120 = 14400$ J

   Essa energia deve ser convertida em calorias para o cálculo por meio do calor específico:

   $\Delta E = 14400$ J $= \dfrac{14400}{4} = 3600$ cal

   Essa energia é absorvida integralmente pela água que se aquece:
   $Q = m \cdot c \cdot \Delta T \Rightarrow 3600 = 200 \cdot 1 \cdot \Delta T \Rightarrow \Delta T = 18\,°C$
   Como a temperatura inicial da água era 15 °C, a temperatura final atingida será 33 °C.

Exercícios propostos

1. Quando cede 8500 cal, um corpo de 1,40 kg de massa diminui em 200 °C sua temperatura. Qual é sua capacidade térmica? De que material ele é feito?

2. Uma panela de alumínio ($c_{A\ell} = 0,212$ cal/g · °C) tem 250 g de massa. A cozinheira que a utiliza, por distração, leva-a vazia ao fogo e a aquece da temperatura ambiente de 25 °C a 85 °C. Determine:

   a) o número de calorias absorvidas pela panela;

   b) a capacidade térmica da panela.

3. Uma caneca de alumínio de 60 g recebe 100 mL (100 g) de água a 24 °C e é levada ao fogo até atingir 79 °C. Quantas calorias o conjunto absorve? (Dados: $c_{A\ell} = 0,21$ cal/g · °C; $c_{\text{água}} = 1,0$ cal/g · °C.)

4. O volume de 500 mL de óleo ($d = 0,80$ g/mL; $c = 0,31$ cal/g · °C), a 28 °C, é vertido para o interior de um frasco isolante térmico e nele é inserido um aquecedor que, em 5,0 min, eleva a temperatura do óleo até 73 °C. Qual é, em W, a potência do aquecedor? (Dado: 1 cal = 4,2 J.)

176 **Unidade 2** Energia térmica

> **Explorando o assunto**
>
> Por que usamos água tanto para apagar incêndios como para aquecer nosso corpo com bolsas térmicas (Figuras 8.16 e 8.17)?
>
> Figuras 8.16 e 8.17

3. Trocas de calor em sistemas

Quando estudamos os movimentos de queda livre, deparamos com problemas para compreender esse tipo de movimento. Você se lembra dos procedimentos que adotamos para desenvolver esse estudo? Construímos modelos com base em situações ideais, o que nos permitiu desprezar tanto os fatores pouco relevantes como os mais complexos para serem descritos fisicamente. Em outras palavras, tentamos "nos livrar dos contratempos". Uma dessas abstrações é excluir o meio no qual nos encontramos. Em geral, esse meio – seja o ar, seja a água – falseia nossas experiências. Isto é, transformamos um movimento complexo como o de uma folha caindo da árvore em um movimento mais "bem-comportado" ao isolar vários fatores e variáveis.

O calor tem grande importância em nossa vida, e muitas vezes é necessário compreender a forma e a quantidade de calor trocada entre os corpos. Quando estudamos essas trocas de calor, precisamos isolar os corpos que nos interessam, para que não haja trocas de energia (calor) com o meio. Dessa maneira, podemos afirmar que a energia térmica total permanece constante e que a **quantidade de calor recebida por um corpo é a mesma que a cedida por outro**:

$$|Q_{recebido}| = |Q_{cedido}|$$

Uma das maneiras de isolar do meio os corpos estudados é utilizando um **calorímetro**, recipiente para efetuar medidas de **calorimetria**. E o que é calorimetria? Segundo o *Dicionário Houaiss de Física*, trata-se de um "conjunto de técnicas e métodos dedicados à medição da quantidade de calor absorvido ou liberado num processo físico ou químico". Um calorímetro ideal tem capacidade térmica desprezível, ou seja, durante as trocas de calor entre dois corpos ou substâncias colocados em seu interior, o calor é trocado somente entre esses corpos (Figuras 8.18 e 8.19).

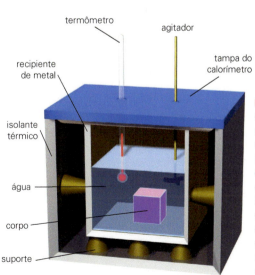

Figura 8.18: Calorímetro é um recipiente constituído basicamente de um isolante térmico, que diminui a troca de calor com o ambiente. Há calorímetros equipados com agitador e termômetro. Essa construção reduz ao máximo as perdas de calor para o ambiente.

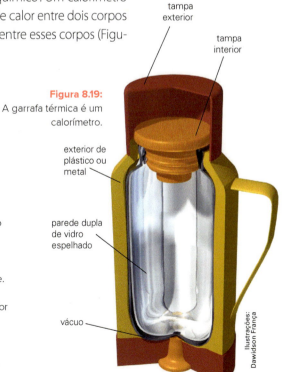

Figura 8.19: A garrafa térmica é um calorímetro.

Quando dois ou mais corpos de temperaturas diferentes são colocados no interior de um calorímetro, acontecem trocas de calor entre eles até que alcancem a mesma temperatura, que chamamos de **temperatura de equilíbrio**. É por meio dessa igualdade de temperaturas que determinamos, por exemplo, a capacidade térmica e o calor específico das substâncias em questão.

Quando indicamos, matematicamente, que a quantidade de calor recebida por um corpo é igual à cedida por outro, expressamos essa quantidade em módulo. Para compreender a necessidade do módulo, acompanhe as duas situações descritas a seguir:

1) Um bloco sólido de 300 g de chumbo tem sua temperatura aumentada de 25 °C para 225 °C ao ser inserido num forno. Admita que o calor específico do chumbo é 0,030 cal/g°C. A quantidade de calor que o bloco absorveu nesse aquecimento é dada por:

$$Q = m \cdot c \cdot \Delta T = 300 \cdot 0,030 \cdot (225 - 25) = 1\,800 \text{ cal}$$

2) Um litro de água (1 000 g) a 80 °C foi deixado num frasco aberto até entrar em equilíbrio térmico com o meio ambiente a 25 °C. A quantidade de calor que a água cedeu para o meio nesse resfriamento é dada por:

$$Q = m \cdot c \cdot \Delta T = 1\,000 \cdot 1,0 \cdot (25 - 80) = -55\,000 \text{ cal}$$

Note que nas duas situações, quando calculamos o calor recebido por um corpo, ele é positivo, $(Q_{recebido} > 0)$; quando calculamos o calor cedido, ele é negativo $(Q_{cedido} < 0)$.

Assim, concluímos que, quando corpos trocam calor entre si num sistema termicamente isolado, a soma algébrica da quantidade de calor trocada, até que se atinja o equilíbrio térmico, é igual a zero:

$$\sum Q_{recebido} = \sum Q_{cedido} = 0$$

Exercícios resolvidos

1. Um bloco de 300 g de chumbo ($c = 0,030$ cal/g · °C), a 25 °C, é depositado num frasco adiabático contendo 1 L de água a 80 °C. Determine a temperatura de equilíbrio atingida pelo sistema.

A soma algébrica da quantidade de calor trocada pelo chumbo e pela água é nula:

$Q_{Pb} + Q_{água} = 0$

$m_{Pb} \cdot c_{Pb} \cdot \Delta T_{Pb} + m_{água} \cdot c_{água} \cdot \Delta T_{água} = 0$

$300 \cdot 0,030 \cdot (T_f - 25) + 1\,000 \cdot 1,0 \cdot (T_f - 80) = 0$

$9 \cdot T_f - 225 + 1\,000 \cdot T_f - 80\,000 = 0$

$T_f = 79,5 \text{ °C}$

2. No interior de um calorímetro há 200 mL (200 g) de água a 25 °C. O conjunto recebe mais 400 mL de água a 55 °C, e o equilíbrio térmico é atingido aos 40 °C. Determine a capacidade térmica do calorímetro.

Nesse caso, temos três corpos trocando calor: a água fria, a água quente e o calorímetro, que se encontra à mesma temperatura da água fria. A soma algébrica da quantidade de calor trocada entre eles é nula. Então, podemos escrever:

$Q_{\text{água fria}} + Q_{\text{água quente}} + Q_{\text{calorímetro}} = 0$

$m_{af} \cdot c_a \cdot (T_f - T_i) + m_{aq} \cdot c_a \cdot (T_f - T_i) + C \cdot (T_f - T_i) = 0$

$200 \cdot 1,0 \cdot (40 - 25) + 400 \cdot 1,0 \cdot (40 - 55) + C \cdot (40 - 25) = 0$

$3\,000 - 6\,000 + 15 \cdot C = 0$

$15 \cdot C = 3\,000$

$C = \dfrac{3\,000}{15} = 200 \text{ cal/°C}$

3. Um recipiente contém água a 90 °C e outro contém óleo ($c = 0,70$ cal/g · °C) a 10 °C. Que quantidade de cada um deverá ser usada para que se obtenha uma mistura de 500 g a 50 °C?

A mistura deverá conter a soma das massas de água e óleo:

$m_a + m_o = 500 \rightarrow m_a = 500 - m_o$

A soma da quantidade de calor trocada deverá ser nula:

$Q_a + Q_o = 0$

$m_a \cdot c_a \cdot \Delta T_a + m_o \cdot c_o \cdot \Delta T_o = 0$

$m_a \cdot 1,0 \cdot (50 - 90) + m_o \cdot 0,70 \cdot (50 - 10) = 0$

$m_o \cdot 0,70 \cdot 40 = m_a \cdot 40$

$28 \cdot m_o = (500 - m_o) \cdot 40$

$28 \cdot m_o + 40 \cdot m_o - 20\,000$

$m_o = 294 \text{ g}$

$m_a = 500 - 294 = 206 \text{ g}$

Exercícios propostos

(Quando necessário, adote o calor específico da água = 1,0 cal/g · °C.)

1. (Fuvest-SP) Um bloco de massa 2,0 kg, ao receber toda energia térmica liberada por 1 000 gramas de água que diminuem a sua temperatura de 1 °C, sofre um acréscimo de temperatura de 10 °C. O calor específico do bloco, em cal/g · °C, é:

   a) 0,2   c) 0,15   e) 0,01
   b) 0,1   d) 0,05

2. (Unicamp-SP) Um rapaz deseja tomar banho de banheira com água à temperatura de 30 °C, misturando água quente e fria. Inicialmente, ele coloca na banheira 100 L de água fria a 20 °C. Desprezando a capacidade térmica da banheira e a perda de calor da água, pergunta-se:

   a) quantos litros de água quente, a 50 °C, ele deve colocar na banheira?
   b) se a vazão da torneira de água quente é de 0,20 L/s, durante quanto tempo a torneira deverá ficar aberta?

3. (Vunesp-SP) Na cozinha de um restaurante há dois caldeirões com água, um a 20 °C e outro a 80 °C. Quantos litros se deve pegar de cada um, de modo a resultarem, após a mistura, 10 litros de água a 26 °C?

4. (PUCC-SP) A temperatura de dois corpos M e N, de massas iguais a 100 g cada um, varia com o calor recebido, como indica o gráfico.

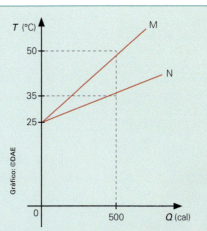

Colocando N a 10 °C em contato com M a 80 °C e admitindo que a troca de calor ocorra somente entre eles, a temperatura final de equilíbrio, em °C, será:

a) 60   c) 40   e) 20
b) 50   d) 30

5. Um professor de Física precisava saber a massa de certo bloco de alumínio ($c = 0,20$ cal/g · °C) que se encontrava à temperatura ambiente de 25 °C. Resolveu, então, mergulhá-lo num calorímetro adiabático contendo 300 mL de água a 46 °C. Logo, observou que a temperatura de equilíbrio atingida foi de 26 °C. Qual era a massa do bloco? (Dados: $d_a = 1,0$ g/mL; $c_a = 1,0$ cal/g · °C.)

4. Por que as substâncias mudam de estado físico?

No dia a dia, lidamos com situações que envolvem temperaturas bem diferentes. Na cozinha, por exemplo, o *freezer* resfria seu interior a −15 °C, uma panela com água no fogo ferve a 100 °C, uma lâmpada incandescente com seu filamento chega a 3 000 °C e nosso corpo mantém-se à temperatura de 36,5 °C, mesmo que a temperatura ambiente varie de 10 °C a 40 °C.

Por outro lado, sabemos que, se submetermos a água a todos os valores de temperatura mencionados, ela terá características distintas. Nessas condições, a −15 °C ela estará congelada, a 35 °C permanecerá líquida, a 100 °C começará a ferver e acima desse valor será vapor de água disperso na atmosfera (Figura 8.20). Dificilmente encontraremos moléculas de água em qualquer estado físico a 3 000 °C, pois as moléculas de hidrogênio e oxigênio estarão dissociadas. Outras substâncias, como o ferro, mantêm suas características mesmo passando de −50 °C a 1 000 °C. Nesse intervalo de temperatura, o ferro é sólido; porém, a 3 000 °C, certamente estará líquido.

Figura 8.20: Diferentemente da maioria das substâncias que conhecemos, nas situações cotidianas a água existe nos três estados físicos: sólido, líquido e gasoso.*

---

* Apesar da frequente representação das nuvens e da fumaça que sai de uma chaleira fervente como vapor de água, esses exemplos não são adequados. Mesmo existindo vapor de água neles, a parte visível tanto da nuvem quanto da fumaça é composta de pequenas gotículas de água em suspensão no ar. No caso das nuvens, elas também podem ser compostas de pequenos cristais de gelo.

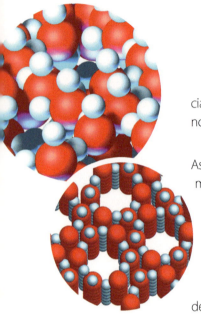

Figura 8.21: Esquema que representa uma idealização da água líquida ampliada 1 bilhão de vezes. As esferas vermelhas são os átomos de oxigênio ligados a duas esferas brancas simbolizando o hidrogênio. Na realidade, as moléculas de água não apresentam contornos nítidos como na imagem. Ilustração sem escala; cores-fantasia.

Figura 8.22: Esquema que representa uma idealização da água sólida (gelo) ampliada 1 bilhão de vezes. Podemos notar a perfeição do arranjo: cada molécula tem seu lugar definido por suas interconexões com as outras moléculas. Na realidade, o arranjo cristalino é tridimensional e as moléculas estão vibrando. Ilustração sem escala; cores-fantasia.

4.1. Os estados físicos da matéria

O que ocorre com uma substância durante a mudança de estado físico? Como isso acontece? A que temperatura? Será apenas uma questão de diferença de temperatura?

Responder a essas perguntas do ponto de vista da Física exige um modelo para a interpretação da natureza – no caso, o **modelo atômico**. O físico americano Richard P. Feynman (1918-1988), em seu livro *Física em seis lições*, brinca que esta deveria ser a lição a ser preservada e passada às próximas gerações se um cataclismo destruísse todo o conhecimento científico. Segundo Feynman, a sentença sobrevivente seria assim:

> [...] todas as coisas compõem-se de átomos – pequenas partículas que se deslocam em movimento perpétuo, atraindo umas às outras quando estão a certa distância, mas repelindo-se quando comprimidas umas contra as outras.

FEYNMAN, Richard P. *Física em seis lições*. Rio de Janeiro: Ediouro, 2001. p. 39.

Qual é a relação do modelo atômico com as questões sobre o estado físico das substâncias? Para resolver essa dúvida, vamos olhar bem de perto uma substância que nos é familiar e nos permite conhecer seus estados físicos: a água.

Uma molécula de água é constituída por um átomo de oxigênio e dois de hidrogênio. As moléculas são definidas como sendo a menor porção de uma substância que mantém as mesmas propriedades físicas do todo.

Microscopicamente, conforme enunciado pelo modelo atômico, essas moléculas vibram de forma tridimensional. Ocorre que as substâncias podem ser encontradas em diferentes estados (ou fases), que correspondem a variados arranjos moleculares. O que determina o estado físico das substâncias é a pressão e a temperatura às quais elas são submetidas.

As substâncias no **estado líquido** ou no **estado gasoso** têm a característica de fluir e deslizar umas sobre as outras, além de vibrarem individualmente. É o que acontece com a água em temperatura ambiente e pressão atmosférica normal (Figura 8.21).

Os sólidos apresentam propriedades diferentes dos líquidos e dos gases. Por exemplo, substâncias no **estado sólido** apresentam capacidade de suportar tensões aplicadas à sua superfície. Essa resistência depende da natureza dos átomos que as compõem, de como eles se ordenam e das forças de ligação que eles mantêm entre si. Microscopicamente, os átomos dos sólidos não deslizam uns sobre os outros como nos líquidos e nos gases. Eles vibram em torno de posições fixas que constituem um arranjo geométrico bem definido, chamado cristal, no qual a posição de cada átomo é determinada pela posição dos outros que compõem o cristal (Figura 8.22). Dizemos que a substância sólida tem **características cristalinas**.

E o que dizer do estado gasoso? Se gradativamente fornecermos calor às substâncias líquidas, suas moléculas ganharão energia e aumentarão seu movimento e sua temperatura, até que a atração entre elas deixará de ser suficiente para mantê-las coesas. Sendo assim, no **estado gasoso**, as moléculas se encontram muito mais afastadas umas das outras e passeiam rapidamente por todo o ambiente (Figura 8.23). Por exemplo, se alguém abrir um vidro de perfume do outro lado da sala ou fritar temperos na cozinha, logo o cheiro atinge nosso olfato.

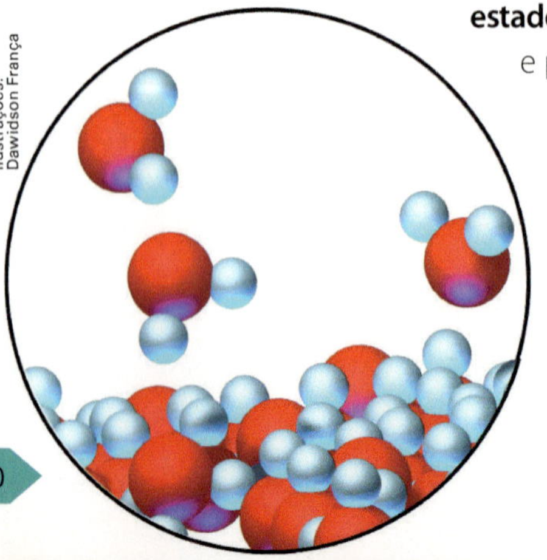

Figura 8.23: Representação das moléculas de vapor de água durante a evaporação. Após deixarem a superfície da água líquida, elas se separam umas das outras e movimentam-se rapidamente em todas as direções. Ilustração sem escala; cores-fantasia.

Ilustrações: Dawidson França

180

Por dentro do conceito

Sólido ou cristalino

É comum usarmos o termo "sólido" no lugar de "cristalino". Entretanto, esse termo, que também adotaremos adiante por força do uso, se mostra muito inadequado. Veja o caso do vidro. Aparentemente, encontra-se no estado sólido. Porém, além da sensível rigidez física, não apresenta outras características de substâncias cristalinas.

Se pudéssemos elevar significativamente a temperatura de um pedaço de vidro, perceberíamos que seu comportamento se assemelharia ao de um plástico (Figura 8.24). A certa temperatura, começaria a amolecer; depois, derreteria lentamente. Vemos assim que o vidro não possui uma temperatura de fusão precisa, como acontece com os metais; por exemplo, o alumínio derrete completamente ao atingir exatos 610 °C à pressão de 1 atm.

Figura 8.24: Quando aquecido a determinadas temperaturas, o vidro torna-se um material amolecido, diminuindo sua viscosidade e podendo fluir com relativa facilidade.

Além disso, o vidro não apresenta a regularidade interna que caracteriza os cristais. Seus átomos encontram-se distribuídos aleatoriamente.

Podemos dizer, então, que o vidro é um líquido altamente viscoso.

Você pode estar pensando: "Por que não flui, então?". Há quem diga que os vidros das janelas de antigas igrejas têm a parte inferior mais espessa que a superior, porque houve um lento escorrimento do vidro. Mas também há quem diga que a viscosidade do vidro é muito elevada e demoraria milhões de anos para observarmos tal efeito. Portanto, o termo "sólido" diz respeito à aparência externa do corpo, o que nem sempre reflete a sua estrutura interna.

Os plásticos também são exemplos de materiais que, apesar de rígidos, não apresentam estruturas cristalinas, mesmo quando sua temperatura chega perto do zero absoluto (Figura 8.25).

Por isso, tais substâncias são chamadas **amorfas** (sem forma). No texto, quando nos referirmos ao estado sólido, trataremos apenas de corpos no estado cristalino.

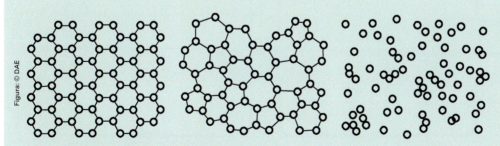

Figura 8.25: Representação das moléculas que formam um sólido cristalino, um vidro (sólido amorfo) e um gás.

4.2. As mudanças de fases (estados físicos) da matéria

Para que uma substância no estado sólido adquira forma líquida ou gasosa, é preciso que ela se aqueça ou que a pressão externa diminua. A mudança do estado sólido para o líquido é chamada **fusão**, e a mudança inversa é denominada **solidificação** ou **cristalização**. A transformação direta de um sólido em gás, ou **sublimação**, ocorre em geral somente a baixas pressões para a maioria das substâncias, ou seja, à pressão atmosférica a mudança de fase das substâncias é gradual, de gás para líquido e de líquido para sólido.

Para que uma substância no estado líquido adquira forma gasosa, é preciso que ela se aqueça ou que a pressão externa diminua. A mudança do estado líquido para o gasoso é chamada **vaporização**, e a mudança inversa é denominada **condensação** ou **liquefação** (Figura 8.26).

Para que cada um desses processos de mudança de estado físico aconteça, é preciso que haja uma variação energética intrínseca em cada substância. Ou seja, cada substância tem de receber (ou perder) uma quantidade determinada de energia para mudar de estado físico. Isso implica também uma temperatura específica para um ponto particular de fusão e de ebulição, sob determinada pressão.

O **ponto de fusão** de um sólido cristalino é a temperatura na qual o material começa a se tornar líquido sob a pressão de 1 atm. Um composto orgânico cristalino puro tem um ponto de fusão bem definido; no entanto, a presença de impurezas faz o ponto de fusão ocorrer a uma temperatura mais baixa.

O **ponto de ebulição** de uma substância refere-se à temperatura em que ocorre a transição do estado líquido para o gasoso. Quando um líquido se torna vapor, suas moléculas separam-se umas das outras e deixam a superfície do líquido. Quanto menor for a pressão sobre elas, mais fácil será deixar o líquido. Logo, é de esperar que a temperatura de ebulição de uma substância se eleve com o aumento da pressão sobre ela (Gráfico 8.1). Nessa temperatura, a pressão do vapor do líquido é igual à pressão ambiente.

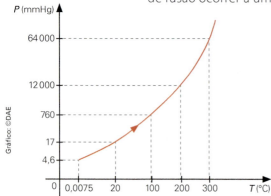

Gráfico 8.1: Relação entre a pressão externa e a temperatura de ebulição da água.

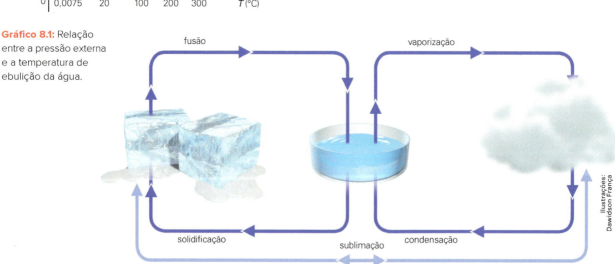

Figura 8.26: Representação das mudanças de fase (estado físico) da água.

Por dentro do conceito

Pressão de vapor

Vamos considerar um recipiente fechado, com água até a metade, que é levado ao fogo. Com o aquecimento, as moléculas passam a ganhar energia e as mais energéticas deixam o líquido, transformando-se em vapor. Como o recipiente é fechado, o vapor se acumula na parte superior do recipiente, aumentando, assim, a pressão.

Em dado momento, quando a pressão é suficientemente alta, o processo de evaporação da água se estabiliza, e a mistura atinge um equilíbrio dinâmico. Nesse momento, a quantidade de moléculas de líquido que evapora é igual à quantidade que se condensa. A esse determinado valor de pressão, damos o nome de **pressão de vapor**. Um líquido, em um recipiente aberto, entra em ebulição quando a pressão de vapor é igual à pressão externa à qual está submetido, ou seja, a pressão ambiente. Quanto maior a pressão, maior a energia das moléculas que evaporam e maior também a temperatura e a ebulição.

Explorando o assunto

Ao nível do mar, a água pura entra em ebulição a 100 °C. Como ocorre então a evaporação das águas dos rios e mares que alimentam o ciclo hidrológico da água ou mesmo a evaporação da água nas roupas no varal (Figura 8.27)?

Figura 8.27
Ricardo Azoury/Pulsar Imagens

É importante ressaltar que o ponto de ebulição varia com a altitude, já que a pressão atmosférica também muda. Quanto mais baixa for a pressão do sistema, menor será o ponto de ebulição, e vice-versa. Sempre ouvimos que a água ferve a 100 °C, mas isso é válido somente ao nível do mar. Assim, em Fortaleza, onde a pressão atmosférica é de 1 atm, a temperatura de ebulição da água é 100 °C; já na cidade de São Paulo, cuja altitude média é 750 m, e a pressão atmosférica fica em torno de 0,92 atm, o ponto de ebulição da água é 97,7 °C. Em localidades mais altas, a temperatura de ebulição da água é ainda mais baixa (Tabela 8.2).

Tabela 8.2: Ponto de ebulição da água em diferentes altitudes		
Altitude (m)	Pressão atmosférica (mmHg)	Ponto de ebulição (°C)
nível do mar (0)	760	100
1 000	670	97
2 000	600	93
9 000	240	70

Fonte: KELLER, F. J.; GETTYS, W. E.; SKOVE, M. J. *Física*. 2. ed. São Paulo: Makron Books do Brasil, 1999. v. 2.

> **Explorando o assunto**
>
> Por que os alimentos cozinham em menos tempo numa panela de pressão do que numa panela comum?

A diferença de altitude explica por que a pressão atmosférica é maior em Fortaleza que em São Paulo, uma vez que a camada atmosférica sobre a capital cearense é relativamente maior que a da capital paulista. Parece uma grande vantagem, para quem reside em lugares altos, a água ferver a uma temperatura mais baixa: consome-se menos gás e o líquido atinge a fervura em menos tempo. Isso seria realmente vantajoso se habitantes dessas regiões consumissem apenas chá e verduras que são cozidas com facilidade. Porém, seria complicado para os cozinheiros das montanhas fazer um feijão amolecer a uma temperatura de, por exemplo, 90 °C. Certamente, eles esperariam bastante, pois a temperatura elevada destrói as fibras dos alimentos cozidos. Em lugares altos, como as montanhas, a necessidade de uma panela de pressão é muito maior, uma vez que só com ela é possível cozinhar os alimentos a uma temperatura acima de 100 °C (Figura 8.28).

Em resumo, para as mudanças de estado físico, temos de considerar as características microscópicas da substância e os parâmetros externos, como pressão e temperatura. Por exemplo, no estado sólido, as moléculas estão fortemente ligadas umas às outras. O aumento da energia térmica aumenta também a velocidade com que elas vibram e, consequentemente, sua energia cinética. E observamos ainda o aumento da temperatura do sólido. Quando a intensidade da vibração é suficiente para superar a interação molecular e a pressão externa, ocorre a mudança de estado.

Figura 8.28: Em lugares de altitudes elevadas, como no Monte Everest (China), a água ferve e entra em ebulição a temperaturas menores, como 70 °C. Foto de 2013.

Por dentro do conceito

Outros estados físicos da matéria

Estudamos que as moléculas dos líquidos e dos gases fluem, escoam umas sobre as outras, enquanto as dos sólidos cristalinos vibram numa estrutura definida pelo arranjo cristalino. No entanto, sabemos também que alguns fluidos, como o vidro e o plástico, se comportam como sólidos no intervalo de tempo que costumamos lidar com eles. Ou seja, a separação entre sólidos e fluidos é tênue.

O plasma, gás altamente ionizado, é muitas vezes chamado de *quarto estado da matéria*, por não se enquadrar em nenhuma dessas categorias em razão de suas propriedades físicas diferenciadas. Com o aumento da temperatura, as substâncias são sucessivamente transformadas de sólido em líquido e, então, em gás. Se a temperatura aumentar muito, temos o plasma, situação em que a energia fornecida começa a romper as moléculas de gás e a arrancar os elétrons que formam os átomos por causa da grande agitação e das colisões de suas partículas. Agora separados, tanto os elétrons quanto o núcleo dos átomos se movem livremente (Figura 8.29). Esses núcleos carregados positivamente são conhecidos como íons.

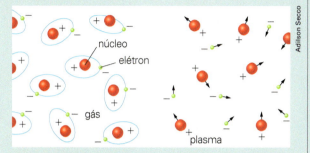

Figura 8.29: Quando a energia fornecida começa a quebrar os átomos em núcleos e elétrons, temos o quarto estado da matéria, ou seja, o plasma. Ilustração sem escala; cores-fantasia.

Por apresentar concentrações quase iguais de íons positivos (átomos ionizados) e elétrons livres, o plasma permanece eletricamente neutro. Ao entrar em contato com campos elétricos e/ou magnéticos, ele emite luz, como ocorre, por exemplo, nas auroras polares e nas descargas atmosféricas (raios) (Figuras 8.30 e 8.31). Presente em 99% da matéria visível do Universo – galáxias, nebulosas, estrelas, ionosfera terrestre etc. –, o plasma também pode ser encontrado em lâmpadas fluorescentes e em dispositivos usados em televisores.

A temperaturas muito próximas do zero absoluto, temos o condensado de Bose-Einstein, considerado o *quinto estado da matéria*, formado por bósons (partículas elementares) e com propriedades que ainda estão sendo estudadas – por exemplo, fluir espontaneamente para fora de seu recipiente (Figura 8.32). Essa descoberta de 1995 rendeu aos estadunidenses Eric A. Cornell e Carl E. Wieman e ao alemão Wolfgang Ketterle o Prêmio Nobel da Física, em 2001. O nome desse estado é uma homenagem ao físico indiano Satyendra Nath Bose (1894-1974) e ao físico alemão Albert Einstein (1879-1955), que trabalharam em 1925 com fenômenos e descrições tidos como os embriões para a obtenção experimental da substância.

Figura 8.32: O fato de o hélio continuar no estado líquido a $-273,15\ °C$ permite que essa substância realize a condensação de Bose-Einstein e desafie a gravidade por subir ao longo do lado do tubo e transbordando dele.

Figuras 8.30 e 8.31: As descargas atmosféricas e as auroras polares são emissões luminosas provocadas por plasma. A primeira foto é no Kuwait, e a segunda é na Noruega, ambas de 2015.

4.3. Calor e mudança de fase

Mais uma vez recorreremos a uma substância que nos é familiar: a água. Vamos imaginar uma panela com 500 mL de água no fogo. Se colocarmos um termômetro em contato com o líquido no momento em que se inicia o aquecimento, a partir da temperatura ambiente (20 °C), perceberemos uma elevação contínua da temperatura até 100 °C, justificada pelo contato com a chama que está cedendo calor (Figuras 8.33 e 8.34 e Gráficos 8.2 e 8.3).

Figura 8.33 e Gráfico 8.2: São necessárias 40 000 cal para elevar a temperatura de 500 mL (500 g) de água de 20 °C a 100 °C.

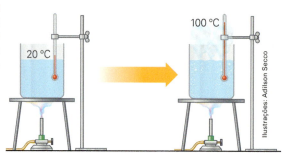
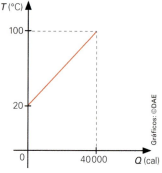

Figura 8.34 e Gráfico 8.3: Enquanto a água ganha o calor necessário para evaporar, não há mudança de temperatura, apenas mudança de estado.

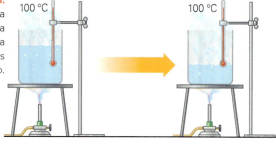
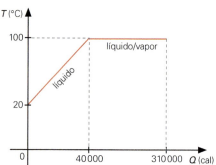

> **Explorando o assunto**
>
> Observe o Gráfico 8.3 e responda: com a quantidade de calor fornecido pela chama durante o processo de mudança de estado, foi possível vaporizar toda a água?

Vemos também que, quando a água começa a ferver, o termômetro registra 100 °C e, embora a chama continue cedendo calor, enquanto a água passa do estado líquido para o de vapor, sua temperatura não se altera.

O que aconteceu com o calor que a água recebeu da chama enquanto fervia, se a temperatura não se elevou? Aqui reside a parte mais interessante do fenômeno. Para passar do estado líquido para o de vapor, cada grama de água precisa de 540 cal. Depois de atingir a temperatura de 100 °C, toda energia (calor) recebida é consumida para a mudança de estado físico, isto é, para romper as ligações intermoleculares (Figura 8.35).

Se você observar novamente o Gráfico 8.3 ou qualquer outra representação gráfica do tipo $Q \times T$, notará que, sempre que temos uma reta paralela ao eixo Q, é sinal de que a temperatura permanece constante, apesar de a substância estar recebendo calor. Ou seja, não ocorre mudança de temperatura, e sim de estado. Quanto maior a extensão da reta paralela ao eixo Q, maior a quantidade de energia gasta pelo corpo ou pela substância para mudar de estado.

O valor de 540 cal, quantidade de calor necessária para que 1 g de água em estado líquido se transforme em vapor, é característico da água e varia tanto de substância para substância como quando há transformação de estado físico.

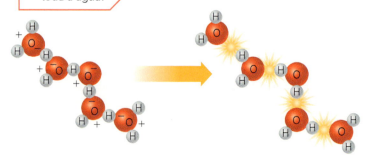

Figura 8.35: Representação microscópica da mudança de fase da água líquida para o vapor. Ilustração sem escala; cores-fantasia.

186 Unidade 2 Energia térmica

Essa grandeza recebe o nome de **calor latente** e é análoga ao calor específico, mas refere-se à mudança de estado. Formalmente, o calor latente mensura a quantidade de calor necessária para a mudança entre dois estados de agregação molecular para 1 g de determinada substância. Para nos referirmos à passagem do estado líquido para o de vapor, o calor latente recebe o nome de **calor latente de vaporização (L_v)**.

No SI, a unidade de medida do calor latente é J/kg, mas utiliza-se com frequência a unidade cal/g.

Veja na Tabela 8.3 uma relação de substâncias e seu respectivo calor latente de vaporização e temperatura de ebulição à pressão normal.

Tabela 8.3: Calor latente de vaporização e temperatura de ebulição de algumas substâncias à pressão normal		
Substância	**Calor latente de vaporização** (cal/g)	**Temperatura de ebulição** (°C)
água	540	100
álcool etílico	210	78
cobre	1 130	2 566
chumbo	205	1 750
enxofre	68	444
hélio	5	−269
bromo	88	59
mercúrio	71	357
nitrogênio	47	−196
ouro	407	2 808
oxigênio	51	−183
prata	555	2 163
zinco	423	911

Fonte: TIPLER, P. A. *Física para cientistas e engenheiros*. 4. ed. Rio de Janeiro: LTC, 2000. v. 1.

Os mesmos valores da Tabela 8.3, com sinal invertido, expressam o **calor latente de condensação (L_c)** dessas substâncias. Ou seja, como o calor latente de vaporização da água é 540 cal/g, o calor de condensação da água é igual a −540 cal/g. O que isso significa? O valor indica que cada 1 g de vapor de água precisa perder 540 cal para passar ao estado líquido.

Analisando novamente a Tabela 8.3 de calor latente de vaporização e temperatura de ebulição, notamos que, depois de atingir a temperatura de ebulição, cada 1 g de cobre líquido precisa ganhar mais 1 130 cal para se transformar em vapor.

> ### Explorando o assunto
>
> Sempre que alguém pede café com leite, o funcionário de uma padaria pega o leite na geladeira, que deve estar a aproximadamente 10 °C, despeja-o num recipiente e coloca nele uma mangueirinha metálica da máquina de café expresso, por onde sai apenas vapor de água, elevando a temperatura do leite a cerca de 80 °C. Como isso ocorre, considerando que o processo é feito sem nenhuma chama e com uma rapidez incrível?

Trocas de calor **Capítulo 8** 187

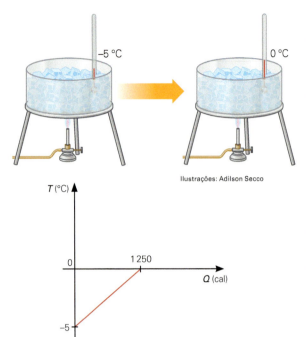

Figura 8.36 e Gráfico 8.4: São necessárias 1 250 cal para elevar a temperatura de 500 g de gelo de −5 °C para 0 °C.

Estudamos que, nos casos da vaporização e da condensação, o calor recebido por uma fonte externa é responsável pelo aumento da agitação molecular e pela consequente variação de temperatura. Durante o processo de fusão ou condensação, essa energia fornecida pela fonte de calor à substância servirá para "quebrar" as ligações que mantinham as moléculas do sólido unidas, mas não para aumentar sua agitação.

Suponha que uma amostra de 500 g de gelo, com temperatura inicial de −5 °C, passe a receber calor de uma fonte ou até mesmo do ambiente ao seu redor. Se colocarmos um termômetro em contato com o gelo desde o instante em que o retiramos do refrigerador, notaremos que o calor por ele recebido eleva sua temperatura de −5 °C a 0 °C, que é a temperatura de fusão do gelo (Figura 8.36 e Gráfico 8.4).

No entanto, quando a temperatura chegar a 0 °C, todo o calor recebido servirá para derreter o gelo, por isso a temperatura é constante mesmo com o contínuo ganho de calor (Figura 8.37 e Gráfico 8.5).

À pressão ambiente, são necessárias 80 cal para que 1 g de gelo passe do estado sólido para o líquido. Esse valor é o **calor latente de fusão** (L_f) do gelo. Outras substâncias têm valores diferentes para essa grandeza. Veja na Tabela 8.4 uma relação de substâncias e seu respectivo calor latente e temperatura de fusão à pressão normal.

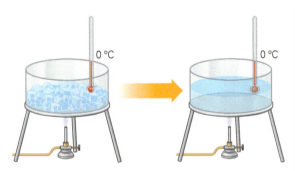

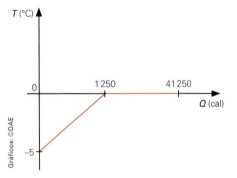

Figura 8.37 e Gráfico 8.5: Enquanto o gelo ganha o calor necessário para se fundir, não há mudança de temperatura, apenas mudança de estado. Nesse processo, foram consumidas 40 000 cal para fundir 500 g de gelo.

Tabela 8.4: Calor latente e temperatura de fusão de algumas substâncias à pressão normal

Substância	Calor latente de fusão (cal/g)	Temperatura de fusão (°C)
água	80	0
álcool etílico	26	−114
cobre	49	1 083
chumbo	5,9	327
enxofre	9,2	115
ferro	65	1 535
bromo	16,1	−7
mercúrio	2,7	39
nitrogênio	6,1	−210
ouro	15	1 063
oxigênio	3,3	−219
prata	25,1	961
zinco	24,4	419

Fonte: TIPLER, P. A. *Física para cientistas e engenheiros*. 4. ed. Rio de Janeiro: LTC, 2000. v. 1.

A solidificação ocorre com os mesmos valores das temperaturas de fusão. E o valor do calor latente de solidificação é igual ao do calor de fusão, mas com o sinal invertido. Para ocorrer a mudança do estado líquido para o sólido, a substância precisa perder calor, por isso o **calor latente de solidificação** (L_s) recebe sinal negativo ($L_f = -L_s$).

Analisando a Tabela 8.4 de calor latente de fusão e as respectivas temperaturas, podemos verificar que cada 1 g de ferro sólido precisa ganhar 65 cal para se transformar em líquido (Figura 8.38). Imagine a quantidade de calor consumida em uma fundição de ferro!

Pela própria definição de calor latente, obtemos uma expressão que relaciona a quantidade de calor necessária e a massa do corpo que sofre a mudança de estado físico:

$$L = \frac{Q}{m} \rightarrow Q = m \cdot L$$

> **LEMBRETE:**
> A temperatura em que ocorre a mudança de estado físico de uma substância varia com a pressão sobre ela.

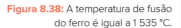
Figura 8.38: A temperatura de fusão do ferro é igual a 1 535 °C.

Exercícios resolvidos

1. Consulte as Tabelas 8.3 e 8.4 de calor latente de vaporização e fusão e temperatura para responder às perguntas.

   a) Quantas calorias deve absorver uma pedra de 0,40 kg de gelo a 0 °C para se fundir totalmente?

   Como o gelo se encontra na temperatura de fusão, 0 °C, o valor da quantidade de calor para dado corpo e transformação é dado por:
   $Q = m \cdot L = 400 \cdot 80 = 32\,000$ cal

   b) Quantas calorias deve liberar uma massa de 200 g de vapor de álcool a 78 °C para se condensar totalmente?

   Nesse caso, o álcool também se encontra na temperatura de condensação (ou vaporização), 78 °C; portanto, a quantidade de calor é dada por:
   $Q = m \cdot L = 200 \cdot 210 = 42\,000$ cal

   c) Quantos gramas de ouro a 1 063 °C é possível fundir com 3 000 cal?

   No caso do ouro, que também se encontra na temperatura de fusão, obtemos a massa pela mesma expressão:
   $Q = m \cdot L \Rightarrow 3\,000 = m \cdot 15 \Rightarrow m = 200$ g

2. Um pequeno bloco de 200 g de ferro encontra-se à temperatura ambiente de 25 °C. Calcule a quantidade de calor que ele deverá absorver para se fundir totalmente. (Dados: $c_{Fe} = 0{,}12$ cal/g · °C; $T_{fusão} = 1\,535$ °C; $L_{fusão} = 65$ cal/g.)

   Para levar o bloco até sua temperatura de fusão, a quantidade de calor será obtida por:
   $Q_1 = m \cdot c \cdot \Delta T = 200 \cdot 0{,}12 \cdot (1\,535 - 25) = 36\,240$ cal
   Para fundir totalmente o bloco na temperatura atingida, a quantidade de calor será dada por:
   $Q_2 = m \cdot L = 200 \cdot 65 = 13\,000$ cal
   A quantidade de calor total será:
   $Q = Q_1 + Q_2 = 49\,240$ cal

3. Dada a curva de aquecimento de um corpo de 140 g de massa, inicialmente sólido, determine o calor específico em cada estado e o calor latente de fusão da substância que o compõe.

   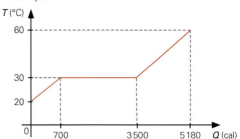

   Como temos a variação de temperatura em dois trechos, para ambos devemos obter os calores específicos:
   $Q_1 = m \cdot c_s \cdot \Delta T$
   $700 = 140 \cdot c_s \cdot (30 - 20) \Rightarrow c_s = 0{,}50$ cal/g · °C
   $Q_3 = m \cdot c_L \cdot \Delta T$
   $(5\,180 - 3\,500) = 140 \cdot c_L \cdot (60 - 30) \Rightarrow$
   $\Rightarrow c_L = 0{,}40$ cal/g · °C
   Para o calor latente de fusão, temos:
   $Q_2 = m \cdot L_f$
   $(3\,500 - 700) = 140 \cdot L_f \Rightarrow L_f = 20$ cal/g

   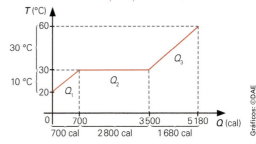

Exercícios propostos

1. Determine o calor latente de fusão de uma substância cujo corpo sólido de 160 g absorve 4,8 kcal ao se fundir totalmente.

2. Quantas calorias deve absorver um bloco de 200 g de chumbo a 27 °C para se fundir totalmente? (Dados: $c = 0{,}030$ cal/g · °C; $T_f = 327$ °C; $L_f = 6$ cal/g.)

3. Qual é a quantidade de calor que se deve fornecer a uma pedra de gelo de 80 g a -10 °C para transformá-la em água a 20 °C? Determine a respectiva curva de aquecimento. (Dados: $c_{gelo} = 0{,}50$ cal/g · °C; $c_{água} = 1{,}0$ cal/g · °C; $L_f = 80$ cal/g; $T_f = 0$ °C.)

4. (Fuvest-SP) Um bloco de gelo que inicialmente está a uma temperatura inferior a 0 °C recebe energia a uma razão constante, distribuída uniformemente por toda sua massa. Sabe-se que o valor específico do gelo vale aproximadamente metade do calor específico da água. O gráfico que melhor representa a variação de temperatura T (em °C) do sistema em função do tempo t (em s) é:

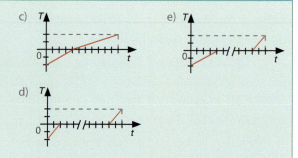

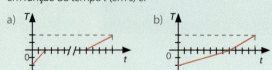

5. (Ufes) Quantas calorias são necessárias para vaporizar 1,00 L de água, se a sua temperatura é, inicialmente, igual a 10,0 °C?
(Dados: calor específico da água: 1,00 cal/g · °C; densidade da água: 1,00 g/cm³; calor latente de vaporização da água: 540 cal/g.)

a) $5{,}40 \cdot 10^4$ cal

b) $6{,}30 \cdot 10^4$ cal

c) $9{,}54 \cdot 10^4$ cal

d) $5{,}40 \cdot 10^5$ cal

e) $6{,}30 \cdot 10^5$ cal

4.4. Trocas de calor envolvendo mudança de fase

Vimos que, quando dois corpos estão em temperaturas diferentes, eles trocam calor até atingir o equilíbrio térmico, ou seja, ficar com a mesma temperatura.

Dessa maneira, afirmamos que a energia térmica total permanece constante e que a **quantidade de calor recebida por um corpo é a mesma que a cedida por outro**:

$$|Q_{recebido}| = |Q_{cedido}|$$

Esse princípio continua válido para a troca de calor mesmo quando algum dos corpos passa por uma mudança de estado. Considere agora também a troca de calor referente à quantidade de calor latente: $Q = m \cdot L$.

Essa expressão leva em conta o calor trocado entre corpos quando não ocorre variação de temperatura, mas mudança de estado físico, que só acontece quando a substância se encontra em seu ponto fixo. Esse ponto é definido pelo par pressão-temperatura e é diferente para cada substância.

De maneira geral, podemos sempre escrever que a soma de todas as quantidades de calor dentro de um sistema isolado é nula, pois o calor cedido é igual ao calor recebido:

$$Q_1 + Q_2 + Q_3 + \ldots Q_n = 0$$

Cada parcela da quantidade de calor, representada pela letra **Q**, pode ser referente ao calor sensível, quando há variação da temperatura, ou ao calor latente, quando há mudança de estado.

Exercícios resolvidos

1. No interior de um calorímetro ideal (isolante) contendo certa massa de água a 30 °C é depositada uma pedra de gelo de 50 g a −10 °C. Observa-se o equilíbrio térmico a 5 °C, considerando o calor específico do gelo 0,50 cal/g · °C, da água 1,0 cal/g · °C, a temperatura de fusão do gelo 0 °C e o calor latente de fusão do gelo 80 cal/g. Determine a massa de água que havia inicialmente no calorímetro.

A soma algébrica das quantidades de calor trocadas é nula, pois o sistema está termicamente isolado. Podemos dividir o processo em quatro quantidades de calor: $Q_{\text{água quente}}$, $Q_{\text{gelo sólido}}$, $Q_{\text{fusão do gelo}}$ e $Q_{\text{água obtida da fusão do gelo}}$. Essas quantidades de calor representam a troca de calor do gelo e da água:

$$Q_{\text{água quente}} + Q_{\text{gelo sólido}} + Q_{\text{fusão do gelo}} + Q_{\text{água obtida da fusão do gelo}} = 0$$
$$m \cdot c \cdot \Delta T_1 + m \cdot c \cdot \Delta T_2 + m \cdot L + m \cdot c \cdot \Delta T_3 = 0$$
$$m \cdot 1{,}0 \cdot (5 - 30) + 50 \cdot 0{,}50 \cdot [0 - (-10)] + 50 \cdot 80 + 50 \cdot 1{,}0 \cdot (5 - 0) = 0$$
$$-25 \cdot m + 250 + 4000 + 250 = 0$$
$$m = 180 \text{ g}$$

2. Em um calorímetro adiabático (isolante) contendo 300 mL de água a 15 °C deposita-se uma pedra de gelo de 800 g a −10 °C. Em quais condições ocorre o equilíbrio térmico?

Conhecendo os calores específicos da água e do gelo e o calor latente de fusão do gelo, vamos determinar a quantidade de calor que a pedra de gelo consome para atingir o ponto de fusão:

$$Q_g = m \cdot c_g \cdot \Delta t_g = 800 \cdot 0{,}5 \cdot [0 - (-10)] = 4000 \text{ cal}$$

Agora vamos determinar a quantidade de calor que a água pode ceder para atingir o ponto de solidificação:

$$Q_a = m_a \cdot c_a \cdot \Delta t_a = 300 \cdot 1{,}0 \cdot (0 - 15) = -4500 \text{ cal}$$

Portanto, quando a pedra chegar ao ponto de fusão, a água terá ainda 500 cal para iniciar a fusão desse sólido:

$$Q_f = m \cdot L_f \rightarrow 500 = m \cdot 80 \rightarrow m = 12{,}5 \text{ g}$$

Assim, ao término das trocas de calor, teremos 312,5 g de água e 787,5 g de gelo a 0 °C.

Exercícios propostos

(Quando necessário, adote para o calor específico da água 1,0 cal/g · °C.)

1. (Fuvest-SP) Calor de combustão é a quantidade de calor liberada na queima de uma unidade de massa do combustível. O calor de combustão do gás de cozinha é 6 000 kcal/kg.

Aproximadamente quantos litros de água à temperatura de 20 °C podem ser aquecidos até a temperatura de 100 °C com um bujão de gás de 13 kg? Despreze perdas de calor.

a) 1 litro   c) 100 litros   e) 6 000 litros

b) 10 litros   d) 1 000 litros

2. (PUCC-SP) Um calorímetro de capacidade térmica 50 cal/°C contém 520 g de gelo a 0 °C. Injeta-se no calorímetro vapor de água a 120 °C, na quantidade necessária e suficiente para fundir totalmente o gelo. A massa de água, em gramas, que se forma no interior do calorímetro vale:
(Dados: calor específico da água = 1,0 cal/g · °C; calor específico do vapor = 0,50 cal/g · °C; calor latente de

fusão do gelo = 80 cal/g e calor latente de vaporização da água = 540 cal/g.)

a) 520   c) 589   e) 700

b) 584   d) 620

3. Num calorímetro de capacidade térmica desprezível, contendo uma pedra de 300 g de gelo a −5,0 °C, vertem-se 400 g de água a 20 °C. Determine as condições em que se dá o equilíbrio térmico do sistema. (Dados: $c_{\text{gelo}} = 0{,}50$ cal/g · °C; $c_{\text{água}} = 1{,}0$ cal/g · °C; $L_{\text{fusão}} = 80$ cal/g.)

4. Certa massa de água, a 30 °C, foi vertida sobre um bloco de 100 g de gelo a −10 °C contido num calorímetro de capacidade térmica 40 cal/°C. O equilíbrio térmico ocorreu a 5,0 °C, com todo o gelo derretido. Determine a massa de água contida no calorímetro, uma vez atingido o equilíbrio térmico. (Dados: $c_{\text{gelo}} = 0{,}50$ cal/g · °C; $c_{\text{água}} = 1{,}0$ cal/g · °C; $L_{\text{fusão}} = 80$ cal/g.)

5. Transmissão de calor: doando e recebendo calor

Para ocorrer a troca de calor (energia) entre dois corpos, é necessário que exista diferença de temperatura entre eles. Assim, o calor se transfere do corpo mais quente para o mais frio até que ambos alcancem uma temperatura comum. Mas como essa energia térmica passa de um objeto para outro?

Essa troca de calor pode ocorrer de três maneiras: **condução**, **convecção** e **radiação**. Vamos estudar cada uma separadamente, mas na maioria dos casos elas ocorrem ao mesmo tempo, estando presentes, por exemplo, em todos os ciclos de energia do planeta.

Trocas de calor   **Capítulo 8**   **191**

Tanto a condução quanto a convecção ocorrem na presença de matéria. Na **condução**, quando uma molécula (de sólido, líquido ou gás) começa a vibrar com mais intensidade, por causa do aumento de sua energia cinética, ela transmite parte de seu movimento às moléculas mais lentas a seu redor. A energia cinética molecular inicialmente concentrada do lado mais quente de um corpo se redistribui até que todas as moléculas tenham a mesma energia. Ou seja, a energia é transferida pelas moléculas diretamente para suas vizinhas sem que haja deslocamento (Figuras 8.39 e 8.40).

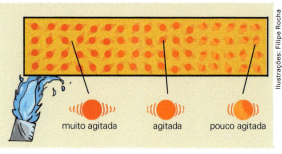

Figuras 8.39 e 8.40: Mesmo que a fonte de calor esteja em contato com o fundo da panela, ele será transmitido a toda a panela por condução. Por isso, evitamos tocá-la diretamente.

Na **convecção**, a transferência de energia se dá por meio do deslocamento de massa nos líquidos e nos gases. Nos sólidos, uma vez que os átomos são mais presos em uma posição dentro de uma estrutura cristalina (em torno da qual podem apenas oscilar), não ocorre esse fenômeno. Por exemplo, se colocamos uma panela com água no fogo, o fluido em contato com a base da panela é aquecido, e suas moléculas começam a se mover mais rapidamente e a se afastar umas das outras. Assim, a densidade dessa massa de água diminui e desloca-se para a parte de cima da panela. Então, o fluido mais frio e mais denso ocupa esse lugar, e o ciclo se repete, de modo que correntes de convecção mantenham o líquido em circulação, fazendo a energia térmica ser distribuída dentro da panela (Figura 8.41).

Figura 8.41: O movimento de bolhas de água subindo no interior e descendo nos bordos do béquer simulam a convecção. Esse fenômeno é responsável, por exemplo, pela diferença de fluxos térmicos no fundo dos oceanos. Dá-se a transferência do calor vindo do manto, porque o material aquecido das zonas mais profundas é menos denso e sobe, enquanto o material da superfície é mais frio e desce, pois é mais denso.

No caso da **radiação**, não há necessidade de meios materiais para que a energia passe de uma região para outra, pois o calor pode se propagar na forma de onda eletromagnética. O calor transmitido por radiação, ao interagir com a matéria, faz suas cargas oscilarem, aumentando a energia cinética delas. Qualquer corpo com temperatura diferente do zero absoluto (0 K) irradia calor (Figura 8.42).

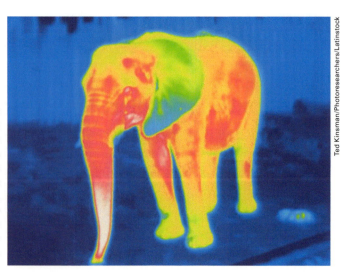

Figura 8.42: Uma câmera fotográfica especial pode detectar a radiação infravermelha emitida pelos corpos. Nas fotografias tiradas por essas câmeras, também chamadas termogramas, os pontos em vermelho encontram-se a uma temperatura superior à de pontos de outras cores.

A energia térmica do Sol que chega à Terra ou aquela que sentimos na proximidade de uma vela acesa são exemplos de transmissão de calor por radiação (Figura 8.43). As formas de energia eletromagnética (radiante) se distinguem entre si por sua frequência (número de oscilações por segundo). No caso, as ondas de calor ficam numa faixa de frequência a que chamamos infravermelho (radiação térmica).

Figura 8.43: Animais de sangue frio, como os répteis, passam horas tomando banho de sol como estratégia para aquecer o corpo.

Explorando o assunto

Após seu uso primário, as caixas Tetra Pak, que garantem a durabilidade e a qualidade do leite e de outros produtos, podem deixar de ser lixo e passar a ser material de construção para o isolamento térmico de telhados. Depois de abertas, limpas e coladas, elas são postas sob as telhas, formando uma manta, com a parte de alumínio voltada para cima, a uma distância de pelo menos 2 cm delas. Você saberia explicar por quê?

Exercício resolvido

(PUC-SP) Analise as afirmações referentes à condução térmica:

I. Para que um pedaço de carne cozinhe mais rapidamente, pode-se introduzir nele um espeto metálico. Isso se justifica pelo fato de o metal ser um bom condutor de calor.

II. Os agasalhos de lã dificultam a perda de energia (na forma de calor) do corpo humano para o ambiente, devido ao fato de o ar aprisionado entre suas fibras ser um bom isolante térmico.

III. Devido à condução térmica, uma barra de metal mantém-se a uma temperatura inferior à de uma barra de madeira colocada no mesmo ambiente.

Podemos afirmar que:

a) I, II e III estão corretas.
b) I, II e III estão erradas.
c) Apenas I está correta.
d) Apenas II está correta.
e) Apenas I e II estão corretas.

A afirmativa I é correta, pois o espeto metálico é bom condutor de calor. A II é incorreta porque é a lã que é um isolante térmico e impede a troca de calor entre o corpo humano e o ambiente. A III é incorreta porque ambos os corpos estão à mesma temperatura, e a barra metálica tem mais facilidade para trocar calor com o corpo que nela toca do que a barra de madeira.

Exercícios propostos

1. (FGV-SP) Quando um nadador sai da água em um dia quente com brisa, ele experimenta um efeito de esfriamento. Por quê?
   a) A água estava fria.
   b) A água em sua pele evapora.
   c) A temperatura do ar é mais baixa do que a temperatura da água.
   d) O nadador não se alimentou adequadamente antes de nadar.
   e) O sol está encoberto.

2. (PUC-PR) Algumas instalações industriais usam grandes fornos, os quais possuem chaminés muito altas. A função principal dessas chaminés é:
   a) Transportar o ar das grandes alturas para o interior do forno por condutividade térmica.
   b) Lançar os gases residuais a grandes alturas por irradiação.
   c) Irradiar o calor a grandes alturas.
   d) Proporcionar maior renovação de ar na fornalha por convecção.
   e) Evitar a poluição da fumaça e fuligem.

3. (Uece-CE) O calor se propaga por convecção no (na):
   a) água
   b) vácuo
   c) chumbo
   d) vidro

4. (PUC-SP) Observe as figuras a seguir sobre a formação das brisas marítima e terrestre.

Durante o dia, o ar próximo à areia da praia se aquece mais rapidamente do que o ar próximo à superfície do mar. Desta forma, o ar aquecido do continente sobe e o ar mais frio do mar desloca-se para o continente, formando a brisa marítima. À noite, o ar sobre o oceano permanece aquecido mais tempo do que o ar sobre o continente, e o processo se inverte. Ocorre então a brisa terrestre.
Dentre as alternativas a seguir, indique a que explica, corretamente, o fenômeno apresentado.
   a) É um exemplo de convecção térmica e ocorre pelo fato de a água ter um calor específico maior do que a areia. Desta forma, a temperatura da areia se altera mais rapidamente.
   b) É um exemplo de condução térmica e ocorre pelo fato de a areia e a água serem bons condutores térmicos. Desta forma, o calor se dissipa rapidamente.
   c) É um exemplo de irradiação térmica e ocorre pelo fato de a areia e a água serem bons condutores térmicos. Desta forma, o calor se dissipa rapidamente.
   d) É um exemplo de convecção térmica e ocorre pelo fato de a água ter um calor específico menor do que a areia. Desta forma, a temperatura da areia se altera mais rapidamente.
   e) É um processo de estabelecimento do equilíbrio térmico e ocorre pelo fato de a água ter uma capacidade térmica desprezível.

5. (Unirio-RJ)
A figura ao lado representa um corte transversal numa garrafa térmica hermeticamente fechada. Ela é constituída por duas paredes. A parede interna é espelhada em suas duas faces e entre ela e a parede externa existe uma região com vácuo. Como se explica o fato de a temperatura de um fluido no interior da garrafa manter-se quase que inalterada durante um longo período de tempo?

   a) A temperatura só permanecerá inalterada se o líquido estiver com baixa temperatura.
   b) As faces espelhadas da parede interna impedem totalmente a propagação do calor por condução.
   c) Como a parede interna é duplamente espelhada, ela reflete o calor que chega por irradiação, e a região de vácuo evita a propagação do calor através da condução e convecção.
   d) Devido à existência de vácuo entre as paredes, o líquido não perde calor para o ambiente através de radiação eletromagnética.
   e) Qualquer material plástico é um isolante térmico perfeito, impedindo, portanto, toda e qualquer propagação de calor através dele.

6. (UFG-GO) Estufas rurais são áreas limitadas de plantação cobertas por lonas plásticas transparentes que fazem, entre outras coisas, com que a temperatura interna seja superior à externa. Isso se dá porque:
   a) o ar aquecido junto à lona desce por convecção até as plantas.
   b) as lonas são mais transparentes às radiações da luz visível que às radiações infravermelhas.
   c) um fluxo líquido contínuo de energia se estabelece de fora para dentro da estufa.
   d) a expansão do ar expulsa o ar frio para fora da estufa.
   e) o ar retido na estufa atua como um bom condutor de calor, aquecendo o solo.

Exercícios finais

1. **(Vunesp-SP)** Massas iguais de cinco líquidos distintos, cujos calores específicos estão dados na tabela adiante, encontram-se armazenadas, separadamente e à mesma temperatura, dentro de cinco recipientes com boa isolação e capacidade térmica desprezível. Se cada líquido receber a mesma quantidade de calor, suficiente apenas para aquecê-lo, mas sem alcançar seu ponto de ebulição, aquele que apresentará temperatura mais alta, após o aquecimento, será:

Líquido	Calor específico (J/g · °C)
água	4,19
petróleo	2,09
glicerina	2,43
leite	3,93
mercúrio	0,14

   a) a água.
   b) o petróleo.
   c) a glicerina.
   d) o leite.
   e) o mercúrio.

2. **(Fuvest-SP)** Um recipiente de vidro de 500 g e calor específico 0,20 cal/g · °C contém 500 g de água, cujo calor específico é 1,0 cal/g · °C. O sistema encontra-se isolado e em equilíbrio térmico. Quando recebe uma certa quantidade de calor, o sistema tem sua temperatura elevada. Determine:

   a) a razão entre a quantidade de calor absorvida pela água e a recebida pelo vidro.
   b) a quantidade de calor absorvida pelo sistema para uma elevação de 1,0 °C em sua temperatura.

3. **(UEL-PR)** Uma certa massa m de água recebe calor de uma fonte térmica de fluxo constante. Após 30 s sua temperatura varia de 20 °C para 50 °C. Uma massa $2m$ de outro líquido, aquecido na mesma fonte durante 40 s, sofre uma variação de temperatura de 20 °C para 60 °C. O calor específico desse líquido, em cal/g · °C, vale:
   (Dado: calor específico da água = 1,0 cal/g · °C.)

   a) 0,25
   b) 0,50
   c) 1,0
   d) 1,5
   e) 2,0

4. **(Fuvest-SP)** Um calorímetro, constituído por um recipiente isolante térmico ao qual estão acoplados um termômetro e um resistor elétrico, está completamente preenchido por 0,400 kg de uma substância cujo calor específico deseja-se determinar. Num experimento em que a potência dissipada pelo resistor era de 80 W, a leitura do termômetro permitiu a construção do gráfico da temperatura T em função do tempo t, mostrado na figura adiante. O tempo t é medido a partir do instante em que a fonte que alimenta o resistor é ligada.

   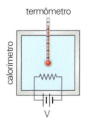
   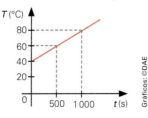

   a) Qual o calor específico da substância em joules/kg · °C?
   b) Refaça o gráfico da temperatura em função do tempo no caso de a tensão V da fonte que alimenta o resistor ser reduzida à metade. (Neste caso a potência é reduzida à quarta parte.)

5. **(Vunesp-SP)** Massas iguais de água e óleo foram aquecidas num calorímetro, separadamente, por meio de uma resistência elétrica que forneceu energia térmica com a mesma potência constante, ou seja, em intervalos de tempo iguais cada uma das massas recebeu a mesma quantidade de calor. Os gráficos na figura adiante representam a temperatura desses líquidos no calorímetro em função do tempo, a partir do instante em que iniciou o aquecimento.

   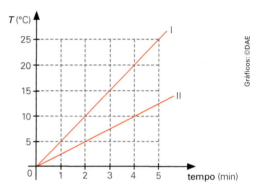

   a) Qual das retas, I ou II, é a da água, sabendo que seu calor específico é maior que o do óleo? Justifique sua resposta.
   b) Determine a razão entre os calores específicos da água e do óleo, usando os dados do gráfico.

6. **(Unicamp-SP)** Em um aquário de 10 L, completamente cheio de água, encontra-se um pequeno aquecedor de 60 W. Sabendo que em 25 min a temperatura da água aumentou de 2 °C, pergunta-se:
   (Dados: calor específico da água = 1 cal/g · °C e 1 cal = 4,0 J.)

   a) Que quantidade de energia foi absorvida pela água?
   b) Que fração da energia fornecida pelo aquecedor foi perdida para o exterior?

7. **(Fuvest-SP)** Um recipiente contendo 3 600 g de água à temperatura inicial de 80 °C é posto num local onde a temperatura ambiente permanece sempre igual a 20 °C. Após 5 h, o recipiente e a água entram em equilíbrio térmico com o meio ambiente. Durante esse período, ao final de cada hora, as seguintes temperaturas foram registradas para a água: 55 °C, 40 °C, 30 °C, 24 °C e 20 °C. Pede-se:
   (Dado: calor específico da água = 1 cal/g · °C.)

   a) um esboço, indicando valores nos eixos, do gráfico da temperatura da água em função do tempo;
   b) em média, quantas calorias por segundo a água transferiu para o ambiente.

Exercícios finais

8. (Fuvest-SP) Dois corpos, A e B, inicialmente às temperaturas $t_A = 90\ °C$ e $t_B = 20\ °C$, são postos em contato e isolados termicamente do meio ambiente. Eles atingem o equilíbrio térmico à temperatura de 45 °C. Nestas condições, podemos afirmar que o corpo A:

a) cedeu uma quantidade de calor maior do que a absorvida por B.

b) tem uma capacidade térmica menor do que a de B.

c) tem calor específico menor do que o de B.

d) tem massa menor que a de B.

e) cedeu metade da quantidade de calor que possuía para B.

9. (PUC-MG) O gráfico a seguir mostra o aquecimento de um recipiente de alumínio ($c = 0,20\ cal/g \cdot °C$), de massa 600 g, que contém um determinado líquido em equilíbrio térmico.

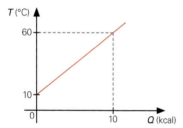

Nesse caso, é correto dizer que a capacidade térmica do líquido, em cal/°C, é igual a:

a) 60   c) 80   e) 100
b) 70   d) 90

10. (Fatec-SP) O calor específico de certa areia seca vale $0,20\ cal/g \cdot °C$. Com essa informação, analise as afirmações seguintes:

I. Para que 20 g dessa areia sofram elevação de 10 °C em sua temperatura é necessário o recebimento de 40 cal.

II. A capacidade térmica de 50 g da areia é de 10 cal/°C.

III. Ao sofrer abaixamento de 2 °C em sua temperatura, cada kg de areia libera 400 cal.

Deve-se dizer dessas afirmações que:

a) somente a I é correta.
b) somente I e II são corretas.
c) somente a I e a III são corretas.
d) somente a II e a III são corretas.
e) a I, a II e a III são corretas.

11. (UFPA) Durante certo experimento, 600 g de uma substância são aquecidos por uma fonte térmica com potência de 600 cal/min e sua temperatura é monitorada por uma hora. O resultado obtido está representado no diagrama.

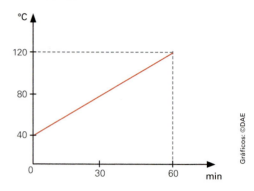

Analisando o referido resultado, é correto concluir, então, que o calor específico da referida substância é, em cal/g · °C, igual a:

a) 0,25   c) 0,45   e) 0,75
b) 0,30   d) 0,60

12. (UFSC) A estação central de trens de Estocolmo, na Suécia, criou um sistema para reduzir o consumo de energia elétrica em até 25%, usando o calor gerado pelo corpo das pessoas que lá passam todos os dias. São 250 mil passageiros que passam por dia na estação, que possui temperatura média de 25,0 °C na área de circulação. A companhia que administra a rede ferroviária da Suécia fez os cálculos e descobriu que esses passageiros produzem, juntos, 130 metros cúbicos de ar quente a cada respirada. O sistema funciona com tubos instalados no forro da estação que levam o ar aquecido pelos pulmões dos passageiros até a central de calefação, na qual radiadores transferem o calor do ar captado para a água.
Considere que a temperatura do corpo humano é 37,0 °C e que o ser humano realiza 15 movimentos respiratórios por minuto. (Dados: densidade do ar = $1,3\ kg/m^3$ e calor específico do ar = $1\ 000\ J/kg \cdot °C$.)
Com base nessas informações, assinale a(s) proposição(ões) correta(s).

01. A única forma de o corpo humano liberar calor é pela respiração.

02. A maior parte da energia liberada pelo corpo humano na forma de radiação está na faixa do ultravioleta.

04. A potência gerada durante uma respirada pelo total de passageiros que circulam diariamente pela estação é próxima a 0,5 MW.

08. A quantidade de calor liberada a cada respirada pelo número médio de passageiros que circulam diariamente na estação central de Estocolmo é de $2,0 \cdot 10^7\ J$.

16. O corpo humano é capaz de liberar mais energia do que consome ou possui armazenada, por isso é importante utilizar o calor humano como fonte de energia.

32. A maior parte da energia liberada pelo corpo humano na forma de radiação está na faixa do infravermelho.

13. (Fuvest-SP) Dois recipientes iguais, A e B, contendo dois líquidos diferentes, inicialmente a 20 °C, são colocados sobre uma placa térmica, da qual recebem aproximadamente a mesma quantidade de calor. Com isso, o líquido em A atinge 40 °C, enquanto o líquido em B, 80 °C. Se os recipientes forem retirados da placa e seus líquidos misturados, a temperatura final da mistura ficará em torno de:

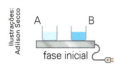

a) 45 °C   c) 55 °C   e) 65 °C
b) 50 °C   d) 60 °C

14. (Fuvest-SP) Um trocador de calor consiste em uma serpentina, pela qual circulam 18 L de água por minuto. A água entra na serpentina à temperatura ambiente (20 °C) e sai mais quente. Com isso, resfria-se o líquido que passa por uma tubulação principal, na qual a serpentina está enrolada. Em uma fábrica, o líquido a ser resfriado na tubulação principal é também água, a 85 °C, mantida a uma vazão de 12 L por minuto. Quando a temperatura de saída da água da serpentina for 40 °C, será possível estimar que a água da tubulação principal esteja saindo a uma temperatura T de, aproximadamente:

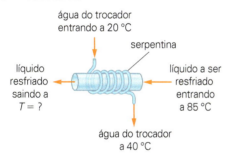

a) 75 °C   c) 55 °C   e) 35 °C
b) 65 °C   d) 45 °C

15. (Fuvest-SP) Energia térmica, obtida a partir da conversão de energia solar, pode ser armazenada em grandes recipientes isolados, contendo sais fundidos em altas temperaturas. Para isso, pode-se utilizar o sal nitrato de sódio (NaNO$_3$), aumentando sua temperatura de 300 °C para 550 °C, fazendo-se assim uma reserva para períodos sem insolação. Essa energia armazenada poderá ser recuperada, com a temperatura do sal retornando a 300 °C. Para armazenar a mesma quantidade de energia que seria obtida com a queima de 1 L de gasolina, necessita-se de uma massa de NaNO$_3$ igual a
(Dados: poder calorífico da gasolina = 3,6 · 10^7 J/L; calor específico do NaNO$_3$ = 1,2 · 10^3 J/kg · °C.)

a) 4,32 kg.   d) 3 · 10^4 kg.
b) 120 kg.   e) 3,6 · 10^4 kg.
c) 240 kg.

16. Eu quero tomar banho de banheira com água à temperatura de 36 °C, misturando água quente e fria. Inicialmente, minha banheira tem 100 L de água fria a 22 °C. A capacidade térmica da banheira e a perda de calor da água para o ambiente podem ser desprezadas.

a) Quantos litros de água quente, a 55 °C, devo colocar na banheira?
b) Se a vazão da torneira de água quente é de 0,50 L/s, em quanto tempo essa temperatura será atingida?

17. (UFPR) Um recipiente termicamente isolado contém 500 g de água, na qual se mergulha uma barra metálica homogênea de 250 g. A temperatura inicial da água é 25,0 °C e a da barra é 80,0 °C. Considere o calor específico da água igual a 1,00 cal/g · °C, o do metal igual a 0,200 cal/g · °C e despreze a capacidade térmica do recipiente. Com base nesses dados, é correto afirmar que:

01. A temperatura final de equilíbrio térmico é 52,5 °C.
02. O comprimento da barra permanece constante durante o processo de troca de calor.
04. A temperatura inicial da barra, na escala Kelvin, é 353 K.
08. A quantidade de calor recebida pela água é igual à cedida pela barra.
16. A energia interna final da água, no equilíbrio térmico, é menor que sua energia interna inicial.

18. (FEI-SP) Um calorímetro contém 200 mL de água, e o conjunto está à temperatura de 20 °C. Ao ser juntado ao calorímetro 125 g de uma liga a 130 °C, verificamos que após o equilíbrio térmico a temperatura final é de 30 °C. Qual é a capacidade térmica do calorímetro? (Dados: calor específico da liga: 0,20 cal/g · °C; calor específico da água: 1 cal/g · °C; densidade da água: 1 000 kg/m^3.)

a) 50 cal/°C   c) 30 cal/°C   e) 10 cal/°C
b) 40 cal/°C   d) 20 cal/°C

19. (Fuvest-SP) No gráfico, a curva I representa o resfriamento de um bloco de metal a partir de 180 °C e a curva II, o aquecimento de uma certa quantidade de um líquido a partir de 0 °C, ambos em função do calor cedido ou recebido no processo.

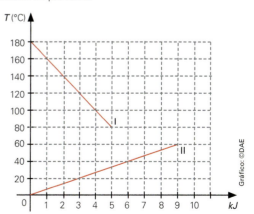

Exercícios finais

Se colocarmos num recipiente termicamente isolante a mesma quantidade daquele líquido a 20 °C e o bloco a 100 °C, a temperatura de equilíbrio do sistema (líquido + + bloco) será de aproximadamente:

a) 25 °C   c) 40 °C   e) 60 °C
b) 30 °C   d) 45 °C

20. (UFPE) Qual o valor (em unidades de 10^2 calorias) do calor liberado quando 10 g de vapor de água a 100 °C condensam para formar água líquida a 10 °C?
(Dados: calor latente de vaporização da água = 540 cal/g e calor específico da água = 1,0 cal/g · °C.)

21. (Vunesp-SP) Sob pressão constante, eleva-se a temperatura de certa massa de gelo, inicialmente a 253 K, por meio de transferência de calor a taxa constante, até que se obtenha água a 293 K.

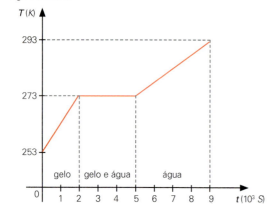

A partir do gráfico, responda:
(Descarte a hipótese de perda de calor para o ambiente.)

a) Qual é o maior calor específico? É o do gelo ou o da água? Justifique.

b) Por que a temperatura permanece constante em 273 K, durante parte do tempo?

22. (UEL-PR) Uma fonte térmica, de potência constante e igual a 20 cal/s, fornece calor a um corpo sólido de massa 100 g. A variação de temperatura do corpo em função do tempo t é dada pelo gráfico a seguir.

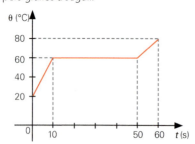

Com relação à substância que constitui o corpo, o calor latente de fusão, em cal/g, vale

a) 2,0   c) 8,0   e) 40
b) 4,0   d) 20

23. (Fuvest-SP) Um aquecedor elétrico é mergulhado em um recipiente com água a 10 °C e, cinco minutos depois, a água começa a ferver a 100 °C. Se o aquecedor não for desligado, toda a água irá evaporar e o aquecedor será danificado. Considerando o momento em que a água começa a ferver, a evaporação de toda a água ocorrerá em um intervalo de aproximadamente
Calor específico da água = 1,0 cal/(g · °C)
Calor de vaporização da água = 540 cal/g
Desconsidere perdas de calor para o recipiente, para o ambiente e para o próprio aquecedor.

a) 5 minutos.   c) 12 minutos.   e) 30 minutos.
b) 10 minutos.   d) 15 minutos.

24. (Fuvest-SP) Um forno solar simples foi construído com uma caixa de isopor, forrada internamente com papel alumínio e fechada com uma tampa de vidro de 40 cm × 50 cm. Dentro desse forno, foi colocada uma pequena panela contendo 1 xícara de arroz e 300 mL de água à temperatura ambiente de 25°C. Suponha que os raios solares incidam perpendicularmente à tampa de vidro e que toda a energia incidente na tampa do forno a atravesse e seja absorvida pela água. Para essas condições, calcule:

a) A potência solar total P absorvida pela água.

b) A energia E necessária para aquecer o conteúdo da panela até 100 °C.

c) O tempo total T necessário para aquecer o conteúdo da panela até 100 °C e evaporar 1/3 da água nessa temperatura (cozer o arroz).

NOTE E ADOTE
Potência solar incidente na superfície da Terra: 1 kW/m²
Densidade da água: 1 g/cm³
Calor específico da água: 4 J/(g · °C)
Calor latente de evaporação da água: 2 200 J/g
Desconsidere as capacidades caloríficas do arroz e da panela.

25. (UPM-SP) Para certo procedimento industrial, necessita-se de água a 20 °C, mas só se dispõe de água no estado sólido a 0 °C (gelo) e água fervendo a 100 °C. A relação entre a massa de gelo e a massa de água fervendo que se deve misturar em um recipiente adiabático, para a obtenção do desejado, é:
(Dados: calor latente de fusão da água = 80 cal/g; calor específico da água líquida = 1 cal/g · °C.)

a) $\dfrac{4}{5}$ c) $\dfrac{2}{3}$ e) $\dfrac{1}{3}$
b) $\dfrac{3}{4}$ d) $\dfrac{1}{2}$

26. Num dia de calor, em que a temperatura ambiente na cidade do Rio de Janeiro era de 38 °C, Pixinguinha tinha um copo com volume de 300 cm³ de refrigerante à temperatura ambiente e inseriu nele três cubos de gelo de massa 20 g cada um. Se o gelo estava à temperatura de −5 °C e derreteu-se por completo, qual passou a ser a temperatura do refrigerante? (Considere o calor específico do gelo igual a 0,5 cal/g · °C, da água e do refrigerante igual a 1,0 cal/g · °C e o calor latente de fusão do gelo igual a 80 cal/g.)

27. Um calorímetro de capacidade térmica 40 cal/°C contém 500 g de gelo a 0 °C. Em seu interior é injetada certa massa de vapor de água a 150 °C, na quantidade necessária e suficiente para fundir totalmente o gelo e estabelecer o equilíbrio a 5 °C. Determine essa massa.
(Dados: calor específico da água = 1,0 cal/g · °C; calor específico do vapor = 0,50 cal/g · °C; calor latente de fusão do gelo = 80 cal/g; calor latente de vaporização da água = 540 cal/g.)

28. (Unitau-SP) Indique a alternativa que associa corretamente o tipo predominante de transferência de calor que ocorre nos fenômenos, na seguinte sequência:
   – Aquecimento de uma barra de ferro quando sua extremidade é colocada numa chama acesa.
   – Aquecimento do corpo humano quando exposto ao sol.
   – Vento que sopra da terra para o mar durante a noite.

   a) convecção – condução – radiação.
   b) convecção – radiação – condução.
   c) condução – convecção – radiação.
   d) condução – radiação – convecção.
   e) radiação – condução – convecção.

29. (UFRGS-RS) A seguir são feitas três afirmações sobre processos termodinâmicos envolvendo transferência de energia de um corpo para outro.
   I. A radiação é um processo de transferência de energia que NÃO ocorre se os corpos estiverem no vácuo.
   II. A convecção é um processo de transferência de energia que ocorre em meios fluidos.
   III. A condução é um processo de transferência de energia que NÃO ocorre se os corpos estiverem à mesma temperatura.

   Quais estão corretas?

   a) Apenas I.
   b) Apenas II.
   c) Apenas III.
   d) Apenas I e II.
   e) Apenas II e III.

30. (Ufscar-SP) Um grupo de amigos compra barras de gelo para um churrasco, num dia de calor. Como as barras chegam com algumas horas de antecedência, alguém sugere que sejam envolvidas num grosso cobertor para evitar que derretam demais. Essa sugestão
   a) é absurda, porque o cobertor vai aquecer o gelo, derretendo-o ainda mais depressa.
   b) é absurda, porque o cobertor facilita a troca de calor entre o ambiente e o gelo, fazendo com que ele derreta ainda mais depressa.
   c) é inócua, pois o cobertor não fornece nem absorve calor ao gelo, não alterando a rapidez com que o gelo derrete.
   d) faz sentido, porque o cobertor facilita a troca de calor entre o ambiente e o gelo, retardando o seu derretimento.

   e) faz sentido, porque o cobertor dificulta a troca de calor entre o ambiente e o gelo, retardando o seu derretimento.

31. (UFRN) Certos povos nômades que vivem no deserto, onde as temperaturas durante o dia podem chegar a 50 °C, usam roupas de lã branca, para se protegerem do intenso calor da atmosfera. Essa atitude pode parecer-nos estranha, pois, no Brasil, usamos a lã para nos protegermos do frio.
   O procedimento dos povos do deserto pode, contudo, ser explicado pelo fato de que
   a) a lã é naturalmente quente (acima de 50 °C) e, no deserto, ajuda a esfriar os corpos das pessoas, enquanto o branco é uma "cor fria", ajudando a esfriá-los ainda mais.
   b) a lã é bom isolante térmico, impedindo que o calor de fora chegue aos corpos das pessoas, e o branco absorve bem a luz em todas as cores, evitando que a luz do sol os aqueça ainda mais.
   c) a lã é bom isolante térmico, impedindo que o calor de fora chegue aos corpos das pessoas, e o branco reflete bem a luz em todas as cores, evitando que a luz do sol os aqueça ainda mais.
   d) a lã é naturalmente quente (embora esteja abaixo de 50 °C) e, no deserto, ajuda a esfriar os corpos das pessoas, e o branco também é uma "cor quente", ajudando a refletir o calor que vem de fora.

32. Sobre os mecanismos de propagação do calor, são feitas as seguintes afirmações:
   I. A convecção de calor só ocorre na matéria líquida, por meio do movimento dessa matéria devido à diferença de densidade entre porções diferentes dela.
   II. A irradiação de calor pode ocorrer no vácuo e também num meio material.
   III. Na transmissão de calor por condução não ocorre o transporte de matéria, apenas a energia se propaga.
   IV. No inverno usamos agasalhos de lã devido ao fato de ela ser um bom isolante térmico, dificultando a entrada do frio no nosso organismo.

   É correto o que se afirma apenas em

   a) I e II.
   b) II e III.
   c) II e IV.
   d) I, II e III.
   e) II, III e IV.

33. Um aquecedor elétrico pode elevar a temperatura de 360 ml de água contida em um frasco adiabático de 20 °C para 65 °C, em 2,0 min. Para isso, ele fica imerso no fundo do frasco. Adote para a água: c = 1,0 cal/g · °C e d = 1,0 g/ml.
   a) Qual o processo de transferência de calor no aquecimento entre as moléculas da água?
   b) Qual a potência do aquecedor?

Trocas de calor   Capítulo 8   199

INVESTIGUE VOCÊ MESMO

Energia dos alimentos

MATERIAIS

- Termômetro de laboratório
- Tubo de ensaio
- Garra de madeira ou suporte para tubo de ensaio
- Água
- Clipe para papel ou pinça de metal
- Pregador de roupas ou pinça de madeira
- Balança de precisão
- Caixa de fósforos para forno (fósforos longos)
- 4 amostras de alimentos secos, com diferentes composições nutricionais: frutas oleaginosas (nozes, castanhas, amendoim), pães, cereais matinais com e sem açúcar, salgadinhos, entre outros
- Material opcional: lata de alumínio de achocolatado ou leite em pó

ROTEIRO E QUESTÕES

Qual é o valor energético dos alimentos?

- Primeiro, separe pedaços dos alimentos de forma que todos tenham a mesma massa (cerca de 1 g).

- Coloque 50 mL de água, em temperatura ambiente, no tubo de ensaio, fixe-o no suporte ou segure-o com a garra de madeira e meça a temperatura da água.

- Espete uma das amostras de alimento no clipe, segurando-o com o pregador de roupas, e provoque a combustão (queima) do alimento usando o fósforo.

- Assim que iniciar a combustão, posicione rapidamente o alimento na base do tubo de ensaio, pois o calor liberado na queima deve esquentar a água. Você pode proteger seu experimento colocando o alimento em combustão dentro de uma lata de alumínio e posicionando o tubo de ensaio em seu interior, como mostra a figura ao lado.

- Após a combustão completa da amostra, meça novamente a temperatura da água.
  Repita esses procedimentos para todas as amostras, trocando a água no tubo de ensaio e anotando sua temperatura inicial e final, o tipo de alimento utilizado e a respectiva massa. Você pode construir em seu caderno uma tabela como a seguinte.

alimento	
características do alimento	
massa (g)	
temperatura inicial (°C)	
temperatura final (°C)	
variação de temperatura (°C)	

- Depois de realizar o experimento, analise os dados obtidos, respondendo às questões a seguir, e compare suas respostas com as dos demais alunos da classe.

1. Qual foi o alimento que provocou maior aumento de temperatura? E o menor?

2. Relacione as características/composição do alimento à variação de temperatura.

3. Qual foi a quantidade de calor recebida pela água a partir da queima de cada alimento?

4. Compare esse valor com o valor indicado na embalagem dos alimentos na tabela de informações nutricionais. Atenção: Observe as unidades de energia! O valor experimental é coerente com o valor fornecido na tabela nutricional?

5. Qual alimento fornece mais energia para seu corpo quando consumido? Qual fornece menos energia?

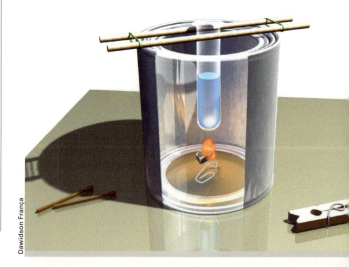

CAPÍTULO 9

MÁQUINAS TÉRMICAS

1. Máquinas na História

Blaine Harrington III/Corbis/Fotoarena

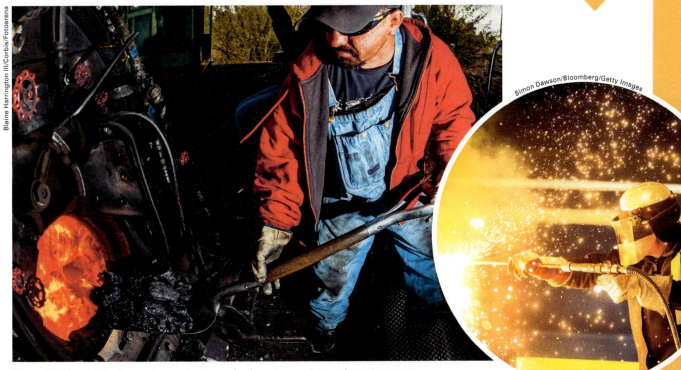

Figura 9.1: Na caldeira de uma locomotiva, o carvão é usado para fazer a água virar vapor.

Simon Dawson/Bloomberg/Getty Images

Figura 9.2: Interior de uma fábrica de fundição. É possível imaginar o calor no ambiente.

Em sua luta pela sobrevivência, a espécie humana sempre buscou na natureza os meios para suprir suas necessidades elementares. Durante vários milênios, a alimentação, o aquecimento e a proteção eram obtidos do ambiente imediato em que as populações se encontravam. Depois, o homem passou a transformar os recursos naturais: a colheita de alimentos disponíveis na natureza, por exemplo, deu lugar às primeiras práticas agrícolas. O uso de materiais simples foi substituído pela manufatura de armas e demais utensílios, como lanças, arcos, flechas, facas e potes.

Pouco a pouco, os agrupamentos humanos ampliaram suas demandas, que deixaram de se relacionar exclusivamente com a sobrevivência. A necessidade de produção em grande escala gerou novas formas de trabalho (Figuras 9.1 e 9.2).

A civilização ocidental não teria chegado aos patamares atuais se, em algum momento de seu percurso histórico, não tivesse compreendido a necessidade de ultrapassar os limites do trabalho humano. O uso de animais, inicialmente no transporte, em seguida na agricultura, foi uma etapa decisiva nesse processo.

As máquinas e suas aplicações datam da Antiguidade e se intensificaram na Idade Média. Máquinas mecânicas, como o arado e as talhas, contribuíam com o trabalho dos homens e dos animais; e moinhos, de vento e de água, permitiam que recursos da natureza fossem empregados para a produção de energia (Figuras 9.3, 9.4 e 9.5, na página seguinte).

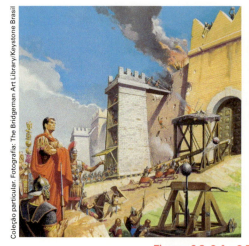  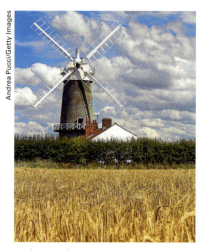

Figuras 9.3, 9.4 e 9.5: As primeiras máquinas, chamadas máquinas simples, ampliavam a capacidade de uma pessoa executar determinado trabalho. Posteriormente, elas passaram a utilizar as forças naturais para realizar uma tarefa. À esquerda, representação de uma máquina de guerra utilizada pelos romanos na tomada da cidade de Cartago, no norte da África. Ao centro, monjolo, e, à direita, moinho de vento.

A partir de meados do século XVIII, acentuou-se na Inglaterra um processo que modificou a forma de organização da produção, aliada a uma evolução tecnológica, cujo resultado foi a Revolução Industrial. Mas isso não teria ocorrido sem as possibilidades de multiplicação do trabalho produzido pelas máquinas a vapor. Podemos analisar o retrato da época pelas palavras a seguir.

> A maior glória da Idade Média tardia não foram suas catedrais, seus épicos ou sua escolástica: foi a construção, pela primeira vez na história, de uma civilização complexa que se apoiava, não nas costas de escravos ou cules esfalhados, mas basicamente em energia não humana.
>
> WHITE, Lynn. In: SOUZA FILHO, Oswaldo Melo. *Evolução da ideia de conservação da energia*: um exemplo da história da Ciência no ensino da Física. Dissertação de mestrado. São Paulo: IF/FE-USP, 1987. p. 260.

Figura 9.6: A eolípila de Heron produz movimento graças à pressão do vapor.

1.1. Máquinas a vapor

As máquinas a vapor começaram a ser utilizadas com algum sucesso no século XVII; porém, sua história remonta ao grego Heron de Alexandria (século I), inventor da eolípila. Movida a vapor, essa máquina produzia um movimento de rotação por meio da ejeção de vapor por duas saídas (Figura 9.6).

A partir do fim do século XVI, vários inventores aplicaram tempo e engenho na construção de máquinas que bombeassem água. O primeiro a construir uma máquina a vapor comercialmente viável foi o militar inglês Thomas Savery (1650-1715). Sua máquina foi concebida para a retirada da água que se acumulava nas minas de carvão (Figura 9.7). A patente requerida por Savery em 1698 tinha um título sugestivo: "A amiga dos mineiros".

Apesar de revolucionária na época, a máquina apresentava a desvantagem de funcionar com alta pressão, o que a tornava perigosa. Além disso, ela consumia grande quantidade de combustível, restringindo seu uso a lugares em que houvesse carvão barato e em abundância.

Naquele período, por causa da intensificação do comércio, as sociedades começavam a exigir a produção em larga escala de diversos materiais, como tecidos, o que exigia maior capacidade de trabalho e produtividade. Por isso, a máquina a vapor de Savery foi rapidamente aperfeiçoada.

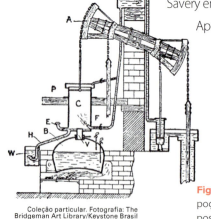

Figura 9.7: A bomba a vapor construída por Thomas Savery tinha como finalidade extrair água do poço das minas inglesas de carvão mineral. Com a pressão do vapor gerado por uma fornalha, era possível fazer a água do fundo da mina de carvão ser ejetada para a superfície.

A ela se seguiram as máquinas a vapor do também inglês Thomas Newcomen (1663-1729) e do escocês James Watt (1736-1819). Ambas proporcionavam aumento de rendimento e diversificação de uso. Enquanto o invento de Savery se prestava apenas ao bombeamento de água, máquinas construídas depois permitiam a execução de outras tarefas, como a elevação de pesos e a geração de movimento contínuo (Figuras 9.8 e 9.9).

James Watt trabalhava como construtor de ferramentas na Universidade de Glasgow. Ao reparar um modelo da máquina de Newcomen, usada em aulas práticas, teve a ideia de separar o condensador do corpo do cilindro principal (Figura 9.10). Isso permitiu uma grande economia de calor e, portanto, de carvão, abrindo caminho para as máquinas a vapor móveis, como as utilizadas em locomotivas e navios (Figuras 9.11 e 9.12).

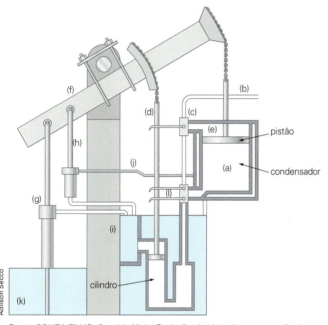

Figura 9.10: Nesse tipo de máquina, o vapor é conduzido pela tubulação (b). A válvula (c), controlada por meio da haste (d), permite que o vapor entre na parte superior do pistão (e). Isso empurra o pistão para baixo e, pela barra (f), levanta as hastes (g) e (h) da bomba. Tal movimento retira a água do reservatório (i) através da tubulação (j) e também do reservatório (k) para o outro reservatório (i). A válvula (l) é então movida para permitir que o vapor entre na base do pistão; assim equilibrado, o pistão move-se para o topo, possibilitando um novo ciclo.

Figuras 9.8 e 9.9: É interessante notar que o desenvolvimento das máquinas térmicas ocorreu em época e local bem definidos — fim do século XVII e início do século XVIII, no Reino Unido —, impulsionando a Revolução Industrial. Os principais idealizadores dessas máquinas foram Thomas Savery, Thomas Newcomen e James Watt.

Fonte: SOUZA FILHO, Osvaldo Melo. *Evolução da ideia de conservação de energia*: um exemplo da história da Ciência no ensino da Física. Dissertação de mestrado. São Paulo: IF/FE-USP, 1987.

Até então, todo o desenvolvimento das máquinas térmicas era principalmente prático, sem um tratamento teórico. Só depois de algumas décadas houve um direcionamento científico adequado. O francês Sadi Carnot (1796-1832) realizou um trabalho que se tornou clássico: *Reflexões sobre o poder motor do calor*. Carnot apresentou um modelo de funcionamento para essas máquinas em que o importante era o fluxo de calor entre pontos com diferentes temperaturas.

Figuras 9.11 e 9.12: As primeiras máquinas a vapor móveis foram usadas para movimentar locomotivas e navios.

Máquinas térmicas   Capítulo 9   203

> **Exercício resolvido**
>
> O que se entende por máquina? Exemplifique.
>
> Entende-se por máquina todo dispositivo que facilita o trabalho do ser humano. Carrinho de mão (pedreiro), alavanca, tesoura, roldana e remo são alguns exemplos de máquinas simples. O motor elétrico e o motor térmico são exemplos de máquinas que utilizam uma força motora, que não é nem a tração humana nem a animal.

> **Exercícios propostos**
>
> 1. Escreva no caderno, em poucas linhas, o que você entende pelos conceitos a seguir.
>   a) calor;   b) trabalho;   c) energia mecânica.
> 2. Descreva o funcionamento da eolípila, a máquina térmica inventada por Heron de Alexandria.
> 3. Qual era a principal finalidade da máquina de Savery? Quais eram as principais desvantagens que essa máquina apresentava?

2. Transformações em máquinas térmicas

2.1. Trabalho em uma transformação gasosa

Como dissemos, construir a máquina térmica foi relativamente mais fácil do que entender seu funcionamento do ponto de vista científico. Vamos descrever agora o aspecto básico da produção de trabalho nesses dispositivos.

A ideia básica numa máquina térmica é fazer um gás aquecido se expandir e empurrar uma parte mecânica móvel, como um êmbolo (Figura 9.13).

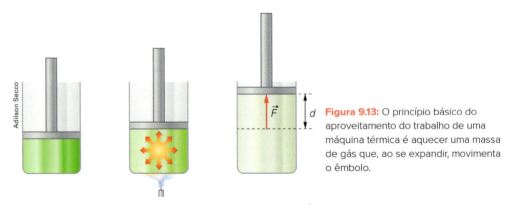

Figura 9.13: O princípio básico do aproveitamento do trabalho de uma máquina térmica é aquecer uma massa de gás que, ao se expandir, movimenta o êmbolo.

2.1.1. Pressão constante

Se considerarmos um processo em que a pressão sobre o êmbolo e, consequentemente, sobre o gás se mantém constante, obteremos uma expressão para o cálculo do trabalho da força aplicada pelo gás. Pela definição de trabalho, temos:

$$\tau = F \cdot d \qquad \text{(I)}$$

Por ser muito complicado determinar a força aplicada por um gás, pois existem milhares de colisões entre as partículas que o compõem e as paredes do recipiente, podemos utilizar a pressão interna, medida com o auxílio de um manômetro, para obter o trabalho. Pela definição de pressão:

$$p = \frac{F}{A} \qquad \text{(II)}$$

Nessa expressão, **A** é a área sobre a qual o êmbolo aplica uma força. Se substituirmos a expressão (II) em (I), teremos:

$$\tau = p \cdot A \cdot d$$

Como o produto **A · d** é o volume deslocado, temos:

$$\tau = p \cdot \Delta V$$

Outra maneira de obtermos o trabalho realizado pelo gás é por meio do gráfico da pressão *versus* volume – no caso, uma reta paralela ao eixo do volume. A área sob a reta é numericamente igual ao trabalho (Gráfico 9.1).

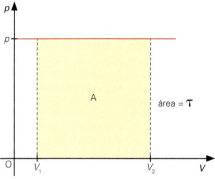

Gráfico 9.1: A área sob a reta representa o trabalho.

2.1.2. Pressão variável

E se a pressão variar ao longo da expansão do gás? Nesse caso, calcular a pressão e, por consequência, o trabalho é algo bem mais difícil. Veja, por exemplo, o que acontece quando aquecemos uma bexiga de borracha (Figura 9.14).

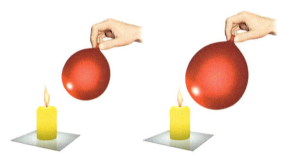

Figura 9.14: Ao ser aquecido no interior de uma bexiga, o ar se expande e realiza trabalho. Como a bexiga é de borracha e, portanto, tem as paredes elásticas, a força exercida pelo ar para expandir a bexiga deve aumentar à medida que o volume aumenta.

LEMBRETE:
A expressão $\tau = p \cdot \Delta V$ só pode ser utilizada quando a pressão aplicada pelo gás não varia ao longo do deslocamento do êmbolo. Esse é o caso de um êmbolo que se expande ou se contrai livremente.

Em casos como esse, em que a pressão não é constante, como em uma expansão isotérmica, o recurso mais apropriado para o cálculo do trabalho é o da área do gráfico da pressão em função do volume. Considera-se todo o processo um somatório de pequenos trechos de expansão com pressão constante (Gráfico 9.2).

Na Unidade 1, quando estudamos trabalho e energia, definimos trabalho motor e trabalho resistente para tratar de situações em que a energia era acrescida ao sistema ou retirada dele. O mesmo critério pode ser utilizado aqui.

Observe a Figura 9.15. Quando o gás se **expande**, ou seja, aumenta de volume, dizemos que ele realiza trabalho sobre o pistão. Nesse caso, o trabalho é **positivo**. Quando, ao contrário, o pistão **comprime** o gás, o sistema realiza trabalho sobre este último. Nesse caso, o trabalho é **negativo**.

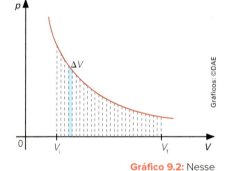

Gráfico 9.2: Nesse pequeno intervalo de cor azul, o produto $p \cdot \Delta V$ é igual ao trabalho. A soma das várias áreas fornece o trabalho total.

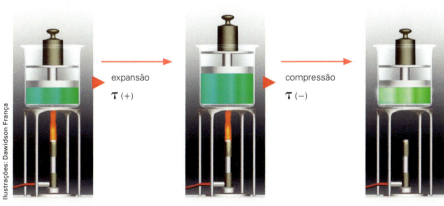

Figura 9.15: Convenção de sinais para o valor do trabalho.

CIÊNCIA, TECNOLOGIA, SOCIEDADE E AMBIENTE

Manômetro

O manômetro é um instrumento utilizado há séculos para medir pressão. Existem vários tipos de manômetro. O mais comum é o da coluna líquida (de água ou mercúrio) com extremidade fechada.

No manômetro, o valor da pressão do gás a ser medido é obtido comparando-se a pressão de um lado do tubo com a pressão conhecida no outro lado (atmosférica e hidrostática). No caso de a extremidade ser aberta, deve-se levar em consideração a pressão atmosférica do local.

Na Figura 9.16, o manômetro tem uma extremidade aberta à atmosfera e outra conectada onde se deseja medir a pressão. Nesse caso, como existe uma diferença de pressão entre os dois extremos do tubo, uma coluna h de fluido deverá ser formada.

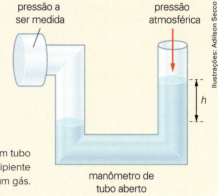

Figura 9.16: Nesse esquema, temos um manômetro que consta de um tubo com extremidade aberta, que pode ser conectado a outro recipiente no qual se deseja medir a pressão de um gás.

2.2. Ciclo nas máquinas a vapor

O funcionamento das máquinas a vapor, assim como o de qualquer máquina térmica, depende de duas fontes de calor: uma quente e outra fria. Essas, apesar de imprescindíveis à operação das máquinas, são consideradas elementos externos a elas.

Quando, por exemplo, uma caldeira é aquecida pela queima de combustível numa fornalha (fonte quente), isso faz a água (substância de operação) ferver e se transformar em vapor. O vapor de água, em alta pressão, é conduzido de forma a girar as pás de uma turbina. Parte desse vapor é condensada no processo e parte é recolhida em um condensador e resfriada, em geral, por água corrente (fonte fria). No condensador, o vapor volta ao estado líquido e pode retornar à caldeira. O esquema da Figura 9.17 representa o protótipo didático de uma máquina térmica.

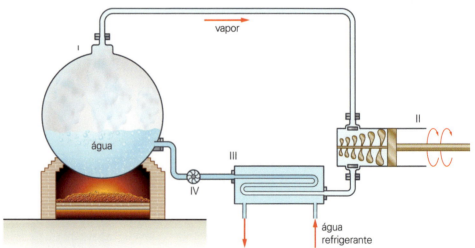

Figura 9.17: Esquema didático da máquina térmica.

Essa descrição pode ser mais bem entendida se trabalharmos com etapas fisicamente bem definidas. A seguir, cada uma das etapas desse ciclo é detalhada, considerando as transformações por que passa a água (o fluido de operação).

I. Na **caldeira**, o aumento da temperatura a pressão constante faz a água vaporizar. Nessa transformação, o volume aumenta e o vapor se expande. As transformações que ocorrem a pressão constante recebem o nome de **isobáricas**. Vale lembrar que, nas transformações em que o gás se expande, ele realiza trabalho positivo (Gráfico 9.3).

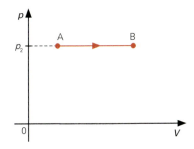

Gráfico 9.3: Transformação isobárica entre os pontos A e B.

II. Na **turbina**, o gás sofre uma segunda expansão quando interage com as hélices. Nessa transformação, que ocorre muito rapidamente, o gás não troca calor, diminuindo de pressão e temperatura. Transformações em que não há troca de calor com o meio, o que em geral se verifica em sistemas isolados ou quando a transformação se dá em curtos intervalos de tempo, recebem o nome de **adiabáticas** (Gráfico 9.4).

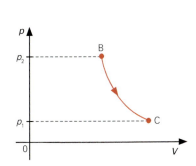

Gráfico 9.4: Transformação adiabática entre os pontos B e C.

III. O vapor volta ao estado líquido no **condensador**, onde perde calor para uma fonte fria. Como a transformação é feita a pressão constante, o vapor tem seu volume e sua temperatura reduzidos, transformando-se em líquido. Nas transformações em que o gás diminui de volume, o meio realiza trabalho sobre ele (Gráfico 9.5).

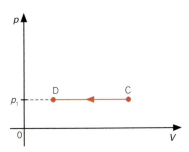

Gráfico 9.5: Transformação isobárica entre os pontos C e D.

IV. Por fim, ao passar pela **bomba**, a água tem pressão e temperatura aumentadas para os valores iniciais no interior da caldeira. Por ser um fluido incompressível, essa transformação ocorre a volume constante e recebe o nome de **isovolumétrica** (ou **isocórica**) (Gráfico 9.6).

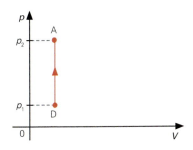

Gráfico 9.6: Transformação isovolumétrica entre os pontos D e A.

Se colocássemos todas as etapas acima num único diagrama $p \times V$, teríamos o ciclo completo exposto no Gráfico 9.7.

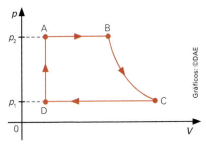

Gráfico 9.7: Ciclo de transformações em um diagrama $p \times V$ que ocorre em uma máquina a vapor. A área ABCD representa o trabalho mecânico realizado pela máquina durante o ciclo.

Observe que o resultado final das transformações é um ciclo fechado. O ponto A, a partir do qual a máquina começa a funcionar, é o mesmo no qual termina. Desse modo, a máquina pode repetir continuamente esse ciclo. Por isso, dizemos que uma máquina térmica precisa funcionar em ciclos, sendo essa uma de suas principais características.

Por dentro do conceito

"Máquinas naturais"

Embora as máquinas térmicas sejam uma criação genuinamente humana, podemos "enxergar" alguns fenômenos naturais muito conhecidos também como "máquinas térmicas". Os ventos, por exemplo, que se deslocam entre regiões quentes e frias, podem ser vistos como resultado de ciclos de transformações e fluxo de calor em uma suposta máquina natural.

Nesse caso, a fonte quente é o Sol, que indiretamente produz regiões mais quentes; as regiões mais frias da superfície terrestre são consideradas as fontes frias. O deslocamento dos ventos é explicado, em parte, pela diferença de pressão e temperatura entre duas regiões. Esse fenômeno é mais facilmente observado em regiões litorâneas, onde sopram as brisas marítimas (Figura 9.18).

Os moinhos de vento ou as usinas eólicas são exemplos de como aproveitar o trabalho gerado por esses ciclos de transformação.

É importante notar o caráter cíclico e periódico que existe no comportamento dos ventos. Se considerarmos uma simplificação em todo regime de correntes de ar do planeta, podemos dizer que as massas de ar apenas se deslocam entre as regiões quentes e frias, retornando ao ponto de partida por causa das diferenças de pressão. Nesse caso, a periodicidade depende de diversos fatores, como presença de cadeias montanhosas, presença de grandes rios e lagos, latitude terrestre e movimentos de rotação e translação da Terra, responsáveis por distribuir a radiação solar na sua superfície.

A mesma "máquina natural" é responsável pelo regime de chuvas (Figura 9.19). Aqui, em vez de o calor entre as fontes quentes e frias ser conduzido pelo ar, ele é conduzido pela água, que evapora dos rios e dos mares e retorna à superfície na forma de chuvas. Em geral, o encontro de massas de ar carregado de vapor com massas de ar frio resulta em condensação e chuva.

Figura 9.18: Durante o dia, a água aquece mais lentamente que o solo, por ter um calor específico elevado. O solo, por sua vez, tem sua temperatura elevada, levando a uma menor pressão local do ar atmosférico. A camada de ar sobre a água se desloca no sentido da costa, seguindo da região de maior pressão para a de menor pressão. À noite, ocorre o fenômeno inverso: a água, por perder calor mais lentamente, mantém a massa de ar próxima mais aquecida e a brisa segue da costa em direção ao mar.

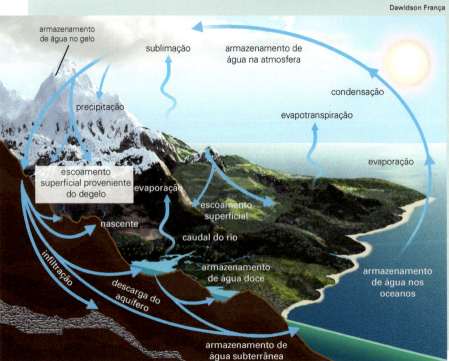

Figura 9.19: Ciclo da água.

Exercícios resolvidos

1. Descreva o funcionamento da máquina a vapor esquematizada na página 206 (Figura 9.17).

No interior da caldeira (I), aquecida por uma fornalha, há água fervente sob alta pressão gerando vapor; tal vapor é conduzido até a turbina (II). Esta ganha energia cinética ao ser movimentada pelo vapor, que, por sua vez, movimenta um gerador de energia elétrica. O vapor é então conduzido até o condensador (IV), onde é resfriado pela troca de calor com a água fria vinda da torneira (III) e retorna à caldeira para ser reaproveitado.

2. Certa massa de gás ocupa um volume $V_1 = 0{,}20$ L no interior de um cilindro dotado de êmbolo. Ao ser aquecido, seu volume aumenta para $V_2 = 0{,}30$ L, sem, contudo, alterar sua pressão $p = 2{,}0$ atm.

Esboce o gráfico de sua pressão em função do volume e determine o trabalho realizado pelo gás nessa transformação.

O gráfico terá uma reta paralela ao eixo do volume, pois se trata de uma transformação isobárica.

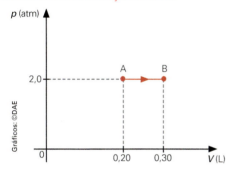

O trabalho é dado pela área entre o segmento de reta AB e o eixo do volume:
$\tau = A = b \cdot h = (0{,}30 - 0{,}20) \cdot 2{,}0 = 0{,}20$ atm $\cdot$ L

3. O ciclo de uma máquina térmica está representado neste gráfico da pressão pelo volume.

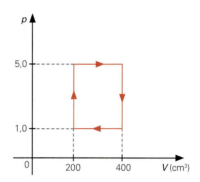

a) Calcule o trabalho realizado pela máquina a cada ciclo.

O trabalho é dado pela área do retângulo que representa o ciclo:
$\tau = A = b \cdot h = (400 - 200) \cdot 10^{-6} \cdot (5{,}0 - 1{,}0) \cdot 10^5 = 80$ J

b) Determine a potência desenvolvida pela máquina sabendo que ela executa cinco ciclos por segundo.

A potência é a relação entre o trabalho desenvolvido e o intervalo de tempo utilizado nesse desenvolvimento. Como a máquina executa cinco ciclos por segundo, o trabalho realizado nesse segundo é cinco vezes o realizado num ciclo, isto é, 400 J. Portanto, a potência é 400 W.

Exercícios propostos

1. (UEL-PR) O reator utilizado na Usina Nuclear de Angra dos Reis – Angra II – é do tipo PWR (*Pressurized Water Reactor*). O sistema PWR é constituído de três circuitos: o primário, o secundário e o de água de refrigeração. No primeiro, a água é forçada a passar pelo núcleo do reator a pressões elevadas, 135 atm, e à temperatura de 320 °C. Devido à alta pressão, a água não entra em ebulição e, ao sair do núcleo do reator, passa por um segundo estágio, constituído por um sistema de troca de calor, onde se produz vapor de água que vai acionar a turbina que transfere movimento ao gerador de eletricidade. Na figura estão indicados os vários circuitos do sistema PWR.

Central termonuclear de urânio enriquecido e água leve pressurizada

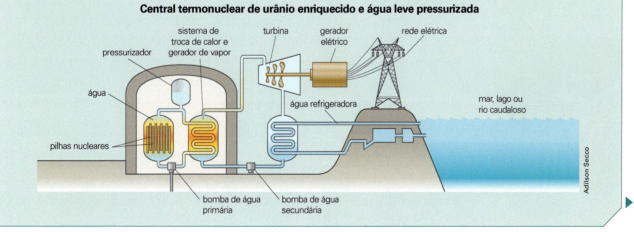

Considerando as trocas de calor que ocorrem em uma usina nuclear como Angra II, é correto afirmar:

a) O calor removido do núcleo do reator é utilizado integralmente para produzir trabalho na turbina.

b) O calor do sistema de refrigeração é transferido ao núcleo do reator através do trabalho realizado pela turbina.

c) Todo o calor fornecido pelo núcleo do reator é transformado em trabalho na turbina e, por isso, o reator nuclear tem eficiência total.

d) O calor do sistema de refrigeração é transferido na forma de calor ao núcleo do reator e na forma de trabalho à turbina.

e) Uma parte do calor fornecido pelo núcleo do reator realiza trabalho na turbina, e outra parte é cedida ao sistema de refrigeração.

2. (PUCC-SP) Uma central termelétrica (usina elétrica a vapor) é uma instalação que permite gerar energia elétrica às custas da energia interna de um combustível, como petróleo ou carvão. A sequência operacional correta dos componentes bomba-d'água, caldeira, condensador e turbina, no projeto de uma usina elétrica a vapor, é:

a) caldeira, turbina, condensador e bomba-d'água.

b) turbina, caldeira, condensador e bomba-d'água.

c) turbina, condensador, caldeira e bomba-d'água.

d) bomba-d'água, condensador, caldeira e turbina.

e) condensador, turbina, bomba-d'água e caldeira.

3. (Fatec-SP) Um sistema termodinâmico realiza o ciclo ABCA representado a seguir.

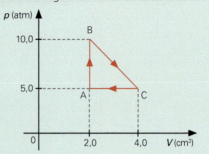

O trabalho realizado pelo sistema no ciclo vale, em joules:

a) $2,5 \cdot 10^5$ c) $3,0 \cdot 10^5$ e) $2,0 \cdot 10^5$
b) $4,0 \cdot 10^5$ d) $5,0 \cdot 10^5$

4. (UFV-MG) Uma máquina térmica executa o ciclo representado no gráfico seguinte:

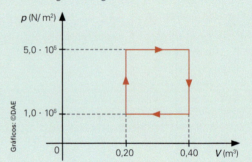

Se a máquina executa 10 ciclos por segundo, a potência desenvolvida, em quilowatt, é:

a) 8   c) 80   e) 800
b) 8 000   d) 0,8

2.3. Ciclo nas máquinas a combustão interna

Provavelmente, você já reparou que o motor de um carro em funcionamento esquenta e solta fumaça pelo escapamento. Para funcionar, ele precisa de algum tipo de combustível que forneça energia, como gasolina ou álcool.

Se você teve a chance de conversar com um mecânico ou vê-lo consertar o motor de um carro, deve ter percebido que os motores são máquinas complexas (Figura 9.20).

Antes de prosseguir com o estudo sobre esse tipo de motor, precisamos refletir sobre algumas questões que serão discutidas nesta e em outras seções do capítulo:

- Quais são as partes essenciais de um motor?
- Como funciona um motor a combustão?
- Quais são as diferenças entre um motor a álcool, a gasolina e a *diesel*?
- O que é a cilindrada do motor?

Vamos analisar a primeira dessas questões observando cada parte de um motor: a câmara de combustão, os pistões, a vela de ignição e as válvulas (admissão e escape).

Figura 9.20: Motor de um automóvel.

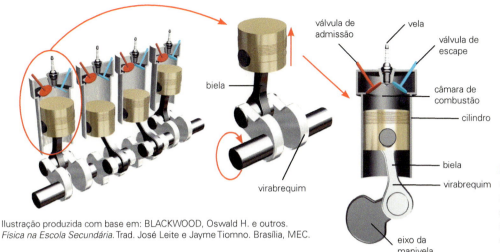

Figura 9.21: No cilindro ocorre a explosão da mistura gasosa, que, ao se expandir rapidamente, realiza trabalho e faz o carro andar.

Ilustração produzida com base em: BLACKWOOD, Oswald H. e outros. *Física na Escola Secundária*. Trad. José Leite e Jayme Tiomno. Brasília, MEC.

Embora existam vários tipos de motor hoje em dia, as partes do cilindro apresentadas na Figura 9.21 são comuns a todos eles. Em geral, um motor é constituído de um bloco metálico com câmaras de combustão. Nessas câmaras ficam os cilindros, aos quais estão acoplados pistões que se movem em vaivém. A biela é a peça capaz de transformar o movimento de vaivém do pistão em movimento de rotação do virabrequim. Ao girar, o virabrequim transmite movimento às rodas do carro.

Antes de continuar, vale ressaltar a principal diferença entre uma máquina a vapor e um motor a combustão: nesse último, a fonte de calor (os gases inflamáveis e a vela) pertence a ele. Além disso, um motor a combustão funciona seguindo ciclos ligeiramente diferentes daqueles da máquina térmica apresentada. Para ocorrer a explosão ou a combustão, o combustível, em geral gasolina ou álcool, é vaporizado e misturado ao ar, compondo uma mistura inflamável.

Vamos apresentar agora o chamado **ciclo Otto**, que representa um ciclo das transformações pelas quais passa a mistura (combustível) gasosa no funcionamento da grande maioria dos motores a combustão interna. Esse ciclo pode ser resumido em quatro operações ou tempos:

1º tempo: com a abertura da válvula de **admissão** e o giro do virabrequim, o pistão baixa dentro do cilindro e a mistura de vapor de gasolina com ar é injetada no interior da câmara de combustão. Pelo abaixamento do pistão, a mistura ocupa o maior volume disponível, sofrendo uma expansão a pressão praticamente constante (atmosférica) (Gráfico 9.8 e Figura 9.22).

2º tempo: a válvula de admissão é fechada e o pistão sobe dentro do cilindro. Esse movimento faz uma **compressão** sobre a mistura gasosa, provocando o aumento da temperatura e da pressão. Por ser um movimento rápido, não há troca de calor da mistura com o meio (transformação adiabática) (Gráfico 9.9 e Figura 9.23).

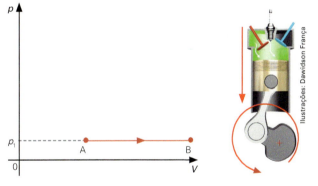

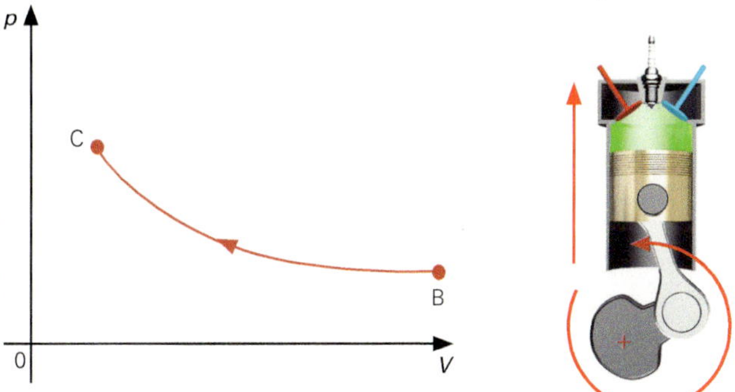

Gráfico 9.8 e Figura 9.22: Transformação isobárica entre os pontos A e B.

Gráfico 9.9 e Figura 9.23: Transformação adiabática entre os pontos B e C.

Máquinas térmicas   Capítulo 9   **211**

3º tempo: no estágio de maior compressão, a vela produz uma centelha elétrica que promove a **combustão** da mistura, aumentando a pressão e a temperatura. Após a explosão, ocorre uma rápida **expansão** dos gases quentes, que jogam o pistão para baixo, fazendo diminuir a pressão e a temperatura. É nessa última transformação, considerada adiabática, que o sistema produz trabalho (Gráfico 9.10 e Figura 9.24).

4º tempo: na abertura da válvula de **escape**, a pressão é diminuída rapidamente à pressão atmosférica sem a saída dos gases. Com a segunda subida do pistão, agora com a válvula aberta, o volume do gás é diminuído (ejetado) com a pressão mantida constante (transformação isobárica) (Gráfico 9.11 e Figura 9.25).

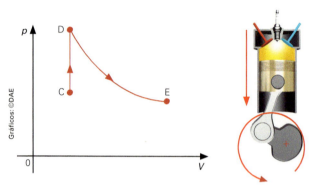
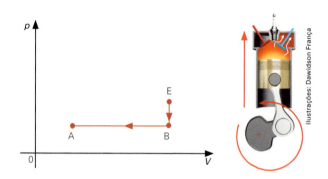

Gráfico 9.10 e Figura 9.24: Transformação isovolumétrica entre os pontos C e D e adiabática entre D e E.

Gráfico 9.11 e Figura 9.25: Transformação isovolumétrica entre os pontos E e B e isobárica entre B e A.

Essas etapas podem ser mais bem caracterizadas como um ciclo num diagrama $p \times V$ (Gráfico 9.12).

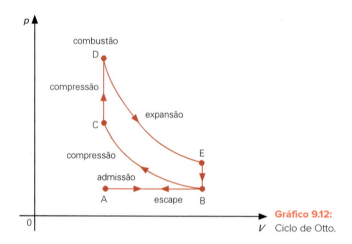

Gráfico 9.12: Ciclo de Otto.

> ### Explorando o assunto
>
> O ciclo de Otto representa as etapas das transformações que ocorrem no motor a combustão. O diagrama pressão *versus* volume é uma representação teórica de um ciclo real, uma idealização, já que durante o funcionamento de um cilindro os processos não se realizam de forma perfeita. Você pode apontar alguns dos "furos" dessa representação?

Cada **tempo** de funcionamento do motor equivale a meia volta do eixo do virabrequim, pois é o percurso do ponto morto inferior ao ponto morto superior da trajetória do pistão.

CIÊNCIA, TECNOLOGIA, SOCIEDADE E AMBIENTE

Motores de dois tempos

Esse tipo de motor utiliza óleo misturado a gasolina e é muito popular em motocicletas, cortadores de grama, mobiletes, *scooters*, carros muito antigos, entre outros. Trata-se de um motor de combustão interna de mecanismo simples, no qual ocorre um ciclo de admissão, compressão, expansão e exaustão de gases a cada volta do eixo. A diferença entre o motor de dois tempos e o de quatro tempos encontra-se no fato de a admissão, inicialmente, e a compressão da mistura combustível, logo em seguida, ocorrerem enquanto o pistão sobe (1º tempo), e a expansão e a exaustão ocorrerem enquanto o pistão desce (2º tempo). Entre ambos os tempos ocorre a combustão.

Podemos notar que, no motor de dois tempos (Figura 9.26), as etapas de funcionamento não ocorrem de forma bem demarcada:

1º tempo:

a gasolina entra no cilindro (admissão) e o pistão a comprime (compressão).

2º tempo:

a gasolina explode (combustão), empurra o pistão e sai para o escapamento (escape + admissão).

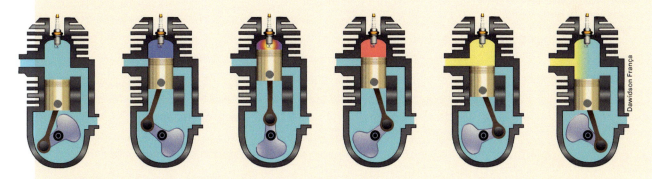

Figura 9.26: Motor de dois tempos, sem válvulas, de ignição por faísca.

Exercício resolvido

Uma máquina térmica que utiliza o ar como substância de operação executa um ciclo conforme indicado no gráfico. A temperatura da fonte fria (ponto A) é 400 K.

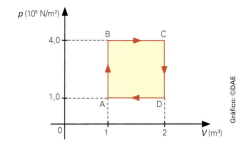

a) Qual é a temperatura da fonte quente (ponto C)?

A temperatura no ponto C é determinada pela equação geral dos gases, supondo ideal:

$$\frac{p_A \cdot V_A}{T_A} = \frac{p_C \cdot V_C}{T_C} \Rightarrow \frac{1{,}0 \cdot 10^5 \cdot 1}{400} = \frac{4 \cdot 10^5 \cdot 2}{T_C} \Rightarrow T_C = 3\,200\,K$$

b) Calcule o trabalho realizado pelo gás com o ambiente ao longo de um ciclo.

O trabalho realizado pela máquina ao completar o ciclo é dado pela área no interior do retângulo:

$\tau = A = b \cdot h = 1 \cdot 3 \cdot 10^5 = 3{,}0 \cdot 10^5\,J$

> **Explorando o assunto**
>
> **Caracterizando motores de carros**
> Corriqueiramente, ouvimos os termos 1.0, 1.8, 2.0 ou 16 válvulas para especificar os motores dos carros. O que significam essas expressões?

Exercícios propostos

1. O ciclo de uma máquina térmica está representado ao lado.
   Determine o trabalho realizado pela máquina em cada ciclo. (Dado: 1 L = 10^{-3} m^3).

2. Uma máquina térmica realiza trabalhos cíclicos conforme o gráfico $p \times V$, com frequência de 900 rpm. (Dado: 1,0 atm = $1,0 \cdot 10^5$ Pa.)
   Determine, em kW, a potência gerada por essa máquina.

3. O gráfico ao lado representa o diagrama do trabalho $p \times V$ realizado por um motor desregulado.
   Qual é, em J, o trabalho realizado pelo motor em cada ciclo?

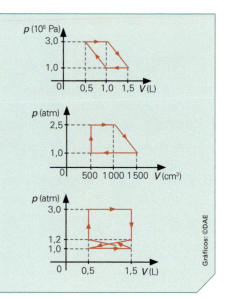

> **Explorando o assunto**
>
> Como sabemos qual é a constituição da atmosfera de outros planetas? Por que alguns planetas não têm atmosfera?

3. Calor, energia e trabalho

3.1. Energia interna

As máquinas térmicas revolucionaram a sociedade moderna ao permitirem que o calor pudesse ser transformado em trabalho. Um aspecto importante a considerar nessas transformações é que os gases (fluidos), que realizam trabalho ao mover êmbolos ou pistões, precisam ser aquecidos. E, nesse processo, parte do calor usado no aquecimento se perde.

É importante deixar claro que é **inevitável** que parte do calor produzido pela fonte quente para produzir o gás aquecido seja perdida. Para tratar desse aspecto das máquinas térmicas, precisamos de um novo conceito físico, a **energia interna** (**U**), que se relaciona diretamente com a temperatura do corpo ou sistema. Essa energia varia, por exemplo, quando a água de uma caldeira aumenta de temperatura, aumentando também sua energia interna. Sempre que ocorre a variação de temperatura de um corpo, dizemos que houve **variação de sua energia interna** (ΔU).

Por dentro do conceito

Energia interna

O conceito de energia interna busca expressar as formas pelas quais a energia se vincula aos aspectos internos de um corpo, ou seja, sua dimensão microscópica. A expressão da energia interna dependerá, portanto, do gás em questão, em particular do número de átomos e do tipo de ligação que formam suas moléculas. Para termos ideia de quão complexa é a descrição formal da energia interna, basta lembrar, que para qualquer gás diatômico, além da **energia cinética de translação**, podemos definir uma **energia cinética de rotação** e **vibração**. Além delas, existe também a **energia potencial de ligação entre as partículas** de caráter elétrico (Figura 9.27).

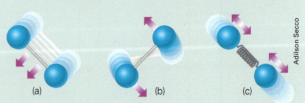

Figura 9.27: Representação das energias cinéticas que podemos definir para um gás diatômico.

Sabemos que a temperatura é uma forma indireta de indicar o estado de agitação de um corpo; assim, é associada à energia cinética do gás e, agora, à energia interna. Por causa da complexidade da descrição, vamos considerar somente um **gás ideal monoatômico** para a análise de sua energia interna, que nesse caso se resume na energia cinética de translação das moléculas e pode ser escrita como:

$$U = \frac{3}{2} nRT$$

em que **n** é o número de mols, **R** é a constante dos gases que vale 8,314 J/(mol · K) e **T** é a temperatura do gás em Kelvin.

Observe que, nessa equação, encontramos justificativa matemática para a afirmação de que a energia interna está relacionada à temperatura do sistema do gás monoatômico. Por exemplo, um mol de gás ideal a 298 K (25 °C) tem energia interna de aproximadamente 3,71 kJ e a 323 K (50 °C) sua energia interna aumenta proporcionalmente, 4,02 kJ.

Note que só haverá variação na energia interna de um gás se ele sofrer uma variação de temperatura, ou seja:

T aumenta ↔ **U** aumenta (Δ**U** > 0)

T diminui ↔ **U** diminui (Δ**U** < 0)

T constante ↔ **U** constante (Δ**U** = 0)

Em gases com estruturas moleculares mais complexas, deve-se considerar também a interação elétrica e magnética, entre outros aspectos, para determinar a sua energia interna.

Na expressão da energia interna, agora podemos associar diretamente a temperatura de um gás à velocidade média das partículas. Em determinada temperatura, moléculas mais leves se deslocam mais rapidamente, em média, do que moléculas mais pesadas. A velocidade média quadrática, $\bar{v}^2$, termo da expressão da energia cinética das moléculas de um gás, pode ser encontrada por meio da seguinte equação:

$$\frac{1}{2} m\bar{v}^2 = \frac{3}{2} nRT \Rightarrow \bar{v}^2 = \frac{3nRT}{m}$$

$$\bar{v}^2 = \frac{3RT}{M}$$

em que **M** é a massa molecular, M = m/n, em kg/mol.

Essa expressão permite-nos entender, por exemplo, por que nossa atmosfera contém oxigênio mas não contém hidrogênio. Cálculos mostram que, para um planeta reter certo gás por bilhões de anos, a velocidade média de suas moléculas deve ser menor do que 1/6 da velocidade de escape do planeta. A uma temperatura típica na superfície da Terra, cerca de 293 K, a velocidade média das moléculas do oxigênio é de 0,4 km/s e a das moléculas do hidrogênio é de 2 km/s. Como a velocidade de escape da Terra é de 11,2 km/s, podemos constatar que as moléculas de hidrogênio possuem velocidade suficiente para escapar da atmosfera terrestre, enquanto as moléculas de oxigênio ficam retidas por ela (Figura 9.28).

Figura 9.28: A Termodinâmica ajuda a compreender por que alguns astros possuem atmosfera e outros não. A composição da atmosfera de um planeta depende das moléculas dos gases e da temperatura média.

3.2. Primeira lei da Termodinâmica

Agora que conhecemos o conceito de energia interna, podemos tratar com mais rigor físico a maneira como o calor é convertido em trabalho numa máquina térmica. Em qualquer uma dessas máquinas, a energia química do combustível só é transformada em trabalho em um dos "tempos" de funcionamento. Além disso, parte do calor cedido pela fonte quente sai da máquina junto com o gás aquecido, e as peças da máquina se aquecem e trocam calor com o ambiente (Figura 9.29).

Assim, é possível afirmar que a **quantidade de calor** (Q) fornecida a um sistema pelo combustível aumenta sua **energia interna** (ΔU) e realiza **trabalho** ($Q = \tau + \Delta U$).

Essa expressão é válida não somente para as máquinas térmicas, mas para todo processo que envolve transformação de calor em trabalho. Por isso, é considerada um princípio, ao qual se dá o nome de **primeira lei da Termodinâmica**.

Figura 9.29: Parte do calor é perdido ao aquecer o escapamento da moto, que atinge quase 200 °C, ou nas caldeiras para aquecer e vaporizar água.

3.2.1. A primeira lei da Termodinâmica aplicada a algumas transformações particulares

Transformação isotérmica ($\Delta T = 0$)

Nas transformações em que a temperatura não varia, também não há variação da energia interna:

$$\Delta T = 0 \Rightarrow \Delta U = 0$$

Supondo um gás ideal, para a primeira lei da Termodinâmica, temos:

$$Q = \tau + \Delta U \Rightarrow Q = \tau$$

Transformação isovolumétrica ($\Delta V = 0$)

Transformações nas quais não existe variação de volume, não há realização de trabalho:

$$\Delta V = 0 \Rightarrow \tau = 0$$

Supondo um gás ideal, para a primeira lei da Termodinâmica, temos:

$$Q = \tau + \Delta U \Rightarrow Q = \Delta U$$

Transformação isobárica ($\Delta p = 0$)

Nas transformações em que a pressão se mantém constante, a variação do volume é proporcional à variação da temperatura. No caso de expansão, há aumento do volume e da temperatura do gás, portanto $\Delta U > 0$. Já no caso de compressão do gás, há diminuição do volume e da temperatura, portanto $\Delta U < 0$.

$$Q = \tau + \Delta U$$

Transformação adiabática ($Q = 0$)

Chamamos de adiabáticas as transformações nas quais não há troca de calor com o meio externo, ou seja, o valor se encontra isolado.

$$Q = 0$$

Para um gás ideal, a primeira lei da Termodinâmica, pode ser reduzida a:

$$Q = \tau + \Delta U \Rightarrow \tau = -\Delta U$$

O funcionamento dessas transformações depende do calor recebido de fora de seu sistema. Assim, no ciclo completo de uma máquina térmica, não pode haver somente transformações adiabáticas.

216 **Unidade 2** Energia térmica

Comparando uma máquina térmica ideal com um motor a combustão, o corpo do motor é o sistema, a fonte quente é a gasolina em combustão e a fonte fria, o meio externo. No caso da máquina a vapor, o pistão é o sistema, a caldeira onde a água é aquecida é a fonte quente e o meio externo, novamente, faz o papel da fonte fria. Em ambos os casos, parte da energia vai para o ambiente.

Exercício resolvido

O motor 250 cc de uma motocicleta realiza um trabalho de 500 J enquanto recebe 500 cal de energia (calor) por ciclo. Trata-se de um motor bicilíndrico, isto é, constituído de 2 cilindros. (Considere 1 cal = 4,2 J.)

a) Qual é o deslocamento de cada cilindro por ciclo?

Se a cilindrada do motor de 2 cilindros é de 250 cc, cada cilindro desloca 125 cm³ da mistura gasosa por ciclo.

b) Qual é a variação da energia interna da mistura gasosa desse motor por ciclo?

A variação da energia interna é a diferença entre o calor recebido pelo motor e o trabalho que ele realiza. Considerando o calor em joules ($Q = 500$ cal $= 500 \cdot 4,2 = 2\,100$ J), temos: $Q = \tau + \Delta U$
$2\,100 = 500 + \Delta U \Rightarrow \Delta U = 2\,100 - 500 = 1\,600$ J

Exercícios propostos

1. (Vunesp-SP) Transfere-se calor a um sistema, num total de 200 calorias. Verifica-se que o sistema se expande, realizando um trabalho de 150 joules, e que sua energia interna aumenta.

   a) Considerando 1 cal = 4 J, calcule a quantidade de energia transferida ao sistema, em joules.

   b) Utilizando a primeira lei da Termodinâmica, calcule a variação de energia interna desse sistema.

2. Um sistema termodinâmico realiza o ciclo ABCA representado a seguir. Nessa operação, recebe $5,0 \cdot 10^2$ J de energia na forma de calor.

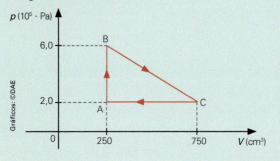

Determine, em joules, o trabalho realizado pelo sistema e a variação de sua energia interna no ciclo.

3. Considere o mesmo sistema do exercício anterior. O trabalho realizado no ciclo e a energia dissipada para o ambiente valem, respectivamente, em joules:

   a) $2,5 \cdot 10^5$ e $7,5 \cdot 10^5$
   b) $4,0 \cdot 10^5$ e $4,0 \cdot 10^5$
   c) $3,0 \cdot 10^5$ e $7,0 \cdot 10^5$
   d) $5,0 \cdot 10^5$ e $5,0 \cdot 10^5$
   e) $2,0 \cdot 10^5$ e $2,0 \cdot 10^5$

4. (UFRJ) A figura representa, num diagrama pV, dois processos através dos quais é possível fazer um gás perfeito evoluir entre dois estados de equilíbrio (i) e (f). Em qual deles foi maior a quantidade de calor envolvida? Justifique sua resposta.

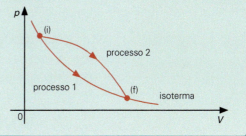

3.3. Rendimento de máquinas térmicas

Qual motor é mais potente: o do antigo Fiat 147 ou o de uma Ferrari? O motor de um avião ou o de uma locomotiva? O de uma geladeira ou o de um condicionador de ar?

No Capítulo 2, discutimos o significado da potência de motores. Isso nos permite entender que o motor da Ferrari é capaz de converter energia do combustível em energia de movimento com maior rapidez, pois esse carro consegue chegar à velocidade de 100 km/h em 2 segundos. Já o Fiat 147 levava pelo menos oito vezes mais tempo (15,91 segundos) para alcançar a mesma velocidade. Contudo, o que nos interessa aqui é discutir a eficiência com que essa transformação de energia é feita. De maneira mais clara, nos interessa saber quanto do calor obtido da queima do combustível pode ser transformado em trabalho.

Para resolver essa questão, devemos atentar para dois aspectos: o combustível utilizado e o rendimento do motor.

Sobre a questão do combustível, em razão de sua própria constituição, cada substância tem um poder calorífico diferente, isto é, ao ser queimada, libera quantidades diferentes de energia. Veja na Tabela 9.1 o poder calorífico (ou densidade de energia) dos combustíveis mais utilizados.

Quanto ao combustível escolhido para alimentar uma máquina térmica, basta escolhermos o de maior densidade energética; afinal, esse valor é intrínseco à constituição da matéria.

O segundo aspecto considerado para buscarmos uma máquina térmica eficiente, isto é, que obtenha trabalho com o menor valor possível de energia, é a maneira pela qual ocorre a transformação de energia em seu interior. Essa característica pode ser aprimorada em cada caso, mas atualmente parece que nosso desenvolvimento tecnológico já alcançou valores limites para seu rendimento (Tabela 9.2).

Tabela 9.1: Poder calorífico dos combustíveis

Combustível	Poder calorífico (kcal/kg)
gasolina	11 400
óleo *diesel*	10 700
álcool	6 500
gás liquefeito ou petróleo	11 600
gás natural	11 700

Fonte: <www.ciaar.com.br/EM%20FOCO/2006/av-2/av2-alcool.html>. Acesso em: 14 out. 2015.

Tabela 9.2: Rendimento de algumas máquinas térmicas

Tipo de máquina térmica	Rendimento (%)
máquina a vapor simples (locomotivas)	6 a 8
turbinas a vapor (usinas termelétricas)	16 a 30
motores a gasolina (automóvel)	22 a 28
motores a *diesel* (fábricas e locomotivas)	32 a 38

Fonte: GREF. *Física térmica*: para ler, fazer e pensar. Leituras de Física. São Paulo: IF-USP, 1998. v. 4.

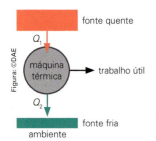

Figura 9.30: Esquema de funcionamento de uma máquina térmica, indicando como o calor flui de uma fonte quente para uma fonte fria e parte é convertida em trabalho.

Vamos entender, do ponto de vista da Física, a razão desse limite para a eficiência da máquina térmica, considerada uma máquina que funciona em ciclos, com calor sendo transferido de uma fonte quente para uma fonte fria e com aproveitamento de trabalho (Figura 9.30).

Veja que estamos especificando melhor o fluxo de calor presente nas máquinas térmicas:

- Q_1 é a quantidade de calor fornecida pela fonte quente, que representa também a energia total fornecida à máquina térmica;
- Q_2 é a quantidade de calor não aproveitada pelo motor e rejeitada para a fonte fria.

O rendimento de qualquer máquina é obtido pela razão entre a quantidade de energia fornecida e a quantidade de energia utilizada. No caso das máquinas térmicas, vale a mesma definição: o **rendimento** (η) é o resultado da razão entre o **trabalho produzido** (τ) e a **quantidade de calor fornecida** (Q_1).

$$\eta = \frac{\tau}{Q_1}$$

Pela primeira lei da Termodinâmica, o trabalho pode ser escrito como:

$$\tau = Q_1 - \Delta U$$

Substituindo essa expressão na anterior, temos:

$$\eta = \frac{\tau}{Q_1} = \frac{Q_1 - \Delta U}{Q_1} = 1 - \frac{\Delta U}{Q_1}$$

LEMBRETE: No tratamento do rendimento, o calor deve ser sempre tratado em módulo, pois as relações são consideradas em termos de quantidades **trocadas**.

$$\eta = 1 - \frac{\Delta U}{Q_1}$$

O trabalho também pode ser calculado pela diferença entre a **quantidade de calor oferecida** (Q_1) ao sistema e a **quantidade de calor não aproveitada** (Q_2), pois a diferença entre o calor retirado da fonte quente e o calor não aproveitado, rejeitado para a fonte fria, é transformada em **trabalho** (τ).

Pensando dessa forma, o rendimento (η) ficaria:

$$\eta = \frac{\Delta U}{Q_1} = \frac{Q_1 - Q_2}{Q_1} = 1 - \frac{Q_2}{Q_1}$$

$$\eta = 1 - \frac{Q_2}{Q_1}$$

Ambas as expressões são iguais, pois, idealmente, a quantidade de calor rejeitada para a fonte fria é feita por meio do aquecimento do gás utilizado como fluido combustível, ou seja, $Q_2 = \Delta U$.

Pela Tabela 9.2, percebe-se que mesmo nos melhores motores o rendimento não chega a 40%. Apesar de existir uma diferença considerável entre os tipos de máquina, nenhum deles chega perto de 100% de eficiência.

Embora essa afirmação possa parecer pessimista, não se trata de um problema de engenharia de construção de máquinas, mas do reflexo da Física ligada aos sistemas que transformam calor em trabalho. Retornaremos a esse ponto mais adiante.

> **Explorando o assunto**
>
> Nas máquinas térmicas, é possível aumentar o trabalho e diminuir a energia interna?

Por dentro do conceito

Combustão nos seres vivos

É comum textos didáticos ou documentários de divulgação científica compararem o corpo humano a uma máquina, chamando-o *máquina humana*. Será mesmo possível interpretar o corpo humano como uma máquina térmica? Por quê?

Nós, seres humanos, e muitas outras espécies de seres vivos habitantes deste planeta, somos exemplos de máquinas naturais a combustão. Pois, assim como outras máquinas precisam de combustível para funcionar, nosso organismo necessita de alimentos para produzir energia e realizar trabalho. Nós nos alimentamos de substâncias que direta ou indiretamente acumularam energia do Sol, assim como os combustíveis dos veículos (gasolina, *diesel*, álcool etc.). Quando comemos alface, por exemplo, iniciamos um processo de quebra dos componentes desse vegetal (digestão) em substâncias que podem ser absorvidas pelo nosso organismo (Figura 9.31). O processo de produção da energia acontece no interior das mitocôndrias, uma das organelas das células. Nesse processo, se extrai energia principalmente da glicose (contida nos alimentos que comemos), transformando-a em moléculas de ATP (adenosina trifosfato), que são utilizadas para liberar a energia química necessária para o funcionamento de nosso organismo. Assim, as mitocôndrias podem ser consideradas pequenos motores instalados no interior de nossas células, que permitem a realização de diversos trabalhos, como correr, erguer objetos etc.

É importante destacar que, embora a energia se conserve nos modelos físicos, químicos e biológicos, há sempre uma fração perdida na forma de calor. Por outras palavras, somente uma parte dessa energia pode se transformar em trabalho. Nos automóveis, cerca de dois terços da energia liberada da queima de combustível é perdida na forma de calor. Já o corpo humano é bem mais eficiente, com rendimento superior a 60%.

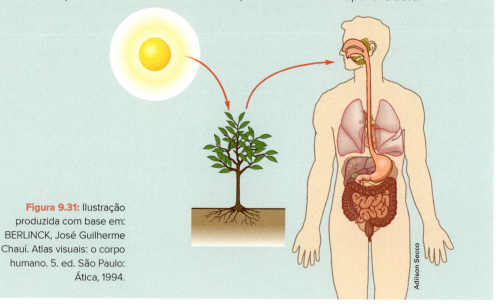

Figura 9.31: Ilustração produzida com base em: BERLINCK, José Guilherme Chauí. Atlas visuais: o corpo humano. 5. ed. São Paulo: Ática, 1994.

3.4. Ciclo de Carnot

Figura 9.32: Sadi Carnot (1796-1832).

Foi Sadi Carnot (Figura 9.32) quem estudou o rendimento das máquinas e definiu seus limites teóricos. Com o objetivo de melhorar o rendimento das máquinas térmicas reais, esse engenheiro francês percebeu que qualquer máquina isenta de dificuldades técnicas (ciclo ideal) teria rendimento máximo se operasse em um ciclo reversível, independentemente da substância utilizada. Assim, Carnot estabeleceu o limite teórico, inalcançável, para o rendimento de qualquer máquina real. A importância prática do denominado ciclo de Carnot resulta de este ser tido como padrão de comparação entre ciclos reais e ideais.

Não é possível construir uma máquina que funcione num ciclo exatamente como o descrito pelo ciclo de Carnot, ou seja, com **quatro processos totalmente reversíveis**: adição isotérmica de calor, expansão adiabática, rejeição isotérmica de calor e compressão adiabática.

A transferência de calor isotérmica e reversível é muito difícil de ser alcançada, pois seriam necessárias grandes trocas de calor num período de tempo muito longo. Mesmo tratando-se de um limite não alcançável, o estudo teórico de Carnot possibilitou aprofundar a compreensão acerca do funcionamento das máquinas térmicas. Seu diagrama pressão *versus* volume ($p \times V$) seria como o Gráfico 9.13.

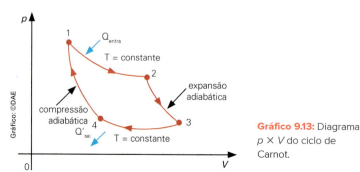

Gráfico 9.13: Diagrama $p \times V$ do ciclo de Carnot.

3.5. Segunda lei da Termodinâmica

Carnot mostrou que a parcela máxima de energia que pode ser convertida em trabalho útil **rendimento ideal** (η_{ideal}) depende da diferença de temperatura entre a fonte quente (entrada) e a fonte fria (saída). Suas considerações foram feitas em relação a essas temperaturas e ao calor retirado da fonte quente e cedido à fonte fria. Carnot mostrou ser razoável admitir proporcionalidade entre essas grandezas, de modo que:

$$\frac{Q_1}{T_{quente}} = \frac{Q_2}{T_{fria}}$$

Substituindo a relação de proporcionalidade do calor com as temperaturas na expressão do rendimento fornecida na seção anterior, temos:

$$\eta_{ideal} = \frac{T_{quente} - T_{fria}}{T_{quente}} \quad ou \quad \eta_{ideal} = 1 - \frac{T_{fria}}{T_{quente}}$$

Se, por exemplo, numa turbina a fonte quente estiver a 400 K (127 °C) e a fonte fria a 300 K (27 °C), o rendimento ideal (seguindo o ciclo de Carnot) será igual a $\frac{1}{4}$. Isso significa que, mesmo sob condições ideais, apenas 25% do calor fornecido à turbina será convertido em trabalho.

Na prática, a temperatura da fonte quente do ciclo está limitada pela resistência dos componentes da máquina térmica (o êmbolo ou as pás da turbina), enquanto a temperatura da fonte fria está limitada pela temperatura do meio de arrefecimento utilizado (um lago, um rio ou o ar atmosférico).

Se tomarmos qualquer uma das expressões utilizadas para o rendimento das máquinas, verificaremos que, para haver 100% de rendimento, nenhum calor pode ser cedido para a fonte fria ($Q_2 = 0$). Dito de outra maneira, a variação de energia interna do sistema deve ser nula ($\Delta U = 0$).

Mas essa condição é impossível! Outra possibilidade de termos 100% de rendimento seria fornecer uma quantidade de calor infinita ($Q_1 = \infty$), condição igualmente impossível.

O rendimento térmico (η_{ideal}) estará próximo de seu máximo com o aumento da temperatura do calor fornecido ao sistema e/ou com a diminuição da temperatura do calor rejeitado pelo sistema (Figura 9.33).

Com os estudos de Carnot, foi possível estabelecer os limites da transformação do calor em trabalho. Isso ficou conhecido na Física como a **segunda lei da Termodinâmica**, que pode ser formulada de diferentes maneiras, equivalentes entre si:

> "É impossível realizar um processo real cujo único resultado seja remover calor de uma fonte quente e transformá-lo numa quantidade equivalente de trabalho."

> "É impossível que, espontaneamente, o calor flua de uma fonte fria para uma fonte quente."

> "É impossível construir um dispositivo que opere em um ciclo termodinâmico e não produza outros efeitos além da passagem de calor da fonte fria para a fonte quente."

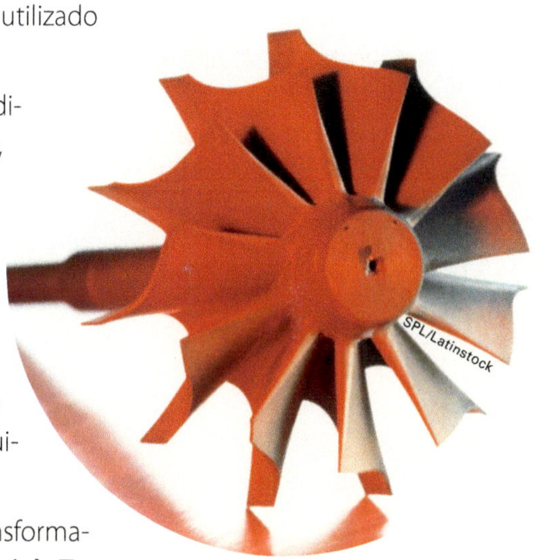

Figura 9.33: Os componentes de alguns motores são feitos de cerâmica, o que permite aumentar a diferença entre a temperatura da fonte quente e a da fria, gerando maior rendimento. Na foto, uma palheta de turbina de turbocompressores.

Esse último enunciado, conhecido como enunciado de Rudolf J. Clausius (Figura 9.34), está relacionado ao funcionamento do refrigerador ou da bomba de calor. Clausius afirmava ser impossível construir um refrigerador que opere sem receber energia (trabalho). Segundo ele, o calor nunca passa espontaneamente de um corpo frio para um corpo quente. Duas máquinas percorrendo ciclos de Carnot entre as mesmas fontes de calor têm o mesmo rendimento.

Todas essas versões da segunda lei da Termodinâmica foram reescritas pelo físico alemão Max Planck (1858-1947) para destacar que nenhum processo é possível se o único resultado for a transferência de calor de um corpo frio para um corpo quente:

Figura 9.34: Rudolf J. Clausius (1822-1888), físico e matemático alemão.

> "É impossível a um motor térmico operar trocando calor com uma única fonte de calor."

Esse enunciado refere-se ao motor térmico e nos informa que é impossível transformar todo o calor em trabalho, por isso seu rendimento nunca será igual à unidade (100% de eficiência). Parte desse calor sempre tem de ser cedida à fonte fria para realizar trabalho.

Observe que todos esses enunciados são negativos, o que não permite demonstração. Além disso, são baseados na observação experimental e no fato de não terem sido refutados até os dias de hoje.

Exercícios resolvidos

1. Leia as perguntas a seguir e, antes de acompanhar a resolução, escreva a resposta em seu caderno.

a) Qual carro é mais potente: 1.8 ou 2.0? Por quê?

Depende das características do carro: sua massa, sua linha aerodinâmica, a carga a ser transportada. Exemplo: um carro de passeio de 1 000 kg de massa, de linhas modernas, oferecendo pouca resistência ao ar e equipado com motor 1.8 pode ser mais potente do que outro com formato menos aerodinâmico, pesado, apesar de ter um motor 2.0.

b) Qual motor é mais potente: a gasolina, a *diesel* ou a álcool?

Também depende de a variável envolvida ser o torque de arranque, de retomada de velocidade etc. De modo geral, com a mesma cilindrada, o motor a álcool é um pouco mais potente.

c) O que significa a potência de um motor? Como podemos calculá-la?

Potência é a relação entre o trabalho realizado pelo motor e o tempo gasto nesse processo. Pode ser calculada também pelo produto do trabalho realizado em um ciclo multiplicado pela frequência de giro do motor, ou seja, o número de ciclos por unidade de tempo.

d) O que significa rendimento de um motor? Como se calcula tal rendimento?

Rendimento do motor é a relação entre o trabalho que esse motor consegue realizar graças à quantidade de calor que ele recebe da fonte quente e essa quantidade de calor.

e) Compare o rendimento de uma turbina a vapor, de um motor a gasolina e de um motor a *diesel*. Por que são diferentes?

Valores reais mostram que a turbina a vapor é a de menor rendimento (por não ter combustível em sua composição), seguida do motor a gasolina e, por último, do motor a *diesel* (desde que de mesma cilindrada).

f) Pode um motor ter 100% de rendimento? Justifique sua resposta.

Não, sempre haverá dissipação de energia para o ambiente. Há atritos entre os vários componentes do motor; além disso, o segundo princípio da Termodinâmica enuncia que não há máquina térmica que opere com 100% de rendimento.

2. Uma máquina funciona seguindo o ciclo de Carnot com boa aproximação; ela opera entre as temperaturas de 27 °C e 227 °C. Determine o rendimento dessa operação.

As temperaturas devem ser convertidas para a escala Kelvin:

$T_{fria} = 27 + 273 = 300$ K e $T_{quente} = 227 + 273 = 500$ K

O rendimento do ciclo será dado por:

$$\eta = \frac{T_{quente} - T_{fria}}{T_{quente}} = \frac{500 - 300}{500} = 1 - 0{,}6 = 0{,}4 = 40\%$$

Exercícios propostos

1. (ITA-SP) Uma máquina térmica reversível opera entre dois reservatórios térmicos de temperaturas 100 °C e 127 °C, respectivamente, gerando gases aquecidos para acionar uma turbina. A eficiência dessa máquina é mais bem representada por:

a) 68%
b) 6,8%
c) 0,68%
d) 21%
e) 2,1%

2. (Ufal) Analise as proposições a seguir:

- Máquina térmica é um sistema que realiza transformação cíclica: depois de sofrer uma série de transformações, ela retorna ao estado inicial.
- É impossível construir uma máquina térmica que transforme integralmente calor em trabalho.
- O calor é uma forma de energia que se transfere espontaneamente do corpo de maior temperatura para o de menor temperatura.
- É impossível construir uma máquina térmica que tenha um rendimento superior ao da Máquina de Carnot, operando entre as mesmas temperaturas.
- Quando um gás recebe 400 J de calor e realiza um trabalho de 250 J, sua energia interna sofre um aumento de 150 J.

3. (UEL-PR) Uma central de energia utilizada por uma equipe móvel de TV desenvolve $1,8 \cdot 10^7$ J de energia elétrica enquanto seu motor a gasolina consome 2,5 L de combustível cujo poder calorífico é de $3,6 \cdot 10^7$ J/L. O rendimento da central é de:

a) 10%
b) 20%
c) 40%
d) 50%
e) 100%

4. (UFRGS-RS) A cada ciclo, uma máquina térmica extrai 45 kJ de calor da sua fonte quente e descarrega 36 kJ de calor na sua fonte fria. O rendimento máximo que essa máquina pode ter é de:

a) 20%
b) 25%
c) 75%
d) 80%
e) 100%

5. (PUCC-SP) Os rendimentos máximos das "máquinas térmicas" que operam entre as temperaturas de 50 °C e 0 °C e daquelas que operam entre as temperaturas de 100 °C e 50 °C são, respectivamente:

a) 50% e 40%
b) 50% e 25%
c) 25% e 15%
d) 15% e 13%
e) 15% e 8%

4. Entropia e a dissipação da energia

A entropia é um dos conceitos mais interessantes produzidos pela Física. Originada dos estudos sobre a eficiência dos motores, ela permite entender as limitações nas mudanças de um sistema físico quando dele se retira ou a ele se adiciona calor.

No entanto, traduzir o verdadeiro significado de entropia é complicado sem o uso de equações matemáticas complexas. De maneira geral, a entropia de um sistema depende de suas condições internas. Por exemplo, se tivermos 1 kg de água, a entropia associada a esse sistema está ligada à sua temperatura e à sua estrutura interna (estado físico).

A **variação da entropia** (ΔS) de um sistema é a medida da quantidade de calor (Q) cedida ou doada em função da temperatura (T):

$$\Delta S = \frac{Q}{T}$$

No Sistema Internacional, a entropia é medida em J/K.

No entanto, podemos ter uma ideia melhor sobre a entropia relacionando-a aos sistemas térmicos que acabamos de estudar.

Vamos imaginar um sistema térmico que funcione de maneira reversível. Suponha que ele retire uma pequena quantidade de calor (Q_1) de uma fonte quente a determinada temperatura (T_1) e realize um trabalho (τ), por exemplo, para elevar uma carga. Nesse processo, a máquina rejeita uma quantidade de calor (Q_2) para a fonte fria, que se encontra a uma temperatura (T_2). No caso desse sistema, dizemos que a entropia da fonte T_1 diminuiu $\Delta S_1 = \frac{Q_1}{T_1}$ e a entropia da fonte T_2 aumentou $\Delta S_2 = \frac{Q_2}{T_2}$.

Máquinas térmicas **Capítulo 9** 223

Na discussão sobre o ciclo de Carnot, chegamos à conclusão de que não há como um sistema operar de forma reversível. Assim, por meio da expressão obtida por Carnot, que relaciona as quantidades de calor trocadas com as temperaturas, podemos escrever que, para todo sistema não reversível:

$$\frac{Q_2}{T_2} > \frac{Q_1}{T_1}$$

Ou seja:

$$\Delta S_2 > \Delta S_1$$

Isso indica que a entropia total do sistema sempre aumenta.

A entropia serve, então, como indicação da ineficiência dos processos de transformação da energia. Podemos reescrever desta forma a segunda lei da Termodinâmica com relação à entropia:

> A entropia total de um sistema fechado sempre aumenta.

Como o único sistema considerado realmente fechado é o próprio Universo, podemos dizer que a entropia dele está sempre aumentando.

Exercícios resolvidos

1. Se uma mola comprimida pode ter seu estado energético expresso pela soma de sua energia cinética $\frac{1}{2} m \cdot v^2$ com sua energia potencial $\frac{1}{2} k \cdot x^2$, por que não se pode fazer o mesmo com um gás?

A mola é um sistema ideal; portanto, é reversível. As transformações sofridas por um gás real não são reversíveis.

2. Sob pressão constante de 2,0 atm, 500 g de certo líquido a 127 °C são transformados integralmente em vapor. O calor latente de vaporização do líquido nessas condições vale $6,0 \cdot 10^5$ cal/kg. Determine a variação ocorrida na entropia do sistema nessa transformação.

A variação de entropia de um sistema com temperatura constante é dada por:

$$\Delta S = \frac{Q}{T} = \frac{m \cdot L_v}{T} = \frac{0,500 \cdot 6,0 \cdot 10^5}{127 + 273} = \frac{300\,000}{400} = 750 \text{ cal/K}$$

Exercícios propostos

1. (UFBA) De acordo com a teoria da Termodinâmica, é correto afirmar:

01. O calor só pode fluir de um corpo a outro de menor temperatura.

02. O princípio da conservação da energia é válido para qualquer sistema físico isolado.

04. Uma máquina térmica transforma integralmente calor em trabalho.

08. A variação da entropia corresponde à variação da energia útil do sistema.

16. Todos os processos naturais irreversíveis acarretam aumento na indisponibilidade de energia.

2. (UFV-MG) Um folheto explicativo sobre uma máquina térmica afirma que ela, ao receber 1 000 cal de uma fonte quente, realiza 4 186 J de trabalho. Sabendo que 1 cal equivale a 4 186 J e com base nos dados fornecidos pelo folheto, você pode afirmar que esta máquina:

a) viola a 1ª Lei da Termodinâmica.

b) possui um rendimento nulo.

c) possui um rendimento de 10%.

d) viola a 2ª Lei da Termodinâmica.

e) funciona de acordo com o ciclo de Carnot.

3. (UFRN) No radiador de um carro, a água fica dentro de tubos de metal (canaletas), como na figura a seguir. Com a ajuda de uma bomba-d'água, a água fria do radiador vai para dentro do bloco do motor, circulando ao redor dos cilindros. Na circulação, a água recebe calor da combustão do motor, sofre aumento de temperatura e volta para o radiador; é então resfriada, trocando calor com o ar que flui externamente devido

Unidade 2 Energia térmica

ao movimento do carro. Quando o carro está parado ou em marcha lenta, um termostato aciona um tipo de ventilador (ventoinha), evitando o superaquecimento da água.

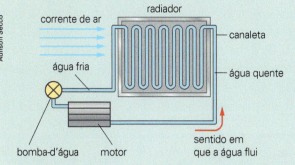

A situação descrita evidencia que, no processo de combustão, parte da energia não foi transformada em trabalho para o carro se mover. Examinando-se as trocas de calor efetuadas, pode-se afirmar:

a) Considerando o motor uma máquina térmica ideal, quanto maior for o calor trocado, maior será o rendimento do motor.

b) Considerando o motor uma máquina térmica ideal, quanto menor for o calor trocado, menor será o rendimento do motor.

c) Ocorre um aumento da entropia do ar nessas trocas de calor.

d) Ocorrem apenas processos reversíveis nessas trocas de calor.

4. (UFRGS-RS) Selecione a alternativa que preenche corretamente as lacunas no parágrafo abaixo, na ordem em que elas aparecem.
A entropia de um sistema termodinâmico isolado nunca ******: se o sistema sofre uma transformação reversível, sua entropia ******; se o sistema sofre uma transformação irreversível, sua entropia *******.

a) aumenta – permanece constante – diminui
b) aumenta – diminui – permanece constante
c) diminui – aumenta – aumenta
d) diminui – permanece constante – aumenta
e) diminui – permanece constante – permanece constante

5. (ITA-SP) Calcule a variação de entropia quando, num processo à pressão constante de 1,0 atm, transformam-se integralmente em vapor 3,0 kg de água que se encontram inicialmente no estado líquido, à temperatura de 100 °C. (Dado: calor de vaporização da água: $L_v = 5,4 \cdot 10^5$ cal kg.)

4.1. Entropia e a interpretação estatística da matéria

Segundo a teoria cinética, a matéria é composta de partículas que agem como esferas rígidas e cujo comportamento pode ser previsto pela Mecânica newtoniana. Um sistema puramente mecânico, como um conjunto de esferas rígidas que se chocam elasticamente, contém apenas eventos reversíveis (Figura 9.35). Se uma dessas colisões for filmada, pode-se inverter o sentido da filmagem que não parecerá nenhum absurdo físico.

No entanto, essa teoria depara com alguns problemas originados do fato de os fenômenos térmicos não serem reversíveis. Então será possível descrever esses fenômenos de acordo com a teoria cinética (Figura 9.36)?

Figura 9.35: Aparato conhecido como pêndulo de Newton, no qual bolinhas suspensas em fios colidem umas com as outras.

Figura 9.36: Exemplo de um processo irreversível mecânico, os átomos que compõem a matéria não podem se organizar espontaneamente e reconstruir o ovo.

Quando vemos essa sequência de imagens (Figura 9.36), certamente consideramos a reversibilidade impossível. Mas, quando a observamos numa escala microscópica, tal como uma colisão entre moléculas, cada interação é reversível. De onde, então, se origina a irreversibilidade?

Examinemos um processo irreversível composto apenas de eventos reversíveis. Imagine duas câmaras, separadas por uma parede. Suponha que confinemos 25 bolas na câmara 1, cada uma com 5 J de energia cinética. As bolas vão se chocar contra as seis paredes da câmara e entre si. Se os choques contra as paredes alterarem apenas a direção do movimento das bolas (sem alterar sua velocidade), as colisões serão elásticas, a energia cinética média das bolas continuará a ser 5 J, e, consequentemente, o sistema permanecerá com energia cinética de 5 J por bola.

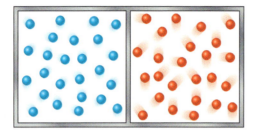

Figura 9.37: Aparato experimental com duas câmaras separadas por uma parede, com 25 bolas em cada câmara. As bolas da câmara 1 têm energia cinética média de 5 J, e as da câmara 2, 15 J.

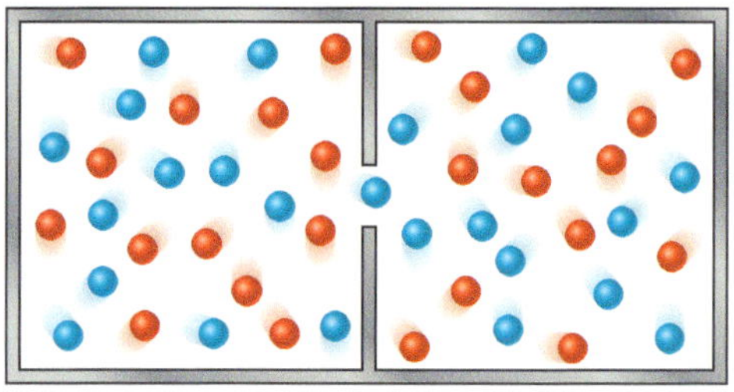

Figura 9.38: Um orifício é aberto na parede que separa as duas câmaras.

Suponha também que confinemos outras 25 bolas na câmara 2, cada uma com 15 J de energia cinética. A energia cinética média dessas bolas continuará a ser 15 J enquanto as câmaras 1 e 2 estiverem separadas (Figura 9.37).

Como a energia cinética das bolas pode ser associada à temperatura do "gás" de bolas, teremos na câmara 2 o "gás quente" e, na câmara 1, o conjunto "gás frio". Se criarmos um orifício na parede que divide as câmaras, as bolas passarão de um lado para o outro (Figura 9.38). E, se esperarmos tempo suficiente, a energia cinética média das bolas em cada lado será aproximadamente 10 J (a média entre 15 J e 5 J).

Ao se misturarem, não há motivo para que as bolas de 15 J e de 5 J prefiram uma das câmaras. Apesar de a lei de Newton não proibir que as bolas "quentes" se agrupem em um dos lados e que as "frias" fiquem em outro, a probabilidade de que isso aconteça é praticamente zero.

Existem muitas maneiras de a energia estar distribuída entre as bolas, e todas elas são igualmente possíveis. Em teoria, é tão possível que cada bola tenha 10 J de energia cinética quanto uma delas ter 500 J e as demais terem 0 J. Há muitas possibilidades de distribuir a energia pelas bolas, de modo que a energia cinética média seja aproximadamente igual em ambos os lados do aparato. E existem mais maneiras de ter um sistema com uma distribuição "desordenada" do que ter um sistema bem ordenado.

Na situação exemplificada, não há como inverter a sequência temporal dos eventos sem causar estranheza. Bolinhas com velocidades diferentes, como mostradas na situação final, distribuídas em duas câmaras, teriam muito pouca probabilidade de se dividir, as mais velozes em uma das câmaras e as mais lentas em outra. No entanto, a situação inversa seria muito provável!

4.2. Quantificando a desordem

O estado de desordem de um sistema como o que acabamos de discutir pode muito bem ser tratado com o uso do conceito de entropia. O número de vezes que um sistema pode ser "rearrumado" sem que isso altere o ambiente externo é uma forma de medir sua desordem.

Figura 9.39: A constante de Boltzmann (k) representa parte do trabalho do cientista Ludwig Eduard Boltzmann (1844-1906), que contribuiu para a formulação de uma teoria mecânica do calor.

O sistema estudado poderia assumir várias configurações (distribuição de velocidades), de maneira que o valor médio da energia cinética fosse 10 J. Isto é, a energia cinética média seria sempre a mesma, mas internamente teríamos um sem-número de configurações possíveis. O número dessas configurações seria a medida da desordem.

A entropia pode ser medida pelo número W de possíveis configurações do sistema que mantém constante o valor da energia cinética média das partículas. Dessa forma, a entropia (S) é o logaritmo da desordem (W), de acordo com a expressão:

$$S = k \cdot \log W$$

Nela, k é a constante de Boltzmann (Figura 9.39).

Quando retiramos uma quantidade de energia de uma substância e fornecemos a outra, fazemos a entropia do conjunto variar de um valor $\Delta S = \Delta Q/T$ e com isso mudamos a quantidade de desordem. Em um sistema isolado, a entropia sempre aumenta, pois com a degradação de energia existe um número maior de configurações que o sistema pode assumir. Por serem em maior número, as configurações que tornam o sistema "desordenado" são mais prováveis que os estados "ordenados".

Temos duas maneiras de verificar se a entropia de um sistema aumentou. Em ambos os casos, obteremos a mesma resposta. Às vezes, a descrição é mais simples, adotando características macroscópicas do sistema, como a quantidade de calor e a temperatura (Figura 9.40); outras vezes, consideram-se as informações microscópicas.

O fato de a entropia diminuir em algumas situações não viola a segunda lei da Termodinâmica. Isso porque, se ela diminuiu em determinada situação, algum componente do sistema teve sua entropia aumentada, em igual ou maior valor. Ou seja, o que interessa é considerar o sistema como um todo.

Figura 9.40: A entropia aumenta quando o calor passa de um objeto mais quente para outro mais frio. Por exemplo, quando o gelo derrete, quando a água é aquecida, quando entra em ebulição, quando evapora etc.

O cientista na História

Ludwig Boltzmann

Ludwig Eduard Boltzmann nasceu em 20 de fevereiro de 1844, em Viena, e sua trajetória incluiu testemunhar o processo de consolidação da Física teórica na segunda metade do século XIX.

Com uma trajetória científica movimentada, em 1863 Boltzmann começou seus estudos na Universidade de Viena e em 1865 ingressou no Instituto de Física, onde foi aluno de Josef Stefan, professor que provia a seus estudantes uma formação completa, tanto teórica quanto experimental. Foi Stefan quem apresentou a Boltzmann as ideias de Maxwell sobre o eletromagnetismo.

A constante k de Boltzmann, como parte da quantificação da entropia de um sistema, representa parte do trabalho desse físico. Desde o início de sua carreira científica, ele contribuiu para a formulação de uma teoria mecânica do calor. Se hoje a ideia de átomo é banal, naquela época muitos negavam sua existência. Em um congresso de 1895, Boltzmann defendeu o atomismo, que estava sendo severamente atacado. Muitos argumentos foram desenvolvidos e debatidos.

Boltzmann buscou universidades cujas cátedras lhe permitissem lecionar e pesquisar como gostava. Quando não conseguia formar um grupo participativo e interessado em discutir conceitos físicos, mudava de ares, até que em 1902 voltou à sua cidade natal, Viena, e passou a acumular a cátedra de Física Teórica junto com a de Filosofia da Natureza na Universidade de Viena, onde permaneceu até sua morte, em 1906 (Figura 9.41).

Figura 9.41: Cidades onde Boltzmann morou e estudou ou trabalhou, sempre em busca de um melhor desenvolvimento profissional e intelectual.

Exercício resolvido

Considere um balão metálico rígido, dotado de um êmbolo móvel, contendo certa massa de gás em seu interior. O sistema recebe calor e tem a temperatura aumentada. O que acontece com sua entropia durante o aquecimento?

O calor fornecido ao gás é proporcional à variação da temperatura. A variação da entropia é definida pelo calor recebido pelo gás em função de sua temperatura absoluta. Como há uma proporção entre as grandezas citadas, conclui-se que não houve variação de entropia.

Exercícios propostos

1. (UFC-CE) Analise as afirmações a seguir.

   I. A variação de entropia do fluido operante num ciclo completo de uma máquina térmica de Carnot é igual a Q/T.

   II. O trabalho necessário para efetivar certa mudança de estado num sistema é independente do caminho seguido pelo sistema, quando este evolui do estado inicial para o estado final.

   III. De acordo com a segunda lei da Termodinâmica e de observações relativas aos processos reversíveis e irreversíveis, conclui-se que as entropias inicial e final num processo adiabático reversível são iguais e que, se o processo for adiabático irreversível, a entropia final será maior que a inicial.

   Com respeito às três afirmativas, é correto afirmar que apenas:

   a) I é verdadeira.
   b) II é verdadeira.
   c) III é verdadeira.
   d) I e II são verdadeiras.
   e) II e III são verdadeiras.

2. (UFRN) Observe atentamente o processo físico representado na sequência de figuras a seguir. Considere, para efeito de análise, que a casinha e a bomba constituem um sistema físico fechado. Note que tal processo é iniciado na figura 1 e é concluído na figura 3.

   Pode-se afirmar que, no final dessa sequência, a ordem do sistema é:

   a) maior que no início e, portanto, durante o processo representado, a entropia do sistema diminuiu.
   b) maior que no início e, portanto, durante o processo representado, a entropia do sistema aumentou.
   c) menor que no início e, portanto, o processo representado é reversível.
   d) menor que no início e, portanto, o processo representado é irreversível.

3. (UFBA) Com base nos conhecimentos sobre Termodinâmica, é correto afirmar:

   01. Quando um gás ideal é comprimido rapidamente, a energia interna do gás aumenta.
   02. O ciclo de Carnot é composto por transformações isométricas e isobáricas.
   04. O rendimento de uma máquina térmica depende exclusivamente da temperatura da fonte quente.
   08. No refrigerador o gás refrigerante remove calor da fonte fria, evaporando-se, e transfere calor à fonte quente, condensando-se.
   16. Admitindo-se o Universo como sistema físico isolado, a entropia do Universo sempre aumenta.

   Dê como resposta a soma dos números que precedem as afirmativas corretas.

4. Assinale as alternativas corretamente relacionadas ao termo "entropia":

   a) É a energia disponível para conversão em trabalho mecânico.
   b) É uma medida do grau de desordem de um sistema.
   c) É a variação de energia que ocorre numa reação química a pressão constante.
   d) É uma função de estado.

Exercícios finais

1. (Unifesp) Costuma-se especificar os motores dos automóveis com valores numéricos, 1.0, 1.6, 1.8, 2.0, entre outros. Esses números indicam também valores crescentes da potência do motor. Pode-se explicar essa relação direta entre a potência do motor e esses valores numéricos porque eles indicam o volume aproximado, em litros:

   a) de cada cilindro do motor e, quanto maior esse volume, maior a potência que o combustível pode fornecer.
   b) do consumo de combustível e, quanto maior esse volume, maior a quantidade de calor que o combustível pode fornecer.
   c) de cada cilindro do motor e, quanto maior esse volume, maior a temperatura que o combustível pode atingir.
   d) do consumo de combustível e, quanto maior esse volume, maior a temperatura que o combustível pode fornecer.
   e) de cada cilindro do motor e, quanto maior esse volume, maior o rendimento do motor.

2. (UEPG-PR) A figura abaixo mostra dois momentos de um cilindro metálico dotado de um êmbolo, em cujo interior se encontra um gás encerrado em equilíbrio. No segundo momento, o gás recebe uma quantidade de calor Q. Sobre este evento, assinale o que for correto.

   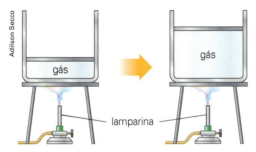

   01. O calor, isoladamente, descreve o estado do sistema.
   02. As variáveis de estado (PVT) descrevem os estados de equilíbrio do sistema.
   04. No segundo momento, o aumento do volume do gás torna o trabalho nulo.
   08. O calor e o trabalho descrevem as transformações do sistema.
   16. O gás contido no sistema é veículo para a realização de trabalho.

3. Uma máquina a vapor tem em seu cilindro certa massa de gás ideal, inicialmente à pressão p_0, volume V_0 e temperatura T_0, que é submetida à seguinte sequência de transformações:
   - aquecimento a pressão constante até a temperatura $2T_0$.
   - resfriamento a volume constante até a temperatura T_0.
   - compressão a temperatura constante até a pressão p_0.

   a) Calcule os valores da pressão, temperatura e volume no final de cada transformação.
   b) Represente as transformações num diagrama pressão × volume.

4. (UFBA) A figura a seguir representa o ciclo de Carnot, para um gás ideal.

   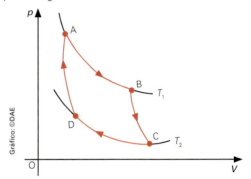

   Nessas condições, é correto afirmar:
   01. Na compressão adiabática, a energia interna do gás diminui.
   02. Na expansão isotérmica, o gás recebe calor de uma das fontes.
   04. Na expansão adiabática, a temperatura do gás diminui.
   08. Na compressão isotérmica, a energia interna do gás diminui.
   16. Na transformação cíclica, o gás atinge o equilíbrio térmico com a fonte quente, antes de reiniciar novo ciclo.

5. (UEL-PR) Uma determinada máquina térmica deve operar em ciclo entre as temperaturas de 27 °C e 227 °C. Em cada ciclo ela recebe 1 000 cal da fonte quente. O máximo de trabalho que a máquina pode fornecer por ciclo ao exterior, em calorias, vale:

   a) 1 000
   b) 600
   c) 500
   d) 400
   e) 200

6. (PUCC-SP) O esquema a seguir representa trocas de calor e realização de trabalho em uma máquina térmica. Os valores de T_1 e Q_2 não foram indicados, mas deverão ser calculados durante a solução desta questão.

   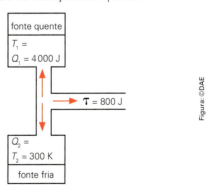

   Considerando os dados indicados no esquema, se essa máquina operasse segundo um ciclo de Carnot, a temperatura T_1, da fonte quente, seria, em Kelvin, igual a:

   a) 375
   b) 400
   c) 525
   d) 1 200
   e) 1 500

Exercícios finais

7. (PUCC-SP) A turbina de um avião tem rendimento de 80% do rendimento de uma máquina ideal de Carnot operando às mesmas temperaturas. Em voo de cruzeiro, a turbina retira calor da fonte quente a 127 °C e ejeta gases para a atmosfera que está a −33 °C. O rendimento dessa turbina é de:

a) 80%   c) 50%   e) 32%
b) 64%   d) 40%

8. (Unicamp-SP) Com a instalação do gasoduto Brasil-Bolívia, a quota de participação do gás natural na geração de energia elétrica no Brasil será significativamente ampliada. Ao se queimar 1,0 kg de gás natural obtêm-se $5,0 \cdot 10^7$ J de calor, parte do qual pode ser convertido em trabalho em uma usina termelétrica. Considere uma usina queimando 7 200 kg de gás natural por hora, a uma temperatura de 1 227 °C. O calor não aproveitado na produção de trabalho é cedido para um rio de vazão 5 000 L/s, cujas águas estão inicialmente a 27 °C. A maior eficiência teórica da conversão de calor em trabalho é dada por:

$$n = 1 - \frac{T_{mín}}{T_{máx}}$$

sendo $T_{mín}$ e $T_{máx}$ as temperaturas absolutas das fontes quente e fria, respectivamente, ambas expressas em Kelvin. Considere o calor específico da água $c = 4000$ J/kg · °C.

a) Determine a potência gerada por uma usina cuja eficiência é metade da máxima teórica.
b) Determine o aumento de temperatura da água do rio ao passar pela usina.

9. (UFPA) Um técnico de manutenção de máquinas pôs para funcionar um motor térmico que executa 20 ciclos por segundo. Considerando que, em cada ciclo, o motor retira uma quantidade de calor de 1 200 J de uma fonte quente e cede 800 J a uma fonte fria, é correto afirmar que o rendimento de cada ciclo é:

a) 13,3%   d) 43,3%
b) 23,3%   e) 53,3%
c) 33,3%

10. (UFPE) Uma máquina térmica opera de acordo com o ciclo mostrado no diagrama pV. As transformações AB e CD são isovolumétricas. As transformações BC e DA são isotérmicas, respectivamente com temperaturas T_1 e T_2 ($T_1 > T_2$). Determine a eficiência desta máquina, considerando ainda que:

• A máquina absorve uma quantidade de calor $Q_1 = 520$ cal ao longo do trecho AB e uma quantidade de calor $Q_2 = 680$ cal ao longo de BC.
• Calor é rejeitado nas transformações seguintes, sendo que uma quantidade de calor $Q_3 = 220$ cal no trecho CD e uma quantidade de calor $Q_4 = 180$ cal ao longo de DA.

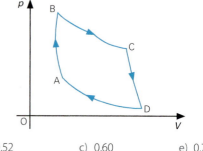

a) 0,52   c) 0,60   e) 0,75
b) 0,55   d) 0,67

11. (UFPA – adaptado) Em um motor de gasolina, durante a fase de compressão, o ar contido no cilindro é comprimido adiabaticamente (pelo avanço do pistão), mudando seu volume de 1 000 cm³ para 100 cm³. A figura mostra, de forma aproximada, a relação entre a pressão e o volume do ar durante este processo.

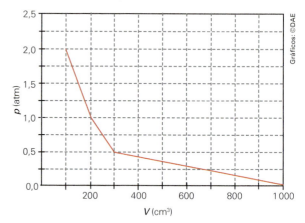

Assumindo que esse processo é quase estacionário, é correto afirmar que a mudança na energia interna do ar no interior do cilindro é de:

a) 22,5 J   c) 99,5 J   e) 249,5 J
b) 42,5 J   d) 125,0 J

12. (Vunesp-SP) Um sistema termodinâmico, constituído por um gás ideal que pode expandir, contrair, produzir ou receber trabalho, receber ou fornecer calor, descreve um ciclo que pode ser representado por ABCDA ou ABEFA.

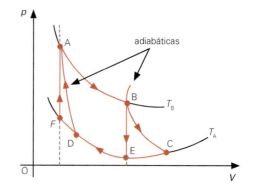

a) Considere a evolução da energia interna do sistema em cada trecho dos ciclos. Indique os resultados esperados para os itens constantes no quadro.

Trecho do ciclo	Energia interna aumenta	Energia interna diminui	Energia interna constante
A → B			
B → C			
C → D			
D → A			
B → E			
F → A			

b) Qual foi a lei ou princípio físico que você usou no item anterior?

c) Em ABCDA, calcule o rendimento do ciclo em termos do calor Q_1 recebido e Q_2 fornecido pelo sistema.

13. (UFRGS-RS) Enquanto se expande, um gás recebe o calor $Q = 100$ J e realiza o trabalho $\tau = 70$ J. Ao final do processo, podemos afirmar que a energia interna do gás:

a) aumentou 170 J
b) aumentou 100 J
c) aumentou 30 J
d) diminuiu 70 J
e) diminuiu 30 J

14. (Vunesp-SP) Certa quantidade de gás está contida num cilindro que tem um pistão de 1 kg. Transfere-se ao gás uma quantidade de calor $Q_1 = 7$ J e o pistão sobe de uma altura h. A seguir, o pistão é travado e o gás é resfriado até a mesma temperatura inicial T_0, retirando uma quantidade de calor $Q_2 = 5$ J.

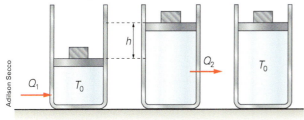

Qual o valor de h? (Despreze o atrito do pistão com as paredes do cilindro e as perdas de calor e considere a aceleração da gravidade local igual a 10 m/s².)

15. (UFV-MG) Em um quarto totalmente fechado há uma geladeira que pode ser ligada à energia elétrica. Com o objetivo de resfriar o quarto, um garoto, que nele se encontra, liga a geladeira, mantendo-a de porta aberta. Você acha que esse objetivo será alcançado? Explique.

16. (Ufes) Considere uma garrafa térmica fechada com uma certa quantidade de água em seu interior. A garrafa é agitada fortemente por um longo período de tempo. Ao final desse período pode-se dizer que a temperatura da água:

a) aumenta, pois o choque entre as moléculas gera calor.
b) aumenta, pois o ato de chacoalhar aumenta a energia interna da água.
c) aumenta, pois o trabalho vai ser transformado em calor.
d) diminui, pois a parede interna da garrafa térmica vai absorver o calor da água.
e) permanece constante, pois a garrafa térmica não permite troca de calor.

17. (UFSC) As máquinas a vapor foram um dos motores da Revolução Industrial, que se iniciou na Inglaterra no século XVIII e produziu impactos profundos, em nível mundial, nos meios produtivos, na economia e no modo de vida da sociedade. O estudo destas máquinas, em particular de seu rendimento, deu sustentação à formulação da Segunda Lei da Termodinâmica, enunciada por diversos cientistas, de formas praticamente equivalentes, no século XIX. Com base na Segunda Lei da Termodinâmica, assinale a(s) proposição(ões) correta(s).

01. A maioria dos processos naturais é reversível.
02. A energia tende a se transformar em formas menos úteis para gerar trabalho.
04. As máquinas térmicas que operam no ciclo de Carnot podem obter rendimento de 100%.
08. A expressão "morte do calor do Universo" refere-se a um suposto estado em que as reservas de carvão, de gás e de petróleo teriam se esgotado.
16. O calor não transita naturalmente dos corpos com temperatura menor para os corpos com temperatura maior.
32. O princípio de funcionamento de uma geladeira viola a Segunda Lei da Termodinâmica.
64. A entropia de um sistema isolado tende sempre a aumentar.

18. Uma máquina térmica recebe da fonte quente 200 J de calor e realiza um trabalho de 200 J. De acordo com a segunda lei da Termodinâmica:

a) esta máquina está com rendimento 100%, respeitando o ciclo de Carnot.
b) é possível sua construção, pois sua operação é viável do ponto de vista tecnológico.
c) sua operação fica condicionada ao combustível utilizado, já que cada um proporciona um rendimento típico.
d) tal máquina não consegue funcionar, pois não é possível converter todo o calor recebido em trabalho mecânico.
e) tal máquina só conseguirá funcionar se as quantidades de calor recebido e rejeitado forem iguais.

Exercícios finais

19. (UFSCar-SP) Maxwell, notável físico escocês da segunda metade do século XIX, inconformado com a possibilidade da morte térmica do Universo, consequência inevitável da Segunda Lei da Termodinâmica, criou o "demônio de Maxwell", um ser hipotético capaz de violar essa lei. Essa fictícia criatura poderia selecionar as moléculas de um gás que transitassem entre dois compartimentos controlando a abertura que os divide, como ilustra a figura.

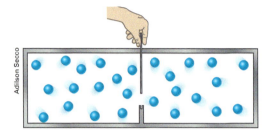

Por causa dessa manipulação diabólica, as moléculas mais velozes passariam para um compartimento, enquanto as mais lentas passariam para o outro. Se isso fosse possível:

a) esse sistema nunca entraria em equilíbrio térmico.
b) esse sistema estaria em equilíbrio térmico permanente.
c) o princípio da conservação da energia seria violado.
d) não haveria troca de calor entre os dois compartimentos.
e) haveria troca de calor, mas não haveria troca de energia.

20. (UFSM-RS) Assinale verdadeira (V) ou falsa (F) em cada uma das afirmativas.

(•) É impossível transferir energia na forma de calor de um reservatório térmico à baixa temperatura para outro com temperatura mais alta.

(•) É impossível construir uma máquina térmica que, operando em ciclos, transforme em trabalho toda a energia a ela fornecida na forma de calor.

(•) Em uma expansão adiabática de um gás ideal, o trabalho é realizado às custas da diminuição da energia interna do gás.

(•) Em uma expansão isotérmica de um gás ideal, o trabalho é realizado às custas da diminuição da energia interna do gás.

21. (UFAL) Analise as proposições a seguir:

(•) Máquina térmica é um sistema que realiza transformação cíclica: depois de sofrer uma série de transformações ela retorna ao estado inicial.

(•) É impossível construir uma máquina térmica que transforme integralmente calor em trabalho.

(•) O calor é uma forma de energia que se transfere espontaneamente do corpo de maior temperatura para o de menor temperatura.

(•) É impossível construir uma máquina térmica que tenha um rendimento superior ao da Máquina de Carnot, operando entre as mesmas temperaturas.

(•) Quando um gás recebe 400 J de calor e realiza um trabalho de 250 J, sua energia interna sofre um aumento de 150 J.

A sequência correta é:

a) F – V – F – V.
b) F – V – V – F.
c) F – F – V – V.
d) V – F – F – V.
e) V – F – V – F.

22. (UFSM-RS) Considere as afirmações:

I. É impossível construir uma máquina térmica que, operando em ciclos, retire energia na forma de calor de uma fonte, transformando-a integralmente em trabalho.

II. Refrigeradores são dispositivos que transferem energia na forma de calor de um sistema de menor temperatura para outro de maior temperatura.

III. A energia na forma de calor não passa espontaneamente de um corpo de menor temperatura para outro de maior temperatura.

Está(ão) correta(s):

a) apenas I.
b) apenas II.
c) apenas I e III.
d) apenas II e III.
e) I, II e III.

23. O ciclo de uma máquina térmica está representado no gráfico a seguir. Ela opera com frequência f e rendimento η.

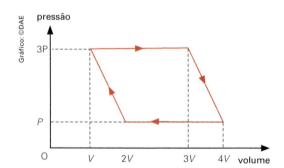

Escreva, em função dos dados, a expressão do trabalho que ela realiza por ciclo, a expressão do calor que ela recebe da fonte quente por ciclo e a expressão da sua potência útil.

24. Uma máquina térmica opera em ciclos conforme o diagrama do trabalho a seguir. Seu rendimento de operação é de 30% num regime de rotação de 900 rpm.

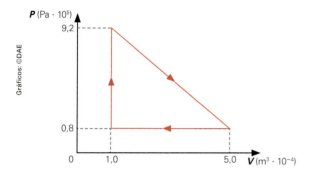

a) Qual a quantidade de calor que ela recebe por ciclo?

b) Quais são suas potências útil e total de funcionamento?

25. (UFRN) A água salobra existente em muitos locais – em algumas cidades no interior do RN, por exemplo – representa um problema para as pessoas, pois sua utilização como água potável só é possível após passar por um processo de dessalinização. Um dispositivo para esse fim (e que utiliza radiação solar) é o destilador solar. Ele é composto basicamente por um reservatório de água cujo fundo é pintado de preto fosco, por uma cobertura de placas de vidro transparente e por calhas laterais para coletar a água condensada nas placas de vidro, conforme ilustrado na figura a seguir.

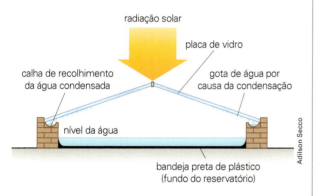

Com base no exposto acima, é correto afirmar:

a) A energia da radiação solar é utilizada para condensação do vapor de água.

b) O processo de condensação do vapor de água ocorre nas placas de vidro que estão à mesma temperatura do vapor.

c) A condução térmica não atua no processo de dessalinização da água.

d) A entropia do vapor de água diminui quando o vapor se condensa nas placas de vidro.

26. Analise as proposições a seguir:

I. Máquina térmica é um sistema que realiza transformação cíclica: depois de sofrer uma série de transformações, ela retorna ao estado inicial com sua entropia inalterada.

II. É impossível construir uma máquina térmica que transforme integralmente trabalho em calor aumentando sua entropia.

III. O calor é uma forma de energia que se transfere espontaneamente do corpo de maior temperatura para o de menor temperatura.

IV. Uma máquina que funcione segundo o ciclo de Carnot sempre terá sua entropia conservada.

Estão corretas somente as proposições:

a) I e II   c) I e IV   e) III e IV

b) I e III   d) II e III

27. Considere um tubo feito de material isolante, no interior do qual há certa quantidade de bolinhas de chumbo, inicialmente a uma temperatura T_0. Um aluno agita vigorosamente esse tubo até que a temperatura das bolinhas atinja uma marca $T > T_0$. Pode-se dizer que, ao fim do procedimento, a entropia do sistema terá:

a) aumentado.

b) diminuído.

c) permanecido constante.

d) um comportamento imprevisível.

28. (ITA-SP) Uma máquina térmica opera com um mol de um gás monoatômico ideal. O gás realiza o ciclo ABCA, representado no plano PV, conforme mostra a figura.

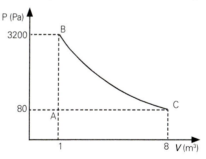

Considerando que a transformação BC é adiabática, calcule:

a) a eficiência da máquina;

b) a variação da entropia na transformação BC.

29. (UFPA) Uma barra de gelo de 10 kg, inicialmente a $-20\ °C$, é jogada em um lago cuja temperatura da água é 27 °C. Calcule a variação da entropia do lago devido ao processo de derretimento da barra de gelo, em quilocalorias por kelvin. (Dados: $c_{gelo} = 0{,}5$ cal/g °C; $c_{água} = 1{,}0$ cal/g °C e $L_{fusão} = 80$ cal/g.)

a) $-3{,}9$ c) zero   e) $+3{,}9$

b) $-1{,}9$ d) $+1{,}9$

PROBLEMA ABERTO

Miniestação meteorológica

Você já se perguntou o que é uma estação meteorológica? Para que ela serve? Por que é importante para nós? Nesta atividade, teremos o desafio de responder à seguinte pergunta: O que precisamos saber e fazer para montar uma estação meteorológica?

PARTE 1 – Fenômenos climáticos

Utilizando bons *sites* da internet, revistas de divulgação científica e os livros da biblioteca de sua escola, pesquise sobre os elementos climáticos. A seguir são apresentadas algumas questões com o objetivo de orientar sua busca. Depois da investigação, redija um breve texto e selecione imagens para elaborar um painel e compartilhar as informações encontradas e as discussões realizadas com os outros alunos da sua escola.

Umidade do ar

1. De onde vem o vapor de água presente na atmosfera? Qual é sua importância?
2. Qual é a relação entre a temperatura do ponto de orvalho e a umidade do ar?
3. Qual é a relação entre a umidade do ar e a formação de neblina, orvalho e geada?
4. Por que existe diferença entre a umidade do ar no inverno e no verão?
5. Como é medida a umidade relativa do ar?

Quantidade de chuva

6. Procure tabelas que mostrem a média de chuvas de pelo menos cinco capitais brasileiras para análise.
    a) Como são efetuadas essas medidas? Qual é a unidade utilizada?
    b) Qual é a média de chuva nessas capitais? Levante hipóteses para explicar a variação entre os meses e entre os lugares.

Temperatura ambiente

7. Qual é a relação entre a temperatura ambiente de um lugar e:
    a) a localização em relação à Linha do Equador?
    b) a quantidade de nuvens no céu?
    c) a quantidade de vapor de água no ar?
8. Por que a variação de temperatura nos desertos é tão brusca entre o dia e a noite?

PARTE 2 – Miniestação meteorológica

1. Apresentamos aqui a proposta de construção de uma miniestação meteorológica. De acordo com o conteúdo discutido nesta unidade e seus conhecimentos prévios, quais instrumentos são indispensáveis em uma estação meteorológica? Para isso, discuta com seu grupo e reflita sobre que grandezas podemos medir para caracterizar o tempo e o clima de uma região. Justifique.

2. Como podemos construir alguns desses instrumentos? Faça modelos didáticos para montar uma miniestação meteorológica em sua escola.

3. Veja como ficou sua estação meteorológica. No caderno, desenhe uma grande tabela para o registro das medidas dos dados e outras observações feitas na estação. Como pode ser essa tabela? Como podemos organizar o funcionamento e a coleta de dados de nossa miniestação meteorológica? Existem outros meios de organizar as informações?

4. Pense em todas as discussões, observações e estudos desenvolvidos até agora e responda: A previsão do tempo acerta ou não? Por quê?

PESQUISE, PROPONHA E DEBATA

As máquinas de movimento perpétuo

Desde a Antiguidade, as máquinas fascinaram a espécie humana, pois pareciam "criar" trabalho. A ideia de multiplicação do trabalho serviu de base para muitas reflexões de natureza filosófica. **Seria possível aperfeiçoar máquinas para obter trabalho de maneira inesgotável?**

Os estudos de Carnot negam essa possibilidade. Mas, antes deles (e mesmo depois), pessoas buscaram a máquina de movimento perpétuo.

Uma das máquinas propostas era feita com uma roda com muitos pesos, de modo que cada parte que se movesse como resultado do giro iria subitamente fazer outro peso cair, fazendo a roda permanecer em movimento perpétuo, como ilustra a figura. Leonardo da Vinci (1452-1519) dizia que esse projeto era impossível, pois, quando o peso está mais distante do centro da roda, o giro se torna mais difícil.

As tentativas de negar essas máquinas fantásticas foram úteis para o desenvolvimento moderno da Ciência. Nelas, podemos encontrar germes do que viriam a ser as leis da Termodinâmica. As máquinas que prometem produzir trabalho do nada ou criar massa e energia a partir de um empurrão inicial são chamadas motos-perpétuos de primeiro tipo; seu funcionamento se baseia na violação da primeira lei da Termodinâmica. Já aquelas que prometem 100% de rendimento se baseiam na violação da segunda lei da Termodinâmica e são chamadas motos-perpétuos de segundo tipo. Nessas últimas, espera-se, de alguma maneira, que a energia térmica flua espontaneamente de uma fonte fria para uma fonte quente.

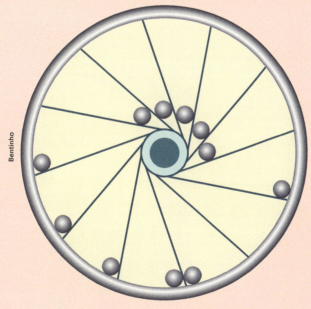

Modelo de moto-perpétuo proposto por Leonardo da Vinci com a finalidade de demonstrar a impossibilidade de sua execução. A bolinha se movendo dentro de cada canaleta faria a roda manter-se em movimento contínuo.

Parte 1

Na figura abaixo, é representado o moto-perpétuo proposto pelo médico e pensador inglês Robert Fludd (1574-1637). No aparato, graças a uma quantidade inicial de água colocada nos reservatórios, seria formado um ciclo fechado, cujo funcionamento seria (pretensamente) contínuo.

Utilizando argumentos sobre energia e o princípio da conservação, discuta estas questões com os colegas de classe e registre as respostas no caderno.

1. Descreva, passo a passo, as etapas de funcionamento da máquina de Fludd.
2. Qual é a principal forma de energia envolvida em cada etapa?
3. Como a máquina é "ligada"? Que tipo de energia inicia o processo?
4. Essa máquina pode funcionar indefinidamente?

Parte 2

Atualmente a internet é um território rico em propostas e projetos de motos-perpétuos, uma velha busca que ainda hoje fascina algumas pessoas.

- Pesquise algumas máquinas de moto-perpétuo, escolha o modelo contemporâneo ou antigo que você achar mais interessante e criativo, e discuta as falhas do projeto, apresentando argumentos científicos para a inviabilidade da proposta. Se preferir, você pode usar a imaginação para desenvolver o projeto de um moto-perpétuo, mas não se esqueça de discutir a viabilidade de sua proposta.

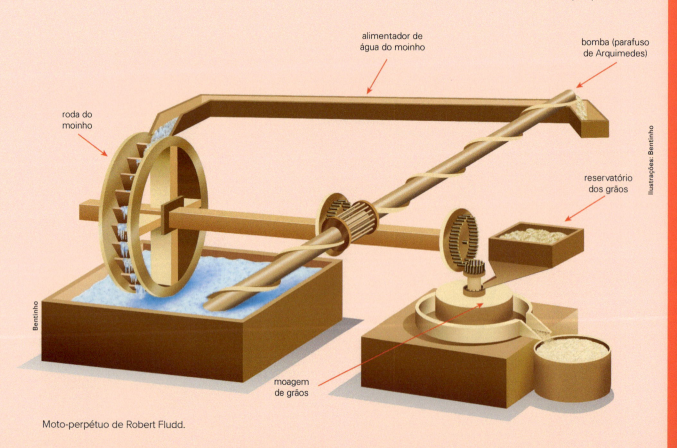

Moto-perpétuo de Robert Fludd.

Enem

1. A tabela a seguir registra a pressão atmosférica em diferentes altitudes, e o gráfico relaciona a pressão de vapor de água em função da temperatura.

Altitude (km)	Pressão atmosférica (mmHg)
0	760
1	600
2	480
4	300
6	170
8	120
10	100

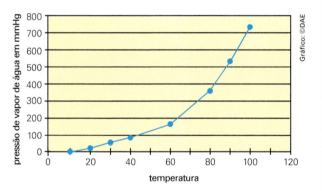

Um líquido, num frasco aberto, entra em ebulição a partir do momento em que a sua pressão de vapor se iguala à pressão atmosférica. Assinale a opção correta, considerando a tabela, o gráfico e os dados apresentados, sobre as seguintes cidades:

Natal (RN)	Nível do mar
Campos do Jordão (SP)	Altitude 1 628 m
Pico da Neblina (RR)	Altitude 3 014 m

A temperatura de ebulição será:

a) maior em Campos do Jordão.
b) menor em Natal.
c) menor no Pico da Neblina.
d) igual em Campos do Jordão e Natal.
e) não dependerá da altitude.

2. A gasolina é vendida por litro, mas, em sua utilização como combustível, a massa é o que importa. Um aumento da temperatura do ambiente leva a um aumento no volume da gasolina. Para diminuir os efeitos práticos dessa variação, os tanques dos postos de gasolina são subterrâneos. Se os tanques **não** fossem subterrâneos:

I. Você levaria vantagem ao abastecer o carro na hora mais quente do dia, pois estaria comprando mais massa por litro de combustível.

II. Abastecendo com a temperatura mais baixa, você estaria comprando mais massa de combustível para cada litro.

III. Se a gasolina fosse vendida por quilo em vez de por litro, o problema comercial decorrente da dilatação da gasolina estaria resolvido.

Destas considerações, somente:

a) I é correta.
b) II é correta.
c) III é correta.
d) I e II são corretas.
e) II e III são corretas.

Texto para as questões 3 e 4.

A panela de pressão permite que os alimentos sejam cozidos em água muito mais rapidamente do que em panelas convencionais. Sua tampa possui uma borracha de vedação que não deixa o vapor escapar, a não ser através de um orifício central sobre o qual se assenta um peso que controla a pressão.

Quando em uso, desenvolve-se uma pressão elevada no seu interior. Para a sua operação segura, é necessário observar a limpeza do orifício central e a existência de uma válvula de segurança, normalmente situada na tampa.

O esquema da panela de pressão e um diagrama de fase da água são apresentados a seguir.

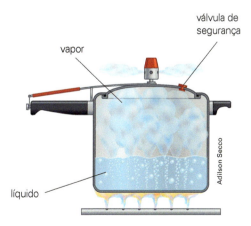

Máquinas térmicas Capítulo 9 237

Enem

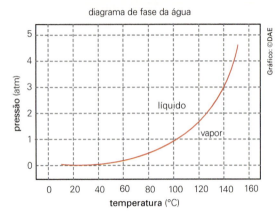

diagrama de fase da água

3. A vantagem do uso de panela de pressão é a rapidez para o cozimento de alimentos e isto se deve:

a) à pressão no seu interior, que é igual à pressão externa.
b) à temperatura de seu interior, que está acima da temperatura de ebulição da água no local.
c) à quantidade de calor adicional que é transferida à panela.
d) à quantidade de vapor que está sendo liberada pela válvula.
e) à espessura da sua parede, que é maior que a das panelas comuns.

4. Se, por economia, abaixarmos o fogo sob uma panela de pressão logo que se inicia a saída de vapor pela válvula, de forma simplesmente a manter a fervura, o tempo de cozimento:

a) será maior, porque a panela "esfria".
b) será menor, pois diminui a perda de água.
c) será maior, pois a pressão diminui.
d) será maior, pois a evaporação diminui.
e) não será alterado, pois a temperatura não varia.

5. Ainda hoje, é muito comum as pessoas utilizarem vasilhames de barro (moringas ou potes de cerâmica não esmaltada) para conservar água a uma temperatura menor do que a do ambiente. Isso ocorre porque:

a) o barro isola a água do ambiente, mantendo-a sempre a uma temperatura menor que a dele, como se fosse isopor.
b) o barro tem poder de "gelar" a água pela sua composição química. Na reação, a água perde calor.
c) o barro é poroso, permitindo que a água passe através dele. Parte dessa água evapora, tomando calor da moringa e do restante da água, que são assim resfriadas.
d) o barro é poroso, permitindo que a água se deposite na parte de fora da moringa. A água de fora sempre está a uma temperatura maior que a de dentro.
e) a moringa é uma espécie de geladeira natural, liberando substâncias higroscópicas que diminuem naturalmente a temperatura da água.

6. O resultado da conversão direta de energia solar é uma das várias formas de energia alternativa de que se dispõe. O aquecimento solar é obtido por uma placa escura coberta por vidro, pela qual passa um tubo contendo água. A água circula, conforme mostra o esquema abaixo.

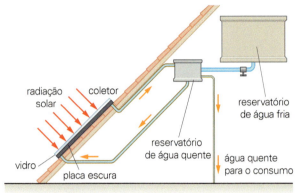

Adaptado de: PALZ, Wolfgang. *Energia solar e fontes alternativas*. São Paulo: Hemus, 1981.

São feitas as seguintes afirmações quanto aos materiais utilizados no aquecedor solar:

I. O reservatório de água quente deve ser metálico para conduzir melhor o calor.
II. A cobertura de vidro tem como função reter melhor o calor, de forma semelhante ao que ocorre em uma estufa.
III. A placa utilizada é escura para absorver melhor a energia radiante do Sol, aquecendo a água com maior eficiência.

Dentre as afirmações acima, pode-se dizer que apenas está(ão) correta(s):

a) I   c) II   e) II e III
b) I e II   d) I e III

7. Uma garrafa de vidro e uma lata de alumínio, cada uma contendo 330 mL de refrigerante, são mantidas em um refrigerador pelo mesmo longo período de tempo. Ao retirá-las do refrigerador com as mãos desprotegidas, tem-se a sensação de que a lata está mais fria que a garrafa. É correto afirmar que:

a) a lata está realmente mais fria, pois a capacidade calorífica da garrafa é maior que a da lata.
b) a lata está de fato menos fria que a garrafa, pois o vidro possui condutividade menor que o alumínio.
c) a garrafa e a lata estão à mesma temperatura, possuem a mesma condutividade térmica, e a sensação deve-se à diferença nos calores específicos.
d) a garrafa e a lata estão à mesma temperatura, e a sensação é devida ao fato de a condutividade térmica do alumínio ser maior que a do vidro.
e) a garrafa e a lata estão à mesma temperatura, e a sensação é devida ao fato de a condutividade térmica do vidro ser maior que a do alumínio.

8. A refrigeração e o congelamento de alimentos são responsáveis por uma parte significativa do consumo de energia elétrica numa residência típica. Para diminuir as perdas térmicas de uma geladeira, podem ser tomados alguns cuidados operacionais:

I. Distribuir os alimentos nas prateleiras deixando espaços vazios entre eles, para que ocorra a circulação do ar frio para baixo e do quente para cima.

II. Manter as paredes do congelador com camada bem espessa de gelo, para que o aumento da massa de gelo aumente a troca de calor no congelador.

III. Limpar o radiador ("grade" na parte de trás) periodicamente, para que a gordura e a poeira que nele se depositam não reduzam a transferência de calor para o ambiente. Para uma geladeira tradicional é correto indicar, apenas:

a) a operação I.
b) a operação II.
c) as operações I e II.
d) as operações I e III.
e) as operações II e III.

9. Os níveis de irradiância ultravioleta efetiva (IUV) indicam o risco de exposição ao Sol para pessoas de pele do tipo II – pele de pigmentação clara. O tempo de exposição segura (TES) corresponde ao tempo de exposição aos raios solares sem que ocorram queimaduras de pele. A tabela mostra a correlação entre riscos de exposição, IUV e TES.

Risco de exposição	IUV	TES (em minutos)
baixo	0 a 2	máximo
médio	3 a 5	30 a 60
alto	6 a 8	20 a 30
extremo	acima de 8	máximo 20

Uma das formas de se proteger contra queimaduras provocadas pela radiação ultravioleta é o uso dos cremes protetores solares, cujo Fator de Proteção Solar (FPS) é calculado da seguinte maneira:

FPS = TPP/TPD

TPP = tempo de exposição mínima para produção de vermelhidão na pele protegida (em minutos).

TPD = tempo de exposição mínima para produção de vermelhidão na pele desprotegida (em minutos).

O FPS mínimo que uma pessoa de pele tipo II necessita para evitar queimaduras ao se expor ao Sol, considerando TPP o intervalo das 12h às 14h, num dia em que a irradiância efetiva é maior que 8, de acordo com os dados fornecidos, é:

a) 5
b) 6
c) 8
d) 10
e) 20

10. Na comparação entre diferentes processos de geração de energia, devem ser considerados aspectos econômicos, sociais e ambientais. Um fator economicamente relevante nessa comparação é a eficiência do processo. Eis um exemplo: a utilização do gás natural como fonte de aquecimento pode ser feita pela simples queima num fogão (uso direto), ou pela produção de eletricidade em uma termoelétrica e uso de aquecimento elétrico (uso indireto). Os rendimentos correspondentes a cada etapa de dois desses processos estão indicados entre parênteses no esquema.

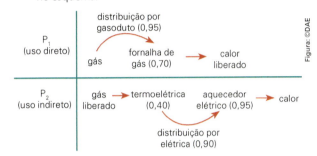

Na comparação das eficiências, em termos globais, entre esses dois processos (direto e indireto), verifica-se que:

a) a menor eficiência de P_2 deve-se, sobretudo, ao baixo rendimento da termoelétrica.
b) a menor eficiência de P_2 deve-se, sobretudo, ao baixo rendimento na distribuição.
c) a maior eficiência de P_2 deve-se ao alto rendimento do aquecedor elétrico.
d) a menor eficiência de P_1 deve-se, sobretudo, ao baixo rendimento da fornalha.
e) a menor eficiência de P_1 deve-se, sobretudo, ao alto rendimento de sua distribuição.

11. Numa área de praia, a brisa marítima é uma consequência da diferença no tempo de aquecimento do solo e da água, apesar de ambos estarem submetidos às mesmas condições de irradiação solar. No local (solo) que se aquece mais rapidamente, o ar fica mais quente e sobe, deixando uma área de baixa pressão, provocando o deslocamento do ar da superfície que está mais fria (mar).

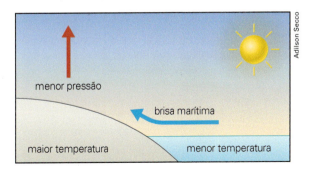

À noite, ocorre um processo inverso ao que se verifica durante o dia.

Enem

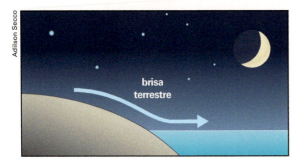

Como a água leva mais tempo para esquentar (de dia), mas também leva mais tempo para esfriar (à noite), o fenômeno noturno (brisa terrestre) pode ser explicado da seguinte maneira:

a) O ar que está sobre a água se aquece mais; ao subir, deixa uma área de baixa pressão, causando um deslocamento de ar do continente para o mar.

b) O ar mais quente desce e se desloca do continente para a água, a qual não conseguiu reter calor durante o dia.

c) O ar que está sobre o mar se esfria e dissolve-se na água; forma-se, assim, um centro de baixa pressão, que atrai o ar quente do continente.

d) O ar que está sobre a água se esfria, criando um centro de alta pressão que atrai massas de ar continental.

e) O ar sobre o solo, mais quente, é deslocado para o mar, equilibrando a baixa temperatura do ar que está sobre o mar.

12. No Brasil, o sistema de transporte depende do uso de combustíveis fósseis e de biomassa, cuja energia é convertida em movimento de veículos. Para esses combustíveis, a transformação de energia química em energia mecânica acontece:

a) na combustão, que gera gases quentes para mover os pistões no motor.

b) nos eixos, que transferem torque às rodas e impulsionam o veículo.

c) na ignição, quando a energia elétrica é convertida em trabalho.

d) na exaustão, quando gases quentes são expelidos para trás.

e) na carburação, com a difusão do combustível no ar.

13. Nos últimos anos, o gás natural (GNV: gás natural veicular) vem sendo utilizado pela frota de veículos nacional, por ser viável economicamente e menos agressivo do ponto de vista ambiental.
O quadro compara algumas características do gás natural e da gasolina em condições ambiente.

	Densidade (kg/m³)	Poder calorífico (kJ/kg)
GNV	0,8	50 200
gasolina	738	46 900

Apesar das vantagens no uso de GNV, sua utilização implica algumas adaptações técnicas, pois, em condições ambiente, o volume de combustível necessário, em relação ao de gasolina, para produzir a mesma energia, seria:

a) muito maior, o que requer um motor muito mais potente.

b) muito maior, o que requer que ele seja armazenado a alta pressão.

c) igual, mas sua potência será muito menor.

d) muito menor, o que torna o veículo menos eficiente.

e) muito menor, o que facilita sua dispersão para a atmosfera.

14. A Terra é cercada pelo vácuo espacial e, assim, ela só perde energia ao irradiá-la para o espaço. O aquecimento global que se verifica hoje decorre de pequeno desequilíbrio energético, de cerca de 0,3%, entre a energia que a Terra recebe do Sol e a energia irradiada a cada segundo, algo em torno de 1 W/m². Isso significa que a Terra acumula, anualmente, cerca de $1,6 \cdot 10^{22}$ J.
Considere que a energia necessária para transformar 1 kg de gelo a 0 °C em água líquida seja igual a $3,2 \cdot 10^5$ J. Se toda a energia acumulada anualmente fosse usada para derreter o gelo nos polos (a 0 °C), a quantidade de gelo derretida anualmente, em trilhões de toneladas, estaria entre:

a) 20 e 40   c) 60 e 80   e) 100 e 120

b) 40 e 60   d) 80 e 100

15. O gráfico abaixo ilustra o resultado de um estudo sobre o aquecimento global. A curva mais escura e contínua representa o resultado de um cálculo em que se considerou a soma de cinco fatores que influenciaram a temperatura média global de 1900 a 1990, conforme mostrado na legenda do gráfico. A contribuição efetiva de cada um desses cinco fatores isoladamente é mostrada na parte inferior do gráfico.

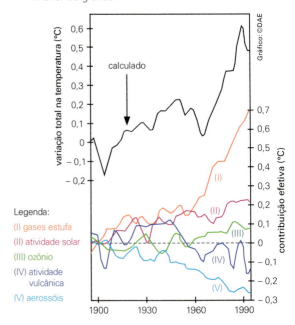

240

Os dados apresentados revelam que, de 1960 a 1990, contribuíram de forma efetiva e positiva para aumentar a temperatura atmosférica:

a) aerossóis, atividade solar e atividade vulcânica.
b) atividade vulcânica, ozônio e gases estufa.
c) aerossóis, atividade solar e gases estufa.
d) aerossóis, atividade vulcânica e ozônio.
e) atividade solar, gases estufa e ozônio.

16. O uso mais popular de energia solar está associado ao fornecimento de água quente para fins domésticos.
Na figura ao lado, é ilustrado um aquecedor de água constituído de dois tanques pretos dentro de uma caixa termicamente isolada e com cobertura de vidro, os quais absorvem energia solar.

Nesse sistema de aquecimento:

a) os tanques, por serem de cor preta, são maus absorvedores de calor e reduzem as perdas de energia.
b) a cobertura de vidro deixa passar a energia luminosa e reduz a perda de energia térmica utilizada para o aquecimento.
c) a água circula devido à variação de energia luminosa existente entre os pontos X e Y.
d) a camada refletiva tem como função armazenar energia luminosa.
e) o vidro, por ser bom condutor de calor, permite que se mantenha constante a temperatura no interior da caixa.

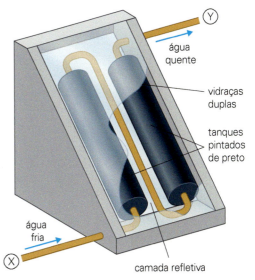

Fonte: A. Hinrichs e M. Kleinbach. *Energia e meio ambiente*. 3. ed. São Paulo: Thomson, 2004, p. 529 (com adaptações).

Texto para as questões 17 e 18.

O diagrama a seguir representa, de forma esquemática e simplificada, a distribuição da energia proveniente do Sol sobre a atmosfera e a superfície terrestre. Na área delimitada pela linha tracejada, são destacados alguns processos envolvidos no fluxo de energia na atmosfera.

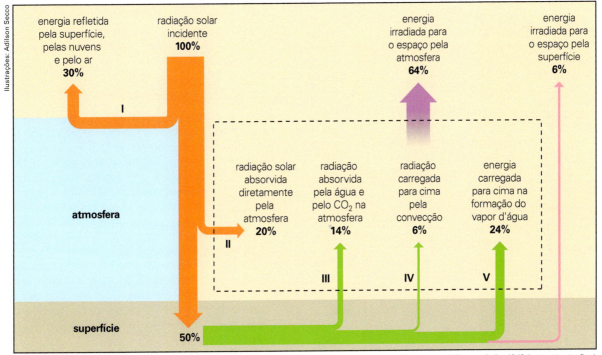

Fonte: Raymond A. Serway e John W. Jewett. *Princípios de Física*, v. 2, fig. 18.12 (com adaptações).

Enem

17. Com base no diagrama da página anterior, conclui-se que:

a) a maior parte da radiação incidente sobre o planeta fica retida na atmosfera.

b) a quantidade de energia refletida pelo ar, pelas nuvens e pelo solo é superior à absorvida pela superfície.

c) a atmosfera absorve 70% da radiação solar incidente sobre a Terra.

d) mais da metade da radiação solar que é absorvida diretamente pelo solo é devolvida para a atmosfera.

e) a quantidade de radiação emitida para o espaço pela atmosfera é menor que a irradiada para o espaço pela superfície.

18. A chuva é o fenômeno natural responsável pela manutenção dos níveis adequados de água dos reservatórios das usinas hidrelétricas. Esse fenômeno, assim como todo o ciclo hidrológico, depende muito da energia solar. Dos processos numerados no diagrama, aquele que se relaciona mais diretamente com o nível dos reservatórios de usinas hidrelétricas é o de número:

a) I   c) III   e) V
b) II   d) IV

19. A energia geotérmica tem sua origem no núcleo derretido da Terra, onde as temperaturas atingem 4 000 °C. Essa energia é primeiramente produzida pela decomposição de materiais radiativos dentro do planeta.
Em fontes geotérmicas, a água, aprisionada em um reservatório subterrâneo, é aquecida pelas rochas ao redor e fica submetida a altas pressões, podendo atingir temperaturas de até 370 °C sem entrar em ebulição. Ao ser liberada na superfície, à pressão ambiente, ela se vaporiza e se resfria, formando fontes ou gêiseres. O vapor de poços geotérmicos é separado da água e é utilizado no funcionamento de turbinas para gerar eletricidade. A água quente pode ser utilizada para aquecimento direto ou em usinas de dessalinização.

Roger A. Hinrichs e Merlin Kleinbach. *Energia e meio ambiente*.
Ed. ABDR (com adaptações).

Depreende-se das informações acima que as usinas geotérmicas:

a) utilizam a mesma fonte primária de energia que as usinas nucleares, sendo, portanto, semelhantes os riscos decorrentes de ambas.

b) funcionam com base na conversão de energia potencial gravitacional em energia térmica.

c) podem aproveitar a energia química transformada em térmica no processo de dessalinização.

d) assemelham-se às usinas nucleares no que diz respeito à conversão de energia térmica em cinética e, depois, em elétrica.

e) transformam inicialmente a energia solar em energia cinética e, depois, em energia térmica.

20. Umidade relativa do ar é o termo usado para descrever a quantidade de vapor de água contido na atmosfera. Ela é definida pela razão entre o conteúdo real de umidade de uma parcela de ar e a quantidade de umidade que a mesma parcela de ar pode armazenar na mesma temperatura e pressão quando está saturada de vapor, isto é, com 100% de umidade relativa. O gráfico representa a relação entre a umidade relativa do ar e sua temperatura ao longo de um período de 24 horas em um determinado local.

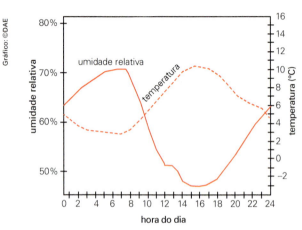

Considerando-se as informações do texto e do gráfico, conclui-se que:

a) a insolação é um fator que provoca variação da umidade relativa do ar.

b) o ar vai adquirindo maior quantidade de vapor de água à medida que se aquece.

c) a presença de umidade relativa do ar é diretamente proporcional à temperatura do ar.

d) a umidade relativa do ar indica, em termos absolutos, a quantidade de vapor de água existente na atmosfera.

e) a variação da umidade do ar se verifica no verão, e não no inverno, quando as temperaturas permanecem baixas.

21. Durante uma ação de fiscalização em postos de combustíveis, foi encontrado um mecanismo inusitado para enganar o consumidor. Durante o inverno, o responsável por um posto de combustível compra álcool por R$ 0,50/litro, a uma temperatura de 5 °C. Para revender o líquido aos motoristas, instalou um mecanismo na bomba de combustível para aquecê-lo, para que atinja a temperatura de 35 °C, sendo o litro de álcool revendido a R$ 1,60. Diariamente o posto compra 20 mil litros de álcool a 5 °C e os revende. Com relação à situação hipotética descrita no texto e dado que o coeficiente de dilatação volumétrica do álcool é de $1 \cdot 10^{-3}$ °C^{-1}, desprezando-se o custo da energia gasta no aquecimento do combustível, o ganho financeiro que o dono do posto teria obtido devido ao aquecimento do álcool após uma semana de vendas estaria entre:

a) R$ 500,00 e R$ 1 000,00.

b) R$ 1 050,00 e R$ 1 250,00.

242

c) R$ 4 000,00 e R$ 5 000,00.
d) R$ 6 000,00 e R$ 6 900,00.
e) R$ 7 000,00 e R$ 7 950,00.

22. A invenção da geladeira proporcionou uma revolução no aproveitamento dos alimentos, ao permitir que fossem armazenados e transportados por longos períodos. A figura apresentada ilustra o processo cíclico de funcionamento de uma geladeira, em que um gás no interior de uma tubulação é forçado a circular entre o congelador e a parte externa da geladeira. É por meio dos processos de compressão, que ocorre na parte externa, e de expansão, que ocorre na parte interna, que o gás proporciona a troca de calor entre o interior e o exterior da geladeira.

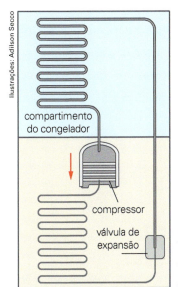

Disponível em: <http://home.howstuffworks.com>. Acesso em: 19 out. 2008 (adaptado).

Nos processos de transformação de energia envolvidos no funcionamento da geladeira:

a) a expansão do gás é um processo que cede a energia necessária ao resfriamento da parte interna da geladeira.
b) o calor flui de forma não espontânea da parte mais fria, no interior, para a mais quente, no exterior da geladeira.
c) a quantidade de calor cedida ao meio externo é igual ao calor retirado da geladeira.
d) a eficiência é tanto maior quanto menos isolado termicamente do ambiente externo for o seu compartimento interno.
e) a energia retirada do interior pode ser devolvida à geladeira abrindo-se a sua porta, o que reduz seu consumo de energia.

23. Sob pressão normal (ao nível do mar), a água entra em ebulição à temperatura de 100 °C. Tendo por base essa informação, um garoto residente em uma cidade litorânea fez a seguinte experiência:

- Colocou uma caneca metálica contendo água no fogareiro do fogão de sua casa.
- Quando a água começou a ferver, encostou cuidadosamente a extremidade mais estreita de uma seringa de injeção, desprovida de agulha, na superfície do líquido e, erguendo o êmbolo da seringa, aspirou certa quantidade de água para seu interior, tapando-a em seguida.
- Verificando após alguns instantes que a água da seringa havia parado de ferver, ele ergueu o êmbolo da seringa, constatando, intrigado, que a água voltou a ferver após um pequeno deslocamento do êmbolo.

Considerando o procedimento anterior, a água volta a ferver porque esse deslocamento:

a) permite a entrada de calor do ambiente externo para o interior da seringa.
b) provoca, por atrito, um aquecimento da água contida na seringa.
c) produz um aumento de volume que aumenta o ponto de ebulição da água.
d) proporciona uma queda de pressão no interior da seringa que diminui o ponto de ebulição da água.
e) possibilita uma diminuição da densidade da água que facilita sua ebulição.

24. Aquecedores solares usados em residências têm o objetivo de elevar a temperatura da água até 70 °C. No entanto, a temperatura ideal da água para um banho é de 30 °C. Por isso, deve-se misturar a água aquecida com a água à temperatura ambiente de um outro reservatório, que se encontra a 25 °C. Qual a razão entre a massa de água quente e a massa de água fria na mistura para um banho à temperatura ideal?

a) 0,111   c) 0,357   e) 0,833
b) 0,125   d) 0,428

25. Em um experimento, foram utilizadas duas garrafas PET, uma pintada de branco e a outra de preto, acopladas cada uma a um termômetro. No ponto médio da distância entre as garrafas, foi mantida acesa, durante alguns minutos, uma lâmpada incandescente. Em seguida, a lâmpada foi desligada. Durante o experimento, foram monitoradas as temperaturas das garrafas: a) enquanto a lâmpada permaneceu acesa e b) após a lâmpada ser desligada e atingirem equilíbrio térmico com o ambiente.

Enem

A taxa de variação da temperatura da garrafa preta, em comparação à da branca, durante todo experimento, foi:

a) igual no aquecimento e igual no resfriamento.

b) maior no aquecimento e igual no resfriamento.

c) menor no aquecimento e igual no resfriamento.

d) maior no aquecimento e menor no resfriamento.

e) maior no aquecimento e maior no resfriamento.

26. Um motor só poderá realizar trabalho se receber uma quantidade de energia de outro sistema. No caso, a energia armazenada no combustível é, em parte, liberada durante a combustão para que o aparelho possa funcionar. Quando o motor funciona, parte da energia convertida ou transformada na combustão não pode ser utilizada para a realização de trabalho. Isso significa dizer que há vazamento da energia em outra forma.

CARVALHO, A. X. Z. *Física térmica*.
Belo Horizonte: Pax, 2009 (adaptado).

De acordo com o texto, as transformações de energia que ocorrem durante o funcionamento do motor são decorrentes de a:

a) liberação de calor dentro do motor ser impossível.

b) realização de trabalho pelo motor ser incontrolável.

c) conversão integral de calor em trabalho ser impossível.

d) transformação de energia térmica em cinética ser impossível.

e) utilização de energia potencial do combustível ser incontrolável.

27. Aumentar a eficiência na queima de combustível dos motores a combustão e reduzir suas emissões de poluentes é a meta de qualquer fabricante de motores. É também o foco de uma pesquisa brasileira que envolve experimentos com plasma, o quarto estado da matéria e que está presente no processo de ignição. A interação da faísca emitida pela vela de ignição com as moléculas de combustível gera o plasma que provoca a explosão liberadora de energia que, por sua vez, faz o motor funcionar.

Disponível em: <www.inovacaotecnologica.com.br>.
Acesso em: 22 jul. 2010 (adaptado).

No entanto, a busca da eficiência referenciada no texto apresenta como fator limitante:

a) o tipo de combustível, fóssil, que utilizam. Sendo um insumo não renovável, em algum momento estará esgotado.

b) um dos princípios da termodinâmica, segundo o qual o rendimento de uma máquina térmica nunca atinge o ideal.

c) o funcionamento cíclico de todos os motores. A repetição contínua dos movimentos exige que parte da energia seja transferida ao próximo ciclo.

d) as forças de atrito inevitável entre as peças. Tais forças provocam desgastes contínuos que com o tempo levam qualquer material à fadiga e ruptura.

e) a temperatura em que eles trabalham. Para atingir o plasma, é necessária uma temperatura maior que a de fusão do aço com que se fazem os motores.

28. Com o objetivo de se testar a eficiência de fornos de micro-ondas, planejou-se o aquecimento em 10 °C de amostras de diferentes substâncias, cada uma com determinada massa, em cinco fornos de marcas distintas.

Nesse teste, cada forno operou à potência máxima.

O forno mais eficiente foi aquele que

a) forneceu a maior quantidade de energia às amostras.

b) cedeu energia à amostra de maior massa em mais tempo.

c) forneceu a maior quantidade de energia em menos tempo.

d) cedeu energia à amostra de menor calor específico mais lentamente.

e) forneceu a menor quantidade de energia às amostras em menos tempo.

29. É possível, com 1 litro de gasolina, usando todo o calor produzido por sua combustão direta, aquecer 200 litros de água de 20 °C a 55 °C. Pode-se efetuar esse mesmo aquecimento por um gerador de eletricidade, que consome 1 litro de gasolina por hora e fornece 110 V a um resistor de 11 Ω, imerso na água, durante um certo intervalo de tempo. Todo o calor liberado pelo resistor é transferido à água.

Considerando que o calor específico da água é igual a 4,19 J g^{-1} °C^{-1}, aproximadamente qual a quantidade de gasolina consumida para o aquecimento de água obtido pelo gerador, quando comparado ao obtido a partir da combustão?

a) A quantidade de gasolina consumida é igual para os dois casos.

b) A quantidade de gasolina consumida pelo gerador é duas vezes maior que a consumida na combustão.

c) A quantidade de gasolina consumida pelo gerador é duas vezes menor que a consumida na combustão.

d) A quantidade de gasolina consumida pelo gerador é sete vezes maior que a consumida na combustão.

e) A quantidade de gasolina consumida pelo gerador é sete vezes menor que a consumida na combustão.

Para ler e assistir

Filme: *Kenoma*

Diretora: Eliane Caffé

País: Brasil

Ano: 1998

Sinopse: Jonas (Enrique Diaz) chega a Kenoma, um pequeno povoado que fica no "fim do mundo" e é habitado por trabalhadores rurais, garimpeiros e pequenos comerciantes, entre eles Lineu (José Dumont), que há 20 anos dedica-se à tarefa de construir, usando um moinho abandonado, uma máquina capaz de produzir constantemente, sem necessidade de combustível: o moto-perpétuo. Obcecado pelo sonho de instalar em Kenoma a primeira máquina autossuficiente, Lineu converte sua existência numa infinita sucessão de tentativas e fracassos.

Título: *A Termodinâmica e a invenção das máquinas térmicas*

Autor: Sérgio Quadros

Editora: Scipione

Edição: 1. ed. 2010

Sinopse: Este livro conta a história da Termodinâmica usando como mote a invenção da máquina térmica. Apresenta os conceitos que são fundamentais à ciência do calor, desde as confusas ideias do início do século XIX. *A Termodinâmica e a invenção das máquinas térmicas* traz discussões sobre energia e entropia, possibilitando, com isso, a compreensão do estilo de raciocínio e da evolução dessa ciência. Permite também perceber o difícil desenvolvimento de uma teoria científica, a importância das ideias criativas e o tempo que elas necessitam para germinar.

Título: *O que Einstein disse a seu cozinheiro*

Autor: Robert L. Wolke

Editora: Jorge Zahar

Edição: 1. ed., 2002

Sinopse: Por que quando sopramos na comida quente ela esfria? Qual o melhor tipo de fogo para fazer grelhados: carvão ou gás? Há alguma regra geral a respeito de quanto tempo leva para cozinhar alguma coisa a altitudes diversas? Eu sei que caloria é uma unidade de calor, mas por que comer calor me faz engordar? E se eu comesse comida fria?

Essas são algumas das perguntas que Robert L. Wolke selecionou para explicar, com muito humor, os princípios científicos da arte de cozinhar. Não é preciso ser cientista nem cozinheiro para entender e se divertir com o livro, basta ser curioso e apreciar uma boa receita.

UNIDADE 3

IMAGEM E SOM

Nesta unidade, vamos estudar a luz como raio luminoso, o que ampliará nossa compreensão sobre a visão e os instrumentos ópticos. Em seguida, estudaremos a audição, que será explorada no estudo sobre as ondas sonoras.

Ismar Ingber/Pulsar Imagens

O Carnaval brasileiro já se inspirou em temas ligados à Ciência, como as viagens espaciais, a vida do inventor Santos Dumont e a do físico César Lattes. Foram festas com luz, som, samba no pé e Ciência na cabeça.

Desfile de carnaval da Grêmio Recreativo Escola de Samba Unidos de Vila Isabel, Rio de Janeiro (RJ). Foto de 2013.

CAPÍTULO

10

LUZ E IMAGEM

1. Uma abordagem histórica da visão

Você sabe que a luz é essencial para a visão, tanto que no escuro não enxergamos objeto algum (Figuras 10.1 e 10.2). A busca por fontes luminosas que substituíssem o Sol, quando ele desaparecia no horizonte, foi uma necessidade que surgiu nos primórdios da espécie humana (Figura 10.4). Hoje é impensável para a maioria das pessoas viver sem iluminação artificial, em ambientes internos ou externos (Figura 10.3).

Museu Boymans van Beuningen, Rotterdam/Photothèque R. Magritte, Magritte, René/ AUTVIS, Brasil, 2016.

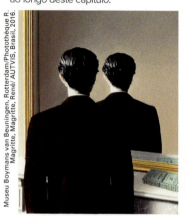

Figura 10.1: Nessa obra de René Magritte (1898-1967), intitulada *Reprodução proibida*, as leis da reflexão especular são respeitadas? É disso que vamos tratar ao longo deste capítulo.

Museu de Arte Moderna, Nova Iorque

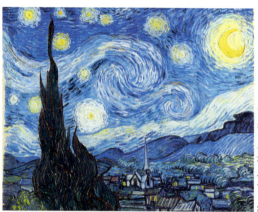

Figura 10.2: A obra *Noite estrelada*, de Vincent van Gogh (1853-1890), representa corpos luminosos e iluminados no céu e na Terra.

Cineuno/Shutterstock.com

Figura 10.4: É possível dissociar a urbanização da iluminação artificial? E do desenvolvimento econômico?

NASA

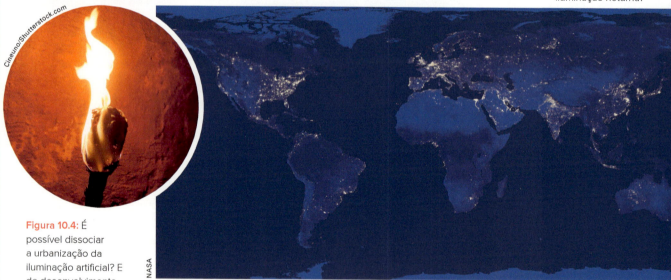

Figura 10.3: Como seria a vida do ser humano sem a iluminação noturna?

Explorando o assunto

Na Figura 10.3, obtida por satélite, vemos cidades muito bem iluminadas espalhadas pelo mundo. A iluminação artificial pode ocasionar desperdício de energia elétrica quando a luz de lâmpadas ou holofotes não é direcionada corretamente, além de modificar o hábito de vários animais, como morcegos e aves, e prejudicar as observações celestes. Como é possível diminuir esse efeito da poluição luminosa, causado principalmente pela iluminação pública e comercial?

Compreender como enxergamos as estrelas no céu, uma vela ou uma lâmpada acesa é fácil, já que todas elas têm luz própria. Mas estamos rodeados de objetos que não são fontes luminosas. Por exemplo, você deve estar lendo agora as palavras impressas nesta página. Como a imagem das letras do papel chega até você?

Fenômenos relacionados à luz vêm intrigando a humanidade ao longo da História. O grego Leucipo de Mileto (480-420 a.C.) acreditava que enxergávamos por causa de pequenas partículas (as quais chamou de *eidola*) que eram emitidas pelos objetos e atingiam nossos olhos (Figura 10.5). Já para Empédocles (490-430 a.C.), outro grego, a visão resultava da emissão de feixes visuais pelo olho, que interagiam com os objetos para coletar informações e formar imagens do mundo ao nosso redor (Figura 10.6).

> **Explorando o assunto**
>
> O que emite luz? O que permite sua passagem? O que bloqueia a luz? Faça uma lista de instrumentos, situações, fenômenos e processos que você associa à luz e à visão.

Figuras 10.5 e 10.6: Representação de "partículas visuais" sendo emitidas por um objeto e de "raios visuais" saindo dos olhos do observador, conforme as concepções de Leucipo de Mileto e Empédocles.

Essas propostas têm importância por serem os primeiros passos em direção à compreensão da natureza da luz. Contudo, elas não conseguiram responder a certas questões: como as partículas emitidas por diferentes objetos não se misturam ou colidem? Como os feixes visuais alcançam objetos muito distantes?

Atualmente, a descrição aceita é a de que existem corpos que são fontes de luz e corpos que são iluminados. Uma lâmpada acesa emite luz, que ao alcançar nossos olhos nos permite enxergá-la. Já as árvores, por exemplo, apenas refletem parte da luz solar (ou de outras fontes) que chega até elas. A luz refletida pelos corpos iluminados alcança nossos olhos e nos permite enxergá-los (Figura 10.7).

Figura 10.7: As fontes de luz e os corpos iluminados em geral podem ser vistos de vários pontos, pois a luz emitida ou refletida por eles se distribui em diversas direções.

O cientista na História

Thomas Alva Edison

Em 1847, nos Estados Unidos, nasceu Thomas Alva Edison (Figura 10.8). Filho da professora Nancy e do comerciante Samuel, ele foi o caçula de sete irmãos, dos quais três faleceram ainda crianças.

Aos 8 anos, Thomas começou a frequentar uma escola primária e, logo nos primeiros dias, ele foi tachado de agitado em excesso, confuso demais para aprender e deficiente auditivo (em decorrência da escarlatina que teve aos 6 anos, ele não tinha audição perfeita, embora não fosse deficiente auditivo). Em apenas três meses, o garoto saiu da escola e nunca mais voltou a estudar em uma instituição formal. Thomas foi educado em casa pela mãe e se tornou um leitor voraz, interessado por todas as publicações que chegavam a suas mãos. Seu assunto preferido era Ciências, tanto que gostava de reproduzir em sua casa alguns dos experimentos que encontrava nos livros.

Para custear suas investigações científicas, aos 12 anos Thomas tornou-se vendedor ambulante no trem que fazia a conexão de sua cidade do interior até a capital do estado de Ohio. Nas seis horas de viagem de ida e volta, o garoto vendia as mais variadas guloseimas e o jornal diário. E sempre encontrava um tempo para as leituras e até mesmo para a reprodução de alguns experimentos no bagageiro do trem. Continuou nessa vida por alguns anos, até que, por descuido, colocou fogo em um vagão e acabou sendo proibido de continuar com esse trabalho.

Sem emprego, o jovem Thomas Edison aprendeu o código Morse e foi trabalhar como operador em uma empresa de telégrafos. Nas horas livres, dedicava-se incansavelmente a leituras e experimentos.

Aos 21 anos, mudou-se para Nova York e, como inventor independente, começou a patentear suas invenções. A primeira delas foi uma máquina de votar, que não fez muito sucesso na época. Entre as suas mais de 300 patentes, Edison inventou o fonógrafo, o microfone e o projetor de cinema. Mas foi no final da década de 1870 que ele começou a investir no experimento que o tornaria popular: a lâmpada elétrica (Figura 10.9). Naquela época, já existiam lâmpadas que produziam luz por meio de um arco voltaico entre duas hastes; contudo esse tipo de fonte luminosa era fraca, pouco econômica e durável. Por isso, ainda era muito comum a iluminação com velas e lampiões.

O objetivo de Edison era aprimorar a lâmpada de arco, com a introdução de um filamento que ficasse incandescente a partir da passagem de corrente elétrica. Durante um ano de trabalho, diversos materiais foram testados sem sucesso, pois os filamentos queimavam em poucos instantes, até se optar pelo algodão carbonizado. Assim, a primeira lâmpada elétrica de filamento foi acesa, permanecendo em funcionamento por 45 horas sem interrupção. Foram necessários apenas três anos para elaborar e colocar em funcionamento um novo sistema de iluminação na cidade de Nova York. Com isso, o obstinado inventor conseguiu reconhecimento e fortuna.

Em 1888, o cientista fundou a Edison General Electric, para produção de diversos tipos de dispositivos elétricos. Atualmente, a GE é uma das maiores empresas do mundo e atua em diversos ramos da tecnologia e de serviços. Thomas Alva Edison faleceu aos 84 anos. Em sua homenagem, todas as luzes dos Estados Unidos foram apagadas por 1 minuto na noite de sua morte.

Figura 10.8: Thomas Alva Edison (1847-1931).

Figura 10.9: Thomas Alva Edison, no laboratório.

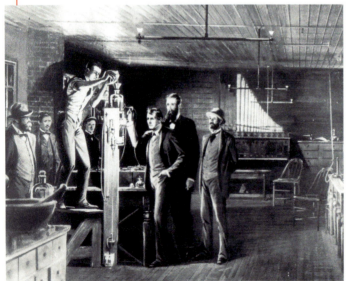

Exercício resolvido

Qual é a principal diferença entre as proposições de Leucipo de Mileto e de Empédocles para a visão?

Para Leucipo de Mileto, a visão era basicamente um fenômeno externo, pois dependia de pequenas partículas emitidas pelos objetos que atingiam os olhos das pessoas. Para Empédocles, a origem da visão estava no olho humano, resultando da emissão de feixes visuais que, ao interagirem com os objetos, colhiam informações sobre eles.

Exercícios propostos

1. Objetos que produzem luz são chamados fontes primárias de luz e objetos que a refletem (vinda de uma fonte primária) são chamados fontes secundárias. Cite três exemplos de cada tipo.

2. (Fuvest-SP) Admita que o Sol subitamente "morresse", ou seja, sua luz deixasse de ser emitida. 24 horas após este evento, um eventual sobrevivente, olhando para o céu, sem nuvens, veria:

    a) a Lua e estrelas.
    b) somente a Lua.
    c) somente estrelas.
    d) uma completa escuridão.
    e) somente os planetas do sistema solar.

3. (UFMG) Marília e Dirceu estão em uma praça iluminada por uma única lâmpada. Assinale a alternativa em que estão corretamente representados os feixes de luz que permitem a Dirceu ver Marília.

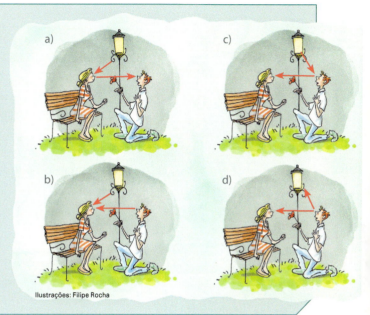

Ilustrações: Filipe Rocha

2. Câmara escura e a trajetória da luz

Conta-se que na Grécia Antiga já se conhecia uma caixa mágica que intrigava a todos por permitir ver o mundo "no escuro". Seu interior era vazio e totalmente escurecido; a comunicação com o exterior se dava por um furo em uma de suas faces. Na parede oposta ao orifício, era fixado um tecido branco que funcionava como uma espécie de tela, onde eram projetadas as paisagens (Figuras 10.11 e 10.12). Mas, pelos registros históricos, parece que a patente dessa caixa misteriosa, ou câmara escura, ficou com um astuto estudioso árabe conhecido pelo nome de Alhazen (Figura 10.10).

Figura 10.10: Abu Ali Hasan Ibn Al-Haithan, conhecido como Alhazen (965-1040).

Figura 10.11: A câmara escura portátil permitiu aos artistas reproduzir paisagens de locais diversos e foi um tipo de precursora das máquinas fotográficas.

Figura 10.12: Usando essa técnica de pintura, o artista reproduzia a paisagem em uma sala escura, projetando-a sobre uma tela.

Luz e imagem   Capítulo 10   **251**

Tanto na sala escura quanto na câmara escura, as imagens são projetadas de ponta-cabeça (Figura 10.13). Será que é sempre assim?

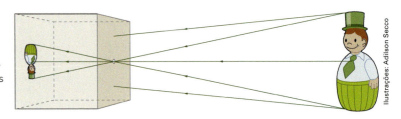

Figura 10.13: Cada ponto de um objeto dentro de um ambiente iluminado reflete a luz em várias direções. Somente alguns desses raios refletidos atingem o orifício da câmara escura e formam a imagem.

Ilustrações: Adilson Secco

Note que alguns dos raios atravessam o orifício e se cruzam, seguindo trajetos retilíneos. Por isso, a imagem projetada é invertida em relação ao objeto. Com base nessa constatação, podemos inferir duas propriedades a respeito da propagação da luz (Figura 10.14):

I. A luz se propaga em linha reta. Chamamos essa característica de **princípio da propagação retilínea**.

II. Os raios de luz são independentes, pois, quando se cruzam, não sofrem modificações em sua trajetória. Essa característica é conhecida como **princípio da independência dos raios luminosos**.

Julian Smith/Corbis/Fotoarena

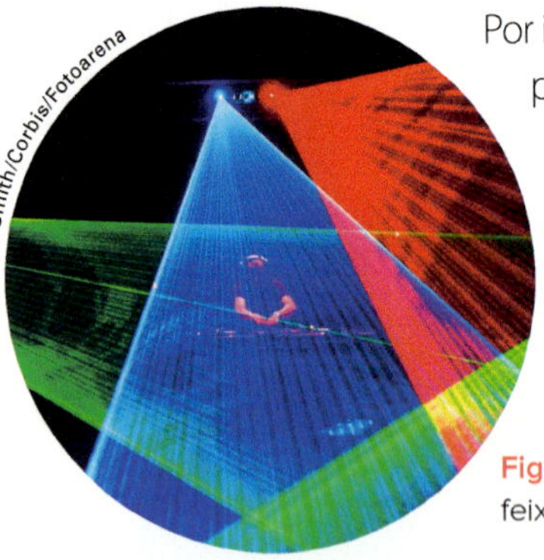

Figura 10.14: Cruzamento de feixe de lanterna ou *laser*.

Por dentro do conceito

Raios e feixes de luz

Para a descrição de alguns fenômenos ópticos, utilizam-se raios de luz, ilustrados como linhas com setas que indicam sua direção e sentido de propagação (Figura 10.15). Usam-se também os feixes de luz paralelos, convergentes ou divergentes (Figura 10.16).

Com essas representações, foi possível obter leis gerais e melhorar a compreensão da natureza; entretanto, é bom termos em mente que os raios de luz não existem de fato, são apenas um modelo.

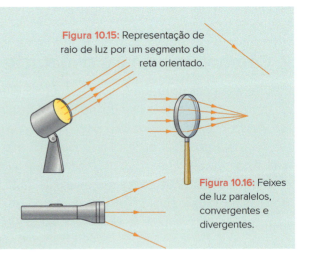

Figura 10.15: Representação de raio de luz por um segmento de reta orientado.

Figura 10.16: Feixes de luz paralelos, convergentes e divergentes.

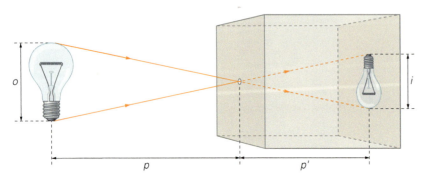

Figura 10.17: Formação de imagens na câmara escura.

Vamos continuar a explorar a câmara escura. Nas ilustrações que demonstram a construção de imagens nesse aparato, você pode perceber a formação de dois triângulos semelhantes, com vértice em comum no orifício do equipamento (Figura 10.17).

Em triângulos semelhantes, há uma proporcionalidade entre os lados correspondentes, por isso é possível usar a geometria para estabelecer uma relação simples entre as proporções do objeto e a imagem do anteparo. Assim, temos:

$$\frac{i}{o} = \frac{p'}{p}$$

Em Óptica, é comum denominarmos o tamanho do objeto pela letra **o**; tamanho da imagem pela letra **i**; a distância entre o objeto e qualquer dispositivo óptico de **p** e a distância da imagem de **p'**.

Exercício resolvido

Para a situação da câmara escura apresentada anteriormente, considere a altura do objeto 10 cm, sua distância ao orifício da câmara 25 cm e a profundidade da câmara 15 cm. Qual será o tamanho da imagem formada?

Dados: $o = 10$ cm; $p = 25$ cm e $p' = 15$ cm.
Portanto:
$\frac{i}{o} = \frac{p'}{p} \Rightarrow \frac{i}{10} = \frac{15}{25} \Rightarrow 25 \cdot i = 150 \Rightarrow i = \frac{150}{25} = 6$ cm

A imagem formada no anteparo do aparato terá 6 cm.

Exercícios propostos

1. O fenômeno representado na ilustração é possível?

2. (Unitau-SP) Dois raios de luz, que se propagam num meio homogêneo e transparente, se interceptam num certo ponto. A partir deste ponto, pode-se afirmar que:

a) os raios luminosos se cancelam.
b) mudam a direção de propagação.
c) continuam se propagando na mesma direção e sentido que antes.
d) se propagam em trajetórias curvas.
e) retornam em sentido opostos.

3. (Unaerp-SP) Uma brincadeira sugerida pelo professor de Física consiste em construir uma grande câmera escura na qual possa se passar a cabeça de uma pessoa por um dos lados. O orifício deve ficar na parte superior de um dos lados e uma folha branca deve ser colada na face interna oposta. Com este arranjo o aluno com a cabeça dentro da caixa pode ver as imagens invertidas da parte exterior. Como você explica este fenômeno?

4. (UFRJ) No mundo artístico, as antigas "câmaras escuras" voltaram à moda. Uma câmara escura é uma caixa fechada de paredes opacas que possui um orifício em uma de suas faces. Na face oposta à do orifício fica preso um filme fotográfico, onde se formam as imagens dos objetos localizados no exterior da caixa, como mostra a figura.

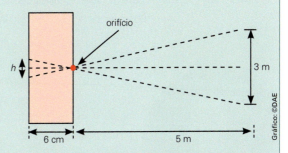

Suponha que um objeto de 3 m de altura esteja a uma distância de 5 m do orifício, e que a distância entre as faces seja de 6 cm. Calcule a altura h da imagem.

Luz e imagem Capítulo 10 **253**

3. A velocidade da luz

Os pensadores também se questionavam sobre a velocidade de propagação da luz: era infinita? Talvez esse tenha sido um dos mais longos debates na história da Ciência.

3.1. Galileu e as lanternas

Figura 10.18: Investigação de Galileu sobre a velocidade da luz.

Umas das tentativas de resolver quantitativamente esse impasse foi feita por Galileu Galilei (1564-1642). Ele colocou duas pessoas com lampiões cobertos por capas, no alto de duas colinas, com distância aproximada de 1,5 km entre elas. A proposta era a seguinte: uma pessoa retira a capa de seu lampião e, logo que a outra pessoa avistar um ponto cintilante no topo da colina, o mesmo procedimento é repetido (Figura 10.18).

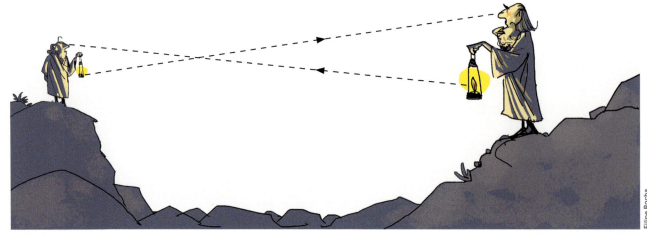

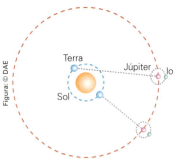

Figura 10.19: Esquema de dois eclipses de Io considerando a Terra em posições diferentes em sua órbita no intervalo de tempo de seis meses.

Com isso, Galileu pretendia verificar se havia diferença no tempo de envio do primeiro sinal e a percepção da resposta. A ideia dele era engenhosa, mas não forneceu um resultado conclusivo, pois a distância escolhida mostrou-se pequena, fazendo com que a comunicação entre as pessoas parecesse instantânea.

3.2 Römer e o satélite de Júpiter

O céu nos fornece uma infinidade de fenômenos regulares que podem ser usados como relógios naturais, caso do eclipse de Io, um dos satélites galileanos de Júpiter, que pode ser observado de qualquer lugar da Terra a cada 42,5 horas, aproximadamente (Figura 10.19). Porém, os astrônomos observaram que, com o passar dos meses, ocorria um pequeno atraso na contagem do tempo entre um eclipse e outro. A maior diferença temporal registrada foi referente às medidas de um intervalo de tempo de seis meses, ou seja, quando a Terra se encontrava em posições mais próximas e mais afastadas de Júpiter.

Debruçou-se por muito tempo sobre esse problema, até que Ole Römer (Figura 10.20) apresentou uma hipótese. Considerando que a velocidade da luz fosse finita, ela levaria um tempo finito para percorrer o caminho de Io até a Terra. E sabendo que a Terra afastava-se de Júpiter enquanto o satélite desaparecia atrás desse planeta até voltar a tornar-se visível, pode-se concluir que a luz teria de percorrer uma distância um pouco maior até chegar ao observador. Então daí decorria o pequeno atraso entre um eclipse e outro, com máximo de 22 minutos a cada seis meses.

Figura 10.20: Ole Römer (1644-1710), astrônomo dinamarquês.

254 Unidade 3 Imagem e som

Com base nesse raciocínio, Römer calculou a velocidade da luz: se a defasagem temporal entre os eclipses, no intervalo de seis meses, devia-se ao aumento do caminho percorrido pela luz, que era igual ao diâmetro da órbita terrestre ao redor do Sol, então dividindo esse comprimento pelo valor do tempo de atraso seria encontrada a velocidade da luz.

Naquela época, a medida que se tinha do diâmetro da órbita da Terra era de, aproximadamente, 290 000 000 km. Assim, temos:

$$v = \frac{d}{t} = \frac{290\,000\,000 \text{ km}}{22 \text{ min}} = \frac{290\,000\,000 \text{ km}}{1\,320 \text{ s}} \cong 219\,696{,}7 \text{ km/s}$$

Foi uma proeza chegar a esse valor. Contudo, havia limitações tecnológicas para realizar certas medidas na época. Por isso, outros cientistas continuaram trabalhando por décadas para determinar um valor mais exato para a velocidade da luz.

3.3 Fizeau, Foucault e os sistemas mecânicos

Em 1849, Hyppolyte Louis Fizeau (Figura 10.21) realizou um engenhoso experimento para medir a velocidade da luz. De forma simplificada, seu aparato consistia de uma fonte de luz que emitia um feixe em direção ao espelho semirrefletor E_1. Parte da luz atravessava a superfície e se perdia, enquanto a outra parte sofria reflexão. O feixe refletido passava entre dois dentes da roda dentada e atingia o espelho E_2, sofrendo nova reflexão. Assim, o feixe de luz voltava pelo mesmo caminho, passava novamente pelos dentes da roda dentada e alcançava E_1, onde parte era refletida e parte atravessava o espelho semirrefletor, atingindo os olhos do cientista (Figura 10.22). Os espelhos eram dispostos a uma distância de cerca de 8,5 km (para conseguir um espaço livre com essa extensão, ele realizou o experimento como Galileu: no alto de duas colinas).

Figura 10.21: Armand Hyppolyte Louis Fizeau (1819-1896), físico francês.

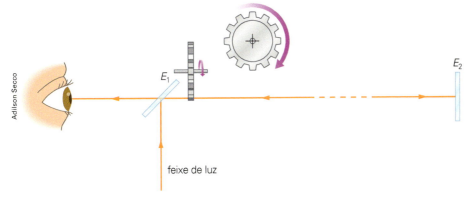

Figura 10.22: Aparato de Fizeau.

Com o aparato montado, Fizeau colocou a roda dentada para girar e, ao ajustar a frequência de rotação para 750 rpm, verificou que o feixe de luz refletido pelo espelho E_2 era interrompido, ou seja, já não atingia os olhos do observador. Com isso, pôde calcular o tempo que a luz demorava para percorrer o caminho de ida e volta à roda dentada. Conhecendo a distância e o tempo, foi possível obter 315 000 000 m/s para a velocidade da luz.

Posteriormente, o físico francês Jean Bernard Léon Foucault (Figura 10.23), contemporâneo de Fizeau, substituiu a roda dentada por um espelho giratório (Figura 10.24). Encontrou, então, um valor mais preciso: 298 000 000 m/s. Além disso, realizou a investigação dentro da água para avaliar a velocidade da luz nesse meio, constatando que a velocidade da luz se propagava mais vagarosamente.

Figura 10.23: Jean Bernard Leon Foucault (1819-1868).

Luz e imagem Capítulo 10 255

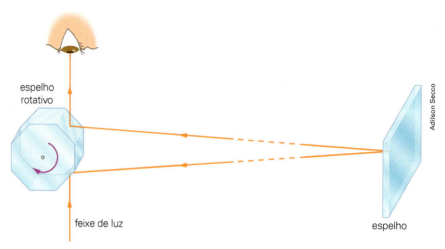

Figura 10.24: A versão de Foucault para o experimento de Fizeau.

Figura 10.25: Albert Michelson (1852-1931), polonês naturalizado estadunidense.

O mesmo experimento foi modificado e sofisticado pelo físico Albert Abraham Michelson (Figura 10.25), que no final do século XIX encontrou 299 853 000 m/s para a velocidade da luz. Esse valor é muito próximo do aceito atualmente de 299 792 458 m/s, obtido pelo Instituto Nacional de Padrões e Tecnologia dos Estados Unidos com o uso de *laser*.

Usualmente adotamos a letra *c* para denotar o valor da velocidade de luz e realizamos uma aproximação para $c = 3 \cdot 10^8$ m/s.

Exercícios resolvidos

1. Estima-se que a distância entre a Terra e o Sol seja de $1,5 \cdot 10^{11}$ m. Admitindo a velocidade da luz no vácuo com o valor $3,0 \cdot 10^8$ m/s, quanto tempo um raio luminoso emitido pelo Sol leva para atingir a superfície da Terra?

Para determinar o tempo de viagem da luz no trajeto entre a Terra e o Sol, podemos dividir a distância entre a Terra e o Sol pela velocidade da luz:

$t = \dfrac{d}{v} = \dfrac{1,5 \cdot 10^{11}}{3,0 \cdot 10^8} = 5,0 \cdot 10^2$ s

2. Calcule, em quilômetros, a distância percorrida pela luz no vácuo em um ano.

Temos que 1 h = 3 600 s. Logo: 1 dia = 24 h = 24 · 3 600 = 86 400 s.
Portanto: 1 ano = 365 dias = 365 · 86 400 = 31 536 000 s.
Assim, sendo: $v = 3 \cdot 10^5$ km/s, a distância percorrida pela luz no vácuo em um ano é dada por:
$d = v \cdot t = 3 \cdot 10^5 \cdot 3,15 \cdot 10^7 = 9,46 \cdot 10^{12}$ km.
Essa distância é uma medida conhecida como ano-luz.

Exercício proposto

Quando necessário, utilize $3,0 \cdot 10^5$ km/s ou $3,0 \cdot 10^8$ m/s para o valor da velocidade da luz no vácuo.

1. O diâmetro do próton é da ordem de 20 μA (microangstrom). Quanto tempo a luz demora para atravessar um próton? (Dado: 1 μA = 10^{-10} m)

2. (PUCC-SP) Andrômeda é uma galáxia distante $2,3 \cdot 10^6$ anos-luz da Via Láctea, a nossa galáxia. A luz proveniente de Andrômeda, viajando à velocidade de $3,0 \cdot 10^5$ km/s, percorre a distância aproximada até a Terra, em km, igual a:

a) $4 \cdot 10^{15}$ c) $2 \cdot 10^{19}$ e) $9 \cdot 10^{23}$
b) $6 \cdot 10^{17}$ d) $7 \cdot 10^{21}$

3. (PUCC-SP) A velocidade da luz, no vácuo, vale aproximadamente $3,0 \cdot 10^8$ m/s. Para percorrer a distância entre a Lua e a Terra, que é de $3,9 \cdot 10^5$ km, a luz leva:

a) 11,7 s   c) 4,5 s   e) 0,77 s
b) 8,2 s   d) 1,3 s

4. Reflexão – A luz indo e voltando

Como já mencionamos, muitos objetos não têm luz própria e precisam ser iluminados para que sejam vistos. Porém, você já reparou que, embora a fonte de iluminação seja basicamente a mesma, os objetos apresentam aparências diferentes? A diferença entre elas provém basicamente do padrão de reflexão das superfícies.

Chamamos de **reflexão** o fenômeno em que um raio ou feixe de luz incide sobre uma superfície e volta ao meio de origem (Figuras 10.26 e 10.27).

Em uma superfície lisa e espelhada, o ângulo $\hat{i}$ entre o raio luminoso incidente e uma reta N perpendicular à superfície (também conhecida como reta normal) é idêntico ao ângulo $\hat{r}$ entre o raio refletido e a mesma reta de referência:

$$\hat{i} = \hat{r}$$

A reflexão produzida nessas condições é chamada **regular**, ou **especular** (Figuras 10.28a, b e c). Os melhores representantes desse tipo de superfície são os metais polidos e os espelhos, que são placas de vidro recobertas por uma fina camada metálica, em geral de nitrato de prata. A presença desse metal é fundamental, pois ele impede que a luz atravesse o plano.

Na maioria das vezes, a luz não é refletida de maneira especular. Como a superfície dos corpos não é polida da mesma forma que os espelhos e apresenta rugosidades, os raios refletidos são dispersos pelas irregularidades. Esse é um fenômeno importante, pois é por meio dele que podemos ver os objetos à nossa volta. A essa reflexão, damos o nome de **difusa**, embora a lei da reflexão seja válida para cada raio individualmente.

Voltando para a reflexão especular, outra característica interessante que você já deve ter observado em seu dia a dia é um tipo de "simetria invertida" da imagem formada. Note que, quando você escova os dentes diante do espelho com a mão direita, a imagem refletida exibe a mão esquerda realizando o processo (Figura 10.29). Esse fenômeno é chamado **enantiomorfismo**, ou **imagem enantiomorfa**.

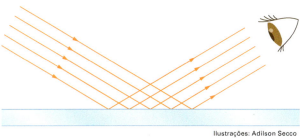
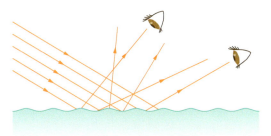

Figuras 10.26 e 10.27: Reflexão em superfícies lisa e rugosa.

Ilustrações: Adilson Secco

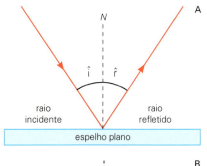
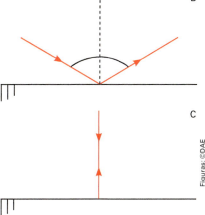

Figuras 10.28a, 10.28b e 10.28c: Os ângulos de incidência e reflexão, medidos em relação à reta normal à superfície, são sempre idênticos em uma superfície espelhada. (O detalhe com três riscos pequenos indica a parte de trás, não refletora, do espelho.)

Figura 10.29: O menino refletido no espelho escova os dentes com a mão esquerda ou direita?

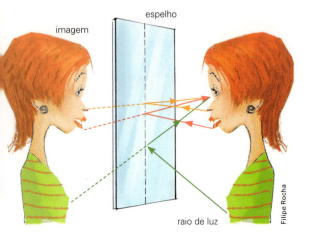

espelho
imagem
raio de luz

Além disso, ao aproximar-se e afastar-se do espelho, você pode perceber que sua imagem também se movimenta para a frente e para trás. Nos espelhos planos, as imagens são formadas pelo prolongamento dos raios refletidos, por isso são chamadas **imagens virtuais** (Figura 10.30). Nosso cérebro interpreta a origem delas com base na direção da luz recebida, como se ela estivesse vindo de dentro do espelho.

Figura 10.30: Diversos raios de luz emitidos de você ou dos objetos são refletidos pelo espelho e chegam aos seus olhos.

Explorando o assunto

Explique a razão de as palavras "ambulância" e "bombeiros" serem escritas de forma "invertida" na parte dianteira desses veículos (Figuras 10.31 e 10.32).

Figuras 10.31 e 10.32.

Exercícios resolvidos

1. (PUC-SP) Num relógio de ponteiros, cada número foi substituído por um ponto. Uma pessoa, ao observar a imagem desse relógio refletida em um espelho plano, lê 8 horas.

Respectiva posição de objeto para conjugar a imagem observada pela pessoa

Imagem observada

Se fizermos a leitura diretamente no relógio, verificaremos que ele está marcando:

a) 6 h   c) 9 h   e) 10 h
b) 2 h   d) 4 h

A imagem em um espelho plano é enantiomorfa, ou seja, tem forma contrária em somente uma das direções. Logo, a resposta correta é a alternativa d.

2. (Faap-SP) Uma modelo aproxima-se de um espelho plano e depois dele se afasta sempre andando muito charmosamente.

Qual dos gráficos a seguir representa o tamanho real h de sua imagem em função do tempo?

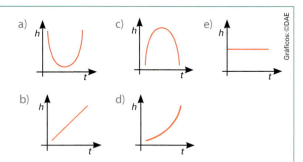

a) b) c) d) e)

No espelho plano, a imagem é simétrica, ou seja, tem o mesmo tamanho do objeto. Sendo assim, independentemente do movimento de aproximação ou afastamento da modelo, a altura de sua imagem em função do tempo é constante. Logo, está correta a alternativa e. Temos a impressão de que o tamanho da imagem diminui quando nos afastamos por causa da diminuição do ângulo visual, assim como temos a impressão de uma pessoa ter o tamanho reduzido quando ela se encontra a uma grande distância de nós.

3. (Esam-RN) Considere um objeto colocado a 25 cm de um espelho plano. Se o objeto for afastado 50 cm da posição inicial, a distância entre o objeto e a imagem formada nessa última situação será:

a) 1,8 m   c) 1,2 m   e) 0,5 m
b) 1,5 m   d) 1,0 m

Construindo uma imagem simétrica do objeto em relação ao espelho, podemos encontrar a distância.

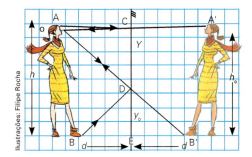

4. Qual deve ser o tamanho mínimo de um espelho para que possamos enxergar nosso corpo inteiro? Esse tamanho depende da distância em que nos posicionamos?

Para responder a essa questão, vamos analisar detalhadamente o objeto e a imagem formada.

Repare que os raios de luz que saem da extremidade da cabeça da pessoa se refletem no espelho e chegam aos olhos dela. O mesmo acontece com o raio de luz que sai da extremidade de seus pés. Esses são os únicos trajetos possíveis para os raios, pois há somente um ponto no espelho que cada raio deve atingir para satisfazer a igualdade entre os ângulos de incidência e reflexão.

Devido à simetria entre objeto e imagem, podemos encontrar dois triângulos semelhantes e, por meio deles, o tamanho mínimo do espelho para que a pessoa veja seu tamanho total.

Os triângulos OCD e OA'B' são semelhantes, o que permite escrever a proporcionalidade entre seus lados correspondentes e suas alturas:

$$\frac{A'B'}{CD} = \frac{BB'}{CB'} \Rightarrow \frac{h}{y} = \frac{2d}{d} \Rightarrow y = \frac{h}{2}$$

Como você pode notar, o tamanho do espelho (y) deve ser pelo menos a metade da altura da pessoa (h) e independe da distância em relação a esta.

Há outro par de triângulos semelhantes: OBB' e DEB', de onde tiramos a relação:

$$\frac{OB}{ED} = \frac{BB'}{EB'} \Rightarrow \frac{h_0}{y_0} = \frac{2d}{d} \Rightarrow y_0 = \frac{h_0}{2}$$

Concluímos, então, que a distância da base do espelho ao chão (y_0) deve ser a metade da altura dos olhos da pessoa até o chão (h_0).

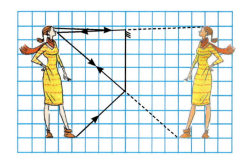

Exercícios propostos

1. (ITA-SP) Ao olhar-se em um espelho plano, retangular, fixado no plano de uma parede vertical, um homem observa a imagem de sua face tangenciando as quatro bordas do espelho, isto é, a imagem de sua face encontra-se ajustada ao tamanho do espelho. A seguir, o homem afasta-se, perpendicularmente à parede, numa certa velocidade em relação ao espelho, continuando a observar sua imagem. Nestas condições, pode-se afirmar que essa imagem:

a) torna-se menor que o tamanho do espelho tal como visto pelo homem.
b) torna-se maior que o tamanho do espelho tal como visto pelo homem.
c) continua ajustada ao tamanho do espelho tal como visto pelo homem.
d) desloca-se com o dobro da velocidade do homem.
e) desloca-se com metade da velocidade do homem.

2. Considere dois objetos colocados nas posições A e B representadas na figura. Encontre a distância do objeto localizado no ponto A até a imagem do objeto localizado no ponto B em relação ao espelho.

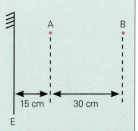

3. (Vunesp-SP) Um estudante veste uma camiseta em cujo peito se lê a inscrição: **UNESP**.

a) Como é a imagem da inscrição vista pelo estudante, quando ele está em frente a um espelho plano?

b) Suponha que a inscrição esteja a 70 cm do espelho e que cada letra da camiseta tenha 10 cm de altura. Qual a distância entre a inscrição e sua imagem? Qual a altura de cada letra da imagem?

5. Refração – A luz sendo desviada

As características dos meios de propagação da luz também interferem na aparência dos objetos. Assim, eles se classificam em:

- **Meios opacos:** materiais que não permitem a propagação da luz, como é o caso dos tecidos, da madeira e de seu corpo (Figura 10.33).
- **Meios translúcidos:** materiais em que ocorre a propagação irregular da luz. São exemplos o papel vegetal e o vidro jateado (Figura 10.34).
- **Meios transparentes:** aqueles nos quais ocorre a propagação regular da luz, como o ar, a água e o vidro (Figura 10.35).

Observe na Figura 10.36 que o lápis dentro de um copo com água parece quebrado. Esse efeito se deve ao fato de a luz mudar de direção ao passar de um meio transparente para outro.

Você pode comprovar esse desvio da luz realizando uma investigação simples. Coloque uma moeda no centro de uma caneca opaca. Em seguida, afaste-se lentamente, até um ponto em que a moeda não seja mais visível. Depois, acrescente água cuidadosamente para não tirar a moeda do lugar, enquanto observa sem sair de sua posição (Figuras 10.37 e 10.38).

Com adição de água, a moeda torna-se visível, porque a luz é desviada, isto é, tem sua direção de propagação alterada ao mudar de meio (do ar para a água), de forma que alguns raios, partindo da moeda, conseguem atingir os olhos (Figura 10.39). Damos o nome de **refração** ao fenômeno do desvio na trajetória dos raios luminosos ao atravessarem diferentes meios de propagação.

Figura 10.33: Exemplo de material opaco.

Figura 10.34: Exemplo de material translúcido.

Figuras 10.37 e 10.38: Arranjo experimental.

Figura 10.39: Refração do raio de luz.

Também podemos observar a refração no céu. A luz que chega dos corpos celestes ao nosso planeta muda de meio ao passar do espaço vazio para uma região com ar (atmosfera terrestre); portanto, muda de direção. Assim, no final da tarde, ainda conseguimos observar o pôr do sol, mesmo que ele já tenha "oficialmente" deixado o horizonte, ou seja, o dia ganha alguns minutos a mais por conta da refração, pois a imagem aparente do astro está um pouco acima de sua posição real (Figura 10.40).

Figura 10.35: Exemplo de material transparente.

Figura 10.40: Desvio da luz do Sol ao atravessar a atmosfera. Ilustração sem escala; cores-fantasia.

Figura 10.36: O desvio da luz ocorre quando os raios chegam obliquamente à superfície de separação entre os meios. Por isso, as partes do lápis que estão dentro e fora da água têm aspecto diferente.

Exercícios resolvidos

1. (Vunesp-SP) Quando um feixe de luz, propagando-se no ar, incide sobre a superfície plana de separação entre o ar e um meio transparente como, por exemplo, a água ou o vidro, ocorrem simultaneamente a refração e a reflexão. Nesse caso dizemos que a luz sofre uma reflexão parcial. Descreva, sucintamente, pelo menos uma situação, presenciada por você no decorrer de sua vida diária, que sirva como uma evidência para isso, ou seja, que nos mostre que nesses casos a luz também sofre reflexão.

Ao olharmos através de uma janela de vidro de dentro de uma sala bem iluminada para o exterior com pouca iluminação podemos perceber o que está fora (por refração) e o que está dentro (por reflexão).

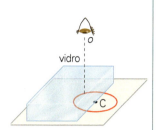

2. (Fuvest-SP) Numa folha de papel, disposta sobre um plano horizontal, está desenhado um círculo de centro C. Sobre a folha é colocada uma placa grossa de vidro, cobrindo metade do círculo, com seu olho no eixo vertical OC. A figura que melhor representa o que a pessoa enxerga é:

a)   b)   c)   d)   e)

No vidro, ocorre refração, e a imagem fica mais próxima.

Exercícios propostos

1. (UFMG) O empregado de um clube está varrendo o fundo da piscina com uma vassoura que tem um longo cabo de alumínio. Ele percebe que o cabo parece entortar-se ao entrar na água, como mostra a figura.

Isso ocorre porque:

a) a luz do Sol, refletida na superfície da água, interfere com a luz do Sol refletida pela parte da vassoura imersa na água.

b) a luz do Sol, refletida pela parte da vassoura imersa na água, sofre reflexão parcial na superfície de separação água-ar.

c) a luz do Sol, refletida pela parte da vassoura imersa na água, sofre reflexão total na superfície de separação água-ar.

d) a luz do Sol, refletida pela parte da vassoura imersa na água, sofre refração ao passar pela superfície de separação água-ar.

e) o cabo de alumínio sofre uma dilatação na água, devido à diferença de temperatura entre a água e o ar.

2. Imagine-se brincando em uma piscina. Você está no fundo dela, olhando para cima, e um avião passa no céu. Você vê:

a) o avião mais perto do que ele está na realidade.

b) o avião mais longe do que ele está na realidade.

c) a imagem do avião mais perto do que ele está na realidade.

d) a imagem do avião mais longe do que ele está na realidade.

3. (Fuvest-SP) Um pássaro sobrevoa em linha reta e a baixa altitude uma piscina em cujo fundo se encontra uma pedra. Podemos afirmar que:

a) com a piscina cheia, o pássaro poderá ver a pedra durante um intervalo de tempo maior do que se a piscina estivesse vazia.

b) com a piscina cheia ou vazia, o pássaro poderá ver a pedra durante o mesmo intervalo de tempo.

c) o pássaro somente poderá ver a pedra enquanto estiver voando sobre a superfície da água.

d) o pássaro, ao passar sobre a piscina, verá a pedra numa posição mais profunda do que aquela em que ela realmente se encontra.

e) o pássaro nunca poderá ver a pedra.

Luz e imagem Capítulo 10 261

Figura 10.41: Raio de luz incidente e refratado ao atravessar a água.

5.1. A busca de uma lei para a refração

Será que no fenômeno da refração existe uma relação direta entre as características do meio e o desvio sofrido pela luz (Figura 10.41)?

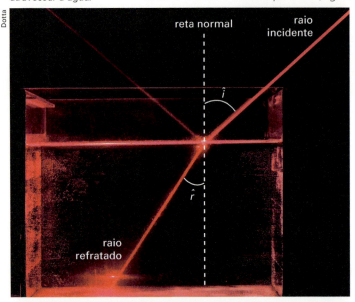

A primeira tentativa de relacionar a deformação da imagem dos objetos inseridos em água com a mudança da trajetória da luz é atribuída a Cláudio Ptolomeu (90-168). Em seus estudos, Ptolomeu conseguiu medir os ângulos de incidência e refração da luz em diferentes meios, com razoável precisão para a época. Com esses dados, tentou estabelecer uma lei geral para a refração da luz. Contudo, ele não teve sucesso em sua busca, pois tentou estabelecer uma relação direta entre os valores dos ângulos. Observe na Tabela 10.1 que, apesar de essa variação não ser proporcional, sua tentativa de resolver o problema foi um passo importante para o entendimento do fenômeno.

No entanto, foram necessários cerca de 1 500 anos até que o físico holandês Willebrord Snell (Figura 10.42) obtivesse dados experimentais mais apurados, que possibilitaram a análise mais precisa do fenômeno. Snell e René Descartes (1596-1650) perceberam, de maneira independente, que por meio da função trigonométrica seno era possível obter uma relação proporcional entre os ângulos de incidência e refração, da seguinte forma:

$$\frac{\operatorname{sen} i}{\operatorname{sen} r} = \text{constante}$$

Essa constante está relacionada com as características de cada meio e o comportamento da luz em cada um deles.

Quando a luz muda de um meio menos denso para outro mais denso, há maior dificuldade de propagação do raio luminoso, ou seja, sua velocidade varia. No vácuo, essa velocidade é de aproximadamente 300 000 km/s, mas em qualquer outro material transparente ou translúcido a velocidade de propagação tem valor reduzido. É por meio da relação entre esses valores de velocidade nos diferentes meios que se calcula a constante indicada na expressão matemática de Snell e Descartes. Essa constante é conhecida como **índice de refração** (*n*) e pode ser obtida pelas fórmulas a seguir.

Tabela 10.1: Medidas dos ângulos de incidência e refração para diferentes meios feitas por Ptolomeu

Ângulo de incidência *i* (°)	Ângulos de refração *r* (°)		
	Ar para vidro	Ar para água	Água para vidro
10	7	8	9,5
20	13,5	15,5	18,5
30	20,5	22,5	27
40	25	28	35
50	30	35	42,5
60	34,5	40,5	49,5
70	38,5	45	56
80	42	50	62

Fonte: TAYLOR, Lloyd W. *Physics*. The pioneer science. New York: Dover Publications, 1959.

Figura 10.42: Willebrord Snell (1580-1626).

- **Índice de refração absoluto, uma propriedade intrínseca do meio:**

$$n = \frac{c}{v}$$

Nesse caso, **c** é a velocidade da luz no vácuo e **v** é a velocidade da luz no meio. Por se tratar de uma divisão entre grandezas iguais, o índice de refração não possui unidade de medida, ou seja, é um número adimensional. A Tabela 10.2, na próxima página, apresenta alguns valores para esse índice.

Tabela 10.2: Índices de refração absolutos para diversos materiais		
Substância	Índice de refração absoluto	Velocidade da luz no meio (10^8 m/s)
ar	1,00	3,00
gelo	1,31	2,29
água	1,33	2,26
álcool etílico	1,36	2,21
glicerina	1,47	2,03
óleo	1,48	2,02
poliestireno	1,49	2,01
vidro	1,50-1,90	2,00-1,58
diamante	2,42	1,24

Fontes: RESNICK, R. et al. *Física 4*. Rio de Janeiro: LTC, 2003; PHYSICAL SCIENCE STUDY COMMITTEE (Org.). *Física*: parte II. Brasília: Ed. da UnB, 1963.

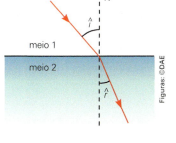

Figura 10.43: Raio de luz incidente no meio 1 (mais afastado da reta normal) e refratado no meio 2 (mais próximo da normal).

- **Índice de refração entre dois meios:**

$$n_{2,1} = \frac{n_2}{n_1} = \frac{\frac{c}{v_2}}{\frac{c}{v_1}} = \frac{v_1}{v_2}$$

Na expressão, 1 e 2 indicam meios diferentes, conforme indicado na Figura 10.43. Observe também que os ângulos de incidência ($\hat{i}$) e refração ($\hat{r}$) são medidos com relação à reta normal à superfície de separação entre os meios.

Isso posto, podemos reescrever a relação de proporcionalidade dos ângulos de incidência e refração obtida por Snell e Descartes. Considerando um raio de luz que se propaga de um meio 1 para outro meio 2, temos:

$$\frac{\text{sen } i}{\text{sen } r} = n_{2,1} = \frac{v_1}{v_2} = \frac{\frac{c}{n_1}}{\frac{c}{n_2}} = \frac{n_2}{n_1} \Rightarrow n_1 \cdot \text{sen } i = n_2 \cdot \text{sen } r$$

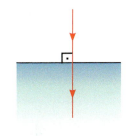
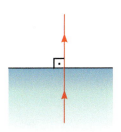

Figura 10.44: Um feixe luminoso que incide perpendicularmente à superfície de separação não muda de direção ao atravessar a água, por exemplo.

Essa é a equação da **lei da refração**, ou **lei de Snell-Descartes**. Por essa expressão matemática, temos:

- Quando um feixe luminoso incide perpendicularmente à superfície, não ocorre mudança de direção. Isso vale para qualquer meio (Figura 10.44).

$$i = 0° \Rightarrow \text{sen } i = 0 \Rightarrow \text{sen } r = 0 \Rightarrow r = 0°$$

- Se o raio de luz se propagar de um meio de menor índice de refração para outro de índice maior, o raio se aproxima da reta normal. Sendo o ângulo $\hat{r}$ menor que o ângulo $\hat{i}$, o raio de luz refratado é mais próximo da reta normal (Figura 10.45).

$$n_2 > n_1 \Rightarrow \text{sen } i > \text{sen } r \Rightarrow \hat{i} > \hat{r}$$

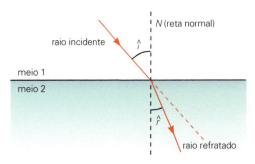

Figura 10.45: A reta pontilhada vermelha indica o trajeto do raio de luz caso ele não sofresse o desvio da refração. Note que o raio refratado está mais próximo da reta normal do que o raio incidente.

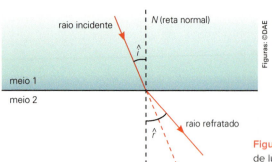

- Se o raio de luz se propagar de um meio de maior índice de refração para outro de índice menor, ele se afastará da reta normal. Sendo o ângulo $\hat{r}$ maior que o ângulo $\hat{i}$, o raio de luz refratado ficará mais afastado da reta normal (Figura 10.46).

$$n_2 < n_1 \Rightarrow \text{sen } i < \text{sen } r \Rightarrow \hat{i} < \hat{r}$$

Figura 10.46: A reta pontilhada vermelha indica o trajeto do raio de luz caso não sofresse o desvio da refração. Note que o raio refratado é mais afastado da reta normal do que o raio incidente.

Exercícios resolvidos

1. (UFRJ) Um raio luminoso que se propaga no ar ($n_{ar} = 1$) incide obliquamente sobre um meio transparente de índice de refração n, fazendo um ângulo de 60° com a normal. Nessa situação, verifica-se que o raio refletido é perpendicular ao raio refratado, como ilustra a figura.

Calcule o índice de refração n no meio.

Primeiramente, vamos identificar os ângulos: $i = 60°$ e $r = 30°$. Aplicando a lei de Snell, temos:

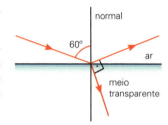

$n_1 \cdot \text{sen } i = n_2 \cdot \text{sen } r$

$1 \cdot \text{sen } 60° = n \cdot \text{sen } 30°$

$1 \cdot \dfrac{\sqrt{3}}{2} = n \cdot \dfrac{1}{2} \Rightarrow n = \sqrt{3}$

2. A velocidade da luz no interior de certo líquido é admitida com o valor de $1,5 \cdot 10^8$ m/s. Qual é o índice de refração absoluto desse líquido?

O índice de refração absoluto de um meio é obtido da relação entre a velocidade da luz no vácuo e a velocidade da luz nesse meio:

$n = \dfrac{c}{v} = \dfrac{3,0 \cdot 10^8}{1,5 \cdot 10^8} = 2,0$

Exercícios propostos

1. (Vunesp-SP) A figura o lado indica a trajetória de um raio de luz que passa de uma região semicircular que contém ar para outra de vidro, ambas de mesmo tamanho e perfeitamente justapostas.

Determine, numericamente, o índice de refração do vidro em relação ao ar.

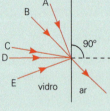

2. (Vunesp-SP) Um pincel de luz emerge de um bloco de vidro comum para o ar na direção e sentido indicados na figura a seguir. Assinale a alternativa que melhor representa o percurso da luz no interior do vidro.

a) A   c) C   e) E
b) B   d) D

3. (PUCC-SP) Um feixe de luz monocromática, que se propaga no meio 1 com velocidade de $3 \cdot 10^8$ m/s, incide na superfície S de separação com o meio 2, formando com a superfície um ângulo de 30°.

A velocidade do feixe no meio 2 é $\sqrt{3} \cdot 10^8$ m/s. O ângulo que o feixe forma com a superfície no meio 2 vale:

a) 60°   c) 30°   e) 0°
b) 45°   d) 10°

4. (UFPE) Um raio de luz, que incide em uma interface ar-vidro fazendo um ângulo de 60° com a normal, é refratado segundo um ângulo de 30°.

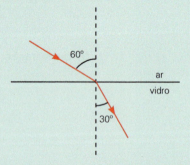

Se a velocidade da luz no ar vale c, qual a sua velocidade no vidro?

a) $(1,73)^2 c$ d) $\dfrac{c}{1,73}$

b) $1,73 c$ e) $\dfrac{c}{(1,73)^2}$

c) c

5.2. Ângulo limite

Em toda a discussão que fizemos até aqui, ficamos restritos à situação em que a luz se propaga de um meio menos "denso" para outro mais "denso", ou, em termos técnicos, de um meio menos refringente para outro mais refringente. Mas o que ocorre com a luz quando a trajetória é no sentido contrário?

Usemos a lei da refração e façamos um experimento de pensamento. Suponha que coloquemos um *laser* dentro da água e enviemos um raio de luz em direção à superfície com vários ângulos diferentes, conforme ilustrado nas Figuras 10.47a, b e c.

Figuras 10.47a, b e c: Observe o que acontece com o raio de luz refratado, conforme o raio incidente se afasta da reta normal.

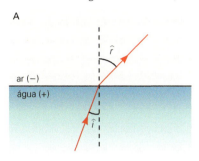
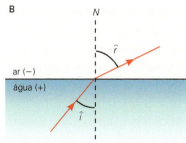

Perceba que os valores do ângulo de refração aumentam rapidamente com o aumento do ângulo de incidência. Isso quer dizer que a trajetória do raio refratado (aquele que passa para o ar) está cada vez mais longe da reta normal e mais próximo da superfície da água. É razoável supor que, para dado ângulo de incidência, a luz sairá rasante à superfície de separação de ambos os meios, conforme indicado na Figura 10.48. Esse é o maior desvio que o raio refratado pode ter.

Descobrir seu valor é simples: basta substituir o valor de 90° no ângulo de refração na lei de Snell-Descartes. Considerando 1 o índice de refração do ar e $\frac{4}{3}$ o da água, temos:

$$n_1 \cdot \text{sen } i = n_2 \cdot \text{sen } r \Rightarrow \text{sen } i = \frac{n_2}{n_1} \cdot \text{sen } 90° = \frac{n_2}{n_1} \cdot 1 = \frac{1}{\frac{4}{3}} = \frac{3}{4} = 0{,}75 \Rightarrow i \cong 49°$$

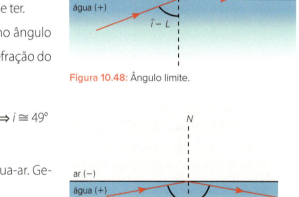

Figura 10.48: Ângulo limite.

O ângulo obtido é chamado **ângulo limite** (L) para o par água-ar. Generalizando a situação para qualquer meio, podemos definir:

$$\text{sen } L = \frac{n_2}{n_1}$$

E o que acontece quando o ângulo de incidência é maior que o ângulo limite? Nesse caso, a luz não atravessa a superfície de separação, e ocorre um fenômeno chamado **reflexão total**, representado na Figura 10.49.

Figura 10.49: Reflexão total.

A discussão apresentada nesta seção também nos permite compreender uma terceira propriedade da propagação da luz, que complementa os outros dois princípios que tratamos durante o estudo da câmara escura:

III. A trajetória dos raios de luz não depende do sentido de propagação. Essa característica é conhecida como **princípio da reversibilidade dos raios luminosos** (Figura 10.50).

Figura 10.50: Os raios de luz vão e voltam pelo mesmo caminho.

CIÊNCIA, TECNOLOGIA, SOCIEDADE E AMBIENTE

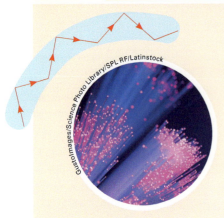

Figuras 10.51 e 10.52: Trajeto de um raio de luz no interior de uma fibra óptica.

"Entubando" a luz

É o fenômeno da reflexão total que permite o funcionamento das fibras ópticas, as quais consistem em fios de pequeno diâmetro feitos de material transparente e índice de refração superior ao do ar.

O feixe luminoso incide em uma das extremidades da fibra com ângulo superior ao ângulo limite, por isso é totalmente refletido. Esse fenômeno ocorre sucessivamente, e o feixe continua se propagando pelo interior do cabo até chegar à outra extremidade (Figuras 10.51 e 10.52).

Existem várias aplicações para as fibras ópticas. Elas servem para iluminar lugares de difícil acesso, como no caso de intervenções médicas em que se deseja operar sem grandes incisões, além de serem usadas nas redes de comunicações (televisão, internet e telefonia fixa), substituindo os fios metálicos.

Exercícios resolvidos

1. (UEL-PR) O esquema ao lado representa um raio de luz r_1 que se propaga do meio 1 para o meio 2. Dado que $\text{sen } \alpha = \frac{\sqrt{3}}{2}$ e $\text{sen } \beta = \frac{1}{2}$, o seno do ângulo limite de refração do meio 2 para o meio 1 é:

a) $\frac{(\sqrt{3})}{3}$ c) $\frac{(\sqrt{2})}{2}$ e) $\frac{2}{3}$

b) $\frac{(\sqrt{3})}{2}$ d) $\frac{(\sqrt{2})}{3}$

Pela lei de Snell, é possível determinar o índice de refração relativo entre os meios 1 e 2:

$n_1 \cdot \text{sen } \alpha = n_2 \cdot \text{sen } \beta$

$n_1 \cdot \frac{\sqrt{3}}{2} = n_2 \cdot \frac{1}{2}$

$n_2 = n_1 \sqrt{3}$

Como o meio 2 é mais refringente, a reflexão ocorrerá somente quando a luz se propagar do meio 2 para o 1. Novamente pela lei de Snell, determinamos o seno do ângulo limite:

$n_1 \cdot \text{sen } 90° = n_2 \cdot \text{sen } L$
$n_1 \cdot 1 = n_1 \sqrt{3} \cdot \text{sen } L$
$\text{sen } L = \frac{1}{\sqrt{3}} = \frac{\sqrt{3}}{3}$

2. (UFV-MG) A figura ao lado ilustra um raio de luz incidindo na interface de dois meios, vidro e ar, de índices de refração 1,5 e 1,0, respectivamente. Sabendo que o ângulo crítico, ou ângulo limite, entre o vidro e o ar é aproximadamente 42°, a única situação que retrata corretamente as trajetórias dos raios refletido e refratado é:

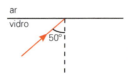

a)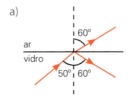

b)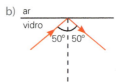

c)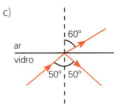

d)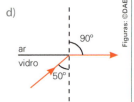

e)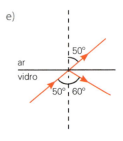

Inicialmente, verificamos que o sentido de propagação da luz é do meio mais refringente para o menos refringente. Assim, a luz é passível de sofrer reflexão total se o ângulo de incidência for maior que o ângulo limite, 42°. Como o ângulo de incidência é de 50°, superior ao ângulo limite, ocorre apenas a reflexão total do raio incidente, ou seja, alternativa b. (A figura da alternativa d sugere um raio refratado segundo um ângulo rasante de 90°.)

Unidade 3 Imagem e som

Exercícios propostos

1. **(Vunesp-SP)** A figura a seguir mostra um raio de luz monocromática propagando-se no ar e atingindo o ponto A da superfície de um paralelepípedo retângulo feito de vidro transparente. A linha pontilhada, normal à superfície no ponto de incidência do raio luminoso, e os três raios representados estão situados num mesmo plano paralelo a uma das faces do bloco.

   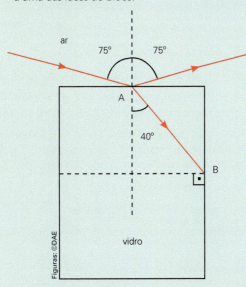

   a) De acordo com a figura, que fenômenos estão ocorrendo no ponto A?

   b) O ângulo limite para um raio da luz considerada, quando se propaga desse vidro para o ar, é 42°. Mostre o que acontecerá com o raio no interior do vidro ao atingir o ponto B.

2. **(Vunesp-SP)** A figura mostra a superfície S de separação entre dois meios transparentes, 1 e 2, cujos índices absolutos de refração são n_1 e n_2, respectivamente. Mostra, também, cinco raios luminosos incidindo nessa superfície sob diferentes ângulos, tais que b < a < 90°.

   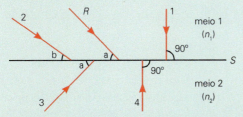

   Sabendo que o raio luminoso R sofre reflexão total ao incidir nessa superfície, responda:

   a) Qual dos raios numerados de 1 a 4 também sofrerá reflexão total?

   b) n_1 é igual, menor ou maior que n_2? Justifique sua resposta.

3. **(Unirio-RJ)** Um feixe de luz incide normalmente sobre a superfície de um prisma de vidro, imerso no ar, de índice de refração n = 1,6, como mostra a figura a seguir.

   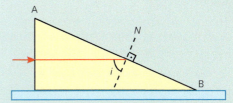

   O valor máximo do ângulo i, que faz com que esse feixe seja refratado rasante à superfície AB, é:

   a) arc cos 1,00
   b) arc cos 0,625
   c) arc sen 1,00
   d) arc sen 0,781
   e) arc sen 0,625

4. **(Vunesp-SP)** A figura adiante mostra, esquematicamente, o comportamento de um raio de luz que atinge um dispositivo de sinalização instalado numa estrada, semelhante ao conhecido "olho de gato".

   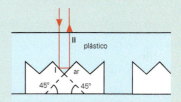

   De acordo com a figura, responda:

   a) Que fenômenos ópticos ocorrem nos pontos I e II?

   b) Que relação de desigualdade deve satisfazer o índice de refração do plástico para que o dispositivo opere adequadamente, conforme indicado na figura?

5. **(UFRN)** Uma fibra ótica, mesmo encurvada, permite a propagação de um feixe luminoso em seu interior, de uma extremidade à outra, praticamente sem sofrer perdas (veja a figura abaixo).

   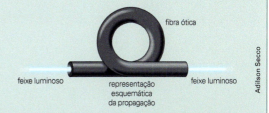

   A explicação física para o fato acima descrito é a seguinte: como o índice de refração da fibra óptica, em relação ao índice de refração do ar, é:

   a) baixo, ocorre a reflexão interna total.
   b) alto, ocorre a reflexão interna total.
   c) alto, a refração é favorecida, dificultando a saída do feixe pelas laterais.
   d) baixo, a refração é favorecida, dificultando a saída do feixe pelas laterais.

Luz e imagem   Capítulo 10   267

Exercícios finais

1. (Fuvest-SP) A luz solar penetra numa sala através de uma janela de vidro transparente. Abrindo-se a janela, a intensidade da radiação solar no interior da sala:

   a) permanece constante.
   b) diminui, graças à convecção que a radiação solar provoca.
   c) diminui, porque os raios solares são concentrados na sala pela janela de vidro.
   d) aumenta, porque a luz solar não sofre mais difração.
   e) aumenta, porque parte da luz solar não mais se reflete na janela.

2. (Fuvest-SP) Num dia sem nuvens, ao meio-dia, a sombra projetada no chão por uma esfera de 1,0 cm de diâmetro é bem nítida se ela estiver a 10 cm do chão. Entretanto, se a esfera estiver a 200 cm do chão, sua sombra é muito pouco nítida. Pode-se afirmar que a principal causa do efeito observado é que:

   a) o Sol é uma fonte extensa de luz.
   b) o índice de refração do ar depende da temperatura.
   c) a luz é um fenômeno ondulatório.
   d) a luz do Sol contém diferentes cores.

3. (Vunesp-SP) Em 3 de novembro de 1994, no período da manhã, foi observado, numa faixa ao sul do Brasil, o último eclipse solar total do milênio. Supondo retilínea a trajetória da luz, um eclipse pode ser explicado pela participação de três corpos alinhados: um anteparo, uma fonte e um obstáculo.

   a) Quais são os três corpos do Sistema Solar envolvidos nesse eclipse?
   b) Desses três corpos, qual deles faz o papel: De anteparo? De fonte? De obstáculo?

4. (ITA-SP) Numa certa data, a posição relativa dos corpos celestes do Sistema Solar era, para um observador fora do Sistema, a seguinte:

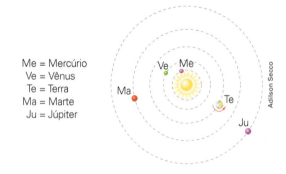

Me = Mercúrio
Ve = Vênus
Te = Terra
Ma = Marte
Ju = Júpiter

O sentido de rotação da Terra está indicado na figura. A figura não está em escala. Do diagrama apresentado, para um observador terrestre não muito distante do equador, pode-se afirmar que:

   I. Marte e Júpiter eram visíveis à meia-noite.
   II. Mercúrio e Vênus eram visíveis à meia-noite.
   III. Marte era visível a oeste ao entardecer.
   IV. Júpiter era visível à meia-noite.

   a) somente a IV é verdadeira.
   b) III e IV são verdadeiras.
   c) todas são verdadeiras.
   d) I e IV são verdadeiras.
   e) nada se pode afirmar com os dados fornecidos

5. (Unitau-SP) Dois raios de luz, que se propagam num meio homogêneo e transparente, se interceptam num certo ponto. A partir deste ponto, pode-se afirmar que:

   a) os raios luminosos se cancelam.
   b) mudam a direção de propagação.
   c) continuam se propagando na mesma direção e sentido que antes.
   d) se propagam em trajetórias curvas.
   e) retornam em sentido opostos.

6. (Vunesp-SP) Quando o Sol está a pino, uma menina coloca um lápis de $7,0 \cdot 10^{-3}$ m de diâmetro, paralelamente ao solo, e observa a sombra por ele formada pela luz do Sol. Ela nota que a sombra do lápis é bem nítida quando ele está próximo ao solo mas, à medida que vai levantando o lápis, a sombra perde a nitidez até desaparecer, restando apenas a penumbra. Sabendo que o diâmetro do Sol é de $14 \cdot 10^8$ m e a distância do Sol à Terra é de $15 \cdot 10^{10}$ m, pode-se afirmar que a sombra desaparece quando a altura do lápis em relação ao solo é de:

   a) 1,5 m
   b) 1,4 m
   c) 0,75 m
   d) 0,30 m
   e) 0,15 m

7. (FEI-SP) Uma câmara escura de orifício fornece a imagem de um prédio, o qual se apresenta com altura de 5 cm. Aumentando-se de 100 m a distância do prédio à câmara, a imagem se reduz para 4 cm de altura. Qual é a distância entre o prédio e a câmara, na primeira posição?

   a) 100 m
   b) 200 m
   c) 300 m
   d) 400 m
   e) 500 m

8. (Fuvest-SP) No filme *A Marcha dos Pinguins*, há uma cena em que o Sol e a Lua aparecem simultaneamente no céu. Apesar de o diâmetro do Sol ser cerca de 400 vezes maior do que o diâmetro da Lua, nesta cena, os dois corpos parecem ter o mesmo tamanho. A explicação cientificamente aceitável para a aparente igualdade de tamanhos é:

   a) O Sol está cerca de 400 vezes mais distante da Terra do que a Lua, mas a luz do Sol é 400 vezes mais intensa do que a luz da Lua, o que o faz parecer mais próximo da Terra.
   b) A distância do Sol à Terra é cerca de 400 vezes maior do que a da Terra à Lua, mas o volume do Sol é aproximadamente 400 vezes maior do que o da Lua, o que faz ambos parecerem do mesmo tamanho.
   c) Trata-se de um recurso do diretor do filme, que produziu uma imagem impossível de ser vista na realidade, fora da tela do cinema.
   d) O efeito magnético perturba a observação, distorcendo as imagens, pois a filmagem foi realizada em região próxima ao Polo.
   e) A distância da Terra ao Sol é cerca de 400 vezes maior do que a da Terra à Lua, compensando o fato de o diâmetro do Sol ser aproximadamente 400 vezes maior do que o da Lua.

9. (Unirio-RJ) Numa aula prática de Física, foi feito o experimento esquematizado nas figuras I e II, onde o professor alternou a posição da fonte e do observador.

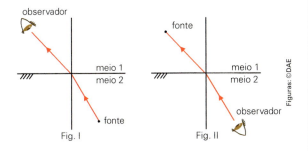

Com esse experimento, o professor pretendia demonstrar uma aplicação da(o):

   a) reflexão difusa.
   b) fenômeno da difração.
   c) princípio da reflexão.
   d) princípio da reversibilidade da luz.
   e) princípio da independência dos raios luminosos.

10. (UPM-SP) Um raio luminoso monocromático, ao passar do ar (índice de refração = 1,0) para a água, reduz sua velocidade de 25%. O índice de refração absoluto da água para esse raio luminoso é de aproximadamente:

   a) 1,2
   b) 1,3
   c) 1,4
   d) 1,5
   e) 1,6

11. (Fuvest-SP) Um feixe de luz entra no interior de uma caixa retangular de altura L, espelhada internamente, através de uma abertura A. O feixe, após sofrer 5 reflexões, sai da caixa por um orifício B depois de decorrido 10^{-8} segundos. Os ângulos formados pela direção do feixe e o segmento AB estão indicados na figura.
    (Adote: velocidade da luz = $3 \cdot 10^8$ m/s.)

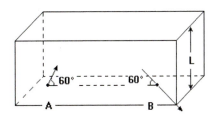

   a) Calcule o comprimento do segmento AB.
   b) O que acontece com o número de reflexões e o tempo entre a entrada e a saída do feixe, se diminuirmos a altura da caixa L pela metade?

12. O humor vítreo, uma substância constituinte do olho humano, tem índice de refração de 1,34. Considere a velocidade da luz no ar 300 000 km/s e a profundidade do olho humano adulto de 2,5 cm. Determine o intervalo de tempo que um raio luminoso leva para atingir a retina desde o instante em que penetra pelo cristalino.

13. (UFPE) Uma criança aproxima-se de um espelho plano com velocidade V, na direção da normal ao espelho. Podemos afirmar que sua imagem:

   a) se afasta do espelho com velocidade V.
   b) se aproxima do espelho com velocidade V.
   c) se afasta do espelho com velocidade 2V.
   d) se aproxima do espelho com velocidade 2V.
   e) se afasta do espelho com velocidade $\frac{V}{2}$.

14. (FEI-SP) Um raio de luz incide verticalmente sobre um espelho plano inclinado de 10° em relação a um plano horizontal. Qual será o ângulo entre o raio refletido e o raio incidente?

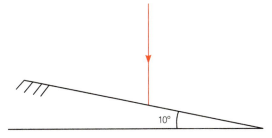

15. (Unifesp-SP) Numa sala, onde foram colocados espelhos planos em duas paredes opostas e no teto, um rapaz observa a imagem do desenho impresso nas costas da sua camisa. A figura 1 mostra a trajetória seguida por um raio de luz, do desenho ao rapaz, e a figura 2, o desenho impresso nas costas da camiseta.

Exercícios finais

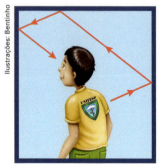

Figura 1

Figura 2

A imagem vista pelo rapaz será:

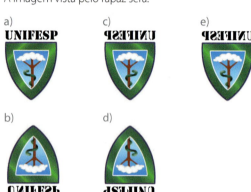

16. (Uece) Dois objetos muito pequenos, desenhados em linhas cheias, estão em lados opostos e a uma distância d da superfície refletora. O conjunto dos pontos formados pelos objetos e suas respectivas imagens refletidas nas superfícies define os vértices de um quadrado. As imagens foram desenhadas com linhas tracejadas.

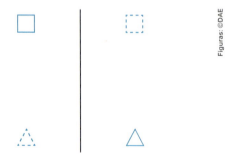

Qual a distância entre os objetos?

a) $d\sqrt{5}$ c) $2d\sqrt{2}$
b) $2d$ d) $5d$

17. (Fuvest-SP) Em uma exposição, organizada em dois andares, foi feita uma montagem com dois espelhos planos E_1 e E_2, dispostos a 45° entre os andares, como na figura 1. Uma visitante, quando no andar superior, no ponto A, fotografa um quadro (Q), obtendo a foto 1, tal como vista no visor.

Foto 1

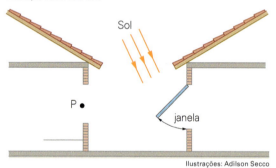

Essa visitante, ao descer as escadas, fotografa, no ponto B, o mesmo quadro através dos espelhos. A nova foto, tal como vista no visor, é:

a)   c)   e)

b)   d)

18. (Fuvest-SP) A janela de uma casa age como se fosse um espelho e reflete a luz do Sol nela incidente, atingindo, às vezes, a casa vizinha.

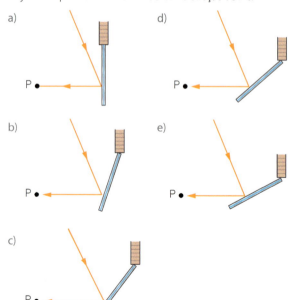

Para a hora do dia em que a luz do Sol incide na direção indicada na figura, o esquema que melhor representa a posição da janela capaz de refletir o raio de luz na direção de P é:

19. (Fuvest-SP) O telêmetro de superposição é um instrumento óptico, de concepção simples, que no passado foi muito utilizado em câmeras fotográficas e em aparelhos de medição de distâncias. Uma representação esquemática de um desses instrumentos está abaixo.

O espelho semitransparente E_1 está posicionado a 45° em relação à linha de visão, horizontal, AB. O espelho E_2 pode ser girado, com precisão, em torno de um eixo perpendicular à figura, passando por C, variando-se assim o ângulo β entre o plano de E_2 e a linha horizontal. Deseja-se determinar a distância AB do objeto que está no ponto B ao instrumento. (Dados: sen (22°) = 0,37; cos (22°) = 0,93; sen (44°) = 0,70; cos (44°) = 0,72; sen (88°) = 0,99; cos (88°) = 0,03. As direções AB e AC são perpendiculares entre si.)

a) Usando a figura acima como referência, desenhe em seu caderno, com linhas cheias, os raios de luz que, partindo do objeto que está em B, atingem o olho do observador – um atravessa o espelho E_1 e o outro é refletido por E_2 no ponto C. Suponha que ambos cheguem ao olho do observador paralelos e superpostos.

b) Desenhe, com linhas tracejadas, o trajeto aproximado de um raio de luz que parte do objeto em B', incide em C e é refletido por E_2.

c) Com o objeto em um ponto B específico, o ângulo β foi ajustado em 44°, para que os raios cheguem ao olho do observador paralelos e superpostos. Nessa condição, determine o valor do ângulo γ entre as linhas AB e BC.

d) Com AC = 10 cm, determine o valor de AB.

20. (Fatec-SP) Um observador encontra-se à beira de um pequeno lago de águas bem limpas, no qual se encontra imerso um peixe.

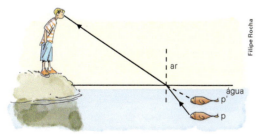

Podemos afirmar que esse observador:
a) não poderia ver esse peixe em hipótese alguma, uma vez que a água sempre é um meio opaco e, portanto, a luz proveniente do peixe não pode jamais atingir o olho do observador.

b) poderá não enxergar esse peixe, dependendo das posições do peixe e do observador, devido ao fenômeno da reflexão total da luz.

c) enxergará esse peixe acima da posição em que o peixe realmente está, qualquer que seja a posição do peixe, devido ao fenômeno da refração da luz.

d) enxergará esse peixe abaixo da posição em que o peixe realmente está, qualquer que seja a posição do peixe, devido ao fenômeno da refração da luz.

e) enxergará esse peixe na posição em que o peixe realmente está, qualquer que seja a posição do peixe.

21. (Ufscar-SP) Durante o dia, uma pessoa dentro de casa olha através do vidro de uma janela e enxerga o que está do lado de fora. À noite, a pessoa olha através da mesma janela e enxerga sua imagem refletida pelo vidro, não enxergando o que está do lado de fora. Assinale a alternativa que melhor explica a situação descrita.

a) O índice de refração da luz no meio externo à janela é maior à noite do que durante o dia.

b) O índice de refração da luz no meio externo à janela é menor à noite do que durante o dia.

c) Durante o dia, a luz que atravessa o vidro da janela, proveniente dos objetos localizados no exterior da casa, é muito mais intensa que a luz refletida pelo vidro da janela, proveniente dos objetos no interior da casa.

d) Durante o dia, a polarização da luz no vidro da janela é positiva e permite que se enxergue o lado de fora.

e) Durante a noite, a polarização da luz no vidro da janela é negativa e não permite que se enxergue o lado de fora.

22. (Vunesp-SP) A figura adiante mostra a trajetória de um raio de luz, dirigindo-se do ar para o vidro, juntamente com a reprodução de um transferidor, que lhe permitirá medir os ângulos de incidência e de refração.

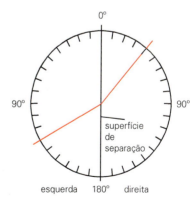

a) De que lado está o vidro, à direita ou à esquerda da superfície de separação indicada na figura? Justifique.

b) Determine, com o auxílio das informações a seguir, o índice de refração do vidro em relação ao ar.

Exercícios finais

α	sen α
30°	0,500
40°	0,643
50°	0,766
60°	0,866

23. (Fuvest-SP) Um tanque de paredes opacas, base quadrada e altura $h = 7$ m contém um líquido até a altura $y = 4$ m. O tanque é iluminado obliquamente, como mostra a figura.

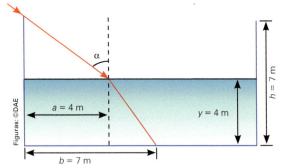

Observa-se uma sombra de comprimento $a = 4$ m na superfície do líquido e uma sombra de comprimento $b = 7$ m no fundo do tanque.

a) Calcule o seno do ângulo de incidência α (medido em relação à normal à superfície do líquido).

b) Supondo que o índice de refração do ar seja igual a 1, calcule o índice de refração do líquido.

24. (ITA-SP) Uma gaivota pousada na superfície da água, cujo índice de refração em relação ao ar é $n = 1,3$, observa um peixinho que está exatamente abaixo dela, a uma profundidade de 1,0 m. Que distância, em linha reta, deverá nadar o peixinho para sair do campo visual da gaivota?

a) 0,84 m
b) 1,2 m
c) 1,6 m
d) 1,4 m
e) O peixinho não conseguirá fugir do campo visual da gaivota.

25. (Vunesp-SP) Observe a tabela.

Substância líquida (ordem alfabética)	Massa específica (g/cm³)	Índice de refração em relação ao ar
água	1,00	1,33
dissulfeto de carbono	1,26	1,63

Volumes iguais desses dois líquidos foram colocados cuidadosamente em um recipiente cilíndrico de grande diâmetro, mantido em repouso sobre uma superfície horizontal, formando-se duas camadas distintas, I e II, de mesma altura, conforme a figura.

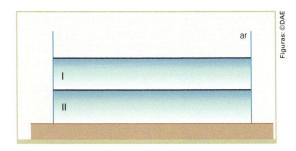

a) Qual dessas substâncias forma a camada I? Justifique sua resposta.

b) Um raio de luz incide com ângulo $i > 0°$ num ponto da superfície do líquido I e se refrata sucessivamente, nas duas superfícies de separação, atingindo o fundo do recipiente. Copie a figura e esboce qualitativamente a trajetória desse raio, desde o ar até o fundo do recipiente.

26. (Unicamp-SP) Considere um lápis enfiado na água, um observador com seu olho esquerdo E na vertical que passa pelo ponto P na ponta do lápis e seu olho direito D no plano do lápis e de E.

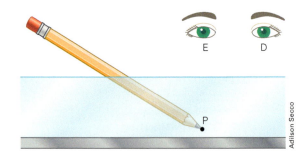

a) Reproduza a figura e desenhe os raios luminosos que saem da extremidade P e atingem os dois olhos do observador.

b) Marque a posição da imagem de P vista pelo observador.

27. (ITA-SP) Um prisma de vidro, de índice de refração $n = \sqrt{2}$, tem por secção normal um triângulo retângulo isósceles ABC no plano vertical. O volume de secção transversal ABD é mantido cheio de um líquido de índice de refração $n' = \sqrt{3}$. Um raio incide normalmente à face transparente da parede vertical BD e atravessa o líquido.

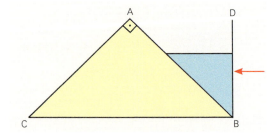

Considere as seguintes afirmações:
I. O raio luminoso não penetrará no prisma.
II. O ângulo de refração na face AB é de 45°.
III. O raio emerge do prisma pela face AC com ângulo de refração de 45°.
IV. O raio emergente definitivo é paralelo ao raio incidente em BD.

Das afirmativas mencionadas, é (são) correta(s):
a) Apenas I.
b) Apenas I e IV.
c) Apenas II e III.
d) Apenas III e IV.
e) II, III e IV.

28. (Fuvest-SP) Dois sistemas ópticos, D_1 e D_2, são utilizados para analisar uma lâmina de tecido biológico a partir de direções diferentes. Em uma análise, a luz fluorescente, emitida por um indicador incorporado a uma pequena estrutura, presente no tecido, é captada, simultaneamente, pelos dois sistemas, ao longo das direções tracejadas. Levando-se em conta o desvio da luz pela refração, dentre as posições indicadas, aquela que poderia corresponder à localização real dessa estrutura no tecido é:

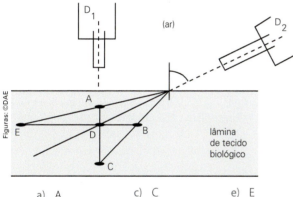

a) A
b) B
c) C
d) D
e) E

29. (Fuvest-SP) Um jovem pesca em uma lagoa de água transparente, utilizando, para isto, uma lança. Ao enxergar um peixe, ele atira sua lança na direção em que o observa. O jovem está fora da água e o peixe está 1 m abaixo da superfície. A lança atinge a água a uma distância $x = 90$ cm da direção vertical em que o peixe se encontra, como ilustra a figura.

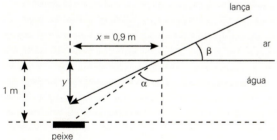

Para essas condições, determine: (Dados: índice de refração do ar = 1; índice de refração da água = 1,3; lei de Snell: $\dfrac{v_1}{v_2} = \dfrac{\operatorname{sen}\theta_1}{\operatorname{sen}\theta_2}$)

a) O ângulo α, de incidência na superfície da água, da luz refletida pelo peixe.
b) O ângulo β que a lança faz com a superfície da água.
c) A distância y, da superfície da água, em que o jovem enxerga o peixe.

ângulo θ	sen θ	tg θ
30°	0,50	0,58
40°	0,64	0,84
42°	0,67	0,90
53°	0,80	1,33
60°	0,87	1,73

30. (UFPE) Um estudante decide medir o índice de refração de um bloquinho (paralelepípedo), feito de um cristal de rocha, usando um apontador a *laser*. Em um ambiente na penumbra, ele faz o *laser* incidir obliquamente na superfície superior do bloquinho, rente a uma das faces verticais. Os raios, incidente e refratado, estão indicados na figura.

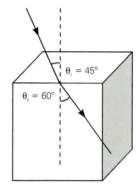

Calcule o índice de refração do material.
a) 1,2
b) 1,3
c) 1,4
d) 1,5
e) 1,6

31. (Vunesp-SP) Na figura, estão representados um prisma retangular, cujos ângulos da base são iguais a 45°, um objeto AB e o olho de um observador. Devido ao fenômeno da reflexão total, os raios de luz provenientes do objeto são refletidos na base do prisma, que funciona como um espelho plano.

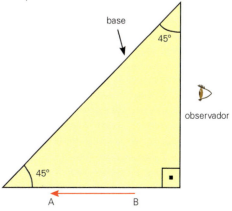

Exercícios finais

Assinale a alternativa que melhor representa a imagem A'B', vista pelo observador.

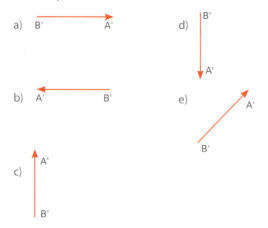

32. (UFSC) Um ladrão escondeu um objeto roubado (suponha que este seja pontual) no fundo de um lago raso, com 23 cm de profundidade. Para esconder o objeto, o ladrão pôs na superfície da água, conforme a figura a seguir, um disco de isopor de raio R. Calcule, em cm, o raio mínimo R para que o objeto não seja visto por qualquer observador fora do lago. Tome o índice de refração da água do lago, em relação ao ar, como $\frac{\sqrt{10}}{3}$ e suponha a superfície do lago perfeitamente plana.

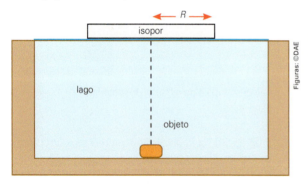

33. A figura representa um prisma de acrílico visto de cima e um raio luminoso que incide sobre sua face AB.

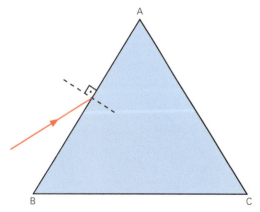

O formato desse prima é o de um triângulo equilátero e o material de que ele é feito tem índice de refração absoluto igual a $\sqrt{3}$. O sistema encontra-se imerso no ar, cujo índice de refração vale 1. O ângulo de incidência sobre a face é de 60° com a normal.
Determine o ângulo formado pelo raio refratado nessa face, o ângulo formado por esse raio com a face AC, e descreva sua trajetória após incidir na face AC.

34. (Fuvest-SP) Uma fibra ótica é um guia de luz, flexível e transparente, cilíndrico, feito de sílica ou polímero, de diâmetro não muito maior que o de um fio de cabelo, usado para transmitir sinais luminosos a grandes distâncias, com baixas perdas de intensidade.

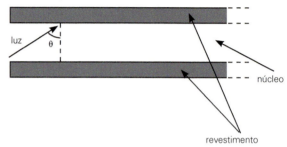

A fibra óptica é constituída de um núcleo, por onde a luz se propaga, e de um revestimento, como esquematizado na figura acima (corte longitudinal). Sendo o índice de refração do núcleo 1,60 e o do revestimento 1,45, o menor valor do ângulo de incidência θ do feixe luminoso, para que toda a luz incidente permaneça no núcleo, é, aproximadamente:

a) 45°
b) 50°
c) 55°
d) 60°
e) 65°

Dados		
θ (graus)	sen θ	cos θ
25	0,42	0,91
30	0,50	0,87
45	0,71	0,71
50	0,77	0,64
55	0,82	0,57
60	0,87	0,50
65	0,91	0,42
$n_1 \cdot \text{sen } \theta_1 = n_2 \cdot \text{sen } \theta_2$		

PROBLEMA ABERTO

O homem invisível

Nesta atividade, você terá a oportunidade de refletir sobre a existência da invisibilidade.

Parte I – A invisibilidade na literatura, em histórias em quadrinhos e no cinema

O escritor britânico H. G. Wells (1866-1946) é o autor do livro *O homem invisível*, que será o tema deste problema aberto (ver figura a seguir). Publicado em 1897, o livro narra a história do cientista Jack Griffin, que desvenda o segredo da invisibilidade e consegue elaborar um composto químico para alcançar seu intento.

Capa do livro *O homem invisível*.

– É bastante simples – e bastante verossímil – disse Griffin, pondo de lado o guardanapo e apoiando a cabeça invisível em uma mão invisível. [...] Descobri o princípio em Chesilstowe. [...] Fui para lá, quando deixei Londres. Sabe que abandonei a medicina para dedicar-me à física? Não? Bem, foi o que fiz. A luz me fascinava. [...] Mas comecei a trabalhar – como um escravo. E mal tinha começado a trabalhar e a pensar no assunto, apenas seis meses, quando, de repente, a luz atravessou uma das malhas, subitamente ofuscante! Descobri um princípio geral de pigmentos e refração – uma fórmula, uma expressão geométrica envolvendo quatro dimensões. [...] Mas aquele não era um método, era uma ideia que poderia levar a um método, através do qual seria possível, sem modificar qualquer outra propriedade da matéria – exceto as cores, em alguns casos – baixar o índice de refração de uma substância, sólida ou líquida, para o do ar – visando todos os propósitos.

WELLS, H. G. *O homem invisível*. Rio de Janeiro: Francisco Alves, 1985. p. 140-141.

1. O personagem cientista discute a possibilidade de obter a invisibilidade dos corpos por meio da manipulação de uma propriedade física dos materiais. Copie no caderno a frase em que essa ideia é apresentada e discuta como o fenômeno aconteceria.

2. Cite outros personagens da literatura, do cinema, de desenhos animados ou dos quadrinhos que são invisíveis ou utilizam o artifício da invisibilidade. Depois, pesquise e discuta como cada autor explica a origem da invisibilidade de seu personagem.

Questões e investigações

Parte II – Produzindo uma garrafa invisível

Agora, a proposta é tornar um objeto invisível. Para esta atividade, seu grupo poderá usar apenas os materiais listados a seguir.

MATERIAIS
- Garrafa de vidro pequena e lisa
- Copo de vidro liso
- Água
- Glicerina

Leia a proposta do doutor Griffin, no trecho apresentado a seguir, e discuta com seu grupo como resolver o problema.

[...] Mas considere: a visibilidade depende da ação dos corpos visíveis sobre a luz. Ou um corpo absorve a luz ou a reflete, ou então faz tudo isso. Se ele não reflete, refrata nem absorve a luz, não pode, por si só, ser visível. [...] Alguns tipos de vidro seriam mais visíveis do que outros, uma caixa de cristal seria mais reluzente do que uma caixa de vidro de janela comum. Uma caixa de vidro comum muito fino seria difícil de ver em pouca luz, porque não absorveria quase nenhuma luz e refrataria e refletiria muito pouca. E se se pusesse uma placa de vidro branco na água, ou mais ainda, se se usasse algum líquido mais denso que a água, ela desapareceria quase totalmente, porque a luz que passaria da água para o vidro seria apenas levemente refratada ou refletida, ou, na verdade, afetada de qualquer forma. Seria quase tão invisível quanto o são o gás de carbono ou o hidrogênio no ar. E precisamente pela mesma razão!

WELLS, H. G. *O homem invisível*. Rio de Janeiro: Francisco Alves, 1985. p. 142-143.

Como construir uma garrafa invisível? Após o desenvolvimento experimental, explique fisicamente como se dá esse processo.

INVESTIGUE VOCÊ MESMO

Caleidoscópio

Caleidoscópio é o artefato óptico que usa a associação de espelhos para formar um arranjo de múltiplas imagens simétricas. Seu nome tem origem no grego *kalós* (belo) + *eidos* (forma) + *skopêin* (olhar), ou seja, olhar formas belas. Vamos construir um caleidoscópio para entender por que esse instrumento recebeu esse nome?

MATERIAIS

▸ Três espelhos planos retangulares pequenos, todos com mesmo tamanho
▸ Papel vegetal
▸ Papel *color set* preto
▸ Canudos para refrigerante de várias cores ou miçangas coloridas e de formatos diversos
▸ Fita adesiva
▸ Tesoura
▸ Transferidor
▸ Compasso

Filipe Rocha

ROTEIRO E QUESTÕES

Antes de montar o caleidoscópio, vamos investigar as imagens formadas entre dois espelhos planos.

1. Quantas imagens são formadas ao associar espelhos planos?

PARTE I – INTRODUÇÃO

▸ Faça um ângulo de 90º com dois espelhos planos.
▸ Coloque uma miçanga ou um pedacinho de canudo em uma posição equidistante de ambos os espelhos.

1. O que você observou?

2. Como você explica esse fenômeno? Lembre-se de que a imagem formada por um espelho plano tem a mesma distância do objeto e pode ser representada "atrás" ou "dentro" do espelho. Faça um desenho em seu caderno para explicar a observação.

3. Agora, faça um ângulo de 45º entre os espelhos. O que aconteceu?

4. A partir das observações realizadas, você consegue elaborar uma equação que relacione o ângulo entre dois espelhos planos e o número de imagens produzidas?

5. Será que essa equação é válida para qualquer ângulo? Faça as contas e os testes para outros ângulos: 180°, 120°, 72° e 40°, sem mudar a posição do objeto. Descreva o que você observou.

PARTE II – CALEIDOSCÓPIO

Agora que você é um especialista na multiplicação de imagens, vamos montar o caleidoscópio.

▸ Com a fita adesiva, faça uma prisma regular a partir da união dos três espelhos. As faces espelhadas devem ficar voltadas para o interior da montagem.
▸ Com um pedaço de papel vegetal, tampe uma das extremidades da montagem.
▸ Corte as pontas do canudos para formar pequenos anéis, ou selecione algumas miçangas variadas, e coloque esse material colorido dentro do prisma.
▸ Com um pedaço de papel *color set* preto, tampe a outra extremidade da montagem.
▸ Faça um pequeno furo na tampa de papel preto e olhe pelo orifício para admirar as imagens formadas.

Câmara escura

MATERIAIS

- Papel *color set* preto
- Papel vegetal
- Tesoura
- Cola
- Fita-crepe
- Alfinete

ROTEIRO

Na câmara escura, as imagens são projetadas de ponta-cabeça. Será que é sempre assim?

- Prepare duas caixas de papel *color set* preto, conforme as dimensões das imagens a seguir, que apresentam o modelo das caixas interna (menor) e externa (maior) e da tampa de papel vegetal.

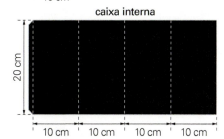

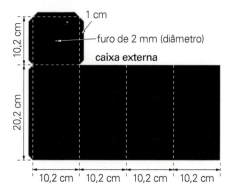

Modelo para confecção das partes da montagem experimental.

- Dobre as linhas tracejadas e cole as bordas. No centro do fundo da caixa maior, faça um furo com alfinete. Com um quadrado de papel vegetal, nas dimensões indicadas, faça um fundo para a caixa interna e cole. Se necessário, utilize a fita-crepe para vedar qualquer entrada de luz e tenha cuidado para não deixar frestas, depois de finalizar a montagem.

Uma caixa deverá encaixar na outra, conforme a imagem a seguir.

Arranjo experimental.

- Com a câmara pronta, procure um ambiente escuro e tente observar algum objeto iluminado (uma vela, por exemplo). Deslize uma caixa dentro da outra para controlar a nitidez das imagens projetadas.

277

Luz e imagem   Capítulo 10

CAPÍTULO 11
ESPELHOS ESFÉRICOS, LENTES E INSTRUMENTOS ÓPTICOS

1. Espelhos esféricos e a reflexão da luz

No capítulo anterior, tratamos dos espelhos planos, mas sabemos que nem todos são assim (Figura 11.1).

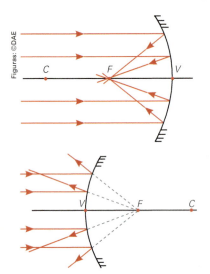

Figura 11.1: Espelho usado na porta traseira dos ônibus ou na vigilância de portarias e garagens.

Figuras 11.5 e 11.6: Representação de raios paralelos incidindo em um espelho côncavo e em um convexo. No primeiro caso, a convergência dos raios se dá em um foco real e, no segundo caso, em um foco virtual.

As superfícies com formato esférico, lisas e espelhadas formam os chamados **espelhos esféricos**. Quando a superfície **externa** é refletora, o espelho é denominado **convexo**; quando a reflexão ocorre na superfície **interna**, o espelho é chamado **côncavo** (Figuras 11.2 e 11.3).

Os principais elementos que definem um espelho esférico são o **vértice** (**V**), o **centro de curvatura** (**C**), o **raio da esfera** (**R**), o **ângulo** (α) (que mensura a abertura do espelho) e o **eixo principal** (a reta que passa pelo centro de curvatura e o vértice) (Figura 11.4).

Experimentalmente, verifica-se que os raios que chegam paralelos aos espelhos côncavos são refletidos em direção a um único ponto (Figuras 11.5 e 11.6). Se esses raios incidem paralelamente ao eixo principal, esse ponto de convergência do feixe é chamado **foco principal** (**F**). No espelho convexo, os raios são espalhados, ou seja, divergem. Porém, percebemos que os prolongamentos dos raios unem-se em um ponto, também chamado foco principal.

Podemos averiguar que o foco de um espelho esférico é localizado na metade do segmento CV (centro de curvatura-vértice). Portanto, matematicamente, temos que a **distância focal** (**f**) é a metade do raio da esfera (R) do espelho:

$$f = \frac{R}{2}$$

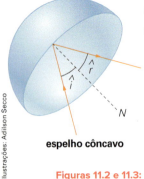
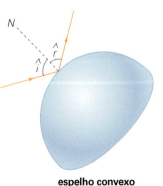

Figuras 11.2 e 11.3: Espelho esférico côncavo e espelho esférico convexo.

Figura 11.4: Elementos de um espelho esférico.

1.1. Raios notáveis para os espelhos esféricos

Pelo princípio da reversibilidade, estudado no capítulo anterior, sabemos que a trajetória de um raio de luz independe do sentido de propagação. Assim, levando em conta os raios que incidem paralelamente ao eixo principal e refletem em uma direção que passa pelo foco, podemos conceber o trajeto inverso: raios que incidem em uma direção que passa pelo foco refletem paralelamente ao eixo principal (Figuras 11.7, 11.8, 11.9 e 11.10).

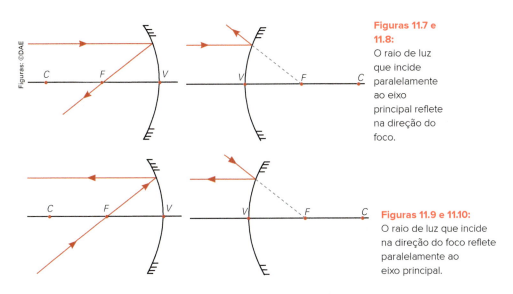

Figuras 11.7 e 11.8: O raio de luz que incide paralelamente ao eixo principal reflete na direção do foco.

Figuras 11.9 e 11.10: O raio de luz que incide na direção do foco reflete paralelamente ao eixo principal.

Se um raio de luz incide na direção do centro de curvatura do espelho esférico, ele incide perpendicularmente à calota esférica, ou seja, sobre a reta normal. Como o ângulo de incidência é nulo ($i = 0°$) e, consequentemente, o ângulo de reflexão também ($r = 0°$), o raio é refletido sobre si mesmo (Figuras 11.11 e 11.12).

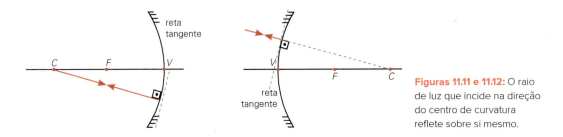

Figuras 11.11 e 11.12: O raio de luz que incide na direção do centro de curvatura reflete sobre si mesmo.

Ao incidir sobre o vértice do espelho esférico, o raio é refletido simetricamente em relação ao eixo principal, pois coincide com a reta normal nesse ponto do espelho (Figuras 11.13 e 11.14).

Esses e outros raios refletidos, cuja direção está associada aos elementos principais de um espelho esférico, são chamados **raios notáveis**.

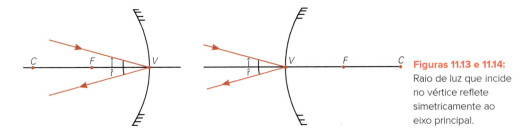

Figuras 11.13 e 11.14: Raio de luz que incide no vértice reflete simetricamente ao eixo principal.

Espelhos esféricos, lentes e instrumentos ópticos **Capítulo 11** 279

CIÊNCIA, TECNOLOGIA, SOCIEDADE E AMBIENTE

Espelhos parabólicos

Vimos que raios de luz que incidem paralelamente em um espelho esférico côncavo convergem para seu foco. Porém, quando o espelho possui uma grande abertura, essa regra deixa de ser válida, pois ocorre um fenômeno chamado **aberração esférica**, no qual os raios refletidos não convergem para um único ponto, e sim para determinada região (Figura 11.15). Isso não acontece com os espelhos parabólicos, nos quais os raios paralelos incidentes convergem para o foco, independentemente de sua abertura (Figura 11.16).

Nas antenas parabólicas residenciais, as ondas de radiofrequência chegam paralelas ao seu eixo principal e convergem para o foco. A superfície apresenta reflexão difusa para a luz visível, mas funciona como se fosse uma superfície polida para as ondas de rádio. Alguns fornos solares também funcionam dessa maneira, ou seja, convergem os raios solares para o foco principal, onde é colocada a panela com o alimento que se deseja preparar (Figuras 11.19, 11.20 e 11.21).

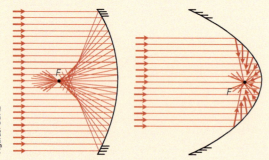

Figuras 11.15 e 11.16: Representação da aberração da luz em um espelho esférico e da reflexão de um feixe de luz em um espelho parabólico.

Os espelhos parabólicos são comuns em nosso cotidiano, podendo ser encontrados em holofotes, faróis e antenas de recepção. Nos dois primeiros casos, uma pequena lâmpada é colocada no foco do espelho, e, quando é ligada, seus raios de luz incidem no espelho e refletem paralelamente ao eixo principal, para que se obtenha uma iluminação intensa e direta (Figuras 11.17 e 11.18).

Figuras 11.17 e 11.18: faróis e holofotes utilizam espelhos com forma aproximadamente parabólica em sua estrutura.

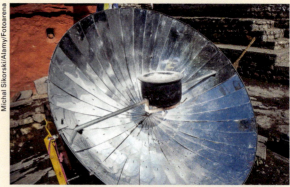

Figuras 11.19, 11.20 e 11.21: Antena parabólica residencial, forno solar no Nepal, e radiotelescópio de Arecibo, em Porto Rico, com 305 m de diâmetro.

1.2. Construção de imagens para os espelhos esféricos

Agora que conhecemos os raios notáveis, podemos compreender a formação de imagens nos espelhos esféricos. É comum classificá-las de acordo com a **natureza** (real ou virtual), o **sentido** (se direita ou invertida em relação ao objeto) e o **tamanho** (se maior, menor ou igual ao objeto).

Para determinar a imagem conjugada por um espelho esférico de um objeto colocado sobre seu eixo principal, traçam-se pelo menos dois raios notáveis a partir da extremidade. Nos esquemas, é comum representar um espelho esférico como um plano vertical com as extremidades inclinadas, para indicar se é côncavo ou convexo. Essa estratégia é adotada para elaborar imagens mais precisas segundo as condições de nitidez.

Vamos analisar inicialmente os espelhos convexos. Quando colocamos um objeto na frente de um **espelho convexo**, independentemente de sua posição, a imagem conjugada sempre será **menor** que o objeto, **direita** e **virtual**, pois é formada pelo prolongamento dos raios refletidos. Assim como nos espelhos planos, a imagem parece formada "atrás", ou "dentro", do espelho (Figuras 11.22 e 11.23).

> **Explorando o assunto**
>
> Pegue uma colher ou concha para sopa. Aproxime e afaste a face convexa dela de seu rosto. Quanto mais polida e menos riscada estiver a superfície do talher, mais nítidos serão os efeitos. Observe e descreva o que você vê.

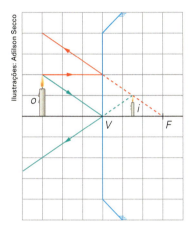

Figuras 11.22 e 11.23: A imagem conjugada por um espelho convexo é sempre virtual, direita e menor que o objeto.

No **espelho côncavo**, a imagem formada depende da posição em que o objeto está localizado em relação ao espelho. Caso ele seja colocado **entre o foco e o vértice**, a imagem produzida será **virtual**, **direita** e **maior** que esse objeto (Figuras 11.24 e 11.25).

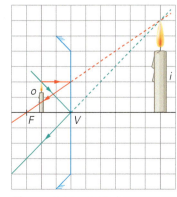

Figuras 11.24 e 11.25: A imagem conjugada por um espelho côncavo, para um objeto colocado entre o foco e o vértice, é virtual, direita e maior.

> **Explorando o assunto**
>
> Vamos utilizar novamente a colher, mas agora a face côncava. Primeiro, coloque a ponta de seu nariz bem próximo da superfície do talher e observe a imagem formada. Em seguida, afaste-a lentamente e observe o que acontece com a imagem. Descreva o que você vê.

Espelhos esféricos, lentes e instrumentos ópticos Capítulo 11

A situação muda quando a posição do objeto é modificada. Quando ele é colocado **entre o foco e o centro de curvatura**, a imagem fica **invertida**, porém **maior** que o objeto, mais distante do espelho (adiante do centro de curvatura), e sua natureza passa a ser classificada como **real**, pois é formada pelo cruzamento efetivo dos raios de luz (Figura 11.26).

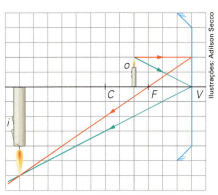

Figura 11.26: A imagem conjugada por um espelho côncavo, para um objeto colocado entre o foco e o centro de curvatura, é real, invertida e maior. Além disso, pode ser projetada em um anteparo, conforme mostrado na fotografia ao lado.

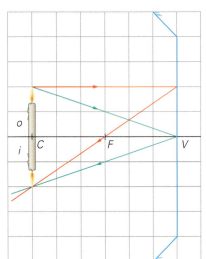

Quando afastamos o objeto mais um pouco e o posicionamos **sobre o centro de curvatura**, é produzida uma imagem de **mesmo tamanho** que o objeto, **invertida** e **real**, localizada sob ele (Figura 11.27).

E o que acontece quando afastamos o objeto um pouco mais? Quando o posicionamos **depois do centro de curvatura**, a imagem será **menor**, **invertida** e **real**, localizada entre o foco e o centro de curvatura (Figura 11.28).

Para finalizar, vejamos o que acontece quando o objeto está posicionado **sobre o foco**: nesse caso, não ocorre cruzamento dos raios de luz refletidos; portanto, não há formação de imagem, situação chamada **imagem imprópria** (Figura 11.29).

Figura 11.27: A imagem conjugada por um espelho côncavo, para um objeto colocado sobre o centro de curvatura, é real, invertida e de mesmo tamanho do objeto.

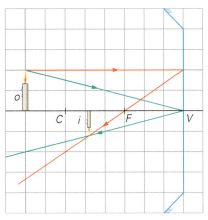
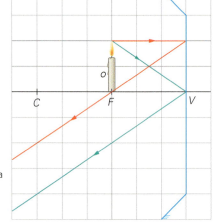

Figura 11.28: A imagem conjugada por um espelho côncavo, para um objeto além do centro de curvatura, é real, invertida e menor.

Figura 11.29: A imagem é chamada imprópria quando o objeto está localizado sobre o foco de um espelho côncavo.

1.3. Referencial e equação de Gauss para os espelhos esféricos

Na seção anterior, analisamos a formação de imagens nos espelhos esféricos por meio da construção gráfica. Agora, vamos avaliar as características das imagens formadas utilizando as equações dos espelhos esféricos. Para isso, precisamos definir algumas variáveis e estabelecer uma convenção de sinais.

Na Figura 11.30, o objeto AB, localizado antes do centro de curvatura (C) de um espelho côncavo, forma uma imagem A'B', **real**, **invertida** e **menor** que o objeto, localizada entre o centro de curvatura e o foco (F).

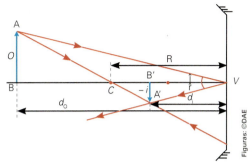

Figura 11.30:
Formação de imagem pelo espelho côncavo.

> **LEMBRETE:**
> Apesar de utilizarmos os termos "distância" e "tamanho" para determinar algumas características do objeto e da imagem, essas grandezas são as posições (abscissas e ordenadas) do objeto e da imagem em um plano cartesiano. Para a manipulação correta dessas variáveis, devemos admitir as seguintes convenções de sinais:
> - a distância entre o objeto e o espelho (d_o) é sempre **positiva**;
> - a distância entre a imagem e o espelho (d_i) é **positiva** para **imagens** reais e **negativa** para **imagens virtuais**;
> - a altura do objeto (o) é sempre **positiva**;
> - a altura da imagem (i) é **positiva** se tem o mesmo sentido do objeto e **negativa** se está invertida em relação a ele;
> - a distância focal (f) é **positiva** para **espelhos côncavos** e **negativa** para **espelhos convexos**.

Em situações similares a essa, chamaremos de d_o a distância entre o objeto e o espelho, e de d_i a distância entre a imagem conjugada e o espelho. Essas distâncias são medidas a partir de um eixo horizontal traçado sobre o eixo principal. As variáveis **o** e **i** fornecem a altura do objeto e da imagem, respectivamente, medidas a partir de um eixo vertical, traçado perpendicularmente ao eixo principal e sobre o vértice do espelho.

Relacionando essas grandezas, obtemos duas expressões:

- a **equação de Gauss**, que relaciona as grandezas do eixo horizontal com o foco do espelho:

$$\frac{1}{f} = \frac{1}{d_o} + \frac{1}{d_i}$$

- o **aumento linear (A)**, definido pela razão entre o tamanho da imagem e o tamanho do objeto:

$$A = \frac{i}{o} = -\frac{d_i}{d_o}$$

Com relação ao aumento linear, podemos fazer a seguinte análise: $|A| > 1$ significa que a imagem é ampliada ($|i| > |o|$); quando $|A| < 1$, ocorre a redução da imagem ($|i| < |o|$).

Quanto à orientação da imagem em relação ao objeto, quando $A > 0$, a imagem é direita; quando $A < 0$, a imagem é invertida.

Por dentro do conceito

Equações dos espelhos esféricos

Para a dedução das expressões dos espelhos esféricos, considere novamente a figura 11.30. Note que os triângulos ABV e A'B'V são semelhantes. Portanto, podemos escrever:

$$\frac{AB}{AV} = \frac{A'B'}{A'V}$$

A medida AB corresponde à altura do objeto o e A'B' à da imagem i, que por terem sentidos contrários devemos respeitar a convenção de sinais e representar a imagem por $-i$. Já as medidas AV e A'V correspondem às posições do objeto e da imagem em relação ao vértice do espelho; serão chamadas de d_o e d_i. Então, vamos reescrever a expressão acima com a seguinte notação:

$$\frac{AB}{AV} = \frac{A'B'}{A'V} \Rightarrow \frac{-i}{d_i} = \frac{o}{d_o} \Rightarrow \frac{d_i}{d_o} = \frac{-i}{o}$$

Agora, voltemos à figura para analisar os triângulos ABC e A'B'C. Esses dois triângulos também são semelhantes, então podemos afirmar que:

$$\frac{A'B'}{AB} = \frac{B'C}{BC} \quad (I)$$

Observe novamente a figura e note que:

$$B'C = R - d_i \quad e \quad BC = d_o - R$$

Como sabemos que $f = \frac{R}{2}$, ou seja, $R = 2 \cdot f$, podemos reescrever as expressões acima como:

$$B'C = 2 \cdot f - d_i \quad e \quad BC = d_o - 2 \cdot f$$

Assim, temos que:

$$\frac{B'C'}{BC} = \frac{2f - d_i}{d_o - 2f} \quad (II)$$

Além disso, já discutimos que:

$$\frac{A'B'}{AB} = \frac{-i}{o} = \frac{d_i}{d_o} \Rightarrow \frac{A'B'}{AB} = \frac{d_i}{d_o} \quad (III)$$

Substituindo (III) e (II) em (I), temos que:

$$\frac{A'B'}{AB} = \frac{B'C'}{BC} \Rightarrow \frac{d_i}{d_o} = \frac{2 \cdot f - d_i}{d_o - 2 \cdot f} \Rightarrow d_i \cdot d_o - 2 \cdot f \cdot d_i = 2 \cdot f \cdot d_o - d_i \cdot d_o \Rightarrow 2 \cdot d_i \cdot d_o =$$

$$= 2 \cdot f \cdot d_i + 2 \cdot f \cdot d_o$$

Dividindo todos os termos por $2 \cdot f \cdot d_i \cdot d_o$, obtemos a equação de Gauss:

$$\frac{1}{f} = \frac{1}{d_o} + \frac{1}{d_i}$$

A convenção de sinais definida anteriormente é dada pela orientação dos eixos horizontais e verticais: o primeiro, no sentido contrário ao da luz incidente, e o segundo, para cima (Figura 11.31)

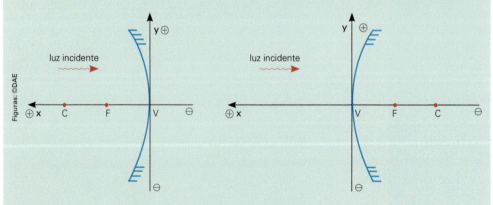

Figura 11.31: Os sinais da equação são definidos pela orientação dos eixos.

Unidade 3 Imagem e som

O cientista na História

Carl Friedrich Gauss

Carl Friedrich Gauss (Figura 11.32) nasceu na Alemanha no dia 30 de abril de 1777, filho de Dorothea e Gerhard Gauss, um homem com pouca instrução que trabalhava como pedreiro, jardineiro e limpador de chaminés.

Inteligente e sagaz, o pequeno Carl já apresentava habilidades em leitura e aritmética básica com apenas 3 anos de idade. Ingressou na escola primária local aos 7 anos e, três anos depois, protagonizou uma das maiores lendas da história da Matemática: durante uma aula, o professor solicitou aos estudantes somarem os 100 primeiros números naturais, e o astuto aluno percebeu que se tratava de uma progressão aritmética e rapidamente apresentou a resposta ao problema: 5050.

Continuou seus estudos contra a vontade do pai, mas com apoio materno. Alguns anos depois, em 1795, ingressou na Universidade de Göttingen e optou por seguir a carreira acadêmica na área de Matemática. Durante sua vida, trouxe grandes contribuições para a Geometria e a Álgebra, por isso ficou conhecido como um dos maiores matemáticos da história da humanidade.

Figura 11.32: Carl Gauss (1777-1855) foi um brilhante matemático que deixou aplicações no campo da Física.

Em 1805, casou-se com Joanne Osthof, com a qual teve dois filhos; infelizmente, sua amada esposa faleceu durante o terceiro parto. Posteriormente, casou-se com Minna Waldeck, com quem teve mais três filhos. Não era tido como pai muito afetuoso, por conta de sua personalidade calada e reservada.

Além da matemática pura, Gauss também se interessou por sua aplicação na Astronomia, dedicando-se e trazendo contribuições ao estudo da gravitação, magnetismo terrestre, óptica e eletromagnetismo. Também inventou um instrumento para levantamento topográfico e defendeu o estabelecimento de um sistema internacional de unidades. Em 1807, foi nomeado diretor do observatório da Universidade de Göttingen, onde se tornou professor de Astronomia e Matemática, permanecendo lá até o final da vida.

Faleceu em 23 de fevereiro de 1855, em consequência da gota, doença que desenvolveu em seus últimos anos de vida.

Exercícios resolvidos

1. Determine graficamente (usando os raios notáveis) a imagem do objeto AB conjugada pelo espelho esférico côncavo E da figura a seguir. O foco F do espelho encontra-se a 50 cm (5 quadradinhos) do vértice V do espelho. Classifique essa imagem.

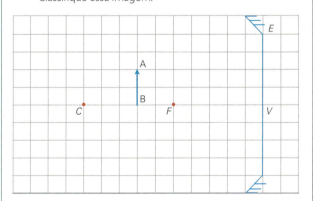

Do ponto extremo A do objeto, traçamos dois raios de luz. Um dos raios incide sobre o espelho paralelamente ao eixo principal e reflete passando pelo foco; o outro incide sobre o vértice do espelho e reflete simetricamente em relação ao eixo. A imagem A' localiza-se onde os raios refletidos se cruzam. A imagem B' estará sobre o eixo, na mesma vertical de A'.

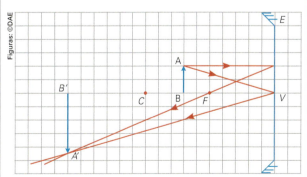

A imagem é real, invertida e maior que o objeto, e localiza-se depois do centro de curvatura.

2. Um garoto de 1,5 m de altura coloca-se sobre o eixo principal de um espelho côncavo, cujo foco está a 5,0 m do vértice. A distância entre o menino e o espelho é de 3,0 m. Determine a posição, a natureza e a altura da imagem conjugada do garoto por esse espelho.

Dados: $d_o = 3{,}0$ m; $f = 5{,}0$ m; $o = 1{,}5$ m.
Substituindo-os na equação de Gauss, encontramos d_i:
$$\frac{1}{f} = \frac{1}{d_o} + \frac{1}{d_i} \Rightarrow \frac{1}{5{,}0} = \frac{1}{3{,}0} + \frac{1}{d_i} \Rightarrow \frac{(3-5)}{15} = \frac{1}{d_i} \Rightarrow$$
$$\Rightarrow -2d_i = 15 \Rightarrow d_i = -7{,}5 \text{ m}$$
A seguir, substituímos na equação do aumento:
$$\frac{i}{o} = -\frac{d_i}{d_o} \Rightarrow \frac{i}{1{,}5} = -\frac{(-7{,}5)}{3{,}0} \Rightarrow i = \frac{7{,}5}{3{,}0} = 2{,}5 \text{ m}$$
Portanto, a imagem do garoto é virtual (atrás do espelho, $d_i < 0$), direita ($i > 0$) e ampliada, e mede 2,5 m.

3. Na frente de um espelho convexo, sobre seu eixo principal e a 2,0 m de seu vértice, é colocado um vaso de 50 cm de altura. Observa-se que a imagem do vaso fica atrás do espelho e é reduzida à metade da altura do vaso. Determine:

a) a posição da imagem do vaso;

Espelhos convexos fornecem imagens sempre virtuais, direitas e menores que os objetos neles refletidos. Assim, tem-se: $o = 50$ cm, $i = 25$ cm e $d_o = 2{,}0$ m $= 200$ cm. Podemos utilizar a equação do aumento:
$$\frac{i}{o} = -\frac{d_i}{d_o} \Rightarrow \frac{25}{50} = \frac{-d_i}{200} \Rightarrow d_i = -100 \text{ cm} = -1 \text{ m}$$

b) a distância focal do espelho.

Substituindo os dados d_o e d_i na equação de Gauss, temos:
$$\frac{1}{f} = \frac{1}{d_o} + \frac{1}{d_i} \Rightarrow \frac{1}{f} = \frac{1}{2{,}0} + \frac{1}{(-1{,}0)} \Rightarrow$$
$$\Rightarrow \frac{1}{f} = \frac{-(1{,}0 - 2{,}0)}{2{,}0} \Rightarrow \frac{1}{f} = -\frac{1{,}0}{2{,}0} \Rightarrow f = -2{,}0 \text{ m}$$

Exercícios propostos

1. Para realizar esta atividade, trace cinco vezes cada um destes esquemas em um papel quadriculado.

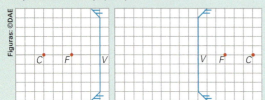

Faça o desenho com cuidado e atenção, respeitando as posições e as proporções indicadas. Uma vez prontos os dez esquemas, cinco para os espelhos côncavos e cinco para os espelhos convexos, posicione em cada um deles os objetos numerados de 1 a 5, conforme indicado a seguir.

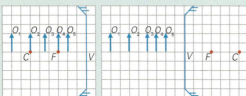

Agora, determine graficamente em cada um dos esquemas a posição e o tamanho da imagem conjugada de cada espelho, traçando os raios notáveis.

2. Um tubo de cola branca de 6,0 cm de altura é colocado de pé sobre o eixo principal de um espelho côncavo de distância focal 20 cm e a 25 cm de seu vértice. Determine todas as características da imagem conjugada desse tubo pelo espelho.

3. A imagem de um abajur colocado próximo ao eixo principal de um espelho convexo é quatro vezes menor que o objeto. O foco do espelho encontra-se a 1,0 m do vértice dele. Quais são as posições do abajur e da imagem?

4. (PUC-SP) Uma flor encontra-se sobre o eixo principal de um espelho convexo, de distância focal, em módulo, igual a 25 cm, e a 25 cm do vértice do espelho. Sendo válidas as condições de Gauss, a posição e a natureza da imagem formada serão, respectivamente:

a) localizadas no infinito e impróprias.
b) localizadas entre o foco e o centro de curvatura, reais e invertidas.
c) localizadas entre o vértice e o foco, virtuais e direitas.
d) localizadas entre o foco e o centro de curvatura, reais e direitas.
e) localizadas entre o vértice e o foco, reais e direitas.

2. Lentes esféricas e a refração da luz

Por serem feitas de vidro ou acrílico, as lentes podem refratar os raios de luz e mudá-los de direção. Contudo, para que possam "consertar" uma imagem sem nitidez, seu formato é fundamental.

As lentes esféricas podem ter ambas as faces côncavas e convexas, ou faces planas combinadas com curvas. Os principais elementos que definem essas lentes são o centro óptico (**O**), os raios de curvatura (**R**) e o eixo óptico (Figura 11.33, na página seguinte).

O comportamento da lente dependerá de sua geometria, assim como da relação entre o índice de refração do material de que é feita e do meio em que está imersa. Em geral, lentes de vidro ou acrílico imersas no ar são **convergentes**, quando possuem **bordas finas**, e **divergentes**, quando apresentam **bordas espessas**. Para as situações trabalhadas neste capítulo, utilizaremos exemplos de lentes delgadas, cuja espessura em relação à sua parte central é desprezível; por isso faremos uma simplificação em sua representação. As lentes serão indicadas por segmentos de retas perpendiculares ao eixo óptico e por setas, direitas ou invertidas, em suas extremidades, para representar as lentes convergentes e divergentes, respectivamente (Figuras 11.34 e 11.35).

Figuras 11.34 e 11.35: Lentes delgadas.

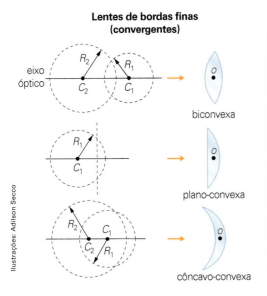

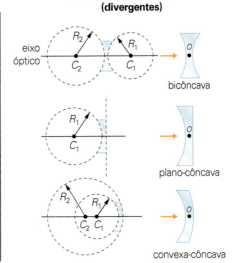

Figura 11.33: A denominação de cada lente é formada pelo nome da face com maior raio de curvatura, seguido pelo da menor.

CIÊNCIA, TECNOLOGIA, SOCIEDADE E AMBIENTE

O vidro

Os povos da Mesopotâmia e do Egito antigo foram uns dos primeiros a fabricar o vidro, tanto incolor quanto colorido, há mais de 5 mil anos. Inicialmente, esse material era utilizado para produzir vasilhas, jarros, recipientes para cosméticos ou perfumes e contas para ornamentos, mas, graças às suas diversas utilidades, muito rápido ele se transformou em elemento fundamental para a sociedade.

As principais características desse versátil material são: transparência, impermeabilidade, baixa condutividade térmica, bom isolamento elétrico, durabilidade e dureza. Sua matéria-prima, a sílica (areia), é abundante na natureza; além disso, trata-se de um material inerte, biologicamente inativo e reciclável.

Com o vidro, é possível produzir lâmpadas, espelhos, janelas e portas transparentes ou translúcidas, lentes para instrumentos ópticos diversos – como óculos, microscópios, lunetas, máquinas fotográficas e projetores – e recipientes de boa qualidade para armazenamento de diversas substâncias e compostos, pelo fato de esse material não agregar odores e ser resistente a algumas reações químicas, como a corrosão (Figura 11.36).

Figura 11.36: Você consegue imaginar nossa sociedade sem o vidro?

Espelhos esféricos, lentes e instrumentos ópticos Capítulo 11 287

2.1. Raios notáveis para as lentes delgadas

É importante salientar que as lentes possuem dois **focos principais**; F_1 e F_2, um para cada uma de suas faces, posto que podem ser usadas de ambos os lados. Os raios de luz que chegam paralelamente ao eixo óptico atravessam as lentes convergentes e são refratados em direção ao foco real (Figuras 11.37 e 11.38).

Figuras 11.37 e 11.38: Nas lentes convergentes, os raios de luz que incidem paralelamente ao eixo óptico convergem na direção dos focos principais.

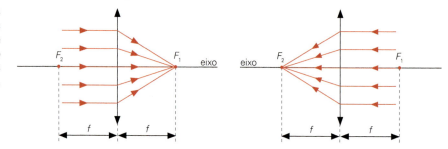

Partindo do princípio da reversibilidade, sabemos que os raios de luz com sentido contrário ao daqueles apresentados na situação anterior também são possíveis. Assim, se o raio incidente passar pelo foco, o raio refratado será paralelo ao eixo óptico da lente (Figuras 11.39 e 11.40).

Figuras 11.39 e 11.40: Nas lentes convergentes, os raios de luz que incidem na direção dos focos principais são refratados paralelamente ao eixo óptico.

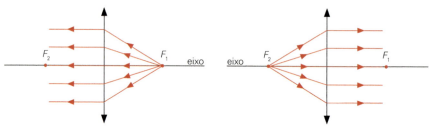

Os mesmos raios notáveis podem ser utilizados na lente divergente. Entretanto, nesse caso, eles não passam efetivamente pelo foco, mas seguem uma direção que passa por ele. Assim, raios de luz que incidem paralelamente ao eixo da lente emergem seguindo uma direção que passa pelo foco virtual (Figuras 11.41 e 11.42).

Figuras 11.41 e 11.42: Nas lentes divergentes, os raios de luz que incidem paralelamente ao eixo óptico divergem na direção dos focos principais.

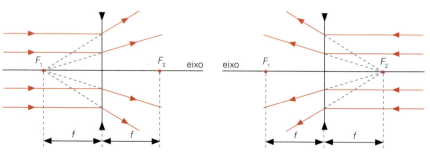

Figuras 11.43 e 11.44: Nas lentes divergentes, os raios de luz que incidem na direção dos focos principais são refratados paralelamente ao eixo óptico.

No sentido contrário, se um raio de luz incide na lente seguindo uma direção que passa pelo foco, ele é refratado paralelamente ao eixo óptico da lente. Note que, na lente convergente, os raios de luz que incidem paralelamente ao eixo principal convergem em direção ao foco, e os raios que passam pelo foco atravessam a lente e emergem paralelos. Já nas lentes divergentes, esse fenômeno ocorre com o prolongamento dos raios (Figuras 11.43 e 11.44).

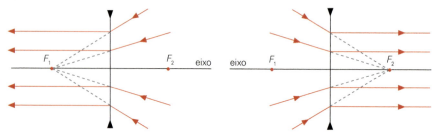

No caso de um raio de luz que passe pelo centro óptico, não ocorre desvio em ambas as lentes (Figuras 11.45 e 11.46).

Outro raio notável é o que incide na direção do **ponto antiprincipal**. Esse ponto é definido como o dobro da distância focal, ou seja, $A_1 = 2F_1$ e $A_2 = 2F_2$. Os raios de luz que incidem na direção de um ponto antiprincipal são refratados seguindo uma direção que passa pelo outro ponto antiprincipal (Figuras 11.47 e 11.48).

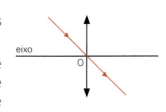

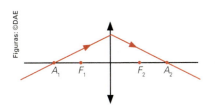
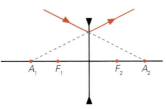

Figuras 11.47 e 11.48: Nas lentes convergentes e divergentes, os raios de luz que incidem na direção do ponto antiprincipal do objeto são refratados em direção ao ponto antiprincipal da imagem.

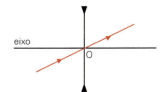

Figuras 11.45 e 11.46: Nas lentes convergentes e divergentes, os raios de luz que incidem no centro óptico não sofrem desvio.

2.2. Construção de imagem para as lentes delgadas

Agora que conhecemos os raios notáveis, podemos investigar a formação de imagens nas lentes esféricas.

Explorando o assunto

Pegue emprestados os óculos de uma pessoa que tem dificuldade para enxergar objetos distantes. Aproxime-os cerca de dois palmos do seu rosto e observe objetos próximos e distantes ao seu redor através das lentes. Descreva as características das imagens que você observou.

Procure também uma lupa ou óculos receitados para pessoas com dificuldade para enxergar de perto. Coloque o instrumento na frente de uma lâmpada, da chama de uma vela ou de uma janela. Aproxime e afaste a lente do objeto até conseguir projetar uma imagem na superfície oposta à sua fonte de luz, como uma mesa, uma parede ou uma folha de papel. Descreva o que você observou.

Quando uma lente divergente é colocada entre um objeto e o observador, a imagem conjugada sempre será menor, direita e virtual, pois é formada pelo prolongamento dos raios luminosos (Figura 11.49).

Quando tratamos das lentes **convergentes**, a imagem formada depende da posição em que o objeto está localizado. Caso ele seja colocado **antes do ponto antiprincipal**, a imagem será **menor**, **invertida** e **real**, e localizada entre o outro foco e o outro ponto antiprincipal. Esse é o tipo de imagem obtida nas máquinas fotográficas. Por tratar-se de uma imagem real, ela pode ser projetada (Figura 11.50).

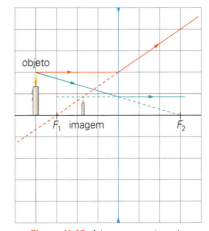

Figura 11.49: A imagem conjugada por uma lente divergente é sempre virtual, direita e menor.

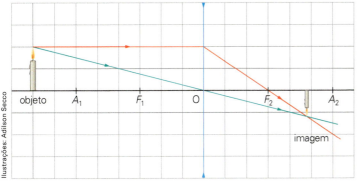

Figura 11.50: Imagem conjugada por uma lente convergente. Para o objeto colocado antes do ponto antiprincipal, a imagem é real, invertida e menor.

Espelhos esféricos, lentes e instrumentos ópticos Capítulo 11

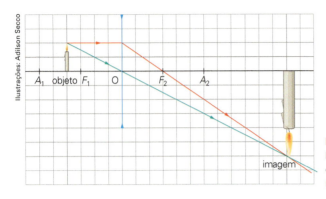

Quando se aproxima o objeto da lente, posicionando-o **entre** o **foco** e o **ponto antiprincipal**, conforme se vê na Figura 11.51, a imagem continua **invertida** e **real**, porém **maior** que o objeto, e localiza-se depois do outro foco. Esse é o tipo de imagem obtido nos projetores de imagem.

Figura 11.51: Imagem conjugada por uma lente convergente. Para o objeto colocado entre o foco e o ponto antiprincipal, a imagem é real, invertida e maior.

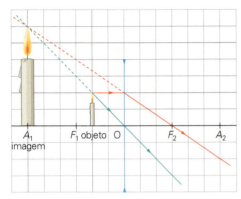

Quando se aproxima ainda mais o objeto da lente, posicionando-o **entre** o **foco** e o **centro óptico**, a imagem formada é **maior**, **direita** e **virtual**, e localizada depois do foco. Esse é o tipo de imagem obtido nas lupas (Figura 11.52).

Figura 11.52: Imagem conjugada por uma lente convergente. Para o objeto colocado entre o foco e o centro óptico, a imagem é virtual, direita e maior.

2.3. Referencial e equação de Gauss para as lentes esféricas

Comparando as abordagens feitas para os espelhos esféricos e as lentes delgadas, é possível notar algumas semelhanças entre o comportamento dos raios de luz refletidos e refratados.

Observe a Figura 11.53.

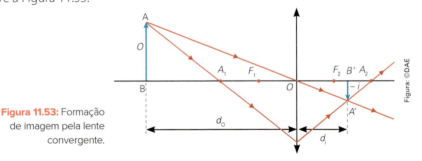

Figura 11.53: Formação de imagem pela lente convergente.

LEMBRETE:
Para a correta utilização dessas fórmulas e interpretação física dos resultados, temos de admitir a seguinte convenção de sinais, na qual:
• a distância entre o objeto e a lente (d_o) é **sempre positiva**;
• a distância entre a imagem e a lente (d_i) é **positiva** para **imagens reais** e **negativa** para **imagens virtuais**;
• a distância focal (f) é **positiva** para lentes **convergentes** e **negativa** para lentes **divergentes**.

Analisando-a, podemos afirmar que:

• o **aumento linear transversal** (**A**) da imagem é dado por:

$$A = \frac{i}{o} = \frac{-d_i}{d_o}$$

• a **equação de Gauss** também é válida:

$$\frac{1}{f} = \frac{1}{d_o} + \frac{1}{d_i}$$

• a **vergência** (**V**) das lentes é:

$$V = \frac{1}{f}$$

Sua unidade de medida é m^{-1} $\left(\frac{1}{m}\right)$ e recebe o nome de **dioptria**, popularmente chamada grau da lente. Então, quando alguém diz que usa óculos com 2 graus, isso significa que suas lentes têm vergência de 2 dioptrias (2 di).

Por dentro do conceito

As equações das lentes esféricas

A convenção para o sinal das lentes é a mesma usada na equação de Gauss. Se a lente é convergente, a distância focal é positiva; portanto, o grau da lente a ser receitada é positivo. Por outro lado, se a lente é divergente, a distância focal é negativa, e o paciente terá uma receita médica para grau negativo.

Já que estamos tratando de óculos, vamos conhecer a equação dos fabricantes de lentes, usada para determinar a distância focal de qualquer lente e, consequentemente, seu grau.

Considere uma lente de faces esféricas com raios de curvatura R_1 e R_2 e constituída de material com índice de refração n_2, imersa em um meio com índice de refração n_1 (Figura 11.54).

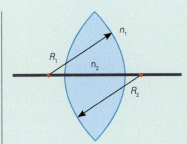

Figura 11.54: Lente esférica biconvexa com indicação dos raios de cada face.

Pode-se calcular a vergência da lente a partir da seguinte relação:

$$V = \frac{1}{f} = \left(\frac{n_2}{n_1} - 1\right) \cdot \left(\frac{1}{R_1} + \frac{1}{R_2}\right)$$

Como em geral: $n_1 = n_{ar} = 1$, então:

$$V = \frac{1}{f} = (n_{lente} - 1) \cdot \left(\frac{1}{R_1} + \frac{1}{R_2}\right)$$

Na equação do fabricante de lentes, a convenção de sinais também é importante: o raio de curvatura **R** é **positivo** quando a face é **convexa** e **negativo** quando a face é **côncava**.

Exercícios resolvidos

1. Determine, graficamente (usando os raios notáveis), a imagem do objeto AB conjugada pela lente convergente da figura a seguir. O foco F da lente encontra-se a 50 cm (5 quadradinhos) de seu centro óptico. Classifique essa imagem.

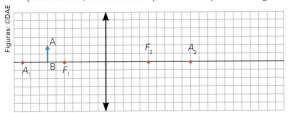

Do ponto extremo A do objeto, traçamos dois dos raios notáveis conhecidos para lentes. Um raio incide sobre a lente paralelamente ao eixo óptico e refrata-se passando pelo foco. O outro incide sobre o centro óptico da lente e refrata-se sem sofrer desvio. A imagem A' de A está onde os raios refletidos se cruzam. A imagem B' estará sobre o eixo, na mesma vertical de A'.

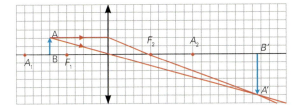

A imagem é real, invertida e maior que o objeto, e localiza-se depois do ponto antiprincipal da lente.

2. Uma garota segura uma lente convergente a 10 cm de um estojo e observa que a imagem dele se forma do mesmo lado do estojo, a 30 cm dela. Determine a distância focal da lente e a relação entre os tamanhos da imagem do estojo e o próprio estojo.

A posição do objeto (estojo) é $d_o = 10$ cm, e a da imagem, $d_i = -30$ cm, pois, quando a imagem se forma do mesmo lado do objeto, ela é virtual e direita.

Aplicando a equação de conjugação, temos:

$$\frac{1}{f} = \frac{1}{d_o} + \frac{1}{d_i}$$

$$\frac{1}{f} = \frac{1}{10} + \frac{1}{(-30)} \Rightarrow \frac{1}{f} = \frac{1}{10} - \frac{1}{30} \Rightarrow \frac{1}{f} = \frac{3-1}{30} \Rightarrow$$

$$\Rightarrow \frac{1}{f} = \frac{2}{30} \Rightarrow f = 15 \text{ cm}$$

A relação entre o tamanho da imagem e do objeto nada mais é do que o aumento linear transversal:

$$A = -\frac{d_i}{d_o} = -\frac{(-30)}{10} = 3$$

3. Sobre o eixo principal de uma lente divergente, de distância focal 25 cm, em valor absoluto, é colocado um objeto de 3,6 cm de altura, a 20 cm do centro óptico dela. Determine a posição, a natureza e o tamanho da imagem conjugada desse objeto pela lente.

Dados: $f = -25$ cm, $o = 3,6$ cm e $d_o = 20$ cm.
Substituindo os dados nas equações de Gauss e do aumento linear:

$$\frac{1}{f} = \frac{1}{d_o} + \frac{1}{d_i}$$

$$\frac{1}{(-25)} = \frac{1}{20} + \frac{1}{d_i} \Rightarrow \frac{1}{d_i} = -\frac{1}{20} - \frac{1}{25} \Rightarrow \frac{1}{d_i} =$$

$$= \frac{-4-5}{100} \Rightarrow \frac{1}{d_i} = -\frac{9}{100} \Rightarrow \frac{d_i}{9} = -\frac{100}{9} \text{ cm}$$

$$A = \frac{i}{o} = -\frac{d_i}{d_o}$$

$$\frac{i}{3,6} = \frac{-\left(-\frac{100}{9}\right)}{20} \Rightarrow \frac{i}{3,6} = \frac{100}{180} \Rightarrow i = 2 \text{ cm}$$

Portanto, a imagem é virtual e direita, mede 2,0 cm e localiza-se a 11,1 cm $\left(\frac{100}{9} \text{ cm}\right)$ da lente.

4. (Unicamp-SP) A figura a seguir representa um feixe de luz paralelo, vindo da esquerda, de 5,0 cm de diâmetro, que passa pela lente A, por um pequeno furo no anteparo P, pela lente B e, finalmente, sai paralelo, com um diâmetro de 10 cm. A distância do anteparo à lente A é de 10 cm.

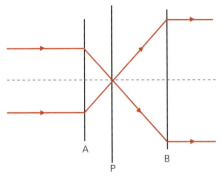

a) Calcule a distância entre a lente B e o anteparo.

Os triângulos formados pelos raios e pelas lentes têm um vértice comum e são semelhantes. Como o feixe incidente tem 5 cm de diâmetro e a lente está a 10 cm do anteparo, o feixe refratado pela segunda lente, tendo diâmetro duas vezes maior, fará com que a segunda lente esteja a uma distância duas vezes maior do anteparo, 20 cm.

b) Determine a distância focal de cada lente (incluindo o sinal negativo no caso de a lente ser divergente).

Os raios que incidem ou se refratam paralelamente ao eixo óptico principal o fazem passando pelo foco da lente. A lente A é convergente, com distância focal de 10 cm; a lente B é convergente, com distância focal de +20 cm.

Exercícios propostos

1. Para realizar esta atividade, trace cinco vezes cada um destes esquemas em um papel quadriculado.

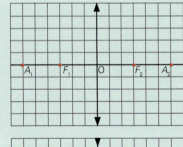

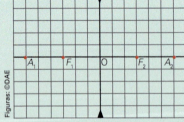

Desenhe com cuidado e atenção, respeitando as posições e as proporções indicadas. Assim, você vai obter dez esquemas, cinco para as lentes convergentes e cinco para as lentes divergentes. Em cada um, você deve posicionar um dos objetos numerados de 1 a 5, conforme indicado a seguir.

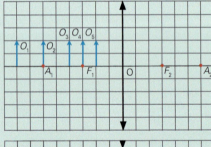

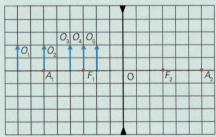

Traçando os raios notáveis, determine graficamente a posição e o tamanho da imagem conjugada pelas lentes em cada um dos esquemas que você desenhou.

2. Em uma lente convergente, um objeto P tem sua imagem conjugada Q sobre o eixo óptico, como mostra a figura a seguir. Caso você queira acender um fósforo usando essa lente, a que distância da lente deve colocá-lo? Suponha

292 Unidade 3 Imagem e som

que em um dia ensolarado os raios solares incidam paralelamente entre si.

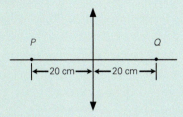

3. (Fuvest-SP) A figura representa uma lente convergente L, com focos F e F', e um quadrado ABCD, situado num plano que contém o eixo da lente. Construa a imagem A'B'C'D' do quadrado, formada pela lente. Use linhas tracejadas para indicar todas as linhas auxiliares utilizadas para construir as imagens. Represente com traços contínuos somente as imagens dos lados do quadrado. Identifique claramente as imagens A', B', C' e D' dos vértices.

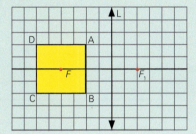

4. (Cesgranrio-RJ) Uma lente biconvexa é imersa em dois líquidos, A e B, comportando-se ora como lente convergente, ora como lente divergente, conforme indicam as figuras a seguir.

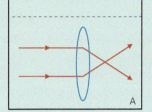
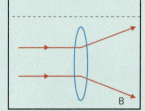

Sendo n_A, n_B e n_C os índices de refração do líquido A, do líquido B e da lente, respectivamente, então é correto afirmar que:

a) $n_A < n_B < n_C$
b) $n_A < n_C < n_B$
c) $n_B < n_A < n_C$
d) $n_B < n_C < n_A$
e) $n_C < n_B < n_A$

5. (PUCC-SP) Um objeto real é disposto perpendicularmente ao eixo principal de uma lente convergente, de distância focal 30 cm. A imagem obtida é direita e duas vezes maior que o objeto. Nessas condições, a distância entre o objeto e a imagem, em cm, vale:

a) 75
b) 45
c) 30
d) 15
e) 5

3. Instrumentos ópticos

Agora que já exploramos como os espelhos e as lentes formam imagens, vamos conhecer a aplicação prática da Física em alguns instrumentos ópticos.

3.1. Lupa ou microscópio simples

Conhecida popularmente como lente de aumento, a lupa é composta de apenas uma lente convergente. Ela é muito usada por joalheiros para verificar e analisar pedras preciosas e, na vida cotidiana, para aumentar o tamanho de letras pequenas (Figura 11.55).

Observe na Figura 11.56 que, para a correta utilização de um microscópio simples, o objeto deve se encontrar entre o foco e o centro óptico da lente.

Figura 11.55: A lupa é um instrumento óptico de ampliação.

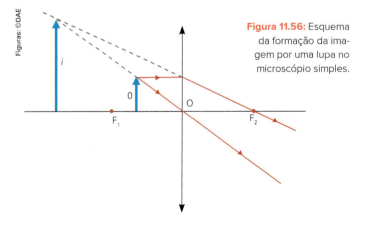

Figura 11.56: Esquema da formação da imagem por uma lupa no microscópio simples.

Figura 11.57: O controle da abertura do diafragma pode ser manual ou automático. A função do dispositivo é controlar a intensidade de luz.

3.2. Máquina fotográfica e projetor

A palavra "fotografia" tem origem no grego *fós* ("luz") e *grafis* ("desenho" ou "pincel"), ou seja, significa desenho feito com a luz. Por terem funcionamento semelhante, podemos chamar as máquinas fotográficas de câmaras escuras modernas. A entrada da luz é feita por um pequeno orifício, cuja abertura é controlada pelo diafragma (dispositivo semelhante à pupila humana) e pelo obturador (comparável à nossa pálpebra), que abre alguns milésimos de segundo para a captura da imagem (Figura 11.57). A luz atinge uma ou um conjunto de lentes convergentes, chamadas objetivas da máquina, as quais direcionam os raios luminosos para o filme fotográfico ou para um CCD (*charge-coupled device*, que em português significa "dispositivo de carga acoplada").

Na Figura 11.58, observe que a imagem formada pela máquina fotográfica é menor e invertida.

Assim como as máquinas fotográficas, os projetores (Figura 11.59) têm como elemento básico um conjunto de lentes convergentes que formam imagens maiores e reais, projetadas em um anteparo, conforme esquematizado no Figura 11.60.

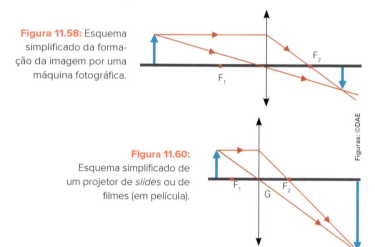

Figura 11.58: Esquema simplificado da formação da imagem por uma máquina fotográfica.

Figura 11.60: Esquema simplificado de um projetor de *slides* ou de filmes (em película).

Figuras 11.59: Atualmente, os projetores são equipamentos populares, mas, quando foram inventados, o cinema era um evento de gala.

CIÊNCIA, TECNOLOGIA, SOCIEDADE E AMBIENTE

A primeira máquina fotográfica comercial

Durante muito tempo, pessoas e paisagens só puderam ser retratadas pelos pintores, que trabalhavam durante dias para produzir um único quadro. Até que, no início do século XVIII, foram feitas as primeiras e frágeis gravações de imagens com uma mistura de gesso e nitrato de prata (substância que escurece quando exposta à luz e cuja tonalidade depende do tempo de exposição e da intensidade luminosa). Contudo, foi apenas no final do século XVIII que se atingiu o processo fotográfico comercial, com a máquina (Figura 11.61) desenvolvida por George Eastman (1854-1932). Mas se tratava de um produto bastante custoso, que tirava fotos apenas em preto e branco.

No século XX, as máquinas fotográficas se popularizaram e se desenvolveram, chegando às câmeras digitais. Assim, o que parecia um sonho inatingível pouco mais de um século antes, transformou-se em uma realidade bastante acessível.

Figura 11.61: Uma das primeiras máquinas fotográficas.

294 Unidade 3 Imagem e som

A criação dos projetores de imagem e o nascimento do cinema

Um dos primeiros instrumentos utilizados para projeção de imagens ao grande público foi a lanterna mágica, na metade do século XVII. O princípio de seu funcionamento era iluminar uma plaqueta de vidro pintada com os desenhos coloridos, a fim de projetar as imagens em uma parede ou tela (Figura 11.62). Durante o espetáculo, o projecionista exibia as figuras estáticas enquanto narrava histórias.

A projeção de imagens animadas aconteceu dois séculos depois, com o desenvolvimento do praxinoscópio de projeção elaborado pelo inventor francês Charles-Émile Reynaud (Figura 11.63). Esse aparato utilizava um jogo de espelhos e uma lanterna de projeção para exibir pequenas figuras desenhadas em uma fita transparente. Quando a fita era colocada em movimento, projetavam-se na tela aproximadamente 16 quadros a cada segundo, criando a ilusão de movimento. Com sessões que duravam cerca de 10 minutos e apresentavam enredos sem repetição de imagens, as exibições de Reynaud são ainda hoje consideradas os primórdios dos desenhos animados.

Com o sucesso do praxinoscópio de projeção, cogitou-se a possibilidade de projetar imagens reais nas telas, ou seja, capturar e exibir fotografias em movimento. Apesar de o registro de imagens fotográficas já ter sido inventado, passaram-se mais alguns anos até o desenvolvimento de aparelhos adequados para filmagens e, sobretudo, exibição para o grande público.

Apenas uma quinzena de anos depois, Louis e Auguste Lumière, filhos do fotógrafo e fabricante de películas Antoine Lumière, elaboraram o cinematógrafo, um equipamento movido a manivela e capaz de capturar e projetar fotografias em movimento (Figura 11.64).

A primeira sessão de cinema foi realizada no dia 28 de dezembro de 1895, em Paris, com a exibição do curta-metragem *A saída dos trabalhadores da Fábrica Lumière*. Esse pequeno documentário, de aproximadamente um minuto de duração, foi exibido para 33 pessoas e não apresentava nada além do que o próprio título indicava. Trata-se, porém, de um marco tanto na história da Ciência quanto na história da Arte.

Figura 11.62: Lanterna mágica e placas de vidro com desenhos para projeção.

Figura 11.64: Cinematógrafo.

Figura 11.63: Charles-Émile Reynaud (1844-1918) e o praxinoscópio de projeção.

Espelhos esféricos, lentes e instrumentos ópticos   Capítulo 11   295

3.3. Microscópio composto

Mesmo a lupa mais sofisticada tem um poder de aumento limitado. Por isso, para enxergar micro-organismos e células, por exemplo, é necessário associar um conjunto de lentes, que funcionem como um sistema convergente. De maneira simplificada, as principais partes do microscópio composto são as lentes objetivas, que ficam próximas aos objetos, e a lente ocular, que fica próxima aos olhos (Figura 11.65).

Observe na Figura 11.66 que o material a ser analisado é colocado próximo do foco da objetiva e assim é produzida uma imagem real, maior e invertida entre o foco e a lente ocular, que, por sua vez, produz uma imagem virtual e maior.

Para encontrar o poder de aumento de um microscópio, é necessário calcular o produto do aumento linear transversal das duas lentes.

Figura 11.65: O microscópio composto, tal como o conhecemos, foi aprimorado por Robert Hooke (1635-1703), cientista britânico que estudou a elasticidade das molas e elaborou a lei de Hooke.

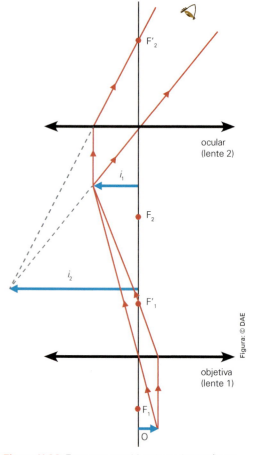

Figura 11.66: Esquema simplificado da formação da imagem em um microscópio composto.

3.4. Luneta astronômica ou telescópio refrator

A luneta é um instrumento óptico construído por meio da associação de lentes convergentes (Figura 11.67). Os objetos observados estão muito distantes, por isso podemos considerar que um feixe de luz incide paralelamente e, ao atravessar a objetiva, forma uma imagem real e invertida, antes do foco e da ocular, a qual produz uma imagem maior e virtual, conforme mostra a Figura 11.68.

Figura 11.67: Telescópio refrator do Observatório Nacional, no Rio de Janeiro.

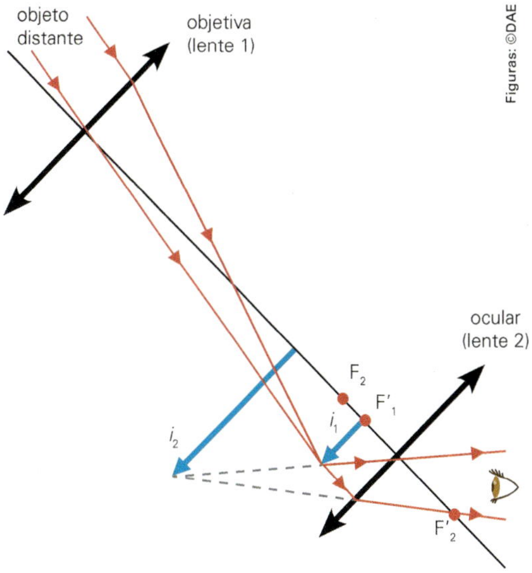

Figura 11.68: Esquema simplificado da formação da imagem em uma luneta, ou telescópio refrator.

3.5. Telescópio refletor

Os telescópios refletores são assim chamados por usarem um espelho parabólico côncavo no lugar da lente objetiva (Figura 11.69). Seu princípio de funcionamento é semelhante ao da luneta, porém são produzidas imagens com menos distorções e seu poder de aumento é maior. Essas foram características fundamentais para a elaboração e a construção dos telescópios espaciais.

Como os objetos observados estão muito distantes, podemos considerar o feixe de luz incidente paralelo, que, ao atingir o espelho côncavo, projeta uma imagem em seu foco. Essa imagem se comporta como o objeto virtual para o espelho plano, que forma uma imagem real antes do foco da ocular, a qual, por sua vez, produz uma imagem maior e virtual, conforme mostrado na Figura 11.70.

Figura 11.69: O primeiro telescópio refletor foi construído por Isaac Newton (1643-1727), em 1670.

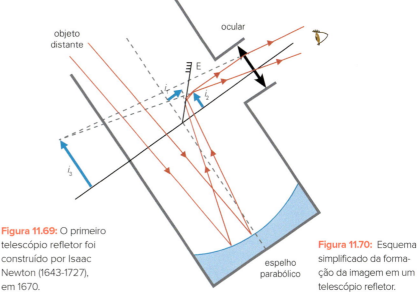

Figura 11.70: Esquema simplificado da formação da imagem em um telescópio refletor.

Espelhos esféricos, lentes e instrumentos ópticos   Capítulo 11

3.6. Binóculo

O binóculo também é um instrumento de aproximação (Figura 11.71), mas, além do conjunto de lentes convergentes, possui prismas para produzir reflexão total e gerar uma imagem final direita, conforme representado na Figura 11.72.

Figura 11.71: Você já observou localidades distantes com um binóculo?

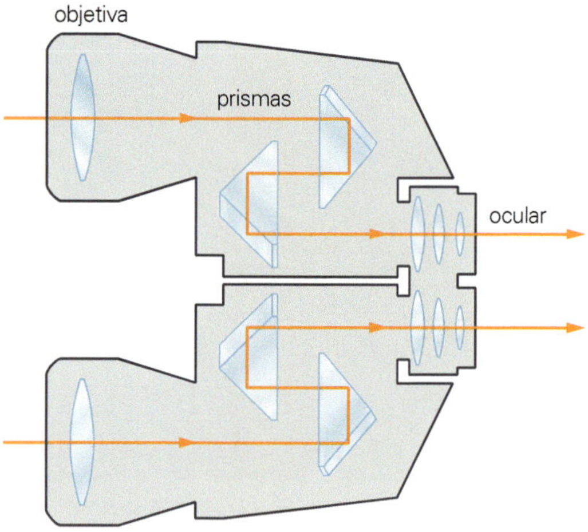

Figura 11.72: Esquema simplificado de um binóculo.

3.7. Associação de lentes

Nesta seção, pudemos perceber que na maioria dos instrumentos ópticos há duas ou mais lentes associadas para aprimorar o alcance visual, ampliar ou projetar imagens. O caso mais simples é o da associação de lentes justapostas. Nessa situação, o conjunto funciona como se fosse uma única lente (Figura 11.73).

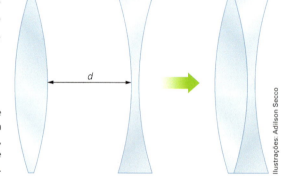

Figura 11.73: Associação de lentes separadas por uma distância d e justapostas, com uma lente biconvexa e outra bicôncava.

A vergência desse conjunto é obtida pela soma da vergência de cada lente:

$V_{assoc} = V_1 + V_2$

Como $V = \dfrac{1}{f}$, a distância focal do conjunto é

$\dfrac{1}{f_{assoc}} = \dfrac{1}{f_1} + \dfrac{1}{f_2}$

No entanto, a maioria dos instrumentos ópticos não tem associação de lentes justapostas, mas separadas por uma distância d. Nesse caso, é necessário considerar essa distância, alterando a vergência do conjunto:

$V_{assoc} = V_1 + V_2 - V_1 \cdot V_2 \cdot d$

Assim, a distância focal do conjunto é dada por:

$\dfrac{1}{f_{assoc}} = \dfrac{1}{f_1} + \dfrac{1}{f_2} - \dfrac{d}{f_1 \cdot f_2}$

Exercícios resolvidos

1. Qual é o aumento obtido por meio de uma lupa de 20 di de vergência quando um objeto é colocado a 2 cm de seu centro óptico?

Dados: $V = 20$ di e $d_o = 2$ cm $= 2,0 \cdot 10^{-2}$ m.
Substituindo-os na equação de Gauss, temos:

$$V = \frac{1}{f} = \frac{1}{d_o} + \frac{1}{d_i}$$

$$20 = \frac{1}{(2,0 \cdot 10^{-2})} + \frac{1}{d_i} \Rightarrow 20 = 50 + \frac{1}{d_i} \Rightarrow \frac{1}{d_i} = -30 \Rightarrow$$

$$\Rightarrow d_i = -\frac{1}{30} \text{ cm}$$

$$A = -\frac{d_i}{d_o} = \frac{-\left(-\frac{1}{30}\right)}{2,0 \cdot 10^{-2}} = \frac{\frac{1}{30}}{\frac{2}{100}} =$$

$$= \frac{1}{30} \cdot \frac{100}{2} = \frac{100}{60} = \frac{5}{3} = 1,67$$

Portanto, o aumento é de 67%.

2. Uma máquina fotográfica tem uma lente objetiva de 20 di. Qual deve ser a posição do filme ou CCD para captar a imagem nítida de um objeto distante 10 m dela?

Substituindo $V = 20$ di e $d_o = 10$ m na equação de Gauss, obteremos a posição da imagem, que é a posição do filme:

$$V = \frac{1}{f} = \frac{1}{d_o} + \frac{1}{d_i}$$

$$20 = \frac{1}{10} + \frac{1}{d_i} \Rightarrow 20 - \frac{1}{10} = \frac{1}{d_i} \Rightarrow$$

$$\Rightarrow \frac{200 - 1}{10} = \frac{1}{d_i} \Rightarrow d_i = \frac{10}{199} = 0,05 \text{ m}$$

3. As lentes objetiva e ocular de um microscópio composto rudimentar têm distâncias focais de 10 cm e 2 cm, respectivamente. Uma lâmina a ser analisada é colocada a 15 cm da objetiva. A distância entre as lentes é de 31 cm. Determine a posição de ambas as imagens conjugadas pelas lentes e o aumento fornecido pelo instrumento.

Para a objetiva, temos $f = 10$ cm e $d_o = 15$ cm. A equação de conjugação nos conduz à posição da primeira imagem:

$$\frac{1}{f} = \frac{1}{d_o} + \frac{1}{d_i} \Rightarrow \frac{1}{10} = \frac{1}{15} + \frac{1}{d_i} \Rightarrow \frac{1}{d_i} = \frac{1}{10} =$$

$$= \frac{3}{15} - \frac{2}{30} = \frac{1}{30} \Rightarrow d_i = 30 \text{ cm}$$

Como a distância entre as lentes é de 31 cm, deduzimos que a posição dessa imagem, objeto para a ocular, é de 1 cm. Então, para a segunda lente, temos: $f = 2$ cm e $d_o = 1$ cm. Substituindo na equação de Gauss, temos:

$$\frac{1}{f} = \frac{1}{d_o} + \frac{1}{d_i} \Rightarrow \frac{1}{2} = \frac{1}{1} + \frac{1}{d_i} \Rightarrow$$

$$\Rightarrow \frac{1}{d_i} = \frac{1}{2} - 1 = -\frac{1}{2} \Rightarrow d_i = -2 \text{ cm}$$

O aumento do microscópio é dado pelo produto dos aumentos da objetiva e da ocular:

$$A_{obj} = -\frac{d_i}{d_o} = \frac{-30}{15} = -2 \quad A_{oc} = -\frac{d_i}{d_o} = \frac{-(-2,0)}{1,0} = 2$$

$$A_{micr} = A_{obj} \cdot A_{oc} = -2 \cdot 2 = -4$$

Exercícios propostos

1. (Vunesp-SP) A figura a seguir mostra um objeto AB, uma lente convergente L, sendo utilizada como lupa (lente de aumento), e as posições de seus focos F e F'.

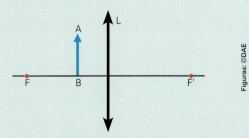

a) Copie esta figura. Em seguida, localize a imagem A'B' do objeto, fornecida pela lente, traçando a trajetória de, pelo menos, dois raios incidentes, provenientes de A.

b) A imagem obtida é real ou virtual? Justifique sua resposta.

2. (Ufes) Uma câmera fotográfica, com lente de distância focal $f = 5$ cm, é usada para fotografar um objeto de 1,8 m de altura.

a) Determine a distância do objeto à lente para que a imagem do objeto no filme tenha uma altura igual a 3 cm.

b) Quais as características da imagem formada no filme?

c) Faça um diagrama representando o objeto, a lente e a imagem.

3. (UFF-RJ) A figura representa o esquema simplificado de um projetor de *slides*, em que S é um slide, ℓ, o dispositivo que o ilumina, L, uma lente e T, a tela de projeção.

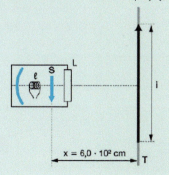

Espelhos esféricos, lentes e instrumentos ópticos Capítulo 11   299

Sabe-se que a distância *x* entre o *slide* e a tela é $6{,}0 \cdot 10^2$ cm e que a imagem projetada na tela *i* é ampliada 59 vezes. Nesta situação, conclui-se que:

a) A lente é divergente e sua distância focal é, aproximadamente, $5{,}9 \cdot 10^2$ cm.

b) A lente é convergente e sua distância focal é, aproximadamente, 59 cm.

c) A lente é convergente e sua distância focal é, aproximadamente, $5{,}9 \cdot 10^2$ cm.

d) A lente é convergente e sua distância focal é, aproximadamente, 9,8 cm.

e) A lente é divergente e sua distância focal é, aproximadamente, 9,8 cm.

4. (PUCC-SP) O esquema a seguir mostra a formação da imagem em uma luneta astronômica.

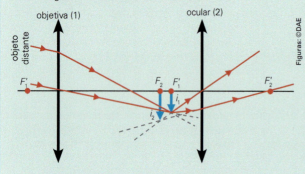

Numa certa luneta, as distâncias focais da objetiva e da ocular são de 60 cm e 30 cm, respectivamente, e a distância entre elas é de 80 cm. Nessa luneta, a imagem final de um astro distante se formará a:

a) 30 cm da objetiva.
b) 30 cm da ocular.
c) 40 cm da objetiva.
d) 60 cm da objetiva.
e) 60 cm da ocular.

5. (Vunesp-SP) Isaac Newton foi o criador do telescópio refletor. O mais caro desses instrumentos até hoje fabricado pelo homem, o telescópio espacial Hubble (1,6 bilhão de dólares), colocado em órbita terrestre em 1990, apresentou em seu espelho côncavo, dentre outros, um defeito de fabricação que impede a obtenção de imagens bem definidas das estrelas distantes (*O Estado de S. Paulo*, 1º/8/91, p. 14).

Qual das figuras a seguir representaria o funcionamento perfeito do espelho do telescópio?

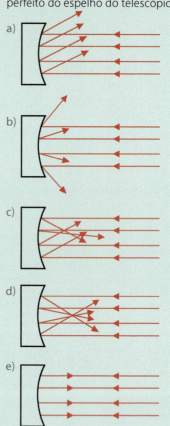

4. O olho humano

Para entender como funciona nossa visão, vamos pensar no conceito da câmara escura. Isso quer dizer que enxergamos porque a luz passa por um pequeno orifício, a pupila, sendo projetada no interior do olho (Figura 11.74). Para produzir imagens mais nítidas, a córnea, o humor aquoso e a lente do olho (antigamente chamada cristalino) fazem a função de lentes convergentes, como nas máquinas fotográficas. Quando os raios de luz chegam aos nossos olhos, são refratados e convergem para a retina.

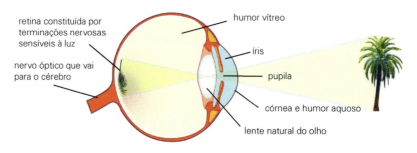

Figura 11.74: A câmara escura, a máquina fotográfica e nossos olhos formam imagens pelo mesmo princípio. Ilustração sem escala; cores-fantasia.

4.1. Anomalias da visão

As pessoas com visão considerada normal têm olhos chamados emetropes, e as imagens são formadas sobre sua retina. Em pessoas com alguns tipos de deficiência visual, porém, as imagens são formadas antes ou depois da retina, por isso se faz necessário o uso de lentes corretivas para posicionar adequadamente essas imagens. Trataremos a seguir de quatro problemas visuais de natureza física, ou seja, relacionados à anatomia do olho ou de suas partes.

MIOPIA

Caracteriza-se pela dificuldade de focalizar objetos muito distantes e é causada pelo afastamento da retina, o qual pode ter duas origens:

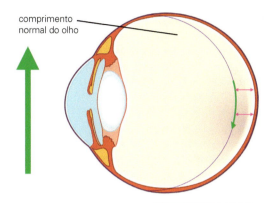

Figura 11.75: A miopia pode ser corrigida com lentes divergentes. Ilustração sem escala; cores-fantasia.

- **Bulbo ocular alongado:** a distância entre a córnea e a retina é um pouco maior que a distância focal do sistema córnea-lente.

- **Ceratocone:** é o alongamento da córnea em formato cônico. Essa diferença anatômica, de origem hereditária ou alérgica, prejudica a formação da imagem no local adequado.

Para compensar o afastamento da retina, é preciso mudar o sistema de convergência das lentes do olho, seja por meio do uso de lentes esféricas divergentes (Figura 11.75) ou por procedimento cirúrgico.

CIÊNCIA, TECNOLOGIA, SOCIEDADE E AMBIENTE

Cirurgia refrativa a *laser*

Durante muito tempo, pensou-se que o único elemento convergente de nosso olho fosse a lente, e atribuía-se à córnea apenas a função de proteção. Porém, hoje sabemos que o conjunto formado por córnea, humor aquoso e lente deve ser compreendido como o sistema refrator do olho. O índice de refração da córnea é de 1,34; o do humor aquoso, de 1,33; e o da lente, por volta de 1,40.

Na cirurgia a *laser*, a correção da deficiência visual é realizada por meio da modificação do formato (ou raspagem) da córnea do paciente e, portanto, da mudança na refração da luz que atinge o olho (Figura 11.76). Contudo, não são todos os pacientes que estão aptos às cirurgias refrativas, já que características fisiológicas – córnea muito fina, por exemplo – impossibilitam o procedimento. Por isso, antes da cirurgia é realizada uma série cuidadosa e extensa de exames para avaliar cada caso.

 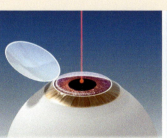 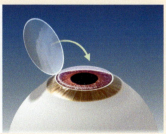

Figura 11.76: Etapas simplificadas da cirurgia refrativa. Ilustração sem escala; cores-fantasia.

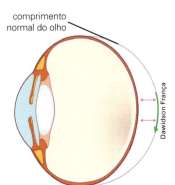

Figura 11.77:
A hipermetropia é corrigida com lentes convergentes. Ilustração sem escala; cores-fantasia.

HIPERMETROPIA

É a dificuldade de focalizar objetos próximos. A causa da hipermetropia é um bulbo ocular curto, que faz com que a distância entre a córnea e a retina seja um pouco menor que a distância focal do sistema córnea-lente. Bebês e crianças geralmente apresentam um pequeno grau de hipermetropia enquanto os olhos estão se desenvolvendo. Para compensar a retina muito próxima, é preciso alterar o trajeto dos raios de luz que entram nos olhos. Isso pode ser feito por meio de lentes esféricas convergentes ou de cirurgia (Figura 11.77).

PRESBIOPIA

Você já deve ter observado que algumas pessoas usam óculos somente para leitura ou outras atividades que exigem enxergar de perto, como costura ou manuseio de objetos muito pequenos. Muitas vezes, mesmo que antes elas nunca tenham precisado de óculos, passam a apresentar presbiopia. Isso acontece porque, ao longo dos anos, a lente do olho perde a flexibilidade, característica fundamental para a acomodação visual. Assim, torna-se necessário o uso de lentes esféricas convergentes ou lentes bifocais.

ASTIGMATISMO

O astigmatismo está relacionado com a curvatura irregular da córnea, o que faz os raios provenientes de um mesmo objeto serem focalizados em regiões diferentes do olho. Essa deficiência visual pode manifestar-se conjuntamente à miopia, à hipermetropia e à presbiopia. A correção das imagens é realizada com lentes cilíndricas (convergentes ou divergentes) ou cirurgia.

Exercícios resolvidos

1. Em um teste oftalmológico, o médico detecta que seu paciente enxerga nitidamente até a distância de 2 m, mas sua visão fica embaçada para distâncias maiores. Trata-se de uma ♦ e a lente corretiva deve ser de ♦ di. Preencha correta e respectivamente essas lacunas.

   Como a dificuldade é para enxergar de longe, trata-se de uma pessoa míope. Portanto, para corrigir a deficiência visual, será necessário levar o ponto remoto de 2 m para o infinito. Sem correção, o conjunto córnea-lente terá vergência V_o dada por:

   $$V_o = \frac{1}{f} = \frac{1}{d_o} + \frac{1}{d_i} = \frac{1}{2} + \frac{1}{d_i}$$

   Nessa expressão, d_i é a distância da lente à retina, ou seja, a profundidade do olho.

   Para a correção, o conjunto córnea-lente fica justaposto com a lente corretiva (óculos ou lente de contato) e terá vergência V_{assoc} dada por:

   $$V_{assoc} = \frac{1}{f} = \frac{1}{\infty} + \frac{1}{d_i} = \frac{1}{d_i}$$

   Para lentes justapostas, vale a relação:

   $$V_{assoc} = V_o + V_L \Rightarrow \frac{1}{d_i} = \frac{1}{2} + \frac{1}{d_i} + V_L \Rightarrow V_L = -\frac{1}{2} = -0{,}5 \text{ di}$$

   Observe que, para saber a vergência da lente corretiva, basta conhecer a distância do ponto remoto e tomar seu inverso com sinal negativo.

2. Um oftalmologista constata que seu paciente passa a enxergar nitidamente a partir de 50 cm. Considerando o ponto próximo ideal de 25 cm, determine a vergência da lente corretiva dessa anomalia visual.

   Essa anomalia pode ser hipermetropia ou presbiopia, e o ponto próximo deve ser corrigido para 25 cm, considerado normal. Sem correção, temos:

   $$V_o = \frac{1}{f} = \frac{1}{d_o} + \frac{1}{d_i} = \frac{1}{0{,}5} + \frac{1}{d_i}$$

   Corrigido o sistema córnea-lente, a lente corretiva terá vergência dada por:

   $$V_{assoc} = \frac{1}{f} = \frac{1}{0{,}25} + \frac{1}{d_i}$$

   A lente é justaposta ao olho, e então:

   $$V_{assoc} = V_o + V_L \Rightarrow \frac{1}{0{,}25} + \frac{1}{d_i} = \frac{1}{0{,}5} + \frac{1}{d_i} + V_L \Rightarrow$$
   $$\Rightarrow V_L = \frac{1}{0{,}25} - \frac{1}{0{,}50} = 2{,}0 \text{ di}$$

   Observe que a vergência da lente corretiva nesses casos é dada pela diferença entre os inversos dos pontos próximos normal e anômalo.

Exercícios propostos

1. (Vunesp-SP) Uma pessoa apresenta deficiência visual, conseguindo ler somente se o livro estiver a uma distância de 75 cm. Qual deve ser a distância focal dos óculos apropriados para que ela consiga ler com o livro colocado a 25 cm de distância? Esquematize numa figura o traçado dos raios.

2. (Unicamp-SP) Nos olhos das pessoas míopes, um objeto localizado muito longe, isto é, no infinito, é focalizado antes da retina. À medida que o objeto se aproxima, o ponto de focalização se afasta até cair sobre a retina. A partir deste ponto, o míope enxerga bem. A dioptria D, ou "grau", de uma lente é definida como $D = 1/$(distância focal) e 1 grau $= 1\ m^{-1}$. Considere uma pessoa míope que só enxerga bem objetos mais próximos do que 0,4 m de seus olhos.

   a) Faça um esquema mostrando como uma lente bem próxima dos olhos pode fazer com que um objeto no infinito pareça estar a 40 cm do olho.

   b) Qual a dioptria (em graus) dessa lente?

   c) A partir de que distância uma pessoa míope que usa óculos de "4 graus" pode enxergar bem sem os óculos?

3. (Unitau-SP) São prescritas para um paciente lentes bifocais com distâncias focais 40 cm e −200 cm.

   a) Qual o defeito de visão que cada uma das partes da lente bifocal corrige?

   b) Calcule a convergência de cada uma dessas partes.

   c) Determine os pontos próximo e remoto desse paciente sem os óculos.

4. (PUC-SP) Certo professor de física deseja ensinar a identificar três tipos de defeitos visuais apenas observando a imagem formada através dos óculos de seus alunos, que são adolescentes. Ao observar um objeto através do primeiro par de óculos, a imagem aparece diminuída. O mesmo objeto observado pelo segundo par de óculos parece aumentado e apenas o terceiro par de óculos distorce as linhas quando girado. Através da análise das imagens produzidas por esses óculos podemos concluir que seus donos possuem, respectivamente:

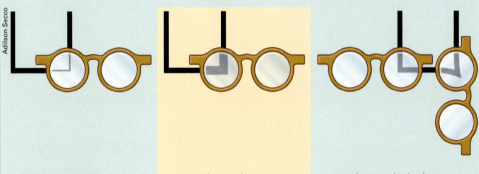

primeiro par de óculos: imagem diminuída

segundo par de óculos: imagem aumentada

terceiro par de óculos, quando movimentado: imagem distorcida

   a) miopia, astigmatismo e hipermetropia.

   b) astigmatismo, miopia e hipermetropia.

   c) hipermetropia, miopia e astigmatismo.

   d) hipermetropia, astigmatismo e miopia.

   e) miopia, hipermetropia e astigmatismo.

Exercícios finais

1. (UFMG) O farol de um automóvel é constituído de um espelho côncavo e de uma lâmpada com dois filamentos, I e II. Nas figuras 1 e 2, V, F e C são, respectivamente, o vértice, o foco e o centro de curvatura do espelho.

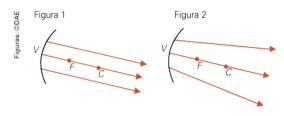

Figura 1   Figura 2

Quando o farol está em "luz baixa", apenas o filamento I está ligado, e a luz é refletida no espelho paralelamente ao seu eixo óptico, como na figura 1. Quando o farol está em luz alta, apenas o filamento II está ligado, e o feixe de luz refletido é um pouco divergente, como na figura 2. Para que o farol funcione de acordo com essas descrições, a posição dos filamentos deve ser:

a) o filamento I em C e o filamento II à direita de C.
b) o filamento I em C e o filamento II entre C e F.
c) o filamento I em F e o filamento II entre F e C.
d) o filamento I em F e o filamento II entre F e V.
e) o filamento I em V e o filamento II entre V e F.

2. (Fuvest-SP) Um holofote é constituído por dois espelhos esféricos côncavos, E_1 e E_2, de modo que a quase totalidade da luz proveniente da lâmpada L seja projetada pelo espelho maior, E_1, formando um feixe de raios quase paralelos.

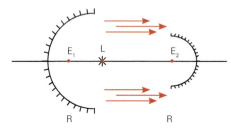

Neste arranjo, os espelhos devem ser posicionados de forma que a lâmpada esteja aproximadamente:

a) nos focos dos espelhos E_1 e E_2.
b) no centro de curvatura de E_2 e no vértice de E_1.
c) no foco de E_2 e no centro de curvatura de E_1.
d) nos centros de curvatura de E_2 e E_1.
e) no foco de E_1 e no centro de curvatura de E_2.

3. (PUC-MG) A figura desta questão mostra parte de uma esfera, de raio R, espelhada por dentro e por fora, formando dois espelhos esféricos.

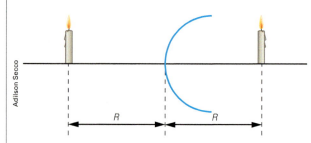

Dois objetos luminosos são dispostos diante desses espelhos, conforme indicado. A distância entre as imagens produzidas é igual a

a) $2R$
b) $\dfrac{4R}{3}$
c) $\dfrac{R}{2}$
d) $\dfrac{3R}{5}$
e) $\dfrac{2R}{3}$

4. (UEPG-PR) Sobre o espelho esférico com foco real, assinale o que for correto.

a) A imagem real de um objeto colocado sobre seu centro de curvatura é real, com ampliação igual a 2, em módulo.
b) Não produz imagem virtual a partir de um objeto real colocado sobre seu eixo principal.
c) As bolas metalizadas que são usadas em ornamentações de Natal têm as mesmas propriedades desse tipo de espelho.
d) Pode ser utilizado como espelho retrovisor em automóveis.
e) Quando apontado na direção do Sol, apresenta um ponto brilhante sobre a região do foco.

5. (UFRN) A Lua, com seus encantos, esteve sempre povoando a imaginação dos artistas e estimulando grandes ideias nos homens da Ciência. Palco de grandes conquistas científicas, o ambiente lunar, comparado com o da Terra, possui um campo gravitacional fraco, o que torna impossível a manutenção de uma atmosfera na Lua. Sem atmosfera não há nada que filtre a radiação solar ou queime os meteoritos que frequentemente caem e criam crateras no solo lunar.

Após esse breve comentário sobre a Lua, professora Luana apresentou um painel ilustrando uma situação vivida por dois astronautas, Brian e Robert. No painel, constava o panorama do solo lunar cheio de crateras, um céu escuro, bem diferente do normalmente azulado aqui da Terra, e um belo flagrante da imagem de Brian refletida no capacete de Robert. Luana afirma que o capacete de Robert está funcionando como um espelho esférico convexo.

Considerando as informações e as imagens apresentadas, podemos concluir que:

a) a imagem do capacete de Robert é real, e o tempo de queda na experiência de Brian é o mesmo para qualquer corpo.

b) a imagem no capacete de Robert é virtual, e o impacto do meteorito não é audível pelos astronautas.

c) o impacto do meteorito é audível pelos astronautas, e o tempo de queda na experiência de Brian é o mesmo para qualquer corpo.

d) a ausência de atmosfera na Lua torna o céu escuro e faz com que os corpos, na experiência de Brian, caiam com acelerações diferentes.

6. (Fuvest-SP) Luz solar incide verticalmente sobre o espelho esférico convexo visto na figura a seguir.

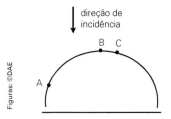

Os raios refletidos nos pontos A, B e C do espelho têm, respectivamente, ângulos de reflexão θ_A, θ_B e θ_C tais que:

a) $\theta_A > \theta_B > \theta_C$

b) $\theta_A > \theta_C > \theta_B$

c) $\theta_A < \theta_C < \theta_B$

d) $\theta_A < \theta_B < \theta_C$

e) $\theta_A = \theta_B = \theta_C$

7. (Vunesp-SP) Um aquário esférico de paredes finas é mantido dentro de outro aquário que contém água. Dois raios de luz atravessam esse sistema da maneira mostrada na figura a seguir, que representa uma secção transversal do conjunto.

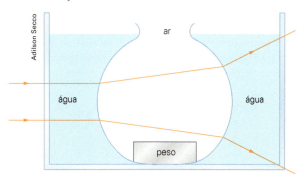

Pode-se concluir que, nessa montagem, o aquário esférico desempenha a função de:

a) espelho côncavo.

b) espelho convexo.

c) prisma.

d) lente divergente.

e) lente convergente.

8. (Uece) Suponha que um ponto luminoso P, sobre o eixo óptico e a 20 cm de uma lente convergente, tenha sua imagem na posição Q, simétrica de P em relação à lente, conforme ilustra a figura. Admita que você deseja acender um cigarro usando essa lente, em um dia ensolarado.

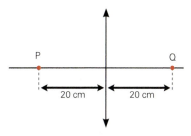

A ponta do cigarro deverá ser colocada a uma distância da lente, sobre o eixo óptico, de:

a) 20 cm

b) 10 cm

c) 30 cm

d) 40 cm

9. (UFSC) Um objeto de 3 cm de altura é colocado perpendicularmente ao eixo de uma lente convergente, de distância focal 18 cm. A distância do objeto à lente é de 12 cm. Calcule o tamanho da imagem, em centímetros, fornecida pela lente.

Exercícios finais

10. (UFRJ) Um feixe de raios luminosos incide sobre uma lente L_o paralelamente ao seu eixo principal e, após atravessá-la, converge para um ponto sobre o eixo principal localizado a 25 cm de distância do centro óptico, como mostra a figura (1). No lado oposto ao da incidência coloca-se uma outra lente L_2, divergente com o mesmo eixo principal e, por meio de tentativas sucessivas, verifica-se que, quando a distância entre as lentes é de 15 cm, os raios emergentes voltam a ser paralelos ao eixo principal, como mostra a figura (2).

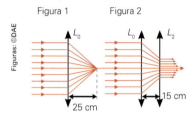

Calcule, em módulo, a distância focal da lente L_2.

11. (PUC-MG) A lente da historinha do Bidu pode ser representada por quais das lentes cujos perfis são mostrados a seguir?

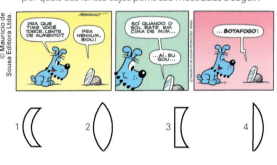

a) 1 ou 3.
b) 2 ou 4.
c) 1 ou 2.
d) 3 ou 4.
e) 2 ou 3.

12. (UFPA) A figura mostra um objeto, AB, localizado no eixo principal de uma lente delgada, esférica e divergente, assim como os focos (F' e F) da referida lente.

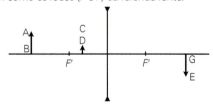

É correto afirmar que a imagem é:

a) AB e virtual.
b) CD e real.
c) CD e virtual.
d) EG e real.
e) EG e virtual.

13. (Fuvest-SP) Um sistema de duas lentes, sendo uma convergente e outra divergente, ambas com distâncias focais iguais a 8 cm, é montado para projetar círculos luminosos sobre um anteparo. O diâmetro desses círculos pode ser alterado, variando-se a posição das lentes.

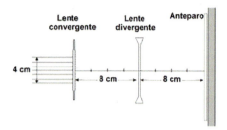

Em uma dessas montagens, um feixe de luz, inicialmente de raios paralelos e 4 cm de diâmetro, incide sobre a lente convergente, separada da divergente por 8 cm, atingindo finalmente o anteparo, 8 cm adiante da divergente. Nessa montagem específica, o círculo luminoso formado no anteparo é mais bem representado por:

a)
b)
c)
d)
e)

14. (UFPA) Herripoterson é um estudante de física que quer tornar uma pedra invisível aos olhos do professor Severino. Para esse fim, monta um conjunto de quatro lentes delgadas convergentes idênticas (com a mesma distância focal, f) em sequência, sobre um mesmo eixo principal, como mostra a figura.

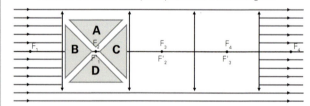

Se a distância entre cada lente e a seguinte é $2f$ e seu Severino está situado no eixo principal a uma distância $d \gg f$, à direita do conjunto, então os raios de luz mostrados na figura são os que chegam aos olhos de seu Severino. Analisando a propagação desses raios ao longo do conjunto de lentes, é correto afirmar que Herripoterson pode colocar a pedra em qualquer uma das regiões:

a) "A" ou "B"
b) "B" ou "C"
c) "C" ou "D"
d) "D" ou "A"
e) "A" ou "C"

15. (UFSC) Pedrinho, em uma aula de Física, apresenta um trabalho sobre óptica para o seu professor e colegas de classe.

Para tal, ele montou um aparato, conforme a figura abaixo.

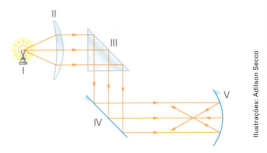

Baseado nos princípios da óptica e no aparato da figura, assinale a(s) proposição(ões) CORRETA(S).

01. I é uma fonte de luz primária do tipo incandescente; II é uma lente côncavo-convexa que, quando colocada em um meio adequado, pode se tornar divergente; III é um prisma de reflexão total; IV é um espelho plano e V é um espelho côncavo.

02. I está no foco da lente II; III é um prisma cujo índice de refração é maior que 1,0; em IV ocorre a reflexão especular e em V os raios incidentes são paralelos ao eixo principal do espelho côncavo.

04. Para que ocorra a reflexão total em III, o índice de refração do prisma deve ser maior que o do meio em que está imerso e a luz deve ir do meio mais refringente para o menos refringente.

08. As leis da reflexão são aplicadas somente em III e IV.

16. As leis da refração são aplicadas somente em II e III.

32. No aparato em questão, podemos afirmar que tanto a frequência como a velocidade da luz variam de acordo com o índice de refração do meio no qual o raio está se propagando.

64. Ao afastar o espelho V da fonte de luz, na direção horizontal, a imagem conjugada por ele será real, invertida e menor.

16. (UFSC) Fotografar é uma arte que se popularizou com os celulares e se intensificou com as redes sociais, pois todos querem "postar", publicar os seus registros, suas *selfies*. Talvez alguns celulares de última geração consigam a qualidade de uma máquina fotográfica profissional, mas nada como utilizar a própria máquina fotográfica profissional com todos os seus recursos de alto desempenho para tirar uma foto de alta qualidade. Antigamente as máquinas fotográficas usavam filmes, hoje usam sensores que captam a luz e a convertem em sinal digital, registrando a imagem em um arquivo digital. Na essência, tirando a tecnologia embarcada, as máquinas profissionais atuais funcionam do mesmo jeito que as antigas. A luz incide pela objetiva (conjunto de lentes), reflete em um espelho, incide em um pentaprisma e emerge passando pela ocular. Além da ocular, as máquinas mais modernas possuem um visor LCD para ver o que está sendo focalizado para fotografar. Quando se aperta o disparador para fotografar, o espelho refletor se levanta e a luz se propaga diretamente para o sensor, registrando desta forma a imagem desejada. A figura abaixo ilustra o que foi explicado antes.

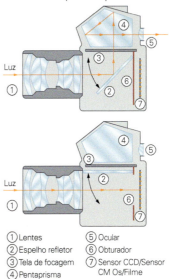

① Lentes
② Espelho refletor
③ Tela de focagem
④ Pentaprisma
⑤ Ocular
⑥ Obturador
⑦ Sensor CCD/Sensor CM Os/Filme

Disponível em: <http://rauna-photography.blogspot.com.br/2011_06_01_archive.html> (Adaptado). Acesso em: nov. 2015.

Com base na figura e no exposto acima, é CORRETO afirmar que:

01. a reflexão da luz é classificada de duas formas: a reflexão difusa e a reflexão especular, que só ocorre em superfícies planas.

02. a refração da luz é caracterizada pelo desvio da luz ao mudar de meio com refringências distintas.

04. a luz incide no pentaprisma e sofre duas reflexões antes de emergir. Estas reflexões são chamadas de reflexões totais, pois duas condições estão sendo satisfeitas: a luz está no meio mais refringente e o ângulo de incidência é maior que o ângulo limite.

08. o conjunto de lentes da objetiva é formado por lentes divergentes, pois somente elas formam imagens reais, que são projetadas.

16. a imagem projetada no sensor é real, direita e menor. Isto garante que ela possa ser vista com a mesma orientação, tanto pela ocular quanto pelo visor LCD.

32. pela figura, podemos observar que o raio de luz que incide no pentaprisma cruza com o raio de luz que irá emergir. O princípio da independência dos raios luminosos garante que este "encontro" não interfira na imagem vista pelo observador pela ocular.

17. (UFU-MG) Um sistema óptico é formado por duas lentes convergentes delgadas em contato, de distâncias focais f_1 e f_2. Para obter um sistema equivalente pode-se substituir estas lentes por uma que possua a distância focal, f, dada por:

a) $f = (f_1 + f_2)/(f_1 f_2)$
b) $f = (f_1 f_2)/(f_1 + f_2)$
c) $f = (f_2 - f_1)/(f_1 + f_2)$
d) $f = (f_1 f_2)/(f_1 - f_{22})$

Exercícios finais

18. (UFRN) A máquina fotográfica de Betânia não permite que esta, variando a posição da lente, ajuste a focalização. Isso só é possível com a troca de lentes. A figura a seguir representa a máquina, quatro lentes (L_1, L_2, L_3 e L_4) e um barco (a cinco quilômetros da máquina), o qual ela pretende fotografar com a melhor nitidez de imagem possível. Na figura, os cinco quilômetros não estão em escala, ao passo que a máquina, as lentes e as distâncias destas aos focos (F_1, F_2, F_3 e F_4) estão na mesma escala. Para cada lente, estão indicados três raios luminosos paralelos incidentes e a convergência dos mesmos para o respectivo foco, após atravessarem a lente.

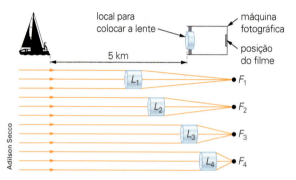

Com base nesses dados, a lente que Betânia deve escolher é a:

a) L_2
b) L_3
c) L_4
d) L_1

19. (ITA-SP) Dois estudantes se propõem a construir cada um deles uma câmera fotográfica simples, usando uma lente convergente como objetiva e colocando-a numa caixa fechada, de modo que o filme esteja no plano focal da lente. O estudante A utilizou uma lente de distância focal igual a 4 cm e o estudante B uma lente de distância focal igual a 1 m. Ambos foram testar suas câmeras fotografando um objeto situado a 1 m de distância das respectivas objetivas. Desprezando-se todos os outros efeitos (tais como aberrações das lentes), o resultado da experiência foi:

I. que a foto do estudante A estava mais "em foco" que a do estudante B.

II. que ambas estavam igualmente "em foco".

III. que as imagens sempre estavam entre o filme e a lente.

Neste caso você concorda que:

a) apenas a afirmativa II é verdadeira.
b) somente I e III são verdadeiras.
c) somente III é verdadeira.
d) somente a afirmativa I é verdadeira.
e) não é possível obter uma fotografia em tais condições.

20. (UFV-MG) Considere uma máquina fotográfica, equipada com uma objetiva de distância focal igual a 50 mm. Para que a imagem esteja em foco, a distância entre o centro óptico da objetiva e o plano do filme, para um objeto situado a 1 m da lente, deverá ser:

a) 50 mm
b) 52,6 mm
c) 47,6 mm
d) 100 mm
e) 150 mm

21. (OBA) Após a invenção do telescópio refrator pelo oculista holandês Hans Lippershey (1608) a astronomia se desenvolveu mais rapidamente. Hoje em dia também existem os telescópios refletores, cuja invenção se deve a Newton.

a) Tendo um telescópio refrator de objetiva com distância focal de 90 cm e duas oculares, sendo uma de 1 cm e outra de 2 cm de distância focal, determine qual das lentes deve ser utilizada para obter um aumento angular maior, e qual este aumento.

b) Com qual das lentes do item anterior se veria um objeto celeste extenso com maior nitidez?

c) Quem foi o primeiro cientista a utilizar o aparelho desenvolvido por Lippershey para fins astronômicos? O que ele descobriu?

d) Qual a principal vantagem óptica dos telescópios refletores (espelhos) sobre os refratores (lentes)?

22. (OBA) Galileu Galilei (1564-1642) é bastante lembrado pelo uso astronômico das lentes, que ampliava imagens e com isso via coisas nos céus que ninguém observava a olho nu, como as manchas solares, as montanhas da Lua, as fases de Vênus, quatro dos satélites de Júpiter, os anéis de Saturno e as estrelas da Via Láctea. [...] Além de aumentar a imagem, os telescópios têm a função de concentrar a luz, permitindo que observemos objetos cada vez menos brilhantes. A luz captada por um telescópio é proporcional à área da sua lente (ou do seu espelho). Sabendo isso, estabeleça a razão entre a luz captada pelos telescópios Keck (de espelho de 10 m de diâmetro) e da primeira luneta de Galileu (de lente objetiva de 50 mm de diâmetro). Explique por que esse aumento faz o Keck ser melhor que a luneta de Galileu.

23. (Fuvest-SP) Um estudante construiu um microscópio óptico digital usando uma *webcam*, da qual ele removeu a lente original. Ele preparou um tubo adaptador e fixou uma lente convergente, de distância focal $f = 50$ mm, a uma distância $d = 175$ mm do sensor de imagem da *webcam*, como visto na figura a seguir.

No manual da *webcam*, ele descobriu que seu sensor de imagem tem dimensão total útil de 6×6 mm², com 500×500 *pixels*. Com estas informações, determine

a) as dimensões do espaço ocupado por cada *pixel*;

b) a distância L entre a lente e um objeto, para que este fique focalizado no sensor;

c) o diâmetro máximo D que uma pequena esfera pode ter, para que esteja integralmente dentro do campo visual do microscópio, quando focalizada.

Note e adote: Pixel é a menor componente de uma

imagem digital. Para todos os cálculos, desconsidere a espessura da lente.

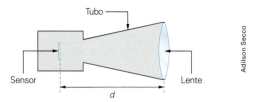

24. (UFSC) Fazendo uma análise simplificada do olho humano, pode-se compará-lo a uma câmara escura. Fazendo uma análise cuidadosa, ele é mais sofisticado que uma câmera fotográfica ou filmadora. A maneira como o olho controla a entrada de luz e trabalha para focalizar a imagem para que ela seja formada com nitidez na retina é algo espetacular. A figura abaixo apresenta, de maneira esquemática, a estrutura do olho humano e a forma pela qual a luz que parte de um objeto chega à retina para ter a sua imagem formada. Na tabela abaixo, é apresentado o índice de refração de cada uma das partes do olho.

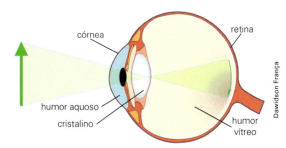

Parte do olho	Índice de refração
córnea	1,37 a 1,38
humor aquoso	1,33
cristalino	1,38 a 1,41
humor vítreo	1,33

Disponível em: <http://adventista.forumbrasil.net/t1533-sistema-optico-olho-humano-novo-olhar-sobre-a-visao-mais-complexidade> (Adaptado). Acesso em: nov. 2015.

Com base no exposto, assinale a(s) proposição(ões) correta(s).

01. A imagem do objeto formada na retina é real, invertida e menor, o que nos leva a afirmar que o cristalino é uma lente de comportamento convergente.
02. A velocidade da luz, ao passar pelas partes do olho, é maior no humor aquoso e no humor vítreo.
04. O fenômeno da refração da luz é garantido pelo desvio da trajetória da luz, sendo mantidas constantes todas as outras características da luz.
08. A refração da luz só ocorre no cristalino, cujo índice de refração é diferente do índice de refração do humor aquoso e do humor vítreo.
16. A miopia é um problema de visão caracterizado pela formação da imagem antes da retina, sendo corrigido com uma lente de comportamento divergente.
32. A presbiopia, popularmente chamada de "vista cansada", é um problema de visão similar à hipermetropia, sendo corrigido com uma lente de comportamento convergente.
64. A hipermetropia é um problema de visão caracterizado pela formação da imagem depois da retina, sendo corrigido com uma lente de comportamento divergente.

25. (Unirio-RJ) O olho humano sem problemas de visão, emetrope, é um sistema óptico convergente que projeta sobre a retina a imagem de um ponto objeto real localizado no infinito. No entanto, o olho necessita ter a capacidade de aumentar a sua vergência, ou poder de convergência, para que continue sobre a retina a imagem de um ponto objeto que dele se aproxima. Tal capacidade, denominada poder de acomodação, é perdida com o envelhecimento.

O aumento necessário na vergência de um olho para que seja capaz de enxergar um objeto que dele se aproximou do infinito até a distância de 0,25 m é, em di, igual a:

a) 1   b) 2   c) 3   d) 4   e) 5

26. (UEL-PR) Um hipermetrope não consegue ver com nitidez objetos situados a uma distância menor que 1,0 m. Para que ele possa ver com clareza a uma distância de 25 cm, seus óculos devem ter convergência, em dioptrias, igual a:

a) 1   c) 3   e) 5
b) 2   d) 4

27. (PUCC-SP) José fez exame de vista e o médico oftalmologista preencheu a receita a seguir.

		Lente esférica	Lente cilíndrica	Eixo
Para longe	O.D.	−0,50	−2,00	140°
	O.E.	−0,75		
Para perto	O.D.	2,00	−2,00	140°
	O.E.	1,00		

Pela receita, conclui-se que o olho:
a) direito apresenta miopia, astigmatismo e "vista cansada".
b) direito apresenta apenas miopia e astigmatismo.
c) direito apresenta apenas astigmatismo e "vista cansada".
d) esquerdo apresenta apenas hipermetropia.
e) esquerdo apresenta apenas "vista cansada".

INVESTIGUE VOCÊ MESMO

Espelho cilíndrico

A anamorfose é a representação de figuras que parecem distorcidas em uma superfície plana, que se tornam nítidas quando observadas por meio de espelhos curvos. Esse nome tem origem grega: *an* ("sem") + *morphé* ("forma"). A interessante técnica da anamorfose foi utilizada ao longo da história como estilo de pintura ou para produzir imagens sigilosas, por vezes de cunho político. Vamos produzir e observar imagens anamórficas?

Anamorphosis with Column, obra do artista húngaro István Orosz (1951-).

MATERIAIS
- Folhas de papel sulfite
- Lápis preto, borracha e lápis de cor
- Compasso e régua
- Papel quadriculado de 8 × 8 cm
- Tubo de plástico cromado (espelhado) com 20 cm de altura e cerca de $1\frac{1}{2}$ polegada.

ROTEIRO
- Primeiro, é necessário fazer um desenho que será alterado anamorficamente. Para isso, utilize o papel quadriculado (como ilustrado a seguir).
- Faça uma circunferência com 2 cm de raio na extremidade de uma folha de sulfite, como mostra a figura a seguir. Localize o centro (C) da circunferência.

Papel quadriculado com dimensões de 8 × 8 cm.

	1	2	3	4	5	6	7	8	
1									1
2									2
3									3
4									4
5									5
6									6
7									7
8									8
	1	2	3	4	5	6	7	8	

- Com a régua, trace um segmento de reta AB, paralelo às bordas da folha e que passe pelo ponto C. Trace seis retas paralelas a AB, com intervalos de 0,5 cm, apenas no interior da circunferência.
- Trace um segmento de reta DE, perpendicular ao segmento AB e que passe pelo ponto C.
- Agora, a partir do ponto C, trace segmentos de retas radiais passando pelos pontos da intersecção entre a circunferência e as retas paralelas ao segmento AB no interior dela.
- Por fim, centrando o compasso no ponto C, trace 10 semicircunferências concêntricas, cujos raios devem ter diferença de 0,5 cm partindo da semirreta CD até a semirreta CE.

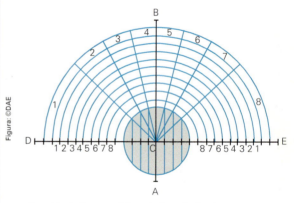

Quadriculado anamórfico. A circunferência cinza representa a região onde é posicionado o espelho; o espaço "quadriculado" é a região do desenho.

- Reproduza o desenho feito anteriormente no quadriculado anamórfico, que você acabou de elaborar, e utilize sua imaginação para colorir.
- Quando finalizar sua obra de arte, posicione o espelho cilíndrico na circunferência cinza e observe a imagem refletida.

Compartilhe sua produção com os colegas de classe e conheça os trabalhos realizados por eles.

Lente cilíndrica

Como são as imagens formadas por uma lente cilíndrica? Suas características correspondem a lentes convergentes ou divergentes? Vamos responder a essas questões com um experimento.

MATERIAL
- Vela
- Fósforo
- Água
- Garrafa pequena, transparente e com laterais retas, ou um tubo de ensaio
- A figura a seguir

Figura para a investigação.

ROTEIRO E QUESTÕES
▸ Como produzir uma lente caseira?

Encha completamente a garrafa (ou tubo de ensaio) com água. Feche muito bem a tampa (ou certifique-se da vedação da rolha), para evitar vazamentos. Sua lente cilíndrica está pronta.

Faça algumas experiências com sua lente observando objetos diferentes e responda às perguntas no caderno.

1. Posicione a lente sobre a folha com as palavras "ÁGUA" e "COCO", na posição longitudinal, e descreva o que aconteceu com a imagem.

2. Afaste a lente alguns centímetros e descreva o que ocorreu com a imagem.

3. Coloque a lente entre uma fonte de luz, como a chama de uma vela, e um anteparo, que pode ser uma parede. Aproxime e afaste o instrumento óptico da chama na posição transversal e longitudinal. Descreva o que você observou.

4. Depois dessa investigação, responda: a garrafa (ou tubo) tem características de uma lente convergente ou divergente?

Espelhos e lentes esféricos   Capítulo 11

311

CAPÍTULO 12

SOM

1. Vibrações e sons

Figura 12.1: O trovão é caracterizado pelas ondas sonoras provocadas pelo aumento da temperatura no canal das descargas elétricas atmosféricas (raios).

Figura 12.2: A velocidade de propagação do som na água é quatro vezes maior do que no ar.

Figura 12.3: Achamos que cantamos melhor no banheiro porque a superfície lisa das paredes reflete melhor as ondas sonoras e as dimensões reduzidas do ambiente favorecem a acústica e a reverberação do som.

Observando atentamente, é possível perceber que o som de um instrumento é realizado pela produção de vibrações nele. O mesmo acontece com nossa fala. Ao encostarmos a mão no pescoço, na altura da traqueia, sentimos nossas pregas vocais vibrando. Para cessar o som de um sino, devemos colocar a mão sobre ele, fazendo com que pare de vibrar (Figuras 12.1, 12.2 e 12.3).

1.1. Caracterizando as vibrações: frequência e comprimento de onda

As noções de frequência e de comprimento de onda podem ser compreendidas mais facilmente por meio de uma analogia. Inicialmente, imagine uma superfície de água tranquila, sem nenhuma perturbação. Agora, considere que alguém, com um conta-gotas, comece a pingar gotas de água regular e constantemente nessa superfície, de forma que sejam produzidas perturbações periódicas (e idênticas) na água. Isso ocorre se pingarmos as gotas periodicamente, isto é, com o mesmo intervalo de tempo entre uma e outra. Assim, a onda é formada pelo **conjunto da sequência de pulsos periódicos** que se expandem para todos os lados, de forma circular.

Se observarmos de perfil o padrão formado na água, teremos uma imagem semelhante à Figura 12.4. Enquanto um ponto da superfície executa uma vibração completa na vertical (ver a sequência na Figura 12.5), a **perturbação (pulso) percorre uma determinada distância**, que pode ser analisada se acompanharmos o movimento da perturbação ao longo da superfície.

312   Unidade 3   Imagem e som

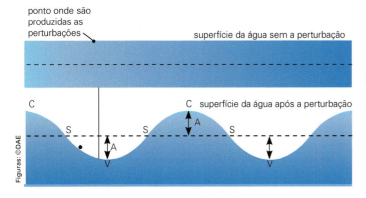

Figura 12.4: A letra C representa as cristas, pontos em máximo deslocamento acima do nível original da superfície; S são os pontos no nível da superfície; e A é a amplitude, ou seja, o máximo afastamento da superfície.

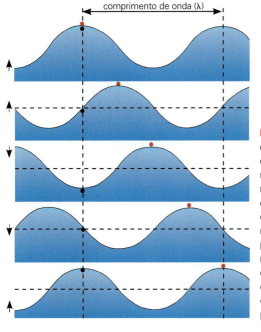

Figura 12.5: Na primeira crista da figura, há dois pontos coloridos. O ponto preto representa uma porção de massa da água. Observe que ele completa uma oscilação quando desce a um vale e retorna à posição inicial da perturbação. O ponto vermelho representa o deslocamento da perturbação; ao decorrer o tempo necessário de uma oscilação, esse ponto terá percorrido determinada distância.

Por causa das características periódicas desse movimento, podemos determinar algumas grandezas que definem uma onda. Por exemplo, a distância entre duas cristas ou vales consecutivos é representada pela letra grega lambda (λ) e recebe o nome de **comprimento de onda**. O tempo necessário para uma onda realizar uma oscilação completa é denominado **período de oscilação da onda** e é representado pela letra **T**.

Se a velocidade de propagação da onda for constante, para descobrirmos seu valor basta calcular o seguinte quociente:

$$v = \frac{\text{distância percorrida pela perturbação durante um período}}{\text{período}} \Rightarrow v = \frac{\lambda}{T}$$

O conceito de **frequência** (**f**) também pode ser aplicado às ondas quando os pulsos (perturbações) são produzidos de maneira uniforme. Assim, se em determinado conjunto de ondas os pulsos emitidos demoram 0,5 s para completar uma oscilação ($T = 0,5$ s), a onda efetua duas oscilações por segundo ($f = 2$ cps). Utilizamos cps (ciclos por segundo) em vez de rps (rotações por segundo), pois no caso das ondas não existe rotação, e sim oscilação. Essa maneira de mensurar a frequência, tomando por base o intervalo de tempo de 1 s (oscilações por segundo), é dada no Sistema Internacional pela unidade hertz, Hz ($1 \text{ Hz} = \frac{1}{s}$) (Figura 12.6).

Figura 12.6: A unidade hertz é uma homenagem a Heinrich Rudolf Hertz (1857-1894), físico alemão que comprovou a existência da radiação eletromagnética.

Som Capítulo 12 313

Dizemos que uma vibração de 5 000 oscilações por segundo tem frequência de 5 000 Hz; outra, de 30 ciclos por segundo, tem frequência de 30 Hz.

O período (tempo decorrido para uma oscilação completa) e a frequência (número de oscilações completas numa unidade de tempo) são inversos um do outro.

$$T = \frac{1}{f} \text{ ou } f = \frac{1}{T}$$

Se substituirmos essa expressão na expressão da velocidade, teremos:

$$v = \lambda \cdot f$$

Uma característica constante da onda é sua frequência, pois ela se mantém idêntica à da fonte que a produziu. Em contrapartida, seu comprimento varia, pois a velocidade de propagação da onda depende das características do meio em que ocorre. **Para um meio no qual a velocidade é constante, quanto maior a frequência, menor o comprimento de onda**, ou seja, há uma relação inversamente proporcional entre λ e f. Isso pode ser entendido observando-se a expressão anterior, que reúne essas três grandezas.

Exercícios resolvidos

1. Imagine a roda de uma bicicleta girando. O período de rotação dessa roda vale 2 s ($T = 2$ s), ou seja, esse é o tempo que ela demora para completar uma volta. Qual é a fração de volta que essa roda efetua em 1 s? Como podemos comparar esse período com o período de translação da Terra? E com o de um ponteiro de relógio?

   A roda efetua apenas meia volta em 1 s ($\frac{1}{2}$ rps, ou meia rotação por segundo), uma vez que ela completa uma volta em 2 s. Da mesma maneira, se uma onda demora 2 s para que uma crista ocorra em sequência à primeira, dizemos que o período de oscilação da onda é de 2 s, então em 1 s ela efetua apenas meia oscilação.

   Sabemos que a Terra demora 24 horas para completar uma volta ao redor de seu próprio eixo. Seu período de rotação vale, portanto, 24 h. Comparando com o exemplo da roda da bicicleta, a Terra efetua apenas a 24ª parte de uma volta em uma hora, isto é, $\frac{1}{24}$ da volta por hora.

   O período de rotação do ponteiro menor de um relógio vale 1 hora, ou 60 minutos: $T = 1$ h = 60 min. Isso equivale a dizer que o ponteiro dos minutos efetua 1 volta por hora (1 rph), ou $\frac{1}{60}$ da volta em 1 minuto ($\frac{1}{60}$ rpm).

   Studio ART/Shutterstock.com

   As relações que estabelecemos para a roda da bicicleta ($\frac{1}{2}$ rps), para a Terra ($\frac{1}{24}$ rph) e para o ponteiro dos minutos ($\frac{1}{60}$ rpm) são definidas como a **frequência** de rotação de cada movimento. No caso das ondas, podemos pensar em ciclos ou oscilações por unidade de tempo. Pelos resultados obtidos, deduzimos que a frequência é dada pelo inverso do período.

2. Quais são o período e a frequência de rotação do ponteiro das horas de um relógio?

   O ponteiro das horas demora 12 horas para completar uma volta. Logo:

   $T = 12$ h e $f = \frac{1}{T} = \frac{1}{12}$ rph

3. Um conjunto de ondas periódicas executa cinco oscilações por segundo. A distância entre dois vales consecutivos dessas ondas é de 2,0 cm. Quais são seu período de oscilação e a velocidade com que elas se propagam?

   Do enunciado se obtém $f = 5$ cps e $\lambda = 2{,}0$ cm. Aplicando esses valores à equação fundamental das ondas, temos:
   $v = \lambda \cdot f \Rightarrow v = 5 \cdot 2{,}0 = 10$ cm/s

   O período é o inverso da frequência, portanto:
   $T = \frac{1}{f} = \frac{1}{5} = 0{,}20$ s

4. Faça um cartão de cartolina e passe pelos dentes de um pente, conforme representado a seguir. Como é o som produzido? Descreva suas características.

   Quando se fricciona o cartão no pente, produz-se som. No entanto, o som produzido onde há mais dentes é diferente (mais agudo) do produzido na parte com menos dentes. Isso ocorre porque na região com mais dentes o número de vibrações por unidade de tempo é maior do que na parte com menos dentes.

   Dotta

Exercícios propostos

1. Quais são o período e a frequência de translação da Terra em seu movimento ao redor do Sol?

2. O motor de um automóvel gira a 900 rpm. Qual é seu período de rotação? Expresse-o em minutos e em segundos.

3. Um trem de ondas periódicas desloca-se a uma velocidade constante de 4,0 m/s. A distância entre duas de suas cristas consecutivas é de 50 cm. Determine o período e a frequência de oscilação dessas ondas.

2. O que torna uma vibração audível?

Vimos anteriormente que, se ouvimos um som, significa que algo está vibrando. O inverso, porém, não é verdadeiro, ou seja, nem tudo que vibra produz um som audível para os seres humanos.

Para sabermos por que ouvimos algumas vibrações e outras não, podemos comparar a vibração da régua com a de um pêndulo e perceber que são semelhantes (Figuras 12.7 e 12.8).

> **LEMBRETE:**
> A relação entre o comprimento (*L*) e a frequência (*f*), ou o período (*T*), de um pêndulo simples é:
> $$T = 2 \cdot \pi \cdot \sqrt{\frac{L}{g}}$$
> ou $f = \dfrac{1}{2 \cdot \pi} \cdot \sqrt{\dfrac{g}{L}}$
> Nessas expressões, *g* é a aceleração da gravidade local.
> Note que a massa do pêndulo não influencia sua frequência de oscilação.

Figuras 12.7 e 12.8: Quais são as semelhanças entre o movimento oscilatório de um pêndulo e o movimento vibratório de uma régua cuja extremidade está presa à superfície de uma mesa?

Se possível, faça um pêndulo prendendo uma bolinha em um barbante e experimente contar quantas oscilações ele faz por minuto. Isso vai depender das dimensões que você utilizar. Por exemplo, um pêndulo de 1 m de comprimento oscila cerca de 30 vezes por minuto; já um pêndulo de 25 cm oscila cerca de 60 vezes por minuto.

Diminuindo-se o comprimento do pêndulo, aumenta-se a frequência com que ele volta ao ponto de partida, ou seja, sua frequência aumenta. No caso da régua, observa-se o mesmo comportamento: quando se diminuiu o comprimento da parte oscilante, aumentou-se a frequência da vibração. No entanto, é possível notar uma diferença entre os dois conjuntos. Mesmo que ambos tenham o mesmo comprimento, seu padrão de vibração será distinto. O movimento oscilatório da régua será de maior frequência que o do pêndulo.

Quanto ao som, existem dois fatores principais que determinam se ele será audível. Inicialmente, é preciso que a vibração aumente até atingir certa frequência. Isso equivale a dizer que só podemos ouvir os sons a partir de determinada frequência.

O segundo fator é a amplitude da vibração, fundamental para a audibilidade. A faixa de frequências audíveis para seres humanos varia entre 20 Hz e 20 000 Hz. Os sons com frequências abaixo de 20 Hz são denominados infrassons. Os que têm frequências superiores a 20 000 Hz são denominados ultrassons.

Concluímos que somente os objetos que vibram dentro de determinada faixa de frequência são ouvidos pelo ser humano. Mas como essa vibração chega a nós? A resposta depende de algo ainda não abordado.

Por dentro do conceito

Valores de frequência

A frequência mínima para que uma vibração produza um som audível pelo homem é de aproximadamente 20 Hz (20 oscilações por segundo ou 1 200 oscilações por minuto), o que explica a dificuldade de acompanharmos com os olhos tal movimento vibratório (Tabela 12.1).

Tabela 12.1: Valores de frequência para movimentos vibratórios que podemos encontrar em nosso cotidiano		
Movimento	**Frequência (rpm)**	**Frequência (Hz)**
Hélice de ventilador	1 150	19
Hélice de helicóptero	5 000	83
CD-ROM (52x)	10 350	172
Motor de carro de Fórmula 1	20 000	330
Bater das asas de uma abelha	24 000	400
Bater das asas de um pernilongo	30 000	500

Retornando ao experimento em que são produzidos diferentes sons ao fazer a régua vibrar, podemos pensar no que acontece com o ar que a envolve durante o movimento (Figuras 12.9 e 12.10).

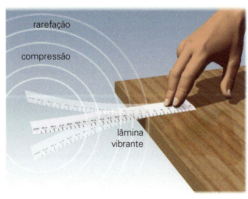
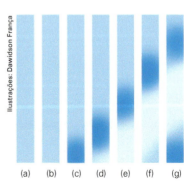

Figuras 12.9 e 12.10: Etapas da propagação do som produzido por uma régua vibrante: (a) régua em equilíbrio; (b), (c) e (d) compressão e propagação da perturbação (compressão); (d), (e) e (f) rarefação e propagação da perturbação (compressão e rarefação); (g) início de um novo ciclo.

316 Unidade 3 Imagem e som

Depois que curvamos a régua e a largamos, ela inicia sua vibração. Esse movimento produz uma **compressão** na porção de ar que se encontra imediatamente à sua frente. Quando a régua volta à posição original, forma-se uma **rarefação** no ar nessa mesma região. Como o movimento é vibratório e periódico, a perturbação compressão-rarefação se mantém e se propaga para as regiões vizinhas, e o movimento de vibração do objeto é transmitido a elas.

Explorando o assunto

Velocidade da propagação do som

Observe os valores indicados na Tabela 12.2 para a velocidade de propagação do som em diversos meios. Como podemos interpretar esses valores? Por que a velocidade do som no vidro é 16 vezes maior que a velocidade dele no ar?

Tabela 12.2: Velocidade de propagação do som em diversos meios	
Meio	Velocidade de propagação do som (m/s)
hidrogênio (0 °C)	1 286
ar (20 °C)	343
glicerol (25 °C)	1 904
água do mar (25 °C)	1 533
água (25 °C)	1 493
álcool etílico (25 °C)	1 143
diamante	12 000
vidro pirex	5 640
alumínio	5 100
ouro	3 240
borracha	1 600

Fonte: SERWAY, Raymond A.; JEWETT, John W. *Princípios de Física*: movimento ondulatório e Termodinâmica. São Paulo: Cengage, 2008.

Apesar de o som se propagar de um lugar para outro, devemos estar atentos a um detalhe: as partículas do ar, responsáveis pela transmissão da perturbação, não se deslocam na mesma proporção. Isso significa que elas realizam apenas um movimento vibratório, mantendo-se em torno de sua posição inicial, como ocorre com a extremidade livre da régua. Assim, transmite-se apenas energia. É esse tipo de transmissão que define o movimento ondulatório e, portanto, caracteriza uma **onda**, que transmite apenas energia, e não matéria.

No caso que estudamos, a vibração da régua provoca perturbações nas partículas do ar à sua volta, que se transmitem às partículas seguintes, e assim por diante. O conjunto desses movimentos forma a propagação da perturbação. Ondas desse tipo são chamadas **ondas longitudinais** (Figura 12.11). Elas são diferentes daquelas produzidas por uma corda (conforme estudaremos adiante), nas quais as perturbações se propagam numa direção perpendicular ao movimento oscilatório de cada partícula; por isso, as ondas produzidas são chamadas **transversais** (Figura 12.12).

As ondas longitudinais que se propagam pelo ar, ao atingirem nossas orelhas, podem gerar uma sensação perceptível, desde que tenham frequências e amplitudes adequadas.

Quando se considera a direção de vibração, as ondas podem ser transversais ou longitudinais. Se levarmos em conta sua **natureza**, é possível classificá-las em **mecânicas** ou **eletromagnéticas**. A principal diferença é que as ondas mecânicas precisam de um meio material para se propagar, enquanto as eletromagnéticas podem se deslocar no vácuo, onde não há matéria.

Som   Capítulo 12   317

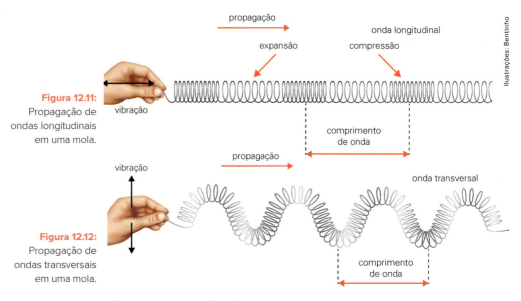

Figura 12.11: Propagação de ondas longitudinais em uma mola.

Figura 12.12: Propagação de ondas transversais em uma mola.

Neste capítulo, estamos estudando o som, que é uma onda mecânica longitudinal. Dizemos "mecânica" por depender da vibração das partículas do meio – no caso, o ar – e "longitudinal" pelo fato de o movimento vibratório das partículas ser na mesma direção da propagação da onda sonora.

Exercícios resolvidos

1. Se você soltar um pedaço de madeira na superfície da água do mar, vai verificar que ele oscila com uma frequência:

   a) duas vezes maior que a das ondas e se desloca no sentido do movimento delas.
   b) duas vezes maior que a das ondas, no mesmo lugar.
   c) igual à das ondas, deslocando-se no sentido do movimento delas.
   d) igual à das ondas, no mesmo lugar.
   e) igual à metade da frequência das ondas, no mesmo lugar.

   Basta realizar o experimento para comprovar a situação descrita e refletir sobre as características de uma onda. Por não haver transporte de matéria, qualquer corpo que permaneça boiando na superfície de um líquido oscilará com a mesma frequência das ondas (portanto, alternativa **d**). Se você quiser comprovar experimentalmente, faça, em um grande tanque com água, pequenas ondas com o movimento vertical de um sarrafo de madeira próximo a uma das bordas.

2. Qual é, na superfície terrestre, o comprimento de um pêndulo que marca os segundos?

   O pêndulo que marca os segundos oscila com período de 2 s. Considerando-se a aceleração da gravidade igual a 9,8 m/s², o comprimento (L) do pêndulo será dado por:

   $$T = 2 \cdot \pi \cdot \sqrt{\frac{L}{g}} \Rightarrow L = \left(\frac{T}{2 \cdot \pi}\right)^2 \cdot g \Rightarrow$$

   $$\Rightarrow L = \left(\frac{2}{2 \cdot \pi}\right)^2 \cdot 9,8 \Rightarrow L = 1,0 \text{ m}$$

Exercícios propostos

1. (Fuvest-SP) Uma onda sonora, propagando-se no ar com frequência f, comprimento de onda λ e velocidade v, atinge a superfície de uma piscina e continua a se propagar na água.

   Nesse processo, pode-se afirmar que:

   a) apenas f varia.
   b) apenas v varia.
   c) apenas f e λ variam.
   d) apenas λ e v variam.
   e) apenas f e v variam.

2. (UFRGS-RS) Considere as afirmações a seguir:

   I. As ondas luminosas são constituídas pelas oscilações de um campo elétrico e de um campo magnético.
   II. As ondas sonoras precisam de um meio material para se propagar.
   III. As ondas eletromagnéticas não precisam de um meio material para se propagar.

   Quais delas são corretas?

   a) Apenas I
   b) Apenas I e II
   c) Apenas I e III
   d) Apenas II e III
   e) I, II e III

3. Qual deverá ser o comprimento de um pêndulo que bate o segundo na superfície da Lua? Na superfície lunar, a aceleração da gravidade vale 1,6 m/s².

3. A orelha, esse labirinto complexo

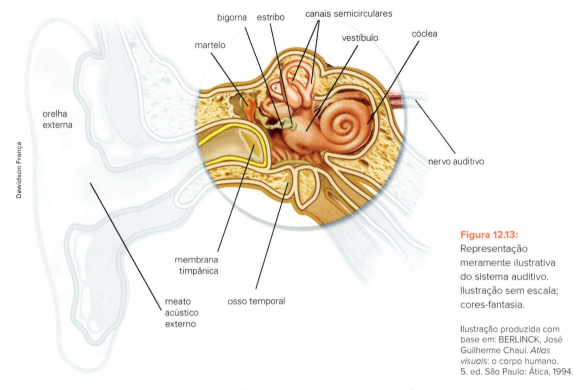

Figura 12.13: Representação meramente ilustrativa do sistema auditivo. Ilustração sem escala; cores-fantasia.

Ilustração produzida com base em: BERLINCK, José Guilherme Chauí. *Atlas visuais*: o corpo humano. 5. ed. São Paulo: Ática, 1994.

Conforme vimos, o som é uma vibração formada por compressões e rarefações (variação de pressão) no ar. Em nosso sistema auditivo (Figura 12.13), o movimento das partículas do ar chega à **orelha externa** e se propaga pelo **meato acústico externo**. Então a vibração se amplifica um pouco e atinge a **membrana timpânica**, uma superfície esticada que fica presa aos ossos do crânio (parecendo o couro de um tambor). O **martelo**, ligado à membrana timpânica, também começa a vibrar. Como a **bigorna** e o **estribo** estão ligados a ele, de modo semelhante a um sistema de alavancas, esses três ossículos da audição, que ficam em uma pequena câmara cheia de ar, começam a vibrar em conjunto, amplificando as vibrações recebidas da orelha externa para a orelha interna. No **vestíbulo**, que é 17 vezes menor que a membrana timpânica, é produzido um aumento de 22 vezes na pressão da onda sonora.

Com isso, temos uma onda produzida no líquido da **cóclea** (também chamada caracol), que é dividida longitudinalmente pela membrana basilar. Essa membrana contém milhares de fibras basilares que podem ser movidas pelas ondas nesse líquido. No entanto, elas são distintas, e cada uma é sensível a uma frequência específica. Assim, somente algumas serão "acionadas", de acordo com as características do som produzido, e então transmitidas para o **nervo auditivo**.

Até aqui os movimentos realizados foram mecânicos e, de diferentes formas, transmitiram a vibração até a parte mais interna da orelha. Mas, ao chegar à membrana basilar, que suporta o órgão de Corti, encontram células que transformam esse tipo de vibração em impulsos elétricos. Estes, por sua vez, são transmitidos ao cérebro, onde o som será decodificado e percebido por nós.

3.1. Reconhecendo frequências

Esse longo processo de transmissão, em que a energia se transforma diversas vezes, ocorre em um pequeno intervalo de tempo, alguns milésimos de segundo. Por isso, temos a impressão de que nossa audição é instantânea.

> **Explorando o assunto**
>
> Por que ouvimos um som parecido com o das ondas do mar quando aproximamos uma concha da orelha?

A amplificação do som gerada dentro de nossas orelhas se dá por meio de um fenômeno muito importante na Ondulatória: a **ressonância**, que pode ser entendida como a tendência dos corpos de vibrar em função de fontes externas. Ou seja, eles têm modos naturais de vibração que dependem de características como tamanho, massa, elasticidade etc. Quando eles vibram naturalmente, suas frequências são definidas e chamadas de frequências naturais de vibração. Se a fonte externa que os faz vibrar se encontra em uma dessas frequências, a vibração se torna muito intensa; em outras palavras, a amplitude das vibrações tende a ser muito maior.

A ressonância está presente no mecanismo da audição. Ela ocorre entre a onda sonora e as fibras da membrana basilar. Dependendo da frequência do som que chega, somente uma porção da membrana basilar será posta em vibração com maior intensidade.

Considerando uma diversidade de frequências, podemos dividir os sons em dois grupos: **graves** e **agudos**. Para a percepção dos graves, as fibras da membrana basilar próximas ao vértice da cóclea vibrarão mais. Já para os agudos, a parte inicial da membrana basilar próxima à orelha média será mais estimulada. A parte central da membrana produz os sons intermediários.

Finalmente, o sistema nervoso reconhece o som captado por sua frequência, por meio da identificação da região de onde partiram os impulsos, isto é, localizando a porção da membrana basilar onde a vibração foi máxima. No entanto, essa identificação é limitada, já que a audição humana consegue discriminar sons com diferenças de frequências de no mínimo 3 Hz.

> **LEMBRETE:**
> Em Física, utilizamos as palavras "alto" e "baixo" para designar, respectivamente, sons agudos e graves, termos não associados à intensidade (ou volume) do som, como em geral são empregados.

3.2. Audibilidade

Nem todas as frequências são audíveis. Os jovens são sensíveis às frequências entre 20 Hz e 20 000 Hz, aproximadamente. Ao longo da vida, perdemos a capacidade de ouvir certas frequências, sobretudo as mais altas. O limite superior passa a ser 15 000 Hz a partir de 30 anos e baixa para 12 000 Hz depois dos 50 anos. Uma pessoa mais velha pode ter a capacidade auditiva reduzida para a faixa entre 50 Hz e 8 000 Hz, ou ainda menos.

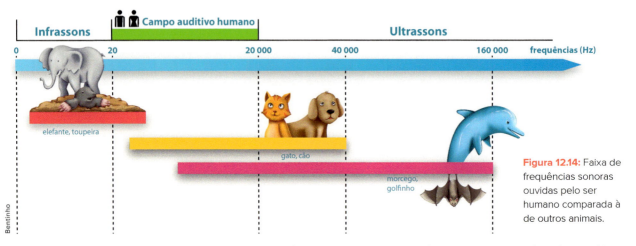

Figura 12.14: Faixa de frequências sonoras ouvidas pelo ser humano comparada à de outros animais.

Os sons que os seres humanos conseguem detectar são considerados audíveis. Alguns animais, como as aranhas e os elefantes, detectam infrassons. Outros, como os cães, os gatos, as moscas, os morcegos e os golfinhos, detectam ultrassons (Figura 12.14). O ser humano (e muitos outros animais) ouve mais frequências do que aquelas que produz. Por exemplo, ouvimos sons com frequências entre 20 Hz e 20 000 Hz, mas só produzimos sons entre 85 Hz e 1 100 Hz.

No entanto, não é somente a frequência que determina o que ouvimos. Além dela, é necessário que o som tenha uma intensidade mínima. Chamamos esse valor mínimo de **intensidade de limiar de audição**, ou **limiar de percepção**. Esse limiar não é o mesmo para todos os sons; cada frequência tem um diferente. Para demonstrar a relação entre o limiar de percepção e a frequência, é usado um gráfico denominado audiograma.

Precisamos compreender bem o que é a intensidade do som. Quanto maior a força empregada para percutir a membrana de um tambor, maior a intensidade do som obtido. Ou seja, sempre podemos fornecer mais energia para que a intensidade do som seja maior. Assim, para obter um **som com maior intensidade**, o objeto que vibra deve se deslocar ao máximo de sua posição inicial (de equilíbrio). Com isso, **aumentamos a amplitude da vibração da fonte**, e, consequentemente, a quantidade de energia que sai da fonte é transportada pela onda sonora para todos os lados.

Como uma onda tende a seguir em todas as direções, somente uma parte chega às nossas orelhas. Quanto maior a quantidade de energia que chega até nós, maior a intensidade física do som que escutamos. Essa intensidade (I) pode ser medida em watts por centímetro quadrado (W/cm^2) e obtida pela relação entre a potência (P_{ot}) da fonte e a área (S) atingida pela onda em determinado instante:

$$I = \frac{P_{ot}}{S}$$

Se a fonte emite ondas sonoras esféricas uniformes em todas as direções, a área atingida é a de uma casca esférica ($S = 4 \cdot \pi \cdot d^2$). Portanto:

$$I = \frac{P_{ot}}{4 \cdot \pi \cdot d^2}$$

A intensidade de um som que chega às nossas orelhas também está associada à pressão que ele exerce sobre a membrana timpânica. Essa pressão pode ser medida em grama-força por centímetro quadrado (gf/cm^2).

O audiograma representado no Gráfico 12.1 relaciona três elementos: a frequência da vibração (eixo horizontal), a intensidade física (eixo vertical à esquerda) e a pressão da onda sonora sobre a membrana timpânica (eixo vertical à direita). A linha inferior do gráfico corresponde ao limiar de percepção. A superior indica a intensidade acima da qual temos uma sensação dolorosa. No audiograma, está assinalada também a região onde se situam os sons musicais, assim como a região que compreende a voz humana em uma conversação normal.

A sensibilidade da orelha humana atinge seu máximo entre 2 000 Hz e 4 000 Hz. Dito de outra forma, esse é o intervalo de frequências em que o sistema auditivo humano é capaz de perceber os sons de menor intensidade.

Podemos notar algo curioso em relação às pressões exercidas, o que é indicado no gráfico pelo eixo vertical à direita. Elas são muito pequenas. Por exemplo, nesse intervalo, para um som de 3 500 Hz, a amplitude é da ordem de 10^{-9} cm^2, dimensão milhões de vezes inferior à espessura de um fio de cabelo. Nesse caso, a membrana timpânica sofre uma pressão da ordem de 10^{-7} gf/cm^2. Para compreender a ordem de grandeza envolvida, se você tampar com um dedo a extremidade de um tubo de ensaio contendo uma coluna de água de 10 cm de altura e inverter o tubo, a pressão que seu dedo sente é de 10 gf/cm^2, ou seja, 100 milhões de vezes superior à exercida por um som de 3 500 Hz.

Gráfico 12.1: Audiograma mostra os limites da audição humana.

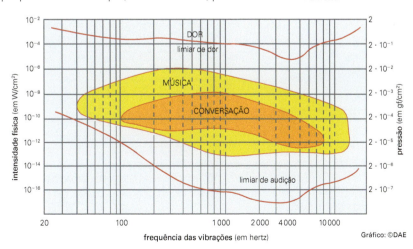

Figura 12.15: Alexander Graham Bell (1847-1922), cientista escocês naturalizado americano, inventor do telefone. A unidade de medida de som bel foi assim nomeada em sua homenagem.

O limiar de dor é atingido quando obrigamos a membrana timpânica a vibrar com amplitudes da ordem de 10^{-3} cm^2, correspondendo a uma pressão de 0,2 gf/cm^2. Note que esses valores são 1 milhão de vezes maiores do que os correspondentes ao limiar de audição.

As intensidades físicas dos sons audíveis também apresentam grandes variações. O sistema auditivo pode perceber sons desde um suspiro bem fraco até um ruído muito forte, cerca de 1 trilhão de vezes mais intenso.

Essa grande variação de intensidades percebidas pela orelha humana é um dos motivos pelos quais se estabelece outra grandeza e outra unidade de medida: o **nível de intensidade sonora** (β), medido em bel (Figura 12.15). Dois sons diferem de 1 bel quando a intensidade de um é 10 vezes maior que a do outro.

A unidade mais usada cotidianamente é o decibel (dB), que corresponde a um décimo do bel. Utilizamos essa unidade porque ela é a menor diferença de intensidade entre dois sons que a audição humana consegue perceber (Tabela 12.3). Calcula-se o nível de intensidade sonora para determinada intensidade física da fonte por meio da seguinte relação:

$$\beta = 10 \log \frac{I}{I_0}$$

Nela, I_0 é a intensidade mínima de referência e equivale a 10^{-12} W/m^2, ou 10^{-16} W/cm^2.

Na Tabela 12.3, adotando como 0 dB a mínima intensidade audível, pode-se estabelecer uma correspondência entre o nível de intensidade sonora e a intensidade física.

Tabela 12.3: Intensidade sonora		
Intensidade física (W/cm^2)	Exemplos	Nível de intensidade sonora (dB)
10^{-3}	foguete	130
10^{-4}	trovão, avião a jato	120
10^{-5}	banda de *rock*, trem	110
10^{-6}	avião a pistão	100
10^{-7}	máquinas em uma fábrica, buzina de automóvel a 50 cm	90
10^{-8}	trânsito urbano	80
10^{-9}	dentro de um vagão de metrô	70
10^{-10}	conversação normal a 1 m, passos	60
10^{-11}	automóvel em marcha lenta	50
10^{-12}	conversação em voz baixa	40
10^{-13}	interior de uma biblioteca, murmúrio a 5 m	30
10^{-14}	suspiro	20
10^{-15}	farfalhar das folhas ao vento, respiração normal	10
10^{-16}	mínima intensidade audível	0

Fonte: FIGUEIREDO, Aníbal; TERRAZZAN, Eduardo A. O ouvido e o som. *Revista de Ensino de Ciências*, n. 17, mar. 1987.

Exercícios resolvidos

1. Para resolver esta questão, consulte o audiograma apresentado no Gráfico 12.1 (pág. 321). Para que uma emissão sonora na frequência de 500 Hz possa ser agradavelmente ouvida, é necessário que sua intensidade física, em W/cm², esteja compreendida entre:

a) 10^{-5} e 10^{-4}.

b) 10^{-4} e 10^{-2}.

c) 10^{-10} e 10^{-8}.

d) 10^{-14} e 10^{-13}.

e) 10^{-16} e 10^{-14}.

O intervalo de intensidades citado corresponde à conversação. Os demais estão em faixas acima ou abaixo deste.

2. Um som é emitido com intensidade física de 10^{-5} W/m². O nível sonoro correspondente, em decibéis, é de ($I_0 = 10^{-12}$ W/m²):

a) 70

b) 60

c) 50

d) 40

e) 30

O nível sonoro β é dado por:

$$\beta = 10 \log \frac{I}{I_0}$$

Substituindo os valores fornecidos, temos:

$$\beta = 10 \log \frac{I}{I_0} = 10 \log \frac{10^{-5}}{10^{-12}} = 10 \log 10^7 =$$
$$= 7 \cdot 10 \log 10 = 70 \text{ dB}$$

Exercícios propostos

1. (UFRGS-RS) Quando você anda em um velho ônibus urbano, é fácil perceber que, dependendo da frequência de giro do motor, diferentes componentes do ônibus entram em vibração. O fenômeno físico que está se produzindo neste caso é conhecido como:

a) eco.

b) dispersão.

c) refração.

d) ressonância.

e) polarização.

2. (Unaerp-SP) Além do dano que podem causar à audição, os sons fortes têm vários outros efeitos físicos. Sons de 140 decibéis (dB) (som de um avião a jato pousando) podem produzir numerosas sensações desagradáveis; entre elas, perda de equilíbrio e náusea. A unidade bel (B), utilizada no texto, representa:

a) a frequência do som.

b) a intensidade física do som.

c) o nível sonoro do som.

d) a potência do som.

e) o timbre do som.

3. (UFRN) A intensidade de uma onda sonora, em W/m², é uma grandeza objetiva que pode ser medida com instrumentos acústicos sem fazer uso da audição humana. O ouvido humano, entretanto, recebe a informação sonora de forma subjetiva, dependendo das condições auditivas de cada pessoa. Fato já estabelecido é que, fora de certo intervalo de frequência, o ouvido não é capaz de registrar a sensação sonora. E, mesmo dentro desse intervalo, é necessário um valor mínimo de intensidade da onda para acionar os processos fisiológicos responsáveis pela audição. Face à natureza do processo auditivo humano, usa-se uma grandeza mais apropriada para descrever a sensação auditiva. Essa grandeza é conhecida como nível de intensidade do som (medida em decibel). A figura a seguir mostra a faixa de audibilidade média do ouvido humano, relacionando a intensidade e o nível de intensidade com a frequência do som.

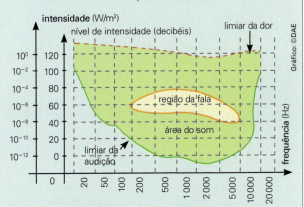

—— 1 - Limiar de audição (intensidade mais baixa do som onde começamos a ouvir).
- - - - 2 - Limiar da dor (intensidade sonora máxima que nosso ouvido pode tolerar).
—— 3 - Região da fala.

Considerando as informações e o gráfico acima, é correto afirmar que

a) na faixa de 2 000 Hz a 5 000 Hz, o ouvido humano é capaz de perceber sons com menor intensidade.

b) a frequência máxima de audição do ouvido humano é 10 000 Hz.

c) acima da intensidade 10^{-12} W/m² podemos ouvir qualquer frequência.

d) ao falarmos, geramos sons no intervalo aproximado de frequência de 200 Hz a 20 000 Hz.

4. Música ou ruído?

Podemos distinguir a música do ruído por meio das características das ondas sonoras: a frequência e a intensidade.

Chamamos de **sons graves** ou **agudos** os que têm, respectivamente, **frequências baixas** ou **altas**. Também verificamos que **sons fortes** ou **fracos** são aqueles cuja onda sonora vibra com **grandes** ou **pequenas amplitudes** (intensidade) (Figuras 12.16 e 12.17).

Vimos que a propagação é caracterizada pela formação de regiões alternadas de maior ou menor pressão no ar. Se a variação da pressão ao longo da propagação se repete regularmente no mesmo intervalo de tempo, temos uma sensação agradável e o som produzido é tido como musical (Gráfico 12.2a). Quando temos o som com uma única frequência, ele é chamado **tom**. Se o som for composto por várias frequências, ele é formado pelo conjunto do **tom fundamental** e seus **harmônicos** (Gráfico 12.2b). No caso dos ruídos, essa regularidade não existe e a pressão varia ao acaso (Gráfico 12.2c).

Outro tipo de som conhecido é o **estampido**, um abalo mecânico isolado, causado por uma brusca variação de pressão em determinado instante, sem repetição (Gráfico 12.2d).

4.1. Qualidades fisiológicas do som: intensidade, altura e timbre

Percebemos os sons fortes e fracos (que variam em intensidade), graves e agudos (que variam em altura). Além deles, conseguimos identificar as diferentes fontes sonoras por meio de seus **timbres**. Esse conjunto de características sonoras são as qualidades fisiológicas do som.

Sabemos que a intensidade se relaciona com a amplitude da onda sonora, e a altura, com a frequência. Mas o que caracteriza fisicamente o timbre?

Para responder a essa questão, é preciso entender o que são **harmônicos** de um som. Um fenômeno que se repete regularmente com o tempo é chamado periódico. Para obter um som musical puro (de frequência única), a pressão da onda sonora, além de ser periódica, deve variar com o tempo de forma senoidal, conforme representado no Gráfico 12.3.

As músicas que ouvimos são, em geral, compostas. Isso significa que, junto com o tom fundamental de frequência mais baixa, há um número variável de tons harmônicos com frequências maiores, que são múltiplas da fundamental.

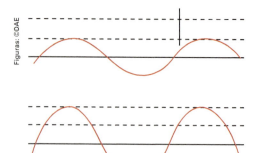

Figura 12.16: Ondas de mesmas frequências e diferentes amplitudes. Quanto maior a amplitude de vibração, maior a intensidade do som.

Figura 12.17: Ondas de mesmas amplitudes e diferentes frequências. Quanto maior é a frequência, mais agudo é o som.

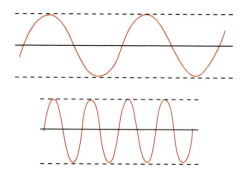

Gráficos 12.2a, 12.2b, 12.2c e 12.2d: Representações de diferentes tipos de som.

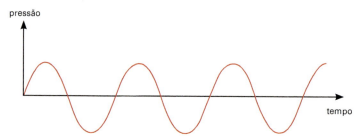

Gráfico 12.3: Movimento harmônico de um som puro.

Para compreender essa diferença, observe que a composição de harmônicos do som representado no Gráfico 12.4a é bem distinta da composição do som representado no Gráfico 12.4b, apesar de ambos terem a mesma frequência. As diferentes quantidades, frequências e intensidades dos tons harmônicos que acompanham o tom fundamental caracterizam o timbre de um som (Figura 12.18).

O tom fundamental produz normalmente uma sensação monótona e apagada, já que seu timbre é desprovido de riqueza ou "colorido musical". Os tons harmônicos é que enriquecem o timbre. O som emitido por um diapasão, por exemplo, possui apenas o tom fundamental.

O timbre também é responsável por distinguir vozes de pessoas que cantam uma mesma nota musical com a mesma intensidade.

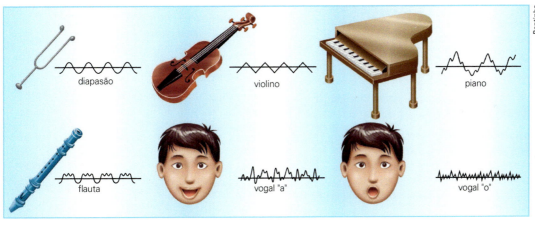

Gráficos 12.4a e 12.4b: Representação de harmônicos resultantes da composição de sons.

Figura 12.18: Registros de sons de mesma frequência, emitidos por diapasão, violino, piano, flauta e voz humana.

Exercício resolvido

(PUC-RJ) Considere as seguintes afirmações a respeito de uma onda sonora:

I. É uma onda longitudinal.

II. A densidade das moléculas no meio oscila no espaço.

III. A velocidade de propagação independe do meio.

Quais dessas afirmações são verdadeiras?

a) I, II e III
b) I e II
c) I e III
d) II e III
e) nenhuma delas

Ondas sonoras são longitudinais e a densidade das moléculas no meio varia conforme a altitude, fazendo a velocidade de propagação depender dela. Alternativa **b**.

Exercícios propostos

1. (UFSC) Dois músicos se apresentam tocando seus instrumentos: uma flauta e um violino. A flauta e o violino estão emitindo sons de mesma altura, mas de intensidades diferentes – a intensidade do som do violino é maior do que a intensidade do som da flauta. Uma pessoa, cega, encontra-se a uma mesma distância dos dois instrumentos, estando a flauta à sua direita e o violino à sua esquerda. A pessoa é capaz de distinguir os sons de um violino e de uma flauta.

   Considerando a situação descrita, assinale a(s) proposição(ões) correta(s).

   01. É possível perceber que o violino está à sua esquerda e que a flauta está à sua direita, devido aos timbres diferentes dos sons emitidos pelos dois instrumentos.

   02. A pessoa é capaz de perceber que o violino está à sua esquerda e que a flauta está à sua direita, porque o som que está sendo emitido pelo violino é mais agudo e o som da flauta é mais grave.

   04. É possível a pessoa perceber que os dois instrumentos estão emitindo a mesma nota musical, porque uma nota musical é caracterizada pela sua frequência.

   08. O som que está sendo emitido pelo violino tem a mesma frequência do som que está sendo emitido pela flauta; por isso, a pessoa percebe que são de mesma altura.

   16. A forma da onda sonora do violino é diferente da forma da onda sonora da flauta; por isso, os sons desses instrumentos apresentam timbres diferentes.

   32. O som que está sendo emitido pelo violino é mais alto do que o som que está sendo emitido pela flauta.

   64. Na linguagem vulgar, dizemos que a pessoa percebe o som do violino "mais forte" do que o som da flauta.

2. (UFG-GO) Sons musicais podem ser gerados por instrumentos de cordas, como, por exemplo, o contrabaixo, violão, violino, etc. O comprimento das cordas define a faixa de frequência em cada um desses instrumentos. Neles,

   (•) os sons são gerados por ondas estacionárias, produzidas nas cordas.

   (•) cada corda vibra originando uma onda sonora com frequência igual à frequência de oscilação da corda.

   (•) a onda mecânica transversal na corda produz uma onda sonora transversal.

   (•) as frequências dos sons gerados serão menores quanto menor for o comprimento da corda.

3. (PUCC-SP) Quando se ouve uma orquestra tocando uma sonata de Bach, consegue-se distinguir diversos instrumentos, mesmo que estejam tocando a mesma nota musical. A qualidade fisiológica do som que permite essa distinção é

   a) a altura.
   b) a intensidade.
   c) a potência.
   d) a frequência.
   e) o timbre.

4. (UFV-MG) Em alguns filmes de ficção científica a explosão de uma nave espacial é ouvida em outra nave, mesmo estando ambas no vácuo do espaço sideral. Em relação a este fato é correto afirmar que:

   a) isto não ocorre na realidade, pois não é possível a propagação do som no vácuo.

   b) isto ocorre na realidade, pois, sendo a nave tripulada, possui seu interior preenchido por gases.

   c) isto ocorre na realidade, uma vez que o som se propagará junto com a imagem da mesma.

   d) isto ocorre na realidade, pois as condições de propagação do som no espaço sideral são diferentes daquelas daqui da Terra.

   e) isto ocorre na realidade e o som será ouvido inclusive com maior nitidez, por não haver meio material no espaço sideral.

5. Outros fenômenos sonoros

Existem outros fenômenos ondulatórios que ocorrem com o som. Por exemplo, ao ser emitido, este tende a se propagar livremente em todas as direções. Encontrando um obstáculo rígido, ele é **refletido**. Assim, quando você diz alguma coisa dentro de uma sala fechada, é mais fácil para seus interlocutores escutarem, pois o som é refletido várias vezes.

Quando ouvimos um som refletido, podemos ter três impressões distintas, dependendo do tempo decorrido entre a chegada do som original e do refletido. No caso de pequenas salas ou pequenos auditórios, temos a impressão de que a voz do orador se torna mais possante. Isso acontece porque as paredes estão muito próximas do ouvinte, o que faz o som refletido por elas chegar quase junto com o som que veio diretamente. Dessa forma, ambos se reforçam, dando a sensação de maior intensidade. A esse fenômeno chamamos **reforço**, pois ele contribui para a boa qualidade acústica de um auditório pequeno.

326 Unidade 3 Imagem e som

Em auditórios maiores, principalmente se estiverem vazios, ou em grandes salas vazias, a situação é diferente. Neles, as paredes se encontram distantes dos ouvintes. Isso leva o som refletido a chegar depois daquele que veio direto. O resultado é a sensação de que há uma continuidade no som, sobretudo no fim da duração de uma nota. Esse fenômeno é chamado **reverberação**, o qual pode causar dificuldade de discernimento em relação ao som seguinte.

O intervalo necessário para que dois sons sejam ouvidos com clareza, sem que um interfira no outro, é de no mínimo 0,1 s. Quando o som refletido chega ao ouvinte com um intervalo superior a 0,1 s após o som direto, temos a nítida percepção de repetição da última parte. Quando gritamos ou batemos palmas, percebemos mais facilmente essa repetição. Ocorre, nesse caso, o que chamamos de **eco** (Figura 12.19).

> **Explorando o assunto**
>
> O que nos permite saber de onde vem um som? Por que temos dificuldade em reconhecer nossa própria voz quando a ouvimos numa gravação?

Figura 12.19: A distância mínima para ouvir o eco da própria voz é 17 metros.

Além das atividades relacionadas diretamente com a audição, as ondas sonoras podem ser utilizadas em outros contextos. Um exemplo importante da reflexão do som é o sonar, utilizado para avaliar a profundidade do mar em um local desejado. Do navio, emite-se um breve som e capta-se o som refletido pelo fundo do mar. Multiplicando a velocidade do som na água pela metade do tempo transcorrido entre a emissão do som e a captação da onda refletida, obtemos a profundidade procurada (Figura 12.20).

Outro fenômeno importante que ocorre com qualquer onda é a **difração**. Quando uma onda encontra um obstáculo da mesma ordem de grandeza de seu comprimento, ela pode contorná-lo. O mesmo ocorre quando ela encontra uma fenda: se esta for da mesma ordem de grandeza de seu comprimento, é possível atravessá-la. Por causa desse fenômeno é que podemos ouvir, por exemplo, nossos vizinhos conversando do outro lado de um muro (Figura 12.21).

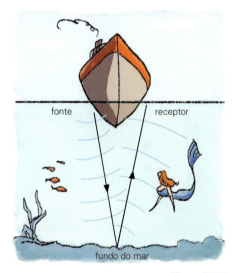

Figura 12.20: Representação de um sonar, que funciona por meio da reflexão das ondas sonoras no fundo do oceano.

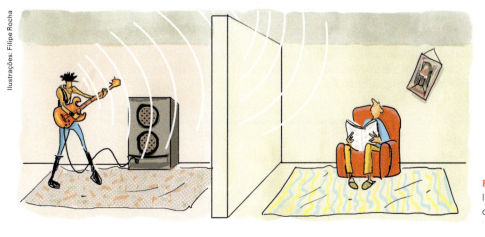

Figura 12.21: Ilustração da difração da onda.

Som   Capítulo 12   327

Por dentro do conceito

Efeito Doppler-Fizeau

Quando uma fonte sonora está em movimento relativamente a um observador, a frequência percebida (f_O) é diferente da emitida (f_F), sendo $f_O > f_F$ quando fonte e observador se aproximam e $f_O < f_F$ quando eles se afastam. A mudança na frequência observada implica uma variação na altura do som ouvido.

Os cientistas Christian Doppler (1803-1853) e Armand Fizeau (1819-1896) encontraram uma fórmula que permite determinar uma frequência conhecida a outra, em função da velocidade da fonte (v_F), do observador (v_O) e do som (v), em relação a um referencial em repouso:

$$\frac{f_O}{v \pm v_O} = \frac{f_F}{v \pm v_F}$$

Nessa expressão, f_O e f_F são a frequência percebida pelo observador e a emitida pela fonte; v_O e v_F são a velocidade do observador e a da fonte; e v é a velocidade do som em relação a um referencial em repouso.

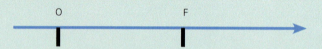

A posição O do observador deverá ser necessariamente à esquerda da posição F da fonte, com a trajetória orientada para a direita.

Exercícios resolvidos

1. (UFPE) O menor intervalo de tempo para que o cérebro humano consiga distinguir dois sons que chegam ao ouvido é, em média, 100 ms. Este fenômeno é chamado persistência auditiva. Qual a menor distância que podemos ficar de um obstáculo para ouvir o eco de nossa voz? (Dado: velocidade do som no ar = 330 m/s.)

   a) 16,5 m
   b) 17,5 m
   c) 18,5 m
   d) 19,5 m
   e) 20,5 m

   O intervalo de tempo de 100 ms = 0,1 s é o mínimo necessário para distinguir dois sons. Esse deve ser o tempo para que o som percorra o dobro da distância entre o anteparo refletor e a fonte (pessoa). Então:

   $v = \frac{d}{\Delta t} \Rightarrow 330 = \frac{2D}{0,1} \Rightarrow 2D = 330 \cdot 0,1 \Rightarrow D = 16,5$ m

   Alternativa **a**.

2. Uma ambulância se aproxima de uma pessoa enferma em repouso, a uma velocidade de 90 km/h, com sua sirene emitindo um som de 400 Hz. Determine a frequência do som que chega ao paciente. Considere $v_{som} = 325$ m/s.

   Como a fonte se aproxima do observador, sua velocidade é negativa. Assim, temos:

   $\frac{f_O}{325 + 0} = \frac{400}{325 - 25} \rightarrow f_O = \frac{400 \cdot 325}{300} = 433$ Hz

Exercícios propostos

1. **(UEG-GO)** A rigor, todo o processo de ultrassonografia utiliza o eco. São as ondas ultrassônicas refletidas que mostram como está o feto no ventre da mãe ou detectam falhas internas em estruturas metálicas. No entanto, o equipamento que utiliza o eco na forma mais tradicional, com propagação de ondas sonoras na água, é o sonar. O funcionamento é simples: o navio emite a onda sonora em direção ao fundo do mar e, a partir do eco dessa onda, obtém informações ou mapeia o fundo do mar. O ramo da física que estuda os sons é a acústica.

   GASPAR, A. *Física*. Ondas, ópticas e termologia.
   São Paulo: Ática, p. 74.

   Com base em seus conhecimentos no campo da acústica, assinale a alternativa incorreta:

   a) O eco caracteriza-se pela percepção distinta do mesmo som emitido e refletido.
   b) O tempo em que o som permanece audível no ambiente é denominado de tempo de reverberação.
   c) A velocidade do som na água é de 340 km/s.
   d) O ouvido humano só consegue distinguir dois sons quando o intervalo de tempo entre eles for no mínimo de 0,1 segundo.
   e) O som tem várias propriedades ondulatórias.

2. **(UFSM-RS)** Ao se aproximar uma tempestade, um índio vê o clarão do raio e, 15 s depois, ouve o trovão. Sabendo que no ar a velocidade da luz é muito maior que a do som (340 m/s), a distância, em km, de onde ocorreu o evento, é:

   a) 1,7
   b) 3,4
   c) 4,8
   d) 5,1
   e) 6,5

3. **(UFG-GO)** Os morcegos são mamíferos voadores que dispõem de um mecanismo denominado biossonar ou ecolocalizador que permite ações de captura de insetos ou o desvio de obstáculos. Para isso, ele emite um ultrassom a uma distância de 5 m do objeto com uma frequência de 100 kHz e comprimento de onda de $3,5 \cdot 10^{-3}$ m. Dessa forma, o tempo de persistência acústica (permanência da sensação auditiva) desses mamíferos voadores é, aproximadamente:

   a) 0,01 s
   b) 0,02 s
   c) 0,03 s
   d) 0,10 s
   e) 0,30 s

4. Um ciclista, pedalando a 18 km/h, aproxima-se de uma fábrica cuja sirene emite um som de 500 Hz. Qual é a frequência do som sentido pelo ciclista? Se ele se afastar da fábrica, qual será a frequência por ele sentida? (Considere $v_{som} = 325$ m/s.)

5. **(Fuvest-SP)** Um trecho dos trilhos de aço de uma ferrovia tem a forma e as dimensões dadas a seguir. Um operário bate com uma marreta no ponto A dos trilhos. Um outro trabalhador, localizado no ponto B, pode ver o primeiro, ouvir o ruído e sentir com os pés as vibrações produzidas pelas marretadas no trilho.

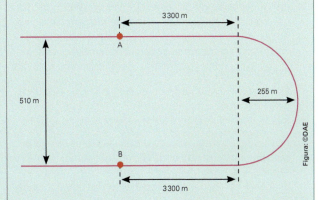

   a) Supondo que a luz se propague instantaneamente, qual o intervalo de tempo decorrido entre os instantes em que o trabalhador em B vê uma marretada e ouve o seu som?
   b) Qual a velocidade de propagação do som no aço, sabendo-se que o trabalhador em B, ao ouvir uma marretada, sente simultaneamente as vibrações no trilho?

   Dado: a velocidade do som no ar é de 340 m/s. Para fazer as contas use $\pi = 3$.

6. **(PUC-SP)** Para determinar a profundidade de um poço de petróleo, um cientista emitiu com uma fonte, na abertura do poço, ondas sonoras de frequência 220 Hz. Sabendo-se que o comprimento de onda, durante o percurso, é de 1,5 m e que o cientista recebe como resposta um eco após 8 s, a profundidade do poço é

   a) 2 640 m
   b) 1 440 m
   c) 2 880 m
   d) 1 320 m
   e) 330 m

7. Um carro, viajando a 90 km/h, cruza com um trem que se desloca, no sentido oposto, a 126 km/h e apita emitindo um som de 450 Hz. Determine a frequência do som captado pelo motorista do carro antes e depois do cruzamento. (Considere $v_{som} = 325$ m/s.)

Exercícios finais

1. Em Minas Gerais há uma região próxima ao chamado "Triângulo Aurífero", em que existem formações rochosas muito interessantes. Um grupo de estudantes, ao explorar o local, gritou para provocar o eco obtido pela reflexão do som de suas vozes numa dessas paredes rochosas. Cronometrando o tempo decorrido entre a emissão e a recepção desses sons, o grupo obteve o valor de 8,0 s. A velocidade do som no ar foi admitida com o valor 340 m, e a frequência de vibração dos sons provocados pelos gritos foi estimada em 200 Hz. Quais eram, então, a distância entre o grupo e a parede rochosa e o comprimento de onda desses sons?

2. (UFRJ) Um aparelho de ultrassom para uso em medicina deve produzir imagens de objetos de diâmetros maiores do que d.
Para tanto, o comprimento de onda λ do som deve obedecer à desigualdade $\left(\dfrac{\lambda}{d}\right) \leq 10^{-1}$.
Sabendo que $d = 1$ mm e considerando que a velocidade do som no meio em questão seja $v = 1\,000$ m/s, calcule a frequência mínima da onda que deve ser utilizada no aparelho.

3. (Fuvest-SP) Um navio parado em águas profundas é atingido por uma crista de onda (elevação máxima) a cada T segundos. A seguir o navio é posto em movimento, na direção e no sentido de propagação das ondas e com a mesma velocidade delas. Nota-se, então, (veja a figura adiante) que ao longo do comprimento L do navio cabem exatamente 3 cristas.

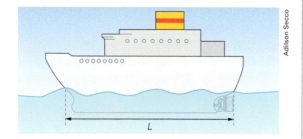

Qual é a velocidade do navio?
a) $\dfrac{L}{3T}$
b) $\dfrac{L}{2T}$
c) $\dfrac{L}{T}$
d) $\dfrac{2L}{T}$
e) $\dfrac{3L}{T}$

4. (Unicamp-SP) Uma piscina tem fundo plano horizontal. Uma onda eletromagnética de frequência 100 MHz, vinda de um satélite, incide perpendicularmente sobre a piscina e é parcialmente refletida pela superfície da água e pelo fundo da piscina. Suponha que, para essa frequência, a velocidade da luz na água é $4,0 \cdot 10^7$ m/s, e no ar $3 \cdot 10^8$ m/s.
Qual é o comprimento de onda na água? E no ar?

5. (ITA-SP) A faixa de emissão de rádio em frequência modulada, no Brasil, vai de, aproximadamente, 88 MHz a 108 MHz. A razão entre o maior e o menor comprimento de onda desta faixa é:
a) 1,2
b) 15
c) 0,63
d) 0,81
e) Impossível calcular não sendo dada a velocidade de propagação da onda

6. (Fuvest-SP – Adaptado) A propagação de ondas na água é estudada em grandes tanques, com detectores e *softwares* apropriados. Em uma das extremidades de um tanque, de 200 m de comprimento, um dispositivo D produz ondas na água, sendo que o perfil da superfície da água, ao longo de toda a extensão do tanque, é registrado por detectores em instantes subsequentes. Um conjunto de ondas, produzidas com frequência constante, tem seu deslocamento y, em função do tempo, representado na Figura A, tal como registrado por detectores fixos na posição $x = 15$ m. Para esse mesmo conjunto de ondas, os resultados das medidas de sua propagação ao longo do tanque são apresentados na Figura B. Esses resultados correspondem aos deslocamentos y do nível da água em relação ao nível de equilíbrio ($y = 0$ m), medidos no instante $t = 25$ s para diversos valores de x. A partir desses resultados:

Figura A

Figura B

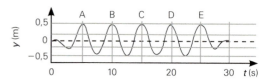

a) Estime a frequência f, em Hz, com que as ondas foram produzidas.
b) Estime o comprimento de onda L, em metros, das ondas formadas.
c) Estime a velocidade V, em m/s, de propagação das ondas no tanque.
d) Qual a posição das ondas A, B, C, D e E, assinaladas na Figura B, no gráfico do perfil da superfície da água para $t = 25$ s, ainda que, como pode ser observado, as amplitudes dessas ondas diminuam com sua propagação?

7. (Fuvest-SP) Em um grande tanque, uma haste vertical sobe e desce continuamente sobre a superfície da água, em um ponto P, com frequência constante, gerando ondas, que são fotografadas em diferentes instantes. A partir dessas fotos, podem ser construídos esquemas, onde se representam as cristas (regiões de máxima amplitude) das ondas, que correspondem a círculos concêntricos com centro em P. Dois desses esquemas estão apresentados a seguir, para um determinado instante $t_0 = 0$ s e para outro instante posterior, $t = 2$ s. Ao incidirem na borda do tanque, essas ondas são refletidas, voltando a se propagar pelo tanque, podendo ser visualizadas através de suas cristas. Considerando tais esquemas:

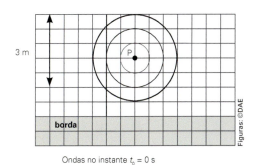

Ondas no instante $t_0 = 0$ s

Ondas no instante $t = 2$ s

a) Estime a velocidade de propagação V, em m/s, das ondas produzidas na superfície da água do tanque.

b) Estime a frequência f, em Hz, das ondas produzidas na superfície da água do tanque.

c) Represente, em seu caderno, as cristas das ondas que seriam visualizadas em uma foto obtida no instante $t = 6,0$ s, incluindo as ondas refletidas pela borda do tanque.

8. (Fuvest-SP) A figura abaixo representa imagens instantâneas de duas cordas flexíveis idênticas, C_1 e C_2, tracionadas por forças diferentes, nas quais se propagam ondas.

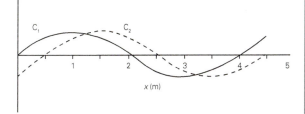

Durante uma aula, estudantes afirmaram que as ondas nas cordas C_1 e C_2 têm:

I. A mesma velocidade de propagação.
II. O mesmo comprimento de onda.
III. A mesma frequência.

Está correto apenas o que se afirma em

a) I.
b) II.
c) III.
d) I e II.
e) II e III.

NOTE E ADOTE: A velocidade de propagação de uma onda transversal em uma corda é igual a $\sqrt{\dfrac{T}{\mu}}$, sendo T a tração na corda e μ a densidade linear da corda.

9. (Uece-CE) Uma onda sonora vinda de uma sirene chega a um determinado ponto próximo a um ouvinte. É correto afirmar que, em decorrência dessa onda sonora, nesse ponto há

a) variação com o tempo na pressão e na densidade do ar.
b) variação com o tempo na pressão e não na densidade do ar.
c) variação com o tempo na densidade e não na pressão do ar.
d) invariância na pressão e na densidade do ar.

10. (Vunesp-SP) Isaac Newton demonstrou, mesmo sem considerar o modelo ondulatório, que a luz do Sol, que vemos branca, é o resultado da composição adequada das diferentes cores. Considerando hoje o caráter ondulatório da luz, podemos assegurar que ondas de luz correspondentes às diferentes cores terão sempre, no vácuo,

a) o mesmo comprimento de onda.
b) a mesma frequência.
c) o mesmo período.
d) a mesma amplitude.
e) a mesma velocidade.

11. (Vunesp-SP) Pesquisadores da Unesp, investigando os possíveis efeitos do som no desenvolvimento de mudas de feijão, verificaram que sons agudos podem prejudicar o crescimento dessas plantas, enquanto os sons mais graves, aparentemente, não interferem no processo.

Ciência e cultura, 42 (7) supl.: 180-1, jul. 1990.

Nesse experimento o interesse dos pesquisadores fixou-se principalmente na variável física:

a) velocidade.
b) umidade.
c) temperatura.
d) frequência.
e) intensidade.

12. (Vunesp-SP) Numa experiência clássica, coloca-se dentro de uma campânula de vidro, onde se faz o vácuo, uma lanterna acesa e um despertador que está despertando. A luz da lanterna é vista, mas o som do despertador não é ouvido. Isso acontece porque

Som   Capítulo 12   331

Exercícios finais

a) o comprimento de onda da luz é menor que o do som.
b) nossos olhos são mais sensíveis que nossos ouvidos.
c) o som não se propaga no vácuo e a luz, sim.
d) a velocidade da luz é maior que a do som.
e) o vidro da campânula serve de blindagem para o som, mas não para a luz.

13. (Vunesp-SP) Nas últimas décadas, o cinema tem produzido inúmeros filmes de ficção científica com cenas de guerras espaciais, como "Guerra nas Estrelas". Com exceção de "2001, uma odisseia no espaço", estas cenas apresentam explosões com estrondos impressionantes, além de efeitos luminosos espetaculares, tudo isso no espaço interplanetário.

a) Comparando "Guerra nas Estrelas", que apresenta efeitos sonoros de explosão, com "2001, uma odisseia no espaço", que não os apresenta, qual deles está de acordo com as leis da Física? Justifique.
b) E quanto aos efeitos luminosos, que todos apresentam? Justifique.

14. (UFSC) Verifique quais das proposições a seguir são corretas.

01. O som é constituído por ondas mecânicas longitudinais.
02. As ondas mecânicas propagam-se nos meios sólidos, líquidos e gasosos.
04. Uma onda sonora não se propaga no vácuo.
08. A luz muda a direção de sua propagação quando passa de um meio para outro com diferente índice de refração.
16. Tanto a luz quanto o som são ondas eletromagnéticas.

15. (UFSC) A audição e a fala são extremamente importantes para os seres humanos. Graças a elas podemos detectar, emitir e interpretar ondas sonoras com diferentes propriedades físicas. Por exemplo, devido à audição podemos escutar sons com intensidade a partir de 10^{-12} W/m², enquanto a fala nos permite, em um tom de conversa normal, emitir potência sonora de 10^{-5} W.
Assinale a(s) proposição(ões) correta(s).

01. Os seres humanos podem ouvir sons de qualquer frequência.
02. A população de Florianópolis é de 400 000 habitantes. Todos os habitantes conversando ao mesmo tempo, em tom normal, emitem potência 25 vezes menor que uma lâmpada de 100 W.
04. Os seres humanos podem emitir sons em todas as frequências de 20 Hz a 20 000 Hz.
08. As ondas sonoras são ondas mecânicas transversais.
16. A unidade bel (B) exprime a altura de um som.
32. Um som emitido por você na sala (ambiente) em que se encontra terá a mesma intensidade a qualquer distância.
64. Sons com intensidade a partir de 1,0 W/m² produzem sensação de dor no ouvido humano.

16. (Fuvest-SP) O resultado do exame de audiometria de uma pessoa é mostrado nas figuras abaixo. Os gráficos representam o nível de intensidade sonora mínima *I*, em decibéis (dB), audível por suas orelhas direita e esquerda, em função da frequência *f* do som, em kHz. A comparação desse resultado com o de exames anteriores mostrou que, com o passar dos anos, ela teve perda auditiva. Com base nessas informações, foram feitas as seguintes afirmações sobre a audição dessa pessoa:

I. Ela ouve sons de frequência de 6 kHz e intensidade de 20 dB com a orelha direita, mas não com a esquerda.
II. Um sussurro de 15 dB e frequência de 0,25 kHz é ouvido por ambas as orelhas.
III. A diminuição de sua sensibilidade auditiva, com o passar do tempo, pode ser atribuída a degenerações dos ossos martelo, bigorna e estribo, da orelha externa, onde ocorre a conversão do som em impulsos elétricos.

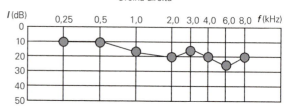

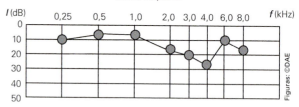

É correto apenas o que se afirma em
a) I.
b) II.
c) III.
d) I e III.
e) II e III.

17. (Fuvest-SP) O som de um apito é analisado com o uso de um medidor que, em sua tela, visualiza o padrão apresentado na figura a seguir. O gráfico representa a variação da pressão que a onda sonora exerce sobre o medidor, em função do tempo, em μs (1 μs = 10^{-6} s).

Seres vivos	Intervalos de frequência
cachorro	15 Hz — 45 000 Hz
ser humano	20 Hz — 20 000 Hz
sapo	50 Hz — 10 000 Hz
gato	60 Hz — 65 000 Hz
morcego	1 000 Hz — 120 000 Hz

Analisando a tabela de intervalos de frequências audíveis, por diferentes seres vivos, conclui-se que esse apito pode ser ouvido apenas por

a) seres humanos e cachorros
b) seres humanos e sapos
c) sapos, gatos e morcegos
d) gatos e morcegos
e) morcegos

18. (Uece) O "nível de intensidade sonora" N é medido numa escala logarítmica, e está relacionada com a intensidade física I da onda pela expressão: $N = 10 \log I/I_0$ em que I_0 é a intensidade do mais fraco som audível.

Se $I = 10 I_0$, tem-se $N = 10 \log 10 \Rightarrow N = 10$ dB (dB = decibel)

Um cachorro ao ladrar emite um som cujo nível de intensidade é 65 dB. Se forem dois cachorros latindo ao mesmo tempo, em uníssono, o nível de intensidade será: (use log 2 = 0,30)

a) 65 dB
b) 68 dB
c) 85 dB
d) 130 dB

19. (Cesgranrio-RJ) O nível de intensidade sonora (N) é expresso em decibéis (dB) por:
$N = 10 \log I/I_0$
onde: I = intensidade sonora fornecida pela caixa de som;
I_0 = intensidade-padrão, correspondente ao limiar da audição (para o qual $N = 0$).
Para o nível de intensidade $N = 120$ dB, a intensidade sonora, fornecida pela caixa de som, deverá ser de:

a) $10^{13} I_0$
b) $10^{12} I_0$
c) $1\,200 I_0$
d) $120 I_0$
e) $12 I_0$

20. (UFRGS-RS) A menor intensidade de som que um ser humano pode ouvir é da ordem de 10^{-16} W/cm². Já a maior intensidade suportável (limiar da dor) situa-se em torno de 10^{-3} W/cm².
Usa-se uma unidade especial para expressar essa grande variação de intensidades percebidas pelo ouvido humano: o bel (B). O significado dessa unidade é o seguinte: dois sons diferem de 1 B quando a intensidade de um deles é 10 vezes maior (ou menor) que a do outro, diferem de 2 B quando essa intensidade é 100 vezes maior (ou menor) que a do outro, de 3 B quando ela é 1 000 vezes maior (ou menor) que a do outro, e assim por diante. Na prática, usa-se o decibel (dB), que corresponde a $\frac{1}{10}$ do bel. Quantas vezes maior é, então, a intensidade dos sons produzidos em concertos de rock (110 dB) quando comparada com a intensidade do som produzido por uma buzina de automóvel (90 dB)?

a) 1,22
b) 10
c) 20
d) 100
e) 200

21. (UFMG) Mariana pode ouvir sons na faixa de 20 Hz a 20 kHz. Suponha que, próximo a ela, um morcego emite um som de 40 kHz. Assim sendo, Mariana não ouve o som emitido pelo morcego, porque esse som tem

a) um comprimento de onda maior que o daquele que ela consegue ouvir.
b) um comprimento de onda menor que o daquele que ela consegue ouvir.
c) uma velocidade de propagação maior que a daquela que ela consegue ouvir.
d) uma velocidade de propagação menor que a daquela que ela consegue ouvir.

22. (Vunesp-SP) O gráfico da figura indica, no eixo das ordenadas, a intensidade de uma fonte sonora, I, em watts por metro quadrado (W/m²), ao lado do correspondente nível de intensidade sonora, β, em decibéis (dB), percebido, em média, pelo ser humano. No eixo das abscissas, em escala logarítmica, estão representadas as frequências do som emitido. A linha superior indica o limiar da dor – acima dessa linha, o som causa dor e pode provocar danos ao sistema auditivo das pessoas. A linha inferior mostra o limiar da audição – abaixo dessa linha, a maioria das pessoas não consegue ouvir o som emitido.

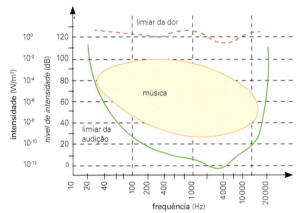

Suponha que você assessore o prefeito de sua cidade para questões ambientais.

a) Qual o nível de intensidade máximo que pode ser tolerado pela municipalidade? Que faixa de frequências você recomenda que ele utilize para dar avisos sonoros que sejam ouvidos pela maior parte da população?

b) A relação entre a intensidade sonora, I, em W/m², e o nível de intensidade, β, em dB, é $\beta = 10 \log(I/I_0)$, onde $I_0 = 10^{-12}$ W/m². Qual a intensidade de um som, em W/m², num lugar onde o seu nível de intensidade é 50 dB? Consultando o gráfico, você confirma o resultado que obteve?

Som   Capítulo 12   333

Exercícios finais

23. (UFF-RJ) Ondas sonoras emitidas no ar por dois instrumentos musicais distintos, I e II, têm suas amplitudes representadas em função do tempo pelos gráficos abaixo.

I.

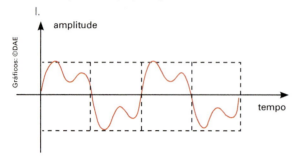

II.

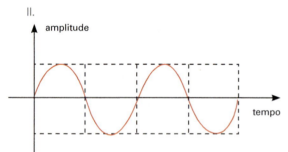

A propriedade que permite distinguir o som dos dois instrumentos é:

a) o comprimento de onda.
b) a amplitude.
c) o timbre.
d) a velocidade de propagação.
e) a frequência.

24. (UFMG) Ao tocar um violão, um músico produz ondas nas cordas desse instrumento. Em consequência, são produzidas ondas sonoras que se propagam no ar. Comparando-se uma onda produzida em uma das cordas do violão com a onda sonora correspondente, é correto afirmar que as duas têm

a) a mesma amplitude.
b) a mesma frequência.
c) a mesma velocidade de propagação.
d) o mesmo comprimento de onda.

25. (PUC-MG) Analise as afirmações a seguir.

I. Dois instrumentos musicais diferentes são acionados e emitem uma mesma nota musical.
II. Dois instrumentos iguais estão emitindo uma mesma nota musical, porém, com volumes (intensidades) diferentes.
III. Um mesmo instrumento é utilizado para emitir duas notas musicais diferentes.

Assinale a principal característica que difere cada um dos dois sons emitidos nas situações I, II e III respectivamente.

a) Amplitude, comprimento de onda e frequência.
b) Frequência, comprimento de onda e amplitude.
c) Timbre, amplitude e frequência.
d) Amplitude, timbre e frequência.

26. (Uece) Quando diferentes tipos de instrumentos musicais, como flauta, saxofone e piano, produzem a mesma nota musical, os sons resultantes diferem uns dos outros devido

a) às diferentes composições de harmônicos gerados por cada instrumento.
b) às diferentes intensidades das ondas sonoras.
c) às diferentes frequências sonoras produzidas.
d) aos diferentes comprimentos de ondas fundamentais.

27. (UEPG-PR) A respeito dos fenômenos que ocorrem na propagação de ondas sonoras, assinale o que for correto.

01. Eco e reverberação são fenômenos ocasionados pela reflexão de ondas sonoras.
02. Difração é um fenômeno que permite que uma onda sonora contorne um obstáculo.
04. Em auditórios acusticamente mal planejados, ocorre refração, também chamada de continuidade sonora.
08. Intensidade sonora é a taxa média de transferência de energia.
16. A superposição de ondas sonoras ocasiona interferência.

28. (UFRGS-RS) Considere as afirmações a seguir:

I. O som se propaga no ar com uma velocidade de aproximadamente 340 m/s.
II. As velocidades de propagação do som no ar e no vácuo são aproximadamente iguais.
III. O eco é devido à reflexão do som.

Quais delas são corretas?

a) Apenas I.
b) Apenas I e II.
c) Apenas I e III.
d) Apenas II e III.
e) I, II e III.

29. (Unicamp-SP) O menor intervalo de tempo entre dois sons percebidos pelo ouvido humano é de 0,10 s. Considere uma pessoa defronte a uma parede em um local onde a velocidade do som é de 340 m/s.

a) Determine a distância x para a qual o eco é ouvido 3,0 s após a emissão da voz.
b) Determine a menor distância para que a pessoa possa distinguir a sua voz e o eco.

INVESTIGUE VOCÊ MESMO

A audibilidade de um som

Vimos que existem muitos fatores que influenciam a audibilidade de um som, entre os quais características físicas de uma onda sonora e características fisiológicas de nosso corpo. Nesta atividade, conseguiremos isolar um desses fatores e verificar sua importância na propagação do som.

MATERIAIS

- Água
- Lamparina com tripé
- Frasco de vidro de 50 mL a 100 mL com rolha
- Pedaço de bexiga
- Pedaço de arame grosso
- Pequeno chocalho de metal

ROTEIRO E QUESTÕES

Que fator é importante para a propagação do som?

- Corte o arame de tal forma que possa ser introduzido no frasco sem tocar nas paredes nem no fundo do vidro. Passe o arame pela rolha e, na extremidade livre dele, prenda o chocalho.
- Segure o conjunto pela rolha e balance-o para perceber o som produzido pelo chocalho.
- Envolva agora a rolha com o pedaço de bexiga, para garantir melhor vedação, e introduza o conjunto dentro do vidro. Encaixe a rolha na boca do frasco, apertando-a bem.
- Segure o conjunto e balance-o para perceber o som produzido pelo chocalho.

1. Como é o som do chocalho que você ouve agora? Ele tem a mesma intensidade de antes?
Vamos alterar um pouco nosso conjunto. Para isso, destampe o vidro, coloque um pouco de água no fundo e leve-o, aberto, para ser aquecido. Ao realizar esse procedimento, cuidado para não se queimar.
Após toda a água do interior do vidro ter se transformado em vapor, tape-o rapidamente com o conjunto rolha-chocalho. Deixe esfriar um pouco e balance-o mais uma vez.

2. Você ouve o som do chocalho com a mesma intensidade de antes?

3. Por que isso acontece?

4. Se colocássemos água no interior do vidro, o que aconteceria? Por quê?

CAPÍTULO 13

SONS E INSTRUMENTOS

1. A produção de som nos instrumentos

Ao longo da vida, aprendemos a fazer sons e produzir ritmos e melodias de diversas maneiras. Algumas pessoas gostam de assobiar, outras criam ritmo batucando em uma caixa de fósforos (Figuras 13.1, 13.2 e 13.3).

Figura 13.1: *O tocador de pífano*, do artista francês Édouard Manet (1832-1883).

Figura 13.2: Resultado de pesquisas, criações e investigações de técnicas de percussão corporal, vocal, sapateado e improvisação, o grupo Barbatuques é atuante nos meios artístico e educacional.

Experimente soprar no gargalo de uma garrafa vazia. Em seguida, coloque um pouco de água nessa garrafa e sopre novamente. Você vai perceber que o som é diferente em cada um dos casos. Repetindo o experimento com atenção, verificamos que, conforme preenchemos a garrafa com água, o som se torna mais agudo (Figura 13.4).

Quando sopramos dentro da garrafa, produzimos uma perturbação no ar em seu interior. Como o ar está confinado, suas formas de vibrar são limitadas, definindo suas frequências próprias ou naturais de vibração. Conforme diminuímos o volume total de ar dentro da garrafa, as frequências naturais mudam, produzindo um som diferente. Sons graves são produzidos com comprimentos de onda maiores (frequências mais baixas). Já com volumes pequenos de massa de ar são produzidos sons agudos, que vibram com comprimentos de onda menores (frequências mais altas).

Figura 13.3: A Associação Educativa e Cultural Didá é uma associação sem fins lucrativos com o objetivo de melhorar a qualidade de vida de mulheres e crianças por meio da arte-educação. Seu principal produto é a Banda Didá, formada somente por mulheres.

Figura 13.4: O que podemos fazer para produzir sons de diferentes tons quando sopramos no gargalo de uma garrafa?

336 Unidade 3 Imagem e som

A vibração produzida dentro da garrafa, quando a sopramos corretamente, é composta de uma variedade de vibrações simples, denominadas **harmônicas**. Ou seja, o volume de ar no interior da garrafa faz com que ela vibre em todas as frequências correspondentes às suas vibrações naturais. No entanto, a garrafa reforçará as frequências que coincidem com suas frequências próprias; assim, determinadas frequências de vibração do ar entram em ressonância e são amplificadas. Quando isso ocorre, as amplitudes são aumentadas, levando o volume do som a aumentar também.

As caixas de ressonância são objetos nos quais um som produzido pode ser amplificado para frequências desejadas. Todo instrumento musical tem um dispositivo que provoca a vibração do ar. Na clarineta, por exemplo, há uma palheta (lâmina) que vibra com a passagem do ar; na flauta, há um anteparo oblíquo ao lado de um furo colocado no caminho do jato de ar. Já no caso de uma corneta, os próprios lábios apertados do tocador fazem o papel de elemento vibrador na passagem do jato de ar (Figuras 13.5 e 13.6).

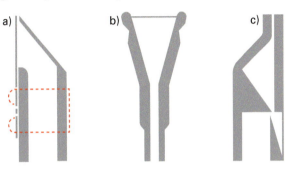

Figuras 13.6a, 13.6b e 13.6c: Embocaduras dos instrumentos de sopro: (a) palheta simples, (b) flauta, e (c) palheta-lábio.

Há diferentes instrumentos de sopro, e em todos eles há um volume de ar num tubo. Os formatos cilíndricos e cônicos do tubo propiciam frequências naturais de vibração múltiplas inteiras de uma frequência mais baixa chamada fundamental, o que torna os sons mais agradáveis.

Em instrumentos como o violão e o violino, o elemento vibrador é a corda. Há também uma caixa de madeira onde o volume de ar ressoa e é amplificado. Quando se produz a vibração na corda, ela é transmitida à madeira e ao ar no interior da caixa. Por um processo de ressonância, são reforçados apenas os sons correspondentes às frequências naturais de vibração do sistema.

Figura 13.5: Instrumentos de sopro.

Independentemente do tipo de instrumento, o reforço não se dá exclusivamente sobre os sons de frequências iguais às das vibrações naturais; se assim fosse, cada instrumento reproduziria apenas algumas poucas notas quando tocado.

Com isso, devemos pensar em **faixas (de frequências) de ressonância**. Embora exista um máximo de amplificação para determinada frequência, outras formas de vibração também podem ser amplificadas, só que em menor escala, como mostra o Gráfico 13.1.

O elemento ressoador, que é o tubo sonoro nos instrumentos de sopro ou a caixa acústica (geralmente de madeira) nos de corda, realiza uma série de vibrações forçadas antes de entrar em ressonância.

Podemos encontrar dois casos de ressonância decorrentes disso:

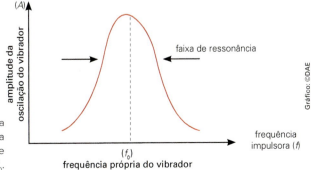

Gráfico 13.1: Amplitude de oscilação do vibrador (A) pela frequência própria do vibrador (f). Somente na frequência f_0 a ressonância é máxima. Para frequências maiores ou menores, a amplitude de ressonância é cada vez menor à medida que nos afastamos de f_0.

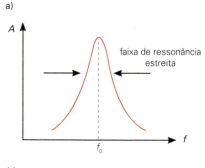
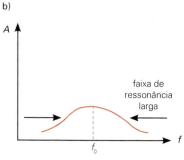
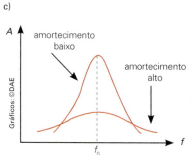

Gráficos 13.2a, 13.2b e 13.2c: Ressonâncias (a) aguda e (b) frouxa, e sua relação com o amortecimento (c). O material do elemento ressoador deve ser de um tipo que ressoe bem nas várias frequências que ele cobre.

I. O ressoador funciona melhor em uma faixa estreita de frequências em torno de uma frequência natural, onde a ressonância é máxima. Esta é chamada **ressonância aguda**, à qual se associa um tempo de amortecimento (enfraquecimento) muito longo. Portanto, se a ressonância é aguda, os sons produzidos (reforçados) têm uma duração longa. A sensação sonora persiste durante muito tempo.

II. O ressoador amplifica uma gama maior de frequências, porém com mesma intensidade e mesma duração. Nesse caso, temos a **ressonância frouxa**, e os sons rapidamente se dissipam. É o tipo de ressonância sempre perseguido na construção dos instrumentos (Gráficos 13.2a, 13.2b e 13.2c).

Podemos determinar um fator importante de eficiência ao estabelecer uma relação entre as dimensões do elemento vibrador e o espaço que o som percorre durante uma vibração completa, isto é, seu **comprimento de onda**. Quanto mais próximo das dimensões principais do elemento vibrador for o valor do comprimento de onda, mais eficiente será a produção de som no ar. É isso que define a escolha do tamanho dos alto-falantes. Para notas agudas, utilizamos alto-falantes de diâmetro pequeno, pois elas correspondem a pequenos comprimentos de onda. Se quisermos amplificar sons graves, que equivalem a grandes comprimentos de onda, os alto-falantes devem ter um diâmetro maior.

1.1. Extensão e tamanho dos instrumentos musicais

Você já deve ter percebido que cada instrumento tem uma maneira de produzir sons distintos. Chamamos de **extensão** a distância entre o som mais grave e o som mais agudo que cada instrumento musical alcança. Ela pode ser medida pela quantidade de notas produzidas pelo instrumento.

Nos instrumentos de corda, a extensão se relaciona com o tamanho do instrumento (Figura 13.7). O menor deles é o violino, que cobre frequências de 196 Hz a 3 136 Hz; depois vem a viola, de 131 Hz a 1 175 Hz; o violoncelo, de 65 Hz a 698 Hz; e, por fim, o maior de todos, o contrabaixo, cuja extensão cobre de 41 Hz a 247 Hz. As frequências mais baixas (tom mais grave) ressoam melhor quando temos um grande volume de ar, como no contrabaixo. As frequências mais altas (tom mais agudo) ressoam melhor quando o volume de ar é pequeno, como no violino.

> **Explorando o assunto**
>
> Com base no que estudamos, como se explica que a voz humana possa quebrar uma taça vazia de vidro?

Figura 13.7: Instrumentos de corda.

O mesmo princípio se aplica aos instrumentos de sopro (Figura 13.8). O flautim atinge frequências mais altas do que qualquer flauta; por isso, sua coluna de ar vibrante é menor em comprimento e menos volumosa. Podemos classificar um instrumento por tamanho e verificar que, quanto maior ele é, mais baixos (graves) são os tons que ele atinge.

Podemos identificar as faixas de frequência cobertas por diversos instrumentos e também pela voz humana e compará-las com a extensão do teclado do piano (Figura 13.9). Na parte central do teclado está assinalado o nome das notas musicais que compõem o padrão de teclas pretas e brancas (oitava), que se repete pouco mais de sete vezes. Todas as notas estão representadas na notação musical do pentagrama. As frequências assinaladas correspondem às notas lá do teclado, convencionando-se 440 Hz para o lá central.

A voz humana obedece à mesma lógica dos instrumentos musicais. Os homens têm em geral uma voz mais "grossa", isto é, mais grave que as mulheres. Isso acontece porque as pregas vocais masculinas normalmente são mais longas e possuem maior massa que as femininas. Um segundo fator é que, na maior parte das vezes, a laringe também é maior nos homens do que nas mulheres. O resultado disso é que a voz masculina tem uma frequência fundamental em torno de 125 Hz, enquanto a da voz feminina se situa perto de 250 Hz. De qualquer forma, podem-se alterar esses padrões mudando as tensões das pregas vocais.

Figura 13.8: Instrumentos de sopro. Trompete e flauta. Quinteto Till Bronner se apresenta em Kaunas, Lituânia. Foto de 2015.

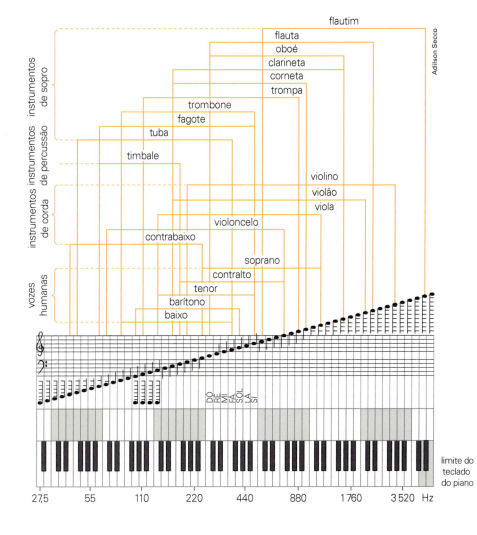

Figura 13.9: Extensão do teclado do piano comparada às faixas de frequência de diversos instrumentos e da voz humana.

Por dentro do conceito

Voz humana

Os órgãos de fonação são os "instrumentos" responsáveis pelos sons que produzimos e, consequentemente, pela voz humana. Nossa voz combina características tanto dos instrumentos de sopro quanto dos instrumentos de corda. Fazem parte desse mecanismo o pulmão, que funciona como fole, a laringe, semelhante a um tubo com embocadura de palheta, e as cavidades respiratórias superiores – bucal e nasal –, que determinam o timbre dos sons emitidos (Figura 13.10).

Um sopro é produzido pelos pulmões quando eles se dilatam e se comprimem pela ação do diafragma, impelindo e depois expelindo o ar. Esse ar passa pela traqueia e pela laringe, que são basicamente tubos, e daí segue para as cavidades bucal e nasal. Na laringe, estão alojadas as pregas vocais, membranas situadas ao longo de suas paredes laterais.

Se as pregas vocais estão relaxadas, o ar passa sem emitirmos nenhum som. Para emitirmos som, as pregas vocais são tensionadas e alteradas na espessura, fechando a passagem do ar. O ar pressionado expelido pelo pulmão passa entre as pregas vocais, provocando nelas uma vibração. Os sons agudos são obtidos com as pregas vocais bem tensas e afiladas. Se elas estiverem pouco tensas e mais espessas, produzirão sons graves.

As cavidades ressonantes – faringe, boca, cavidade nasal e caixa torácica – amplificam e modulam as vibrações, e assim produzimos o som. Elas também determinam o timbre final do som emitido. Isso possibilita que as vozes de diferentes pessoas possam ser caracterizadas e reconheci-

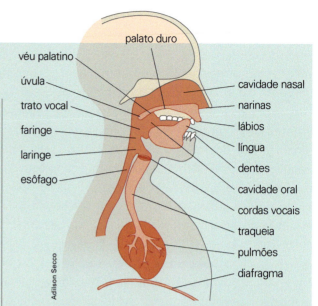

Figura 13.10: Conjunto de órgãos responsáveis pela produção da voz humana.

das. A influência da ressonância na cavidade nasal pode ser verificada falando-se com o nariz tampado ou quando se está resfriado.

Vogais e consoantes são produzidas de modos diferentes na fala. Na emissão de vogais estão envolvidos vários elementos produtores de som: as pregas vocais são os vibradores principais, e língua, dentes, lábios e cavidades aéreas superiores (nariz, boca e faringe) podem funcionar como mecanismos auxiliares na produção de som, independentemente da laringe. As consoantes são obtidas pelas variações do escoamento da corrente de ar, produzidas pela língua, lábios, palato mole (céu da boca) e faringe, e podem ser consideradas ruídos de transição entre as vogais.

Alguns sons, como os sibilantes, os guturais e mesmo alguns cochichos, são emitidos sem o uso das pregas vocais, o que evidencia a função produtora de som das cavidades aéreas superiores.

Exercícios resolvidos

1. O que ocorre quando você sopra pelo gargalo de uma garrafa?
   O ar vibra no interior da garrafa, produzindo som.

2. Qual é a função da caixa de ressonância nos instrumentos musicais?
   A caixa de ressonância é o compartimento onde são produzidos os sons.

Exercícios propostos

1. Descreva o funcionamento dos instrumentos musicais de sopro e de corda. Comente as principais semelhanças e diferenças entre eles.

2. Associe os elementos das colunas.

   I. Som agudo   A. Baixa frequência
   II. Som grave   B. Grande amplitude
   III. Som forte   C. Alta frequência
   IV. Som fraco   D. Pequena amplitude

3. O que deve ser feito num instrumento de corda para alterar a nota musical por ele emitida? E num instrumento de sopro?

2. Características dos sons musicais

Quem trabalha com música costuma caracterizar os sons musicais por meio de cinco propriedades: duração, altura, intensidade, timbre e ataque.

O tempo que uma nota permanece soando é o que chamamos **duração**. Se amortecemos o elemento vibrante, o som é eliminado. Em instrumentos de corda, fazemos isso encostando o dedo na corda que desejamos que pare de vibrar. O mesmo pode ser feito em instrumentos de percussão, como o tambor, quando abafamos a membrana que vibra. No piano, há um mecanismo que libera a corda quando se aperta a tecla, prendendo-a novamente quando a tecla é solta, e também um pedal, que libera todas as cordas quando se quer que as notas tocadas permaneçam mais tempo soando. No caso dos instrumentos de sopro, controla-se a duração pelo tempo em que é mantido o jato de ar que sopramos.

Como já visto, a **altura** depende da frequência de vibração da onda sonora: sons graves correspondem a frequências baixas, e sons agudos, a frequências altas. A associação da ideia de altura (posição no espaço) com a escala de frequência numa relação direta é puramente convencional. Os gregos antigos, por exemplo, convencionaram exatamente o contrário: chamavam de "baixos" (graves) os sons de maior frequência.

Embora o limite da audição humana esteja entre 20 Hz e 20 000 Hz, a maior parte dos sons produzidos pelos instrumentos musicais se situa dentro da faixa de maior sensibilidade (Gráfico 13.3). Em geral, em música, utilizam-se frequências que vão de 100 Hz a 3 000 Hz.

A **intensidade** física de um som depende fundamentalmente da amplitude da onda sonora. Para nosso sistema auditivo, porém, a frequência também deve ser levada em consideração: sons mais agudos, de mesma amplitude que sons mais graves, são percebidos como mais fortes, mais intensos.

Devemos lembrar que a intensidade física de um som difere da sensação psicológica que ele provoca, que chamamos volume. Podemos verificar isso de um modo curioso. Tocando a mesma nota musical com instrumentos semelhantes, dois violões por exemplo, a amplitude da onda será o dobro, pois as duas ondas se somam. No entanto, nossa percepção dessa superposição não é de intensidade dupla, mas de algo menor.

Gráfico 13.3: Mantendo constante a amplitude do som e variando sua frequência, pode-se estabelecer a dependência entre a sensibilidade e a altura do som.

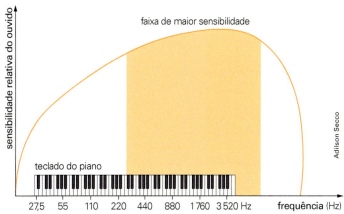

Outra característica dos sons é o **timbre**. Os diferentes timbres dependem da composição de harmônicos presentes no som produzido, isto é, da quantidade de harmônicos e da intensidade relativa entre eles.

De maneira geral, quando temos um maior número de harmônicos, o som é mais suave, isto é, menos estridente. Sons ditos "metálicos" são normalmente formados por um ou dois harmônicos (Gráficos 13.4a, 13.4b, 13.4c, 13.4d, 13.4e e 13.4f).

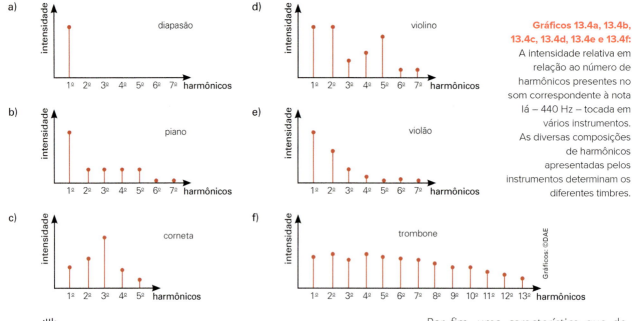

Gráficos 13.4a, 13.4b, 13.4c, 13.4d, 13.4e e 13.4f: A intensidade relativa em relação ao número de harmônicos presentes no som correspondente à nota lá – 440 Hz – tocada em vários instrumentos. As diversas composições de harmônicos apresentadas pelos instrumentos determinam os diferentes timbres.

Figura 13.11: Representação do formato da onda de uma nota dó – 523 Hz – tocada no piano. Percebe-se o transitório e o amortecimento sofrido com o tempo.

Por fim, uma característica que depende de cada instrumento é o **ataque**. O timbre próprio de um som tocado em certo instrumento só é atingido depois de um breve tempo. Isso significa que, nas vibrações iniciais, outras frequências podem aparecer. Esse distúrbio no início das vibrações é chamado transitório ou transiente. Sempre que tocamos uma nota num instrumento, acontece um transitório de partida – "ataque", para os músicos – antes da estabilização da onda com seu timbre próprio (Figura 13.11).

Exercícios resolvidos

1. Duração, altura, intensidade, timbre e ataque são as cinco propriedades que caracterizam o som, segundo os músicos. Caracterize cada uma delas.

   Duração é o intervalo de tempo em que uma nota soa.
   Altura é a frequência com que o som vibra, distinguindo os sons graves (baixa frequência) dos sons agudos (alta frequência).
   Intensidade é a qualidade que relaciona a amplitude da onda sonora e, consequentemente, a potência que ela transporta, distinguindo os sons fortes (alta potência) dos sons fracos (baixa potência).
   Timbre é a qualidade que relaciona o número de harmônicos formados no elemento ressoador e sua intensidade. De modo geral, quanto maior é o número de harmônicos, mais rico ou completo é o som.
   Ataque é o que caracteriza o tempo que um instrumento leva para atingir seu timbre próprio.

2. Sabe-se que a intensidade física sonora depende basicamente da amplitude da onda. Mas a frequência também é fator determinante de tal qualidade. Como a frequência interfere na intensidade?

   Comparando dois sons de alturas diferentes, emitidos com a mesma intensidade, o mais agudo soa mais forte do que o mais grave.

> **Exercícios propostos**
>
> 1. Qual é a função específica do diapasão?
> 2. Por que foi criada a escala dos decibéis?
> 3. Consulte o Gráfico 13.4, das composições harmônicas dos diversos instrumentos musicais. Comparando o gráfico do piano com o do trombone, a que conclusão você chega?

3. As ondas nos instrumentos

Quando dois instrumentos diferentes tocam a mesma nota, percebemos que, apesar de o tom ser o mesmo, conseguimos distinguir o som emitido por um e pelo outro, graças à característica fundamental para a diversidade musical: o timbre. Vamos estudar agora a formação das ondas sonoras nos instrumentos de corda e nos de sopro. Comecemos pela observação dos instrumentos de corda.

> **Por dentro do conceito**
>
> ### Interferência e ondas estacionárias
>
> Vejamos de início como ocorrem a reflexão e a refração em ondas mecânicas, segundo a Ondulatória.
>
> Para tanto, vamos analisar os fenômenos ondulatórios por meio de ondas transversais produzidas em uma corda. Se você quiser, pode tentar reproduzir esses fenômenos em casa.
>
> Prenda uma das extremidades de uma corda a um anel que seja possível movimentar livremente em uma haste, como o pé de uma mesa, por exemplo. Ao fazer um movimento vertical de vaivém na corda, um pulso vai se propagar ao longo da corda até chegar à outra extremidade, encontrar o obstáculo (anel + haste) e **refletir**, ou seja, voltar mantendo a mesma forma e fase do pulso original (Figura 13.12).
>
>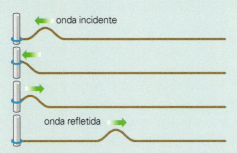
>
> **Figura 13.12:** Reflexão do pulso de uma onda numa corda com extremidade livre. O pulso refletido mantém a forma e a fase do pulso original.
>
> Agora, amarre a corda firmemente na haste e mais uma vez gere um pulso. Ao encontrar o obstáculo, o pulso também vai refletir mantendo a mesma forma; no entanto, a fase será invertida (Figura 13.13).
>
>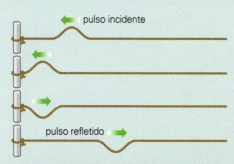
>
> **Figura 13.13:** Reflexão do pulso de uma onda numa corda com extremidade fixa. O pulso refletido mantém a forma do pulso original, mas a fase é invertida.
>
> Agora, se dispusermos de duas cordas, sendo a primeira mais fina que a segunda, e gerarmos o pulso, o que ocorrerá com este ao passar de uma corda para outra? Nesse caso, uma parte do pulso **se refrata**, ou seja, é transmitida para a segunda corda, e outra parte do pulso reflete com a fase invertida (Figura 13.14).
>
>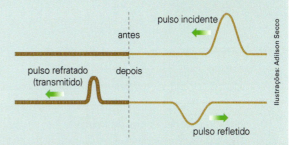
>
> **Figura 13.14:** Uma parte do pulso é transmitida para a segunda corda, e outra parte reflete com a fase invertida.

E se invertermos a ordem das cordas? O que ocorrerá com o pulso? Nesse caso, parte do pulso refrata e parte reflete, mas sem inversão da fase (Figura 13.15).

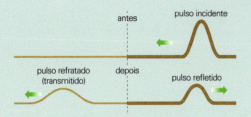

Figura 13.15: Uma parte do pulso é transmitida para a segunda corda, e outra parte reflete sem inversão de fase.

Pegue a corda que utilizamos no primeiro exemplo, segure uma das extremidades e peça a um amigo que segure a outra extremidade. Se cada um produzir um pulso de diferente intensidade nas extremidades, o que vai acontecer? Sabemos que eles vão se cruzar e nesse instante ocorrerá uma superposição dos pulsos denominada **interferência**.

Observe que, nesse caso, os pulsos se cruzam, somam-se e em seguida continuam como antes, sem alterar suas características. O fenômeno que vemos quando os pulsos se somam chama-se **interferência construtiva** (Figura 13.16).

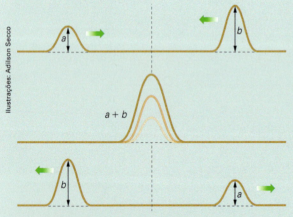

Figura 13.16: Interferência construtiva.

E se os pulsos originais forem produzidos em sentidos opostos? Aqui, diferentemente do caso anterior, os pulsos se "cancelam parcialmente" no ponto onde ocorre o cruzamento. Quando a interferência reduz a amplitude (intensidade) da onda, ela é chamada **interferência destrutiva**. Em seguida, cada pulso se propaga, independentemente um do outro (Figura 13.17).

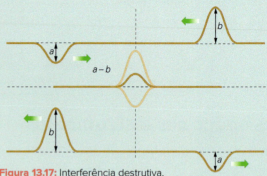

Figura 13.17: Interferência destrutiva.

Suponha agora que você e seu amigo produzam cada um ondas de mesma frequência, amplitude, comprimento e direção, mas com sentidos opostos. Dessa forma, as ondas produzidas na corda interferem uma na outra (sofrendo reflexões nas extremidades) e originam uma onda denominada **onda estacionária** (Figura 13.18).

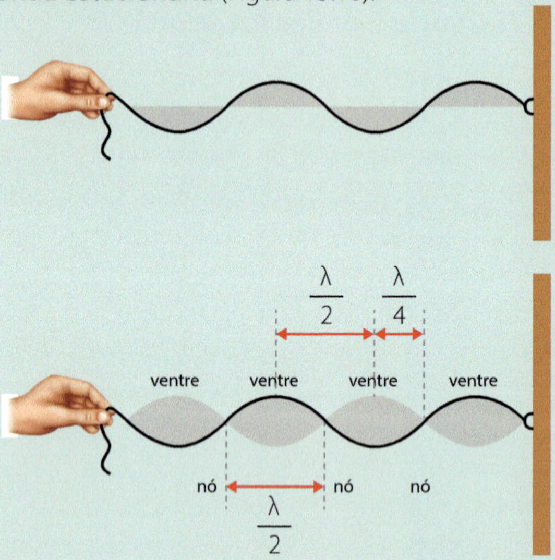

Figura 13.18: Não há transferência de energia nas ondas estacionárias.

Por que o nome "onda estacionária"? Porque, na configuração final, parece não haver deslocamento das ondas, e a maioria dos pontos da corda executa somente um movimento de subida e descida. Note que, nesse tipo de onda, existem pontos da corda que não vibram. Neles, chamados **nós** (N), a interferência das ondas é destrutiva e a amplitude é nula. Onde a interferência é construtiva, ou seja, nos pontos onde a amplitude da onda é máxima, temos os **ventres** (V). Como a energia não pode passar pelos nós (estão em repouso), ela fica confinada nos laços. Entre os nós, todos os pontos da corda vibram com amplitudes diferentes e frequências iguais.

3.1. Comprimento de onda e frequência nas cordas vibrantes

As ondas estacionárias são formadas nas cordas de diversos instrumentos. Podemos observar isso nas Figuras 13.19. Na Figura 13.19a, a corda está vibrando em sua frequência fundamental, ou 1º harmônico. Nas Figuras 13.19b e 13.19c, a corda vibra em frequências harmônicas que são múltiplos inteiros em relação à fundamental. São os de ordem superior: 2º e 3º harmônicos, por exemplo. Em cada um desses casos, o harmônico significa o aumento da frequência de vibração. Na configuração com o 2º harmônico, a frequência é exatamente o dobro da frequência fundamental. No caso da configuração com o 3º harmônico, a frequência é exatamente o triplo da fundamental, e assim por diante.

> **Explorando o assunto**
>
> Da próxima vez que ouvir um avião se aproximando ou estiver perto de uma cachoeira, incline-se de modo que suas orelhas fiquem perto do solo ou próximo de uma parede. Você ouvirá um som mais agudo conforme se aproximar do solo ou da parede. Por quê?

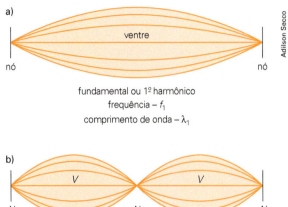

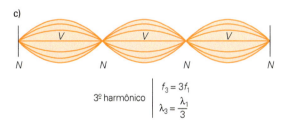

Figuras 13.19a, 13.19b e 13.19c:
Modos normais de vibração. Aspectos apresentados por uma corda esticada e presa nas extremidades quando posta a vibrar livremente. A ordem do harmônico vem diretamente do número de ventres: no 1º harmônico, temos um ventre; no 2º, temos dois ventres; e assim por diante.

O comprimento da corda e a energia da vibração inicial determinam o comprimento de onda e a frequência da onda resultante. Nas figuras acima, repare que o comprimento de onda λ_1, produzido no 1º harmônico, tem metade do comprimento (L) da corda. À medida que aumentamos a frequência da vibração inicial, avançamos para os harmônicos de ordem superior. Nesse caso, os comprimentos de onda diminuem; portanto, "cabem" mais comprimentos de onda no mesmo comprimento de corda. Note que cada ventre é definido por metade de um comprimento de onda.

Podemos descobrir a frequência da onda sonora (nota musical) emitida pela corda vibrante por meio de suas propriedades físicas. Para isso, devemos considerar o comprimento da corda (L), a velocidade (v) com que a onda se propaga na corda e o modo de vibração (n) da onda, ou ordem do harmônico. Sabendo que no 1º harmônico o comprimento da corda é metade do comprimento da onda ($L = \frac{1}{2} \cdot \lambda_1 \Rightarrow \lambda_1 = 2 \cdot L$), a frequência fundamental pode ser determinada em função dos parâmetros acima:

$$v = \lambda \cdot f \Rightarrow f = \frac{v}{\lambda}$$

$$f_1 = \frac{v}{2 \cdot L}$$

Para os outros harmônicos, basta multiplicar a frequência pela ordem (n) para obter a frequência de vibração da corda em cada configuração:

$$f_n = n \cdot f_1$$

$$f_n = \frac{n \cdot v}{2 \cdot L} \quad \text{(I)}$$

Assim, quanto maior a ordem (n) dos harmônicos, maior a frequência da nota musical (mais aguda), o que, na música, chamamos de **oitavas**.

Observando o número de ventres formados, podemos comparar o comprimento da corda (L) com o valor do comprimento de onda (λ) de cada modo de vibração. Como $\lambda_1 = 2 \cdot L$, o comprimento de onda dos outros modos de vibração é obtido pela razão do comprimento de onda do fundamental por n:

$$\lambda_n = \frac{\lambda_1}{n}$$

$$\lambda_n = \frac{2 \cdot L}{n} \quad \text{(II)}$$

Dessa forma, conseguimos obter a frequência e o comprimento de onda em termos de parâmetros físicos: o comprimento da corda e a ordem do harmônico.

Para cada corda, podemos variar os harmônicos, alterando o impulso inicial que gera as ondas estacionárias, até o n-ésimo harmônico (Figura 13.20).

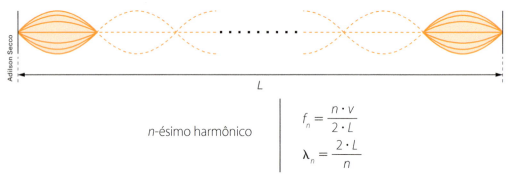

Figura 13.20: Frequência de vibração da corda e comprimento de onda.

n-ésimo harmônico

$$f_n = \frac{n \cdot v}{2 \cdot L}$$

$$\lambda_n = \frac{2 \cdot L}{n}$$

Também podemos descrever a velocidade de propagação da onda em termos físicos, porém de acordo com outros parâmetros. Calculamos a velocidade de propagação da onda na corda levando em consideração a **tensão** na corda (**T**), que é a força com a qual a corda é esticada, e a **densidade linear de massa** (μ), obtida dividindo-se a massa total da corda por seu comprimento total. Assim, sua velocidade é dada por:

$$v = \sqrt{\frac{T}{\mu}} \quad \text{(III)}$$

Essa expressão é conhecida como **fórmula de Taylor**.

Substituindo (III) pela equação (I), temos:

$$f = \frac{n}{2 \cdot L} \cdot \sqrt{\frac{T}{\mu}}$$

Essa relação matemática fornece as frequências dos harmônicos em função dos parâmetros físicos do sistema: a densidade linear das cordas (μ), o valor da tensão a que elas estão submetidas (T) e o comprimento da corda (L).

Podemos considerar que essas são as formas mais simples de vibração de uma corda presa a duas extremidades. Elas são chamadas **modos normais** ou **próprios**, ou, ainda, **naturais de vibração da corda**. Como já vimos, as frequências correspondentes são as frequências naturais ou próprias de vibração, ou, ainda, **frequências de ressonância**. No entanto, devemos estar atentos a um detalhe: as cordas de um instrumento dificilmente realizam um único modo vibracional quando oscilam livremente. O mais comum é acontecer um movimento resultante da composição do modo fundamental com alguns harmônicos. Essa composição caracteriza o timbre não só dos instrumentos de corda, mas também o dos de sopro e de percussão.

Como vimos, a quantidade de modos harmônicos que se sobrepõem ao fundamental e a intensidade relativa de cada um na vibração realizada são fatores que determinam o timbre do som que a corda vai produzir no ar.

Além disso, o ponto onde a corda é tocada num instrumento faz variar o timbre do som produzido. Não devemos esquecer aqui o papel desempenhado pela caixa de ressonância, reforçando alguns harmônicos em particular e ajudando a definir o timbre.

Explorando o assunto

Podemos explorar os fenômenos relacionados às cordas vibrantes analisando um violão. Com o instrumento em mãos, faça um reconhecimento de suas partes e sons, tocando uma corda de cada vez.

A seguir, toque a 1ª corda de baixo para cima, deixando-a solta. Agora, tocando a 2ª corda, tente achar a mesma nota, mesmo que o timbre seja um pouco diferente. Uma dica para isso é tocar nota por nota, pressionando o dedo em cada casa (seções no braço do violão entre os trastes). Se você fizer esse mesmo procedimento com todas as cordas, acabará encontrando as notas corretas nas casas conforme a Figura 13.21.

Figura 13.21: Diferentes posições em diferentes cordas em que se pode tocar a nota mi (659 Hz).

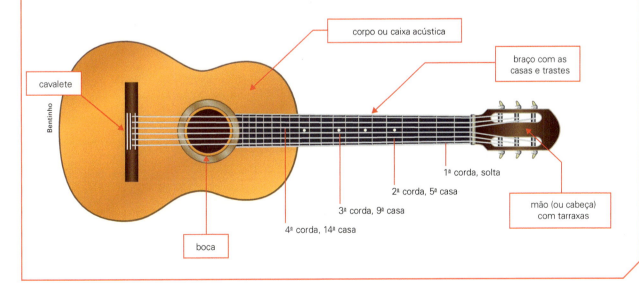

> **Explorando o assunto**
>
> O que significa "afinar" um violão? Como fazemos para afinar cada uma das cordas?

Em todos esses casos, a mesma nota é tocada: mi, cuja frequência fundamental vale 659 Hz. Embora tenha produzido a mesma nota, você pode reparar que existem diferenças nos sons emitidos. Isso ocorre porque os timbres são diferentes. Na primeira corda, o som deve ter saído mais agradável. Quanto mais você avançar nas cordas, mais estridente se torna o som. Isso se deve à maior quantidade de harmônicos.

Nessa atividade, variamos o comprimento total da corda que é posta a vibrar, pois, ao pressioná-la contra as casas do violão, a parte que fica entre nosso dedo e a mão do violão não varia. Assim, conforme tocamos as casas mais próximas do corpo do violão, o comprimento da vibrante diminui.

Mesmo conseguindo tocar a mesma nota musical nas diferentes cordas, os sons emitidos são diferentes, porque seus timbres são diferentes, compostos da associação de harmônicos diferentes. Por isso, a posição de toque relativa ao comprimento útil vibrante de cada corda continua variando. Na 1ª corda solta, a posição de toque situa-se mais próximo da extremidade, a cerca de $\frac{1}{7}$ de seu comprimento útil. Já na 4ª corda presa no 14º traste, o toque é feito mais perto do centro, aproximadamente a $\frac{1}{3}$ do comprimento útil.

Nos Gráficos 13.5a e 13.5b, mostramos uma contribuição efetiva até o 6º harmônico no primeiro caso, e somente do 1º e do 2º harmônicos com uma contribuição significativa para o timbre do som produzido, no segundo caso.

Gráficos 13.5a e 13.5b: A mesma corda tangida em dois pontos diferentes ocasiona composições diferentes de harmônicos; portanto, o mesmo som soa com timbres diferentes.

Exercícios resolvidos

1. Como são formadas as ondas estacionárias?

As ondas produzidas pela fonte refletem nas extremidades das cordas e interferem nas ondas que ainda não refletiram ou já sofreram outras reflexões. Para determinados valores de comprimento de onda, ocorre a interferência construtiva entre essas ondas, formando os ventres, alternados com os pontos de interferência destrutiva, onde se formam os nós.

2. Uma corda de certo instrumento musical mede 50 cm de comprimento e tem 5 g de massa. Determine a frequência do som que ela emite quando, tensionada por uma força de 100 N, vibra no modo fundamental (1º harmônico).

Para determinar a frequência, precisamos conhecer a densidade linear da corda, que é a massa (5 g = $5 \cdot 10^{-3}$ kg) dividida pelo comprimento (50 cm = 0,50 m):

$$\mu = \frac{m}{L} = \frac{5 \cdot 10^{-3}}{0{,}50} = 10^{-2} \text{ kg/m}$$

A intensidade da força de tração (T = 100 N), a ordem do harmônico (n = 1) e o comprimento da corda (L = 0,50 m) definem a frequência da onda estacionária:

$$f = \frac{n}{2 \cdot L} \cdot \sqrt{\frac{T}{\mu}} = \frac{1}{2 \cdot 0{,}5} \cdot \sqrt{\frac{100}{10^{-2}}} = 100 \text{ Hz}$$

Exercícios propostos

1. O que se entende por frequência de ressonância?
2. Os Gráficos 13.5a e 13.5b, representam a combinação dos harmônicos de uma mesma nota musical emitida por duas cordas do violão. Que qualidades do som podem distingui-las?
3. Uma corda de instrumento musical mede 40 cm de comprimento, tem 5 g de massa e emite o 2º harmônico de 800 Hz. Qual é a intensidade da força que a traciona?

3.2. Comprimento de onda e frequência nos tubos sonoros

O que caracteriza uma melodia tocada em uma flauta ou em um saxofone? Certamente, o fato de a produção de ondas sonoras acontecer dentro de tubos, cujo comprimento influi na mudança da frequência.

Tubos mais compridos emitem sons mais graves; tubos mais curtos emitem sons mais agudos. Além disso, existe um conjunto de botões nesses tubos que servem para modificar o tamanho da coluna de ar, o que permite produzir diferentes frequências. Isso é semelhante ao que ocorre no violão, em que os dedos pressionam as cordas contra o braço do instrumento e modificam o comprimento da corda que vibra, produzindo sons de diferentes frequências.

Outra semelhança entre os dois tipos de instrumento é a formação de ondas estacionárias. Nos instrumentos de sopro, a boca realiza o mesmo papel desempenhado pelos dedos no violão.

As diferentes frequências emitidas por instrumentos de sopro dependem também de o tubo ser aberto dos dois lados (flauta doce) ou apenas de um lado (flauta de Pã) (Figura 13.22).

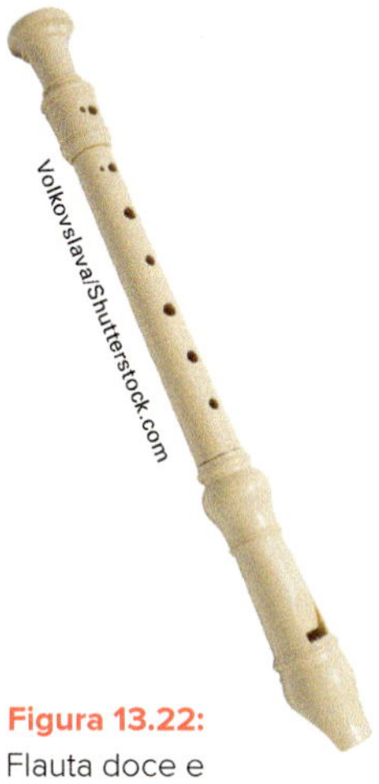

Figura 13.22: Flauta doce e flauta de Pã.

Instrumentos como a flauta doce são tubos com as duas extremidades abertas. Quando se sopra o ar para dentro da flauta, produz-se uma onda que vai de uma extremidade à outra. Ao atingir a saída do tubo, por causa da diferença de temperatura, pressão e densidade, a onda encontra um meio diferente, sofrendo reflexão e refração. A onda refletida interfere na onda incidente e forma uma onda estacionária.

Nesse caso, as condições de contorno fazem os harmônicos possíveis serem formados (Figura 13.23).

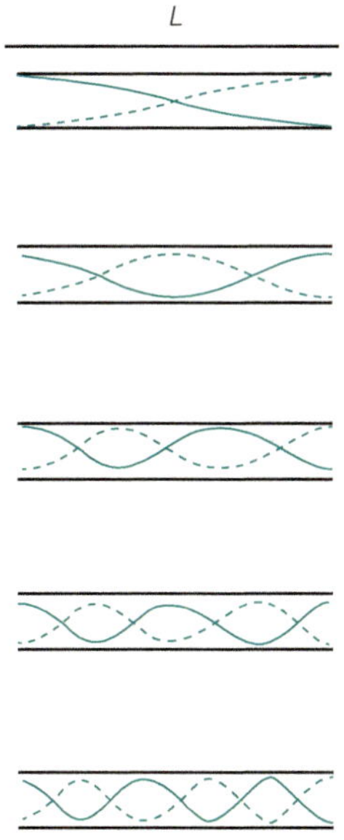

$$L = \frac{\lambda_1}{2} \Rightarrow \lambda_1 = 2 \cdot L \qquad f_1 = \frac{v}{\lambda_1} = \frac{v}{2 \cdot L}$$

$$L = \lambda_2 \Rightarrow \lambda_2 = L \qquad f_2 = \frac{v}{\lambda_2} = \frac{v}{L}$$

$$L = \frac{3 \cdot \lambda_3}{2} \Rightarrow \lambda_3 = \frac{2 \cdot L}{3} \qquad f_3 = \frac{v}{\lambda_3} = \frac{v}{\frac{2 \cdot L}{3}} = \frac{3 \cdot v}{2 \cdot L}$$

$$L = 2 \cdot \lambda_4 \Rightarrow \lambda_4 = \frac{L}{2} \qquad f_4 = \frac{v}{\lambda_4} = \frac{v}{\frac{L}{2}} = \frac{2 \cdot v}{L}$$

$$L = \frac{5 \cdot \lambda_5}{2} \Rightarrow \lambda_5 = \frac{2 \cdot L}{5} \qquad f_5 = \frac{v}{\lambda_5} = \frac{v}{\frac{2 \cdot L}{5}} = \frac{5 \cdot v}{2 \cdot L}$$

Figura 13.23: Comportamento das ondas estacionárias em instrumentos de sopro com as duas extremidades abertas.

Observando as expressões dos comprimentos de onda e frequência para os harmônicos de ordem 1 a 5, podemos inferir suas expressões gerais para a n-ésima ordem (n), com n inteiro, n = 1, 2, 3, 4, 5...:

Explorando o assunto

Tubos corrugados produzem som quando os giramos. Por que isso acontece? Qual é a relação entre o som produzido e a velocidade com a qual giramos o tubo?

$$\lambda_n = \frac{2 \cdot L}{n} \quad e \quad f_n = \frac{n \cdot v}{2 \cdot L}$$

No caso da flauta de Pã, apenas uma das extremidades do tubo é aberta, de modo que o ar possa oscilar longitudinalmente com liberdade. Já a extremidade fechada impede a oscilação das moléculas de ar. Nesse caso, dentro do tubo são possíveis somente ondas estacionárias que terminem em um nó. Essas condições determinam uma quantidade menor de modos normais de vibração da coluna de ar.

Para determinado tubo com uma extremidade fechada de comprimento L, teremos somente os harmônicos ímpares (Figura 13.24).

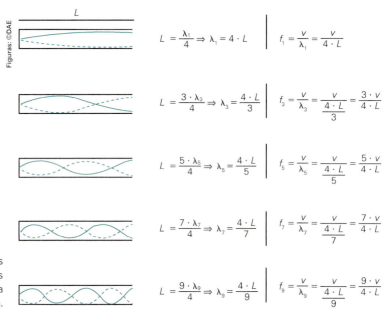

Figura 13.24: Comportamento das ondas estacionárias em instrumentos de sopro com uma extremidade aberta e outra fechada.

Analogamente ao tubo anterior, pelas expressões dos comprimentos de onda e frequência para os harmônicos ímpares de ordem 1 a 9, podemos inferir suas expressões gerais para a n-ésima ordem (n), com n inteiro e ímpar, n = 1, 3, 5...:

$$\lambda_n = \frac{4 \cdot L}{n} \ e \ f_n = \frac{n \cdot v}{4 \cdot L}$$

Explorando o assunto

Nos instrumentos de percussão, temos uma membrana vibrante (couro ou materiais rígidos) que transfere energia diretamente para o ar, produzindo o som. O elemento gerador da vibração é a mão humana, que também é usada para abafar ou ressaltar algum tipo de som.

Será que é possível ouvir a forma de um tambor? Isto é, assim como podemos ouvir a forma de uma corda presa em suas extremidades, por sabermos que a frequência ouvida está associada a um padrão de oscilação da corda, podemos associar a frequência produzida por um tambor a um padrão de oscilação de sua membrana?

CIÊNCIA, TECNOLOGIA, SOCIEDADE E AMBIENTE

A evolução dos aparelhos sonoros

As primeiras investigações acerca dos registros sonoros foram realizadas pelo francês **Édouard-Léon Scott de Martinville**, que em 1860 criou o fonautógrafo, um aparelho que fazia representações visuais dos sons (Figuras 13.25 e 13.26).

O aparato consistia de uma estrutura metálica, aberta de um lado e fechada com um diafragma do outro lado, que se conectava a uma agulha colocada sobre uma folha de papel escurecida com fumaça. Conforme uma pessoa falasse, cantasse ou tocasse um instrumento musical próximo ao bocal, as vibrações do ar eram transmitidas para a membrana e, em seguida, para a agulha, que produzia desenhos da trilha sonora no papel.

A reprodução do som aconteceu só alguns anos depois, em 1877, com a invenção do fonógrafo por Thomas Edison. Nesse aparelho, o som era confinado por uma corneta acústica, conectada a um diafragma, que transmitia as vibrações sonoras para uma agulha responsável pela gravação de sulcos em um cilindro de papelão, madeira ou vidro. Esse aparato também era utilizado para reproduzir músicas, canções ou vozes gravadas nos cilindros. A corneta servia para amplificar o áudio (Figura 13.27).

Figura 13.25: Édouard-Léon Scott de Martinville (1817-1879), criador do fonautógrafo.

Figura 13.27: Fonógrafo de Edison.

Figura 13.26: Fonautógrafo.

A máquina de Edison funcionava muito bem, mas, se alguém quisesse gravar seis cilindros, precisaria executar a música seis vezes. Essa dificuldade foi resolvida pelo alemão Emile Berliner, que desenvolveu o gramofone em 1888 (Figuras 13.28 e 13.29).

De modo similar ao fonógrafo, o gramofone também era capaz de gravar e reproduzir sons. Porém, esse registro da gravação era feito em um disco de zinco recoberto por uma fina camada de cera. Ao mergulhar essa placa em uma solução ácida, era produzido um molde em baixo-relevo, que possibilitava a criação de inúmeras cópias com resinas naturais (e posteriormente sintéticas), originando a gravação musical em escala industrial.

Figura 13.28: Emile Berliner (1851-1929), nascido em Hannover, na Alemanha. Além de inventar sistemas que possibilitaram o aperfeiçoamento do fonógrafo e sua gravação, Berliner desenvolveu o motor rotativo, amplamente utilizado em helicópteros.

Figura 13.29: Gramofone de Berliner e matriz metálica (zinco e cera) de 1950.

Exercício resolvido

Ao ser soprado no interior de uma flauta, o ar forma ondas estacionárias com a configuração observada a seguir.

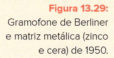

Figura: ©DAE

O instrumento tem 45 cm de comprimento interno, e a velocidade do som nas condições do experimento equivale a 330 m/s. Essa flauta é um tubo aberto ou fechado? Qual é a ordem do harmônico emitido? Qual é a frequência do som emitido?

Pela observação da figura, conclui-se que se trata de um tubo fechado que emite o 3º harmônico. O comprimento interno do tubo equivale a $\frac{3}{4}$ do comprimento da onda estacionária formada ($L = \frac{3}{4} \cdot \lambda$):

$$L = \frac{3 \cdot \lambda}{4} \Rightarrow \lambda = \frac{4 \cdot L}{3} = \frac{4 \cdot 0{,}45}{3} = 0{,}60 \text{ m}$$

Da equação fundamental da ondulatória, temos:

$$v = \lambda \cdot f \Rightarrow 330 = 0{,}60 \cdot f \Rightarrow f = \frac{330}{0{,}60} = 550 \text{ Hz}$$

Exercícios propostos

1. Um instrumento de sopro, na forma de tubo aberto, emite um 2º harmônico de 440 Hz, em um local em que o som se propaga a uma velocidade de 320 m/s. Determine o comprimento do tubo.

2. Em um mesmo ambiente, um tubo aberto emite um som do 3º harmônico em uníssono (a mesma nota musical) com o 3º harmônico de um tubo fechado de 60 cm de comprimento. Qual é o comprimento do tubo aberto?

3. Um tubo aberto de 50 cm de comprimento emite um som de 1 020 Hz em um local em que a propagação se dá a 340 m/s. Determine a ordem do harmônico emitido.

Exercícios finais

1. O que se entende por ressonância? Exemplifique.

2. Qual é a diferença entre ressonância aguda e ressonância frouxa?

3. Qual é a relação entre o tamanho do ressoador (caixa de ressonância) e a frequência dos sons por ele emitidos?

4. Justifique o fato de a voz masculina ser geralmente mais grave que a feminina.

5. Define-se intensidade sonora como a razão entre a potência emitida por uma fonte e a área que o som produzido vai atingir. Assim, $I = \frac{P}{A}$. A unidade de I no Sistema Internacional de Unidades deve ser ♦. Se determinado som é produzido com uma potência de 300 W e deve se propagar atravessando uma janela de 1,20 m de largura por 0,80 m de altura, a intensidade do som será de ♦.

6. Determinado aparelho sonoro produz um som de 500 W de potência. Esse som pode ser produzido no interior de um salão ou num pátio ao ar livre. A intensidade sonora a 10 m de distância será maior, menor ou igual nos dois ambientes? Atente à definição dada no exercício anterior.

7. Define-se nível sonoro (β) como o logaritmo decimal da razão entre a intensidade sonora cujo nível se deseja medir e a intensidade de referência, a mínima intensidade audível pelo ser humano, convencionada como $I_0 = 10^{-12}$ W/m². Assim, temos: $\beta = \log\left(\frac{I}{I_0}\right)$. Repare que a razão $\frac{I}{I_0}$ é adimensional, sem unidade, então seu logaritmo também o é. Para não deixá-lo sem um nome, o chamaram de bel, em homenagem a Alexander Graham Bell, que, além de se dedicar ao assunto, inventou o telefone.
Com base nessa definição, determine o nível sonoro de uma emissão de 10^{-8} W/m².

8. (Unitau-SP) O ouvido humano pode detectar intensidades sonoras que vão de 10^{-12} W/m² a 1 W/m². Usando como intensidade de referência 10^{-12} W/m², determine os níveis de intensidade sonora em decibéis (dB).

9. Uma corda mede 50 cm e tem 4 g de massa. Quando tensionada por uma força de 2 000 N emite o 4º harmônico. Determine a frequência do som emitido.

10. Uma corda de certo instrumento musical, com 60 cm de comprimento, emite o 2º harmônico quando tensionada por uma força de 400 N. Outra corda, de 90 cm de comprimento, emite o 3º harmônico quando tensionada por uma força de 500 N. Os sons estão em uníssono.
    a) Determine a razão entre as velocidades de propagação das ondas nas duas cordas.
    b) Se a primeira tem 10 g de massa, determine a massa da segunda.

11. (UFSC) O violão é um instrumento de corda muito popular, quase sempre presente nas rodas musicais entre amigos. E, como qualquer instrumento musical do tipo, precisa periodicamente ser afinado. A afinação do violão é feita através das tarraxas encontradas na extremidade do braço. Cada corda possui uma tarraxa que serve para tensionar mais ou menos a corda, com isso afinando o violão.

Disponível em: <http://blogdoiop.wordpress.com/2010/08/29/o-violao-e-o--sistema-de-12-notas/>. Acesso em: 8 ago. 2011.

Com base no exposto, assinale a(s) proposição(ões) correta(s).

01. Considere que uma das cordas tenha 25,0 g de massa, 1,0 m de comprimento e que esteja sendo tensionada pela tarraxa com 10,0 N. Isso significa que o segundo harmônico desta corda emite 20,0 Hz.

02. O som de um violão percebido por uma pessoa não difere, esteja ela se movendo ou não na direção do violão.

04. O timbre do som emitido pelo violão depende somente do tipo de corda (*nylon* ou aço), pois o timbre é uma característica da fonte sonora, uma espécie de "impressão digital" da fonte.

08. Para aumentar a altura do som emitido pela corda, deve-se aumentar a tensão aplicada na tarraxa.

16. Uma nota de 100 Hz e comprimento de onda de 0,25 m é gerada em uma das cordas do violão. Esta nota, ao se propagar no ar, mantém as mesmas características de frequência e comprimento de onda.

32. Aumentar o volume do som emitido pelo violão é o mesmo que aumentar a altura do som emitido.

12. Um tubo sonoro aberto nas duas extremidades emite um 3º harmônico de 510 Hz. A velocidade do som no ar vale 340 m/s. Determine o comprimento do tubo.

13. Uma flauta andina, ou flauta de Pã, é constituída por uma série de tubos de madeira, de comprimentos diferentes, atados uns aos outros por fios vegetais. As extremidades inferiores dos tubos são fechadas. A frequência fundamental de ressonância em tubos desse tipo corresponde ao comprimento de onda igual a 4 vezes o comprimento do tubo. Em uma dessas flautas, os comprimentos dos tubos correspondentes, respectivamente, às notas mi (660 Hz) e lá (220 Hz) são, aproximadamente:
    a) 6,6 cm e 2,2 cm.
    b) 22 cm e 5,4 cm.
    c) 12 cm e 37 cm.
    d) 50 cm e 1,5 m.
    e) 50 cm e 16 cm.

Note e adote: A velocidade do som no ar é igual a 330 m/s.

INVESTIGUE COM O PESQUISADOR

Entre sons e sensações

A paixão que o ser humano tem pela música é indiscutível. Em quase em todos os povos são encontrados registros de manifestações musicais.

Arquitas de Tarento (430-350 a.C.), ao estudar as consonâncias, percebeu que mesmo com duas ou mais notas, um único som era ouvido. Ele questionou os conhecimentos acústicos da época: acreditava-se que o som se originava de movimentos – sendo os agudos originados por movimentos mais rápidos e os graves, por movimentos mais lentos. Foi ele talvez o primeiro a relacionar o som com pulsações de ar e a prenunciar a relação entre frequência e altura musical. Essa relação foi reconhecida por Galileu Galilei (1564-1648), por Marin Mersenne (1588-1648) e por Jean Le Rond D'Alembert (1717-1783).

A partir dos séculos XVI e XVII, com o Barroco, começou-se a distinguir música como ciência da música como arte. Gioseffo Zarlino (1517-1590), teórico e compositor italiano, ia ao encontro das ideias de Platão e defendia que a arte musical deveria ser utilizada com prudência, pois a música teria a capacidade de provocar o bem e o mal.

Em sua obra, Zarlino também fala sobre harmonia musical e o uso de graves e agudos. Para isso, emprega analogias para explicar por que um texto alegre deve associar-se a uma música aguda e um texto triste, a uma música grave.

> [...] se ao poeta não é permitida a escrita de comédia em versos trágicos, ao músico também não será permitida a combinação injustificada dessas duas coisas nomeadas harmonias e palavras. [...] Considera inapropriada a utilização de harmonias sombrias e um ritmo grave em assuntos alegres, assim como harmonias alegres e ritmos ágeis e rápidos em assuntos fúnebres e lamentosos.
>
> In: ABDOUNUR, Oscar João. *Matemática e música*: o pensamento analógico na construção de significados. São Paulo: Escrituras, 1999. p. 51. (Coleção Ensaios Transversais).

As contribuições do filósofo e matemático René Descartes (1596-1650) para a música como ciência também são imprescindíveis. Em seu *Compendium Musicae* (Compêndio de música), escrito em 1618, Descartes tenta "explicar a base da harmonia e da dissonância musicais em termos matemáticos" (*Matemática e música*, op. cit., p. 66).

Em seu *Compendium Musicae*, Descartes estabelece uma teoria generalizada para os sentidos por meio dos seguintes axiomas:

I. Todos os sentidos são capazes de experimentar prazer.

II. Para sentir este prazer, deve estar presente uma relação proporcional de algum tipo entre o objeto e o sentido em si mesmo. Por exemplo, o barulho de armas ou do trovão não é adequado à música, porque fere os ouvidos, assim como o clarão excessivo do sol machuca os olhos, se olhado diretamente.

III. O objeto deve ser tal que não impressione o sentido de maneira muito complicada ou confusa. Portanto, um desenho muito complexo, mesmo que seja regular, não é tão prazeroso à vista como outro consistindo de linhas semelhantes. A razão para isto é que o sentido encontra mais satisfação no último que no primeiro, onde há muito que não pode ser percebido de maneira distinta.

IV. Os sentidos percebem um objeto mais facilmente quando as diferenças das partes são menores.

[...]

VII. Entre os objetos dos sentidos, o mais agradável à alma não é aquele percebido mais facilmente ou mais dificilmente pelos sentidos, mas sim o que não é tão fácil de perceber que o desejo natural que leva os sentidos aos objetos não seja inteiramente satisfeito, nem igualmente tão difícil que fatigue o sentido.

VIII. Finalmente, deve ser observado que em todas as coisas a variedade é mais prazerosa.

In: ABDOUNUR, Oscar João. *Matemática e música*: o pensamento analógico na construção de significados. São Paulo: Escrituras, 1999. p. 67-69. (Coleção Ensaios Transversais).

Atribui-se a Descartes a ideia de separação entre corpo e alma, cérebro e mente, razão e emoção. No entanto, seus axiomas revelam um lado mais humanista e, em seu compêndio, ele defende, em certo sentido, os dons naturais e a variedade de gostos pessoais.

Ao escrever sobre o tempo dos sons, ele explica:

[...] músicas de diferentes passos podem provocar diferentes sensações nas pessoas. Opino que, no geral, uma música de passo mais lento provoca movimentos mais lentos, como languidez, tristeza, medo, soberba etc.; em contrapartida, um passo mais rápido produz sensações mais vivas, como a alegria etc.

DESCARTES, René. *Compendio de música*. Madrid: Editorial Tecnos, 1992. p. 65. (Tradução nossa).

A experiência vivida por filósofos, músicos e cientistas desde a Antiguidade suscitou dúvidas e construiu argumentos analógicos, afetivos, individuais em relação à música como arte e como ciência. Segundo o próprio Descartes, assim como a poesia, "a música foi inventada para exercitar os movimentos da alma".

Após a leitura dos textos, responda às perguntas a seguir. Caso seja necessário, faça pesquisas em bons livros de referência ou em *sites* confiáveis da internet.

QUESTÕES

1. O que era o monocórdio de Pitágoras e como funcionava?

2. O que é consonância?

3. Como Arquitas de Tarento entendia os sons graves e agudos? O que sabemos sobre eles hoje?

4. Ao estudar a relação entre frequência e altura musical, Galileu Galilei, Marin Mersenne e Jean D'Alembert procuraram entender como uma mesma corda pode produzir mais de uma altura ou frequência. Explique, utilizando os conceitos estudados nesta unidade:

a) Qual é a relação entre frequência e altura musical?

b) Como pode uma mesma corda produzir mais de uma altura ou frequência?

5. Por que Zarlino e Descartes faziam uso de analogias e metáforas?

6. Leia novamente os axiomas e os argumentos de Descartes em seu *Compendium Musicae*, reveja suas anotações e estudos dos Capítulos 12 e 13, pesquise em livros e na internet e responda:

a) Considerando que músicas de diferentes tempos podem provocar diferentes sensações nas pessoas, descreva como são as músicas que costumamos associar a um momento triste e como são as que associamos a um momento alegre. Exemplifique.

b) O que, segundo Descartes, possibilitou estabelecer os axiomas de seu manual dos sentidos, apesar do caráter subjetivo da música?

c) O segundo axioma estabelece as condições para que o primeiro seja válido e coloca que o barulho não atende a essas condições. O que é o barulho? Por que o barulho fere as orelhas?

d) Que relação Zarlino apresentava para a harmonia musical e os sons graves e agudos? Ela atende aos axiomas estabelecidos por Descartes?

Sons e instrumentos   Capítulo 13

PESQUISE, PROPONHA E DEBATA

DJs com gramofones

Nesta atividade, vamos construir um gramofone, que, como vimos, é o predecessor dos toca-discos.

MATERIAIS
- Folha de cartolina
- Alfinete de costura
- Disco de vinil
- CD
- Lápis
- Vareta de bambu ou arame rígido
- Disco de EVA ou borracha
- 2 garrafas PET (com água até a metade para servir de apoio)
- 3 tampinhas de garrafa PET
- Supercola
- Prego
- Martelo

ROTEIRO

Faça um cone com a folha de cartolina inteira e, como na figura, monte um suporte para o cone com uma vareta de bambu ou arame rígido.

Fure uma das tampas de garrafa para que a vareta de bambu ou o arame atravesse, ficando preso firmemente. Prenda essa tampa em uma das garrafas com água.

Espete o alfinete no vértice do cone, deixando que a ponta fique orientada para baixo, para que se possa tocar o disco.

Coloque o cone na garrafa-suporte, encaixando a vareta ou o arame na tampa.

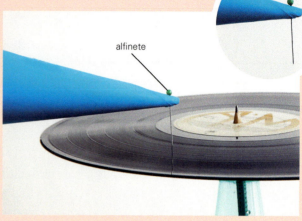

Pegue as outras duas tampinhas de garrafa PET, cole-as invertidas, usando supercola, e perfure-as com auxílio do prego e do martelo. O tamanho do furo deve ser suficiente para que o lápis o atravesse, ficando preso firmemente.

Cole o CD nas tampinhas. Os furos de ambos (CD e tampinhas) devem ficar alinhados. Recorte um disco de EVA do tamanho do CD, com um orifício de igual diâmetro, e fixe-o sobre o CD. Isso vai garantir que o disco de vinil não escorregue. Coloque o disco de vinil sobre o disco de EVA.

DISCUSSÃO

1. Qual é a origem da sigla DJ? Qual é sua relação com a história do gramofone?
2. Como funciona seu gramofone? Qual deve ser o sentido de rotação do disco e como deve estar a agulha?
3. Vamos a um desafio? Que tal desenvolver uma técnica para manter o ritmo da música e reproduzi-la de maneira fiel?

Fonte de pesquisa: MORENO, Leandro Xavier; LOPES, Deisy Piedade Munhoz; STEIN-BARANA, Alzira C. de Mello. Gramofone didático: quem quer ser DJ? *Física na Escola*, v. 8, n. 1, p. 43, maio 2007. Disponível em: <www.sbfisica.org.br/fne/Vol8/Num1/>. Acesso em: 30 out. 2015.

Enem

1. A sombra de uma pessoa que tem 1,80 m de altura mede 60 cm. No mesmo momento, a seu lado, a sombra projetada de um poste mede 2,00 m. Se, mais tarde, a sombra do poste diminuiu 50 cm, a sombra da pessoa passou a medir:

   a) 30 cm
   b) 45 cm
   c) 50 cm
   d) 80 cm
   e) 90 cm

2. A figura abaixo mostra um eclipse solar no instante em que é fotografado em cinco diferentes pontos do planeta.

   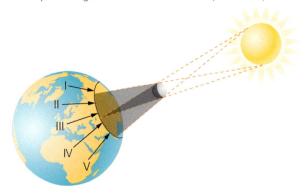

   Três dessas fotografias estão reproduzidas abaixo.

   As fotos poderiam corresponder, respectivamente, aos pontos:

   a) III, V e II
   b) II, III e V
   c) II, IV e III
   d) I, II e III
   e) I, II e V

3. Um grupo de cientistas liderado por pesquisadores do Instituto de Tecnologia da Califórnia (Caltech), nos Estados Unidos, construiu o primeiro metamaterial que apresenta valor negativo do índice de refração relativo para a luz visível. Denomina-se metamaterial um material óptico artificial, tridimensional, formado por pequenas estruturas menores do que o comprimento de onda da luz, o que lhe dá propriedades e comportamentos que não são encontrados em materiais naturais. Esse material tem sido chamado de "canhoto".

   Disponível em: <www.invocacaotecnologica.com.br>. Acesso em: 28 abr. 2010 (adaptado).

   Considerando o comportamento atípico desse metamaterial, qual é a figura que representa a refração da luz ao passar do ar para esse meio?

   a)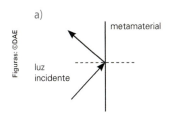

   b)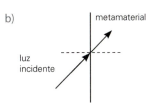

   c)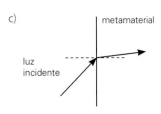

   d)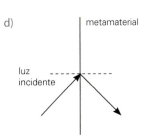

   e)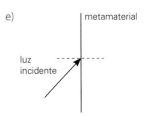

4. Ao diminuir o tamanho de um orifício atravessado por um feixe de luz, passa menos luz por intervalo de tempo, e próximo da situação de completo fechamento do orifício, verifica-se que a luz apresenta um comportamento como o ilustrado nas figuras. Sabe-se que o som, dentro de suas particularidades, também pode se comportar dessa forma.

Enem

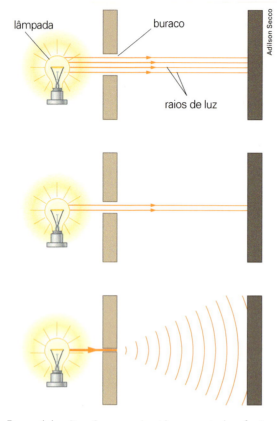

Em qual das situações a seguir está representado o fenômeno descrito no texto?

a) Ao se esconder atrás de um muro, um menino ouve a conversa de seus colegas.

b) Ao gritar diante de um desfiladeiro, uma pessoa ouve a repetição do seu próprio grito.

c) Ao encostar o ouvido no chão, um homem percebe o som de uma locomotiva antes de ouvi-lo pelo ar.

d) Ao ouvir uma ambulância se aproximando, uma pessoa percebe o som mais agudo do que quando aquela se afasta.

e) Ao emitir uma nota musical muito aguda, uma cantora de ópera faz com que uma taça de cristal se despedace.

5. Alguns povos indígenas ainda preservam suas tradições realizando a pesca com lanças, demonstrando uma notável habilidade. Para fisgar um peixe em um lago com águas tranquilas, o índio deve mirar abaixo da posição em que enxerga o peixe. Ele deve proceder dessa forma porque os raios de luz

a) refletidos pelo peixe não descrevem uma trajetória retilínea no interior da água.

b) emitidos pelos olhos do índio desviam sua trajetória quando passam do ar para a água.

c) espalhados pelo peixe são refletidos pela superfície da água.

d) emitidos pelos olhos são espalhados pela superfície da água.

e) refletidos pelo peixe desviam sua trajetória quando passam da água para o ar.

6. Uma proposta de dispositivo capaz de indicar a qualidade da gasolina vendida em postos e, consequentemente, evitar fraudes poderia utilizar o conceito de refração luminosa. Nesse sentido, a gasolina não adulterada, na temperatura ambiente, apresenta razão entre os senos dos raios incidente e refratado igual a 1,4. Desse modo, fazendo incidir o feixe de luz proveniente do ar com um ângulo fixo e maior que zero, qualquer modificação no ângulo do feixe refratado indicará adulteração no combustível.
Em uma fiscalização rotineira, o teste apresentou o valor de 1,9. Qual foi o comportamento do raio refratado?

a) Mudou de sentido.

b) Sofreu reflexão total.

c) Atingiu o valor do ângulo limite.

d) Direcionou-se para a superfície de separação.

e) Aproximou-se da normal à superfície de separação.

7. Uma equipe de cientistas lançará uma expedição ao Titanic para criar um detalhado mapa 3D que "vai tirar, virtualmente, o Titanic do fundo do mar para o público". A expedição ao local, a 4 quilômetros de profundidade no Oceano Atlântico, está sendo apresentada como a mais sofisticada expedição científica ao Titanic. Ela utilizará tecnologias de imagem e sonar que nunca tinham sido aplicadas ao navio, para obter o mais completo inventário de seu conteúdo. Esta complementação é necessária em razão das condições do navio, naufragado há um século.

O Estado de S. Paulo.
Disponível em: <www.estadao.com.br>.
Acesso em: 27 jul. 2010 (adaptado).

No problema apresentado para gerar imagens através de camadas de sedimentos depositados no navio, o sonar é mais adequado, pois a

a) propagação da luz na água ocorre a uma velocidade maior que a do som neste meio.

b) absorção da luz ao longo de uma camada de água é facilitada enquanto a absorção do som não.

c) refração da luz a uma grande profundidade acontece com uma intensidade menor que a do som.

d) atenuação da luz nos materiais analisados é distinta da atenuação de som nestes mesmos materiais.

e) reflexão da luz nas camadas de sedimentos é menos intensa do que a reflexão do som neste material.

8. Os espelhos retrovisores, que deveriam auxiliar os motoristas na hora de estacionar ou mudar de pista, muitas vezes causam problemas. É que o espelho retrovisor do lado direito, em alguns modelos, distorce a imagem, dando a impressão de que o veículo está a uma distância maior do que a real.

Este tipo de espelho, chamado convexo, é utilizado com o objetivo de ampliar o campo visual do motorista, já que no Brasil se adota a direção do lado esquerdo e, assim, o espelho da direita fica muito mais distante dos olhos do condutor.

Disponível em: <http://noticias.vrum.com.br>.
Acesso em: 3 nov. 2010 (adaptado).

Sabe-se que, em um espelho convexo, a imagem formada está mais próxima do espelho do que este está do objeto, o que parece estar em conflito com a informação apresentada na reportagem. Essa aparente contradição é explicada pelo fato de:

a) a imagem projetada na retina do motorista ser menor do que o objeto.

b) a velocidade do automóvel afetar a percepção da distância.

c) o cérebro humano interpretar como distante uma imagem pequena.

d) o espelho convexo ser capaz de aumentar o campo visual do motorista.

e) o motorista perceber a luz vinda do espelho com a parte lateral do olho.

9. Será que uma miragem ajudou a afundar o Titanic? O fenômeno óptico conhecido como Fata Morgana pode fazer com que uma falsa parede de água apareça sobre o horizonte molhado. Quando as condições são favoráveis, a luz refletida pela água fria pode ser desviada por uma camada incomum de ar quente acima, chegando até o observador, vinda de muitos ângulos diferentes. De acordo com estudos de pesquisadores da Universidade de San Diego, uma Fata Morgana pode ter obscurecido os *icebergs* da visão da tripulação que estava a bordo do Titanic. Dessa forma, a certa distância, o horizonte verdadeiro fica encoberto por uma névoa escurecida, que se parece muito com águas calmas no escuro.

O fenômeno óptico que, segundo os pesquisadores, provoca a Fata Morgana é a

a) ressonância.

b) refração.

c) difração.

d) reflexão.

e) difusão.

10. Entre os anos de 1028 e 1038, Alhazen (Ibn al-Haytham, 965-1040 d.C.) escreveu sua principal obra, o *Livro da Óptica*, que, com base em experimentos, explicava o funcionamento da visão e outros aspectos da ótica, por exemplo, o funcionamento da câmara escura. O livro foi traduzido e incorporado aos conhecimentos científicos ocidentais pelos europeus. Na figura, retirada dessa obra, é representada a imagem invertida de edificações em um tecido utilizado como anteparo.

ZEWAIL, A. H. Micrographia of the twenty-first century: from camera obscura to 4D microscopy. *Philosophical transactions of the Royal Society A*. v. 368, 2010 (adaptado).

Se fizermos uma analogia entre a ilustração e o olho humano, o tecido corresponde ao(à):

a) íris.

b) retina.

c) pupila.

d) córnea.

e) cristalino.

11. Quando adolescente, as nossas tardes, após as aulas, consistiam em tomar às mãos o violão e o dicionário de acordes de Almir Chediak e desafiar nosso amigo Hamilton a descobrir, apenas ouvindo o acorde, quais notas eram escolhidas. Sempre perdíamos a aposta, ele possui o ouvido absoluto.

O ouvido absoluto é uma característica perceptual de poucos indivíduos capazes de identificar notas isoladas sem outras referências, isto é, sem precisar relacioná-las com outras notas de uma melodia.

LENT, R. *O cérebro do meu professor de acordeão*.
Disponível em: <http://cienciahoje.uol.com.br>.
Acesso em: 15 ago. 2012 (adaptado).

No contexto apresentado, a propriedade física das ondas que permite essa distinção entre as notas é a:

a) frequência.

b) intensidade.

c) forma da onda.

d) amplitude da onda.

e) velocidade de propagação.

12. A resolução das câmeras digitais modernas é dada em *megapixels*, unidade de medida que representa um milhão de pontos. As informações sobre cada um desses pontos são armazenadas, em geral, em 3 *bytes*. Porém, para evitar que as imagens ocupem muito espaço, elas são submetidas a algoritmos de compressão, que reduzem em até 95% a quantidade de *bytes* necessários para armazená-las. Considere 1 KB = 1 000 *bytes*, 1 MB = 1 000 KB, 1 GB = 1 000 MB. Utilizando uma câmera de 2.0 *megapixels* cujo algoritmo de compressão é de 95%, João fotografou 150 imagens

Enem

para seu trabalho escolar. Se ele deseja armazená-las de modo que o espaço restante no dispositivo seja o menor espaço possível, ele deve utilizar

a) um CD de 700 MB.
b) um *pendrive* de 1 GB.
c) um HD externo de 16 GB.
d) um *memory stick* de 16 MB.
e) um cartão de memória de 64 MB.

13. A música e a matemática se encontram na representação dos tempos das notas musicais, conforme a figura seguinte.

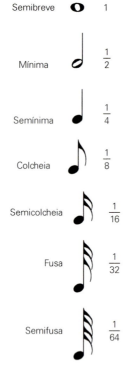

Um compasso é uma unidade musical composta por determinada quantidade de notas musicais, em que a soma das durações coincide com a fração indicada como fórmula do compasso. Por exemplo, se a fórmula de compasso for $\frac{1}{2}$, poderia ter um compasso ou com duas semínimas ou uma mínima ou quatro colcheias, sendo possível a combinação de diferentes figuras.
Um trecho musical de oito compassos, cuja fórmula é $\frac{3}{4}$, poderia ser preenchido com

a) 24 fusas.
b) 3 semínimas.
c) 8 semínimas.
d) 24 colcheias e 12 semínimas.
e) 16 semínimas e 8 semicolcheias.

14. Em um piano, o Dó central e a próxima nota Dó (Dó maior) apresentam sons parecidos, mas não idênticos. É possível utilizar programas computacionais para expressar o formato dessas ondas sonoras em cada uma das situações, como apresentado nas figuras, em que estão indicados intervalos de tempo idênticos (*T*).

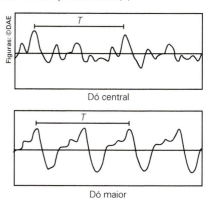

A razão entre as frequências do Dó central e do Dó maior é de:

a) $\frac{1}{2}$
b) 2
c) 1
d) $\frac{1}{4}$
e) 4

15. Ao ouvir uma flauta e um piano emitindo a mesma nota musical, consegue-se diferenciar esses instrumentos um do outro. Essa diferenciação se deve principalmente ao(a)

a) intensidade sonora do som de cada instrumento musical.
b) potência sonora do som emitido pelos diferentes instrumentos musicais.
c) diferente velocidade de propagação do som emitido por cada instrumento musical.
d) timbre do som, que faz com que os formatos das ondas de cada instrumento sejam diferentes.
e) altura do som, que possui diferentes frequências para diferentes instrumentos musicais.

16. Em um violão afinado, quando se toca a corda Lá com seu comprimento efetivo (harmônico fundamental), o som produzido tem frequência de 440 Hz. Se a mesma corda do violão é comprimida na metade do seu comprimento, a frequência do novo harmônico

a) dobra, porque o comprimento de onda foi reduzido à metade.
b) quadruplica, porque o comprimento de onda foi reduzido à quarta parte.
c) quadruplica, porque o comprimento de onda foi reduzido à metade.
d) se reduz à metade, porque o comprimento de onda dobrou.
e) não se modifica, porque é uma característica independente do comprimento da corda que vibra.

Para ler e assistir

Filme: *De olho no céu*

Diretor: Lars Lindberg Christensen

País: Estados Unidos

Ano: 2009

Sinopse: Filme oficial do Ano Internacional da Astronomia (2009) e da União Astronômica Internacional (IAU). Esse documentário explora as várias facetas do telescópio: desenvolvimento histórico, importância científica, avanços tecnológicos, pessoas por trás de sua invenção e seus triunfos e fracassos.

O *download*, com diversas opções de formatos e tamanhos, além de legendas em português, pode ser feito no *site*: <www.eyesontheskies.org/movie.php>. Acesso em: 22 mar. 2016.

Filme: *O ilusionista*

Diretor: Neil Burger

País: Estados Unidos e República Tcheca

Ano: 2006

Sinopse: A Viena do início do século XX vê surgir o enigmático Eisenheim, o ilusionista. Suas apresentações despertam a curiosidade de um dos mais poderosos e céticos homens da Europa, o príncipe Leopold, o qual, certo de que as mágicas não passam de fraudes, está disposto a desmascará-lo em um *show*. Quando Sophie, noiva de Leopold, é chamada ao palco para participar de um número, ela reconhece no ilusionista uma paixão juvenil. Depois disso, eles iniciam um romance clandestino; por isso, o príncipe delega a um inspetor de polícia a missão de expor a verdade por trás das mágicas. Eisenheim, no entanto, prepara-se para executar a maior de suas ilusões.

Filme: *O melhor som do mundo*

Diretor: Pedro Paulo de Andrade

País: Brasil

Ano: 2015

Sinopse: Vinicius não coleciona figurinhas, nem carrinhos, nem gibis. Ele coleciona sons. Mas será possível encontrar o melhor som do mundo?

Bibliografia

ABDOUNUR, O. J. *Matemática e música*: o pensamento analógico na construção de significados. São Paulo: Escrituras, 1999.

ASTOLFI, J. P.; DEVELAY, M. *A didática das ciências*. Campinas/São Paulo: Papirus, 1995.

BRAGA, M. et al. *Breve história da Ciência moderna*. Rio de Janeiro: Jorge Zahar, 2003/2004/2005. v. 1, 2 e 3.

BRASIL. Secretaria de Educação Média e Tecnologia. *Parâmetros Curriculares Nacionais*: *Ensino Médio*. Brasília: Ministério da Educação/Secretaria de Educação Média e Tecnológica, 1999.

_____. Secretaria de Educação Média e Tecnológica. *PCN + Ensino Médio*: *orientações educacionais complementares aos Parâmetros Curriculares Nacionais*. Ciências Naturais, Matemática e suas tecnologias. Brasília: Ministério da Educação/Secretaria de Educação Média e Tecnológica, 2002.

BRAZ JR., Dulcídio. *Física Moderna*: tópicos para o Ensino Médio. 1. ed. Campinas: Companhia da Escola, 2002.

BROCKINGTON, G. *A realidade escondida*: a dualidade onda-partícula para estudantes do Ensino Médio. Dissertação (Mestrado) – Universidade de São Paulo, São Paulo, 2005. Disponível em: <www.nupic.fe.usp.br>. Acesso em: 29 mar. 2016.

BUNGE, M. *Teoria e realidade*. São Paulo: Perspectiva, 1974.

CACHAPUZ, A. et al. (Org.). *A necessária renovação do ensino das Ciências*. São Paulo: Cortez, 2005.

CARVALHO, A. M. P. et al. *Ensino de Física*. São Paulo: Cengage Learning, 2010.

CARVALHO, A. P. C. (Org.). *Termodinâmica*: um ensino por investigação. São Paulo: FEUSP, 1999.

CASTRO, R. S. *História e epistemologia da Ciência*: investigando suas contribuições num curso de Física de Segundo Grau. Dissertação (Mestrado), Faculdade de Educação da Universidade de São Paulo, São Paulo, 1993.

COHEN, I. B. *O nascimento de uma nova Física*. São Paulo: Edart, 1967.

CUSTÓDIO, J. F.; PIETROCOLA, M. *Princípios físicos e a construção de modelos*. In: Atas do VII Encontro de Pesquisa em Ensino de Física. Florianópolis: 2000. Disponível em: <www.nupic.fe.usp.br>. Acesso em: 29 mar. 2016.

DELIZOICOV, D; ANGOTTI, J. A. *Conhecimento, tensões e transições*. Tese (Doutorado) – Faculdade de Educação da Universidade de São Paulo, São Paulo, 1991.

_____. *Metodologia do ensino de Ciências*. São Paulo: Cortez, 1992.

_____. Problemas e problematizações. In: PIETROCOLA, M. (Org.). *Ensino de Física*: conteúdo, metodologia e epistemologia numa concepção integradora. Florianópolis: Ed. da UFSC, 2001.

DESCARTES, R. *Compêndio de música*. Madri: Tecnos, 1992.

DUARTE, M. *Guia dos curiosos*. São Paulo: Panda Books, 2005.

FEYNMAN, R. P. *Física em seis lições*. 6. ed. Rio de Janeiro: Ediouro, 2001.

_____. *The Feynman lectures on Physics*. Londres: Addison-Wesley, 1966. v. 3.

FIGUEIREDO, A.; PIETROCOLA, M. *Física: um outro lado*: calor e temperatura. São Paulo: FTD, 2000.

_____. *Física: um outro lado*: faces da energia. São Paulo: FTD, 2000.

FIGUEIREDO NETO, Aníbal Fonseca de. *A Física, o lúdico e a Ciência no 1º grau*. Dissertação (Mestrado) – Universidade de São Paulo, São Paulo, 1988.

FOUREZ, G. *A construção das ciências*. São Paulo: Ed. da Unesp, 1995.

_____. *Alphabétisation scientifique et technique*. Bruxelas: De Boeck Université, 1994.

GALILEI, G. *Duas novas ciências*. Tradução de Letízio Mariconda e Pablo Mariconda. São Paulo: Nova Stella/Ched Editorial.

GOLDENBERG, J.; LUCON, O. *Energia, meio ambiente e desenvolvimento*. São Paulo: Edusp, 2008.

GREF (Grupo de Reelaboração do Ensino de Física). *Física 1*: mecânica. São Paulo: Edusp, 1999.

_____. *Física 2*: Física térmica e óptica. São Paulo: Edusp, 1999.

GURGEL, I.; PIETROCOLA, M. *Modelos e realidade*: as explicações acerca do calor no século XVIII. In: Anais do X Encontro de Pesquisa em Ensino de Física, Londrina, 2006. Disponível em: <http://www.nupic.fe.usp.br>. Acesso em: 29 mar. 2016.

HAWKING, S. *Os gênios da Ciência*: sobre os ombros de gigantes. Rio de Janeiro: Campus, 2005.

HEWITT, P. G. *Física conceitual*. 9. ed. Porto Alegre: Bookman, 2002.

HOLTON, G.; ROLLER, D. H. D. *Fundamentos de la Física moderna* – Introducción histórico-filosófica al estudio de la Física. Barcelona: Reverté, 1963.

HOUAISS, A.; VILLAR, M. S. *Dicionário Houaiss da Língua Portuguesa*. Rio de Janeiro: Objetiva, 2001.

LENOBLE, Robert. A natureza mágica. In:_____. *História da ideia de natureza*. Trad. Teresa Louro Perez. Lisboa: Edições 70, 1969.

LUCIE, P. *A gênese do método científico*. Rio de Janeiro: Campus, 1977.

MEDEIROS, A. O desenvolvimento histórico da escala Fahrenheit e o imaginário de professores e de estudantes de Física. *Caderno Brasileiro de Ensino de Física*. v. 24, n. 2, ago. 2007.

MOCELLIN, R. C. *Lavoisier e a longa revolução na Química*. Dissertação (Mestrado) – Universidade Federal de Santa Catarina, Florianópolis, 2003.

MORENO, L. X.; LOPES, D. P.; STEIN-BARANA, A. C. M. Gramofone didático: quem quer ser *DJ?*. *Revista Física na Escola*, v. 8, n. 1, maio 2007.

PATY, M. *La Physique du XX e siècle*. França: EDP Sciences, 2003.

PIETROCOLA, M. et al. As ilhas de racionalidade e o saber significativo: o ensino de ciências através de projetos. *Revista Ensaio – Pesquisa em Educação em Ciências*. Belo Horizonte. v. 2, n. 1, p. 99-122, mar. 2000.

_____. (Org.). *Atualização dos currículos de Física no Ensino Médio de escolas estaduais*: a transposição das teorias modernas e contemporâneas para a sala de aula. Projeto Temático financiado pela FAPESP – Fundação de Amparo à Pesquisa do Estado de São Paulo. Processo 03/00146-3, 2003. Disponível em: <www.nupic.fe.usp.br>.

_____. *Construção e realidade*: modelizando o mundo através da Física.

_____. (Org.). *Ensino de Física*: conteúdo, metodologia e epistemologia numa concepção integradora. Florianópolis: Ed. da UFSC, 2001.

PONCZEK, R. L. A polêmica entre Leibniz e os cartesianos: MV ou MV2? *Caderno de Ensino de Física*, 2000, n. 3, v. 17. p. 336-347.

PROJECTO FÍSICA. *Unidade III*: o triunfo da mecânica. Lisboa: Fundação Calouste Gulbenkian, 1978.

QUADROS, S. *A termodinâmica e a invenção das máquinas térmicas*. São Paulo: Scipione, 1996.

ROBILOTTA, M. *O cinza, o branco e o preto*: da relevância da história da Ciência no ensino de Física. São Paulo: IFUSP, 1986.

ROCHA, J. F. (Org.). *Origens e evoluções das ideias da Física*. Salvador: Ed. da UFBA, 2002.

RONAN, C. A. *História ilustrada da Ciência*. Rio de Janeiro: Jorge Zahar, 1987/1988/1990. v. 1, 2 e 3.

SIMMONS, J. *Os 100 maiores cientistas da história*. Rio de Janeiro: Difel, 2002.

SOUZA FILHO, O. M. *Evolução da ideia de conservação da energia*: um exemplo de história da Ciência no ensino de Física. São Paulo: IF/FE-USP, 1987.

TEIXEIRA, W. et al. (Org.). *Decifrando a Terra*. São Paulo: Oficina dos Textos, 2000.

TIPLER, P. A.; MOSCA, G. *Física para cientistas e engenheiros*. 4. ed. Rio de Janeiro: LTC, 2000. v. 1.

WALKER, J. *O circo voador da Física*. 2. ed. Rio de Janeiro: LTC, 2008.

_____. *O grande circo da Física*. 2. ed. Lisboa: Gradiva, 2001.

WELLS, H. G. *O homem invisível*. Rio de Janeiro: Francisco Alves, 1985.

Gabarito
(das questões numéricas e de múltipla escolha)

Capítulo 1

Página 26

1) I.V; II.V

2) b

Página 27

1) a

2) a

3) c

4) d

Página 28

5) c

10) b

Capítulo 2

Página 34

1) $\tau = -1\,600$ J

2a) $\tau = 600$ J

2b) $\tau = 72\,000$ J ou 72 kJ

3) $\tau = 244,8$ J

4) $\tau = 870\,000$ J $= 870$ kJ

Página 37

1) $\tau = -112\,500$ J

2a) $\tau_P = \tau_N = 0$; $\tau_q = 10\,000$ J; $\tau_{Fat} = -5\,000$ J

2b) $\tau_{res} = 5\,000$ J

3) $\tau_P = 6 \cdot 10_4$ J; $\tau_N = 0$; $\tau_{Fat} = -3,2 \cdot 10^4$ J; $\tau_{res} = 2,8 \cdot 10^4$ J

4) $4,0 \cdot 10^5$ J; $-4,0 \cdot 10^5$ J

Página 38

1) $8,0 \cdot 10^6$ J

2) $-7,85 \cdot 10^{-3}$ J

3) 400 J

Página 40

1) b

2) 50 W; 67 W

3) 1 250 N

4a) 2 m/s

4b) $2 \cdot 10^4$ W

5) 1 kW

6) 70 kW

Página 41

1) $\tau_P = \tau_N = 0$; $\tau_{motor} = 2 \cdot 10^7$ J

3) $\tau_P = 2,0 \cdot 10^4$ J; $\tau_N = 0$; $\tau_{res} = 2 \cdot 10^4$ J

4) $\tau_P = -2,0 \cdot 10^5$ J; $\tau_N = 0$; $\tau_m = 4,38 \cdot 10^5$ J; $\tau_{res} = 2,38 \cdot 10^5$ J

5) a

6) a

7a) 4,5 N

7b) 54 J

7c) 1,5 N

7d) 0,25 m

Página 42

8) d

9) 52 500 J

10) $k = 250$ N/m; $\tau = 5$ J

11) c

12) c

13) 80 s

14) $6,16 \cdot 10^9$ W

15a) 2 000 lâmpadas.

15b) $1,0 \cdot 10^4$ N; $1,0 \cdot 10^6$ J

16a) $4,5 \cdot 10^3$ J; $3,5 \cdot 10^3$ J

16b) 25 W; 19,4 W

16c) 12,5 W; 9,72 W

Página 43

17a) $1,3 \cdot 10^5$ J

17b) 54 N

18) c

19) a

20) d

21a) $2 \cdot 10^2$ s

21b) $8 \cdot 10^3$ s

21c) 0,2 m/s

22) $1 + 2 + 8 + 32 = 43$

Capítulo 3

Página 47

1) 90 J

2a) $5,625 \cdot 10^6$ J

2b) $3,75 \cdot 10^5$ J

3a) $2,0 \cdot 10^4$ J

3b) 90 km/h

4a) $10\sqrt{2}$ m/s

4b) 450 N

5a) $2,1 \cdot 10^{-18}$ J

5b) 30,0 J

5c) 58,7 J

5d) 337,5 J

5e) 204,3 J

5f) $2,7 \cdot 10^{33}$ J

Página 51

1a) 60 J

1b) 0

1c) 200 J

1d) -180 J

2a) 1800 J

2b) 1800 J; 0

3) $8,347 \cdot 10^9$ J

Página 55

1) $16\sqrt{2}$ cm

2) 150 J

3a) 4,0 J

3b) 4,0 J

Página 57

1) 20 m

2) 15,5 m/s; 12,6 m/s; 8,9 m/s

3) $1,25 \cdot 10^6$ N/m

4b) 900 N/m

Página 59

1) $1,0 \cdot 10^3$ J; $2,5 \cdot 10^4$ W

2a) $-0,12$ J

2b) $-0,08$ J

2c) $-0,04$ J

3) $\cong -2,2 \cdot 10^6$ J

4) 25 J

Página 60

1) 80%

2) 70 cv

3) 500 W

Página 61

1) 57,4 m/s

2) 500 N

3) b

4) d

5a) $3,0 \cdot 10^6$ J; 0 J

5b) 0 J; $-3,0 \cdot 10^6$ J

5c) $-3,0 \cdot 10^6$ J

6) $3,0 \cdot 10^6$ J

7) $-1\,000$ J; 1 000 J

8) 7,5 m; 0 J

9) -8400 J

10) 1,0 m

11) 0,32 J; 0,32 J

Página 62

13) 10 m/s

14a) 0,80 J

14b) 0

15) $\sqrt{6} \cong 2,4$ m/s

16a) $2\sqrt{5}$ m/s

16b) 0,1 m

17a) 40 m

17b) $6,0 \cdot 10^2$ N/m

18) 0,2 m

19) e

Página 63

20) 50 m/s

21) -18 J

22a) 45 J

22b) 10 J

Gabarito 363

23) d

24a) 5 m/s

24b) $\cong 1,6 \cdot 10^6$ J

25) d

26) 1-V; 2-V; 3-F; 4-V

Página 64

27a) 0,5

27b) $3 \cdot 10^4$ J

28) e

29a) $-6,0 \cdot 10^{-2}$ J

29b) 0

30) c

31) 2,0 cm
$2g\pi R$
$\pi R\mu g$

32c) $-2mg\pi R$

33) e

Página 65

34) 01 + 02 + 04 + 32 = 39

35) 87 %

36) c

37) d

38) e

39) c

Capítulo 4

Página 71

1) A energia vem do Sol.

2) $510 \cdot 10^{12}$ casas

3) c

Página 75

1) 6 g

2) 1,6 hora/dia

Página 80

3) e

4) 168 000 L

Página 81

1) 600 J

2) $1,9 \cdot 10^6$ cidades

3a) 2 160 kcal

3b) 10 g

4) c

5) c

6) e

7) c

8) c

9) d

10) e

Capítulo 5

Página 84

1) $4,0 \cdot 10^{-1}$ kg $\cdot$ m/s;
   0; $4,0 \cdot 10^{-1}$ kg $\cdot$ m/s

2) 40 kg $\cdot$ m/s

3) 13,5 kg $\cdot$ m/s;
   9,6 kg $\cdot$ m/s

Página 85

1) 780 kg $\cdot$ m/s

2) 150 kg $\cdot$ m/s

3a) 0

3b) $3,0 \cdot 10^4$ kg $\cdot$ m/s

3c) 0

3d) $2,1 \cdot 10^4$ kg $\cdot$ m/s

Página 88

3) 9,8 m/s

Página 90

2) 34,8 km/h

3) $v\sqrt{5}$

Página 91

1) b

Página 92

2) 135 N

3a) 100 N $\cdot$ s

3b) 4 m/s

4) 2,5 s

5a) 0 m/s

5b) 10 m/s

Página 95

1) 2,0 m/s; $37,5 \cdot 10^3$ J

3) 2,0 m/s e $-3,0$ m/s

Página 97

1) 3,0 m/s e $-1,0$ m/s

2) Colisão parcialmente elástica $\left(e = \dfrac{1}{6}\right)$

3) 5 m/s; colisão parcialmente elástica ($e = 0,5$)

Página 98

1) 20 cm

2) $4\sqrt{\dfrac{5}{3}}$ m/s

3) 0,40 m/s

Página 101

1) $3,75 \cdot 10^{-3}$ kg $\cdot$ m^2;
   $\cong 7,1 \cdot 10^{-2}$ kg $\cdot$ m^2/s

2) $2,56 \cdot 10^{-4}$ kg $\cdot$ m^2;
   $\cong 8,0 \cdot 10^{-3}$ kg $\cdot$ m^2/s

3) 18 Hz

Página 102

1) 2,0 kg $\cdot$ m/s;
   vertical para baixo

2c) 12 000 kg $\cdot$ m/s

3a) 0,50 kg $\cdot$ m/s;
   0,50 kg $\cdot$ m/s

3b) 1,0 kg $\cdot$ m/s

4) a

5) e

7) d

8) d

Página 103

9) a

10) c

11) a

12a) $6v_0$

12b) $2v_0$

Página 104

14) e

15) b

16) a

17) d

18) a

19) c

20) Todas as alternativas são verdadeiras.

Página 105

21a) 45 J; 3 m/s

21b) 45 N . s; 4,5 m/s

22) c

23) a – V; b – F; c – V; d – F; e – F

24) c

25) c

27) d

Página 106

28) 93 cm/s

29a) 40 J;

29c) 32 J

30) 2,0 m

31) a

32) b

33a) 72 km/h

33b) 0,25 m/s^2

Página 107

34) e

35) e

36) 4 m/s

39a) 3,0 m/s

39b) $3,0 \cdot 10^2$ m/s

Página 108

41) e

42a) 0,8 s

42c) 4,0 s

43) 7,0 cm; $3,9 \cdot 10^{-3}$ kg $\cdot$ m^2/s

44a) 0,32 kg $\cdot$ m^2

44b) 20 kg $\cdot$ m^2/s

44e) 4 Hz

45) $\sqrt{8}$

Página 114

1) e

2) a

3) a

4) e

5) c

Página 115

6) a

7) b

8) e

9) a

Página 116

10) b

11) e

12) d

13) d

Página 117

14) d

15) a

16) d

17) e

Página 118

18) d

19) a

20) e

21) b

22) b

Capítulo 6

Página 127

1) a-II;
b-IV;
c-I;
d-III

2) a-F;
b-V;
c-V;
d-F;
e-V;

f-V;
g-V;
h-F

Página 130

2) $\dfrac{C}{10} = \left(\dfrac{M - 50}{17}\right)$

3) $C = \dfrac{H + 40}{5} \Rightarrow 1\,210\,°H$

4) 7,5 °Y

Página 143

1a) 1 000 K

1b) $1,2 \cdot 10^{-2}$ mol

2a) 327 °C

2b) Sim; $1,67 \cdot 10^{-1}$ mol

3a) $3,9 \cdot 10^{-3}$ mol;
$2,34 \cdot 10^{21}$ moléculas

3b) 1,92 atm

4) c

Página 144

2) c

3) a

4) b

5) d

6) d

7) d

8) b

9) d

10a) 240 K; 360 K

10b) $\dfrac{2}{3}$

Página 145

11) d

12) a

13) c

14) 1,1

15) 1200 K

16) d

17) d

Página 146

18) 01 + 02 + 32 = 35

19) 02 + 08 + 32 = 42

Página 147

20) d

21a) $8,0 \cdot 10^2$ cm^3

21b) $-4,0 \cdot 10^2$ N/m^2

21c) 102 °C

22) c

23a) $R = \dfrac{20}{21}$

23b) $P_{atm} = P + 1,0 \cdot 10^4$ h
(pressão em N/m^2 e h em m)

23c) $1,05 \cdot 10^5$ N/m^2

Página 148

24a) $1,10 \cdot 10^5$ Pa

24b) 450 K

24c) 0,03 ou 3%

25a) 1 800 kg

25b) 1 350 kg

25c) "aproximadamente"
0,29 m/s^2

26) d

27a) $1,9 \cdot 10^8$ Pa

27b) $5,0 \cdot 10^{-2}$ m/s

Capítulo 7

Página 154

1) 0,75 mm

2) 2x

3) 2,5 mm

Página 155

1) 1,53 cm

2) −4,95 cm

3) 99,988 m

4) $2,83 \cdot 10^{-6}$ °C^{-1}

Página 157

1) $4 \cdot 10^{-5}$ °C^{-1}; $2 \cdot 10^{-5}$ °C^{-1}

2) 3,05 m^2

3) 1,3%

4) 100,03 cm^2

5) 0,96%

6) 2 500

Página 158

1) 84 cm^3

2) 2,4 cm^3

3) 0,9%

Página 161

1) 26,4 mL

2) 15 mL

3) $2,8 \cdot 10^{-4}$ °C^{-1}

4) e

5) b

Página 162

1) b

2) a

3) 9 cm; 12 cm

4) 528 °C

5) e

6) d

7) c

Página 163

8) c

9) b

10) d

11) b

12) b

Página 164

13) e

14) 01 + 02 + 08 = 11

15) e

16) b

17) b

Página 165

19) a

20) c

21) b

22) b

23) 1,6 cm

Capítulo 8

Página 170

1) 160 kcal

2) Seis vezes menor.

3) 1200 cal; 2400 cal

4) 0,20 cal; 0,20 cal/g · °C

5a) 84 cal

5b) 840 cal

Página 174

1a) 0,31 cal

1b) 7,75 cal

1c) – 620 cal

2) 6000 cal

3) 0,050 cal/g · °C

4) 100 °C

5) 400 g

6) 250 g

Página 176

1) 0,03 cal/g · °C; chumbo

2a) 3180 cal

2b) 53 cal/°C

3) 6193 cal

4) $\cong$ 78 W

Página 179

1) d

2a) 50 L

2b) 250 s

3) 1 L da água quente e 9 L da água fria.

4) d

5) 30 kg

Página 190

1) 30 cal/g

2) 3000 cal

3) 8400 cal

4) a

5) e

Página 191

1) d

2) b

4) 484 g

Página 194

1) b

2) d

3) a

4) a

5) c

6) b

Página 195

1) e

2a) 5

2b) 600 cal

3) b

4a) $5,0 \cdot 10^3$ J/kg · °C

5a) II

5b) $c_{||} = 2 \cdot c_|$

6a) $8,0 \cdot 10^4$ J

6b) 0,11

7b) 12 cal/s

Página 196

8) b

9) c

10) e

11) e

12) 8 + 32 = 40

Página 197

13) b

14) c

15) b

16a) 73,7 L

16b) 147,4 s

17) 04 + 08 = 12

18) a

19) c

Página 198

20) $63 \cdot 10^2$ cal

22) c

23) e

24a) 0,2 kW

24b) $9 \cdot 10^4$ J

24c) $1,55 \cdot 10^3$ s

25) a

26) $\cong$ 18 °C

Página 199

27) 64,7 g

28) d

29) e

30) e

31) c

32) b

33a) Convecção

33b) 135 cal/s

Capítulo 9

Página 209

1) e

Página 210

2) a

3) d

4) e

Página 214

1) $1,0 \cdot 10^2$ J

2) 2,25 kW

3) $1,8 \cdot 10^2$ J

Página 217

1a) 800 J

1b) 650 J

2) $1,0 \cdot 10^2$ J; $4,0 \cdot 10^2$ J

3) d

Página 223

1) b

2) Todas são verdadeiras.

3) b

4) a

5) d

Página 224

1) 02 + 08 + 16 = 26

2) d

3) c

Página 225

4) d

5) 4343 cal/K

Página 228

1) c

2) a

3) 01 + 080 + 16 = 25

Página 229

1) a

2) 02 + 08 + 16 = 26

3a) $(p_0, 2V_0, 2T_0)$; $(p_0/2, 2V_0, T_0)$; (p_0, V_0, T_0)

4) 02 + 04 + 16 = 22

5) d

6) a

Página 230

7) e

8a) 40 MW

8b) 3,0 K

9) c

10) d

11) b

12c) $1 - Q_2/Q_1$

Página 231

13) c

14) 0,2 m

16) b

17) 02 + 16 = 18

18) d

Página 232

19) a

20) Todas estão corretas.

21) b

22) e

23) $\upsilon = 4pV$,
$Q = 4pV/\eta$;
$P_{útil} = 4pVf$

Página 233

24a) 560 J

24b) 2,52 kW e
8, 40 kW

25a) 70%

26) a

Página 237

1) c

2) e

Página 238

3) b

4) e

5) c

6) e

7) d

Página 239

8) d

9) b

10) a

11) a

Página 240

12) a

13) b

14) b

15) e

Página 241

16) b

Página 242

17) d

18) e

19) d

20) a

21) d

Página 243

22) b

23) d

24) b

25) e

Página 244

26) c

27) b

28) c

29) e

Capítulo 10

Página 251

2) c

3) a

Página 253

2) c

4) 3,6 cm = 0,036 m

Página 256

1) $6,67 \cdot 10^{-24}$ s

2) c

3) d

Página 259

1) c

2) 60 cm

3b) 140 cm; 10 cm

Página 261

1) d

2) d

3) a

Página 264

1) 1,5

2) c

3) a

4) d

Página 267

1a) Reflexão e refração.

3) e

4b) $n_{pl} > \sqrt{2}$

5) b

Página 268

1) e

2) a

4) b

5) c

6) c

7) d

Página 269

8) e

9) d

10) b

11a) 1,5 m

12) $1,1 \cdot 10^{-10}$ s

13) b

14) 20°

15) b

Página 270

16) a

17) a

18) c

Página 271

20) c

21) c

22b) 1,532

Página 272

23a) sen $\alpha = \dfrac{4}{5}$

23b) $\dfrac{4}{3}$

24) e

27) a

Página 273

28) a

29a) 42°

29b) 30°

29c) 0,52 m

30) c

31) d

Página 274

32) 70 cm

33) $r^1 = 30°; r^2 = 60°$

34) e

Capítulo 11

Página 286

3) 3,0 m;
− 0,75 m

4) c

Página 293

2) 10 cm

4) b

5) d

Página 299

2a) 3,05

2b) Real, invertida e menor.

3) d

Página 300

4) e

5) d

Página 303

2b) – 2,5 di

2c) 25 cm

3b) 2,5 di e − 0,50 di

3c) $\dfrac{2}{3}$ m; 2 m

4) e

Página 304

1) d

2) e

3) e

4) e

5) b

Página 305

6) b

7) d

8) b

9) – 9 cm ou 9 cm (em módulo)

Página 306

10) 10 cm

11) b

12) c

13) c

14) d

Página 307

15) $01 + 04 + 16 = 21$

16) $04 + 32 = 36$

17) b

Página 308

18) b

19) d

20) d

21a) A ocular de 1 cm com um aumento de 90 vezes.

21b) Com a ocular de 2 cm.

23a) $1,44 \cdot 10^{24}$ mm².

23b) $L = 5\,70$ mm.

23c) $D = 2,4$ mm

24) $01 + 02 + 16 + 32 = 51$

25) d

26) c

27) a

Capítulo 12

Página 314

1) 365 dias; $\frac{1}{365}$ volta por dia.

2) $\frac{1}{900}$ min; $\frac{1}{15}$ s

3) $\frac{1}{8}$ s; 8,0 Hz

Página 318

1) d

2) e

3) 0,16 m

Página 323

1) d

2) c

3) a

Página 326

1) $01 + 04 + 08 + 16 + 64 = 93$

2) V; V; F; F

3) e

4) a

Página 329

1) c

2) d

3) c

4) 508 Hz; 492 Hz

5a) 1,5 s

5b) 4 910 m/s

6) d

7) 540 Hz; 377 Hz

Página 330

1) 1360 m; 1,7 m

2) 10^7 Hz

3) b

4) $4,0 \cdot 10^{-1}$ m; 3,0 m

5) a

6a) $f = 0,20$ Hz

6b) $\lambda = 25$ m

6c) $v = 5,0$ m/s

Página 331

7a) $V = 0,30$ m/s

7b) $f = 0,50$ Hz

8) b

9) a

10) e

11) d

12) c

Página 332

14) $01 + 02 + 04 + 08 = 15$

15) $02 + 64 = 66$

16) b

17) d

Página 333

18) b

19) b

20) d

21) b

Página 334

23) c

24) b

25) c

26) a

27) $01 + 02 + 08 + 16 = 27$

28) c

29a) 510 m

29b) 17 m

Capítulo 13

Página 341

2) I-C; II-A; III-B; IV-D

Página 348

3) 1280 N

Página 352

1) 73 cm

2) 1,2 m

3) 3º harmônico

Página 353

5) W/m²; 312,5 W/m²

7) 40 dB

8) 120 dB

9) 2000 Hz

10a) $\frac{v_1}{v_2} = 1$

10b) 18,75 g

11) $08 + 16 = 24$

12) 1,0 m

13) c

Página 357

1) b

2) a

3) d

4) a

Página 359

5) e

6) e

7) d

8) c

Página 360

9) d

10) b

11) a

12) e

Página 361

13) d

14) a

15) d

16) a